Volker Trommsdorff · Handelsforschung 1999/00

Volker Trommsdorff (Hrsg.)

Handelsforschung 1999/00

Verhalten im Handel und gegenüber dem Handel

Jahrbuch der FfH Berlin – Institut für Markt- und Wirtschaftsforschung GmbH

GABLER

Herausgeber:
Prof. Dr. Volker Trommsdorff, Technische Universität Berlin,
FfH Berlin – Institut für Markt- und Wirtschaftsforschung GmbH
Otto-Suhr-Allee 11, 10585 Berlin, Tel.: 030/863094-0
Geschäftsführer: Rolf Spannagel

Die Deutsche Bibliothek – CIP-Einheitsaufnahme
Ein Titeldatensatz für diese Publikation ist bei der Deutschen Bibliothek erhältlich.

Der Gabler Verlag ist ein Unternehmen der Fachverlagsgruppe BertelsmannSpringer.

Lektorat: Ralf Wettlaufer / Annegret Eckert

http://www.gabler.de

Höchste inhaltliche und technische Qualität unserer Produkte ist unser Ziel. Bei der Produktion und Verbreitung unserer Bücher wollen wir die Umwelt schonen. Dieses Buch ist auf säurefreiem und chlorfrei gebleichtem Papier gedruckt. Die Einschweißfolie besteht aus Polyäthylen und damit aus organischen Grundstoffen, die weder bei der Herstellung noch bei der Verbrennung Schadstoffe freisetzen.

Textverarbeitung und Layout: Textverarbeitung N. Behrens, Berlin
Druck und Buchbinder: Lengericher Handelsdruckerei, Lengerich/Westf.
Printed in Germany

ISBN 3-409-11616-8

Vorwort des Herausgebers

Das vierzehnte Jahrbuch der FfH stellt das **Verhalten** des Handels, im Handel, mit und gegenüber dem Handel in den Mittelpunkt. Damit sollen die menschlichen Faktoren in das Blickfeld der Handelsforschung gerückt werden, wie sie durch Forschungsansätze aus den Verhaltenswissenschaften beschrieben und erklärt werden können und auf die sich Handelspolitik, das Handelsmanagement und vor allem das Handelsmarketing einzustellen haben. Nach dem rund 30jährigen Siegeszug der verhaltenswissenschaftlichen Marketing–, Führungs– und Organisationsforschung sollte auch die Handelsforschung einmal auf entsprechende Erkenntnisse und Methoden fokussiert und gegenüber ökonomisch domierten Ansätzen hervorgehoben werden. Schließlich ist alles, was im Handel geschieht, letztlich im menschlichen Verhalten der Kunden, Mitarbeiter, Manager, Unternehmer, Wettbewerber, Lieferanten, Partner und Beeinflusser begründet.

Das vorliegende Jahrbuch ist nach einem einleitenden Rückblick auf die 70jährige Geschichte der FfH in vier Abschnitte gegliedert:

- Strategisches Verhalten im Handel
- Zufriedenheit und Kundenbindung
- Vertikales Verhalten
- Handelstcchnologie und Verhalten

ZU DEN BEITRÄGEN

Bunge, H., Siebzig Jahre Forschungsstelle für den Handel: Die FfH, Mitherausgeberin dieses Jahrbuchs, hat mit Beginn des Jahres 1999 eine neue Rechtsform als Tochter der BBE Unternehmensberatung erhalten und führt jetzt den Namen „FfH – Institut für Markt– und Wirtschaftsforschung GmbH“. Der langjährige Geschäftsführer der FfH, Dr. Helmut Bunge, ist in den verdienten Ruhestand getreten. Er hält Rückblick auf Entstehung und Entwicklung, Herausforderungen und Leistungen der um die Handelsforschung in Deutschland verdienten Forschungseinrichtung. Was der Autor nicht sagt und was der Herausgeber ergänzen möchte: Von diesen Verdiensten kommt ein entscheidender Anteil Helmut Bunge selbst zu. Er hat die zweite Hälfte der FfH–Geschichte gesteuert und ihren Übergang in eine wirtschaftlich solide Zukunft der Handelsforschung aus Berlin bewerkstelligt. Als ehemaliger Wissenschaftlicher Direktor der FfH dankt ihm der Herausgeber auch im Namen der Scientific Community dafür und wünscht dem neuen Geschäftsführer der FfH, Rolf Spannagel, Glück und Erfolg.

Strategisches Verhalten im Handel

Töpfer, A., Der Einsatz der Balanced Score Card im Handel, greift dieses ganz im Trend der Managementkonzepte befindliche Instrument des strategischen Controlling auf und erörtert seine Nützlichkeit sowie die dafür beim Einsatz im Handel zu bewältigenden Aufgaben. Besonders im deutschen Einzelhandel bestehen ja beträchtliche Verbesserungspotentiale bei der Strategiebestimmung und –umsetzung. Die von Kaplan & Norton entwickelte „Balanced Score Card" setzt bei strukturellen und prozessualen Erfolgsursachen an, die den finanziellen Ergebnissen kausal weit vorgelagert sind, und weist operational systematische Wege zu konkreten Verbesserungs– und Innovationsmaßnahmen, die dann via Management by Objektives umzusetzen sind. Der entscheidende Vorzug des Instruments gegenüber früheren Managementkonzepten ist die stringente Operationalisierung der strategischen Planung und ihre Integration mit dem Konzept der kontinuierlichen Verbesserung, alles ausgerichtet an den obersten Langfristzielen. Erste ermutigende Erfahrungen im deutschen Einzelhandel liegen vor.

Marschner, H.F., Ein integriertes Modell zur Erklärung des strategischen Internationalisierungsverhaltens von Einzelhandelssystemen (SIVEHS): Die in der Literatur vorliegenden Internationalisierungstheorien sind vornehmlich volkswirtschaftlich und auf die Industrie ausgerichtet. Marschner entwickelt hier eine in sich geschlossene betriebswirtschaftliche Theorie des Internationalisierungsverhaltens von (Managern von) Einzelhandelssystemen, die auf Stimuli und Motiven der Internationalisierung basiert. Das zweistufige Modell beschreibt bisheriges Internationalisierungsverhalten von vier empirisch explorierten Handelssystem–Typen nach Art, Form, Zeit, Intensität und Marktwahlpriorität. Aussagen über künftiges Internationalisierungsverhalten lassen sich daraus tendenziell ableiten.

Bekmeier–Feuerhahn, S.; Spieker, H., Der Handel im Spannungsfeld zwischen Erlebnis– und Umweltorientierung: Die Autoren verstehen diese beiden in der jün–

geren Vergangenheit dominierenden strategischen Grundpositionierungen des Einzelhandels als Polaritäten, und sie vermuten, daß sich die eine oder die andere Positionierungsstrategie künftig als dominant erweisen werde. Tentativ empirisch beschreibende und verhaltenstheoretisch erklärende Aussagen dazu gewinnen sie durch eine experimentelle Werbewirkungsstudie mit Anzeigen für eine Badeteppichmarke mit umwelt- vs. produkt- vs. designorientierter Botschaft. Danach kann zwar keine eindeutige Antwort auf die Frage nach der optimalen Positionierungsstrategie gegeben werden, aber es besteht Anlaß anzunehmen, daß eine erfolgreiche Erlebnisstrategie dezent (und ohne große Hoffnung auf Kaufverhaltenswirkung) um Umweltaussagen zu ergänzen ist.

Schinnenburg, H.; Funck, D., Ökologische Personalentwicklung im Handel ist eine Analyse von Möglichkeiten und Barrieren zur Verbesserung der Umweltorientierung von Mitarbeitern im Handel. Unter Bezug auf verhaltenstheoretische Erkenntnisse werden die Analyse, die Zielfindung und Zielgruppendefinition, die Gestaltungsprinzipien und personalpolitischen Instrumente erörtert.

Zufriedenheit und Kundenbindung

Meffert, H.; Schwetje, Th., Der Einfluß der Mitarbeiterzufriedenheit auf die Kundenzufriedenheit im Handel – Eine theoretische und empirische Analyse am Beispiel des Warenhauses: Eine reizvolle (oft genannte, selten untersuchte) Hypothese besagt, daß zufriedene Mitarbeiter zufriedene Kunden bewirken, auch und besonders im Handel. Die Anschlußhypothese, daß zufriedene Kunden mehr Unternehmenserfolg und letztlich zufriedene Unternehmer/Aktionäre zur Folge haben, wird nach der gigantischen Welle an Kundenzufriedenheitsoffensiven fast unbesehen akzeptiert, obgleich Nachfrager- und Anbieterzufriedenheit zumindest über die Kosten der Kundenzufriedenheit eigentlich in einem natürlichen Konflikt stehen. Insbesondere gilt es als „logisch“, unbedingt Maßnahmen für mehr Mitarbeiterzufriedenheit zu ergreifen. Die ganze hypothetische Kausalkette untersuchen die Autoren kritisch–konstruktiv. Ihre theoretische und empirische Analyse führt zu dem (vielleicht überraschenden, aber nicht erstaunlichen) Ergebnis, daß Initiativen für mehr Mitarbeiterzufriedenheit kontraproduktiv sein können, denn Zufriedenheit ist ein facettenreiches Konstrukt mit differenzierungsbedürftigen Determinanten und Konsequenzen. So gibt es – mit Hilfe dieses Beitrags bestimmbare – Situationen, in denen hohe Mitarbeiterzufriedenheit Kunden eher unzufrieden macht und so das Unternehmen schwächt. Unter bestimmten Bedingungen ist es besser, Mitarbeiter über dosierte Unzufriedenheit zu besonderen Leistungen zu motivieren.

Rudolph, Th.; Schmickler, M., Ansatzpunkte zur Steigerung der Leistungsqualität am Point of Sales - Ergebnisse einer empirischen Studie zur Wahrnehmung der Leistungsqualität in SB–Warenhäusern operationalisieren die von Kunden wahrgenommene POS–Leistungsqualität, messen dieses mehrdimensionale Konstrukt in einer großen europäisch–internationalen Stichprobe bei SB–Warenhäusern, erörtern die befundenen Stärken (allen voran die Auswahl/Vielfalt) und Schwächen (dominierend die Wartezeiten an der Kasse) und leiten Handlungsempfehlungen für die Verbesserung der wahrgenommenen Leistungsqualität ab.

Diller, H.; Goerdt, Th., Einflußfaktoren der Kundenbindung im Lebensmittel-Einzelhandel liefern „Ergebnisse von Panelanalysen für Güter des täglichen Bedarfs" über die warengruppenspezifische Einkaufsstättentreue und besonders über die Frage, welche Faktoren sie beeinflussen. Die Daten zu fünf food– und drei nonfood–Warengruppen stammen aus dem GfK–Haushaltspanel mit 7.000 Haushalten. Abgesehen davon, daß die Einkaufsstättenvielfalt „natürlich" die Geschäftstreue beeinflußt, haben Marketingmerkmale der Händler (z.B. ihre Sonderangebotspolitik), Warengruppenmerkmale (z.B. weniger Geschäftstreue bei Kaffee, mehr bei Spülmitteln, Eiscreme und Sauerkraut) und bestimmte Haushaltsmerkmale (z.B. Einkaufshäufigkeit) Einfluß auf die Geschäftstreue. Die offenbar hoch interdependenen Zusammenhänge werden nicht als komplexes Kausalmodell, sondern bivariat abgebildet.

Schnedlitz, P.; Kotzab, H.; Cerha, C., Betriebstypenspezifische Einkaufsstättenwahl und Nahversorgungsproblematik liefern empirische Ergebnisse nicht nur zu Einkaufsstättenimages u.ä., sondern insbesondere zu der Frage, ob und wie Konsumenten die Tatsache verarbeitet haben, daß durch den Konzentrationsprozeß im Einzelhandel die Nahversorgung im ländlichen Raum ausgedünnt worden ist. Die Autoren bedienen sich dazu der kognitionspsychologisch begründeten „top–of–mind"–Assoziationstechnik. Ein hervorzuhebendes Ergebnis ist, daß die Nahversorgungssituation besser eingeschätzt wird als es der öffentlichen Diskussion entspricht.

Vertikales Verhalten

Schenk, H.–O., Das Vier–Märkte–Konstrukt als verhaltenstheoretischer Erklärungsansatz der Machtkonstellationen des Handels: Die pauschale Aussage von der zunehmenden Macht des Handels gegenüber dem Hersteller wird sorgfältig differenziert, und zwar nach Ebenen und Faktoren der Macht, nach Potential– und Realebenen der Macht und, über die Lieferantenbeziehungen des Handels hinaus, nach seinem Verhalten gegenüber den (als wietere drei Märkte aufgefaßten) Kunden, Mitbewerbern und Mitarbeitern. Damit liefert Schenk einen wissenschaftlichen Bezugsrahmen zur Versachlichung der Diskussion des Themas „Handelsmacht". Allerdings müßten die wesentlichen Determinanten dieser differenzierten Machtrelationen zunächst gemessen werden.

Gierl, H.; Helm, R.; Puhlmann, A., Strategien der Hersteller zur Motivation des Handels ist „eine kausalanalytische Untersuchung der zwischenbetrieblichen Zusammenarbeit im Konsumgüterbereich", mit der am Beispiel der Sportartikelbranche untersucht wird, wie effizient die relativen Wirkungen von Instrumenten des handelsgerichteten Herstellermarketing sind. Aus der Datenbasis von 199 von Händlern ausgefüllten Fragebögen mit 20 Beurteilungsfragen zum Herstellermarketing und vier Fragen zum resultierenden Händlerverhalten wurde ein LISREL–Modell geschätzt. Seine Parameter zeigen, daß der Einsatz des Händlers für die Marke des Herstellers in erster Linie vom Erfolg des Pull–Marketing des Herstellers abhängt, in zweiter Linie von nicht–finanziellen Hersteller–Händler–Beziehungen. Die Rücksichtnahme des Händlers auf die Herstellerziele hängt dagegen besonders von den Konditionen ab, aber auch wieder von den nicht–finanziellen Hersteller–Händler–Beziehungen.

Decker, A., Das Qualitative Franchisenehmer–Zufriedenheits–Modell (QFZM): Der Autor wendet sich dem Problem der Performance in Franchising–Systemen über die Schlüsselvariable „Zufriedenheit des Franchisenehmers" zu. Diese Anwendung der zur Zeit sehr populären Zufriedenheitsforschung ist neu und für die Handelsforschung relevant. Decker schließt sich der jüngeren wissenschaftlichen Erkenntnis an, daß Zufriedenheit ein mehrdimensionales Konstrukt mit kognitiven, emotionalen und intentionalen Ausprägungen ist. Auf der Grundlage der Zufriedenheitsforschung von Stauss operationalisiert er Franchisenehmer–Zufriedenheit und entwickelt eine empirisch gestützte Typologie von unterschiedlich handlungsbereiten (und „zu behandelnden") Franchisees. Da die Parameter des Meßmodells und die resultierende Typologie von der

Branche (und von anderen situativen Merkmalen) abhängen, wird die Empirie des Beitrags auf eine Fallstudie beschränkt, nämlich eines Franchising–Unternehmens der Tourismusbranche. Der Fall demonstriert Aussagekraft für Diagnose und Management.

Möhlenbruch, D.; Kotschi, B., Die Verkaufsförderung als Kooperationsbereich zwischen Industrie und Handel: Unter den Anwendungsgebieten neuerer Kooperationskonzepte zwischen Industrie und Handel (z.B. ECR) findet sich wenig für die Verkaufsförderung am POS, obwohl diesem Marketinginstrument große und noch wachsende Bedeutung zukommt. Hauptgrund dafür dürfte in dem besonderen Hersteller–Händler–Konfliktpotential der Verkaufsförderung liegen. Die Autoren zeigen die dem gegenüberstehenden Chancen, insbesondere Effizienzwirkungen, aber auch Risiken, erörtern die förderlichen Bedingungen aus dem veränderten Konsumentenverhalten und aus IT–Entwicklungen und raten schließlich zur Veränderung der in Deutschland noch im Wege stehenden schwachen Kooperationskultur.

Handelstechnologie und Verhalten

Meyer, M., Efficient Consumer Response – Eine kritische Betrachtung: Der Beitrag unterscheidet sich von den zahlreichen ECR–Publikationen vor allem durch seine illusionslose Einstellung zu diesem vertikal kooperativen Instrumentarium des Handelsmanagement. Nach einer systematischen Einführung in die Grundlagen und Erfolgsfaktoren des ECR werden alle zentralen Kritikpunkte systematisch abgehandelt. Im Ergebnis wird aus der Handelssicht zwar der erwünschte Effizienzgewinn konstatiert, aber es wird auch vor der mit ECR potentiell verbundenen Schwächung der Position gegenüber der Industrie gewarnt.

Lingenfelder, M.; Fisbeck, H., Gestaltung individueller Informationsdienstleistungen im Internet: Das Internet hat Potentiale nicht nur für interaktive Werbung und neue Vertriebsformen, sondern auch für einen enormen Schritt auf dem Weg zum Ideal des total individualisierten Marketing. Diese Potentiale werden nur bisher wenig genutzt. Die Autoren beschreiben „Customized Marketing" als den leistungsbezogenen Teil des individualisierten Marketing, begründen das Konzept informationsökonomisch und transaktionskostentheoretisch und zeigen, wie individuelle Informations–Leistungsprozesse (besonders durch Modularisierung) und –Leistungsergebnisse (einschließlich Preisdifferenzierung) durch die Internet–Technik verwirklicht werden können.

Freter, H.; Dreier, H., Electronic Commerce für neue PKW: Am Beispiel des Automobil–Einzelhandels zeigen die Autoren, wie sich die Vertriebsstrukturen und –prozesse sowie das Käuferverhalten unter dem Einfluß des Internet drastisch verändern. Beschrieben werden die neuen Online–Betriebsformen einschließlich ihrer Funktionserfüllungspotentiale sowie die neuen Electronic–Commerce–Absatzkanaltypen nach Zentralität und Kanalzahl – einschließlich der Einschaltung rein elektronischer Händler („Matchmaker"). Was hier an außerordentlichen Risiken und Chancen für den KFZ–Handel beschrieben wird, läßt sich tendenziell auf zahlreiche andere Branchen übertragen.

Gedenk, K.; Böge, Ch., Kommunikation durch POS–TV: Mit Videowerbung und –programmen an den Kassen im Einzelhandel können Hersteller– und Handelsziele zugleich verfolgt werden: Markenartikelwerbung der Hersteller und Erlebnismarketing des Handels, nicht zuletzt auch zur subjektiven Wartezeitverkürzung. Die Autoren berichten über recht positive Ergebnisse einer Begleituntersuchung zum Einsatz des „Kassenmonitor" bei „real".

LITERATURDIENST

Den Abschluß bildet wieder ein umfangreicher Literaturservice, den der gesamte Lehrstuhl Marketing I der Technischen Universität Berlin für das Jahrbuch erarbeitet hat. Wie bereits im Vorjahr sind wir der steigenden Publikationsflut nicht blind gefolgt, sondern haben versucht, ihr durch scharfe Selektion nach Relevanz und Aussagekraft entgegenzuwirken.

Ich danke meinen Mitarbeitern Margit BINSACK (ihr besonders für die Selektion und Organisation dieses Dienstes), Andrea BOOKHAGEN, Jens GÄRTNER, Constanze HESS, Oliver JOST und Marcel PAULSSEN für ihre kompetente und mühevolle Arbeit, die sie neben ihren Aufgaben in Forschung und Lehre bereitwillig und engagiert übernommen haben.

WEITERE DANKSAGUNGEN

Der aus der Sicht des Herausgebers wichtigste Dank geht natürlich an die AUTOREN.

Seitdem die FfH als GmbH eine Tochter der BBE Unternehmensberatung ist, wird das Jahrbuch Handelsforschung hauptsächlich von der BBE finanziert. Herrn Willibald

POPLUTZ danke ich sehr dafür, daß er das Fortbestehen der Reihe ermöglicht hat. Auch die STIFTUNG BAYRITEX hat die Entstehung des Jahrbuchs wieder finanziell unterstützt, wofür ich Herrn SAND herzlich danke.

Am Ende ihrer Assistentenzeit gilt mein besonderer Dank Frau Andrea BOOKHAGEN. Sie hat die sehr umfangreiche Arbeit der Schriftleitung wiederum perfekt und effizient bewältigt. Die Korrekturarbeiten und das Layout hat in bewährter Weise wieder Herr Norbert BEHRENS übernommen. Ihm gebührt Dank für die professionelle und termingerechte Ausführung.

Call for Papers „Handelsforschung 2000/2001“

Das 15. Jahrbuch der FfH ist im Anschluß an die Themen Ladenschluß (Band 2, 1987), Standortfragen (3, 1988), Grundsatzfragen (4, 1989), Internationalisierung (5, 1990), Erfolgsfaktoren und Strategien (6, 1991), Integriertes Europa (7, 1992/93), Systeme (8, 1993/94), Kooperation (9, 1994/95), Informationsmanagement (10, 1995/96), Positionierung (11, 1996/97), Kundenorientierung (12, 1997/98), Innovation (13, 1998/99) und jetzt Verhalten (14, 1999/00), dem Schwerpunktthema

Wettbewerb und Kooperation

gewidmet. Beiträge zur Handelsforschung außerhalb dieses Schwerpunkts sind wie stets willkommen.

AUTORENHINWEIS

Auszug aus dem **Merkblatt für Autoren**, das auf Anforderung gern zugesandt wird: Die Beiträge sollen inclusive Abstract, Literaturverzeichnis und Abbildungen 15 bis 20 Normseiten lang sein (Times New Roman 12 Punkt, 1,3–zeilig, Seitenränder: links/rechts 3 cm, oben 3,5 cm, unten 4 cm, *kein* Blocksatz, *ohne* Trennungen). Überschreitungen der 20–Seiten–Schranke können nicht akzeptiert werden. Erbeten wird ein Ausdruck und eine Diskette bzw. ein E–Mail–Attachment unter Windows (Texte in Word, Tabellen und Diagramme in Excel, Grafiken in PowerPoint). Redaktionsarbeit entsteht hauptsächlich durch Abweichungen von den im Merkblatt genannten Regeln. Nacharbeiten durch die Autoren und eventuell Verzögerungen des Erscheinens sind die – vermeidbare – Folge.

Redaktionsschluß ist der 30. April 2000

Kontaktadresse:
Professor Dr. Volker Trommsdorff
Technische Universität Berlin, Lehrstuhl Marketing I
Wilmersdorfer Straße 148, D 10585 Berlin
Tel. 030–314–22266 Fax –22664
V.Trommsdorff@ww.tu–berlin.de

Berlin, im Juli 1999 Volker Trommsdorff

Inhaltsverzeichnis

Vertikales Verhalten

Handelstechnologie und Verhalten

Literaturdienst

Siebzig Jahre Forschungsstelle für den Handel

Helmut Bunge, Berlin

Die Forschungsstelle für den Handel besteht seit 1929. Der langjährige Geschäftsführer der FfH, Dr. Helmut Bunge, der zum Ende des vergangenen Jahres in den Ruhestand gegangen ist, läßt in seinem Beitrag noch einmal die siebzig Jahre seit der Gründung des Instituts – und damit siebzig Jahre der empirischen Handelsforschung – Revue passieren.

1 DIE FRÜHEN JAHRE

Die Sorgen des deutschen Handels vor siebzig Jahren könnten der heutigen Tagespresse entnommen sein, wenn man „Warenhäuser" beispielsweise durch „SB–Warenhäuser", „Fachmärkte" und „Shoppingcenter" ersetzt: Die Inhaber von Fachgeschäften im Einzelhandel fühlten sich damals durch die zunehmende Konkurrenz der Warenhäuser und Großfilialunternehmen in ihrer Existenz bedroht, im Großhandel wurden Ausschaltungstendenzen durch die Großunternehmen des Einzelhandels befürchtet. Der sich damals abzeichnende Strukturwandel im Handel führte verständlicherweise zu großer Unruhe in den betroffenen Handelskreisen. Die Spitzenverbände von Einzelhandel und Großhandel suchten nach geeigneten Wegen zur Verbesserung der Betriebsleistungen ihrer Mitglieder. Die Gründung der Forschungsstelle für den Handel Berlin vollzog sich daher im Jahre 1929 mit ideeller und materieller Unterstützung der Handelsorganisationen – zunächst als Außeninstitut der Handelshochschule Berlin. Begründer und erster wissenschaftlicher Leiter war Dr. Julius Hirsch, Professor an der Handelshochschule Berlin für das Fach „Spezielle Betriebswirtschaftslehre des Handels"; Mitbegründer waren Dr. Joachim Tiburtius, Vorstandsmitglied der Hauptgemeinschaft des Deutschen Einzelhandels, und Dr. Leo Engel, Geschäftsführer des Reichsverbandes des Deutschen Groß– und Überseehandels.

Das Ziel seiner Forschungen und somit auch die Aufgaben der Forschungsstelle für den Handel hatte Julius Hirsch in der Einführung zu der von der Internationalen Handelskammer im Jahre 1935 herausgegebenen Schrift „Kennzahlen zur Handelsforschung" wie folgt umrissen: „Diese Schrift will durch Tatsachen–Kenntnis zur Leistungsverbesserung führen helfen. Sie will auch auf dem überaus wichtigen Gebiete der Warenverteilung führen vom Meinen zum Wissen, vom Wissen zum Können, vom Können zur planmäßigen dauernden Höhersteigerung der Wirtschaftlichkeit in der gesamten Verteilungswirtschaft" (Hirsch 1935, S. 1). Moderner, aber vielleicht nicht einmal klarer formuliert, würde man auch heute die Aufgaben der Handelsforschung beschreiben.

Julius Hirsch wollte nicht nur forschen, sondern die gewonnenen Erkenntnisse einerseits den Handelsunternehmen zugänglich machen, andererseits die Öffentlichkeit über die Entwicklung des Handels unterrichten. Das sollte mit Hilfe zwischenbetrieblicher Vergleiche geschehen, die zunehmend in der Handelspraxis eingesetzt wurden. Im deutschen Handel war anfangs der Betriebsvergleich allerdings nur bei den Waren– und Kaufhäusern zur Anwendung gelangt. Das Ziel, den Betriebsvergleich auf breiter Basis im deutschen Handel zu verankern, war nicht leicht zu erreichen – die Bereitschaft der Handelsunternehmen, Umsätze, Sortimente, Kosten und Leistungen zur neutralen Auswertung mitzuteilen, war zunächst gering. Diese Erfahrungen müssen Handelsforscher auch heute machen; also auf diesem Gebiet gibt es nicht viel Neues – wenn man einmal vom Einsatz der EDV absieht.

Im Jahre 1933 wurde die FfH Bestandteil des Reichskuratoriums für Wirtschaftlichkeit (RKW). Es entstand auch eine enge Zusammenarbeit mit dem Reichsausschuß für Wirtschaftlichen Vertrieb (RWV) – ebenfalls unter der Leitung von Joachim Tiburtius –, der alle an der Absatzwirtschaft beteiligten Forschungsinstitute zusammenfaßte. Wichtiges Ergebnis dieser Zusammenarbeit war die Dokumentation der FfH zum Thema „Absatzforschung und Absatzpraxis in Deutschland" (FfH 1937) mit Beiträgen von Schäfer, Rößle, Nieschlag, Hellauer, Tiburtius, Buddeberg, Ludwig Erhard, Ruberg.

2 DIE NACHKRIEGSZEIT

Anfang der fünfziger Jahre wurden – nach einigen Jahren kriegs– und nachkriegsbedingter Unterbrechung – die Arbeiten der FfH zunächst im Rahmen des „Seminars für Theorie und Politik des Binnenhandels" von Joachim Tiburtius, der seit 1948 ordentlicher Professor an der Freien Universität Berlin war, wieder aufgenommen. Der Wieder–

aufbau der FfH war, den damaligen Zeiten entsprechend, ein mühevoller Weg, zumal die Betriebsvergleiche für nahezu alle Branchen des Einzelhandels und des Großhandels an das Institut für Handelsforschung an der Universität zu Köln abgewandert waren.

Am 18. Januar 1955 konstituierte sich die FfH neu als gemeinnütziger eingetragener Verein. In zunehmendem Maße förderten der Bundesminister für Wirtschaft, die Senatsverwaltung für Wirtschaft in Berlin – durch Vergabe von Forschungsaufträgen und durch Zuschüsse zum laufenden Betrieb –, ferner der Deutsche Industrie- und Handelstag sowie die Industrie- und Handelskammer zu Berlin die FfH.

Auch bei der Wiederaufnahme der Aktivitäten der FfH standen zunächst Betriebsvergleiche im Vordergrund der Arbeit. Die FfH bemühte sich mit Erfolg, Betriebsvergleiche für mehrere Großhandelsbranchen auf Bundesebene fortzuführen. Besonders erfolgreich waren die Bemühungen der FfH in den siebziger Jahren, Betriebsvergleiche für Automatenunternehmen und für Hotels einzurichten; nach Anfängen ausschließlich mit Berliner Hotels stammt die Mehrzahl der Teilnehmer heute aus ganz Deutschland.

Heute, wie in den dreißiger Jahren, dienen die Betriebsvergleiche der Information der teilnehmenden Betriebe, der Verbände und öffentlicher Stellen, wenngleich sich inzwischen das Schwergewicht von der Entwicklung methodischer Grundlagen der Betriebsvergleiche zu einer Verbreiterung der Auswertungsmöglichkeiten der Betriebsvergleichsergebnisse verlagert hat. So bemüht sich die FfH ständig, durch eine den Anforderungen der Praxis entsprechende Darstellung und Vermittlung der Ergebnisse, den Nutzen der Betriebsvergleiche zu erhöhen und ihren Informationswert zu steigern.

Der FfH stand nach ihrer Neugründung das Primärmaterial für betriebswirtschaftliche Forschungen aus Betriebsvergleichen nicht mehr wie in früherem Umfang zur Verfügung, so daß sich das Schwergewicht der Arbeiten mehr hin zu Forschungsaufträgen und somit zu Problemen verlagerte, für die im Interesse einer ganzen Branche oder des gesamten Einzelhandels bzw. Großhandels eine Lösung gefunden werden sollte. Seit Ende der sechziger Jahre erweiterte die Forschungsstelle für den Handel den Bereich ihrer Forschungstätigkeit noch mehr, indem sie Untersuchungen der Wirtschaftlichkeit und Wettbewerbslage in Wirtschaftszweigen außerhalb des institutionellen Handels durchführte. Hierzu gehörten auch Untersuchungen, die sich mit der Förderung absatzorientierter Unternehmensführung in mittelständischen Betrieben befaßte (z.B. Druckgewerbe, Holzverarbeitendes Gewerbe).

3 DIE SIEBZIGER UND ACHTZIGER JAHRE

Die Forschungsvorhaben der FfH deckten in den siebziger Jahren weite Bereiche der empirischen Handelsforschung ab. Sie erstreckten sich sowohl auf die Bundesrepublik Deutschland insgesamt (z.B. Vertriebssysteme zwischen Industrie und Handel, Energiebedarf des Handels, Funktionen und Leistungen der Handelsvertretung, Versorgung mit Lebensmitteln in ländlichen Gebieten, Bedeutung der Fußgängerzonen für den Strukturwandel im Einzelhandel) als auch speziell auf Berlin (z.B. Entwicklungslinien im Einzelhandel und deren Ursachen, Standortstruktur des Einzelhandels, Übernachtungskapazitäten im Beherbergungsgewerbe, Wirtschaftsstruktur–Untersuchungen in Sanierungsgebieten). Auch für einzelne Bundesländer wurden Untersuchungen durchgeführt, wie z.B. eine Kosten–Nutzen–Analyse von Kurzberatungen im Groß– und Einzelhandel in Nordrhein–Westfalen. Mehrere Ergebnisberichte zu den Projekten konnten der Allgemeinheit zugänglich gemacht werden; ausnahmslos fanden sie in interessierten Kreisen von Wirtschaft, Politik und Verwaltung große und positive Resonanz. In dieser Zeit wurde der Grundstein des FfH–Images gelegt, gekennzeichnet durch die Eigenschaften Kompetenz, Neutralität, Zuverlässigkeit und Genauigkeit.

In den achtziger Jahren entwickelte sich die FfH zum Spezialisten für „Versorgungsuntersuchungen", deren Ergebnisse von erheblicher wirtschaftspolitischer Bedeutung waren: Die Versorgung mit Lebensmitteln in städtischen Randlagen, die Qualität der Versorgung mit Einzelhandelsleistungen in Bayern, Funktion und Bedeutung mobiler Verkaufsstellen in der Bundesrepublik Deutschland, die Versorgung der Bevölkerung mit Einzelhandelsleistungen nach Haushaltstypen.

Als weiteres Spezialgebiet entwickelten sich Untersuchungen zur Kaufkraft. Mehrere Projekte befaßten sich mit dem Kaufkraftzufluß nach Berlin als Auswirkung von Messen und Kongressen; dieses Thema wurde nach mehrjähriger Pause im Jahre 1998 wieder aufgegriffen (Die gesamtwirtschaftliche Bedeutung von Messen und Ausstellungen in Deutschland). Seit rund 20 Jahren arbeitet die FfH außerdem an Untersuchungen zur Kaufkraft in Teilregionen von Berlin.

Weitere Projekte befaßten sich mit Fragen des Tourismus, mit Freizeitthemen, mit den Großmärkten für Obst und Gemüse in Frankfurt am Main und in Mannheim, mit dem produzierenden Gewerbe in Berlin–Kreuzberg sowie mit der Motivation zur Unternehmensgründung – Unternehmenserfolg durch Kreativität.

In diese Zeit fiel ein erheblicher Bedeutungszuwachs der Marktforschungstätigkeit und somit – Mitte der achtziger Jahre – eine weitere Schwerpunktbildung innerhalb der FfH. Dies fiel nicht zufällig mit der Wahl von Professor Dr. Volker Trommsdorff in das Amt des Wissenschaftlichen Direktors zusammen. Auch wenn bis dahin die Bearbeitung vieler Projekte die Gewinnung von Primärdaten (aus Haushalts–, Passanten– und Betriebsbefragungen, Befragungen von Messebesuchern und Kongreßteilnehmern u.a.) erforderte, wurde erst jetzt eine „Marktforschungsabteilung“ gebildet; die FfH führte nun mit eigenem Interviewerstamm die Befragungen durch, und die Auswertungen gewannen durch die Anwendung multivariater Verfahren an Aussagekraft.

Volker Trommsdorff hatte im Jahre 1983 die Nachfolge im Amt des Wissenschaftlichen Direktors der FfH von Walter Endres angetreten, dem Karl Christian Behrens und – seit seiner Wiedergründung 1955 – Joachim Tiburtius vorangegangen waren. In seiner Funktion als Wissenschaftlicher Direktor gibt Volker Trommsdorff seit 1986 das FfH-Jahrbuch zur Handelsforschung heraus. Zu den jährlich wechselnden Themenschwerpunkten gehören: Ladenschluß, Standortfragen, Kooperationen, Internationalisierung im Handel, Erfolgsfaktoren und Strategien, Systeme im Handel, Informationsmanagement im Handel, Positionierung des Handels, Kundenorientierung im Handel, Innovation im Handel.

4 DIE ENTWICKLUNG SEIT 1990

Bis zu Beginn der neunziger Jahre wurden die Forschungsvorhaben der FfH überwiegend von öffentlichen oder halböffentlichen Stellen in Auftrag gegeben und nur selten von privaten Unternehmen. Das war nicht nur damals bezeichnend für die Lage der Wirtschaftsforschung, sondern auch heute finden sich nur selten private Auftraggeber, wenn sich die Forschungsergebnisse nicht unmittelbar im Unternehmen zur Ertragssteigerung umsetzen lassen. Erfreulicherweise sah sich jedoch die öffentliche Hand bis Mitte der neunziger Jahre in der Lage, durch Finanzierung von Forschungsaufträgen dazu beizutragen, Fehlentwicklungen in der Wirtschaft zu verhindern oder zu korrigieren, wünschenswerte Entwicklungen anzuregen oder zu fördern. Im Vordergrund standen hierbei wirtschaftspolitische Maßnahmen zur Stabilisierung der Verbesserung der Lage mittlerer und kleiner Unternehmen.

Die Beiträge der Forschungsstelle für den Handel zur Handelsforschung hatten immer – und darin ist auch heute hauptsächlich ihre Aufgabe zu sehen – einen direkten Bezug zur Praxis. Dies entspricht den Wünschen der Auftraggeber, die daran interessiert sind, daß die Forschungsergebnisse wirtschaftspolitisch umsetzbar sind, und in der Regel nur unter dieser Voraussetzung Forschungsvorhaben finanziell unterstützen.

Eine völlig neue Situation ergab sich für die FfH bereits unmittelbar nach dem Fall der Mauer. Noch im November 1989 kamen die ersten Interessenten aus dem Ostteil Berlins, um sich in der FfH über das Funktionieren der Marktwirtschaft und speziell über Strukturen und Entwicklungen des Handels in der Bundesrepublik zu informieren. Bis Mitte der neunziger Jahre hat die FfH auf diese Weise in mehreren tausend Fällen persönlich, schriftlich und telefonisch ihr Wissen an Mitarbeiter verwandter Institute, an Existenzgründer und Studenten sowie an Politiker und Verwaltungsmitarbeiter in Ostdeutschland weitergegeben.

Mit finanzieller Unterstützung des Bundesministeriums für Wirtschaft konnte sich die FfH den neuen Aufgaben stellen und erfolgreich an der Umgestaltung der Handelsstrukturen in den neuen Bundesländern mitwirken. In diesen Jahren bearbeitete die FfH folgende einschlägige Projekte (teilweise in Zusammenarbeit mit anderen Instituten): Gesamtwirtschaftliche und unternehmerische Anpassungsprozesse im Gebiet der früheren DDR, Entwicklung des Handels in den neuen Bundesländern, Produkt- und Akzeptanztests für Erzeugnisse von Unternehmen in den neuen Bundesländern, Präsenz von Ostprodukten im Einzelhandel der alten und neuen Bundesländer, Marketing für Produkte aus den neuen Bundesländern, Förderung des Absatzes von Ostprodukten, Steigerung der Bekanntheit durch Qualitätstests nach Kriterien der STIFTUNG WARENTEST, Verbesserung der Absatzsituation ostdeutscher Produkte und der Kooperationsbeziehungen zwischen Industrie und Handel.

Zur Bearbeitung dieser Forschungsprojekte, deren Ergebnisse wirtschaftspolitisch von hoher Relevanz waren, verdoppelte die FfH die Zahl der wissenschaftlichen Mitarbeiter durch Einstellung von Mitarbeitern des ehemaligen ökonomischen Forschungszentrums des Binnenhandels in der DDR. Auf diese Weise entstand eine Idealkombination von spezifischem Wissen über die Verhältnisse in der ehemaligen DDR einschließlich zahlreicher persönlicher Kontakte und den Erfahrungen der „alten" FfH-Mitarbeiter. Die Kontakte der „neuen" FfH-Mitarbeiter zu Instituten in mittel- und osteuropäischen Reformstaaten ermöglichten auch die Bearbeitung von Projekten, die den bisherigen nationalen Rahmen der FfH-Aufgaben sprengte: Förderung des Aufbaus eines leistungsfähigen Mittelstandes – insbesondere im Handel – in mittel- und osteuropäischen Ländern durch Unterstützung bedeutender Forschungsinstitute dieser Länder, Beratung und Betreuung von Existenzgründern aus dem Handel im Oblast Moskau, Erfolgsfaktoren betrieblicher Transformation im Prozeß zunehmender Marktorientierung in osteuropäischen Ländern.

Eine „Auftragsexplosion“ erlebten seit 1990 die Aufgabenreiche „Standort- und Regionalanalysen“ und „Marktforschung“. Der Informationsbedarf von Ministerien, Senatsverwaltungen, Ländern und Gemeinden sowie von Unternehmen über Strukturen und zu erwartende Entwicklungen des Handels und über das Verbraucherverhalten in den neuen Bundesländern nahm ständig zu, so daß die FfH auch diese beiden Bereiche personell ausbaute.

Schon Ende 1990 legte die FfH ein Konzept für die Ansiedlung großflächiger Einzelhandelsbetriebe im Umland Berlins und in den östlichen Randbezirken Berlins vor, denn die Gefahr des Wildwuchses bei großflächigem Einzelhandel war nicht zu übersehen. Dieses Thema ließ die FfH nicht mehr los, so daß in den Folgejahren mit ständiger Aktualisierung des Dateninputs (Bevölkerungs- und Kaufkraftentwicklung, Flächenentwicklung und Umsätze im Einzelhandel) ein detailliertes Bild der Strukturen und der zu erwartenden Entwicklung des Einzelhandels in der Region Berlin entstand: Die Standortstruktur des Einzelhandels in Berlin – Konzept für die Zentralisierung in den östlichen Bezirken Berlins (1992), Analyse und Prognose zur Entwicklung des Einzelhandels in Berlin-Mitte (1995), Perspektiven des Einzelhandels in der Region Berlin-Brandenburg (1996), Einzelhandel in der Region Berlin-Brandenburg – Entwicklung von Flächenangebot und Flächenbedarf (1998), Teilräumliche Leitlinien zur Entwicklung der Zentren und Einzelhandelstrukturen in Berlin (1998). Diese Gutachten dienten dazu, Markttransparenz zu schaffen und Investoren, Betreibern sowie potentiellen Mietern, aber auch den Verwaltungen und Verbänden eine möglichst verläßliche Grundlage für ihre Standortentscheidungen zu geben.

Parallel zu diesen Regionalanalysen bearbeitete die FfH seit 1990 Hunderte von Standortanalysen für Unternehmen: von Kurzanalysen für Supermärkte bis zu Tragfähigkeits- und Verträglichkeitsanalysen für Einkaufszentren.

„Wenn nun in der Öffentlichkeit die Meinung vertreten wird, der Handel sei ‘übersetzt’, der Handelsapparat sei stärker gewachsen als seine Umsätze“, trifft dies seit einigen Jahren auf die Verhältnisse in den neuen Bundesländern zweifellos zu, die hier zitierte Feststellung stammt allerdings aus den zwanziger Jahren. Auch wenn ein Vergleich der Handelsstrukturen in einem Abstand von siebzig Jahren nur Historiker interessieren dürfte, ist es doch verblüffend festzustellen, daß der Strukturwandel im Handel den mittelständischen Einzelhandel heute vor ähnliche Probleme stellt wie vor siebzig Jahren. Dies konnte bereits zu Beginn dieses Beitrags resümiert werden.

Gegenüber der traditionellen Ausrichtung auf den Handel hat die FfH seit den achtziger Jahren und verstärkt in den neunziger Jahren ihre Aktivitäten auf verschiedene Dienstleistungssektoren ausgeweitet: Medien, Finanzdienstleistungen, Verkehr und Tourismus. In der Marketingforschung entwickelte sich die FfH zu einem kompetenten Anbieter von Wettbewerbs–Imageanalysen, kundenorientierten strategischen Analysen, Verbraucheranalysen (u.a. zum Einkaufsverhalten der Berliner) sowie Marktpotentialanalysen für Messen und Ausstellungen und für den Wohnungsbau. Die Namen der wichtigsten Auftraggeber spiegeln die Breite der Themen wider, die noch zehn Jahre zuvor nicht vorstellbar gewesen wäre: Bankgesellschaft Berlin, Berliner Stadtreinigungsbetriebe, Berliner Zeitung, Berliner Verkehrsbetriebe (BVG), Berliner Wasserbetriebe, ECE Projektmanagement, Edeka, Herlitz, Hertie, Karstadt, Kaufhof, Messe Berlin, Otto Reichelt, Rewe, Stiftung Warentest.

5 AUSBLICK

Die von allen Seiten anerkannten Leistungen und das gute Image der FfH konnten nicht verhindern, daß in der zweiten Hälfte der neunziger Jahre die öffentliche Hand mehr und mehr als Auftraggeber ausfiel: Aufträge aus der Wirtschaft konnten die entstandenen Lücken weder inhaltlich noch finanziell füllen. Als Folge dessen ging das Auftragsvolumen zurück, und leider mußte entsprechend die Zahl der Mitarbeiter verringert werden.

Es begannen die schwierigsten Jahre für die FfH seit 1955, und erst jetzt, zur Mitte des Jahres 1999 und somit siebzig Jahre nach der Gründung des Instituts, kann erleichtert festgestellt werden, daß die FfH ihre schwerste Krise gemeistert hat. Der im Handel sprichwörtliche Wandel hat auch nicht vor der FfH Halt gemacht: Mit der Gründung der „FfH – Institut für Markt- und Wirtschaftsforschung GmbH" zum Jahresbeginn 1999, mit der Änderung der Rechtsform also, hat sich die FfH auf die Veränderungen in der Kunden- und Auftragsstruktur eingestellt und den sich verschärfenden Wettbewerbsbedingungen Rechnung getragen. Die bisherige Rechtsform des gemeinnützigen Vereins erwies sich für die Forschungsstelle für den Handel immer weniger als geeignet, um das

„Geschäft“ mit Standort– und Regionalanalysen, Marktforschung sowie Betriebsvergleichen und Beratung nach unternehmerischen Grundsätzen zu führen.

Demnach war es eine logische Konsequenz, den gemeinnützigen Verein aufzulösen – dies ist zum 31.12.1998 geschehen – und die neue Gesellschaft zu gründen. Der FfH GmbH steht mit der BBE–Unternehmensberatung ein starker Partner als Gesellschafter zur Seite, der nicht nur die wirtschaftliche Grundlage des Instituts sicherstellt, sondern auch eine Ausweitung der Angebotspalette ermöglicht.

Die Kontinuität in der Arbeit des Instituts ist dadurch gewährleistet, daß die bekannten Geschäftsfelder von denselben Mitarbeitern betreut werden wie bisher – mit einer Ausnahme: Der langjährige Geschäftsführer des FfH e.V., Dr. Helmut Bunge, hat zu Beginn des Jahres 1999 die Leitung des Instituts in die Hände seines bisherigen Stellvertreters, Dipl.–Kfm. Rolf Spannagel, gelegt. Der neuen Gesellschaft, ihrem Leiter und der FfH–Mannschaft ist viel Erfolg bei der Bewältigung der vor ihnen liegenden Aufgaben zu wünschen. Schon jetzt läßt sich jedoch sagen, daß die FfH am Sitz von Parlament und Regierung sowie einer Vielzahl von Verbänden die Chancen wahrnehmen wird, die in Zukunft der Standort Berlin bietet.

LITERATUR

Bunge, H.: Die Aufgaben der Forschungsstelle für den Handel heute. In: FfH Berlin (Hrsg.): Handelsforschung heute, Schriftenreihe der Forschungsstelle für den Handel, Dritte Folge, Nr. 7, Berlin 1979, S. 17–23.

FfH Berlin (Hrsg.): Absatzforschung und Absatzpraxis in Deutschland, Schriftenreihe der Forschungsstelle für den Handel, Neue Folge, Nr. 2, Berlin 1937.

FfH Berlin (Hrsg.): Handelsforschung heute, Schriftenreihe der Forschungsstelle für den Handel, Dritte Folge, Nr. 7, Berlin 1979.

Grothe, W.: Fünfzig Jahre Forschungsstelle für den Handel, in: FfH Berlin (Hrsg.): Handelsforschung heute, Schriftenreihe der Forschungsstelle für den Handel, Dritte Folge, Nr. 7, Berlin 1979, S. 13–16.

Hirsch, J.: Kennzahlen zur Handelsforschung, Berlin 1935, S. 1.

Spannagel, R.: Forschungsstelle für den Handel Berlin (FfH) e.V. In: Diller, H. (Hrsg.): Vahlens Großes Marketing Lexikon, München 1994, Sp. 332–333.

Spannagel, R.: 60 Jahre Forschungsstelle für den Handel. In: FfH Berlin (Hrsg.): mitteilungen aus der FfH, 4. Jahrgang/Nr. 2, Mai 1989, S. 1–6.

Strategisches Verhalten im Handel

Der Einsatz der Balanced Score Card im Handel

Armin Töpfer, Dresden

Ziel dieses Beitrags ist es, den effektiven Einsatz der Balanced Score Card im Allgemeinen und innerhalb des Handels im Besonderen darzustellen. Dabei werden zunächst die besonderen wettbewerbspolitischen Rahmenbedingungen im Handel in Deutschland und die sich daraus ergebenden strategischen Anforderungen an die Unternehmensleitung aufgezeigt. Da bei einem Großteil der Unternehmen die erfolgreiche Umsetzung von Strategien an einem fehlenden strategischen Steuerungsinstrumentarium scheitert, wird in den weiteren Ausführungen die Balanced Score Card mit den zugrunde liegenden Ursachen–Wirkungs–Beziehungen als ein umfassendes Management–Instrument dargestellt. Dabei wird der originäre Ansatz von Kaplan/Norton erweitert und ergänzt, so daß die Steuerung der kontinuierlichen Verbesserungsprozesse auf allen Ebenen eines dezentral geführten Unternehmens optimal gestaltet werden kann.

1 VERSCHÄRFTER WETTBEWERB UND ERTRAGSPROBLEME DURCH STEUERUNGSDEFIZITE

Im Vergleich zu anderen Ländern, insbesondere dem britischen Markt, ist die Situation für den deutschen Handel in vieler Hinsicht schwieriger. Dies gilt vor allem für den Lebensmittelhandel. Die Gewinnmarge beträgt in Deutschland im Durchschnitt weniger als 2%, Renditen mit 0,5 bis 1% sind so niedrig wie in keinem anderen Land. Die deutschen Lebensmittelpreise weisen das niedrigste Niveau in ganz Europa auf. Seit fünf Jahren schrumpft der Einzelhandelsmarkt.

Die Nahrungsmittelpreise in Großbritannien sind dagegen 50% höher als in Deutschland, die Margen doppelt so hoch, die Gewinnquoten häufig mehr als viermal so groß. Dort erzielt der Lebensmitteleinzelhandel eine Umsatzrendite von 5 bis 7%, nicht zu–

letzt weil die Verkaufsfläche nur halb so groß ist wie in Deutschland. Der Umsatz pro Quadratmeter ist 2,5 mal so hoch wie in Deutschland (vgl. u.a. Sturm 1999, S. 30).

Das zweite Problem besteht darin, daß im deutschen Handel die Kundenorientierung zwar deutlich zugenommen hat, jedoch in vieler Hinsicht noch nicht alle Servicechancen und Ertragspotentiale ausgeschöpft werden.

In Großbritannien hat TESCO mit der Einführung einer Clubcard die Kundenorientierung und die Servicequalität deutlich verbessert. Die TESCO–Clubcard hat bei allen unterschiedlichen Betriebstypen der TESCO–Gruppe Gültigkeit. Die Auswertung der Kundendaten bei jedem einzelnen Kauf läßt Verhaltensprofile unterschiedlicher Zielgruppen erkennen, die vorwiegend nach sozio–demographischen Kriterien gebildet werden. Hierauf ausgerichtet sind dann Mailings, die alle drei Monate zielgruppengerecht verschickt werden. Ergänzt werden sie zum Beispiel durch Clubcard–Magazine.

Diese speziellen Angebote und die Clubcard–Helpline schaffen für die 8 Millionen Mitglieder einen erkennbaren Mehrwert. Der Umsatz ist im Geschäftsjahr 1997/98 um 18,7% auf 17,8 Mrd. £ gestiegen. Der Gewinn vor Steuern stieg um 10,9%, auf 832 Mio. £ an (vgl. Southworth 1999, S. 527). Der Erfolg bestätigt die Erkenntnis in der amerikanischen Supermarkt–Branche, daß nämlich 30% Stammkunden 70% des Gewinns bewirken (Tittel 1999, S. 49).

Diese Ergebnisse lassen erkennen, daß der Erfolg von Handelsunternehmen maßgeblich davon abhängt, inwieweit eine klare Unternehmensstrategie formuliert wird, und vor allem auch davon, daß strategische Ziele über mehrere Ebenen im Unternehmen und damit für Führungskräfte und Mitarbeiter als konkrete operative Vorgaben in den Filialen umgesetzt werden. Erfahrungen zeigen, daß dies nur bei ca. 10% der Unternehmen umfassend gelingt (vgl. u.a. Kaplan/Norton 1997, S. 8 ff.). Mit anderen Worten ist zu häufig beim täglichem Handeln die strategische Grundlage und Ausrichtung nicht bewußt bzw. der Beitrag der eigenen Aktivitäten zur Erreichung der Unternehmensziele und zur Steigerung des Unternehmenswertes nicht bekannt.

Abbildung 1 kennzeichnet die Situation in vielen Unternehmen, die sich auf den zuletzt genannten Aspekt der personenbezogenen Umsetzung von Zielen, aber auch auf die zu geringe Ausschöpfung von Marktpotentialen und vor allem die Reaktionsschwächen am Markt bezieht.

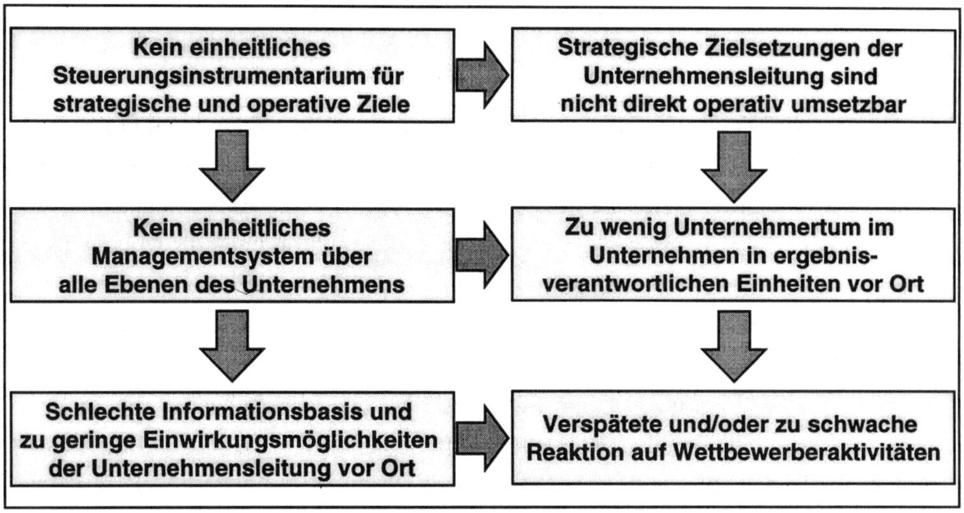

Abbildung 1: Situation in vielen Unternehmen

Das Kernproblem ist darin zu sehen, daß kein einheitliches Steuerungsinstrumentarium besteht. Dadurch gibt es Schnittstellen zwischen der Strategie und dem täglichen Handeln im Unternehmen, die häufiger Bruchstellen und selten gut verzahnte Nahtstellen sind. Die Konsequenz hieraus ist, daß strategische Ziele nicht direkt operativ umsetzbar sind.

Eine Auswirkung hieraus ist das fehlende einheitliche Managementsystem zur Steuerung aller ergebnisverantwortlichen Einheiten und Akteure über die verschiedenen Ebenen des Unternehmens. Dadurch wird personenbezogen zu wenig der Ideenreichtum und die selbständige Handlungsfähigkeit in den Filialen vor Ort genutzt. Es gibt also zu wenig Unternehmertum im Unternehmen.

Aufgrund eines fehlenden durchgängigen Steuerungsinstrumentariums ist die Informationsbasis für die Unternehmensleitung relativ schlecht. Da viele Details vor Ort von der Unternehmensleitung nicht überblickt werden, resultieren hieraus zugleich geringe Einwirkungsmöglichkeiten. Dies führt zu dem gravierenden Problem, daß bei einem sich verschärfenden Wettbewerb verspätet bzw. zu schwach auf erfolgreiche Wettbewerberaktivitäten reagiert wird.

Ca. 70% aller begonnenen Veränderungsprozesse bringen nicht die gewünschten Ergebnisse (Gertz/Baptista 1996, S. 26). Häufige Ursache ist dabei ebenfalls das fehlende

Steuerungsinstrumentarium, um das Tagesgeschäft und die Veränderungs–aktivitäten zu verknüpfen.

Die Situation wird dann verschärft, wenn das Unternehmen zwar durch ein breites Filialnetz die räumliche Nähe zum Kunden besitzt, sie aber inhaltlich, emotional und bezogen auf die eigenen Mitarbeiter zu wenig ausnutzt. Häufig ist dieses Problem damit verbunden, daß die Geschäftsprozesse nicht nachhaltig restrukturiert und die Mitarbeiter zu wenig in den Veränderungsprozeß einbezogen wurden. Zu hohe Personal– und Sachkosten sowie eine schlechte Rentabilität gehen oftmals mit dem qualitativen Defizit einer nur schwach ausgeprägten Unternehmenskultur einher. Es steht außer Frage, daß für ein kundenorientiertes Commitment aller Führungskräfte und Mitarbeiter im Unternehmen eine gemeinsame und von allen getragenen Wertebasis erforderlich ist. Ein Leitbild darf sich dabei nicht nur auf geschliffene, aber relativ abstrakte Formulierungen beschränken, sondern muß die Zukunftsvision in klare Ziele, Strategien und Verhaltensstandards übersetzen.

2 EIN UNTERNEHMENSÜBERGREIFENDES STEUERUNGS-INSTRUMENTARIUM

Die primäre Frage ist, was ein derartiges unternehmensübergreifendes Steuerungsinstrumentarium umfassen muß. Es steht außer Frage, daß die ausschließliche Steuerung anhand quantitativer finanzieller Ergebnisse zu kurz greift. Mit anderen Worten werden dann die Defizite im Hinblick auf eine mehrstufige Ableitung, eine schlechte Informationsbasis, zu wenig Unternehmertum im Unternehmen und vor allem eine verspätete und zu schwache Reaktionsfähigkeit nicht beseitigt. Ein umfassendes Steuerungsinstrumentarium setzt voraus, daß frühzeitig Ursachen–Wirkungs–Beziehungen erkannt werden, um so den Handlungs– und Gestaltungsspielraum zu vergrößern. In *Abbildung 2* ist das Grundschema derartiger Ursachen–Wirkungs–Beziehungen dargestellt: Engagierte und qualifizierte Mitarbeiter sowie effiziente Prozesse sind die Grundlage, um qualitativ hochwertige Produkte und Serviceleistungen anzubieten. Hierdurch können – bei einer auf einzelne Zielgruppen spezifisch ausgerichteten Leistung – die Kundeneinstellung und das Kundenverhalten in Richtung mehr Zufriedenheit, Loyalität und Bindung an das Unternehmen geprägt werden. Dies ist die Grundlage für eine stärkere Penetration und eine Steigerung des Marktanteils. Erst hierdurch werden die finanziellen Ergebnisse positiv beeinflußt. Die Darstellung in *Abbildung 2* unterlegt diesen Ablauf mit typischen Inhalten als Steuerungskriterien.

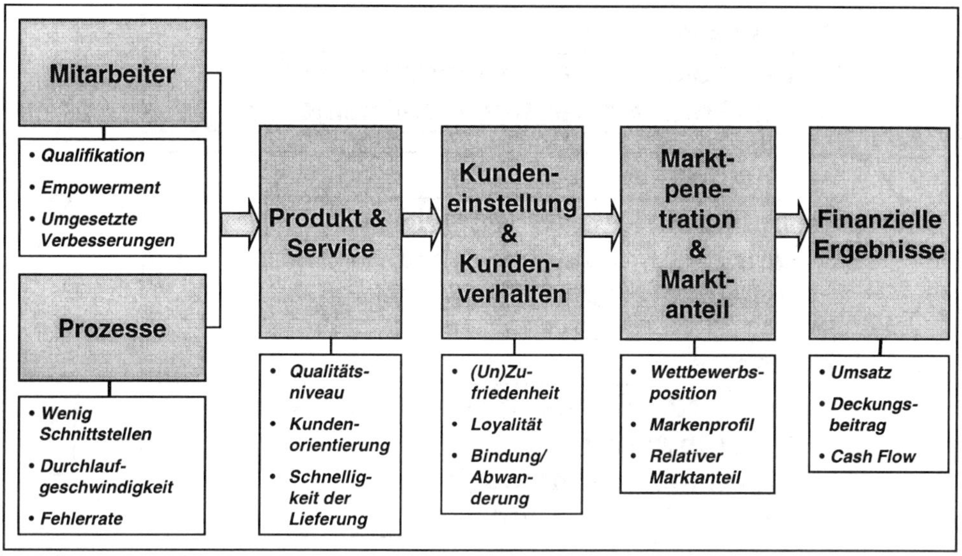

Abbildung 2: Ursachen–Wirkungs–Beziehungen

Gelingt es, diese Ursachen–Wirkungs–Beziehungen über mehrere Ebenen im Unternehmen zu gestalten und dabei zugleich, durch eine zunehmende Dezentralisierung der Steuerungs– und der Ergebnisverantwortung, Unternehmertum im Unternehmen bei Führungskräften und Mitarbeitern zu verstärken, dann ist hierdurch die Grundlage geschaffen, eine Vision in der Spitze des Unternehmens mit einer daraus abgeleiteten Strategie in konkretes operatives Handeln umzusetzen.

Wenn das Ziel darin besteht, die starke und einseitige Zentralisierung zu durchbrechen und die Filialen im Zuge einer Dezentralisierung zu selbständigen Verantwortungsbereichen im Sinne des Profit–Center–Konzeptes zu machen, dann hat dies weitreichende Konsequenzen. Sie beziehen sich nicht nur auf die erforderlichen Fähigkeiten der Führungskräfte und Mitarbeiter, sondern auch auf die Steuerungsqualität vor Ort. Notwendig ist ein Kennzahlensystem, das auf der Grundlage von Zielvereinbarungen und einer Budgetierung die erhöhte Selbststeuerungsfähigkeit auf der Basis der strategischen Vorgaben der Zentrale ermöglicht. *Abbildung 3* umreißt diese Anforderungen.

Die Konsequenz ist, daß eine Dezentralisierung und Vernetzung so durchgeführt werden muß, daß für die Unternehmensleitung das Handeln vor Ort transparent ist. Konkret bedeutet dies, daß ein verbessertes Steuerungsinstrumentarium im Rahmen des Berichtswesens erforderlich ist. Durch die Balanced Score Card kann es inhaltlich aussagefähig

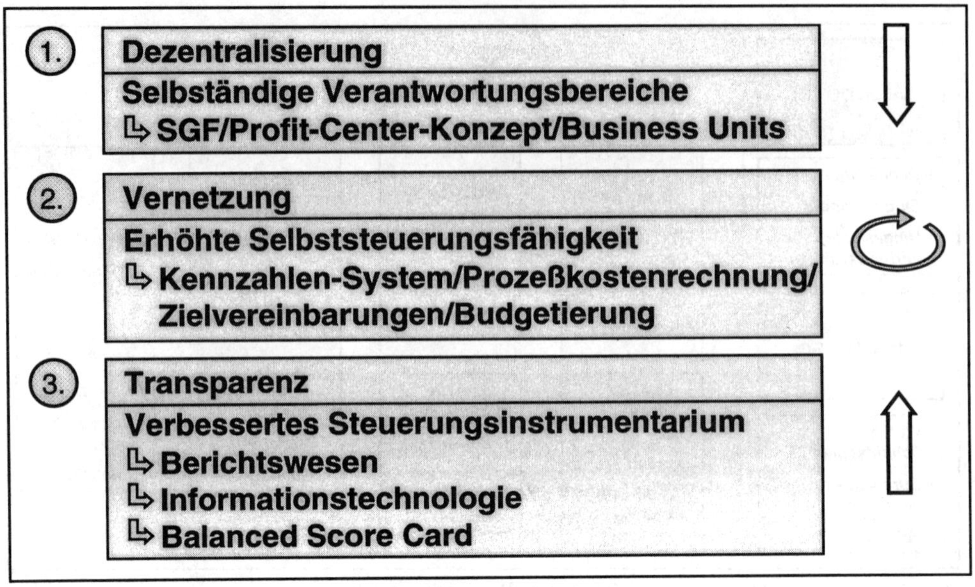

Abbildung 3: Zentrale und dezentrale Steuerung des Unternehmens

ausgefüllt werden. Durch den Einsatz neuer Informationstechnologien lassen sich die Datenverfügbarkeit und Datenqualität erhöhen.

Der orginäre Ansatz der Balanced Scorecard stammt von Kaplan und Norton (u.a. Kaplan/Norton 1997) und geht von den folgenden vier Ebenen und damit Einfluß- und Gestaltungsfeldern aus, wie sie in *Abbildung 4* dargestellt sind: Ausgangsbasis ist die Ebene Lernen und Entwicklung. Sie führt zu Verbesserungen bei den internen Geschäftsprozessen und zu einer stärkeren Kundenorientierung. Im Ergebnis bewirken diese drei Gestaltungsbereiche eine bessere finanzielle Performance.

Wichtig, und aus *Abbildung 4* erkennbar, ist der Ansatz, daß in jedem Bereich auf der Basis definierter Kennzahlen klare Ziele formuliert werden, die mit den Standards als Vorgaben abgeglichen werden. Durch konkrete Verbesserungsmaßnahmen wird die Zielerreichung in Angriff genommen.

Die Einfachheit und Logik dieses Steuerungsinstrumentariums ist unbestritten. Schwächen sind darin zu sehen, daß Verbesserungen im Rahmen des Lernens nur auf der ersten Handlungsebene gegeben sind und lediglich eine Ausstrahlung auf die zweite Ebene der internen Prozesse und die nachfolgenden Ebenen besitzen. In der Unternehmenspraxis wird es aber darauf ankommen, das Denken und Handeln in kontinuierlichen

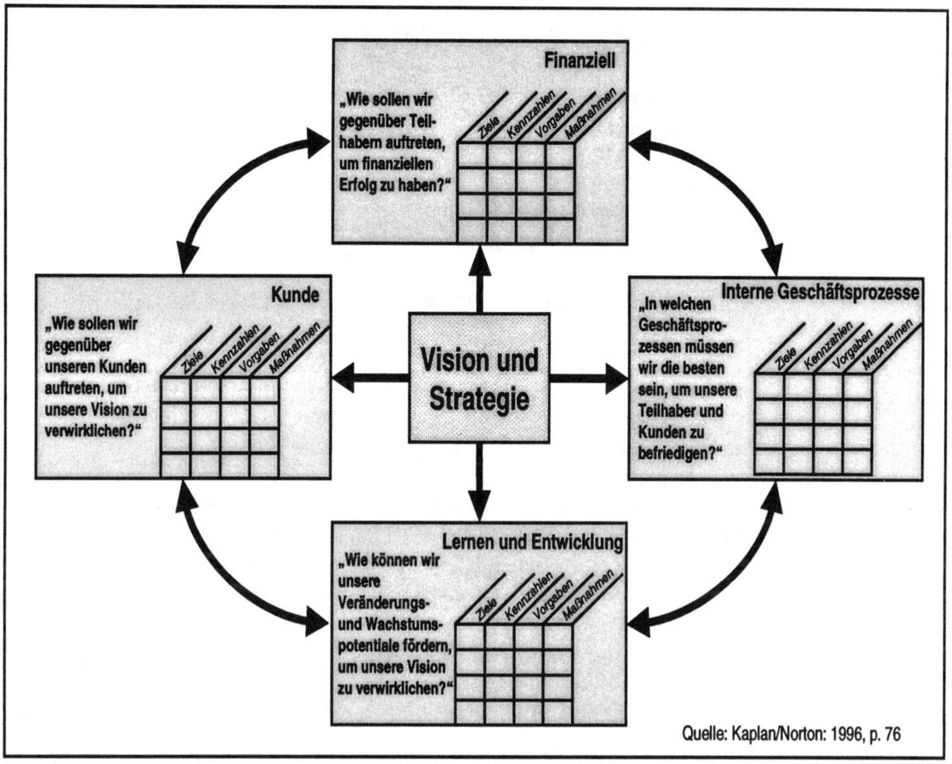

Abbildung 4: Die Balanced Scorecard nach Kaplan/Norton

Verbesserungsprozessen (KVP) auf allen Ebenen der unter–nehmerischen Aktivitäten zu verankern. Hinzu kommt, daß im ursprünglichen Schema von Kaplan und Norton auf der ersten Gestaltungsebene „Lernen und Entwicklung“ die Mitarbeiter nur indirekt und implizit enthalten sind. Gerade bei Dienstleistungsunternehmen und damit auch beim Handel kommt der Service– und Kundenorientierung der Mitarbeiter aber eine entscheidende Rolle für den Unternehmenserfolg zu. Deshalb wird – abweichend von Kaplan/Norton – der in *Abbildung 5* wiedergegebene Ansatz der Balanced Score Card in Erweiterung vorgeschlagen und vorgestellt.

In dieser Form werden die Ursachen–Wirkungs–Beziehungen zwischen den Gestaltungsfeldern „Unternehmerische Mitarbeiter/Mitarbeiterzufriedenheit“ und „Leistungsfähigkeit/Marktleistungen“ auf der einen Seite und dem Handlungsbereich „Kundenzufriedenheit/Marktausschöpfung“ auf der anderen Seite abgebildet. Zusammen wirken sie auf den Bereich „Wirtschaftlichkeit/Finanzergebnisse“. Verbunden werden alle vier Felder der Balanced Score Card durch den zentralen Bereich „Verbesserung/Innovati–

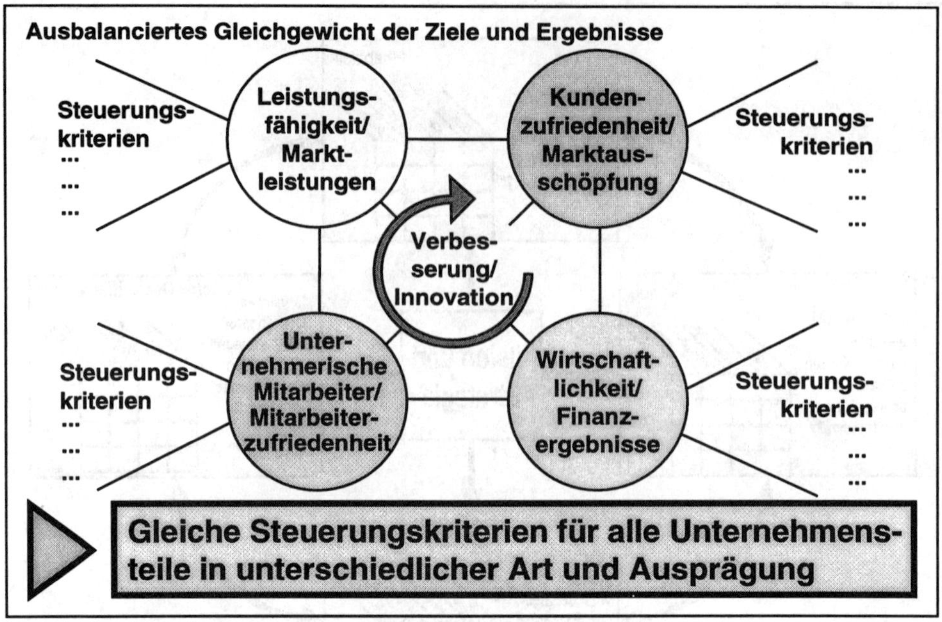

Abbildung 5: Die 4 Felder der Balanced Score Card (BSC)

on". Diese Konzeption folgt damit dem vorstehend genannten Argument, daß in allen Gestaltungsbereichen KVP–Aktivitäten möglich sein müssen.

Bezogen auf die vier Gestaltungsbereiche lassen sich Steuerungskriterien ableiten, die für alle Unternehmensteile gleich sind, sich jedoch in ihrer Art und Ausprägung unterscheiden respektive unterscheiden können. Hierauf wird an späterer Stelle bei der Ableitung der Balanced Score Card für mehrere Steuerungs– und Verantwortungsebenen im Unternehmen eingegangen. Erreichbar ist so auf jeder Ebene ein ausbalanciertes Gleichgewicht der Ziele und Ergebnisse für die auf einzelne Organisationseinheiten bezogene Steuerung.

In *Abbildung 6* sind die Ursachen–Wirkungs–Beziehungen zwischen den einzelnen Gestaltungsfeldern der Balanced Score Card beispielhaft mit Steuerungskriterien unterlegt. Zum einen wird aus dieser Abbildung die vernetzte Struktur der einzelnen Gestaltungs– und Handlungsfelder erkennbar. Zum anderen wird zugleich nachvollziehbar, daß die beiden ressourcenorientierten Bereiche „Unternehmerische Mitarbeiter/Mitarbeiterzufriedenheit" und „Leistungsfähigkeit/Marktleistungen" die marktorientierte Performance „Kundenzufriedenheit/Marktausschöpfung" bewirken. Gemeinsam wirken diese Vorsteuerungsgrößen als Lead–Indicators, die also einmal Ursachen und einmal Zwischen–

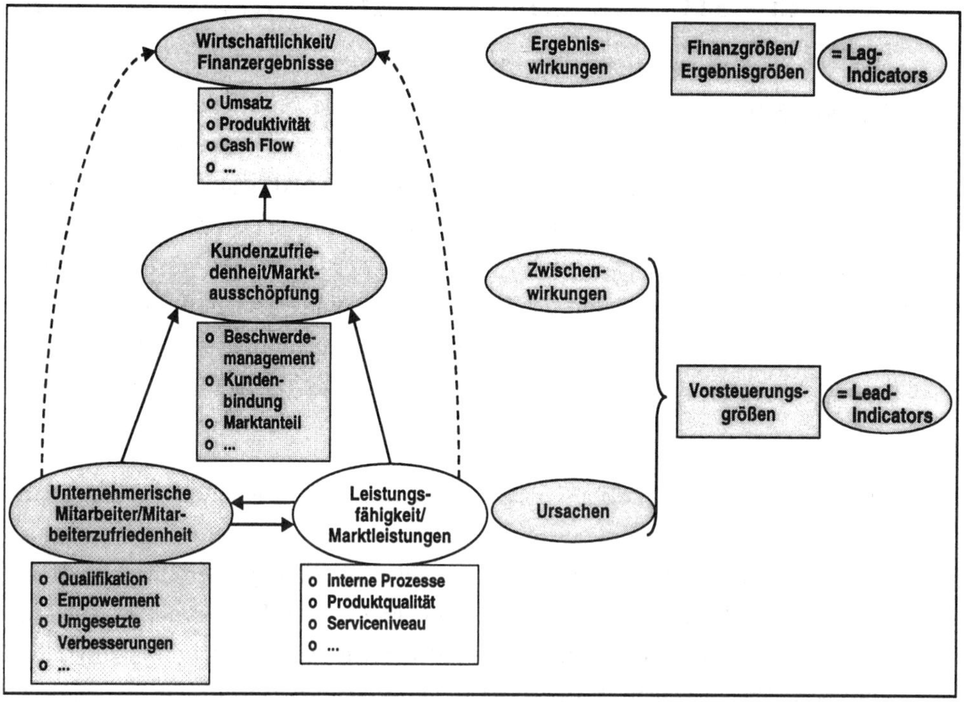

Abbildung 6: Denken in Ursachen–Wirkungs–Beziehungen

wirkungen sind, auf die Finanz– und Ergebnisgrößen als Lag–Indicators und damit als reine Ergebniswirkungen.

Es steht außer Frage, daß dieser Wirkungsverbund mit den beispielhaft aufgeführten Steuerungskriterien auch unmittelbar für jedes Handelsunternehmen anwendbar ist. Eine frühzeitige Einflußnahme auf nicht dem Zielniveau und den Standards entsprechende Vorsteuerungsgrößen verhindert, daß Defizite sich bei den Finanzgrößen in „Roten Zahlen" auswirken.

Maßgeblich für die Qualität der Steuerung ist damit die inhaltliche Aussagefähigkeit der Steuerungskriterien zu jedem der vier Gestaltungsbereiche. Wichtig ist, daß die Anzahl der Steuerungskriterien in jedem Gestaltungsbereich relativ gering und damit überschaubar ist. Das Ziel besteht darin, daß jeder Gestaltungsbereich zum Beispiel durch nur fünf Steuerungskriterien präzisiert wird, so daß also maximal 20 Steuerungsgrößen benötigt werden.

3 DIE MEHRSTUFIGE ABLEITUNG DER BALANCED SCORE CARD

Als Zwischenergebnis bleibt festzuhalten: Die Vernetzung der vier Gestaltungsfelder steht in einem kausalen Zusammenhang. Auf der Basis dieser vier Gestaltungsfelder wird die Unternehmensstrategie in einem mehrstufigen funktionalen Zusammenhang zwischen der Zentrale eines Handelsunternehmens, einzelnen Filialen und den dort kleinsten ergebnisverantwortlichen Einheiten in operative Handlungsvorgaben abgeleitet. Auf jeder Ebene existiert damit der Ursachen–Wirkungs–Zusammenhang der vier Gestaltungsfelder. Insgesamt kann so ein einheitlich gestaltetes Meß– und Steuerungssystem mit einem durchgängigen Kennzahlensystem für das gesamte Unternehmen erreicht werden.

In *Abbildung 7* ist die organisationsbezogene Umsetzung der Steuerungskriterien vereinfacht wiedergegeben. Die Strategie und die Ziele der Zentrale werden dabei in einer Ziel–Kaskade für die Filialen, für Teams und gegebenenfalls sogar für einzelne Mitarbeiter detailliert. Vertikal besteht also zwischen den einzelnen Ebenen ein funktionaler Ableitungszusammenhang. Horizontal ist auf jeder Ebene für die ergebnisverantwortlichen Einheiten der Ursachen–Wirkungs–Zusammenhang zwischen den vier Gestaltungsfeldern mit konkreten Zielen für die Steuerungskriterien ausformuliert. Die formulierten Standards als konkrete Leistungs– und Zielvorgaben zu den Meßgrößen der Steuerungskriterien jedes Gestaltungsfeldes sind die Grundlage für einen konkreten Zielvereinbarungsprozeß über alle Ebenen.

Bereits im Vorfeld vor der Zielerreichung kann so im Rahmen einer Verdichtung der Steuerungskriterien und ihrer Meßgrößen durch die damit verbundene Aggregation die Stimmigkeit und Durchgängigkeit der Strategieumsetzung überprüft werden. Entsprechendes gilt nach der Realisierung von Maßnahmen für die hieraus entstehende, von unten nach oben gerichtete Ergebnis–Kaskade, die der Unternehmensleitung belegt, in wieweit die Strategieziele erreicht wurden.

Insgesamt ist also eine Durchgängigkeit in beide Richtungen gegeben. Generell werden die vier Gestaltungsfelder durch folgende Steuerungskriterien konkretisiert: Die Mitarbeiterzufriedenheit durch den People Satisfaction Index (PSI), die Leistungsfähigkeit durch die Durchlaufzeit (DLZ), die Qualität der Markleistungen durch die Fehlerrate (FR), die Kundenzufriedenheit durch den Customer Satisfaction Index (CSI) und die Marktausschöpfung durch den relativen Marktanteil (rMA) sowie die finanziellen Er–

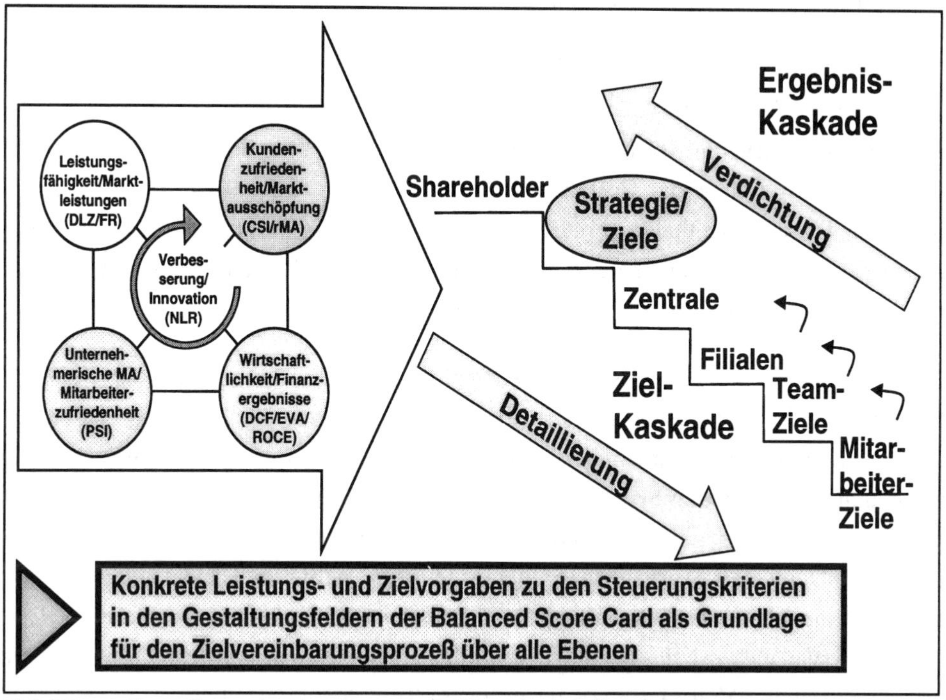

Abbildung 7: Organisationsbezogene Umsetzung der Steuerungskriterien

gebnisse beispielsweise durch den Discounted Cash–Flow (DCF), den Economic Value Added (EVA) und/oder den Return on Capital Employed (ROCE). Verbesserungen und Innovationen werden über die Neuleistungs–Rate (NLR) gemessen. Sie können sich sowohl auf Prozesse, Produkte, aber auch auf soziale Verbesserungen und Innovationen, wie beispielsweise neue Arbeitsformen oder Entgeltsysteme, beziehen.

Die generelle Frage ist, wo und wie dieser Ableitungszusammenhang begonnen wird. Es besteht zum einen die Möglichkeit, daß in einem Top–down–Ableitungszusammenhang die Strategie des Unternehmens auf die vier Gestaltungsfelder umgesetzt wird, hierzu jeweils mit Steuerungskriterien und Meßgrößen unterlegt wird und dann über die nachfolgenden Ebenen ableitet wird. Dabei ist darauf zu achten, daß auch für die jeweils nächst niedrigere Steuerungsebene nur eine begrenzte Anzahl von – beispielsweise insgesamt 20 – Steuerungskriterien verwendet wird. Diese Reduzierung auf wenige Kriterien muß jeweils ebenenspezifisch danach durchgeführt werden, welches die Haupteinflußfaktoren für den Stellen– bzw. Abteilungserfolg sind. Diese Key Performance Indi–

cators entsprechen den wichtigen und beeinflußbaren Werttreibern für eine Organisationseinheit.

Die alternative Vorgehensweise ist eine Bottom–up–Aggregation. Sie beginnt auf der untersten ergebnisverantwortlichen Ebene und entwickelt dort die Steuerungskriterien und Meßgrößen zu den vier Gestaltungsfeldern. Dies sind beispielsweise die Kriterien, mit denen Teams und Filialen geführt werden. Die Kriterien müssen dann über die einzelnen Organisationsebenen so gestaltet und verdichtet werden, daß hieraus aussagefähige Steuerungsgrößen für höhere Ebenen entstehen.

Ein „Königsweg" kann – wie Beratungserfahrungen zeigen – darin liegen, daß weder an der Spitze des Unternehmens noch auf der untersten Ebene, die in diesen Prozeß des Unternehmertums im Unternehmen einbezogen ist, begonnen wird. Vielmehr kann die Verbindung zwischen den Steuerungskriterien über mehrere Ebenen dadurch verbessert werden, daß eine wesentliche Steuerungsebene im Rahmen des dezentralisierten Profit–Center–Konzeptes als Ausgangsbasis herausgegriffen wird. Im Handel wird dies mit Sicherheit die Ebene der Filialleitung sein. Dies hat den Vorteil, daß ein Steuerungskonzept entwickelt wird, das für alle dezentralen ergebnisverantwortlichen Einheiten die Grundlage schafft. Von hier aus sind in einem Top–down–Detaillierungsprozeß dann die Kriterien der nachgeordneten Ebenen über Team–Ziele bis zu Mitarbeiter–Zielen festzulegen. In einem Bottom–up–Verdichtungsprozeß sind in die andere Richtung hieraus die wesentlichen Steuerungskriterien festzulegen, nach denen die Zentrale die Geschäftsstellen steuert und in einen Zielvereinbarungsprozeß einbezieht. Der Vorteil ist, daß auf diese Weise der gesamte Hierarchiezug unterbrochen wird, wenn so nach zwei Seiten und damit jeweils kürzer bezogen auf die vor– und nachgelagerten Ebenen differenziert wird. Hierdurch kann erreicht werden, daß einerseits die Durchgängigkeit der Steuerungskriterien verbessert wird und andererseits der jeweilige Konkretisierungsgrad erhöht wird.

Unabhängig von den einzelnen Ebenen im Unternehmen, für die Steuerungskriterien formuliert werden, sind diese zusätzlich jeweils zu präzisieren. Wie *Abbildung 8* zeigt, ist die Phasenfolge der Einfluß– und Berichtsgrößen folgendermaßen: Durch das Steuerungskriterium wird der Inhalt der Messung festgelegt. Über die Meßgrößen, also Daten, die im Unternehmen aussagefähig ermittelt werden können, wird der Ort und Gegenstandsbereich der Messung festgelegt. Beide werden zusammengeführt in den Kennzahlen, die zum Ausdruck bringen, wie gemessen wird. In der Regel sind dies

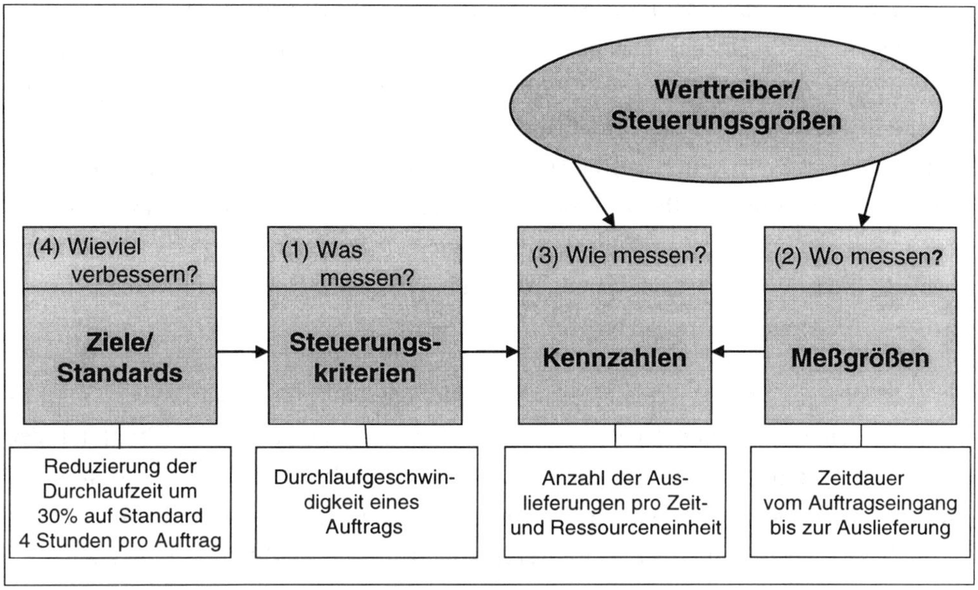

Abbildung 8: Phasenfolge der Einfluß– und Berichtsgrößen

Verhältniszahlen. Ziele, die sich an formulierten Standards ausrichten, haben zum Gegenstand, wieviel in einem KVP–Zyklus verbessert werden soll.

Eine Konzentration auf wesentliche Meßgrößen und Kennzahlen wird durch den „Filter" der Werttreiber erreicht. Sie stellen die Steuerungsgrößen für jede ergebnisverantwortliche Einheit dar, welche die in ihrem Aufgaben– und Entscheidungsbereich wesentlichen Inhalte für den Erfolg einer Stelle, Abteilung respektive Business Unit präzisieren.

In *Abbildung 8* sind diese Aussagen durch ein Beispiel unterlegt: Die Durchlaufgeschwindigkeit eines Auftrags wird durch die Zeitdauer vom Auftragseingang bis zur Auslieferung gemessen. Gesteuert wird sie beispielsweise durch die Kennzahl der Anzahl der Auslieferungen pro Zeit– und Ressourceneinheit, also zum Beispiel pro Tag von einem Mitarbeiter. Die Standards beziehen sich in der Regel auf die Kennzahlen, zum Teil auch auf die Meßgrößen. Die Ziele sind an den Steuerungskriterien und damit indirekt auch an den anderen Größen ausgerichtet. Im Beispiel ist formuliert, daß eine Reduzierung der Durchlaufzeit um 30% und damit eine Erhöhung der Auslieferungen pro Basiseinheit angestrebt wird, um so den Standard von vier Stunden pro Auftragserfüllung besser zu erreichen.

Bezogen auf die Durchgängigkeit von einzelnen Kriterien ist leicht nachvollziehbar, daß die Steuerung vor Ort bei manchen Kriterien anders ist als das, was auf der strategischen Ebene verlangt wird. Ein Mitarbeiter–Ziel bzw. Team–Ziel auf der operativen Ebene ist beispielsweise die Umschlagshäufigkeit bezogen auf einen Regalmeter. Dies kann unter anderem durch Maßnahmen des Merchandising gefördert werden. Diese Größe wird in Wirtschaftlichkeitsziele verdichtet und so in anderer Form nach oben kommuniziert. Dort wird sie zum Beispiel aggregiert bewertet, so daß die Umschlagshäufigkeit des Warenbestandes einer Abteilung oder Filiale die interessierende Größe ist.

In noch stärkerem Maße ist eine Veränderung der Steuerungsgrößen über mehrere Ebenen gegeben, wenn man den unterschiedlichen Steuerungsansatz berücksichtigt. Für den einzelnen Mitarbeiter bzw. das einzelne Team ist zum Beispiel die Beratungszeit pro Kunde bis zum Kauf ein wichtiges Steuerungskriterium. Auf der Ebene des Filialleiters wird diese Kenngröße in das Steuerungskriterium Umsatz pro Mitarbeiter integriert.

Auf der Ebene des Teams und der einzelnen Abteilung ist die Wartezeit der Kunden an der Kasse eine wesentliche Steuerungsgröße. Detaillierte Analysen belegen, daß dies zugleich ein Werttreiber für Kundenzufriedenheit ist. Dies hat zur Folge, daß das Steuerungskriterium auf der Ebene der Abteilung, in jedem Falle aber der Filiale die erreichte Kundenzufriedenheit ist, in die dieses Kriterium aggregiert wird.

In allen drei Fällen ist nicht von der Hand zu weisen, daß die Steuerungskriterien auf nachgeordneten Ebenen zugleich auch von Bedeutung für übergeordnete Führungskräfte sind. Dies wird nicht in Frage gestellt. Entscheidend ist vielmehr, ob die höhere Führungskraft zur Steuerung ihres Verantwortungsbereichs periodisch und damit regelmäßig diese Informationen als Kennzahlen verfügbar haben will oder ob sie nur bei Abweichungen ihrer Steuerungsgrößen von den formulierten Zielen, also der Umschlagshäufigkeit des Warenbestandes, dem Umsatz pro Mitarbeiter oder der Kundenzufriedenheit, im Rahmen einer detaillierten Analyse auf die zugrunde liegenden Kennzahlen zurückgreift. Genau dies ermöglicht den Unterschied zwischen einer reduzierten und dennoch aussagefähigen und beeinflußbaren Steuerung anhand weniger Steuerungskriterien auf der einen Seite und einer zu detaillierten Einflußnahme und damit auch Informationsüberlastung auf der anderen Seite.

Bei anderen Größen in den mehrstufigen funktionalen Ableitungs–Beziehungen ist eine eindeutige Durchgängigkeit gegeben. Zum Beispiel bei der Anzahl von umgesetzten

Verbesserungsvorschlägen, bei der Mitarbeiterzufriedenheit auf der Basis von Mitarbeiterbefragungen oder bei der Kundenzufriedenheit und Kundenbindung. Entsprechendes gilt zumindest teilweise auch bei der Mitarbeiterqualifikation.

Durch die Differenzierung auf der Ebene der Filialen und der Teams besteht die Chance zu einem internen Benchmarking auf unterschiedlich aggregiertem Niveau. Auf diese Weise läßt sich ein aussagefähiger Leistungs- und Ergebnisvergleich für einzelne ergebnisverantwortliche Einheiten durchführen. Diese Werte können wiederum im Rahmen eines externen Benchmarking mit Unternehmen der gleichen Branche – in der Regel also Wettbewerber – oder auch mit Unternehmen anderer Branchen, soweit die Steuerungskriterien vergleichbar sind, gespiegelt werden.

Eines der noch wenigen Unternehmen im Handel, welche die Balanced Score Card bereits zur Ableitung der Unternehmensstrategie auf nachgeordnete Ebenen und zur konkreten Steuerung der Filialen einsetzen, ist die Breuninger GmbH & Co. in Stuttgart. *Abbildung 9* zeigt als vereinfachtes Schema, wie die einzelnen Filialen von der Zentrale mit Balanced Score Cards geführt werden. Dabei ist auch hier die Kongruenz der Steuerung und damit Beeinflußbarkeit sowie der Verantwortung sicherzustellen.

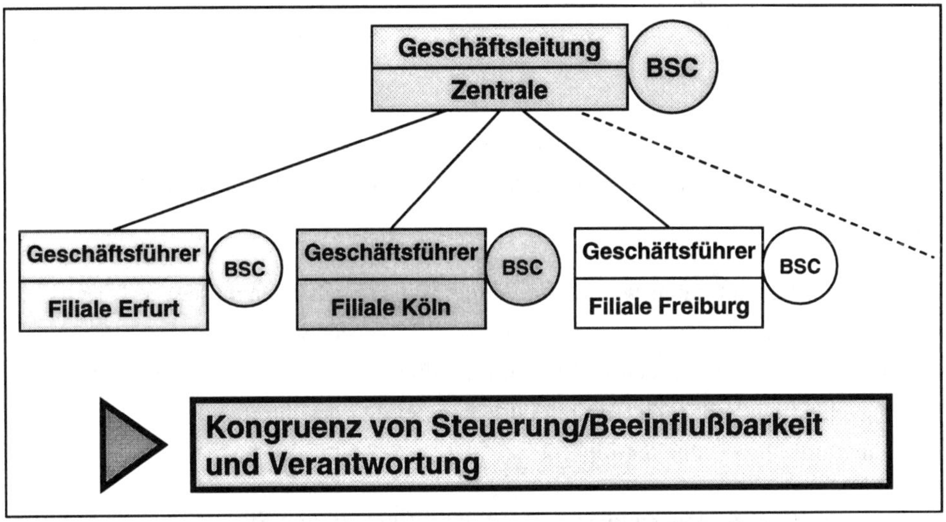

Abbildung 9: Der Einsatz der BSC bei Breuninger GmbH & Co.

4 DIE BALANCED SCORE CARD IM GESAMTZUSAMMENHANG DER STEUERUNGSINSTRUMENTE

Die Frage ist, welche Wirkung vom Einsatz der Balanced Score Card auf andere Steuerungsinstrumente ausgeht. Dabei sind zwei mögliche Wirkungsrichtungen unterscheidbar: Zum einen kann der Einsatz der Balanced Score Card dazu führen, daß bestimmte Voraussetzungen im Vorfeld geschaffen werden müssen, um eine aussagefähige Steuerung zu ermöglichen. Zum anderen kann der Einsatz der Balanced Score Card damit verbunden sein, daß die Einsetzbarkeit und Leistungsfähigkeit von weiteren Steuerungsinstrumenten deutlich gesteigert wird.

Wie *Abbildung 10* bezogen auf den strategischen und operativen Planungs- und Budgetierungszyklus zeigt, sind die Wirkungen, die vom Einsatz der Balanced Score Card ausgehen, deutlich größer als die Anforderungen. Dabei wird davon ausgegangen, daß beispielsweise die Kundenzufriedenheit und die Mitarbeiterzufriedenheit bereits aussagefähig gemessen werden. Voraussetzungen sind in der Weise zu schaffen, daß die Datenqualität und Datenverfügbarkeit durch das in der Regel IT-gestützte Berichtswesen groß genug ist. Dies hängt jedoch nicht nur von der eingesetzten Informationstechnologie (IT) ab, sondern vor allem auch von der Qualität der Kennzahlen und den dabei zugrunde liegenden Meßgrößen. Dieser Sachverhalt ist bereits an früherer Stelle angesprochen worden.

Die Auswirkungen der Balanced Score Card beziehen sich zunächst auf den Strategie-Umsetzungs-Zyklus, also die Planung und die damit verbundenen Reviews im Zeitablauf.

Das strategische Ziel kann, wie in *Abbildung 10* beispielhaft angeführt, + 15% auf der Ebene der Zentrale betragen und anhand der Balanced Score Card für verschiedene Marktbereiche bzw. Regionen und damit für Filialen aufgespaltet werden. Es kann also zu unterschiedlich hohen Zielen und Vorgaben bei den dezentralen kosten- und ergebnisverantwortlichen Einheiten führen.

Mit dieser differenzierten Zielplanung und der differenzierten Steuerung wird anschließend der Strategie-Umsetzungs-Zyklus durchgeführt. Hieraus werden dann die Zielvereinbarungen abgeleitet, d.h. das Instrument des Management by Objectives kommt zu einer Renaissance, wird also als klassisches Instrument durch dieses erweiterte Steuerungsinstrumentarium in seinem Stellenwert deutlich angehoben. Denn es gilt

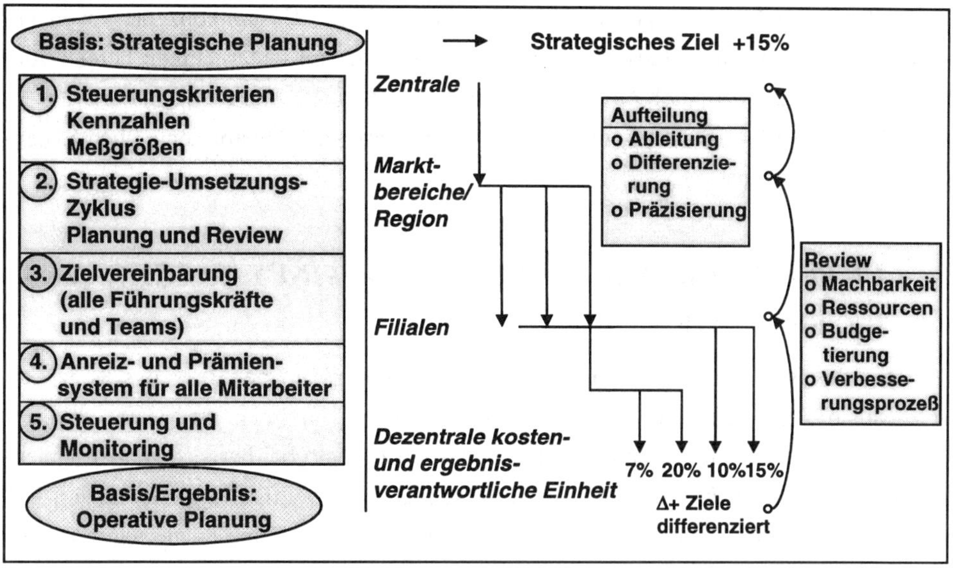

Abbildung 10: Strategischer und operativer Planungs– und Budgetierungszyklus

auch für nachgeordnete Führungskräfte und Teams, evtl. sogar auch für einzelne Mitarbeiter. Die Folge und die logische Konsequenz daraus ist, daß gute Leistungen über Anreize und Prämien honoriert werden und daß das Ganze einem Steuerungs– und Monitoring–Prozeß unterzogen wird.

Der gesamte Zielvereinbarungsprozeß ist so konkret auf Umsetzbarkeit, Erreichbarkeit und damit auf vorhandene oder noch benötigte Ressourcen ausgerichtet. Die BSC unterstützt damit den Gesamtprozeß einer stärkeren leistungsorientierten Führung und auch Bezahlung bzw. Entlohnung der Mitarbeiter.

Durch die kaskadenförmigen Zielvereinbarungen werden folgende Wirkungen erreicht:

- Politik und Strategie des Unternehmens werden in konkrete Ziele umgesetzt.
- Die Ziele werden bis auf Mitarbeiterebene operationalisiert und damit meßbar gemacht.
- Alle Führungskräfte und Mitarbeiter kennen die Kriterien, an denen ihr Erfolg gemessen wird.
- Die größtmögliche Gestaltungsfreiheit vor Ort wird so erreicht.
- Alle Erfolge werden für alle Betroffenen nachvollziehbar.

Diese Zusammenhänge zeigen die Leistungsfähigkeit des Gesamtkonzeptes, weil erkennbar wird, daß viele Bausteine und Instrumente, die im Unternehmen bereits vorhanden sind und erfolgreich eingesetzt werden, hier vernetzt und damit integriert werden können. Darüber hinaus können durch den Einsatz dieser Instrumente auch Synergien gehoben werden.

5 UNTERNEHMENSBEZOGENE KONTINUIERLICHE VERBESSERUNGEN

Das Ziel der Balanced Score Card ist, wie schon anfangs auf der Basis des Konzeptes von Kaplan/Norton dargestellt wurde, nicht das Messen. Vielmehr ist Messen die notwendige Grundlage für Verbessern. Heute existiert deshalb bei hervorragenden Unternehmen weniger ein Konzept–Wettbewerb, sondern viel häufiger und stärker ein Niveau–Wettbewerb. Es kommt also darauf an, die vorhandenen und eingesetzten Instrumente so zu kombinieren, daß sie schnell und nachhaltig positive Veränderungen bewirken.

Entscheidend ist demnach nicht nur die Entwicklung und Ableitung eines aussagefähigen und leicht einsetzbaren Steuerungsinstrumentariums. Genauso wichtig ist die konsequente Umsetzung der Balanced Score Card für die kontinuierliche Steuerung der ergebnisverantwortlichen Unternehmensteile und des gesamten Unternehmens. Hierzu sind Verbesserungsziele für die vier Gestaltungsfelder sowie dabei jeweils für wichtige Steuerungsgrößen und damit verbundene Werttreiber zu formulieren. *Abbildung 11* verdeutlicht diesen Prozeß, der ein kontinuierliches Steuern und Messen zu Gegenstand hat, um so die Verbesserungsziele in Richtung Business–Excellence–Niveau zu erreichen.

Für die Unternehmensleitung hat sich eine ergänzende Steuerung in Form einer „Ampel–Analyse" bewährt. Sie hat, wie *Abbildung 12* zeigt, zum Gegenstand, daß jede ergebnisverantwortliche Einheit, also insbesondere die Filialen, die Steuerung der Inhalte in den vier Gestaltungsfeldern so vornimmt, daß auf der Grundlage der definierten Ziele und der im Zeitablauf erreichten Ergebnisfortschritte das Gesamtergebnis bewertet wird. Hierzu läßt sich einfach, aber aussagefähig die bereits angesprochene Ampel–Analyse und –Steuerung einsetzen.

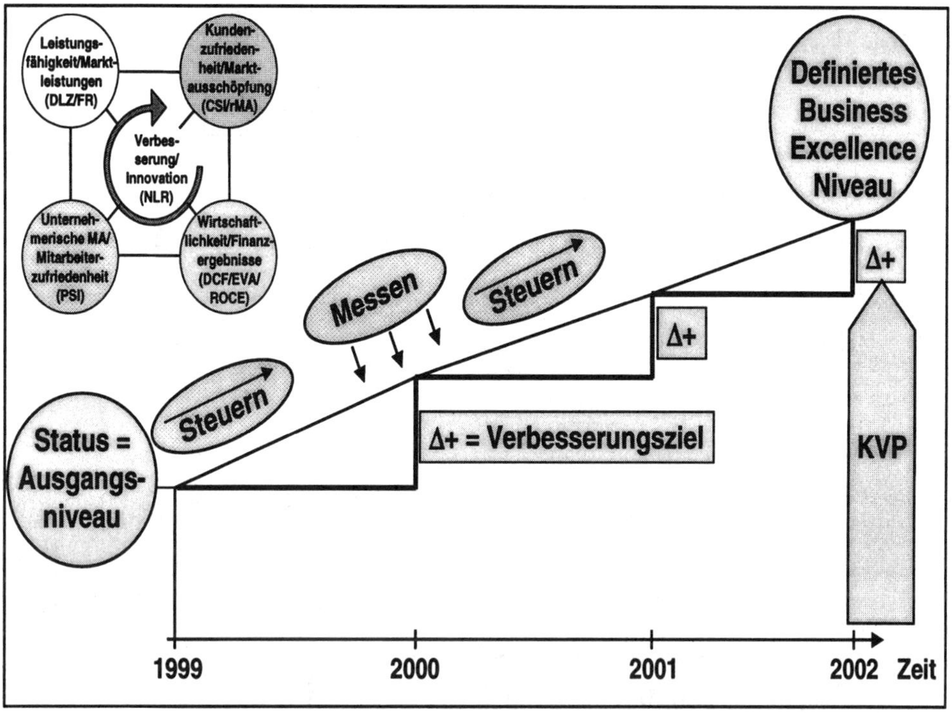

Abbildung 11: Der Weg zu Business Excellence

Im konkreten Einzelfall bedeutet dies folgendes: Wenn die Ziele entsprechend dem definierten Fortschritt als (+–Niveau für die Ausschöpfung des Kundenpotentials, für die Verbesserung der Wirtschaftlichkeit und für die Kundenzufriedenheit erreicht sind, dann wird die Ampel – vom Ergebnisverantwortlichen – auf „grün" gestellt. Zeichnen sich Probleme ab, die ein Erreichen der definierten Monats– oder Quartalsziele gefährden, dann ist es die Management–Entscheidung der Filialleitung, frühzeitig die Ampel auf „gelb" zu stellen. Hierdurch erkennt die Unternehmensleitung, wo Unterstützungs– und Handlungsbedarf auf der operativen Ebene besteht. Wichtig ist, daß die Ampel nicht zu spät auf „gelb" gestellt wird, weil hierdurch dann die Reaktion verzögert und damit die Reaktions– und Handlungszeit deutlich verkürzt wird. Dies gilt um so mehr, wenn die Ampel von „gelb" auf „rot" gestellt wird, weil dann erkennbar ein Ziel nicht mehr in der definierten Zeit und Höhe erreicht werden kann. Die Konsequenz hieraus ist, daß nach dem Prinzip des bereits vorstehend angesprochenen Unternehmertums im Unternehmen die Eigenständigkeit des Management erhöht wird. Diese Selbststeuerung entlastet die Unternehmensleitung davon, daß sie alle Details auf den nachfolgenden Ebenen kennen muß, um eine Steuerung und Bewertung vornehmen zu können.

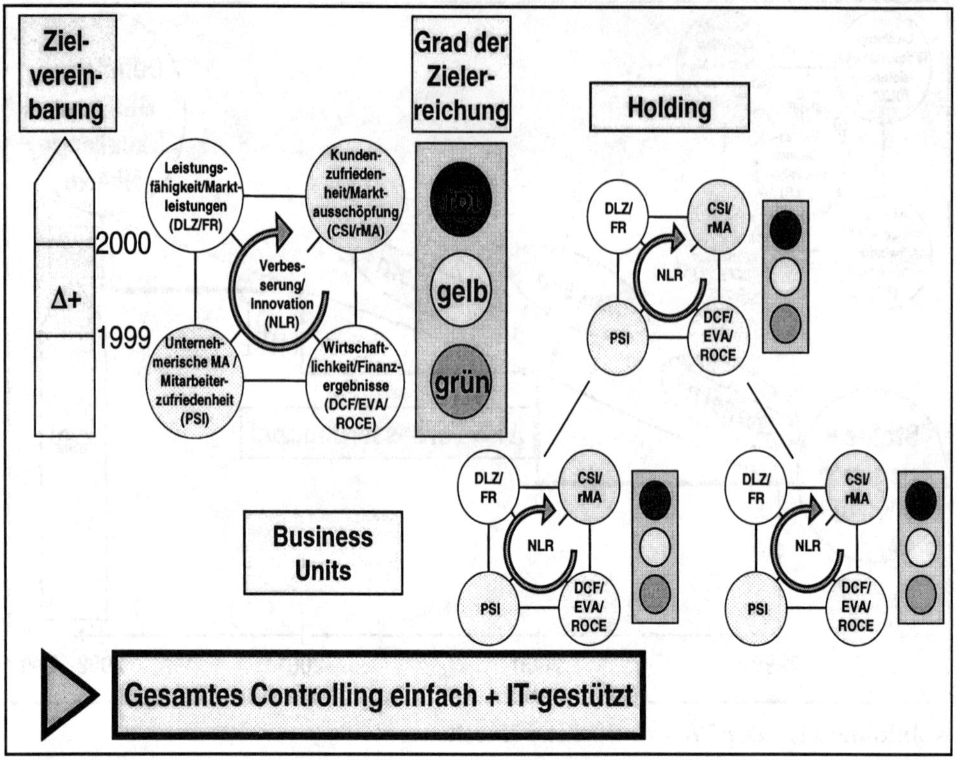

Abbildung 12: Ampel–Analyse und Ampel–Steuerung

LITERATUR

Bohne, A.; Knüwer, Th.: Der Euro bringt neuen Wettbewerb. In: Handelsblatt, S. 12, 07.01.1999.

Collins, J.; Porras, J.: Built to last, New York, 1994.

Gertz, D.; Baptista, J.: Grow to be Great, 2. Aufl., Landsberg/Lech 1996.

Guldin, A.: Kundenorientierte Unternehmenssteuerung durch die Balanced Scorecard. In: Horváth, P. (Hrsg.): Das neue Steuerungssystem des Controllers, Stuttgart 1997, S. 289–302.

Hamel, G.; Prahalad, C.K.: Competing for the future, Boston 1994.

Kaplan, R.; Norton D.: Balanced Scorecard, Stuttgart 1997.

o.V.: Roßkur bei Marks & Spencer trifft auch Deutschland. In: Handelsblatt, Nr. 95, S. 17, 19.05.1999.

o.V.: Wal–Mart ist der Meister der Wertschöpfungskette. In: Handelsblatt, S. 14, 14.01.1999.

Southworth, N.: Erfolgreiche Strategien zur Kundenbindung. In: Töpfer, A. (Hrsg.): Kundenzufriedenheit messen und steigern, 2. Aufl., Neuwied 1999, S. 527–536.

Sturm, N.: Niedrigpreise von Wal–Mart pariert Globus mit Service. In: Süddeutsche Zeitung, Nr. 112, S. 30, 18.05.1999.

Tittel, S.: Der gläserne Konsument. In: Handelsblatt, Nr. 57, S. 49, 23.03.1999.

Töpfer, A.: Ansätze und Instrumente innovativer Personalorganisation und –führung in Handelsunternehmen. In: Scholz, Ch. (Hrsg.): Innovative Personal–Organisation, Neuwied 1999, S. 320–336.

Töpfer, A.: Qualitätscontrolling und –management von Dienstleistungs–Anbietern. In: Meyer, A. (Hrsg.): Handbuch Dienstleistungs–Marketing, Stuttgart 1998, S. 419–443.

Töpfer, A.: Audit von Business Excellence in der marktorientierten Unternehmens–führung. In: Reineke, S.; Tomczak, T.; Dittrich, S. (Hrsg.): Marketingcontrolling, St. Gallen 1998, S. 44–59.

Ein integriertes Modell zur Erklärung des strategischen Internationalisierungsverhaltens von Einzelhandelssystemen (SIVEHS)

Hubert F. Marschner, Innsbruck

Bisher fehlt der Handelswissenschaft ein geeignetes theoretisches Konzept, welches das Internationalisierungsverhalten von Einzelhandelsunternehmen ausreichend erklärt. Während sich die verhaltensorientierten und neuen institutionellen Theorien zur Unternehmung (Theory of the firm) überwiegend damit beschäftigen, das Verhalten von (Produktions–)Unternehmen und deren Managern zu erklären, beschäftigen sich die Theorien der Internationalisierung mit der Frage, wie internationale (Produktions–)Unternehmen entstehen. Hier wird ein integriertes Modell zur Begründung des **s**trategischen **I**nternationalisierungs**v**erhaltens von **E**inzel**h**andels**s**ystemen entwickelt. SIVEHS liefert als Strukturmodell zunächst den einzelwirtschaftlichen Bezugsrahmen und kann als Entscheidungs– und Prozeßmodell ein Aussagesystem zur Internationalisierung eines Einzelhandelssystems liefern und somit auch Hilfestellung bei der Prognostizierung der internationalen Expansion von Einzelhandelssystemen geben.

1 EINFÜHRUNG

Seit dem Erscheinen des Jahrbuchs der Handelsforschung 1990 mit dem Schwerpunkt Internationalisierung, hat sich die Handelswissenschaft vermehrt diesen Aspekten von großen Handelsunternehmen gewidmet (Trommsdorff 1993a). Dem bisherigen Anliegen der kritischen Differenzierung stehen – wie auch in anderen wissenschaftlichen Disziplinen (Römelt 1993) – immer häufiger Forderungen nach Integration von isolierten Wissensgebieten gegenüber (Kroeber–Riel/Weinberg 1996, S. 23 f.; Kotler/ Bliemel 1995, S. 207). Die Forderung nach einem integrierten Modell soll die Überschaubarkeit differenzierter Informationen ermöglichen. Das Modell soll Erklärungen bzw. Begründungen für das strategische Internationalisierungsverhalten von Einzelhandelssystemen ermöglichen.

Ihres komplexen und mehrgliedrigen Charakters wegen werden große Einzelhandelsunternehmen im weiteren als *Einzelhandelssysteme* bezeichnet, um sie von einfach strukturierten deutlich zu unterscheiden. Untersuchungen (Lingenfelder 1996, Sternquist 1998) und eigene Beobachtungen stützen die Annahme, daß sich ein Zusammenhang zwischen der Art eines Einzelhandelssystems und seinem Internationalisierungsverhalten herstellen und modellmäßig abbilden läßt.

Mit Unabhängigkeitstests weisen Blümle; Halm (1994) den hochsignifikanten Zusammenhang zwischen Größe und Internationalisierung von Einzelhandelsunternehmen nach, weshalb zwischen international relativ starken und schwachen Einzelhandelssystemen differenziert wird. Ferner erlauben die eingesetzten Handelskonzeptionen zwischen Versorgungshandel und Lifestyle–Handel zu unterscheiden, die ihren Ursprung in relativ hoch entwickelten Märkten haben.

Als *Internationalisierungsverhalten* wird die beobachtbare aktive oder reaktive Veränderung des formalen und materiellen Zustands von Einzelhandelssystemen bezeichnet, das sich auf internationale Märkte bezieht. Die *Internationalisierung* wird in diesem Beitrag primär auf internationale *Absatzmärkte* abgestellt. Die Dimensionen '*internationales Marktwachstum*' (Umsatzzunahme in Märkten) und '*internationale Expansion*' (Zunahme an internationalen Märkten) kennzeichnen das internationale Größenwachstum von Einzelhandelsunternehmen. Im Rahmen der internationalen Expansion wird die globale (standardisierte) von der multinationalen (differenzierten) Expansion (Dittmar; Meyer; Hoyer 1979; Tietz 1990) unterschieden.

2 PARTIALANALYTISCHE UND EKLEKTISCHE ERKLÄRUNGSANSÄTZE ZUR INTERNATIONALISIERUNG VON UNTERNEHMEN

- Die *volks– und betriebswirtschaftlichen Ansätze* (Schoppe 1991) bieten keinen spezifischen Beitrag zum Internationalsierungsverhalten von Einzelhandelssystemen.
- Die *Theorien der multinationalen Unternehmung* leisten isolierte situative handelsspezifische Beiträge (Lingenfelder 1996).
- Sternquist (1998) versucht den '*Eclectic Approach*' (Dunning 1977, 1992,1997 a,b) durch bewußte Selektion und Neugruppierung plausibler Erkenntnisse für ein '*Model*

of Strategic International Retail Expansione' zu nutzen, stößt aber mit Dunnings spezifischen Vorteilen für ein (Produktions–) Unternehmen an Erklärungsgrenzen, die hier nicht weiter verfolgt werden sollen.

3 EIN INTEGRATIVER ERKLÄRUNGS– UND BEGRÜNDUNGSANSATZ ZUM INTERNATIONALISIERUNGSVERHALTEN VON EINZELHANDELSSYSTEMEN

3.1 Die Anforderungen und Entwicklung eines integrierten Modellansatz

Um Aussagen zum Internationalisierungsverhalten von Handelsunternehmen treffen zu können, wird ein Modell als Bezugsrahmen benötigt, welcher als Strukturmodell zur Spezifikation a) eine Reihe umfassender Variablenkategorien mit Intensitätsstufen zur Beobachtung (Roth 1993, S. 134 ff.) und b) ein System von Relationsbegriffen (Cyert/March 1995, S. 156) aufweisen muß, um das Internationalisierungsverhalten von Einzelhandelssystemen analysieren zu können.

In einem darauf aufbauenden Entscheidungs– und Prozeßmodell werden schemataorientiert (Markus; Zajonc 1985) Typen von Einzelhandelsunternehmen mit spezifischen Verhaltensmustern gegenüber internationalen Zielmärkten in Beziehung gesetzt.

Als weitere Anforderungen an das integrierte Modell gelten:

1. Formale Vollständigkeit des Modells durch einen integrativen Ansatz und heuristische Vollständigkeitsprüfung (Henneberger/Schmid/Vocke 1997).
2. Ausreichende Differenzierung der Stimulus–Variablen zum Internationalsierungsverhalten.
3. Entwicklung von international relevanten Unternehmens– und Markttypen.
4. Erweiterungsmöglichkeit auf ein Entscheidungs– und Prozeßmodell in Hinblick auf Erklärung und Begründung bisheriger Verhaltensmuster der Internationalisierung von Einzelhandelssystemen durch Parametrisierung (Daten) und Validierung.
5. Einbindung von Lernprozessen von Individuen und Organisationen (Einzelhandelssysteme) zur Prognostizierung künftiger Verhaltensweisen der Internationalisierung.

Über den Eklektizismus hinaus bietet die allgemeine Systemtheorie das integrierende Konzept, welches es ermöglicht, konkurrierende Forschungsparadigmen einzubinden. Das Konstrukt der *Juristischen Person* (Braudel 1986) und der Identitätscharakter von Unternehmen (Luhmann 1984) erlaubt die analoge Einbindung individueller und orga–

nisationaler kognitiver und verstehender verhaltenswissenschaftlicher Konzepte. Elemente der Verhaltens– und Entscheidungstheorie der Firma (Kirsch 1971; Tietzel 1993; Cyert/March 1995) der Institutionellen Theorie der Firma (Coase 1937; Williamson 1985; Gümbel 1985) mit spezifischen Verhaltensannahmen (Opportunismus und assymetrische Information (Marschner 1997a)) können ebenso integriert werden wie organisationstheoretische Erkenntnisse der Erfolgsfaktorenforschung im Handel (Gamper/ Marschner 1996) oder des Organizational Learning.

3.2 Beobachtbares Verhalten und empirisches Datenmaterial

Für die Modellbildung und Überprüfung wurden in Lehrveranstaltungen an der Universität Innsbruck Biographien über 63 international tätige und 35 noch nicht internationalisierte Einzelhandelssysteme angelegt, mit Daten der Corporate Intelligence on Retailing (1997) abgestimmt und ausgewertet. Im Modell werden nur aggregierte Merkmale sichtbar, die aus Kontextanalysen stammen. Die Zuweisung von Einzelhandelssystemen zu Systemtypen erfolgte durch Kompatibilitäts– und Vollständigkeitsprüfungen sowie nach Analogiekriterien. Der Erklärungswert für die wichtigsten Verhaltensmuster beläuft sich in SIVEHS auf ca. 85 % der analysierten Einzelhandelssysteme.

3.3 Das integrative Strukturmodell zur Erklärung des strategischen Internationalisierungsverhaltens von Einzelhandelssystemen (SIVEHS – 1)

Aus den Charakteristika eines Einzelhandelssystems und den Bedingungen des Heimatmarktes als Anreize erwächst die Bereitschaft zur internationalen Expansion. Die Trennung des Entscheidungssystems als beeinflussende physische Personen (CEO, Top–Manager) von der juristischen Person 'Einzelhandelssystem' stellt einen zu vertretenden Arbeitsschritt (Frey 1990, S. 389) dar und erlaubt die Einbindung von Umweltfaktoren aus relevanten Märkten als Stimuli auf das Einzelhandelssystems.

Trotz vorhandener Kritik an SOR–Modellen läßt sich das Internationalisierungsverhalten schematisch als interaktive funktionale Beziehung zwischen einem Einzelhandelssystem und den darauf einwirkenden Reizen in SIVEHS – 1 darstellen (*Abbildung 1*). Aus dem Zusammenwirken von Anreizen aus dem Einzelhandelssystem und internationalen Märkten sowie psychischen bzw. parapsychischen Vorgängen in und zwischen Entscheidungsträgern des organisationalen Entscheidungssystems (Bierhoff 1993; Aronson 1994) entsteht konstruktivistisch '*Der Wille zur Internationalisierung*', dessen Ausprägung das beobachtbare Internationalisierungsverhalten von Einzelhandelssystemen steuert. Es lassen sich aber auch Rückschlüsse aus dem Internationalisierungsverhalten auf die Ausprägung des Internationalisierungswillens ableiten.

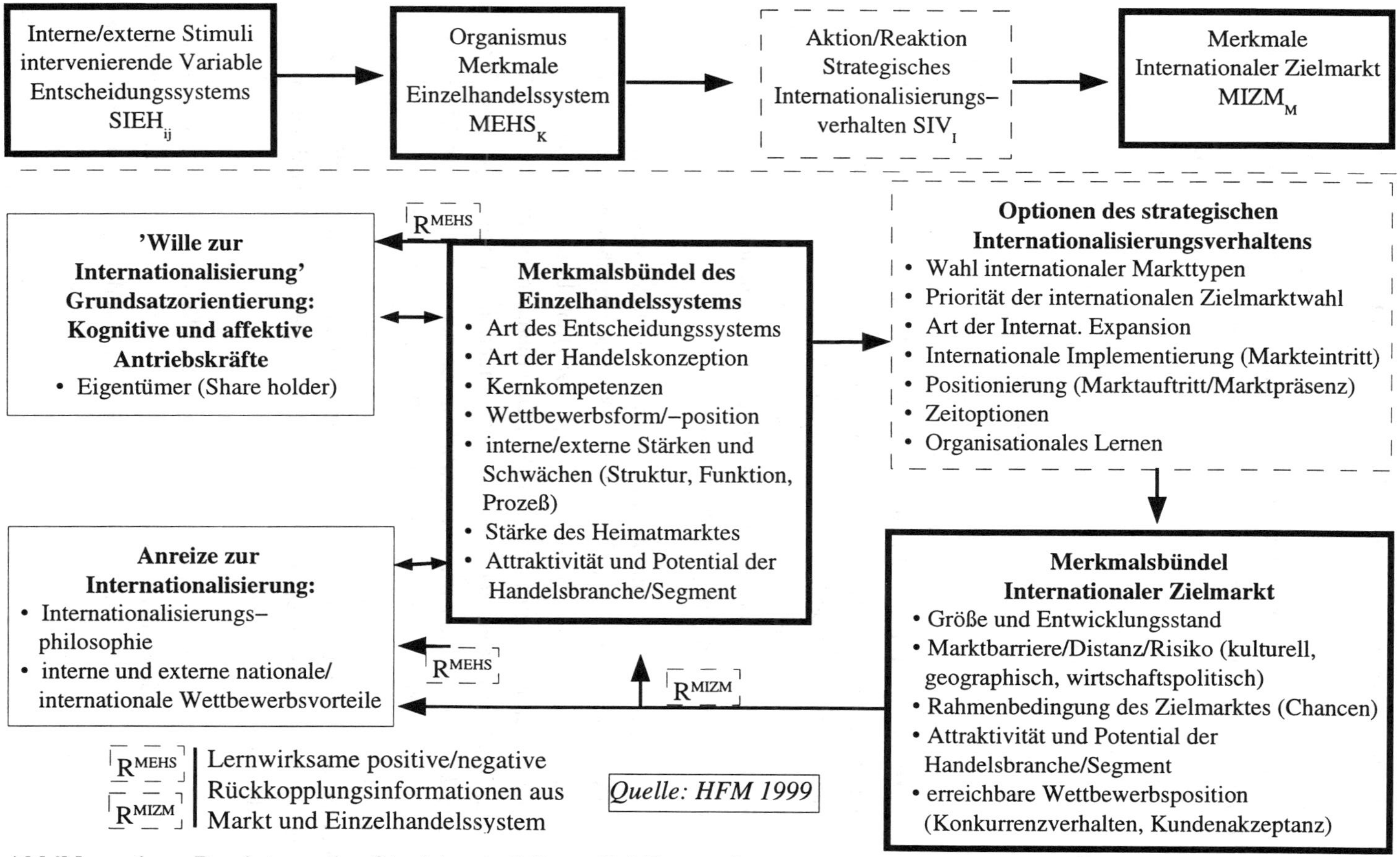

Abbildung 1: **Das integrative Strukturmodell zur Erklärung des strategischen Internationalisierungsverhaltens von Einzelhandelssystemen (SIVEHS–1)**

- **SIEHS – Stimuli und intervenierende Variable des Einzelhandelssystems:**

Die internationale Steuerung von Einzelhandelssystemen erfolgt durch Wahrnehmung von Stimulusvariablen und Entscheidungen, die auf und in ein(em) Einzelhandelssystem wirken. Sie können als eine Menge von verschiedenen Einzelreizen bezeichnet werden, die als Antriebskräfte auf Einzelpersonen und das Entscheidungssystem als Personen–kollektiv wirken. Sind diese Stimuli, insbes. der 'Wille zur Internationalisierung' nicht vorhanden, wird ein Einzelhandelssystem trotz sonstiger Eignung nicht internationalisieren. Die hier bevorzugte Klassifizierung der Stimuli unterscheidet in:

a) Ein Bündel von *kognitiven* und *intervenierenden affektiven Variablen*, die als Stimuli auf das Konstrukt 'Wille zur Internationalisierung' als Verhaltensabsicht handelnder Personen einwirken, führt zu einer internationalen Grundorientierung. Dieser Wille muß sowohl bei Eigentümern als auch Führungkräften (Chief Executiv Manager, Top Manager) vorhanden sein (Frank; Marschner 1998, S. 301). Über die Motive zur Internationalisierung liegen umfangreiche Kataloge vor (Tietz 1990, S. 13; Alexander 1990). Der Erwartungsnutzen gilt als wichtigstes (erfolgreiches) Paradigma (Frey 1990). Als Stimuli wirken u.a. die abnehmenden mittelfristigen Chancen auf bisher bearbeiteten Märkten (nationale Marktsättigung, Restriktionen).

b) Aus der Vielfalt denkbarer Anreize auf das Entscheidungssystem sei zum einen die *Internationalisierungsphilosophie* (Tietz 1990, S. 8 f.) hervorgehoben, die sich aus der unternehmerischen Grundorientierung (Marschner 1989) ergibt und zu standardisierten (globalen) oder differenzierten (multinationalen) Unternehmensleitbildern führt. Anreize zur Internationalisierung entstehen ferner durch wahrgenommene *komparative Wettbewerbsvorteile*. Diese entstehen im wesentlichen aus dem Wert, den ein Einzelhandelssystem für seine Abnehmer im Vergleich zu Wettbewerbern schaffen kann (Porter 1986, S. 21). Ihre Ermittlung bzw. Bewertung liefert Informationen über (wahrgenommene) interne Unternehmensvorteile aus Strukturen, Funktionen und (Ablauf–)Prozessen sowie über externe Wettbewerbsvorteile aus nationalen oder internationalen Zielmärkten und fokussierten Handelsbranchen.

R^{MEHS} und R^{MIZM} sind *rückkoppelnde Informationen* bzw. Reizwirkungen aus dem Einzelhandelssystem und dem internationalen Zielmarkt, die der zeitversetzten Beurteilung von internen/externen nationalen/internationalen Wettbewerbsvorteilen dienen. Diese Informationen stützen einerseits die kognitiven Prozesse von Eigentümern und Füh–

rungskräften, wirken aber auch auf das Internationalisierungsverhalten des Einzelhandelssystems, u.a. durch organisationales Lernen.

I^{EHS} sind *intervenierende Variablen,* die sich auf nichtbeobachtbare Vorgänge (Kroeber-Riel; Weinberg 1996, S. 29; Trommsdorff 1993b) in Handelsmanagern und Eigentümern sowie innerhalb eines Entscheidungssystems beziehen. Sie sind auf die subjektive Einschätzung des Internationalisierungsverhaltens von Einzelhandelssystemen gerichtet.

- **Einzelhandelssysteme und internationale Zielmärkte als Quellen von Stimuli:**

Einzelhandelssysteme weisen strukturelle, funktionale und prozessuale Anreize auf, die durch aktives oder reaktives Verhalten des Entscheidungssystems entstehen. Die Informationen darüber sind attributorientiert als *MEHS – Merkmalsbündel von Einzelhandelssystemen* in SIVEHS – 1 abgebildet. Ähnlich wie Produkte durchlaufen Einzelhandelssysteme Phasen eines idealtypischen Lebenszyklus mit entsprechenden Lerneffekten (Normann/Rummelhart 1978).

Zur Bewertung von Wettbewerbsvorteilen bzw. Marktpotential und –chancen aus internationalen Zielmärkten werden Merkmalskategorien herangezogen, die komprimiert als *MIZM – Merkmalsbündel Internationaler Zielmärkte* in das Modell aufgenommen werden. Sie werden sich möglicherweise durch einen Markteintritt verändern.

- **Internationalisierungsverhalten als aktive Reaktion auf Anreize**:

SIV als Optionen von Internationalisierungsstrategien werden im Modell als Verhaltensmuster zur Annäherung an fremde Märkte interpretiert. Die Meidung der Internationalisierung mangels entsprechenden Willens wird hier nicht weiter verfolgt. In SIVEHS – 1 werden die Verhaltensvariablen in Merkmalsgruppen als Internationalisierungsstrategien zusammengefaßt. (Dülfer 1997, S. 131 ff.; George/Diller 1993, S. 165 ff.; Lingenfelder 1996)

Nach der *Auswahl* relevanter internationaler Zielmärkte nach Länderprofilen bzw. internationalen Zielmarkt–Portfolios (Saaty 1980; Haedrich et al. 1986) erfolgt die *Prioritätensetzung* der Marktbearbeitung.

4 DAS STRATEGISCHE INTERNATIONALISIERUNGSVERHALTEN VON EINZELHANDELSSYSTEMEN

4.1 Der Modellcharakter von SIVEHS - 2

SIVEHS – 2 ist als Entscheidungs– und Prozeßmodell angelegt. Zur Generierung von Realtypen relevanter Einzelhandelssysteme und internationaler Zielmärkte wurden die charakteristischen Systemmerkmale aus SIVEHS – 1 zu Markt– und Unternehmens–Portfolios entwickelt. Die aus ihnen stammenden Informationen für das jeweilige Entscheidungssystem von Handelskonzeptionen werden als aggregierte generelle und spezielle Stimuli in das Modell eingeführt. Aus der Charakteristik von Einzelhandelssystemen und Märkten lassen sich typische Verhaltensmuster und Handlungsalternativen im Rahmen der Internationalisierung von Einzelhandelssystemen ableiten.

4.2 Generierung von Typen für SIVEHS - 2

Im Konflikt zwischen Detaillierung und genereller Aussagekraft von SIVEHS ist es erforderlich, die relevanten internationalen Stimuli und ihre Quellen zu überschaubaren aussagefähigen Kategorien zu aggregieren.

- **Typen internationaler Zielmärkte für Einzelhandelssysteme**

Die Differenzierung in hoch und schwach entwickelte sowie in große und kleine (mittlere) internationale Märkte erfolgt nach Kriterien der Weltbank. Der Einfachheit halber werden zu den Less Developed Countries die Newly Industrialized Countries (Wagner 1989) gerechnet. Für die hier angestrebten Zwecke bilden etwa 40 Mio. Einwohner eine fließende Grenze zwischen kleinen und großen Märkten. *Abbildung 2* gibt ein derartiges Länder–Portfolio wieder.

I. *'Starke kleine Märkte'* finden sich in Europa, dazu zählen jedoch u.a. auch Kanada, Australien, Neuseeland oder Singapur. Diese Märkte fördern oligopolistische Versorgungsstrukturen mit relativ hohem Preisniveau. In Verbindung mit hoher Kaufkraft (CH, A, B, NL etc.) sind sie bei geographischer und kultureller Nähe auch interssante Testmärkte, die aber bei hoher Wettbewerbsintensität gemieden werden.

II. *'Starke große Märkte'* bieten gute Chancen, spezifische Handelskonzeptionen im Heimatmarkt zu erproben und finanzielle Reserven zur internationalen Expansion auf–

zubauen oder aber bereits international zu verbreiten (USA, große Staaten der Europäischen Union, Japan).

Internationale Handels–barrieren, wirtschaftpo–litische Distanz, kultu–relle Distanz	Absolutes und relatives Marktpotential		Relatives Risiko
	nieder	hoch	
gering	I. **'Starke kleine Märkte'** hoch entwickelt, kleine und mittlere Größe	II. **'Starke große Märkte'** hoch entwickelt	gering
groß	III. **'Schwache kleine Märkte'** schwach entwickelt, kleine und mittlere Größe	IV. **'Schwache große Märkte'** relativ schwach entwickelt	groß

Abbildung 2: Grundtypen internationaler Handelsmärkte

III. '*Schwache kleine Märkte*' sind rund um den Globus anzutreffen. Sie bieten für Lifestyle–Konzepte nur sehr begrenzte und selektive, für Versorgungsunternehmen kaum Anreize bzw. Entwicklungsmöglichkeiten.

IV. '*Schwache große Märkte*' finden sich in Lateinamerika, Afrika, Asien und in Europa (Rußland, Ukraine etc.). Große Populationen führen zu kaufkraftstarken Segmenten an der Spitze der jeweiligen Sozialpyramide, die sowohl Lifestyle–Konzepten zugänglich sind, aber auch in ihrem Grundbedarf auf moderne Versorgungssysteme drängen.

Die besonderen Ähnlichkeits–, Differenzierungs– oder Vorteils–Merkmale eines internationalen Zielmarktes gegenüber dem Heimatmarkt (bzw. bisher bearbeiteten Märkten) ergeben sich aus der kulturellen oder geographischen Distanz oder wirtschaftspolitischen Barrieren (Lingenfelder 1996; Marschner 1997b). Die aus diesen Merkmalen resultierenden Risiken können als eine die Entscheidungssicherheit beeinflussende Menge von sozialen, kulturellen, wirtschaftspolitischen und ökonomischen Eigenschaften eines internationalen Zielmarktes bezeichnet werden. '*Nähe*' bedeutet relativ niedere Barrieren durch relativ hohe Ähnlichkeit bzw. Vertrautheit gegenüber dem fokussierten Zielmarkt. Die *kulturelle Distanz* muß System–individuell beurteilt werden. Die Mißerfolge von Migros–Schweiz (1996) und Rewe–Deutschland (Causa Meinl 1998) in Österreich lassen sich als '*Psychic Distance Paradox*' (Evans/Lane/Grady 1992) erklären, da kulturelle Besonderheiten zu wenig berücksichtigt wurden.

- **Charakteristische Typen von Einzelhandelssystemen**

International tätige Einzelhandelssysteme können nach der Art ihres Entscheidungssystems, den Systemcharakteristika und Kernkompetenzen (Hamel/Prahalad 1994) in zwei *Handelskonzeptionen* mit unterschiedlichen Systemeigenschaften gruppiert werden (*Abbildung 3*):

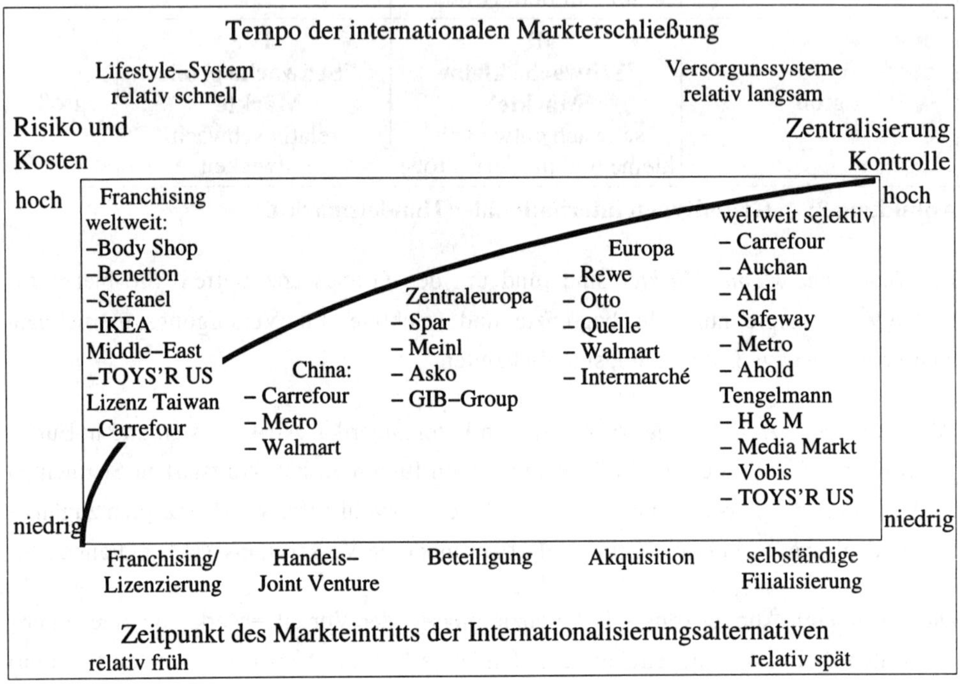

Quelle: HFM 1999

Abbildung 3: Internationalisierung von Einzelhandelssystemen

a) Der *Versorgungshandel* konzentriert sich auf Grund seiner Kernkompetenzen auf Sortimentsprogramme und Betriebslinien/Betriebstypen (Marschner 1993), die routineorientiert den branchenspezifischen Grundbedarf von Konsumenten in seiner Breite abdecken. Es handelt sich dabei um Warenhaussysteme, großformatige Systeme im Lebensmittelhandel (Super– und Verbrauchermärkte) und um Fachmarkt–Systeme. Derartige Einzelhandelssysteme erzielen Wettbewerbsvorteile u.a. aus dem

Know–how zur *Koordinierung, Optimierung und Ökonomisierung von Prozeßabläufen* durch Integrierte Informations–Systeme (Computer Integrated Trading/Retailing, Marschner 1997b). Als konstitutives Marktbearbeitungssystem wird überwiegend das Filialsystem eingesetzt, wenngleich in Europa aus historischen Gründen auch (noch) Verbundsysteme existieren. Das Entscheidungssystem des Versorgungshandels ist national zentralistisch und *international dezentral* nach Ländermärkten organisiert. Dadurch werden vergleichsweise hohe *Managementreserven* zur Internationalisierung erforderlich.

b) Der *Lifestyle–Handel* (Sternquist 1998, S. 15) fokussiert mit seinen Sortimentsprogrammen sozialisierte Lifestyle–Ansprüche von Konsumenten. Es handelt sich um Warenbereiche, die der Profilierung und Identitätsstiftung von klar definierten Zielgruppen dienen. Als Betriebstypen werden i.d.R. kleinformatige Fachgeschäfte eingesetzt. Zur internationalen Expansion werden stabile, global vertretene Segmente gesucht, die meist mit Risk–sharing–Modellen bearbeitet werden, in späteren Phasen werden Systemvorteile durch Filialen (Flagship–Stores) internalisiert. Zum Lifestyle–Handel zählen u.a. Bereiche wie Bekleidung (Designer–Mode), Wohnkultur (Interieur), Mobilität (Auto, Motorrad), Flexibilität (Handy/Cellular–phone, Iinformationstechnologie), Freizeit (Bücher, Musik, Spiele, Bikes) und Sport (Equipment, Out–fit). Lifestyle–Konzepte suchen weltweite Akzeptanz durch 'globale Expansion' (ethno– oder geozentrisch, Perlmutter 1973). Ihr Entscheidungssystem ist in Hinblick auf Kernkompetenzen international *zentralisiert*, was vergleichsweise niedere Mangementkapazitäten erfordert, die Flexibilität (Marschner 1996) erhöht und durch dezentrale Vertriebsstrukturen ein relativ rasches Internationalisierungstempo ermöglicht.

Einzelhandelssysteme lassen sich im internationalen Vergleich ferner nach ihrer strukturellen Größe und dem Alter der Handelskonzeption in *relativ große* und *schwächere Einzelhandelssysteme* differieren. Große Einzelhandelssysteme haben bereits mehrere Entwicklungsphasen durchlaufen. Sie befinden sich in starken großen Märkten in nationaler oder bereits international führender Wettbewerbsposition. Schwächere Systeme hingegen haben entwicklungsgeschichtlich entweder international weniger Erfolg oder befinden sich noch in einem frühen nationalen Wachstumsstadium.

Aus der Grunderfahrung der *Persönlichkeitstheorie* (Marschner 1982) werden aus Persönlichkeitsmerkmalen vereinfacht vier Grundtypen von Einzelhandelssystemen (*Ab–*

bildung 4) in SIVEHS – 2 eingesetzt, die zusammen mit ihrem Internationalsierungsverhalten weiter unten erläutert werden.

Handelskonzeption	relative Marktstärke des Einzelhandelssystems (Internat. Ranking, Heimatmarkt, Branchenattraktivität, Internationalisierungsgrad)	
	hoch	nieder
rational: Versorgungshandel	A **'Die Mächtigen'** relativ starke Versorgungssysteme	B **'Die Kandidaten'** relativ schwache Versorgungssysteme
emotional: Lifestyle–Handel	C **'Die Einzigartigen'** relativ starke Lifestylesysteme	D **'Die Pfadfinder'** relativ schwache Lifestylesysteme

Abbildung 4: Typen von international vergleichbaren Einzelhandelssystemen

- **Internationale Vorteile als Stimuli für das Entscheidungssystem**

a) *Generelle Stimuli* sind allen Einzelhandelssystemen gemeinsam, welche die Internationalisierung anstreben oder verfolgen. Dazu gehören der '*Wille zur Internationalisierung'*, die *internationale strategische Grundorientierung* und die *Internationalisierungsphilosophie.* Sie fördern Fähigkeiten zum Erkennen und Nutzen weiterer Anreize.

Die Bereitschaft zur Fokussierung und Nutzung von *Marktchancen und Wettbewerbsvorteilen* nimmt zu, wenn im Heimatmarkt bzw. in bisher bearbeiteten Märkten die Entwicklungschancen abnehmen. Andere Motive wie Risikostreuung, Investitions– oder Nachahmungsbedürfnis u.a.m. fördern die Sensiblisierung eines Entscheidungssystems zur Internationalsierung.

Das durch individuelles und organisationales Lernen (Scheibenreif/Westreicher 1999) erworbene strategische Managementwissen erleichtert den Umgang mit bisher als hoch eingeschätzten Barrieren und Risiken des Markteintritts. Erweitertes Managementwissen bringt Vorteile im Umgang mit Zeitoptionen, die temporär zu verstehen sind. Vorteile resultieren ferner aus Management–Know–How über *internationale Beschaffungsprozesse.*

b) *Spezielle Stimuli* einer Handelskonzeption resultieren aus der *Konzentration auf Kernkompetenzen.* So verfügen *Versorgungssyteme* über Vorteile aus *Koordinations-* und *operativem Prozeß–Know–how*, welches meist durch internalisiertes 'tacit learning' (Sternquist 1998, S. 22) erworben wurde. Dem Schutz dieser Art von organisationalem Wissen kommt daher große Bedeutung zu. Dezentrale *Managementkapazitäten* und Direktinvestitionen durch vorhandene Ressourcen ergänzen die internationalen Vorteile eines Versorgungssystems. Die Nutzung von *Ökonomisierungspotentialen* in internationalen Märkten ermöglicht Kostenvorteile gegenüber Wettbewerbern.

Die speziellen Kernkompetenzen bzw. Stimuli für *Lifestyle–Systeme* resultieren aus ihren Fähigkeiten, *identitätsstiftende Mode–Trends* zu erfassen bzw. zu setzen und darüber hinaus ein entsprechendes *Kreativitätspotential* zu schaffen, welches es erlaubt, die jeweilige Trend–Führerschaft bei begrenzbarem *Risiko* zu erhalten.

4.3 Das strategische Internationalisierungsverhalten von 'typischen' Einzelhandelssystemen

Der Typus eines Einzelhandelssystems (Marschner 1993; 1998 S. 296 f.).und seine Charaktereigenschaften erlaubt, abhängig von der Phase der Internationalisierung, in welchem sich das Einzelhandelssystem befindet, und in Verbindung mit Anreizen aus internationalen Zielmärkten (rückkoppelnde Informtionen), die Wahl eines Sets an Internationalisierungsstrategien durch das Entscheidungssystem. Damit soll das *gewünschte Internationalsierungsverhalten* eines Einzelhandelssystems erreicht werden.

SIVEHS – 2 liefert ein Aussagesystem über bisheriges und zu erwartendes Internationalisierungsverhalten (*Abbildung 5*). Eine normative Interpretation dieser Prozesse kann nur erfolgreich sein, wenn sie von realistischen Vorstellungen über das tatsächliche Entscheidungsverhalten in Organisationen getragen wird. Internationalisierungsstrategien sind als Ziel–Mittel–Entscheidungen, wie aus SIVEHS – 2 hervorgeht, nicht frei wählbar, sondern von einer Reihe sich gegenseitig beeinflussender Faktoren abhängig.

Beginnend mit der Startentscheidung zur Internationalisierung folgen Wahlakte über den Typus des Zielmarktes und eventuelle Prioritäten der internationalen Diffusion. Alle Einzelhandelssysteme präferieren zu Beginn der Internationalisierung kulturell naheliegende Märkte mit niederen Barrieren. Wo standortbedingt keine geographische Nähe möglich ist (z.B. Japan), werden weiter enfernte Märkte penetriert. Daran schließen Entscheidungen zu Art und Formen des angestrebten Internationalisierungsverhaltens an.

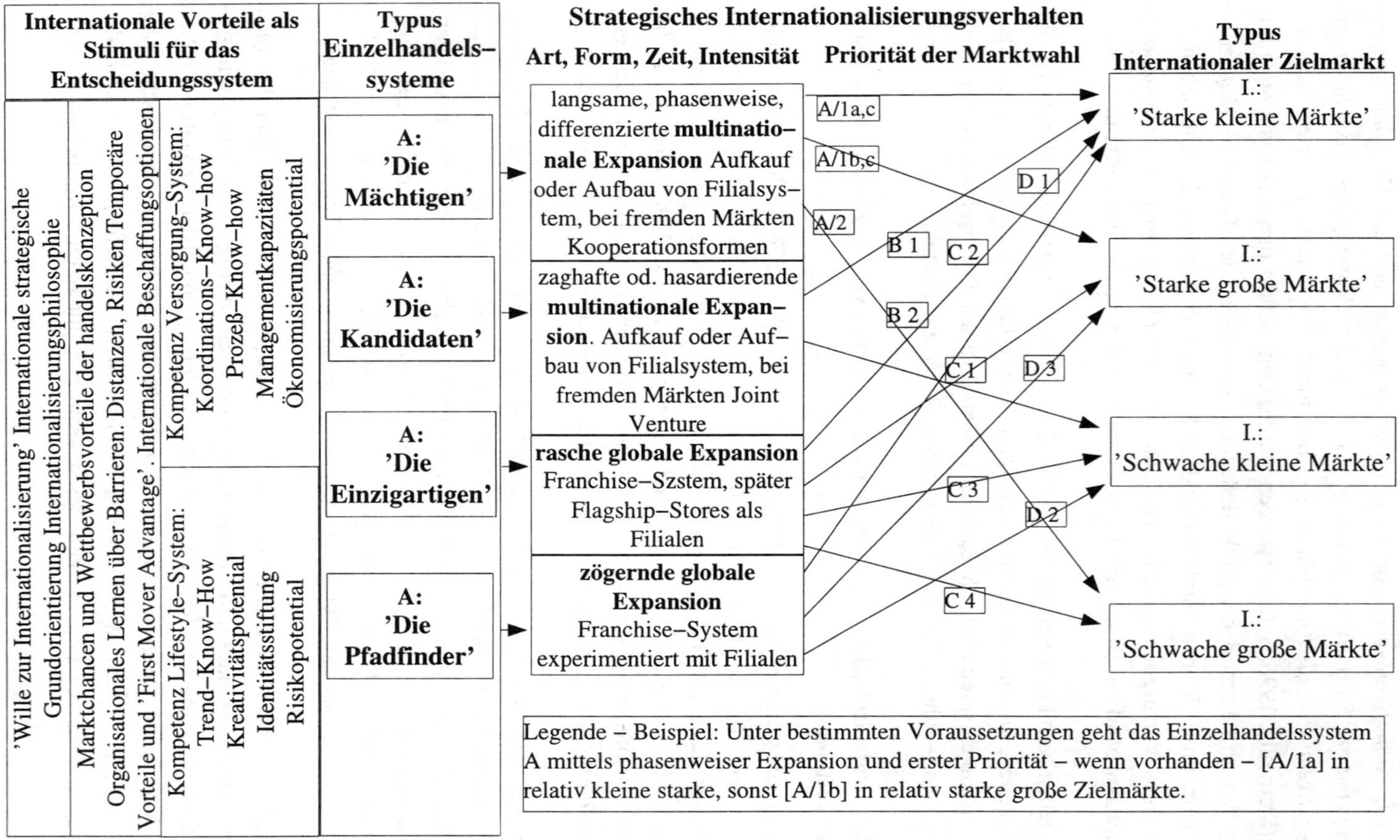

Abbildung 5: Integriertes Entscheidungs– und Prozeßmodell zur Erklärung des strategischen Internationalisierungsverhaltens von Einzelhandelssystemen (SIVEHS–2)

Die Art des Einzelhandelssystems beeinflußt das Tempo der Internationalisierung: Life-style-Systeme setzen gegenüber Versorgungssytemen wachstums- bzw. entwicklungsgeschichtlich relativ früh zur Internationalisierung an. Rasche internationale Implementierung wird durch Franchising erreicht, die Filialisierung von Versorgungssystemen erfordert schrittweise Marktabdeckung und bedingt relativ langsame Expansion.

Global standardisierte Einzelhandelssysteme treffen zentrale Entscheidungen und verfügen deshalb über ein relativ geringes internationales Lernpotential. Hingegen müssen sich multinational agierende Versorgungssysteme den jeweiligen Marktgegebenheiten dezentral anpassen wodurch hohes international verwertbares Management- und Know-how-Potential entsteht.

SIVEHS – 2 liefert ein interpretatives Aussagesystem zum strategischen Internationalisierungsverhalten von Einzelhandelssystemen. Für die Typen von Einzelhandelssystemen lassen sich strategische Wahlakte, Internationalsierungsentscheidungen und Diffussionsprozesse zusammenfassen:

A: *'Die Mächtigen'* haben als relativ starke Versorgungssysteme in relativ hoch entwickelten großen Heimatmärkten eine führende Wettbewerbsposition durch Nutzung allgemeiner und spezieller Stimuli erreicht. Ihre Internationalisierungsphilosophie wird durch die begrenzten Marktchancen im Heimatmarkt begründet (z.B. Ernährung, Wirtschaftspolitik). Sie beginnen ihre differenzierte multinationale Expansion im Vergleich zu anderen Handelssystemen relativ spät, da sie am Heimatmarkt lange Wachstumschancen vorfanden. In Ausnahmefällen stammen sie auch aus kleinen starken Märkten und mußten dann relativ rasch expandieren (NL: Spar, Ahold; B: Delhaize le Lion). Ihre angepaßte Expansion (z.B. Ernährung, Wirtschaftspolitik) erfolgt meist nach dem Prinzip der kulturellen oder geographischen Nähe. Versorgungssysteme arbeiten sich in fremden Märkten bis zu führender Wettbewerbsposition vor, bevor sie den nächsten Expansionsschritt beginnen. Daraus resultiert relativ langsames, phasenbezogenes Expansionstempo.

Die internationale Marktwahl der *'Mächtigen'* folgt spezifischen Risikoprofilen, die durch organisationales Lernen besser bewältigbar werden, aber relativ hohes Managementpotential benötigen. Aus SIVEHS – 2 lassen sich Schlußfolgerungen für die Reihenfolge der internationalen Marktwahl ableiten. (Kleine schwache Märkte bilden i.d.R. keinen relevanten Zielmarkt.)

Erste Priorität (A/1) haben alle starken Märkte mit geringen Barrieren.

- Kleine und mittlere kulturell ähnliche Märkte mit geringer geographischer Distanz werden als Testmärkte penetriert (A/1a: D: Aldi: ⇒1964 Österreich, ⇒ 1975 NL, ⇒ 1976 B ⇒ 1977 DK; GB: Marks&Spencer ⇒ B; NL, IRL; Japan: Daimaru ⇒ Hongkong, Singapur).
- Große hoch entwickelte Märkte mit niederer kultureller und geographischer Distanz dienen dem internen Wachstum (A/1b: D: Aldi ⇒ 1988 F, 1989 ⇒ GB; F: Carrefour ⇒ Spanien).
- Große und kleinere starke Märkte mit großer kultureller und/oder geographischer Distanz dienen der internationalen Expansion (A/1c: GB: Safeway sowie USA: Woolworth ⇒ AUS, NZ; GB: Marks & Spencer ⇒ Hongkong, Canada; Japan: Daimaru ⇒ AUS, USA, F).

Zweite Priorität (A/2) haben große schwach entwickelte Märkte mit ausgeprägten Distanzen aber mit hohen Wachstumsraten und ausreichender Branchenattraktivität, die sich westlichen Standards zunehmend annähern (F: Auchan ⇒ Korea, Vietnam), USA: Wal–Mart ⇒ VR China; D: Metro ⇒ VR China; F: Carrefour ⇒ VR China)

B*: Die 'Kandidaten'* streben als international relativ schwache Versorgungs–systeme zwar nach Unabhängigkeit, können aber auch als Kooperationspartner oder potentielle Übernahmeopfer gesehen werden. Es handelt sich entweder um relativ kleine Einzelhandelssysteme aus hoch entwickelten Märkten (Verfolger) oder relativ große Einzelhandelssysteme aus starken kleinen Märkten. Als Filialsysteme können sie in der Relation zu den 'Mächtigen' nicht schnell genug wachsen, als Verbundsysteme weisen sie überdies wenig kompatible Eigentumsverhältnisse und Managementsysteme auf, was ihre Entscheidungskraft schwächt.

Ihre Internationalisierungsphilosophie resultiert aus ihrer relativen Schwäche im Vergleich zu international großen Mitbewerbern. So suchen sie nur zaghaft grenznahe Märkte mit größeren Marktchancen bzw. geringerer Wettbewerbsintensität. Relativ begrenzte Ressourcen werden für Beteiligung, Akquisition oder internes Wachstum eingesetzt.

Erste Priorität B/1 haben kleine und mittlere hoch entwickelte geographisch nahe Märkte um die kritische Größe zur Wettbewerbsfähigkeit zu erreichen. (A: BLM–Billa, Spar ⇒ I; AUS: Cole–Palmers ⇒ NZ).

Zweite Priorität B/2 haben zukunftsorientiert kleine und mittlere schwach entwickelte Märkte (A: Meinl, BLM, Spar ⇒ Tschechien, Ungarn, Slowenien),

Daneben kann auch hasardierendes Verhalten durch Fehleinschätzung fremder Märkte beobachtet werden (USA: K–Mart ⇒1992 Tschechien und Slowakei – Rückzug 1996, K–Mart ⇒1994 Mexiko – Rückzug 1997, CH: Migros ⇒ 1993 A – Rückzug 1996).

C: '*Die Einzigartigen*' sind die relativ großen, international gereiften Lifestyle–Systeme mit Erfahrung in globaler personen– und gruppenorientierter Identitätsstifung von Konsumgütern (Lingenfelder 1995; Marschner 1982, S. 126 f.). Ihre ersten Internationalisierungsschritte unternahmen relativ starke Lifestyle–Einzelhandelssysteme nach dem Prinzip geographischer und kultureller Nähe, doch ist letztere mittlerweile nicht mehr relevant. Stammen diese Systeme aus eher kleineren Märkten, so mußten sie entwicklungsgeschichtlich relativ früh international expandieren (geringe Wachstumschancen im Heimatmarkt – IKEA, Schweden).

Ihr Sortiment steht für den Ausdruck eines global anzutreffenden definierbaren Lebensgefühls. Da sie ihren Erfolg nur durch globale Akzeptanz halten können, nutzen sie Franchise–Systeme zur raschen Expansion, doch werden zunehmend eigene Filialen als Flagships errichtet, um die Marketinglinie für den nationalen Kooperationsparter stringent vorgeben zu können. Neben der intensiven Abdeckung bereits penetrierter Märkte und dem Rückzug aus wirtschaftlichen Krisengebieten (z.B. Japan 1998) richten sich internationale Expansionsabsichten nach folgenden Überlegungen aus:

Erste Priorität C/1: Relativ hoch entwickelte große Märkte weisen mit ihren Metropolen jene globalen, in ihrem Lebensstil von Traditionen weitgehend unabhängige konsumorientierte Schichten auf, die rasch zu globaler Akzeptanz führen. Durch Nutzung des First–mover Advantage werden beste Geschäftslagen besetzt bzw. blockiert (NL/S/DK: IKEA ⇒ 1974 D; ⇒ 1981 F; ⇒ 1985 USA; ⇒1989 I). .

Zweite Priorität C/2: Nach der Besetzung von Schlüsselmärkten werden zur Arrondierung des Marktgebietes kleine und mittlere Märkte mit relativ hohem Entwicklungsstand fokussiert. Diese Prioriät ist weniger ausgeprägt, da Franchise–Partner von sich aus bestrebt sind, derartige Handelssysteme im nationalen Heimatmarkt zu etablieren (NL/DK: IKEA ⇒ 1979 NL; ⇒ 1984 B; ⇒ 1996 F).

Dritte Priorität C/3: Schwach entwickelte große Märkte haben i.d.R. eine kaufkräftige

Oberschicht. Im Zuge der wirtschaftlichen Öffnung geht politische Sogwirkung vom Zielmarkt aus (NL/DK: IKEA ⇒ 1998 VR China).

Vierte Priorität C/4: Die Mehrheit der über 160 selbständigen Länder reiht sich unter die relativ schwach entwickelten kleinen und mittleren Märkte. Zumindest in den Metropolen findet sich ein atttraktives Lifestyle–Segment, das auf Bearbeitung wartet (NL/DK: IKEA: ⇒ 1983 Saudi Arabien ⇒ 1984 Kuwait, ⇒ 1990 Ungarn, Polen, ⇒ 1992 Slowakei, ⇒ 1996 Malaysia).

D: '*Die Pfadfinder*' sind relativ junge Lifestyle–Systeme die mit geringem Know–How nach Wegen zu ihrer internationalen Profilierung suchen. Stammen sie aus großen starken Märkten, verfolgen sie ähnliche Strategien, wie die 'Einzigartigen'. Kommen sie aus kleinen Märkten, haben sie wenig Zeit, um ihre Konzeption zu erproben und versuchen, neben Schlüsselmärkten auch exotische Nischen zu besetzen. Geringe Bekanntheit und mangelnde Kontinuität führt zu schlecht prognostizierbarem Verhalten. Folgende Zielmärkte und Prioritäten können ansatzweise festgehalten werden.

Erste Priorität D/1: Einsickern in benachbarte, bevorzugt kleine und mittlere Märkte mit hoher kultureller Ähnlichkeit, um Erfahrung zu erwerben und Ressourcen aufbauen zu können (DK: Jysk Sengetoejslager – Dänisches Bettenlager ⇒ 1990 N, 1993 S, 1995 Suomi und Island).

Zweite Priorität D/2: Eindringen in relativ hoch entwickelte große und kleine Märkte und Besetzung von zweitklassigen Schlüsselstandorten (A: Wolford ⇒ 1992 USA; ⇒ 1998 Singapur, Hongkong).

Dritte Priorität D/3: Nutzung von First–Mover–Advantage–Effekt in selektierten kleinen und mittleren Schwellenländern (NIC's), da dort die Empfänglichkeit für Lifestyle–Konzepte relativ hoch ist (A: Wolford ⇒ 1998 VR China, ⇒ 1999 Ägypten).

5 ZUSAMMENFASSUNG

Zur Erklärung des Internationalsierungsverhaltens wurde einem ausbaufähigen integrierten Verhaltensmodell der Vorzug gegeben, welches als SIVEHS – 1 den Bezugsrahmen bildet und mit SIVEHS – 2 die Entscheidungs– und Diffusionsprozesse des strategischen Internationalisierungsverhalten erklärt. So lassen sich unterschiedliche

Forschungsansätze und Einflußfaktoren aus nationalen und internationalen Märkten sowie aus spezifischen Einzelhandelssystemen integrieren.

Der Grad der Detaillierung des Modells bestimmt sich zweckmäßigerweise nach dem angestrebten Erklärungsgrad für didaktische, wissenschaftliche, ordnungspolitische oder unternehmerische Zielsetzungen. Das Modell läßt sich hiefür entsprechend erweitern oder reduzieren. Mit zunehmender Detaillierung des Modells wächst die Zahl der zu schätzenden Parameter jedoch erheblich an. Ein integriertes Modell ist gegenüber Einwürfen konstruktivistischer und wissenschafts–ideologischer Art offen, Kritik daher erwünscht. Einfachere Modelle mögen auf den ersten Blick plausibel erscheinen, weisen jedoch bei näherer Betrachtung entweder implizite Vorstellungsinhalte oder Rahmenbedingungen auf, bauen auf ceteris paribus–Konstellationen oder sind unvollständig.

Ob der verfolgte Anspruch einer umfassenden und auch zukunftsgerichteten Erklärung des Internationalisierungsverhaltens tatsächlich gelungen ist, werden weitere Analysen zeigen. Der Vergleich mit realen Verhaltensmustern zur Internationalisierung scheint für die Plausiblität des Modells zu sprechen. Schwierigkeiten bereitet die – zugegebenermaßen – intersubjektive Charakterisierung vereinzelter 'Ausreißer'. Deren Verhalten wird möglicherweise auf systemindividuelle Beurteilung des ipsativen oder objektiven Möglichkeitsraums (Frey 1990, S. 181 ff.) zurückzuführen sein, also auf Fehlinterpretationen durch Über– oder Unterschätzung des Einzelhandelssystems auf internationalen Märkten.

LITERATUR

Alexander N.: Retailers and International Markets: Motives for Expansion. In: International Marketing Review, Vol. 7, 4/1990, S. 75–85.

Aronson E.: Sozialpsychologie. Menschliches Verhalten und gesellschaftlicher Einluß, Heidelberg 1994.

Bierhoff S.W.: Sozialpsychologie, 3. Auflg., Stuttgart u.a. 1993.

Blümle E.–B.; Halm R.: Die Internationalisierung schweizerischer Einzelhandelsunternehmungen (EHU) – Ergebnisse einer empirischen Untersuchung. In: Trommsdorff V. (Hrsg.): Handelsforschung 1994/95, Wiesbaden 1994, S. 203–222.

Braudel F.: Sozialgeschichte des 15.–18. Jahrhunderts: Der Handel, München 1986.

Coase R.:The Nature of the Firm. In: Economica 41/1937, S. 386–405.

Cyert, R.M.; March J.G.: Eine verhaltenswissenschaftliche Theorie der Unternehmung, 2. Auflg., Stuttgart 1995.

Dittmar W.G.; Meyer C.W.; Hoyer W.: Die Internationale Expansion planen und durchführen, München 1979.

Dülfer E.: Internationales Management in unterschiedlichen Kulturbereichen, 5.überarb. u. erw. Auflg., München Wien, 1997.

Dunning J.H.: Multinational Enterprises and the Global Economy, Wokingham 1992.

Dunning J.H.: Reconfiguring the Boundaries of Intenational Business Activity, International Seminar on the changing Nature of the Firm, Stockholm 1997a.

Dunning J.H.: Technology and the Changing Boundaries of Firms and Gonvernments, International Seminar on the changing Nature of the Firm, Stockholm 1997b.

Dunning J.H.: Trade, Location of Economic Activity and MNE – A Search for an Eclectic Approach. In: Ohlin B.; Hesselborn P.O.; Wijkman P.M. (Hrsg.): The International Allocation of Economic Activity, Proceedings of a Nobel Symposion held at Stockholm 1977, S. 395–418.

Evans W.; Lane H.; Grady S.: Border Crossings: Doing Business in the USA, Scarborough, Ontario, Canada 1992.

Frank A.; Marschner H.F.: Aspekte eines integrierten Innovationsmanagements für Handelsunternehmen. In: Trommsdorff V. (Hrsg.); Handelsforschung 1998/99, Wiesbaden 1998, S. 293–315.

Frey B. S.: Ökonomie ist Sozialwissenschaft, München 1990.

Gamper A.; Marschner H.F.: Information als Erfolgsfaktor in internationalen Großhandelsunternehmen. In: Trommsdorf, V. (Hrsg.): Handelsforschung 1996/97, Jahrbuch der Forschungsstelle für den Handel, Wiesbaden 1996, S. 359–378.

George G.; Diller H.: Internationalisierung als Wachstumsstrategie des Einzelhandels. In: Trommsdorff V. (Hrsg.): Handelsforschung 1992/93, Wiesbaden 1993, S. 165–186.

Gümbel R.: Handel, Markt und Ökonomik, Wiesbaden 1985.

Haedrich G., Kuß A.; Kreilkamp E.: Der Analytic Hierarchy Process. In: WISt, 15/1986, S. 120–126.

Hamel G.; Prahalad C.K.: Competing for the Future, Harvard 1994.

Hennberger, F.; Schmid, H.; Vocke M.: Direktinvestittionen im Ausland, Exporttätigkeit und Beschäftigungsentwicklung: Komplementaritäts– versus Substituionalitätsthese. In: Schmid, H.; Slembeck, T. (Hrgs.): Finanz und Wirtschaftspolitik in Theorie und Praxis, Schriftenreihe Finanzwirtschaft und Finanzrecht 86 des IFF–HSG, Bern, Stuttgart, Wien 1997, S. 417–440.

Kirsch W.: Entscheidungsprozesse. Bd. I–III, Wiesbaden 1971.

Kotler Ph.; Bliemel F.: Marketing–Management, 8. vollst. neu bearb. u. erw. Auflg., Stuttgart 1995.

Kroeber–Riel W.; Weinberg P.: Konsumentenverhalten, 6. vollst. überarb. Auflg., München 1996.

Lingenfelder M.: Lebensstile. In: Tietz B. (Hrsg.): Handwörterbuch der Absatzwirtschaft, Enzyklopädie der Betriebswirtschaft, 2. Auflg., Stuttgart 1995, Sp.1377–1392.

Lingenfelder M.: Die Internationalisierung im europäischen Einzelhandel, Berlin 1996

Luhmann N.: Soziale Systeme. Grundlagen einer allgemeinen Theorie, Frankfurt a.M. 1984

Markus H; Zajonc R.B.: The Cognitive Perspective on Social Psychology. In: Lindzey G.; Aronson E (Hrsg.): The Handbook of Social Psychology, Bd. 1, 3. Auflg., New York et.al 1985, S. 137–230.

Marschner H.F.: Handelsmarketing, Konsumverhalten und Nahversorgung, Wien 1982.

Marschner H.F.: Die strategische Orientierung von Handelsbetrieben im Countertrade. In: Trommsdorf, V. (Hrsg.): Handelsforschung 1989, Wiesbaden 1989, S. 235–251.

Marschner H.F.: Eine Typologie europäisch–internationaler Handelsunternehmen. In: Trommsdorff V. (Hrsg.): Handelsforschung 1992/93, Wiesbaden 1993, S. 211–229.

Marschner H.F.: Modellierung flexibilitätsorientierter integrierter Warenwirtschaftssy–

steme (IIWWS) für internationale Handelsunternehmen, In: JfB 3/1996, S. 125 –141

Marschner H.F.: Die Eignung des Transaktionskostenansatzes zur Beurteilung internationaler einzelwirtschaftlicher Austauschbeziehungen. In: Wacker W.H. (Hrsg.): Neue Theorieformen bei komplexen internationalen Fragestellungen, Göttingen 1997a, S. 58–81.

Marschner H.F.: IBIHS – Ein modulares Such– und Entscheidungsmodell zur Handhabung internationaler Handelsbarrieren im Rahmen internationaler Kundenorientierung. In: Trommsdorff V. (Hrsg.): Handelsforschung 1997/98, Wiesbaden 1997b, S. 93–111.

Norman D. A.; Rumelhart D.E.: Gedächtnis und Wissen. In: Norman D. A.; Rumelhart D.E. (Hrsg): Strukturen des Wissens, Wege der Kognitionsforschung, Stuttgart 1978, S. 21–50.

Perlmutter H.V.: The Tortuous Evolution of the Multinational Corporation, In: Kapoor A., Grub P.D. (Ed.): The Multinational Enterprise in Transition, Princeton 1973.

Römelt, J.: Die Verantwortung der technischen Zivilisation. In: Ethica, 1/1993, S. 65–75.

Roth E.: Sozialwissenschaftliche Methoden, München, Wien 1993.

Saaty T.L.: The Analytic Hierarchy Process: Planning, Priotity Setting, Resource Allocation, New York 1980.

Scheibenreif B.; Westreicher I.: Organisationales Lernen im Einzelhandel, DA, Innbruck 1999.

Tietz B.: Strategien der Transnationalisierung und Globalisierung im Handel. In: Trommsdorf, V. (Hrsg.): Handelsforschung 1990, Wiesbaden 1990, S. 3–25.

Tietzel M.: Die Ökonomie der Natur. In: Ramb B.–T.; Tietzel M.: Ökonomische Verhaltenstheorie, München 1993, S. 387–413.

Trommsdorff V. (Hrsg.): Handelsforschung 1992/93, Wiesbaden 1993a.

Trommsdorff V.: Konsumentenverhalten, 2. Auflg., Wiesbaden 1993b.

Wagner N.: Ökonomik der Entwicklungsländer. In: Macharzina, K., Welge, M.K.

(Hrsg.): Handwörterbuch Export und internationale Unternehmung, Enzyklopädie der Betriebswirtschaftslehre. Bd. XII, Stuttgart 1989, Sp. 417–433.

Williamson O.E.: The Economic Institutions of Capitalism, New York, London 1985.

Der Handel im Spannungsfeld zwischen Erlebnis- und Umweltorientierung – Implikationen einer empirischen Studie

Sigrid Bekmeier–Feuerhahn, Heiner Spieker, Paderborn

Eines der aktuellen und vor allem zukünftigen Spannungsfelder für den Handel ergibt sich aus zwei konträren Trends im Konsumentenverhalten: Der Erlebnisorientierung und dem Umweltbewußtsein der Bevölkerung. Wie sich diese zunehmende Spannung zwischen expansiven und restriktiven Konsumwünschen auflösen wird, ist noch nicht absehbar. Die vorliegende Studie zeigt einen neuen Ansatz, die Verhaltenswirkungen des Umweltbewußtseins besser zu verstehen und leitet einige grundlegende Implikationen für Positonierungs- und Kommunikationsmaßnahmen des Handels ab.

1 EINLEITUNG

Die zunehmende Marktsättigung, die wachsende Differenzierung des Produktangebotes, die veränderten gesellschaftlichen Werte u.v.m. haben gravierende Angebots- und Nachfrageänderungen mit sich gebracht und die Situation auf den Absatzmärkten nachhaltig verändert. Der Handel befindet sich gewissermaßen im Zentrum dieser Entwicklungen und hat sich von einigen Traditionen, wie z.B. verläßliche Stammkundschaft, restriktive Ladenöffnungszeiten und umsatzorientierte Hard–Selling Verkaufsmethoden^, verabschieden müssen. Seine Flexibilität und Anpassungsfähigkeit muß er auch weiterhin unter Beweis stellen, denn ein Ende der Wandlungen ist nicht in Sicht. Eines der aktuellen und vor allem zukünftigen Probleme ergibt sich aus zwei gegenläufigen Trends im Konsumentenverhalten: Der Erlebnisorientierung und dem Umweltbewußtsein der Bevölkerung.

Der beachtliche Wohlstand entwickelter Industrienationen, der die Grundbedürfnisse der Menschen gut abgesichert befriedigen kann, dürfte der wesentliche Grund für die stark hedonistische Weltsicht der Gesellschaft sein mit seiner Fokussierung auf Individualismus und emotionale Erlebnisse (vgl. ausführlich Opaschowski 1997). Die reichhaltige Produktion von Gütern und Dienstleistungen hat andererseits die Umweltproblematik zu einem wichtigen Thema werden lassen, das sich auch in einem hohen Umweltbewußtsein der Bevölkerung niedergeschlagen hat. Wie sich diese zunehmende Spannung zwischen expansiven und restriktiven Konsumwünschen auflösen wird, ist noch nicht absehbar.

Für Anbieter im allgemeinen und hier für den Handel im besonderen stellt sich nach wie vor die Frage, wie auf die beiden gegenläufigen Entwicklungen zu reagieren ist. Lassen sie sich miteinander verbinden oder sollte entweder das eine oder das andere primär verfolgt werden? Die vorliegende Erkenntnislage kann nur bedingt helfen. Bislang ist vor allem nicht geklärt, warum das gestiegene Umweltbewußtsein nicht in dem selben Maße zu umweltbewußten (Konsum–)Verhaltensweisen geführt hat. Unter diesen Vorzeichen ist zu fragen, inwieweit eine „ökologisch–orientierte Positionierung^ überhaupt von Markterfolgen gekrönt sein kann. Dieser Beitrag dokumentiert die Ergebnisse einer aktuellen, von den Verfassern durchgeführte empirische Studie, die hierzu neue Hinweise geben kann.

2 ZUR AUSGANGSLAGE

2.1 Der Handel und Trends im Konsumentenverhalten

Der Handel ist mindestens ebenso von Veränderungen im Konsumverhalten betroffen, wie es die Hersteller der Produkte sind. Der grundlegende Wertewandel, der sich insbesondere seit den 50´er Jahren vollzieht, scheint sich auf eine zunehmende Erlebnisorientierung zuzuspitzen („Erlebnisgesellschaft“; Schulze 1992), u.a. geprägt durch das Streben der einzelnen Menschen nach „emotional erlebter Individualität“, begleitet von langfristig zunehmendem Gesundheits– und Umweltbewußtsein (Kroeber–Riel; Weinberg 1996, S. 114). Direkt für den Handel konstatiert Gröppel–Klein (1998, S. 124) folgende Trends im Konsumentenverhalten: Convenience, Umweltbewußtsein, Wunsch nach Qualität, Frische und Natürlichkeit, Fitneß und Umweltbewußtsein und ein nach wie vor ausgeprägter Hedonismus.

Der „Hedonismus“, verstanden als „Wunsch, möglichst viel zu erleben und zu genießen“, kann als Kern der Erlebnisorientierung aufgefaßt werden. Die anhaltende Bedeu–

tung dieses Trends unterstellt auch Opaschowski (1997, S. 60 ff.), wenn er prognostiziert, daß Erlebnisqualität zukünftig zum wichtigsten Kaufkriterium avancieren wird, was für den Handel einen Änderung vom Fachhandel zum Erlebnishandel bedeuten wird. „Im Jahre 2010 wird es mehr Erlebnis– als Versorgungskonsum geben" (ebd., S. 62). Der Trend zum „erlebnisbetonten Konsumenten" ist eine Folge des zunehmenden Wohlstands in den entwickelten Industrienationen, wo „höhere Bedürfnisse" (im Sinne von Maslow) zum Zuge kommen, da die grundlegenden Bedürfnisse im wesentlichen gestillt sind (vgl. Kroeber–Riel; Weinberg 1996, S. 124).

So unumstritten diese Trendaussagen erscheinen, unklar bleibt das Verhältnis zwischen dem individuell ausgerichteten Erlebnisstreben und dem ebenfalls prominenten Umweltbewußtsein im täglichen (Konsum–)Leben. Lassen sich beide Bereiche „harmonisch verquicken" und so zu einer besonderes effizienten Positionierungsstrategie verschmelzen oder widersprechen sie sich so sehr, daß es um ein „entweder/oder" geht? Es ist die Frage, ob das Problem so einfach zu analysieren ist, vor allem angesichts der unsicheren Erkenntnislage (vgl. Abschnitt 2.2). Nichtsdestotrotz muß der Handel hier zu einer fundierten Position gelangen, da ihn das Umweltbewußtsein noch einige Jahrzehnte begleiten wird. Erlebnisorientierungen im Handel sind bekannt und recht gut erforscht (z.B. Weinberg 1992; Gröppel 1991). Erfolgreiche „ökologisch–orientierte Positionierungen" dagegen sind Mangelware, ihre Erfolgsbedingungen weitgehend unbekannt, überzeugende theoretische und empirische Befunde daher dringend notwendig.

2.2 Umweltbewußtsein und umweltbewußtes Verhalten

Als psychologisch notwendige Vorbedingung umweltgerechten Verhaltens wird allgemein das „Umweltbewußtsein" angesehen. Den Kern des allgemein verbreiteten Begriffsverständnisses trifft wohl die Definition des „Rat von Sachverständigen für Umweltfragen" (1978, S. 455), der Umweltbewußtsein definiert als „Einsicht in die Gefährdung der natürlichen Lebensgrundlagen des Menschen durch diesen selbst, verbunden mit der Bereitschaft zur Abhilfe". Überblicke über gängige verhaltenswissenschaftliche Konstrukte des Umweltbewußtsein finden sich bspw. bei Balderjahn (1986), Wimmer (1992) und Monhemius (1993).

Zahlreiche empirische Ergebnisse dokumentieren die „Karriere" des Umweltthemas in der Öffentlichkeit, das sich aus Sicht der Menschen inzwischen auf vordersten Plätzen gesellschaftlicher Prioritäten festgesetzt hat (vgl. z.B. die Übersicht bei Meffert; Bruhn 1996, insbes. S. 632 ff.). Trotz des nachhaltig gestiegenen Umweltbewußtseins hat sich in der Gesellschaft noch keine umweltbewußte Konsumkultur in vergleichbarem Ausmaß etablieren können. Die einschlägige Forschung (und Praxis) kennt dieses Phänomen und nennt es bspw. die „Divergenz zwischen Umweltbewußtsein und Umweltverhalten".

Empirische Studien werden regelmäßig mit der Tatsache konfrontiert, daß die Höhe des Umweltbewußtseins anscheinend kaum Einfluß auf das Ausmaß individueller umweltgerechter Verhaltensweisen bspw. im Konsumbereich entwickelt (vgl. z.B. die Ergebnisse bei Gierl 1987; Monhemius 1993; Diekmann/Preisendörfer 1991, 1992). Die Kluft zwischen Umweltbewußtsein und Umweltverhalten, die inzwischen wohl als *das* zentrale Forschungsproblem in diesem Bereich gelten muß, dürfte bspw. nach Erkenntnissen der Einstellungsforschung („E–V–Hypothese"; vgl. hierzu z.B. Kroeber-Riel/Weinberg 1996) nicht so gravierend ausfallen. Das Ausbleiben bzw. das geringe Ausmaß solcher Effekte hat inzwischen zu zahlreichen Mutmaßungen über die tieferen Ursachen des Phänomens geführt, ohne zu einer überzeugenden Lösung zu kommen. Etwas mehr Klarheit zu diesem Punkt erbrachte eine von den Verfassern durchgeführte empirische Studie, deren Resultate auch für den Handel relevant sind und die im folgenden dokumentiert werden.

3 BEFUNDE EINER AKTUELLEN STUDIE

3.1 Zielsetzung und Methodik der Studie

Das zentrale Ziel der empirischen Studie besteht darin, durch ein experimentelles Design die Wahrnehmung ökologisch–ausgerichteter Werbebotschaften im Vergleich zu eher „konventionell" ausgerichteten Versionen zu messen und ihre Einflüsse insbesondere auf die Markenbeurteilung und Kaufneigung zu untersuchen. Der Charakter der Studie kann als „semi–explorativ" bezeichnet werden, da zum einen vorab vermutet wurde, daß insbesondere in diesen Punkten ein negatives Abschneiden der Öko–Anzeigenvariante zu erwarten ist. Andererseits, über diesen allgemeinen Effekt hinaus, schienen angesichts der diffusen Erkenntnislage in der vorliegenden Literatur keine präzisen Aussagen sinnvoll zu sein. Vielmehr sollte durch die Gestaltung des Erhebungsinstruments ein systematischer Rahmen geschaffen werden, um auf explorativem Wege neue Erkenntnisse gewinnen zu können. Zwei „Forschungsfragen" stehen im Vordergrund:

- Entfaltet eine umweltorientierte Positionierung von Marken grundsätzlich positive, negative oder neutrale Wirkungen?

- Lassen sich die erzielten Ergebnisse kausal aus den anderen erfaßten Einflußgrößen und/oder theoriebasiert erklären?

In diesem Rahmen kann nur eine gestraffte Übersicht über Aufbau und Resultate der Studie gegeben werden, eine ausführliche Dokumentation erfolgt in Bekmeier–Feuerhahn; Spieker (1999). Die Datenerhebung erfolgte im Februar 1999 in Form einer Befragungsstudie an der Universität–GH–Paderborn. In einem experimentellen Versuchsaufbau mit unabhängigen Gruppen wurde die Wirksamkeit von drei Anzeigenvarianten für Badteppiche analysiert. Das Produkt Badteppiche wurde ausgewählt, weil es sich hierbei um ein relativ problemloses Produkt handelt, welches noch nicht im Fokus der ökologischen Diskussion stand.

Die drei experimentell variierten Anzeigenvarianten (s. *Abbildung 1*) beinhalten unterschiedliche Positionierungen: (1) überwiegend *umweltorientierte*, (2) überwiegend *produktorientierte* und (3) überwiegend *designorientierte* Markenpräsentation. Der experimentelle Gestaltungsfaktor wird vor allem verbal (Headline und Fließtext) und in sehr engem Rahmen visuell (bildliche Umsetzung) variiert. Hier wurden, um nicht von der Positionierung abzulenken, außer dem Produkt selbst keine weiteren Blickfänge oder Schlüsselreize verwendet. Eine Kontrollfrage der Studie belegt, daß die angestrebte Positionierung von den Probanden klar bestätigt wurde.

Diese drei, bildlich sehr ähnlichen, textlich jedoch unterschiedlichen Motive erforderten drei voneinander unabhängige Befragungsgruppen, denen jeweils ein Motiv präsentiert wurde. Um Störeinflüsse durch intervenierende psychische Variablen (z.B. Bekanntheit der Marke, Einstellungen zum Unternehmen) auszuschalten, wurden bei der Analyse der Daten zur Anzeigenwahrnehmung, –beurteilung und der Anzeigenwirksamkeit nur die Fälle berücksichtigt, die die Marke KleineWolke" vor dem Experiment nicht kannten. Die resultierenden Stichprobengrößen betrugen (1) 71, (2) 78 bzw. (3) 83 Teilnehmer.

Die Untersuchung war in drei Phasen gegliedert::

- **Phase 1: Aktualgenetische Wahrnehmungsmessung**
  Tachistoskopische Darbietung der Anzeige: Die Gruppen sehen das Stimulusmaterial für die Dauer von 1/25 Sekunde und werden dann zu der Anmutung befragt.
- **Phase 2: Einzelbewertung einer Anzeige**
  Nach ausführlicher Darbietung der Motive erfolgt die Erhebung der Daten zur An–

zeigen– und Produktbewertung sowie die Messung der Verhaltenswirkung der Anzeigen.

- **Phase 3: Vergleichende Anzeigenbewertung**
  Präsentation aller Motive und daraufhin vergleichendes Bewertungsranking der Anzeigen.

Abbildung 1: Anzeigenvarianten der experimentellen Versuchsanordnung

3.1.1 Ausgewählte Ergebnisse

3.1.2 Resultate zur aktualgenetischen Wahrnehmung und Anmutung

Die Messung der aktualgenetischen Wahrnehmung zielte auf die Erfassung des ersten diffusen, weniger bewußten Eindrucks der Anzeige. Dazu sahen die Versuchspersonen die relevante Anzeige 1/25 Sekunde. Anschließend wurden die Betrachter in offener Frageform um ihren spontanen Eindruck zur Anzeige gebeten. Nachfolgend diente ein kurzes semantisches Differential (5 Itempaare) zur standardisierten Erfassung der Anzeigenanmutung. Die varianzanalytische Auswertung der offenen Fragestellung zur Anmutungsmessung ergab einen signifikanten Einfluß der Anzeigengestaltung auf die Anzahl der generierten Eindrücke zur Anzeige. Der Vergleich der Mittelwerte über die Anzahl der Eindrucksnennungen aller drei Anzeigenvarianten (vgl. *Tabelle 1*) zeigt, daß die ökologisch orientierte Anzeige signifikant weniger Eindrucksnennungen aufweist als die produkt– oder designorientierte Anzeige. Demgegenüber ist zwischen der design– und der produktorientierten Anzeige kein signifikanter Unterschied festzustellen.

Tabelle 1: Einfluß der Anzeigengestaltung auf die Anzahl der generierten Eindrücke

Unabhängige V. *Abhängige V.*	Ökologisch orientierte A. (n=71)	Produktorientierte A.(n=78)	Designorientierte A. (n=83)	Sig.	Homogene Varianz
Mittlere Anzahl der Eindrucksnennungen	0,61	1,09	0,90	.037	Ja

Die signifikant geringere Anzahl der Eindrucksnennungen bei der ökologisch orientierten Anzeige legt die Vermutung nahe, daß hier Reize dargeboten werden, die eine automatische Wahrnehmungssperre aktivieren. Aus der Angstforschung ist bekannt, daß das Individuum dazu neigt, unangenehmen, angstauslösenden Reize mit einer Wahrnehmungsbarriere zu begegnen. Diese Wahrnehmungsbarrieren führen dazu, daß Reize erst gar nicht aufgenommen werden bzw. nicht über den sensorischen Speicher der Informationsverarbeitung hinauskommen.

Die Auswertung der Ergebnisse des semantischen Differentials zur Erhebung der spontanen Anmutungsbewertung der drei untersuchten Anzeigen zeigte, daß die ökologisch orientierte Anzeige gerade auf den qualitativ bewertenden Items des semantischen Differentials signifikant schlechter abschneidet (vgl. *Tabelle 2*). Die Varianzanalyse belegt, daß die Anzeigengestaltung einen signifikanten Einfluß auf diese *qualitativ bewertenden Items* des Anmutungskonstruktes hat. Demgegenüber kann für die *Stärke* und die *Intensität* des Anmutungseindrucks kein signifikanter Einfluß der Anzeigengestaltung festgestellt werden.

Tabelle 2: Einfluß der Anzeigengestaltung auf die Anmutungswirkung der Anzeigen

	Unabhängige Variablen				
Abhängige Variablen	Ökologisch orientierte A.	Produkt-orientierte A.	Design-orientierte A.	Sig.	Homogene Varianz
Guter Eindruck	4,48	3,85	4,02	0	Nein
Starker Eindruck	4,46	4,41	4,22	0,22	Ja
Anregender Eindruck	4,1	3,67	4,05	0,08	Nein
Prägnanter Eindruck	4,29	4,17	4,02	0,35	Nein
Angenehmer Eindruck	4,08	3,2	3,5	0	Ja
Nicht ängstlicher Eindruck	3,77	3,01	3,24	0	Ja

Der Vergleich der Mittelwertunterschiede belegt insgesamt auch hier, daß die ökologisch orientierte Anzeige bei der Erhebung der spontanen Anmutung durch das semantische Differential ebenfalls signifikant am schlechtesten abschneidet. Die ökologisch orientierte Anzeige bewirkt eine durchgängig schlechtere Wahrnehmung und Anmutungswirkung. Während produkt- und designorientierte Anzeige tendenziell ähnlich wahrgenommen werden, scheint das Öko–Thema ein verändertes Wahrnehmungsverhalten zu bewirken.

3.1.3 Anzeigenbewertung und Produktbeurteilung

Nach der Erhebung der ersten spontanen Anzeigen–Anmutung konnten die Versuchspersonen die jeweilige Anzeige in einem nächsten Schritt ausführlich und ohne Zeitdruck betrachten. Danach wurden sie abermals um eine Anzeigenbewertung gebeten. Hierzu lag ihnen eine ausführliche Liste mit Adjektivpaaren vor, die die interessierenden Aspekte enthalten und anhand fünfstufiger Ratingskalen die individuellen Einschätzungen erfassen sollten. Das folgende Polaritätenprofil (vgl. *Abbildung 2*) zeigt die mittlere Bewertung der erhobenen Beurteilungsitems.

Wie die Grafik veranschaulicht, werden nach einer bewußten Betrachtung und Wahrnehmung die drei unterschiedlichen Anzeigenvarianten von den Versuchspersonen nahezu identisch beurteilt. Der Verlauf der in der Grafik eingezeichneten Verbindungslinien ist sehr ähnlich, signifikante Unterschiede zwischen den Mittelwerten sind varianzanalytisch (Irrtumswahrscheinlichkeit < 5 %) nicht nachweisbar. Ein Einfluß der Anzeigengestaltung ist somit in keinster Weise mehr festzustellen.

Dies ist umso erstaunlicher, als es sich um unabhängige Gruppen handelt, die insofern unabhängig voneinander, d.h. ohne die alternativen Anzeigenentwürfe zu kennen, zum selben Urteil gelangen, obwohl hier z.T. die gleichen Items eingesetzt wurden, wie sie auch bei der Anmutungserhebung verwandt wurden. In Kombination mit den im vorherigen Abschnitt referierten Ergebnissen kann insofern nur vermutet werden, daß für die Unterschiede bzgl. der aktualgenetischen Wahrnehmung und für das unterschiedliche Ranking der Anzeigen latente affektive Faktoren verantwortlich sind, während die bewußte kognitive Beurteilung keine Unterschiede aufweist.

Anders sieht es bei der Liste der Statements zur Markenbeurteilung „Kleine Wolke" aus, die – ebenfalls jeweils versehen mit fünfstufigen Ratingskalen – den Grad der Zustimmung bzw. Ablehnung zu den Aussagen erfassen sollten. Hier sind bei einigen Statements für die einzelnen Anzeigenvarianten unterschiedliche Beurteilungsergebnisse festzustellen. Das Polaritätenprofil zeigt die Unterschiede bzgl. der Mittelwerte der Markenbeurteilung im Überblick (vgl. *Abbildung 3*).

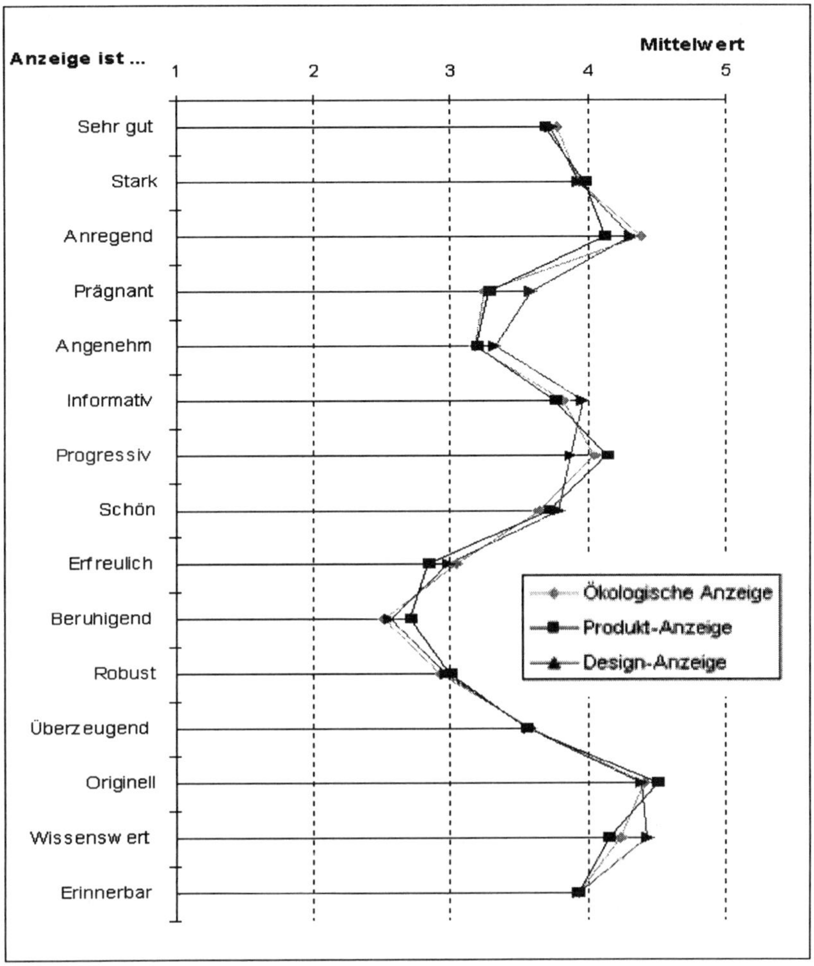

Abbildung 2: Mittlere Anzeigenbeurteilung

Bei näherer Betrachtung der Ergebnisse fällt auf, daß sich die deutlichsten Unterschiede bzgl. der Items zeigen, die sich bei faktorenanalytischer Betrachtung zu einem Faktor bündeln, der eindeutig als „ökologische Qualität(sdimension)“ zu interpretieren ist. Hier schneidet die ökologisch orientierte Anzeigenvariante klar besser ab als die anderen beiden Entwürfe, womit die Wirksamkeit ökologischer Elemente in der werblichen Kommunikation für eine umweltorientierte Positionierung unterstrichen wird. Interes–

sant ist auch, daß hierzu im wesentlichen auch die Beschreibung „fortschrittlich“ gezählt wird, wo die ökologische Variante ebenfalls signifikant besser abschneidet.

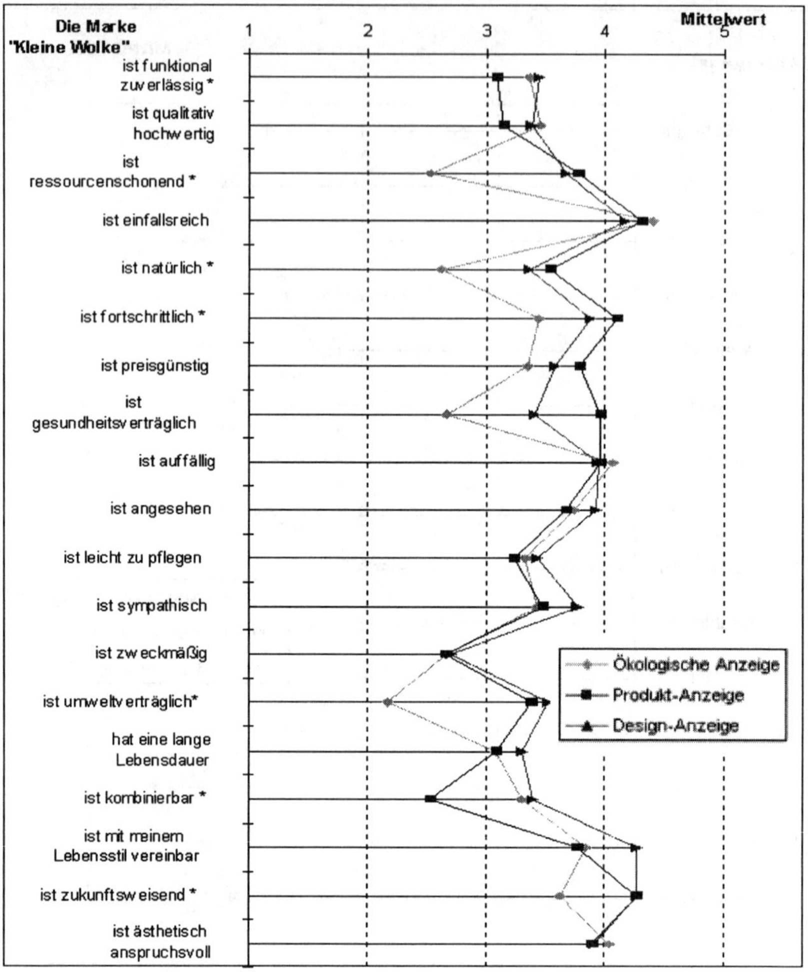

Abbildung 3: Mittlere Beurteilung der Marke „Kleine Wolke“

Als vorläufiges Fazit kann festgehalten werden, daß die ökologisch orientierte Positionierung der Marke im Vergleich teils genauso gut, teils deutlich besser abschneidet als die anderen beiden Anzeigenvarianten. Von Erfahrungen, die man aus der Einstellungsforschung besitzt, sollte die Wahrscheinlichkeit somit gestiegen sein, daß die geäußerten Kaufabsichten (gemessen durch Angabe individueller Kaufwahrscheinlichkeiten) ebenfalls tendenziell höher ausfallen (E–V–Hypothese). Um diesen Punkt zu prüfen, wurde zunächst eine faktorenanalytische Verdichtung der Items vorgenommen, um auf dieser Basis regressionsanalytisch die Verhaltensrelevanz dieser Befunde zu untersuchen.

3.1.4 Verhaltensrelevante Aspekte der Markenbewertung

Mittels einer Faktorenanalyse werden die Statements zur Markenbeurteilung zunächst verdichtet. Es wurden 5 Faktoren extrahiert, die zusammen 60,5% der Gesamtvarianz erklären. Diese Werte sowie die logische Schlüssigkeit der Lösung können als befriedigend bis gut eingeschätzt werden.

Der mit einem Eigenwertanteil von 29% wichtigste Faktor 1 bündelt die ökologisch orientierten Items „ressourcenschonend“, „umweltverträglich“, „gesundheitsverträglich“ und „natürlich“. Er kann als „ökologische Qualität“ bezeichnet werden. Der zweite Faktor, gekennzeichnet durch die Items „lange Lebensdauer“, „funktional zuverlässig“, „qualitativ hochwertig“ und „zweckmäßig“ läßt sich als „funktionale Qualität“ interpretieren. Der dritte Faktor mit den Items „ästhetisch“, „anspruchsvoll“, „ist mit meinem Lebensstil vereinbar“, „sympathisch“ und „zukunftsweisend“ beinhaltet eine positive emotionale Anmutung und soll vor diesem Hintergrund als „ästhetische Qualität“ bezeichnet werden. Der vierte Faktor besteht aus den Items „preisgünstig“ und „angesehen“ und könnte somit die Dimension „Preisakzeptanz“ kennzeichnen. Der fünfte Faktor besteht lediglich aus dem Item „einfallsreich“ und bedarf insofern keiner weiteren Deutungsversuche.

Die Verhaltensrelevanz der Anzeigenpräsentation wurde durch die Frage nach der Kaufabsicht erfaßt: „Wie groß ist die Wahrscheinlichkeit, daß Sie ein Produkt von „Kleine Wolke“ kaufen? Bitte wählen Sie eine Zahl zwischen 0 und 100% Kaufwahrscheinlichkeit.“ Die Angaben können nicht als präzise Verhaltensvorhersagen gewertet werden, sie sollten jedoch in der Lage sein, die *relativen Unterschiede* zwischen den drei Markenvarianten ausreichend valide zu erfassen und somit genauere Einblicke in die durch die Anzeigen ausgelösten *Verhaltenstendenzen* zu erhalten. Die Ergebnisse zu dieser Frage sind ebenfalls einer varianzanalytischen Untersuchung unterzogen worden, die Resultate sind in *Tabelle 3* aufgeführt.

Es zeigt sich, daß die drei Anzeigenvarianten signifikant unterschiedliche Mittelwerte der angegebenen Kaufwahrscheinlichkeit erzeugen. Klarer „Sieger“ ist die produktorientierte Variante, deutlich abgeschlagen folgen die designorientierte und ökologisch orientierte Version. Nun stellt sich die Frage, inwieweit die Markenbeurteilung für diese

Ergebnisse verantwortlich ist. Der Zusammenhang zwischen Markenbeurteilung und Kaufwahrscheinlichkeit läßt sich mittels Regressionsanalyse prüfen und in der Höhe abschätzen. Dazu werden getrennt für jede Experimentalgruppe die ermittelten fünf Faktorwerte zur Markenbeurteilung in Beziehung zu der Kaufwahrscheinlichkeit gesetzt. Die „stepwise“ durchgeführte Regressionsanalyse zeigt für die ökologisch orientierte Anzeige nur für den Faktor „ökologische Qualität“ eine Einflußwirkung. Bei allen anderen vier Faktoren der Markenbeurteilung konnte kein signifikanter Erklärungszuwachs ermittelt werden.

Tabelle 3: Ergebnisse der Varianzanalyse zur Verhaltenswirksamkeit der Anzeigenvarianten

Unabhängige V. / *Abhängige V.*	Ökologisch–orientierte A. (n=66)	Produktorientierte A. (n=78)	Designorientierte A. (n=77)	Sig.	Homogene Varianz
Kaufwahrscheinlichkeit (Mittelwerte)	7,53	14,6	8,6	.005	Ja

Tabelle 4: Regressionsanalytische Ergebnisse zur Verhaltensrelevanz der Positionierung

Abhängige Variable: Kaufwahrscheinlichkeit			
Anzeigenvariante:	Ökologisch–orientierte Anzeige	Produktorientierte Anzeige	Designorientierte Anzeige
R–Square Sig. F	0,08 0,032	0,19 0,01	0,32 0,00
Unabhängige Variable Beta Sig. T	–	Ästhetische Qualität – 0,36 0,002	Ästhetische Qualität – 0,459 0,00
Unabhängige Variable Beta Sig. T	Ökologische Qualität – 0,28 0,032	Ökologische Qualität – 0,23 0,04	Ökologische Qualität – 0,36 0,01

Die regressionsanalytische Auswertung der produktorientierten Anzeige ergibt zwei signifikante Einflußfaktoren: „ästhetische Qualität“ und *ebenfalls* „ökologische Qualität“. Ebenso erweisen sich bei der designorientierten Anzeige die beiden Faktoren der Markenbeurteilung „ästhetische Qualität“ und „ökologische Qualität“ als signifikante Einflußfaktoren auf die Kaufwahrscheinlichkeit der Marke „Kleine Wolke“. Die Ergebnisse zeigen, zumindest für die produkt– und die designorientierte Variante, recht passable Erklärungswerte, mit einem „R–Square“ von 0,19 bzw. 0,32, wobei sich somit die Kaufwahrscheinlichkeiten für die Design–Variante am besten erklären lassen. Die öko–

logisch orientierte Version zeigt dagegen mit einem „R–Square" von 0,08 die mit Abstand schlechteste Erklärungskraft. Die Ursachen hierfür zeigen sich deutlich, wenn man die Struktur der signifikanten unabhängigen Variablen untersucht.

In allen drei Fällen spielt der Faktor „Ökologische Qualität" eine signifikante Rolle, wenngleich jeweils nur mit geringer Aussagekraft. Bei den produkt– und designorientierten Fassungen kommt in beiden Fällen mit der „Ästhetischen Qualität" nur *ein* weiterer Faktor hinzu, der den Ökologischen Faktor jedoch an Erklärungskraft deutlich übertrifft. Mit anderen Worten, die Struktur der „Prädiktorvariablen" ist in den drei Fällen im wesentlichen identisch, allerdings mit einer Ausnahme: In gewissem Sinne verliert die ökologisch orientierte Version mit der „ästhetischen Qualität" ausgerechnet den Faktor, der zur Erhöhung der geäußerten Kaufwahrscheinlichkeit den stärksten Beitrag leistet, und schneidet alleine durch diesen Verlust deutlich schlechter ab.

Ohne den Befund an dieser Stelle bereits inhaltlich deuten zu wollen, scheint dieser Faktor in der ökologisch orientierten Version an Wichtigkeit aus Sicht der Befragten zu verlieren, denn wie die Ergebnisse zur Markenbeurteilung zeigen, liegt die Öko–Version mit den anderen im Prinzip gleichauf und hätte insofern bessere Werte erzielen können. Rein formal betrachtet verliert somit die Markenbeurteilung in der ökologischen Version einen Großteil ihrer „verhaltensrelevanten Kraft" alleine durch eine veränderte Gewichtung der verschiedenen relevanten Aspekte. Dieser Effekt läßt sich nicht nur durch die Überschrift „umweltrelevante Aspekte besitzen nur eine geringe Verhaltensrelevanz" in die Reihe der wiederholt belegten empirischen Belege einreihen. Die geringe Verhaltensrelevanz ist hier nur ein kleiner Teil des Problems. Noch wichtiger ist das Phänomen, daß die anderen Qualitäten auf cinmal faktisch außer Betracht geraten und die Verhaltenstendenz nur noch durch die wahrgenommenen ökologisch orientierten Merkmale beeinflußt wird. Der Frage, ob es sich hier um ein systematisches Problem handeln kann, wird im nächsten Abschnitt 4 daher ausführlichere Aufmerksamkeit geschenkt.

3.1.5 Güte der Daten

Die Güte der Daten wurde insbesondere anhand von Reliabilität und Validität geprüft. Zur Überprüfung der Reliabilität (Zuverlässigkeit) der Daten wird die interne Konsistenz der jeweils eingesetzten Itembatterie durch den „Reliabilitätskoeffizienten" Cronbach´s Alpha festgestellt. Dieser Reliabilitätskoeffizient ist auf Werte zwischen 0 und 1 normiert. Die Werte für die Itembatterien bzgl. Anmutungsmessung (0,79), Anzeigen–

beurteilung (0,85) und Markenbeurteilung (0,86) können als befriedigend bis sehr gut gelten.

Zur Validitätsprüfung wird das Konzept der Kriteriumsvalidität angewandt, wobei ein geeignetes externes (Außen) Kriterium jeweils mit dem zu überprüfenden Konstrukt auf Übereinstimmung getestet wird. Korrelationsanalysen bzgl. der Anzeigenbeurteilung zeigen überwiegend hochsignifikante Zusammenhänge zwischen Außenkriterium und Erhebungsskala (0,36 < Pearson Corr. < 0,6). Ähnlich positive Ergebnisse weist die Validitätsanalyse für die Markenbeurteilung aus mit signifikanten positiven Zusammenhängen zwischen Außenkriterium und den erhoben Items aus der Itembatterie „Markenbewertung“ (0,14 < Person Corr. < 0,59). Insgesamt können die Ergebnisse somit als sehr zufriedenstellend und mithin als valide charakterisiert werden.

3.2 Diskussion der Ergebnisse

Die erzielten Befunde lassen sich auf zwei Punkte konzentrieren:

1. Die Wahrnehmungsabwehr im aktualgenetischen Bereich läßt eine schlechtere *„emotionale Anmutung“* des Umweltthemas vermuten.
2. Die Ergebnisse zur Markenbeurteilung und die hieraus resultierenden Einflußfaktoren auf die Kaufwahrscheinlichkeit zeigen überraschend klar, daß bei allen drei Anzeigenvarianten der „Umweltfaktor“ signifikante Einflüsse besitzt, dieser sich allerdings bei der Öko–Anzeigenversion ohne erkennbaren Grund als einziger nachweisbarer Faktor erweist, im Gegensatz zu den anderen Anzeigenvarianten, deren Absatzchancen übereinstimmend von einem weiteren Faktor dominiert werden.

Zu den Ursachen der affektiv geprägten Befunde lassen sich zunächst nur grobe Vermutungen anstellen. Das Umweltthema scheint mit einem „unbehaglichen Gefühl“ verbunden sein, das teils aus dem Bedrohungspotential ökologischer Probleme mit den daraus resultierenden persönlichen Ängsten folgen kann, teils eine Folge von Übersättigung durch die inzwischen jahrzehntelange intensive „moralische Umweltkommunikation“ in allen Teilen der Öffentlichkeit sein mag.

Wichtiger in diesem Zusammenhang ist zunächst der andere, eher kognitiv geprägte Effekt. Über Zusammenhänge zwischen beiden kann nur vage spekuliert werden. Fest steht, daß ökologische Aspekte bei allen drei Anzeigenvarianten signifikante, allerdings recht geringe Einflüsse auf die Verhaltenstendenzen ausüben. Ebenso wird die Markierung des Produktes als „umweltorientiert“ von den Befragten übernommen, und alleine diese Tatsache führt dazu, daß der Faktor „ästhetische Qualität“, der bei beiden anderen

Anzeigenversionen der dominierende ist, bei der Öko–Version zwar nicht ganz ersatzlos gestrichen wird, jedoch auf einen letztlich bedeutungslosen Rang zurückfällt. Das paradoxe und aus „umweltethischer Sicht" völlig kontraproduktive Fazit lautet demnach, daß Umweltaspekte auch ohne besondere Erwähnung das Kaufverhalten signifikant beeinflussen, die offene Herausstellung ökologischer Qualitäten jedoch anscheinend zum Verlust anderer konsumfördernder Qualitätsmerkmale von Marken in der Wahrnehmung der Konsumenten führen können. Streng genommen gilt diese These nur für „Neuprodukte bzw. –marken", welche Effekte bei bereits eingeführten und bekannten Marken bei einer ökologischen Umpositionierung zu erwarten sind, wäre gesondert zu untersuchen.

Das vorliegende Ergebnis stimmt im Kern mit den bisher vorhandenen Befunden zur geringen Verhaltensrelevanz des Umweltbewußtseins im Konsum überein und fügt dem eine verwirrende Komponente hinzu. Eine ökologische Positionierung scheint die Produktwahrnehmung auf Umweltaspekte zu verengen bzw. zu vereinseitigen, und da dieser Faktor nur wenige Einflüsse auf das Kaufverhalten ausübt, werden relativ große Fortschritte auf ökologischem Gebiet nur mit relativ geringen Erfolgen auf dem Markt belohnt. Bevor jedoch ein Fazit der Untersuchung gezogen werden kann, muß der Versuch einer theoretischen Fundierung des Phänomens unternommen werden, um diese ersten Ergebnisse auf eine allgemeinere Basis zu stellen und ggf. Auswege aus dem Dilemma zu finden.

4 WERTE ALS HANDLUNGSLEITENDE FAKTOREN

4.1 Grundlagen

Eine geeignete Theorie muß in der Lage sein, die hier aufgetretenen Phänomene schlüssig deuten zu können. Die wichtigsten Hinweise auf die Richtung, in der man fündig werden kann, gibt der Effekt der „relativen Wichtigkeit" der Faktoren. Wie die Mittelwertvergleiche der Markenbewertungen gezeigt haben, sind größere Unterschiede primär im umweltrelevanten Bereich aufgetreten. Ansonsten liegen die Anzeigen – wenn überhaupt – nicht sehr weit auseinander, Unterschiede in der jeweils geäußerten Kaufwahrscheinlichkeit resultieren daher primär aus der „Wichtigkeit" jeweiliger Aspekte. In einer Studie von Spieker (1988) konnte ein ähnliches Phänomen aufgezeigt werden, in der sich die *Wichtigkeit von Qualitätsaspekten* als deutlich verhaltensrelevanter für den Konsum von biologisch–erzeugten Nahrungsmitteln erwies als die *Bewertung der Pro–*

dukte hinsichtlich konkreter Qualitätseigenschaften. Und die Gewichtung solcher Faktoren zur Produkt– und Markenbeurteilung lassen sich nach Erfahrungen aus der Einstellungsforschung als *Ausdruck persönlicher Werthaltungen* interpretieren (vgl. Weinberg/Behrens/Schneider 1976; vgl. auch Kroeber–Riel/Weinberg 1996, S.307 ff.).

Insofern kann die Untersuchung dieses Phänomens unter „wertetheoretischen Gesichtspunkten" mehr Klarheit über die hier relevanten Wahrnehmungsprozesse erbringen. „Werte" gelten als wichtige Instanzen von Denken und Handeln, werden für viele kulturelle Phänomene und gesellschaftliche Wandlungen verantwortlich gemacht, und da das Umweltthema primär als „ethisches Problem" stark über moralisierende Kommunikation angegangen wird, könnten Wirkungsmechanismen umweltorientierter Werte auf die Wahrnehmung zu grundlegenden Veränderungen in Verhaltenstendenzen führen. Um diesen gedanklichen Ansatz zu präzisieren, werden im folgenden entsprechende wertetheoretische Überlegungen vollzogen.

Die wohl gebräuchlichste Definition von Werten stammt von Kluckhohn (1962, S. 395; dt. Übersetzung entnommen bei Nerdinger 1984, S. 87): „Wert ist eine explizite oder implizite, für ein Individuum oder eine Gruppe charakteristische Konzeption des Wünschenswerten, welche die Auswahl unter verfügbaren Handlungsalternativen, –mitteln und Zielen beeinflußt." Diese Definition bzw. ein ähnliches Begriffsverständnis liegt bspw. Arbeiten von Schürmann (1988), Silberer (1983), Raffée; Wiedmann (1988) sowie Dröge (1997) zugrunde. Kennzeichnend ist der relativ hohe Abstraktionsgrad eines Wertes („Konzeption des Wünschenswerten") und die Annahme, daß dem Individuum seine Wertung nicht bewußt zu sein braucht („implizit"). Zudem wird davon ausgegangen, daß es sich bei Werten um relativ stabile Größen handelt, die situationsungebunden und relativ robust gegenüber kurzfristigen Veränderungen konstituiert sind (vgl. z.B. Silberer 1983, S. 539 f.; Nerdinger 1984, S. 87 ff.).

4.2 Skizze eines Erklärungsansatzes

Die oben dokumentierten experimentellen Resultate legen es nahe, daß die psychologische Organisation persönlicher Werte in gewissem Sinne hierarchisch und „nach Themen differenziert" aufgebaut ist. Die These eines hierarchischen Aufbaus intrapsychischer Konstrukte, wo Werte recht hoch anzusiedeln sind, ist grundsätzlich nicht neu und könnte eine recht gute heuristische Annäherung an faktische Geschehnisse bieten. Zu nennen ist z.B. das Konzept von Vinson; Scott; Lamont (1977), das u.a. der Studie von Schürmann (1988) zugrundeliegt. Ähnlich gelagert sind Ansätze, die eine Art Hierar–

chie zwischen allgemeinen Werten und konkreten bzw. spezifischen Einstellungen vermuten, wie insbesondere das „Wert–Einstellungsmodell" nach Rokeach (1973; vgl. hierzu auch Dahlhoff 1981; Silberer 1983). Demnach gibt es in der menschlichen Psyche einige wenige zentrale Basiswerte, die eine größere Anzahl „bereichsspezifischer Werthaltungen" hervorrufen und beeinflussen, von denen sich wiederum die Vielfältigkeit und grundlegende Ausrichtung konkreter Einstellungen zu einzelnen Sachverhalten ableitet. Mit Trommsdorff (1993, S. 164) können Werte somit als „Breitband–Vorhersager" mit – in gewissem Sinne – höherer Reichweite bezeichnet werden, die jeweils als Prädiktoren für ganze Klassen von Einstellungen fungieren.

Das bedeutet zugleich, daß von einer relativ großen Entfernung von Werten zu konkreten Verhaltensweisen auszugehen ist. In der Tat bleibt der empirische Nachweis der Verhaltenswirkung von Werten problematisch, die jeweiligen statistischen Zusammenhänge fallen i.d.R. in empirischen Studien (z.B. bei Windhorst 1985; Schürmann 1988; Balderjahn 1986) recht schwach aus. So kommt Dröge (1997, insb. S. 42 f.) nach Sichtung verschiedener vorliegender Untersuchungen zu dem Schluß, daß Werte allein nur eine geringe Verhaltensrelevanz aufweisen und ihre Bedeutung nur im Zusammenspiel mit anderen Variablen, vor allem „verhaltensnäheren Einflußgrößen", festzustellen sein wird.

Die hier erzielten Resultate lassen jedoch den Schluß zu, daß die durch die Ansprache von Werten ausgelösten Effekte genauer zu trennen sind. Auch in der vorliegenden Untersuchung wurde letztlich belegt, daß *verhaltensfördernde* Wirkungen durch umweltorientierte Werthaltungen eher gering bleiben. Durch die Ansprache dieser eher gesellschaftlich ausgerichteten Werte scheinen aber die für die Produktbeurteilung relevanten persönlichen Werthaltungen effizient *zurückgedrängt* bzw. nahezu „ausgeschaltet" zu werden. In dem Verhältnis zwischen den beiden Wertekategorien könnten somit Wahrnehmungsmechanismen eingebaut sein, die bei direktem Appell an Werte, die primär als gesellschaftlich eingeordnet werden, die persönlichen, evtl. als im Gegensatz hierzu stehend empfundenen Werte nicht aktivieren; diese büßen somit ihre Verhaltensrelevanz ein.

Die Ergebnisse der Studie legen es nahe, die psychische Organisation von Werthaltungen für diese Effekte als Ursache verantwortlich zu machen. Umweltorientierte Themen scheinen von den Menschen automatisch an die „gesellschaftspolitischen Institutionen" und somit aus dem privaten Umfeld weitgehend delegiert zu werden. Im Rahmen einer aktuellen „Werte–Studie“ ermittelt z.B. Opaschowski (1997, S. 28 f.), daß die Bevölkerung in zunehmenden Maße den Politikern die Aufgabe zuteilt, das Problem der Umweltverschmutzung zu bekämpfen, ähnliche Aussagen treffen auch Poferl; Schilling; Brand (1997, S. 30). Die erzielten Daten unterstützen somit die Vermutung, daß die intrapsychische Organisation von Werten zumindest eine verhaltensrelevante „Basisunterscheidung“ beinhalten kann: Die Unterscheidung nach Werten, die ein Individuum selbst verfolgen kann (oder will), und nach Werten, die der Staat (das „unpersönliche Kollektiv“) verfolgen muß bzw. aus Sicht der Individuen übernehmen soll. Man kann insofern vermuten, daß dieser faktische Sachverhalt in sicherlich vereinfachter, evtl. nur zum Teil bewußten Form, aber im Kern zutreffend durch die intrapsychische Werteorganisation widergespiegelt wird.

Wenn man also davon ausgehen kann, daß die Umweltthematik als Wert in die Kategorie „gesellschaftlich relevant“ eingeordnet wird, und es im wesentlichen zutrifft, daß die Gegenkategorie „für mich persönlich relevant“ genannt werden könnte, dann liegt es nahe, daß beide Kategorien weitgehend unabhängig voneinander formiert sind und daß ein Appell an die gesellschaftliche Kategorie den persönlichen Bereich quasi ausschalten kann. Umgekehrt scheint es anders zu sein, denn die Daten zeigen, daß z.B. gesellschaftliche Aspekte auch im persönlichen Bereich „im Hintergrund“ mitlaufen und ggf. als Korrektiv des persönlichen Handlungsspielraum fungieren.

4.3 Implikationen für den Handel

Aus den vorliegenden Befunden lassen sich wesentliche Informationen für das Marketing–Mix des Handels ableiten, insbesondere für Positionierungsstrategien, bspw. via Ladengestaltung und Warenpräsentation und für kommunikationspolitische Maßnahmen. Dabei könnte versucht werden, eine ökologische Positionierung auf „erlebnisorientierte Art und Weise“ anzustreben. Hierbei sollten nach den referierten Ergebnissen umweltorientierte Signale sehr vorsichtig und sorgfältig gestaltet einzusetzen sind.

Die Ergebnisse zur Wahrnehmung umweltorientierter Signale deuten auf eine hierdurch aktivierte „automatische“ Wahrnehmungsbarriere hin, die dazu führt, daß solche Reize nicht wahrgenommen werden oder den sensorischen Speicher nicht passieren. „Ökologisch orientiert“ gestaltete Schaufenster oder Kommunikationsbotschaften haben demnach nicht nur mit der traditionellen Informationskonkurrenz anderer Medien und der „Ignoranz“ wenig involvierter Konsumenten zu kämpfen, sondern müssen sich zudem mit dem Phänomen von Wahrnehmungsbarrieren auseinandersetzen.

Weiterhin zeigen die Ergebnisse zur Anzeigenbeurteilung negative Anmutungswirkungen der ökologisch orientierten Anzeige. Die Anmutung ist eine zentrale psychische Einflußgröße, die die Entstehung bzw. Gestaltung einer Ladenatmosphäre maßgeblich determiniert (Gröppel 1991, S. 58). Die Ladenatmosphäre beschreibt die Summe von Sinneswirkungen, die sich teils bewußt, teils unbewußt als individuelles Raumerleben niederschlagen (Berekhoven 1990, S. 284). Hier scheinen umweltorientierte Reize insbesondere im Bereich der unbewußten Wahrnehmung negative Ausstrahlungseffekte auszuüben. Gestalt–theoretische Erkenntnisse lassen vermuten, daß umweltorientierte Reize zu Irradiationen führen können, die dazu führen, daß die gesamte Ladenatmosphäre weniger positiv vom Konsumenten erlebt wird.

Andererseits zeigen die Ergebnisse zur Markenbewertung, daß ökologische Aspekte wichtig sind und gewisse Verhaltenswirkungen aufweisen. Sie implizieren nicht zuletzt, daß ein Nichtbeachten dieses Themas durchaus spürbare Sanktionspotentiale aktivieren kann. Kurz: Die Ergebnisse belegen einerseits, daß der Handel das Umweltthema integrieren muß, sie zeigen andererseits, daß die kommunikative Umsetzung mit besonderen, psychologisch nur schwer zu deutenden Wahrnehmungsmechanismen zu rechnen hat. Eine mögliche Strategie wäre eine primär bildliche Annäherung an die gängigen Vorstellungen von „Natur und Natürlichkeit", die sehr eng mit dem Umweltthema assoziiert sind, jedoch emotional positiv besetzt sind und somit Chancen haben, den geschilderten Wahrnehmungskonsequenzen auszuweichen (vgl. auch Weinberg; Spieker 1994).

5 FAZIT UND AUSBLICK

Das Fazit der vorliegenden Untersuchung lautet: Verantwortlich für das zurückhaltende Verhalten der Konsumenten im Umweltbereich könnte die Verankerung des Umweltthemas als *gesellschaftlicher Wert* innerhalb der menschlichen Psyche sein, und deren „Organisationsform" wiederum kann dazu führen, daß das hohe festzustellende Umweltbewußtsein die Gesellschaft als ganze zwar zu hohen umweltbezogenen Innovationsleistungen auf allen Ebenen antreibt, der eigene private Lebensbereich aber nicht automatisch unter dem Diktat dieses gesellschaftlich orientierten Wertes steht. Der vorliegende Einzelbefund alleine kann noch nicht als ausreichender Beweis für dieses Phänomen ausreichen, seine prinzipielle Übereinstimmung mit anderen empirischen Befunden sowie die Nähe zu anerkannten Theoriebereichen der Werteforschung sind ermutigende Zeichen.

Für den Handel läßt sich der Schluß ziehen, daß auch bei einer dominierenden Erlebnisorientierung der Kundschaft ökologische Aspekte keinesfalls auszublenden sind, sie scheinen immer „latent präsent" zu sein. Andererseits ist eine direkte ökologische Positionierung nicht ohne weiteres von Erfolg gekrönt. Sie wird von den Konsumenten zwar als gesellschaftlich wünschenswert wahrgenommen, aber nicht als persönlich verhaltensaktivierend erlebt. Inwieweit sich beide Bereiche dennoch zu einem konsumrelevanten Verhaltensfaktor verschmelzen lassen, bspw. über eine Positionierung im Wahrnehmungsbereich „Natur/Natürlichkeit", müssen weitere Forschungen klären.

LITERATUR

Balderjahn, I.: Das umweltbewußte Konsumentenverhalten, Berlin 1986.

Becker, J.: Marketing–Konzeption, 6. Aufl., München 1998.

Bekmeier, S.: Marktorientierte Markenbewertung, Wiesbaden 1998.

Bekmeier–Feuerhahn, S.; Spieker, H.: Umweltorientiertes Markenmanagement: Chance oder Risiko? Arbeitspapier der Forschungsgruppe Konsum und Verhalten, 1999 (i.V.).

Berekhoven, L.: Erfolgreiches Einzelhandelsmarketing, München 1990.

Dahlhoff, H. D.: Wertorientierungen von Verbrauchern. In: Haase, H.; Molt, W. (Hrsg.), Handbuch der Angewandten Psychologie, Bd. 3: Marktpsychologie; Landsberg am Lech 1981, S. 130–152.

Diekmann, A.; Preisendörfer P.: Umweltbewußtsein, ökonomische Anreize und Umweltverhalten. In: Schweizer Zeitschrift für Soziologie, 17 (1991), S. 207–231.

Diekmann, A.; Preisendörfer P.: Persönliches Umweltverhalten. In: Kölner Zeitschrift für Soziologie, 44 (1992), S. 226–251.

Dröge, R.: Werthaltungen und ökologierelevantes Kaufverhalten, Wiesbaden 1997.

Gierl, H.: Ökologische Einstellungen und Kaufverhalten im Widerspruch. In: Markenartikel, (1987), Nr. 1, S. 2–8.

Gröppel, A.: Erlebnisstrategien im Einzelhandel, Heidelberg 1991.

Gröppel–Klein, A.: Wettbewerbsstrategien im Einzelhandel – Chancen und Risiken von Preisführerschaft und Differenzierung, Wiesbaden 1998.

Hüttner, M.: Grundzüge der Marktforschung, 4. Aufl., Berlin/ New–York 1989.

Kroeber–Riel, W.; Weinberg, P.: Konsumentenverhalten, 6. Auflage, München 1996.

Kluckhohn, C.: Values and Value–Orientations in the Theory of Action. In: Parsons, T.; Shilds, E. A. (Eds.): Toward a General Theory of Action, New York 1962, S. 388–433.

Meffert, H.; Bruhn, M.: Das Umweltbewußtsein von Konsumenten. In: Die Betriebswirtschaft, 56 (1996), Nr. 5, S. 631–648.

Monhemius, K. Ch.: Umweltbewußtes Kaufverhalten von Konsumenten: Ein Beitrag zur Operationalisierung, Erklärung und Typologie des Verhaltens in der Kaufsituation, Frankfurt a. M. u.a. 1993.

Nerdinger, F. W.: Stabilität, Zentralität und Verhaltensrelevanz von Werten. In: Problem und Entscheidung, 26 (1984), S. 86–110.

Opaschowski, H. W.: Deutschland 2010, Hamburg 1997.

Poferl, A.; Schilling, K.; Brand, K.–W.: Umweltbewußtsein und Alltagshandeln – Eine empirische Untersuchung sozial–kultureller Orientierungen, Opladen 1997.

Raffée, H.; Wiedmann, K.–P.: Der Wertewandel als Herausforderung für Marketingforschung und Marketingpraxis. In: Marketing ZFP, 10 (1988), S. 198–210.

Rat von Sachverständigen für Umweltfragen (Hrsg.): Umweltgutachten 1978, Stuttgart/ Mainz, 1978.

Rokeach, M : The Nature of Human Values, New York, 1973.

Schürmann, P.: Werte und Konsumentenverhalten – Eine empirische Untersuchung zum Einfluß von Werthaltungen auf das Konsumverhalten, München 1988.

Schulze, G.: Die Erlebnisgesellschaft, Frankfurt/M. 1992.

Silberer, G.: Einstellungen und Werthaltungen, In: Irle, W. (Hrsg.): Handbuch der Psychologie, Teilband 1 (Marktpsychologie), Göttingen 1983, S. 533–625.

Spieker, H.: Der Stellenwert ökologischer Aspekte für den Konsum von biologisch erzeugten Nahrungsmitteln. In: Brandt, A.; Hansen, U.; Schoenheit, I.; Werner, K. (Hrsg.): Ökologisches Marketing, Frankfurt a. M./New York 1988, S. 85–106.

Trommsdorff, V.: Konsumentenverhalten, 2. Aufl., Stuttgart/Berlin/Köln 1993.

Vinson, D. E.; Scott, J. E.; Lamont, L. M.: The Role of Personal Values in Marketing and Consumer Behavior - Can Personal Values be used to assist marketers in determining consumer choice behavior? In: Journal of Marketing, 41 (1977), No. 2, S. 44–50.

Weinberg, P.: Erlebnismarketing, München 1992.

Weinberg, P.: Erlebnis–Marketing. In: Tietz, B.; Köhler, R.; Zentes, J. (Hrsg.): Handwörterbuch des Marketing, 2. Aufl., Stuttgart 1995, S. 607–615.

Weinberg, P.; Behrens, G.; Schneider, R.: Bericht über das Forschungsprojekt: Messung der Qualität von Produkten im Forschungsschwerpunkt „Marktprozesse 1975–1976". Arbeitspapier, Universität–GH–Paderborn 1976.

Weinberg, P.; Spieker, H.: Umweltbewußtes Verbraucherverhalten im Spannungsfeld zwischen Ethik und Erlebnis. In: Henze, M.; Kaiser, G. (Hrsg.): Ökologie–Dialog. Düsseldorf 1994, S. 222–229.

Wimmer, F.: Umweltbewußtes Verbraucherverhalten. In: Diller, H. (Hrsg.): Vahlens großes Marketinglexikon, München 1992, S. 1167–1169.

Windhorst, K.–G.: Wertewandel und Konsumentenverhalten – Ein Beitrag zur empirischen Analyse der Konsumrelevanz individueller Wertvorstellungen in der Bundesrepublik Deutschland, Münster 1985.

Ökologische Personalentwicklung im Handel – Eine verhaltenstheoretische Analyse

Heike Schinnenburg und Dirk Funck, Göttingen

Die Weiterbildung von Mitarbeitern vor dem Hintergrund ökologischer Problemstellungen ist ein höchst komplexes und dynamisches Handlungsfeld, welches einen interdisziplinären Anspruch besitzt und nicht selten eine wirtschaftsstufenübergreifende Perspektive erfordert. Zur Bewältigung dieser Aufgabe wird nachfolgend ein verhaltenstheoretisch fundiertes Konzept vorgestellt, welches Aussagen zu den Zielen, Zielgruppen, Prinzipien und Instrumenten einer ökologieorientierten Personalentwicklung im Handel ermöglicht. Abschließend werden die wesentlichen Umsetzungsbarrieren diskutiert und Ansätze zu deren Überwindung erläutert. Im Mittelpunkt steht dabei der vieldiskutierte Konflikt zwischen Ökonomie und Ökologie.

1 DIE BEDEUTUNG DES MITARBEITERS FÜR DIE ÖKOLOGIEORIENTIERUNG IM HANDEL

1.1 Ökologische Aspekte der Leistungserstellung und ˇverwertung im Handel

Handelsbetriebe können in ihrer Rolle als Mittler zwischen Produktion und Konsum (Kull 1998, S. 82–101), aber auch aufgrund des Umweltverbrauchs im Rahmen der Wahrnehmung handelsbetrieblicher Funktionen (exemplarisch: Arretz 1999, S. 70–72), erheblich zur Lösung von Umweltproblemen beitragen. Vor diesem Hintergrund und angesichts der Tatsache, daß der Ressourcenverbrauch und die Belastung der Umwelt mit Abfällen und Umweltgiften in immer stärkerem Umfang auch kostenwirksam werden, hat die „Ökologische Umwelt“ Einzug in betriebswirtschaftliche Produktionsfaktorsysteme gefunden (Corsten 1990, S. 102) und kann auch als Leistungsfaktor des Handels bezeichnet werden (Funck 1998, S. 38–39).

Um dieser Herausforderung zu begegnen, versuchen sich immer mehr Handelsbetriebe ökologisch zu profilieren. Ein Weg, ökologische Aspekte systematisch und möglichst vollständig bei der handelsbetrieblichen Leistungserstellung und –verwertung zu berücksichtigen, ist die Einrichtung eines Umweltmanagementsystems.

Unter einem Managementsystem sind in diesem Zusammenhang formal verankerte Führungssysteme für die Lenkung, Gestaltung und Entwicklung von Unternehmen zu verstehen. Sie erfüllen den Zweck, die Lern–, Reaktions– und Anpassungsfähigkeit sowie die Intelligenz der Organisation zu stärken (Schwaninger 1994, S. 15–17).

Ein Umweltmanagementsystem sollte demgemäß dabei helfen, ökologische Lernprozesse zu etablieren und eine kontinuierliche Verbesserung der Umweltleistung zu ermöglichen. Dieses erfordert in aller Regel umfassende Umstrukturierungsmaßnahmen innerhalb des Unternehmens (Hallay 1996, S. 77), in deren Mittelpunkt die MitarbeiterInnen stehen.

1.2 Das Personal als Basis leistungsfähiger Umweltmanagementsysteme

In Handelsbetrieben entfallen durchschnittlich über 50% der Handlungskosten auf das Personal. Zudem bedarf die handelsspezifische Kombination fremderstellter Sachleistungen mit eigenerstellten Dienstleistungen eines intensiven Einsatzes der menschlichen Arbeitskraft, um so Kernkompetenzen und anhaltende Wettbewerbsvorteile aufbauen zu können (Barney 1991, S. 101 u. 110–111; Freiling 1998, S. 64).

Über diesen grundsätzlichen Nachweis des Einflusses der Mitarbeiter auf den Erfolg von Handelsbetrieben hinaus mangelt es nicht an theoretisch–konzeptionellen und empirisch fundierten Belegen für die außerordentlich hohe Bedeutung der Mitarbeiter beim Aufbau von (Umwelt–)Managementsystemen und die Etablierung kontinuierlicher Verbesserungsprozesse:

- In der Literatur zum „Lernenden Unternehmen" und zur Umsetzung (integrierter) Managementsysteme wird den Mitarbeitern in aller Regel eine Schlüsselrolle zuerkannt (exemplarisch: Argyris 1997; Argyris/Schön 1978; Bleicher 1999; Senge 1996; Teich 1997; Wahren 1998).
- Internationale Erhebungen zum Erfolg von Managementsystemen weisen fast durchgängig aus, daß die mangelhafte Einbindung des Personals oder unzureichende Maßnahmen der Personalentwicklung zumindest auch für das Scheitern von Qualitäts- oder Umweltprogrammen verantwortlich zu machen sind (Boiral/Sala 1998; Ruggieri/Merli 1998; Shih/Gurani 1997; Subba et al 1997).

Die Absicht einer stärkeren Einbettung ökologischer Fragestellungen in die betrieblichen Abläufe erhöht die Anforderungen an das Personal dabei noch stärker, als dies beispielsweise bei Qualitätsmanagementsystemen der Fall ist. Die Begründung liegt darin, daß hier neben der rein ökonomischen Beurteilung von Produkten und Prozessen durch vorwiegend kaufmännisch ausgebildete Mitarbeiter nun auch vermehrt technisch-naturwissenschaftliche Fragen zu behandeln sind, die zudem einer erheblichen methodischen und inhaltlichen Dynamik unterliegen (Funck 1996, S. 11 f.).

Besonders deutlich wird die Komplexität dieser Aufgabe im Handel, wenn man bedenkt, daß beispielsweise in Warenhäusern Sortimente mit über 100.000 Produkten über ihren gesamten Lebensweg ökologisch und ökonomisch beurteilt werden müssen. Dabei verändern sich laufend die Erkenntnisse zum Umweltverbrauch einzelner Materialien, die Angebotsprogramme der Lieferanten und die gesellschaftlichen Konventionen zur Beurteilung ökologischer Problemstellungen (z.B. im Rahmen rechtlicher Restriktionen).

Eine Untersuchung an der Universität Paderborn hat zudem gezeigt, daß häufig bestehende ökologiebezogene Umsatzpotentiale aufgrund des Mangels an kompetenten Mitarbeitern nicht ausgeschöpft werden können: Bei einer Befragung von 1.000 Konsumenten bezüglich der ökologischen Einflüsse beim Möbelkauf (Rücklauf: 27%) stellte sich heraus, daß in nur 9% der Fälle ökologische Aspekte vom Verkäufer im Handel thematisiert wurden, obwohl sich vergleichsweise ökologieverträgliche Angebote im Sortiment des Händlers befanden. Diese Zahlen gewinnen weiter an Bedeutung, wenn man berücksichtigt, daß 42% der Möbelkäufe maßgeblich durch das Verkaufsgespräch beeinflußt wurden (Universität Paderborn 1997, S. 10/16 f.).

Als Ergebnis der bisherigen Analyse bleibt somit festzuhalten, daß der Aufbau und die Pflege eines Umweltmanagementsystems im Handel und der Versuch einer ökologieorientierten Profilierung auf dem Absatzmarkt eine umfassende Beteiligung und Qualifizierung des Personals erfordern (Funck 1999a, S. 63 f.). Dabei ergeben sich neue Anforderungen an die Personalentwicklung im Handel, die in dieser Abhandlung untersucht werden sollen.

Zu diesem Zweck wird im 2. Kapitel eine Konzeption für die ökologieorientierte Personalentwicklung im Handel vorgestellt. Kapitel 3 dient dann einer kritischen Analyse der handelsspezifischen Probleme bei der Realisierung des entwickelten Ansatzes. Die Ergebnisse des Aufsatzes werden im abschließenden vierten Kapitel zusammengefaßt, und es werden die Perspektiven des Themas diskutiert.

2 KONZEPTION EINER ÖKOLOGIEBEZOGENEN PERSONALENTWICKLUNG IM HANDEL

Den Ausgangspunkt einer jeden betriebswirtschaftlichen Entscheidung bildet eine Analyse der Ausgangssituation. Demgemäß ist ein ökologieorientiertes Personal–Audit der erste Schritt (Abschnitt 2.1) auf dem Weg zu einer ökologieorientierten Personalentwicklung im Handel. Darauf aufbauend werden die möglichen Ziele der ökologischen Personalentwicklung diskutiert (Abschnitt 2.2) und die unterschiedlichen Zielgruppen vorgestellt (Abschnitt 2.3). Im Anschluß daran bilden die Überlegungen zu den Gestaltungsprinzipien einer umweltbezogenen Personalentwicklung (Abschnitt 2.4) den Schwerpunkt dieses Kapitels. Schließlich wird ein Überblick über die hier relevanten personalpolitischen Instrumente gegeben (Abschnitt 2.5). Die Ergebnisse des Kapitels werden in Abschnitt 2.6 zusammengefaßt und grafisch veranschaulicht.

2.1 Ökologieorientiertes Personal–Audit

Um die Ausgangssituation der ökologiebezogenen Qualifikation der Mitarbeiter zu ermitteln, ist zunächst ein ökologieorientiertes Personal–Audit zu empfehlen (Hummel/Pichel 1997, S. 22). Das herausragende Problem derartiger Audits liegt in der Prognose zukünftiger Qualifikationserfordernisse in innovativen und dynamischen Aktionsfeldern begründet. Aus diesem Grund sollte eine Abkehr von statischen Planungsansätzen erfolgen, um „Qualifikations–time–lags“ soweit wie möglich zu vermeiden. Zur Umsetzung dieses anspruchsvollen Ziels bieten sich Kooperationen innerhalb von Branchenverbänden und insbesondere mit den Hochschulen an (Mühlemeyer 1996, S. 68–70).

Neben den Qualifikationserfordernissen muß natürlich auch die vorhandene Qualifikation erhoben werden. Dabei ist es gemäß der Argumentation in Abschnitt 2.2 elementar, daß eine solche Personalbeurteilung auch das individuelle Umweltbewußtsein und möglicherweise existierende Verhaltensbarrieren zum Gegenstand macht. Auf diese

Weise kann eine Qualifikations- und Bewußtseinslücke ermittelt werden, die Gegenstand der weiteren Personalentwicklung sein sollte.

2.2 Ziele der ökologischen Personalentwicklung

Das langfristige Ziel einer ökologiebezogenen Mitarbeiterentwicklung ist das proaktive Umweltverhalten der MitarbeiterInnen (z.B. bei der Kundenberatung). Im Mittelpunkt steht daher das Erkennen eigener Verantwortlichkeit für ökologisch relevantes Tun und die selbständige, aktive Umsetzung (Hummel/Pichel 1997, S. 23).

Zur weiteren Operationalisierung dieser Zielsetzung können drei Ansatzpunkte einer ökologieorientierten Personalentwicklung formuliert werden, die nachfolgend einer vertiefenden Analyse zu unterziehen sind (Kuhn/Wittmann 1995, S. 10):

1. Das individuelle ökologische „Wollen".
2. Das individuelle ökologische „Können".
3. Das soziale und institutionelle ökologische „Dürfen".

Individuelles ökologisches „Wollen"

Das individuelle ökologische „Wollen", also die persönliche Motivation, einen Beitrag zum Schutz der Umwelt zu leisten, findet seinen Ursprung im Umweltbewußtsein. Darunter ist ein komplexes Einstellungskonstrukt zu verstehen, das ökologisches Wissen, emotionale Betroffenheit angesichts von Umweltbelastungen und die Handlungsbereitschaft umfaßt (Spada 1990, S. 623 f.; Fuhrer 1995, S. 94–95).

In zahlreichen Untersuchungen bezüglich des Konsumverhaltens von Verbrauchern wurde festgestellt, daß ein derartig verstandenes Umweltbewußtsein allerdings nur eine latente Verhaltensgröße darstellt, die sich in einer konkreten Situation erst gegen verschiedene Widerstände durchsetzen muß. Es folgt eine kurze Zusammenfassung der in der Literatur ausführlich diskutierten Ursachen für die Diskrepanz von Umweltbewußtsein und Umweltverhalten und deren exemplarische Interpretation aus der Sicht der Personalentwicklung (exemplarisch: Urban 1986; Adelt/Bach 1991; Bänsch 1991; Dieckmann/Preisendorfer 1992; Scherhorn 1994; Herker 1995; Funck 1996, Grettenberger 1996; Hüser 1996).

- *Kognitive Barrieren* beschreiben das fehlende Wissen über konkrete ökologische Problemfelder, über die ökologische Relevanz des Verhaltens und über vorhandene Verhaltensalternativen (z.B.: „Wodurch entsteht ein Ozonloch?").
- Mit den *emotionalen Barrieren* sind insbesondere die Zweifel des Einzelnen angesprochen, globale Umweltprobleme lösen zu können (z.B.: „Was ändert es schon,

wenn ich das Auto stehen lasse und mit der Bahn fahre?") und das mangelnde Vertrauen in die ökologische Qualität angebotener Produkte und Dienstleistungen (z.B. ökologische Qualität von Textilien).

- *Einstellungsbezogene Barrieren* beziehen sich auf Nutzenüberlegungen, die mit dem Umweltbewußtsein konkurrieren. Dazu zählen beispielsweise die häufig zu hohen Preise ökologischer Produkte (z.B. Bio–Produkte) oder ihre fehlende Ästhetik (z.B. graues Papier). Weitere konkurrierende Einstellungen sind das Genuß- und Bequemlichkeitsstreben (z.B. die Änderung langjährig etablierter Prozesse) oder eine geringere Funktionserfüllung ökologischer Produkte (z.B. geringere Reinigungskraft von umweltverträglicheren Putzmitteln).
- Hat sich abschließend dennoch eine ökologiebezogene Handlungsbereitschaft herausgebildet, können *situative Barrieren* (z.B. Zeitdruck, Erhältlichkeit der ökologieverträglichen Alternative) ökologisches Verhalten dennoch verhindern.

Aufgabe der Personalentwicklung muß es also sein, einen Beitrag zum Aufbau des Umweltbewußtseins zu leisten und darüber hinaus Wege zum Abbau bzw. zur Überwindung der individuellen Verhaltensbarrieren zu finden.

Individuelles ökologisches „Können"

Wie im ersten Abschnitt bereits verdeutlicht wurde, führt die Lösung ökologischer Problemstellungen im Handel zu neuen Anforderungen an das individuelle ökologische „Können". Es müssen außerökonomische, eher technisch–naturwissenschaftliche Fragen behandelt werden, die sich als komplex und dynamisch bezeichnen lassen und zudem in der Öffentlichkeit mit höchst unterschiedlichen Wertungen versehen werden.

Daraus lassen sich zum Teil völlig neue Kompetenzfelder ableiten, die es sicherzustellen gilt (z.B. Anwendung von Ökobilanzen, Wissen über die Ursachen von Umweltproblemen). Andere Kompetenzbereiche erhalten im Vergleich zur traditionellen Personalentwicklung zumindest eine andere Gewichtung (z.B. komplexes Denken).

Ohne hier den Anspruch auf Vollständigkeit erheben zu können, werden nachfolgend – in Anlehnung an entsprechende Ausführungen in der Literatur – beispielhaft persönliche, fachliche und soziale Kompetenzfelder der Mitarbeiter zusammengestellt, die im Rahmen ökologiebezogener Strategien abgedeckt sein müssen (Kirchgeorg et al. 1994, S. 47–50; Kreikebaum 1996, S. 5; Pfriem/Schwarzer 1996, S. 12):

Soziales und institutionelles ökologisches „Dürfen"

Das soziale und institutionelle ökologische „Dürfen" ist Ausdruck der betrieblichen Rahmenbedingungen für das individuelle Verhalten (Kuhn/Wittmann 1995, S. 11). Verhaltensbestimmend und demnach aus ökologischer Sicht neu zu überdenken, sind in erster Linie die Unternehmensphilosophie und –kultur, die Aufbau– und Ablauforganisation und die betrieblichen Anreizsysteme.

Felder der ökologischen Kompetenz	Beispiele
persönliche Fähigkeiten	• systemisches und komplexes Denken • Kreativität • Lernbereitschaft • Organisationsgeschick • ...
fachliche Kompetenz	• ökologische Probleme und ihre Ursachen • arbeitsplatzbezogenes Umweltwissen • Methoden des Öko–Controlling • naturwissenschaftliche Grundlagen • ...
soziale Kompetenz	• Kommunikationsfähigkeit • Teamfähigkeit • Aufgeschlossenheit • Verhandlungsgeschick • ...

Abbildung 1: Ökologiebezogene Anforderungen an die Mitarbeiterkompetenz

Ferner konnte in diesem Zusammenhang der empirische Nachweis geführt werden, daß ein regelmäßiges Öko–Audit in einem Unternehmen die umweltbezogenen Anstrengungen des Personals spürbar erhöht (Gabel/Sinclaire–Desagné 1995, S. 14 f.).

Die hier betrachtete Personalentwicklung kann zum „ökologischen Dürfen" insoweit beitragen, als daß die entsprechenden Maßnahmen und das dadurch steigende Umweltbewußtsein im Unternehmen die Erwünschtheit ökologiebezogenen Verhaltens zum Ausdruck bringen und so zu einer höheren Akzeptanz führen.

2.3 Zielgruppen der ökologischen Personalentwicklung im Handel

Als Zielgruppen, die vorrangig für eine ökologische PE zu beachten sind, kristallisieren sich zunächst aus hierarchischer Perspektive **Führungskräfte** heraus, da diese durch Vorbildwirkung, Sanktionen etc. auf das Verhalten ihrer Mitarbeiter zielgerichtet Ein–

fluß nehmen. Zudem üben die Führungskräfte durch die von ihnen zu treffenden unternehmenspolitischen Entscheidungen einen maßgeblichen Einfluß auf die umweltrelevanten Aktivitäten des Unternehmens aus.

Darüber hinaus sind die Funktionen in einem Handelsunternehmen auf ihre Relevanz für die Verfolgung ökologischer Zielsetzungen hin zu überprüfen. Dabei stellt sich heraus, daß eine ökologische PE nicht nur für die **Umweltbeauftragten** als Experten von Bedeutung ist, sondern zusätzlich insbesondere für

- **Einkäufer** bzw. **Category Manager** (aufgrund ihrer Befugnisse bei Sortimentsentscheidungen),
- **Logistikfachleute** (z.B. Entwicklung umweltverträglicher Transportkonzepte) sowie für **die Verantwortlichen der Betriebstechnik** (Fragen der Betriebsökologie),
- **Ausbilder** (in ihrer Funktion als Vermittler von Lerninhalten),
- die **Verkaufsmitarbeiter**, die das wesentliche Bindeglied eines Handelsunternehmens zum Kunden darstellen, ökologiebezogene Entscheidungen des Unternehmens vertreten (z.B.: „Warum wird Einweggeschirr nicht mehr geführt?") und als Berater auf Kaufentscheidungen einwirken können sowie
- die **Auszubildenden** (um hier früh für ökologische Sachverhalte zu sensibilisieren und die Grundlagen für den weiteren Kompetenzaufbau zu legen).

Ökologische PE richtet sich daher nicht nur an wenige Schlüsselpersonen, sondern an einen großen Teil der Mitarbeiter eines Handelsunternehmens, die durch die Art ihrer Aufgabenerledigung über das Ausmaß ökologischer Effizienz mit entscheiden.

2.4 Gestaltungsempfehlungen für eine ökologiebezogene Mitarbeiterentwicklung aus verhaltens- und lerntheoretischer Sicht

Nachfolgend werden vier Prinzipien vorgestellt, an denen sich eine ökologiebezogene Personalentwicklung (PE) orientieren sollte, um eine Sensibilisierung, den Wissensaufbau und die Problemlösefähigkeiten für Umweltfragen zu fördern und langfristige Verhaltensänderungen zu initiieren. Zu beachten ist, daß diese Prinzipien teilweise miteinander konkurrieren, so daß je nach Situation und Lernzielen unterschiedliche Schwerpunkte zu setzen sind.

Diese Prinzipien wurden aus Ergebnissen der Kognitions- und Lernpsychologie sowie der Erwachsenen- und Umweltpädagogik abgeleitet (ausführlich Schinnenburg 1999).

2.4.1 Subjektorientierung: Lernen als individueller Prozeß

Die Wahrnehmung und Betroffenheit von ökologischen Problemen ist individuell verschieden und vom Umweltbewußtsein der einzelnen MitarbeiterInnen abhängig. Der erste Ansatzpunkt für eine ökologische Personalentwicklung ist somit die Herausbildung bzw. Festigung des Umweltbewußtseins. Dieses kann am besten dadurch erreicht werden, daß die MitarbeiterInnen Umweltprobleme selbst und bewußt wahrnehmen (z.B. im Rahmen von Exkursionen oder ökologischen Lehrpfaden) und ihnen auch die ökologischen Konsequenzen heutiger Verhaltensweisen in der Zukunft veranschaulicht werden können. Denkbar wäre hier der Einsatz der Szenariomethode oder die Einrichtung einer Zukunftswerkstatt (Grothe-Senf 1999, S. 59–104 und 143–178).

Die Wirksamkeit dieser Maßnahmen sollte allerdings nicht überschätzt werden: Je nach den Persönlichkeitsmerkmalen sowie den lebensgeschichtlichen Unterschieden und Erfahrungen haben sich bei Erwachsenen relativ stabile Deutungsmuster entwickelt (Arnold 1985, S. 23), so daß von einem breiten Spektrum an Meinungen und Werthaltungen auszugehen ist, selbst wenn die Grundhaltung zum Umweltschutz positiv ist.

Diese Heterogenität ist auch bei den Lernbedürfnissen und u.U. auch -widerständen festzustellen. So können Abwehrreaktionen von MitarbeiterInnen darauf beruhen, daß bisherige Lebens- und Arbeitsweisen in Frage gestellt werden, so daß sich Einzelne in ihrer Identität bedroht fühlen (Thomssen 1982, S. 153 f.) oder aber negative Assoziationen von organisiertem Lernen (z.B. in Seminaren) mit fremdbestimmten Schulsituationen (Holzkamp 1995, S. 12) hervorgerufen werden.

Für eine ökologiebezogene PE erwächst daraus die Herausforderung, die Lernenden in ihrer Subjektivität und Individualität ernst zu nehmen und die konstruktive Auseinandersetzung zu suchen. Gerade Lernsituationen, in denen es (auch) um ökologische Werthaltungen geht, sind nur begrenzt planbar. Dies nicht zu akzeptieren (z.B. aufgrund von vorgegebenen Lerninhalten und Zeitdruck) hieße lediglich, existierende Differenzen zu leugnen und / oder der Vorstellung zu folgen, die Entwicklung von Menschen sei rational bis zu einem vorgegebenen Lernergebnis gestaltbar. Eine Subjektorientierung bedeutet nicht die Abkehr von jeglicher Strukturierung des Lernens, sondern weist darauf hin, die Lernenden als Individuen zu verstehen, die selbst darüber entscheiden möchten, ob sie bestimmte Informationen aufnehmen und wie sie diese bewerten.

Ökologiebezogene PE ist dann aufgefordert, Rahmenbedingungen zu schaffen, die Lernen mit entsprechenden Freiheitsgraden ermöglichen. Dies ist umso wichtiger, wenn im Zuge von betriebsspezifischen Umweltschutzlösungen von den MitarbeiterInnen eigene Vorschläge zur Veränderung von Arbeitsabläufen erwartet werden.

Als geeignete **Instrumente** werden hier insbesondere vorgeschlagen:

- **Lehr–Lern–Verträge**, die Absprachen zwischen Teilnehmern und Personalentwicklern (hier als Lern–Moderatoren zu verstehen) darüber beinhalten, was in welcher Reihenfolge mit welchen Methoden gelernt werden soll (Meueler 1993, S. 233 ff.),
- **Umweltteams**, die es (in Anlehnung an Qualitätszirkel) nach dem Prinzip der Freiwilligkeit MitarbeiterInnen ermöglichen, an Problemlösungen mitzuarbeiten und dabei Aufgaben zu übernehmen, für die ein besonderes Interesse und / oder Fähigkeitspotential besteht (Muß 1995).

2.4.2 Handlungsorientierung: Grundprinzip für Verhaltensänderungen

Handlungen stellen zielgerichtete Prozesse dar, die sich auf die Bewältigung einer (Arbeits–)Aufgabe richten (Aebli 1990, S. 185; Fuhrer 1984, S. 86 ff.). Nach Hacker sind Handlungsabläufe hierarchisch–sequentiell organisiert. Vereinfacht heißt das, daß Gesamtaufgaben (z.B. die Planung eines Tagesablaufes) in Teilaufgaben gesplittet, stufenweise realisiert und ihre richtige Erledigung kontrolliert wird (Hacker 1998, S. 203 ff.). Häufig wiederkehrende Aufgabenfolgen werden psychisch verankert, so daß ihre Ausführung fast automatisch abläuft (z.B. die einzelnen Vorgänge beim Kassieren) und zu einer kognitiven Entlastung des Individuums führt. Diese wiederum schafft Raum für anspruchsvollere Aufgaben.

Erfahrung mit einer Arbeitsaufgabe erweist sich daher als ambivalent für Verhaltensänderungen im Zuge einer Ökologieorientierung: Einerseits erlaubt sie das realistische Erkennen von Handlungsmöglichkeiten, andererseits jedoch bedeutet Routine gefestigte Handlungsabläufe (Schemata), die aufgrund ihres gewohnheitsmäßigen Vollzuges schwer zu durchbrechen sind. Deutlich wird dies z.B. an der Kasse vieler Handelsunternehmen: Immer noch erfolgt das Einpacken von Ware in eine Tüte quasi automatisch, der Wunsch des Kunden, das Produkt in die vorhandene Tasche zu packen, durchbricht und stört den üblichen (und schnellen) Vorgang.

Für eine ökologieorientierte Mitarbeiterentwicklung ergeben sich daraus mehrere Schlußfolgerungen:

1. Die Forderung nach Handlungsorientierung kann sich nicht auf abgegrenzte, zumeist kurze Lernsituationen (Seminare) und aktive Lernformen (z.B. Gruppenarbeiten, Projekte) beschränken, da es so kaum möglich ist, neue Handlungsmuster einzuüben. Arbeitsplatzferne Maßnahmen (training–off–the–job) können zwar wichtige Voraussetzungen schaffen, z.B. ökologische Grundkenntnisse vermitteln und Verhaltensanstöße geben (z.B. durch Rollenspiele), überwinden aber kaum das bekannte Transferproblem vom Lern– zum Arbeitsfeld.
2. Verhaltensänderungen sind nicht allein durch kognitive Einsicht in ihre Vorteilhaftigkeit zu erreichen, sondern erfordern einen langfristigen Lernprozeß, der sich (auch) in der Tätigkeit vollziehen muß.
3. Routinen haben aufgrund der o.g. Gründe zwar ein Beharrungsvermögen, zeigen aber nicht etwa eine Lernunfähigkeit. Sie sind vielmehr das Ergebnis vorhergehender Lernprozesse und haben sich zumeist über Jahre oder Jahrzehnte bewährt.

Ein größeres Augenmerk verdient daher die Organisation der Arbeitsaufgaben, die in hohem Maße darüber bestimmt, was MitarbeiterInnen durch ihre Tätigkeit implizit lernen (Oerter 1997). Handlungsorientierung bedeutet dann, auch die Handlungsmöglichkeiten der MitarbeiterInnen zu überprüfen und ggf. Arbeitsaufgaben auszuweiten bzw. anzureichern (Job–Enlargement und –Enrichment), um die wahrgenommene Effektivität eigenen Handelns erfahrbar zu machen. Als Idealvorstellung kann die Schaffung sog. **vollständiger Tätigkeiten** dienen, die Zielsetzungen, planende Handlungsvorbereitungen, Mittelauswahl, Ausführung und Kontrollmöglichkeiten umfassen sowie Qualifikationen enthalten und ein Dazulernen ermöglichen (Hacker 1998, S. 249–256, Ulich/Conrad–Betschart 1991).

Die Zielsetzung, ein proaktives, verantwortungsvolles und selbständiges Umweltverhalten zu erreichen, stellt nicht nur eine Perspektive dar, sondern weist gleichzeitig auf Grundvoraussetzungen hin: Wie soll jemand diese Verhaltensweisen erlernen, wenn die übliche Arbeitsaufgabe dem Einzelnen u.U. kaum eigenständiges Gestalten der Tätigkeit und eigene Kontrolle ermöglicht?

Handlungsorientierung im Rahmen einer ökologiebezogenen Mitarbeiterentwicklung bedeutet daher, die Arbeitshandlung nicht nur als Ziel, sondern auch als Inhalt von Lernprozessen zu verstehen. Diese Fokussierung geht über Forderungen nach arbeitsplatzbezogenen Lernformen hinaus, weil auch bisherige Arbeitsstrukturen zur Disposition stehen.

2.4.3 Kognitionsorientierung: Vom Umgang mit dem ständig Neuen

Ökologische Problemstellungen sind gekennzeichnet durch Komplexität und Variabilität angesichts ständig neuer (oft widersprüchlicher) Erkenntnisse, die bisherige Vorgehensweisen in Frage stellen können und immer wieder ein Umlernen erfordern (Städel 1990, S. 288 f.). Ein Verständnis der MitarbeiterInnen dafür wird sich nur erreichen lassen, wenn über arbeitsplatzbezogene Kenntnisse hinaus auch ökologisches Grundwissen (Systemverständnis) und die Problematik ökologischer Bewertungsverfahren thematisiert werden (Kreikebaum 1995, S. 558). Ohne diesen ganzheitlichen Ansatz läßt sich kaum verstehen, warum z.B. ein recyclebares Produkt nicht unbedingt ökologisch verträglich ist oder warum unterschiedliche Bewertungen von Produkten und Dienstleistungen zustande kommen.

Für eine ökologieorientierte Mitarbeiterentwicklung bedeutet dies:

1. Voraussetzung für das Verständnis ökologischer Problemstellungen ist die Fähigkeit zum vernetzten Denken. In Maßnahmen der PE müssen daher Systemzusammenhänge und Konsequenzen von Systemeingriffen unter Beachtung der zeitlichen Dynamik abgebildet werden. Dies könnte z.B. durch den von Fester entwickelten Papiercomputer, durch die Mind–Map–Methode oder durch die Methode zum ganzheitlichen Handeln nach Ulrich/Probst gelingen (Grothe–Senf 1999, S. 105–131).
2. Ökologisches Wissen erfordert **ständige Aktualisierung**. Inwieweit dies von den MitarbeiterInnen als Herausforderung oder als Überforderung empfunden wird, ist nicht nur von personalen Determinanten abhängig (Persönlichkeitseigenschaften, bisherige Erfahrungen mit Lernprozessen, vorhandenes Interesse, Vorwissen etc.), sondern auch wesentlich von der Gestaltung der Lernangebote. Als aktivierend gelten hierfür **Projekte** (Frank 1996; Freimut 1997) und die o.g. Umweltteams, die auch Problemlösefähigkeiten fördern. Für den Aufbau von Grundwissen sind dagegen **strukturierte Lernveranstaltungen** (die aufgrund ihrer Lehrzentrierung oft kritisiert werden) gerade für Lernende mit geringen Vorkenntnissen durchaus geeignet, wenn sie mit anderen Lernformen kombiniert werden (Weinert 1996, S. 5).
3. Im Unternehmen müssen adäquate Wege gefunden werden, ökologiebezogene Informationen so weiterzugeben, daß sie aufgenommen und verarbeitet werden. Als **Multiplikatoren** können die Führungskräfte der mittleren Ebene dienen, die in Mitarbeiterbesprechungen Neuigkeiten präsentieren und zur Diskussion stellen. Für diese Multiplikatoren ist es aber (angesichts vieler Rundschreiben, Prospekte etc.) ebenfalls notwendig, den **Informationsfluß** zu **optimieren**, damit neben den operativen

Aufgaben im Tagesgeschäft diese Funktion erfüllt werden kann. Dies betrifft auch die Gestaltung der Information (z.B. visuelle Darstellungen statt Fließtext) und die Notwendigkeit, komplexe ökologische Sachverhalte, die vorrangig für Experten publiziert werden, sprachlich verständlich zu „übersetzen".

4. **Rückmeldungen über Erfolg** (z.B. Ressourcenersparnis) sind wichtig, damit erste Verhaltensänderungen über das Erleben von Effektivität eigener Handlungen auch beibehalten werden; diese Wahrnehmung fördert auch das Umweltbewußtsein (Fietkau/Kessel 1981, S. 10 f.).

Vor allem für die Multiplikatoren im Unternehmen (nicht nur Führungskräfte, sondern ebenso Ausbilder, Umweltbeauftragte etc.) bietet es sich über die fachliche Fortbildung hinaus an, **Lernstrategien** zum besseren Umgang mit schwierigen Informationen zu fördern (exemplarisch: Metzig/Schuster 1996; Meer 1996). Es ist davon auszugehen, daß die Anforderungen je nach personalen Voraussetzungen sehr unterschiedlich wahrgenommen werden und es bei einigen zu psychischen Belastungen durch empfundene Unsicherheit bei ungewohnten Problemstellungen kommt. Von Bedeutung ist daher auch das Selbstvertrauen und der Umgang mit Streß, so daß u.U. auch **Streßbewältigungsstrategien** (Meichenbaum 1979, S. 140 ff.; Murphy 1996) hilfreich sind.

2.4.4 Gruppenorientierung: Potential für ökologische Veränderungen

Menschen sind nicht nur Individuen, sondern auch soziale Wesen, die in vielfältiger Weise mit ihrer Umwelt (insbesondere mit ihren Bezugsgruppen) in Kontakt treten, sich von diesen beeinflussen lassen und auf diese ebenfalls Einfluß ausüben. Für Verhaltensänderungen sind daher **Gruppenphänome** (Normen, sozialer Druck, positive oder negative Sanktionierung von Verhalten) von großer Bedeutung. Besonderes Einflußpotential wird den sog. **Meinungsführern** für die Einführung neuer Verhaltensweisen zugesprochen, die innerhalb von Gruppen als Modell wirken (grundlegend Bandura 1979, insbesondere S. 59–64), so daß diese (neben den o.g. Multiplikatoren) von besonderem Interesse für die PE sind.

Ökologische Problemlösungen erfordern zudem die Abstimmung und Zusammenarbeit von Beteiligten unterschiedlicher Unternehmensbereiche und ˇebenen und ggf. sogar eine unternehmensübergreifende Kooperation. So gibt es bereits erste Projekte zur Einrichtung von unternehmensübergreifenden Umweltmanagementsystemen (Baumgarten et al. 1998).

Projektgruppen und Umweltteams bieten die Möglichkeit, Wissensbestände zu bündeln und verschiedene Perspektiven zu berücksichtigen. Dies gelingt aber effektiv nur bei weitgehend kooperativem Verhalten und gemeinsamen Zielvorstellungen, so daß Gruppen nicht per se produktiv arbeiten. Abteilungsdenken und Interessenkonflikte können u.U. strukturell bedingt sein und sind dann nur begrenzt durch PE beeinflußbar. Dieses gilt insbesondere im Handel, da hier die Zusammenarbeit zwischen Zentrale und Filiale, im Rahmen von Verbundgruppen oder in wirtschaftsstufenübergreifenden Kooperationen ein hohes Maß an Koordination erfordern.

Davon abgesehen bieten sich zwei Möglichkeiten an, um konstruktive Zusammenarbeit in Gruppen zu fördern:

- Vor den eigentlichen (inhaltsorientierten) Gruppenarbeitsprozessen werden Maßnahmen zur Entwicklung kooperativer Fähigkeiten durchgeführt, und / oder
- während des Ablaufes erfolgt eine Reflexion der Prozesse.

Für Gestaltungsansätze der ersten Art bieten sich grundlegende Regeln für die Vorgehensweise an (z.B. die Themenzentrierte Interaktion von Cohn 1990), das Erlernen von Gruppenarbeitstechniken (z.B. Metaplan) und Teamtrainings (Francis/Young 1996).

Eine Reflektion des Problemlösungsprozesses bezieht sich darauf, in Abständen die inhaltliche Ebene zu verlassen und die Vorgehensweise (einschließlich der Verhaltensebene) zu thematisieren (Metakommunikation). Eine Begleitung durch Moderatoren mit Supervisionserfahrung erweist sich hierbei als unerläßlich, um der Gruppe methodisch bei der Situationsklärung und der Vereinbarung weiterer Schritte zu helfen (Brühwiler 1996, S. 40 ff.).

2.5 Instrumente der ökologischen Personalentwicklung im Handel

Im Verlauf der vorangegangenen Ausführungen wurde bereits eine Vielzahl an möglichen Instrumenten einer ökologischen Personalentwicklung vorgestellt. Systematisiert man diese nach dem Kriterium, ob die Instrumente während der normalen Arbeitszeit oder „off-the-job" zum Einsatz kommen, ergibt sich das folgende Bild (Eine detailliertere Analyse unterschiedlicher Instrumente der ökologischen PE, verbunden mit konkreten Umsetzungsempfehlungen, findet sich bei Grothe-Senf 1999):

- **on-the-job:** Arbeitskreise, Projekte, EDV-gestützter Informationsfluß, Umweltteams, Job-Enrichment, Job-Enlargement (vollständige Tätigkeiten) etc.
- **off-the-job:** Rollenspiele, Exkursionen, Zukunftswerkstatt, ökologische Lehrpfade, Arbeitskreise, Gruppenarbeitstechniken, Strategien zur Streßbewältigung etc.

Die aufgeführten Instrumente sind zum überwiegenden Teil nicht neu. Sie können weitestgehend auch ohne expliziten Ökologiebezug zum Einsatz kommen. Im Rahmen der hier behandelten Problemstellung ist es daher erforderlich, die genannten Instrumente mit ökologiebezogenen Inhalten zu füllen, um auf diese Weise Umweltbewußtsein aufzubauen und/oder die beschriebenen Barrieren für ökologisches Handeln zu überwinden. Die im vorhergehenden Abschnitt diskutierten Gestaltungsprinzipien können dabei helfen, je nach Lernziel zwischen den Schwerpunkten „Individuum˘–Gruppe“ und „Kognition (Reflexion) – Handlung“ abzuwägen und in der Gesamtheit dennoch alle Komponenten zu berücksichtigen. Zu beachten ist dabei, daß gerade on–the–job–Maßnahmen (die naturgemäß die engste Affinität zur Tätigkeit aufweisen) auch zu Strukturveränderungen führen und sich ökologische PE daher nicht in einem abgegrenzten Raum abspielt, sondern gerade als Katalysator für Veränderungen wirkt.

Um diesem Problem auch bei Maßnahmen „off the job“ wirksam begegnen zu können, scheinen in diesem Zusammenhang als Herzstück entsprechender Weiterbildungskonzepte computerbasierte **Planspiele und Unternehmenssimulationen** besonders geeignet zu sein. Mit ihrer Hilfe können komplexe Zusammenhänge abgebildet werden. Durch die zeitlich komprimierte Simulation mehrerer Entscheidungsperioden läßt sich außerdem die für die Themenstellung wichtige Dynamik der Entwicklungen verdeutlichen. Zudem ermöglichen diese Instrumente den Aufbau eines handlungsorientierten Unterrichts und erfordern eine Abstimmung in Gruppen (Greimel 1999, S. 156–160; ausführlich: Schöl 1999, S. 26–53). Insgesamt werden damit zumindest drei der im Abschnitt 2.4 diskutierten vier Handlungsprinzipien einer ökologischen PE nachhaltig unterstützt.

Mildenberger hat diesbezüglich bereits ein Konzept für ein ökologieorientiertes Management–Planspiel vorgelegt, welches wertvolle Hilfestellungen bei der Entwicklung eines entsprechenden Handelsplanspiels geben könnte (Mildenberger 1996, S. 253–277). Weitere Hinweise zur Konzeption von Managementsimulatoren im Rahmen organisatorischer Lernprozesse finden sich bei Milling (Milling 1995, S. 94–109).

2.6 Zwischenergebnis: Der Prozeß der ökologischen Personalentwicklung

Als Zwischenergebnis kann festgehalten werden: Ökologische PE stellt einen Prozeß dar, der einer systematischen Planung bedarf, um ökologisches Wollen, Können und Dürfen zu fördern. Daraus folgt nicht, daß ökologische PE detailliert plan– und in seinen Auswirkungen vorhersehbar ist. Vielmehr ist davon auszugehen, daß ökologisches

Lernen ein zielgerichteter, aber (zukunfts–)offener Prozeß ist, der auf die Kreativität und das Engagement der MitarbeiterInnen setzt und PE als unterstützende Funktion für diese Lernvorgänge ansieht. In *Abbildung 2* werden die Ausführungen des zweiten Kapitels zusammengefaßt.

3 UMSETZUNGSHÜRDEN EINER ÖKOLOGISCHEN PERSONALENTWICKLUNG IM HANDEL

Die bisherigen Ausführungen haben gezeigt, wie Handelsunternehmen dem hohen Anspruch einer ökologieorientierten Personalentwicklung gerecht werden können. Die aufgezeigten Lösungswege bergen aber gerade aus der Sicht des Handels einige Probleme in sich, die nachfolgend genauer untersucht werden sollen:

Dezentralisierung der Personalentwicklung

Die Filialisierung im Handel mit z.T. regional weit auseinanderliegenden Outlets erschwert die systematische Umsetzung und Kontrolle der aufgezeigten Prinzipien und Instrumente einer ökologischen PE. Dieses Problem gewinnt bei Verbundgruppen oder auch Franchisesystemen eine noch höhere Bedeutung, da hier die einzelne dezentrale Einheit in vielen Feldern der Unternehmensführung autonom entscheidet.

Diesem Problem kann aus Sicht der Themenstellung nur erfolgreich begegnet werden, wenn auf der Basis einer ökologisch orientierten Unternehmensphilosophie gemeinsame Ziele der ökologieorientierten PE gefunden werden. Desweiteren ist es essentiell, in den einzelnen Filialen oder Mitgliedsbetrieben Promotoren des Ökologiegedankens zu haben (Geschäftsführer, Umweltbeauftragte etc.). Darauf aufbauend können dann Instrumente des „Distance–Learning“ zum Einsatz kommen, die ein dezentrales Lernen unterstützen. Neben den klassischen Fernlehrgängen bieten hier die neuen Medien eine Reihe von vielversprechenden Möglichkeiten (z.B. Computer based Training; Planspiele und Unternehmenssimulationen im Intra– oder Internet).

Abbildung 2: Stufen der ökologischen Personalentwicklung (eigene Darstellung)

Ökologische Personalentwicklung im Rahmen von Kooperationen

Wie in Kapitel 2 bereits angesprochen, sind bei der ökologieorientierten PE wirtschaftsstufenübergreifende und interdisziplinäre Themen zu vermitteln, die dadurch eine hohe Komplexität und Dynamik gewinnen. Verschärft wird dieses Problem durch die zunehmende Internationalisierung des Einzelhandelsgeschäftes.

Es ist daher zu empfehlen eine derartige Aufgabe nicht einzelbetrieblich, sondern im Rahmen von horizontalen, vertikalen und ggf. auch lateralen Kooperationen zu lösen. Als Kooperationspartner wären Branchenverbände, Lieferanten (z.B. im Rahmen von ECR–Projekten) oder auch Universitäten und Berufsschulen denkbar.

Ökologische Personalentwicklung zwischen Ökologie und Ökonomie

Angesichts stagnierender bzw. sogar rückläufiger Umsätze in den meisten Branchen des Handels in den letzten Jahren war die Reduzierung der Personalkosten eine wichtige Maßnahme zur Ertragsstabilisierung.

Dies hatte zur Folge, daß Personal abgebaut wurde und insgesamt weniger finanzielle Mittel für die Personalentwicklung bereitstanden. Dadurch wurde es auch immer schwieriger, MitarbeiterInnen für Trainingsmaßnahmen „off-the-job" freizustellen. Dieses Problem wird durch vier weitere Aspekte verschärft:

- Der direkte Kundenkontakt wird von den MitarbeiterInnen im Verkauf hergestellt. Daraus ergibt sich neben den benannten Fach- und Führungskräften eine sehr hohe Zahl von Personen, die als Zielgruppe von ökologischer PE gelten.
- Der hohe Anteil an Teilzeitkräften und Aushilfen in den Handelsunternehmen erhöht die Anzahl der zu schulenden Mitarbeiter zusätzlich. Zudem ist bei dieser Zielgruppe in aller Regel eine vergleichsweise große Lücke zwischen der vorhandenen ökologischen Handlungskompetenz und dem angestrebten Kompetenzprofil zu konstatieren.
- Der Einzelhandel kämpft mit Nachwuchsproblemen, da die Branche als wenig attraktiv für Schulabgänger gilt. Abgesehen von Sonderausbildungsgängen, die von einigen Großunternehmen für Abiturienten durchgeführt werden, ist im Vergleich zu anderen Dienstleistungsunternehmen (z.B. Versicherungen und Banken) ein geringerer Ausbildungsstand festzustellen.
- Die ökologische PE steht in einem Budgetwettbewerb mit anderen Qualifikationsfeldern, denen gegenwärtig der Vorrang eingeräumt wird. Dazu gehören insbesondere Trainingseinheiten zu den Informations- und Kommunikationstechnologien (z.B. klassische Softwareschulungen, Warenwirtschaftssysteme, Internet und Electronic Commerce).

Die aufgeführten Probleme lassen sich nur dann lösen, wenn in dem Unternehmen ausreichende Anreize zur Beschäftigung mit dem Thema" Ökologie˜ existieren. Diese Anreize können einerseits ökonomischer Art sein, sollten andererseits aber zumindest unterstützt werden durch eine intrinsisch motivierte Geschäftsleitung.

In diesem Zusammenhang hat sich bereits erwiesen, daß bei der Einrichtung von Umweltmanagementsystemen regelmäßig erhebliche Einsparungen erzielt werden können (Gege 1997, S. 361–376). Darüber hinaus ist kritisch anzumerken, daß es bislang an überzeugenden Marketingkonzeptionen für ökologieverträgliche Angebote mangelt. Sollen die diesbezüglichen Umsatzpotentiale besser ausgeschöpft werden, bedarf es einer differenzierteren und nutzenorientierten Kundenansprache (exemplarisch: Funck 1999b).

Durch die Wahl der Instrumente einer ökologiebezogenen Personalentwicklung kann darüber hinaus auch ein Beitrag zur Beseitigung des Zielkonflikts zwischen Ökologie und Ökonomie geleistet werden. Insbesondere können hier Maßnahmen „on the job" zum Einsatz kommen die nicht nur den Zielen der ökologiebezogenen Personalentwicklung besser entsprechen, sondern in aller Regel auch kostengünstiger sind, weil sie keine Abwesenheit des Mitarbeiters erfordern. In den Fällen, in denen „off the job"–Maßnahmen erforderlich sind, können die oben angesprochenen Ansätze des „Distance–Learning" zu einer vergleichsweise kostengünstigen Personalentwicklung beitragen.

Schließlich ist zu bedenken, daß insbesondere die beschriebenen tätigkeitsbezogenen Lernansätze – eingebettet in die Einführung eines Umweltmanagementsystems – als Chance für die generelle Prozeßoptimierung und damit Kostensenkung im Handelsunternehmen begriffen werden können.

4 DIE PERSPEKTIVEN DER ÖKOLOGISCHEN PERSONALENTWICKLUNG IM HANDEL

In der Abhandlung wurde verdeutlicht, daß der Aufbau eines Umweltmanagementsystems und die ökologische Profilierung im Wettbewerb entsprechend sensibilisierter und qualifizierter MitarbeiterInnen bedarf. Aufbauend auf einem ökologischen Personalaudit können die diesbezüglich ggf. vorhandenen Qualifikations– und Bewußtseinslücken durch eine Vielzahl von Entwicklungsmaßnahmen „off–" und „on–the job" geschlossen werden. Im Mittelpunkt steht dabei das Ziel, das ökologische Wollen, Können und Dürfen des Personals zu fördern. Dies wird insbesondere dann gelingen, wenn bei der Gestaltung der ökologischen PE die Prinzipien der Subjekt–, Handlungs–, Kognitions– und Gruppenorientierung beherzigt werden.

Als zentrale Hürde bei der Umsetzung einer ökologischen Personalentwicklung kann der generelle Konflikt zwischen Ökonomie und Ökologie angesehen werden. Dieser Konflikt verliert allerdings bei genauerer Betrachtung an Bedeutung, da die Verankerung des Ökologiegedankens im Unternehmen erhebliche Kostensenkungspotentiale beinhaltet und zudem nicht selten absatzpolitische Profilierungspotentiale eröffnet werden.

Bei der Einbettung ökologischer Inhalte in die Aus– und Weiterbildung im Handel werden zukünftig zwei Stoßrichtungen von Bedeutung sein:

1. Die Integration ökologischer Fragestellungen in bestehende Konzepte (z.B. Anwendung von Öko–Bilanzen im Rahmen einer Entwicklungsmaßnahme für Category–Manager).

2. Die Entwicklung neuer Berufsbilder, die einer entsprechenden Fortbildung bedürfen oder sich sogar als eigene Ausbildungsberufe etablieren (z.B. Umweltbeauftragter oder Umweltberater im Handel).

Die inhaltliche und methodische Komplexität derartiger Ausbildungs- und Entwicklungskonzepte ist durch deren interdisziplinäre und ggf. wirtschaftsstufenübergreifende Ausrichtung bereits sehr hoch. Zudem zeichnet sich ab, daß immer mehr Betriebe integrierte Managementsysteme aufbauen und zertifizieren lassen (vgl. dazu insbesondere Baumgarten et al. 1998; Bleicher 1999; Pischon 1999). Die Personalentwicklung steht damit vor der großen Herausforderung, die MitarbeiterInnen im Handel so auszubilden, daß sie sich den Anforderungen von Qualitäts-, Umwelt-, Arbeitsschutz- oder auch Facilitymanagementsystemen stellen können.

LITERATUR

Adelt, P.; Bach, D.: Wahrgenommene Kaufrisiken bei ökologisch gestalteten Produkten – dargestellt am Produktbereich Waschmittel. In: Markenartikel, 1991,S.148–154.

Aebli, H.: Zwölf Grundformen des Lehrens, 5. Aufl., Stuttgart 1990.

Antes, R.: Umweltverträgliches Entscheiden und Handeln in Unternehmen, in: Freimann, J., Hildebrandt, E. (Hrsg.). Praxis der betrieblichen Umweltpolitik: Forschungsergebnisse und Perspektiven, Wiesbaden 1995, S. 21–38.

Argyris, C.: Wissen in Aktion, Stuttgart 1997.

Argyris, C.; Schön, D.A.: Organizational Learning: A Theory of Action Perspective, Reading, Massachusetts 1978.

Arnold, R.: Deutungsmuster und paedagogisches Handeln in der Erwachsenenbildung: Aspekte einer Sozialpsychologie der Erwachsenenbildung und einer erwachsenenpaedagogischen Handlungstheorie, Bad Heilbrunn/Obb, 1985.

Arretz, M.: Umweltmanagement im Otto Versand. In: Schimmelpfeng, L.; Henn, S. (Hrsg.): UmweltManagement für Handel, Banken und Versicherungen, Taunusstein 1999, S. 70–79.

Bänsch, A.: Marketingfolgerungen aus Gründen für den Nichtkauf umweltfreundlicher Konsumgüter. In: GfK Jahrbuch für Absatz- und Verbrauchsforschung, 1990 (4), S.360–379.

Bandura, A.: Sozial–kognitive Lerntheorie, 1. Aufl., Stuttgart 1979.

Barney, J.: Firm Ressources and sustained competitive advantage. In: Journal of Management, 1991, Heft 1, S. 99–120.

Baumgarten, H.; Stabenau, H.; Steger, U.; Zentes, J.: Qualitäts– und Umweltmanagement logistischer Prozeßketten, Bern, Stuttgart, Wien 1998.

Bleicher, K.: Das Konzept integriertes Management, 5. Aufl., Frankfurt, New York 1999.

Boiral, O.; Sala, J.M.: Environmental Management: Should industry adopt ISO 14001. In: Business Horizons, 1998, No. 1 / 2, S. 57 ff.

Brühwiler, H.: Situationsklärungen, Opladen 1996.

Cohn, R.C.: Von der Psychoanalyse zur themenzentrierten Interaktion, 9. Aufl., Stuttgart 1990.

Corsten, H.: Betriebswirtschaftslehre der Dienstleistungsunternehmen, 2. Auflage, München 1990.

Diekmann, A., Preisendörfer, P.: Persönliches Umweltverhalten: Diskrepanzen zwischen Anspruch und Wirklichkeit. In: Kölner Zeitschrift für Soziologie, 44. Jg., 1992, Heft 2, S. 226–251.

Fietkau, H.–J., Kessel, H.: Umweltlernen: Handlungsleitende Konsequenzen. In: Fiekau, H.–J., Kessel, H. (Hrsg.). Umweltlernen, Königstein/Ts 1981, S. 369–401.

Francis, D., Young, D.: Mehr Erfolg im Team, 5. Aufl., Hamburg 1996.

Frank, G.P.: Projektarbeit als effizientes Weiterbildungs–Instrument. In: Personalführung, o. Jg., Heft 5, 1996, S. 378–383.

Freiling, J.: Ressourcen–Management: Neue Aufgaben für das Marketing. In: absatzwirtschaft, Heft 3, 1998, S. 64–68.

Freimuth, J.: Projektmanagement – unterschätzte Chance für Personalentwicklung und Wissensmanagement. In: Freimuth, J., Haritz, J., Kiefer, B.–U. (Hrsg.). Auf dem Wege zum Wissensmanagement: Personalentwicklung in lernenden Organisationen, Göttingen 1997, S. 145–155.

Fuhrer, U.: Mehrfachhandeln in dynamischen Umfeldern, Göttingen 1984.

Fuhrer, U.: Sozialpsychologisch fundierter Theorierahmen für eine Umwelt–bewußtseinsforschung. In: Psychologische Rundschau, 46. Jg., 1995, Heft 2, S. 93–103.

Funck, D.: Ökologische Sortimentspolitik im Handel, Göttingen 1996.

Funck, D.: Das Leistungsfaktorsystem als Quelle für Innovationen im Handel. In: Trommsdorff, V. (Hrsg.): Handelsforschung 1998/99 – Innovationen im Handel, Wiesbaden 1998, S. 31–51.

Funck, D.: Die ökonomische Effizenz ökologischer Lernprozesse im Handel. In: Schimmelpfeng, L.; Henn, S. (Hrsg.): UmweltManagement für Handel, Banken und Versicherungen, Taunusstein 1999a, S. 55–69.

Funck, D.: Ökologie im vertikalen Marketing. In: UI Offenbach (Hrsg.): Ökologische Produktgestaltung, erscheint im Springer–Verlag im Sommer 1999b.

Gabel, H. L.; Sinclaire–Desagné, B.: Environmental Audits and incentive compensation, INSEAD Working Paper No. 95/25/MER, Fontainebleau 1995.

Gege, M. (Hrsg.): Kosten senken durch Umweltmanagement, München 1997.

Greimel, B.: Das didaktische Potential von Unternehmenssimulationen. In: WiSt Nr. 3, 1999, S. 156– 160.

Grettenberger, D.: Umweltschutz und Umweltbewußtsein, Berlin, 1996.

Grothe–Senf, A.: Kreative Seminargestaltung am Beispiel der Umweltbildung, München, Wien 1999.

Hacker, W.: Allgemeine Arbeitspsychologie. Psychische Regulation von Arbeitstätigkeiten, Bern u.a 1998.

Hallay, H.: Ökologische Entwicklungsfähigkeit von Unternehmen, Marburg 1996.

Herker, A.: Eine Erklärung des umweltbewußten Konsumentenverhaltens. In: Marketing ZFP, 17. Jg., Heft 3, 1995, S. 149–161.

Holzkamp, K.: Lernen: Subjektwissenschaftliche Grundlegung, Frankfurt/M., New York 1995.

Hüser, A.: Marketing, Ökologie und ökonomische Theorie, Wiesbaden, 1996.

Hummel, J., Pichel, K.: Erfolgreiches Umweltmanagement: Ohne Verhalten˜ wird es nichts! In: UmweltWirtschaftsForum, 5. Jg., Heft 1, 1997, S. 19–24.

Kirchgeorg, M.; Rennings, K.; Rentz, H.; Siedhoff, K.; Ventzke, R.: Anforderungsprofile von Umweltmanagern und Umweltökonomen. In: WiSt, Nr. 1, 1994, S. 47–50.

Kreikebaum, H.: Die Organisation ökologischer Lernprozesse im Unternehmen. In: UmweltWirtschaftsForum, 1996 (3), S.4–8.

Kreikebaum, H.: Umweltverträgliches Mitarbeiterverhalten – Motivation durch Qualifikation und Anreize. In: Personalführung, 1995 (7), S. 556–558.

Kuhn, T.; Wittmann, S.: Öko–Effizienz durch Personalmanagement, Grundmodell und Gestaltungsperspektiven. In: UWF, Heft 1/1995, S. 10–15.

Kull, S.: Ökologieorientiertes Handelsmarketing – Grundlegungen, konzeptuale Ausformungen und empirische Einsichten, Frankfurt, 1998.

Meer, E.v.d.: Gesetzmäßigkeiten und Steuerungsmöglichkeiten des Wissenserwerbs. In: Weinert, F.E. (Hrsg.). Psychologie des Lernens und der Instruktion. Enzyklopädie der Psychologie, Themenbereich D, Serie I, Bd. 2, Göttingen, Bern u.a. 1996, S. 209–248.

Meichenbaum, D.: Kognitive Verhaltensmodifikation/Donald Meichenbaum. München, 1979.

Metzig, W., Schuster, M.: Lernen zu lernen, 3. Aufl., Berlin, Heidelberg u.a 1996.

Meueler, E.: Die Türen des Käfigs. Wege zum Subjekt in der Erwachsenenbildung, Stuttgart 1993.

Mildenberger, U.: Ökologieorientiertes management vor dem Hintergrund eines ganzheitlich–umweltbewußten Konsumentenverhaltens ˘ Ein Management–Planspiel. In: Krallmann, H.: Herausforderung Umweltmanagement, Berlin 1997, S. 253–279.

Milling, P.: Organisationales Lernen und seine Unterstützung durch Managementsimulatoren. In: ZfB–Ergänzungsheft, Nr. 3/1995, S. 93–112.

Mühlemmeyer, P.: Qualifikationsbedarfsanalysen im Umweltsektor. In: UmweltWirtschaftsForum, Heft 3/1996, S. 66–71.

Murphy, L.R.: Stress Management Tehniques: Secondary Prevention of Stress. In:

Schabracq, M.J., Winnubst, J.A.M., Cooper, C.L., Handbook of Work and Health Psychology, 1996, S. 427–442.

Muß, D.: Entwicklung und Evaluation einer mitarbeiterzentrierten Umweltschulung im Einzelhandel. Unveröffentlichte Diplomarbeit an der Ruhr–Universität Bochum 1995, Psychologisches Institut.

Oerter, R.: Menschliche Entwicklung und ihre Gestaltbarkeit – Beiträge der Entwicklungspsychologie. In: Sonntag, K. (Hrsg.). Personalentwicklung in Organisationen. Psychologische Grundlagen, Methoden und Strategien, Göttingen u.a. 1992, S. 19–37.

Pfriem, R.; Schwarzer, C.: Ökologiebezogenes organisationales Lernen. In: UmweltWirtschaftsForum, Heft 3/1996, S. 10–16.

Pischon, A.: Integrierte Managementsysteme für Qualität, Umweltschutz und Arbeitsschutz. Hrsg.: Liesegang, D. Berlin u.a 1999.

Ruggieri, A.; Merli, R.: Critical factors of the implementation of total quality management in Italy: An empirical analysis. In: Total Quality Management, No. 4/5, 1998.

Scherhorn, G.: Konsumentenverhalten und Wertewandel. In: Henze, M.; Kaiser, G.: Ökologie–Dialog, Düsseldorf, Wien, New York, Moskau, 1994, S.196–221.

Schinnenburg: Die Entwicklung von Humanressourcen als Grundlage ökologieorientierter Strategien im Einzelhandel, Dissertation (in Vorbereitung), 1999.

Schöl, K.: Konzeption handelsbetrieblicher Unternehmenssimulationen und Planspiele – Ein Modellentwurf für den mittelständischen Einzelhandel, Göttingen 1999.

Schwaninger, M.: Managementsysteme, Frankfurt 1994.

Senge, P.M.: Die fünfte Disziplin, 2. Auflage, Stuttgart 1996.

Shih, L.C.; Gurani, H.: Global Quality Management programmes: How to make their implementation more effective and less cultural dependent. In: Total Quality Management, No. 2, 1997.

Spada, H.: Umweltbewußtsein: Einstellung und Verhalten. In: Kruse, L., Graumann, C.–F., Lantermann, E.–D. (Hrsg.). Ökologische Psychologie: Ein Handbuch in Schlüsselbegriffen, München 1990, S. 623–631.

Stäudel, T.: Ökologisches Denken und Problemlösen. In: Kruse, L., Graumann, C.–F., Lantermann, E–D. (Hrsg.). Ökologische Psychologie: Ein Handbuch in Schlüsselbegriffen, München 1990, S. 288–292.

Subba, R.S.; Ragu–Nathan, T.S. et al.: Does ISO 9000 have an effect on quality management practices? An international empirical study. In: Total Quality Management, No. 6/1997, S. 333 ff.

Teich, I.: Wege zur lernenden Organisation, Aachen 1997.

Thomssen, W.: Deutungsmuster und soziale Realität. In: Becker, H. u.a. (Hrsg.). Wissenschaftliche Perspektiven zur Erwachsenenbildung, 1. Aufl., Braunschweig 1982, S. 147–159.

Ulich, E., Conrad–Betschart, H.: Anreizwirkungen von neuen Formen der Arbeitsgestaltung. In: Schanz, G. (Hrsg.): Handbuch Anreizsysteme, Stuttgart 1991, S. 71–89.

Universität Paderborn (Hrsg.): Unveröffentlichte Studie zum ökologischen Konsumentenverhalten beim Möbelkauf, der Abteilung Höxter, Fachbereich Technischer Umweltschutz 1997.

Urban, D.: Was ist Umweltbewußtsein? In: Zeitschrift für Soziologie, 1986 (5), S.363–377.

Wahren, H.K.: Erfolgsfaktor KVP ˇ Mitarbeiter in Prozesse der kontinuierlichen Verbesserung integrieren, München 1998.

Weinert, F.E.: Für und Wider die neuen Lerntheorien˜ als Grundlagen pädagogisch-psychologischer Forschung. In: Zeitschrift für Pädagogische Psychologie, 10. Jg., Heft 1, 1996. S. 1–12.

Zufriedenheit und Kundenbindung

Der Einfluß der Mitarbeiterzufriedenheit auf die Kundenzufriedenheit im Handel – Eine theoretische und empirische Analyse am Beispiel des Warenhauses

Heribert Meffert und Thomas Schwetje, Münster

Die Kundenzufriedenheit wird im Handel als ein wesentlicher Erfolgsfaktor angesehen. Entscheidenden Einfluß auf den Grad der Kundenzufriedenheit übt dabei das Kundenurteil über die Interaktion mit dem Mitarbeiter des Handelsunternehmens aus. In diesem Zusammenhang wird insbesondere von seiten der Unternehmenspraxis zunehmend die These aufgestellt, daß Kundenzufriedenheit nur sichergestellt werden könne, wenn auch die Mitarbeiter mit ihrer Tätigkeit und ihrem Unternehmen zufrieden seien. Wenngleich diese These weitgehende Akzeptanz in Wissenschaft und Praxis findet, liegen hierzu bislang erst wenige theoretische oder empirische Erkenntnisse vor. Vor diesem Hintergrund analysiert der vorliegende Beitrag sowohl auf theoretischer als auch auf empirischer Basis den postulierten Einfluß der Arbeitszufriedenheit auf die Kundenzufriedenheit. Es wird dabei aufgezeigt, daß eine Vielzahl von Faktoren dazu beiträgt, daß sich die Arbeitszufriedenheit des Mitarbeiters entgegen der allgemeinen Vermutung nicht unmittelbar auf die Kundenzufriedenheit auswirkt.

1 STELLENWERT DES PERSONALS ZUR SCHAFFUNG VON KUNDENZUFRIEDENHEIT IM HANDEL

In Wissenschaft und Praxis besteht heute weitgehend Einigkeit dahingehend, daß Kundenorientierung und Kundenzufriedenheit Schlüsselfaktoren des ökonomischen Erfolgs von Unternehmen darstellen. Kundenzufriedenheit trägt in entscheidendem Maße dazu bei, eine langfristige Beziehung zum Kunden zu etablieren und hierdurch den Kundenertragswert besser auszuschöpfen. Ein hoher Zufriedenheitsgrad der Kunden kann dabei im Handel einerseits durch eine im Vergleich zum Wettbewerb überlegene Kostenposition und aus Verbrauchersicht günstigere Preise erlangt werden. Andererseits bieten auch ein überlegener Kundenservice, ein hoher Qualitätsstandard der Produkte sowie eine gute Beratungsleistung Chancen zur Schaffung von Kundenzufriedenheit und Profilierung im Wettbewerb.

Während die Verbraucher– und Fachmärkte mit der Selbstbedienung des Kunden und bei weitgehendem Verzicht auf Kundenservice primär versuchen, durch Kosteneinsparungen und eine aggressive Preispolitik die Kundenzufriedenheit über Preisvorteile sicherzustellen, streben insbesondere Warenhäuser eine Wettbewerbsprofilierung durch eine angenehme Einkaufsatmosphäre mit Fachgeschäftscharakter an. Zur Kundenzufriedenheit sollen im Warenhaus neben dem Einkaufserlebnis und einem qualitativ höherwertigen Sortiment insbesondere ein freundliches und kompetentes Personal sowie das Angebot einer Vielzahl unterschiedlicher Servicekomponenten beitragen. Beim *Warenhaus* überwiegt daher die Bedienform als Verkaufsmethode, wenngleich in einzelnen Warengruppen, wie bei Zeitschriften und Drogerieartikeln, auch die Selbstbedienung praktiziert wird (Berekoven 1990, S. 19; Frechen 1998, S. 154 ff.).

Das *Beratungspersonal* wird dabei als entscheidende Schnittstelle zwischen Sortiment und Kunden angesehen und soll mit seiner Fähigkeit zur fachlich kompetenten und empathischen Kundeninteraktion einen wesentlichen Beitrag zur *Kundenzufriedenheit* leisten (Müller–Hagedorn 1998, S. 20; Töpfer 1996, S. 56). Die Bedeutung des Personals für die Kundenzufriedenheit im Handel und speziell bei Warenhäusern wird nicht zuletzt durch Untersuchungsergebnisse von WESTBROOK und MEYER/DORNACH bestätigt. In beiden Untersuchungen ist die Teilzufriedenheit mit dem Personal diejenige Dimension mit dem höchsten Einfluß auf die Gesamtzufriedenheit der Warenhauskunden (Meyer/Dornach 1996; Westbrook 1981). PRICE/ARNOULD/DEIBLER können in diesem Zusammenhang empirisch nachweisen, daß die Kundenzufriedenheit mit dem Personal mit zunehmender Dauer der Kunde–Mitarbeiter–Interaktion einen steigenden Einfluß auf die Gesamtzufriedenheit ausübt. Neben der Bedeutung des Personals steigt auch das Niveau der Kundenzufriedenheit mit dem Personal mit zunehmender Interaktionsdauer (Price/Arnould/Deibler 1995).

Vor dem Hintergrund der hohen Bedeutung des Personals für die Kundenzufriedenheit wird zunehmend diskutiert, welche Voraussetzungen ein Handelsunternehmen schaffen muß, damit die Mitarbeiter den Kunden zu seiner Zufriedenheit bedienen. In diesem

Zusammenhang wird insbesondere von seiten der Unternehmenspraxis angenommen, daß zufriedene Mitarbeiter die Voraussetzung für eine hohe Kundenzufriedenheit seien. Diesem Postulat liegt i.d.R. die Annahme zugrunde, daß sich eine hohe Arbeitszufriedenheit (Mitarbeiterzufriedenheit) positiv auf die Mitarbeitermotivation auswirke, die wiederum für die Schaffung von Kundenzufriedenheit erforderlich sei (Rucci/Kirn/ Quinn 1998; Töpfer 1997).

Die Marketingwissenschaft hat diesen Gedanken im Konzept des *„Internen Marketing"* aufgegriffen. Angesichts der Erkenntnis, daß die Mitarbeiter für Handelsunternehmen in der Kundeninteraktion einen entscheidenden Erfolgsfaktor im Wettbewerb darstellen, zielt das Interne Marketing durch ein Zusammenspiel der Instrumente des Personal- und Marketingmanagement nicht nur auf die Erhöhung der Arbeitsmotivation der Mitarbeiter ab, sondern versucht zugleich ein kundenorientiertes Verhalten zu erzeugen. WAGNER interpretiert das Interne Marketing daher als ein Konzept, mit dem i. S. einer *Mittel–Zweck–Beziehung* Mitarbeiterorientierung und Arbeitszufriedenheit geschaffen werden sollen, um die Kundenwünsche besser befriedigen zu können und dadurch Kundenzufriedenheit sicherzustellen (Wagner 1997, S. 91).

Bislang haben sich jedoch erst wenige Studien mit den Beziehungen von Kunden– und Arbeitszufriedenheit theoretisch oder empirisch auseinandergesetzt (Schwetje 1999; Vom Holtz 1997). Insbesondere ist es bislang nicht gelungen, den postulierten Einfluß der Mitarbeiterzufriedenheit auf die Kundenzufriedenheit im Handel nachzuweisen. Im folgenden soll daher der Frage nachgegangen werden, ob sich die Mitarbeiterzufriedenheit tatsächlich auf die Mitarbeitermotivation und in der Folge auf die Kundenzufriedenheit positiv auswirkt. Hierzu werden zunächst die Grundzüge der Konstrukte der Kunden– und Arbeitszufriedenheit kurz dargestellt. Hierauf aufbauend erfolgt die theoretische Analyse des Einflusses der Arbeitszufriedenheit auf die Kundenzufriedenheit. Als zwischen die Arbeitszufriedenheit und die Kundenzufriedenheit geschaltete Variable wird dabei die Mitarbeitermotivation, den Kunden zufriedenzustellen, mit in die Untersuchung einbezogen. Das theoretische Fundament zur Analyse des Einflusses der Arbeitszufriedenheit auf die Arbeitsmotivation bildet dabei VROOMS Instrumentalitätstheorie. Der Untersuchung des Einflusses der Arbeitszufriedenheit auf die Mitarbeitermotivation folgt eine Analyse weiterer Determinanten der Kundenzufriedenheit mit der Interaktionsleistung des Mitarbeiters. Dabei wird sowohl auf die situativen Rahmenbedingungen der Kunde–Mitarbeiter–Interaktion als auch die individuellen Fähigkeiten und Fertigkeiten des Mitarbeiters sowie die Genese des Zufriedenheitsurteils des Kun–

den Bezug genommen. An diese theoretische Analyse der Wirkungen der Arbeitszufriedenheit auf die Kundenzufriedenheit schließt sich die empirische Analyse der Beziehungen der beiden Zufriedenheitsurteile am Beispiel des Warenhauses an. Nach der Darstellung des Designs der Untersuchung wird zunächst die Bedeutung des Personals für die Kundenzufriedenheit untersucht. Es folgt die empirische Analyse des Einflusses der Mitarbeiterzufriedenheit auf die Mitarbeitermotivation, bevor der Einfluß der Mitarbeitermotivation auf die Kundenzufriedenheit analysiert wird. Der Beitrag schließt mit einer abschließenden Würdigung der Untersuchungsergebnisse.

2 THEORETISCHE KONZEPTION DES EINFLUSSES VON MITARBEITERINTERAKTION UND MITARBEITERZUFRIEDENHEIT AUF DIE KUNDENZUFRIEDENHEIT

2.1 Konstrukte der Kunden– und Arbeitszufriedenheit

Der Begriff der Zufriedenheit beschreibt das psychische Innenleben eines Menschen und stellt damit ein nicht direkt beobachtbares und daher auch nur schwer zu erfassendes Konstrukt dar. Dennoch ist der *Zufriedenheitsbegriff* in den allgemeinen Sprachgebrauch eingegangen, wenngleich die Individuen vielfach über unterschiedliche Auffassungen hinsichtlich der genauen inhaltlichen Ausgestaltung dieses Terminus verfügen (Schütze 1982, S. 125).

Vor diesem Hintergrund ist verständlich, daß auch im Rahmen der wissenschaftlichen Forschung eine Vielzahl unterschiedlicher Definitionen und Erklärungsansätze der Zufriedenheit existiert. Weder in der Marketingwissenschaft noch in der Arbeits– und Organisationspsychologie liegt bis dato den Begriffen der Arbeitszufriedenheit bzw. der Kundenzufriedenheit ein einheitliches Begriffs– oder Konstruktverständnis zugrunde (Day 1982; Gebert/von Rosenstiel 1996; Oliver/DeSarbo 1988).

Sowohl in der Arbeits– als auch der Kundenzufriedenheitsforschung hat sich jedoch das sog. Confirmation/Disconfirmation–Paradigma als gemeinsames Grundverständnis der überwiegenden Anzahl an Zufriedenheitsdefinitionen durchsetzen können. Demnach ist Zufriedenheit als das Ergebnis eines psychischen Soll–Ist–Vergleiches zu interpretieren. Während die Soll–Komponente i.d.R. als die Erwartung des Urteilenden gegenüber dem Beurteilungsobjekt (Arbeit/Dienstleistung/Produkt) verstanden wird, stellt die Ist–Komponente die Beurteilung des Realzustands des Objektes aus der Sicht des Urteilen–

den dar. Das Ergebnis dieses Soll–Ist–Vergleichs ist das Zufriedenheitsurteil. Dabei wird allgemein davon ausgegangen, daß Zufriedenheit immer dann vorliegt, wenn die Ist–Komponente der Soll–Komponente entspricht oder diese übertrifft. Erreicht die Ist-Komponente hingegen nicht das Niveau der Soll–Komponente, so resultiert daraus Unzufriedenheit (Gebert/von Rosenstiel 1996, S. 74 f.; Kaas/Runow 1984, S. 452).

Ebenfalls weitgehende Einigkeit in der Theorie zur Arbeits– und Kundenzufriedenheit herrscht dahingehend, daß Zufriedenheit ein *multiattributives Konstrukt* darstellt, bei dem sich ein globales Zufriedenheitsurteil als das Ergebnis der Bewertung einer Vielzahl einzeln wahrgenommener Merkmale des Beurteilungsobjektes ergibt. So werden für das Vergleichsobjekt „Arbeit" als besonders wichtige Merkmale in unterschiedlichen Studien branchenübergreifend u.a. die Tätigkeit, die Bezahlung und das Verhältnis zu Vorgesetzten und Kollegen aufgeführt. Demgegenüber werden im Rahmen der Untersuchungen zur Kundenzufriedenheit branchenspezifisch unterschiedliche Zufriedenheitsdimensionen genannt. Im Handel wird in diesem Zusammenhang insbesondere auf die Bedeutung des Sortiments, des Verkaufspersonals sowie des Preises hingewiesen.

Intensiv diskutiert werden in der wissenschaftlichen Literatur zur Arbeitszufriedenheit und Kundenzufriedenheit die Gemeinsamkeiten und Unterschiede des jeweiligen Konstruktes mit der Einstellung. In der Marketingwissenschaft besteht mittlerweile weitgehende Übereinstimmung dahingehend, daß die *Kundenzufriedenheit* im Gegensatz zur Einstellung von *eher geringer zeitlicher Stabilität* ist und notwendigerweise auf den Erfahrungen eines konkreten Konsumerlebnisses beruht. Dem allgemeinen Konstruktverständnis folgend setzt auch die Arbeitszufriedenheit ein konkretes Erleben der zu beurteilenden Arbeitssituation voraus. Im Gegensatz zur Kundenzufriedenheit wird *Arbeits–zufriedenheit* jedoch sowohl in der anglo–amerikanischen als auch in der deutschen Arbeits– und Organisationspsychologie überwiegend als relativ *überdauernde Einstellung* einer Person zu verschiedenen Aspekten ihrer Arbeitssituation verstanden (Neuberger 1976, S. 10; Spector 1997, S. 2).

2.2 Theoretische Analyse des Einflusses der Arbeitszufriedenheit auf die Kundenzufriedenheit

2.2.1 Vrooms Instrumentalitätstheorie als theoretisches Fundament zur Analyse des Einflusses der Arbeitszufriedenheit auf die Arbeitsmotivation

Als zentrales theoretisches Fundament der Analyse des Zusammenhangs von Arbeitszufriedenheit und Arbeitsleistung können die *Prozeßtheorien der Arbeitsmotivation* dienen. Sie setzten sich primär auseinander mit den die Motivation auslösenden und steuernden Erwartungen und den kognitiven Bedingungen, unter denen sich Motive aktualisieren und in Verhalten übertragen. Unter den Prozeßtheorien hat das auf Vroom zurückgehende Instrumentalitätsmodell die meiste Beachtung in der Psychologie gefunden (Vroom 1964). Es wurde ursprünglich als Theorie der Arbeitsmotivation entwickelt, beansprucht indes inzwischen Geltung für den Gesamtbereich instrumentellen, geplanten Handelns und ist vor diesem Hintergrund auch auf die Motivation in Interaktionsbeziehungen, z.B. zwischen Käufer und Verkäufer, übertragen worden (Kroeber-Riel/Weinberg 1996, S. 530; Malewski 1967, S. 56 ff.). Grundgedanke der *Instrumentalitätstheorie* ist die Annahme, daß die Stärke der Arbeitsmotivation und damit die Ursache des zu erklärenden Mitarbeiterverhaltens im wesentlichen erklärt wird durch die Wünschbarkeit des Verhaltensergebnisses *(Valenz)* sowie die Wahrscheinlichkeit, daß auf das spezifische Verhalten hin das jeweilige Ergebnis auch eintritt *(Erwartung)* (Atkinson 1975, S. 393 ff.; Gebert/von Rosenstiel 1996, S. 38 f.).

Vroom unterteilt das Verhaltensergebnis weiter in ein Ergebnis erster und zweiter Ordnung. Während sich das Ergebnis erster Ordnung auf das sich aus der Handlung (z.B. freundliche Kundenbedienung) direkt resultierende Ergebnis bezieht (z.B. zufriedener Kunde), sind mit dem Ergebnis zweiter Ordnung die Folgen des Ergebnisses erster Ordnung für den Mitarbeiter (z.B. Lob und Anerkennung durch den Vorgesetzten) gemeint. Im folgenden soll der Terminologie Heckhausen´s gefolgt werden, der zur Vermeidung von Mißverständnissen das Ergebnis erster Ordnung als *Handlungsergebnis* und das Ergebnis zweiter Ordnung als *Handlungsergebnisfolge* bezeichnet (Heckhausen 1989, S. 182).

Die motivational relevanten Überlegungen eines Mitarbeiters beziehen sich damit zum einen auf die Art und die Anzahl der aneinander gekoppelten Handlungsergebnisse und Handlungsergebnisfolgen. Zum anderen spielt die Enge ihrer Verknüpfung eine entscheidende Rolle. Die Enge der Verknüpfung von Handlungsergebnis und Handlungsergebnisfolge bezeichnet VROOM als *Instrumentalität*. Die Instrumentalität kann im Modell Werte zwischen –1,0 und +1,0 annehmen. Ein Handlungsergebnis (zufriedener Kunde) ist für eine bestimmte Handlungsergebnisfolge (Lob des Vorgesetzten) entweder förderlich (Instrumentalitätstendenz: +1,0), verhindert (Instrumentalitätstendenz: –1,0) eine Handlungsergebnisfolge (Tadel des Vorgesetzten) oder ist von ihr unabhängig (Instrumentalität = 0).

In der Instrumentalitätstheorie werden die *Valenzen* der einem Handlungsergebnis zurechenbaren Handlungsergebnisfolgen multiplikativ mit der *Instrumentalität* zwischen Handlungsergebnis und Handlungsergebnisfolge verknüpft. Werden die so ermittelten Werte für alle Handlungsergebnisfolgen eines Handlungsergebnisses summiert, resultiert hieraus die Valenz dieses Handlungsergebnisses. Formal bedeutet das:

$$V_{HE\,j} = f\sum_{k=1}^{n}(V_{HFk} * I_{HE\,j/HFk})$$

$V_{HE\,j}$ = *Valenz des Handlungsergebnisses j*

n = *Anzahl der Handlungsergebnisfolgen des Ergebnisses j*

V_{HFk} = *Valenz der Handlunsergebnisfolge k*

$I_{HE\,j/HFk}$ = *Instrumentalität des Handlungsergebnisses j gegenüber der Handlungsergebnisfolge k*

Mit diesem Valenzmodell kann die wertmäßige Situationsbeurteilung eines Individuums erklärt werden, wenn es bereits in einer bestimmten Richtung und Intensität handelnd tätig ist oder wenn bereits Handlungsergebnisse vorliegen. Das Valenzmodell ist daher überwiegend zur Erklärung der *Entstehung von Arbeitszufriedenheit* herangezogen worden (Heckhausen 1989, S. 184; Mitchell/Biglan 1971, S. 432 ff.). Hingegen erklärt das Valenzmodell nicht, welche von mehreren möglichen Handlungsalternativen in welcher Intensität in einer gegebenen Situation bevorzugt und ausgeführt wird. Für die Analyse, wie sich unterschiedliche Motive und damit auch die Arbeitszufriedenheit auf das Verhalten des Mitarbeiters auswirken, ist daher auch die Wahrscheinlichkeit zu berücksichtigen, mit der die Handlung zu dem erwünschten Handlungsergebnis führen wird. Das instrumentalitätstheoretische Motivationsmodell verknüpft deshalb die Valenz des Handlungsergebnisses multiplikativ mit der Erwartung, durch eine bestimmte Handlung das gewünschte Handlungsergebnis herbeizuführen. Dieser Zusammenhang ergibt die Verhaltenstendenz in einer Wahlsituation, die von VROOM als Kraft (Motivation) bezeichnet wird und sich in folgender Formel niederschlägt:

$$K_i = f \sum_{k=1}^{n} (E_{ij} * V_{HE\,j})$$

K_i = *Kraft (Motivation), die auf den Mitarbeiter einwirkt, die Handlung i auszuführen*

$V_{HE\,j}$ = *Valenz des Handlungsergebnisses j*

n = *Anzahl der Handlungsergebnisse der Handlung i*

E_{ij} = *Wahrscheinlichkeit, daß die Handlung zum Handlungsergebnis j führt*

Diese Formel repräsentiert im Gegensatz zur Valenzformel kein Beurteilungsmodell (z.B. der Arbeitszufriedenheit), sondern ein *Handlungsmodell.* Aufgrund der in diesem Modell berücksichtigten Parameter wird die Instrumentalitätstheorie gelegentlich auch als VIE–Theorie (Valence, Instrumentality, Expectancy) bezeichnet. Sie erklärt Verhaltensunterschiede in Leistungssituationen und wird daher in der Arbeits– und Organisationspsychologie insbesondere zur Erforschung der beruflichen Leistung bzw. der Produktivität am Arbeitsplatz verwendet (Heckhausen 1989, S. 184). Entsprechend der Formel wird die Motivation eines Mitarbeiters zur Leistung (Bemühen um zufriedene Kunden) hoch sein, wenn seine Erwartung groß ist, daß der Leistungseinsatz zu vielen Handlungsergebnissen führt, die in enger instrumenteller Beziehung zu Handlungsergebnisfolgen stehen, die jeweils eine hohe Valenz aufweisen.

Die Ergiebigkeit der VIE–Theorie zur Erklärung und Prognose individueller Verhaltensweisen wird mit Blick auf die inzwischen vorliegenden empirischen Erfahrungen von verschiedenen Autoren intensiv diskutiert und überwiegend kritisch beurteilt (Fischer/Wiswede 1997; Gebert/von Rosenstiel 1996). Insgesamt ist dabei zu konstatieren, daß in der wissenschaftlichen Literatur weniger die grundsätzliche Konzeption von VROOM´s Instrumentalitätstheorie mit den Konstrukten Valenz, Instrumentalität und Wahrscheinlichkeit Gegenstand der Kritik ist als vielmehr die dem Modell zugrunde gelegten Annahmen hinsichtlich der Operationalisierung und modelltheoretischen Verknüpfung der unterschiedlichen Konstrukte.

Die VIE–Theorie kann daher im Rahmen eines Erklärungsmodelles einen grundsätzlichen Beitrag zur Beantwortung der Frage leisten, ob Arbeitszufriedenheit die Kundenzufriedenheit indirekt über die Arbeitsmotivation beeinflußt. Angesichts der vielfältigen Probleme der Operationalisierung und modelltheoretischen Verknüpfung der einzelnen Konstrukte wird mit den nachfolgenden Ausführungen indes nicht der Anspruch verbunden, das konkrete Verhalten einer einzelnen Person in unterschiedlichen situativen Kontexten prognostizieren zu können.

2.2.2 Analyse des Einflusses der Arbeitszufriedenheit auf die Arbeitsmotivation, Kunden zufriedenzustellen

Grundsätzlich werden in der Arbeits– und Organisationspsychologie zwei gegensätzliche Thesen über die Wirkungen der Arbeitszufriedenheit auf die Arbeitsleistung diskutiert. Die erste, primär von Praktikern vertretene These postuliert eine positive Wirkung der Arbeitszufriedenheit auf die Arbeitsleistung (sog. Kuh–soziologische These: Glückliche Kühe geben mehr Milch). Demgegenüber unterstellt die zweite These bei steigender Arbeitszufriedenheit eine Abnahme der Arbeitsleistung (sog. Peitschen–These: Gepeitschte Pferde laufen schneller) (Gebert/von Rosenstiel 1996, S. 81; Müller–Böling 1991, S. 224). In der wissenschaftlichen Diskussion über die Auswirkungen der Arbeitszufriedenheit auf die Kundenzufriedenheit wird ein solcher Zusammenhang in bestimmten situativen Kontexten u.a. von Stauss und Wagner erörtert (Stauss 1999, S. 18; Wagner 1997, S. 93).

Wird die VIE–Theorie im diskutierten Sinne zur Explikation motivationalen Handelns verstanden, erklären das Valenz– und das Handlungsmodell der Instrumentalitätstheorie zum einen die *Kuh–soziologische These*, der zufolge zufriedene Mitarbeiter zu zufriedenen Kunden führen und unzufriedene Mitarbeiter unzufriedene Kunden bedingen. Zum anderen stellen sie zugleich den theoretischen Rahmen für Erklärungsansätze, wonach unzufriedene Mitarbeiter einen höheren Leistungseinsatz zeigen und damit zu zufriedeneren Kunden führen (*Peitschen–These*). Die Determinanten der durch die Arbeitszufriedenheit ausgelösten Mitarbeitermotivation in der Kundeninteraktion sind dabei der Instrumentalitätstheorie folgend die Valenz unterschiedlicher Motive, die Instrumentalitäten zwischen Handlungsergebnis und Handlungsergebnisfolge sowie die Wahrscheinlichkeit, daß eine bestimmte Handlung zu dem gewünschten Handlungsergebnis führt.

Im Rahmen der Diskussion des Valenzmodells wurde aufgezeigt, daß Arbeitszufriedenheit ein derivatives arbeitsbezogenes Motiv darstellt, das durch Handlungsergebnisfolgen mit Valenzcharakter (Lob des Vorgesetzten; Beförderung etc.) befriedigt wird. Der Instrumentalitätstheorie folgend wird ein Arbeitnehmer bestrebt sein, solche Handlungsergebnisse zu erreichen, die in einer engen Instrumentalität zu den Handlungsergebnisfolgen mit Valenzcharakter und damit zur Arbeitszufriedenheit stehen.

Bei der Untersuchung des Einflusses der Arbeitszufriedenheit auf die Motivation für ein kundengerichtetes Mitarbeiterverhalten soll zunächst aufgezeigt werden, wie auf Basis der Instrumentalitätstheorie ein positiver Einfluß der Arbeitszufriedenheit auf die Kundenzufriedenheit erklärt werden kann. Anschließend wird verdeutlicht, daß die Instrumentalitätstheorie auch Anhaltspunkte dafür liefern kann, daß negative Wirkungszusammenhänge zwischen der Arbeitszufriedenheit und der Kundenzufriedenheit bestehen. Dabei wird in einem ersten Schritt von der Existenz einer Vielzahl unterschiedlicher Handlungsmotive und Zufriedenheitsdimensionen des Mitarbeiters abstrahiert. Es wird beispielhaft die Arbeitszufriedenheitsdimension „Vorgesetzter" als einziges, das Mitarbeiterverhalten beeinflussendes Motiv interpretiert. An die Stelle der Zufriedenheitsdimension „Vorgesetzter" kann jedoch grundsätzlich jede andere Arbeitszufriedenheitsdimensionen treten, die in einer instrumentellen Beziehung zur Kundenzufriedenheit steht. Beispiele hierfür sind z.B. die Anerkennung der Kollegen, die Entwicklungsperspektiven oder die Bezahlung, soweit diese zumindest partiell an die Kundenzufriedenheit gekoppelt sind.

Nach dieser partialanalytischen Betrachtung des Einflusses einer einzelnen Dimension der Arbeitszufriedenheit auf die Mitarbeitermotivation, Kunden zufriedenzustellen, werden auf den so gewonnenen Erkenntnissen aufbauend in einem zweiten Schritt weitere arbeitszufriedenheitsbezogene Verhaltensmotive des Mitarbeiters in die Analyse einbezogen.

Positiver Einfluß der Arbeitszufriedenheit auf die Motivation, Kunden zufriedenzustellen

(a) Arbeitszufriedenheit führt zu erhöhter Motivation, Kunden zufriedenzustellen

Für die Erklärung eines positiven Einflusses der Arbeitszufriedenheit auf die Arbeitsleistung wird unter Bezugnahme auf die Motivationstheorie von VROOM die zukünftige *Attraktivität leistungsbezogenen Handelns* als Funktion der bisher erlebten *Arbeitszufriedenheit* mit den Ergebnissen dieses Handelns betrachtet. Haben die Erfahrungen des Mitarbeiters gezeigt, daß die Kundenzufriedenheit (Arbeitsleistung) als Handlungsergebnis in enger Instrumentalität zu einer Handlungsergebnisfolge (z.B. Lob des Vorgesetzten) steht ($I > 0$), die ihrerseits zu Arbeitszufriedenheit führt ($V_{HF} > 0$), so mißt der Mitarbeiter der Kundenzufriedenheit eine hohe Valenz ($V_{HE} > 0$) bei. Ein zufriedener Mitarbeiter wird dann im Sinne der Kuh-soziologischen These solche Handlungen bevorzugen, die mit hoher Wahrscheinlichkeit ($E > 0$) zur Steigerung der Kundenzufriedenheit und in der Folge zur Arbeitszufriedenheit beitragen.

(b) Arbeitsunzufriedenheit führt zu geringerer Motivation, Kunden zufriedenzustellen

Analog hierzu werden, sofern der Mitarbeiter als Ergebnis kundenzufriedenheitsbezogenen Handelns Unlustgefühle (Arbeitsunzufriedenheit) antizipiert, Symptome der Leistungsrestriktion (Verzicht auf Kundenzufriedenheit) wahrscheinlich. Dies kann z.B. dann der Fall sein, wenn eine hohe Kundenzufriedenheit vom Vorgesetzten nicht beachtet bzw. nicht belohnt wird, mithin keine Instrumentalität zwischen Kundenzufriedenheit und Lob des Vorgesetzten vorliegt (I = 0). Ebenso wird ein unzufriedener Mitarbeiter auf kundenzufriedenheitsbezogene Anstrengungen verzichten, wenn er aufgrund vorausgegangener Erfahrungen davon ausgeht, daß seine Bemühungen erfolglos bleiben und nicht tatsächlich zu Kundenzufriedenheit führen (E = 0). Dieser Fall kann z.B. eintreten, wenn der Mitarbeiter die Rahmenbedingungen am Arbeitsplatz (z.B. das Sortiment, die Personalintensität etc.) so schlecht wahrnimmt, daß der Kunde unabhängig von der Anstrengung des Mitarbeiters unzufrieden ist. Unzufriedenheit des Mitarbeiters führt in diesen Fällen über die spezifische Antizipation und Projizierung negativer Erfahrungen der Vergangenheit auf zukünftige Erwartungen im Sinne der Kuh–soziologischen These zu einer Verminderung des Leistungseinsatzes (Porter/Hackman 1975, S. 360; Gebert/von Rosenstiel 1996, S. 82).

Negativer Einfluß der Arbeitszufriedenheit auf die Motivation, Kunden zufrieden - zustellen

(c) Arbeitsunzufriedenheit führt zu höherer Motivation, Kunden zufriedenzustellen

Ist ein Mitarbeiter hingegen „konstruktiv unzufrieden", kann seine Unzufriedenheit analog der „Peitschen–Theorie" zu einem vermehrten Leistungseinsatz mit dem Ziel der Schaffung oder Steigerung der Kundenzufriedenheit beitragen. Der Mitarbeiter schließt im Falle dieser *„konstruktiven Unzufriedenheit"* (Bruggemann 1974) aus negativen Erfahrungen der Vergangenheit nicht, daß Kundenzufriedenheit notwendigerweise vom Vorgesetzten ignoriert wird oder daß seine Bemühungen zur Schaffung von Kundenzufriedenheit stets erfolglos sind. Vielmehr löst seine Unzufriedenheit ein Suchverhalten aus, wobei sich der Mitarbeiter schließlich zur Einleitung derjenigen Handlung entschließt, die ihm am ehesten zur Erlangung von Kunden– und Arbeitszufriedenheit geeignet erscheint (E > 0). Eine Handlungsoption ist dabei der Versuch der Verbesserung der Arbeitszufriedenheit durch vermehrten oder veränderten Einsatz zur Schaffung von Kundenzufriedenheit (March/Simon 1958). Dieser vermehrte Einsatz soll im Gegensatz zu früheren Erfahrungen des Mitarbeiters zum Vorgesetztenlob führen ($I > 0$), oder die nunmehr gewählte Handlung soll mit einer größeren Wahrscheinlichkeit zur Kundenzufriedenheit beitragen ($E > 0$).

Schließlich ist ebenfalls der Fall denkbar, daß durch den vermehrten Leistungseinsatz und die Schaffung von Kundenzufriedenheit negative Folgen unzufriedener Kunden vermieden werden sollen. Dies ist denkbar, wenn ein unzufriedener Kunde (Handlungsergebnis) in der Vergangenheit zum Tadel des Vorgesetzten (Handlungsergebnisfolge) und damit zur Arbeitsunzufriedenheit geführt hat. Sieht der unzufriedene Mitarbeiter die Möglichkeit, diesem Tadel durch vermehrten Leistungseinsatz zu entgehen, wird er im Sinne der Peitschen–Theorie zu vermehrtem Leistungseinsatz und damit zur Schaffung von Kundenzufriedenheit neigen ($V_{HE} < 0$ *und* $I < 0 \rightarrow V_{HF} > 0$).

(d) Arbeitszufriedenheit führt zu geringerer Motivation, Kunden zufriedenzustellen

Der Einfluß der Arbeitszufriedenheit auf die Kundenzufriedenheit wurde bisher unter der vereinfachenden Annahme der Existenz von lediglich einem Motiv analysiert. Die Motivationstheorie geht jedoch von *einer Vielzahl nebeneinander existierender Motive* aus, von denen mehrere in einem Zusammenhang zur Arbeitszufriedenheit stehen.

Diese unterschiedlichen Motive können hinsichtlich der zu beurteilenden Handlungsergebnisfolgen durch Zielkomplementarität, Zielneutralität sowie *Zielkonflikte* gekennzeichnet sein. Der Prozeß der Handlungsentscheidung des Mitarbeiters entspricht bei Zielkomplementarität und Zielneutralität grundsätzlich den oben dargestellten Prozessen bei Vorliegen nur eines Motivs, wobei die Motivation (Kraft) zur Handlung entweder steigt (Zielkomplementarität) oder unverändert bleibt (Zielneutralität).

Existieren hingegen konfligierende Ziele, muß sich der Mitarbeiter für die Befriedigung eines Motivs entscheiden. Denkbar ist beispielsweise, daß ein Mitarbeiter vor die Entscheidung gestellt ist, einen Kunden ausführlich und gut zu beraten (Handlungsergebnis: Kundenzufriedenheit / Handlungsergebnisfolge: Lob durch den Vorgesetzten) oder aber statt dessen einen Kollegen beim Einräumen von Ware in die Regale zu unterstützen (Handlungsergebnis: dankbarer Kollege / Handlungsergebnisfolge: gute Beziehung zum Kollegen). In diesem Fall resultiert aus der Arbeitszufriedenheit mit einer Dimension zugleich die Unzufriedenheit mit einer anderen Dimension der Arbeitszufriedenheit. Arbeitszufriedenheit *kann* in diesem Fall durchaus mit Kundenunzufriedenheit einhergehen. Ob Arbeitszufriedenheit dabei zu zufriedenen oder zu unzufriedenen Kunden beiträgt, wird von der Höhe der jeweiligen Valenz, Instrumentalität und Wahrscheinlichkeit von Handlungsergebnisfolge, Handlungsergebnis und Handlung bestimmt.

Die Ausführungen haben verdeutlicht, daß sich der Zusammenhang von Arbeitszufriedenheit und Mitarbeitermotivation, Kunden zufriedenzustellen (Leistungsmotivation), vielschichtig und *äußerst komplex* darstellt. Motivationstheoretisch existieren einerseits Anhaltspunkte dafür, daß die Arbeitszufriedenheit die Bereitschaft zur Schaffung von Kundenzufriedenheit positiv beeinflußt. Andererseits läßt sich gleichfalls motivationstheoretisch die These fundieren, daß sich unzufriedene Mitarbeiter verstärkt darum bemühen, Kundenzufriedenheit sicherzustellen. Das jeweilige motivationale Handeln wird dabei unter Berücksichtigung z.T. konfligierender Arbeitszufriedenheitsdimensionen durch die unterschiedliche Bedeutung der Arbeitszufriedenheitsdimensionen für den individuellen Mitarbeiter bestimmt. Der von STAUSS geschilderte Fall, daß gerade auch sehr zufriedene Mitarbeiter nicht zu kundenorientierten Anstrengungen bereit sind, wird vor dem Hintergrund dieser motivationstheoretischen Überlegungen erklärbar (Stauss 1999, S. 18).

Angesichts der vorangegangenen Ausführungen steht Arbeitszufriedenheit in einem engen *funktionalen Zusammenhang* zu der Motivation, Kundenzufriedenheit zu schaffen. Die quasi einen *Motivationsfilter* bildenden kognitiven Prozesse, die beim Mitarbeiter zu verstärktem oder vermindertem Leistungseinsatz führen, werden durch die inter- und intrapersonal unterschiedlichen Instrumentalitäten, Valenzen und Wahrscheinlichkeiten spezifischer Handlungen determiniert. Einer Operationalisierung auf empirischer Sprachebene sind diese indes kaum zugänglich (Fischer/Wiswede 1997, S. 117; Henemann/Schwab 1972), da sich die z.T. gegenläufigen Auswirkungen der Arbeitszufriedenheit auf die Leistungsmotivation im Rahmen einer empirischen Untersuchung nicht separieren lassen und sich in der Folge positive und negative Effekte teilweise *nivellieren.*

Untersuchungen zum Zusammenhang von Arbeitszufriedenheit und Arbeitsleistung, die soweit sie überhaupt einen Zusammenhang ermitteln können – überwiegend schwach positive Wirkungsbeziehungen ausweisen, deuten jedoch darauf hin, daß die Arbeitszufriedenheit die Arbeitsmotivation mehrheitlich positiv beeinflußt (Six/Eckes 1991, S. 26 ff.). BETTENCOURT weist in diesem Zusammenhang im Rahmen einer kausalanalytischen Studie einen positiven Einfluß intrinsischer Arbeitszufriedenheit auf die Arbeitsmotivation nach, wohingegen ein Einfluß extrinsischer Dimensionen der Arbeitszufriedenheit auf die Arbeitsmotivation nicht empirisch validiert werden kann (Bettencourt 1998, S. 131 ff.).

2.2.3 Analyse weiterer Determinanten der Interaktionsleistung und der Kundenzufriedenheit

Für die Arbeitsleistung und als deren Derivat die Kundenzufriedenheit stellt die Mitarbeitermotivation indes nur eine von mehreren Einflußgrößen dar. Neben der Mitarbeitermotivation werden in der Arbeits- und Organisationspsychologie insbesondere die Fähigkeits- und Fertigkeitsstruktur sowie die situativen Rahmenbedingungen als Determinanten der objektiv erbrachten Arbeitsleistung bzw. der Qualität der Kundeninteraktion diskutiert (Hackman 1970, S. 213; von Rosenstiel 1975, S. 31 ff.).

Während Motivation sowie Fähigkeiten und Fertigkeiten intrapersonale Variablen darstellen, bezieht sich die Situation auf die unternehmensbezogenen Rahmenbedingungen, mit denen sich die Person in ihrem Handeln auseinandersetzen muß. COMELLI/VON ROSENSTIEL unterscheiden die aus der *Situation* resultierenden Einflußgrößen der Arbeitsleistung in das soziale Dürfen sowie die situative Ermöglichung (Comelli/von Rosenstiel 1995, S. 3 ff.). Das soziale Dürfen umfaßt dabei die geschriebenen und ungeschriebenen Regeln und Normen des Verhaltens. Diese Regeln und Normen existieren zum einen im gesellschaftlichen Umfeld des Handelnden, resultierenden zum anderen jedoch insbesondere auch aus dem individuellen Unternehmenskontext, z.B. in Form der Unternehmenskultur und -philosophie. Die situative Ermöglichung hingegen weist auf die harten, vom Individuum nicht veränderbaren Bedingungen in der umgebenden Situation hin, die das Verhalten fördern oder behindern. Beispielhaft sind als Aspekte der situativen Ermöglichung im Warenhaus das räumliche Ambiente, die Mitarbeiter-Kunden-Relation sowie das angebotene Sortiment oder die Arbeitsmittel (z.B. Kassenterminals) anzuführen.

Unter dem Gesichtspunkt der grundsätzlichen Eignung für bestimmte Tätigkeiten wird insbesondere die erforderliche *Fähigkeits- bzw. Fertigkeitsstruktur* der Mitarbeiter diskutiert (Gebert/von Rosenstiel 1996, S. 61 ff.). Fähigkeiten werden dabei gegenüber den Fertigkeiten insofern als grundlegenderer angesehen, als sie den Erwerb von Fertigkeiten ermöglichen. Während Fähigkeiten erklärungsrelevant für die Leistung in relativ heterogenen Aufgabenstellungen sind, erklären Fertigkeiten einen zusätzlichen Varianzanteil der beobachteten Leistung im Sinne aufgabenspezifischer Qualifikationen. Fertigkeiten werden dabei im Vergleich zu Fähigkeiten als stärker lernabhängig interpretiert, obgleich auch Fähigkeiten heute nicht mehr allein als eine Funktion der Erbanlagen betrachtet werden (Hoyos 1974, S. 129). Bei den Mitarbeitern im Handel ist z.B. ein extro– oder introvertiertes Verhalten in der Kundeninteraktion überwiegend den Fähigkeiten zuzurechnen, während die fachliche Kompetenz aufgrund von Schulungsmaßnahmen und der Erfahrung des Personals primär unter die Fertigkeiten subsumiert werden kann.

Die Mitarbeitermotivation, den Kunden zufriedenzustellen, stellt damit nur eine von mehreren Determinanten des Interaktionsverhaltens des Mitarbeiters dar. Die genannten situativen Rahmenbedingungen sowie die individuellen Fähigkeits- und Fertigkeitsstrukturen des Mitarbeiters tragen neben der Arbeitsmotivation wesentlich zur Qualität der Kunde–Mitarbeiter–Interaktion bei. Vor diesem Hintergrund kann auch ein hochmotivierter Mitarbeiter eine objektiv schlechte Interaktionsleistung erbringen. Ebenso ist es aufgrund dieser Einflußfaktoren der Arbeitsleistung denkbar, daß ein nur gering motivierter Mitarbeiter dennoch in der Kundeninteraktion vergleichsweise gut ist. Der Einfluß der Arbeitsmotivation – und ihm vorgeschaltet der Einfluß der Arbeitszufriedenheit – auf die objektive Arbeitsleistung unterliegt daher den quasi als *Handlungsfilter* wirkenden situativen Rahmenbedingungen sowie den individuellen Fähigkeiten und Fertigkeiten des Mitarbeiters.

Darüber hinaus ist zu bedenken, daß die Kundenzufriedenheit stets ein subjektives Urteil über die Interaktionsleistung des Mitarbeiters darstellt. Die identische Interaktionsleistung eines Mitarbeiters kann daher von einem Kunden als voll zufriedenstellend beurteilt werden, während bei einem anderen Kunden diese Interaktionsleistung zur Unzufriedenheit beiträgt. Im Sinne des Confirmation/Disconfirmation–Paradigmas beeinflussen damit gleichfalls subjektive Wahrnehmungsverzerrungen des Kunden hinsichtlich der Ist–Leistung sowie unterschiedliche Anspruchsniveaus der Soll–Leistung der Mitarbeiterinteraktion sein Zufriedenheitsurteil (*Wahrnehmungsfilter*) (Kroeber-Riel/Weinberg 1996, S. 265 ff.). Vor diesem Hintergrund ist in Frage zu stellen, ob ein Einfluß der Arbeitsmotivation auf die Kundenzufriedenheit mit dem Interaktionsverhalten des Mitarbeiters empirisch nachweisbar ist.

Angesichts des nur schwach nachweisbaren Einflusses der Arbeitszufriedenheit auf die Arbeitsmotivation sowie der Vielzahl von Einflußgrößen, die der Arbeitszufriedenheit und der Kundenzufriedenheit mit dem Interaktionsverhalten des Mitarbeiters zwischengeschaltet sind, ist jedoch kein signifikanter Einfluß der Arbeitszufriedenheit auf die Kundenzufriedenheit zu erwarten. Die Wirkungskette von Arbeitszufriedenheit, Ar–

beitsmotivation, objektiver Interaktionsleistung und vom Kunden subjektiv wahrgenommener und beurteilter Interaktionsleistung ist zusammenfassend in *Abbildung 1* dargestellt.

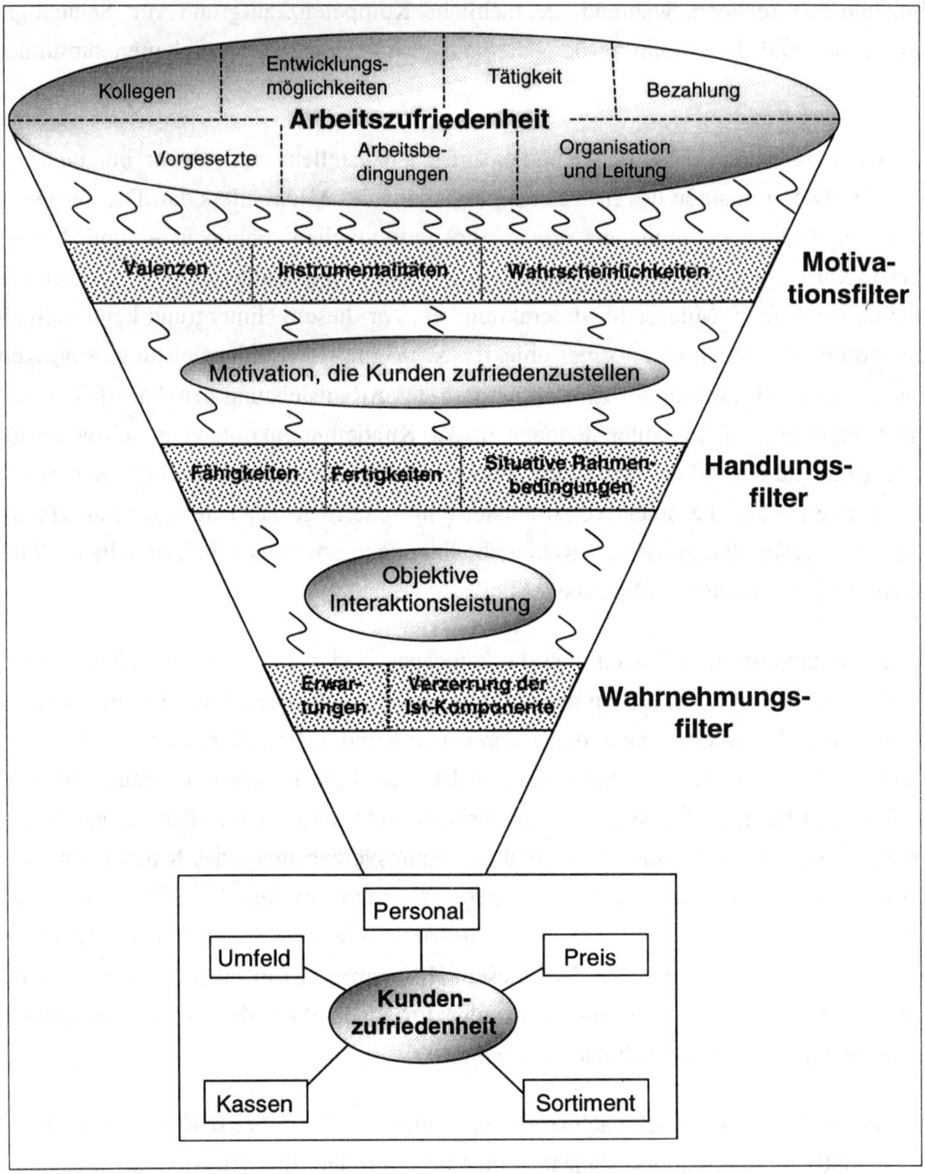

Abbildung 1: Filter des Einflusses der Arbeitszufriedenheit auf die Kundenzufriedenheit

3 EMPIRISCHE UNTERSUCHUNG ZUM EINFLUSS VON MITARBEITERINTERAKTION UND MITARBEITERZUFRIEDENHEIT AUF DIE KUNDENZUFRIEDENHEIT IM HANDEL

3.1 Design der empirischen Untersuchung

Zur empirischen Analyse des Einflusses der Mitarbeiterzufriedenheit auf die Kundenzufriedenheit auf Interaktionsebene wurden Mitarbeiter und Kunden einer ausgewählten Filiale eines deutschen Warenhauskonzerns befragt. Die Erfassung der Kunden- und Arbeitszufriedenheit erfolgte mittels zweier hierfür konzipierter Fragebögen.

Während bei den Mitarbeitern eine *Vollerhebung des Verkaufspersonals* angestrebt wurde, erfolgte die Auswahl der befragten Kunden grundsätzlich nach dem Zufallsprinzip. Die Interviewer wurden jedoch angewiesen, von jedem im Verkauf tätigen Mitarbeiter jeweils zwei bis vier Kunden zu befragen. Zur Gewährleistung eines weitgehend von der Befragungssituation unverzerrten Interaktionsverhaltens der Mitarbeiter beobachteten die Interviewer das Verkaufspersonal und seine Kunden aus der Ferne und baten die Kunden erst bei Verlassen der Abteilung um die Teilnahme an der Untersuchung. Um die Zuordnung des Mitarbeiters zu den von ihm bedienten Kunden sicherzustellen, wurden die diesem Mitarbeiter zurechenbaren Kundenfragebögen jeweils in einem Umschlag gesammelt. Dieser Umschlag wurde mit einem entfernbaren Aufkleber („Post–It“) versehen, auf dem eine genaue Beschreibung des Mitarbeiters (ungefähres Alter, Geschlecht, Kleidung, Besonderheiten im Erscheinungsbild) sowie seine Abteilung angegeben waren.

Der Betriebsratsvorsitzende der Warenhausfiliale identifizierte durch Rücksprache mit dem jeweiligen Abteilungsleiter den so beschriebenen Mitarbeiter und bat diesen, im Betriebsratsbüro schriftlich unter Wahrung der *Anonymität* den Fragebogen zur Arbeitszufriedenheit auszufüllen. Den Mitarbeitern wurde in diesem Zusammenhang mitgeteilt, daß die Befragung im Rahmen einer wissenschaftlichen Untersuchung sowohl zur Kundenzufriedenheit als auch zur Arbeitszufriedenheit stattfände, die in keinem Zusammenhang zu konkreten Maßnahmen im Bereich des Personalmanagement stünde. Um ein evtl. verzerrtes Antwortverhalten zu vermeiden, wurde hingegen nicht darauf hingewiesen, daß Kunden- und Arbeitszufriedenheit auf Individualebene gegenübergestellt werden sollten. Der jeweils ausgefüllte Fragebogen zur Arbeitszufriedenheit wurde in den gleichen Umschlag gegeben, in dem sich bereits die diesem Mitarbeiter zugeordneten Kundenfragebögen befanden. Der Aufkleber mit der Beschreibung des Mitarbeiters wurde zu diesem Zeitpunkt entfernt, so daß eine nachträgliche Identifizierung des Mitarbeiters ausgeschlossen werden konnte. Dieses Untersuchungsdesign ermöglichte eine Analyse des Einflusses der Arbeitszufriedenheit auf die Kundenzufriedenheit auf Individual- bzw. Interaktionsebene bei gleichzeitiger Wahrung der Anonymität des Mitarbeiterurteils.

Die Erfassung der Arbeitszufriedenheit erfolgte mit Hilfe des von NEUBERGER/ALLERBECK entwickelten Arbeitsbeschreibungsbogens (ABB) (Neuberger/Allerbeck 1978). Der ABB beinhaltet die Zufriedenheitsdimensionen Tätigkeit, Kollegen, Vorgesetzter, Organisation und Leitung, Entwicklung und Bezahlung. Er entspricht überwiegend den Qualitätskriterien, die MÜLLER–BÖLING zur Beurteilung eines Meßinstrumentariums zur Arbeitszufriedenheit definiert (Müller–Böling 1991) und hat in der deutschen Forschung zur Arbeitszufriedenheit die weiteste Akzeptanz und Anwendung gefunden. In Anlehnung an den Fragenkatalog von PECCEI/ROSENTHAL zur Operationalisierung des Commitment to Customer Service (CCS) wurde zudem die jeweilige Arbeitsmotivation, den Kunden zufriedenzustellen, erhoben (Peccei/Rosenthal 1997). Von den insgesamt 96 Mitarbeitern, deren Kunden durch die Interviewer befragt wurden, erklärten sich 79 Mitarbeiter bereit, den Fragebogen zur Arbeitszufriedenheit auszufüllen. Von diesen 79 Fragebögen erwiesen sich 77 als auswertbar.

Der Fragebogen sowie die Fragenformulierungen zur Erfassung der Kundenzufriedenheit auf der Aggregationsebene der Abteilung eines Warenhauses erfolgten unter Zugrundelegung mehrerer kundenzufriedenheitsorientierter Studien bei Warenhäusern (Westbrook 1981; Meffert/Schwetje 1998; Meyer/Dornach 1996). Der Schwerpunkt der *persönlichen Interviews* lag dabei auf standardisierten Fragen. Die Zufriedenheitsurteile wurden mit Hilfe eines direkten Einkomponentenansatzes anhand einer siebenstufigen Ratingskala erfaßt, die auf einem Kontinuum von „sehr zufrieden" bis „gar nicht zufrieden" die Einschätzung der Befragten bezüglich des zuvor abgeschlossenen Einkaufserlebnisses in der Abteilung mißt. Ferner wurden die Warenhauskunden gebeten, ein Urteil zu ihrer Gesamtzufriedenheit mit dem Einkaufserlebnis abzugeben. Des weiteren wurden die Art und Dauer des Mitarbeiterkontaktes erhoben. Unterschieden wurde dabei zwischen einem Mitarbeiterkontakt an der Kasse und einem Beratungskontakt, wobei sich die beiden Kontaktarten nicht gegenseitig ausschließen. Soweit Kunden ausschließlich an der Kasse Mitarbeiterkontakt hatten, werden sie im folgenden als

„Selbstbedienungskunden“ bezeichnet. Kunden, die darüber hinaus oder ausschließlich beraten wurden, werden nachfolgend „Bedienkunden“ genannt. Insgesamt konnten 165 Kundenfragebögen den 77 auswertbaren Fragebögen zur Arbeitszufriedenheit zugeordnet werden.

3.2 Bedeutung des Personals für die Kundenzufriedenheit

Für die Messung der Kundenzufriedenheit mit einer Abteilung des Warenhauses wurde das Urteil über insgesamt 15 Meßindikatoren erhoben. Angesichts der beiden grundsätzlich zu unterscheidenden *Bedienformen* der Beratung durch das Kundenkontaktpersonal des Warenhauses sowie der Selbstbedienung durch den Kunden liefert eine diesbezüglich differenzierte Zufriedenheitsanalyse erste interessante Einblicke in die Bedeutung der Mitarbeiterinteraktion für die Kundenzufriedenheit mit der Abteilung eines Warenhauses.

Wie *Abbildung 2* zu entnehmen ist, weisen Kunden, die beraten wurden (Bedienkunden), bei allen Zufriedenheitsindikatoren ein höheres Zufriedenheitsniveau auf als Selbstbedienungskunden. Signifikante Abweichungen ergeben sich insbesondere hinsichtlich der Beurteilung des Personals, des Preises sowie der Warenqualität. Die Interaktion mit dem Mitarbeiter scheint im Lichte dieser Ergebnisse zu einer Verbesserung der Kundenzufriedenheit beizutragen. In diesem Sinne sind auch die bei den Bedienkunden ermittelten Korrelationen zwischen der Beratungsdauer und den Urteilen zur Gesamtzufriedenheit, zur Beratungskompetenz, zur Freundlichkeit sowie zum äußeren Erscheinungsbild des Personals zu interpretieren. Die verbesserte Wahrnehmung der Warenqualität sowie des Preis–/Leistungsverhältnisses legt zudem die Vermutung nahe, daß der Mitarbeiter in der Lage ist, die Produkte so darzustellen, daß deren Vorzüge und damit deren Preiswürdigkeit vom Kunden besser beurteilt werden.

Zur detaillierten, analytischen Ermittlung der Bedeutung unterschiedlicher Merkmalsausprägungen für das Zufriedenheitsurteil wird bei Einkomponentenansätzen der Zufriedenheitsmessung *„...empfohlen, eine multiple Regressionsanalyse durchzuführen und die Beta–Werte als Gewicht der Einzelmerkmale in ihrer Wirkung auf die Globalzufriedenheit zu interpretieren. Da allerdings i.d.R. eine hohe Multikollinearität zwischen den Teilzufriedenheitswerten besteht, behilft man sich damit, zunächst eine explorative Faktorenanalyse durchzuführen und die extrahierten Faktoren als unabhängige Variablen in eine multiple Regression einzubeziehen“* (Stauss 1999, S. 14). Dieser Empfehlung folgend sollen zunächst voneinander unabhängige Dimensionen der Kundenzufrie–

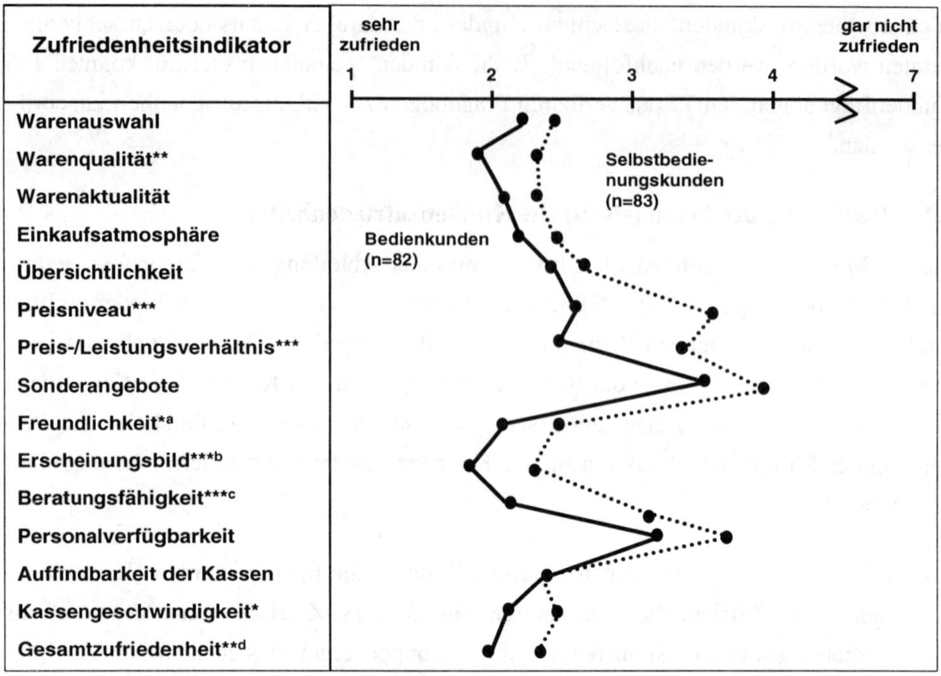

Signifikanzniveau der Mittelwertunterschiede (T–Test): $\alpha < 0{,}01$ = *** / $\alpha < 0{,}05$ = ** / $\alpha < 0{,}1$ =*
Korrelation r zur Interaktionsdauer (nur Bedienkunden): a =–0,278 / b =–0,238 / c =–0,270 / d =–0,239
Signifikanzniveau der Korrelationen jeweils $\alpha < 0{,}05$ / für alle anderen Indikatoren nicht signifikant

Abbildung 2: Kundenzufriedenheit mit der Abteilung eines Warenhauses in Abhängigkeit von der Bedienform

denheit ermittelt werden. Eine entsprechend durchgeführte explorative Faktorenanalyse weist die fünf Faktoren Sortiment, Preis, Personal, tangibles Umfeld und Kassen als Dimensionen der Kundenzufriedenheit mit der Abteilung eines Warenhauses aus (vgl. *Abbildung 3*). Die fünf Faktoren erklären zusammen 70,6 % der Varianz der Indikatoren. Lediglich der Indikator „Atmosphäre" kann keinem der analytisch ermittelten Faktoren eindeutig zugerechnet werden. Erklärbar ist dieses Ergebnis insofern, als daß die Wahrnehmung der Atmosphäre letztlich durch das Zusammenspiel einer Vielzahl unterschiedlicher Einzelmerkmale beeinflußt wird, die Aspekte der räumlichen Gestaltung, der Präsentation des Sortiments sowie des Verhaltens des Personals beinhalten.

Die Ermittlung der *Bedeutungsgewichte* der ermittelten Faktoren für das Urteil der Gesamtzufriedenheit des Kunden erfolgt, indem die jeweiligen Faktorwerte als unabhängige Variablen und die Gesamtkundenzufriedenheit als abhängige Variable in eine mul–

tiple Regressionsanalyse einbezogen werden. *Abbildung 3* sind die mit Hilfe der schrittweisen Regression ermittelten standardisierten Betawerte der unterschiedlichen Zufriedenheitsdimensionen zu entnehmen, die als die jeweiligen Bedeutungsgewichte zu interpretieren sind.

Wird zunächst nicht zwischen Bedienkunden und Selbstbedienungskunden unterschieden, so übt jede der fünf Zufriedenheitsdimensionen einen signifikanten Einfluß auf die Gesamtzufriedenheit des Kunden aus, wobei dem Sortiment die höchste Bedeutung zukommt. Der vergleichsweise hohe standardisierte Betawert von 0,36 für den Faktor Personal zeigt, daß das Personal insgesamt einen überdurchschnittlich hohen Einfluß des Personals auf die Gesamtkundenzufriedenheit ausübt. Der Preis, das tangible Umfeld sowie die Kassen beeinflussen die Kundenzufriedenheit mit dem Warenhaus demgegenüber wesentlich weniger.

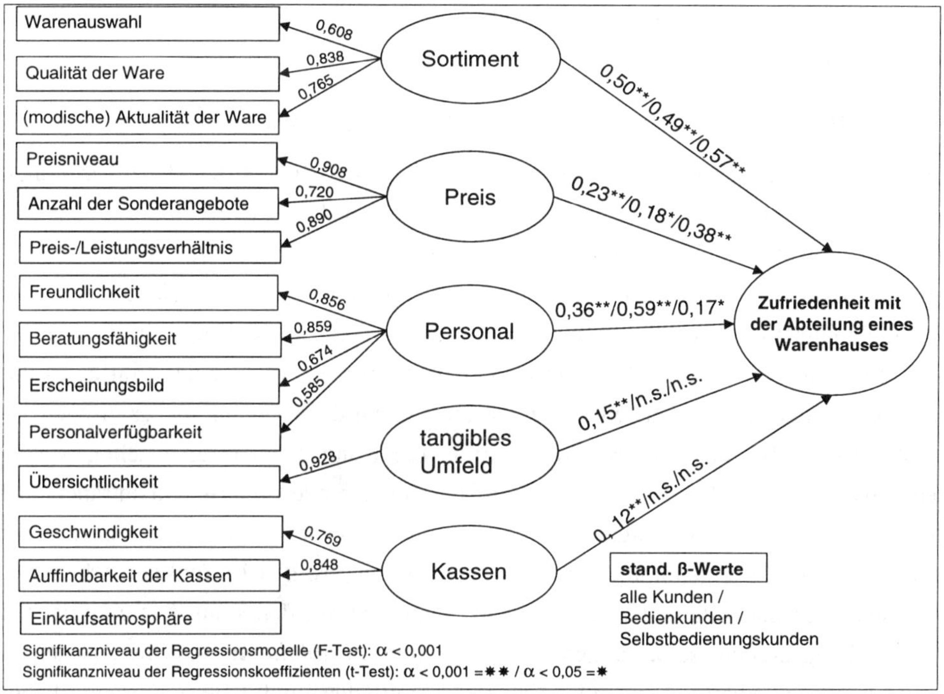

Abbildung 3: Bedeutung der Kundenzufriedenheitsdimensionen für die Gesamtkundenzufriedenheit

Vor dem Hintergrund der differenzierten Zufriedenheitsurteile von Selbstbedienungskunden und Bedienkunden ist in einem nächsten Schritt der Frage nachzugehen, ob die beiden Kundengruppen den fünf Zufriedenheitsdimensionen jeweils unterschiedliche

Bedeutungen für das Urteil der Gesamtzufriedenheit zugrunde legen. Zur Beantwortung dieser Frage wurden für die beiden Bedienformen separate multiple Regressionsanalysen durchgeführt, deren Ergebnisse ebenfalls in *Abbildung 3* dargestellt sind.

Diese Untersuchung verdeutlicht, daß der Faktor Personal bei Bedienkunden (ß = 0,59) einen wesentlich höheren Einfluß auf das Urteil der Gesamtkundenzufriedenheit ausübt als bei den Selbstbedienungskunden (ß = 0,17). Während bei den Selbstbedienungskunden dem Personal nach dem Sortiment und dem Preis nur die drittwichtigste Bedeutung beizumessen ist, beeinflußt das Personal die Zufriedenheit von Bedienkunden sogar stärker als das Sortiment, und die Bedeutung des Preises nimmt hier deutlich ab. Im Lichte dieser Erkenntnis wird zugleich die Sinnhaftigkeit einer strategischen Positionierung von Warenhäusern als Einkaufsstätte mit Beratungskompetenz des Personals deutlich, mit der sich die Warenhäuser von den preisaggressiven Discountern differenzieren und deren Kostenvorteilen bzw. Preisvorteile zumindest teilweise kompensieren können (Büker 1996).

3.3 Einfluß der Arbeitszufriedenheit auf die Kundenzufriedenheit

Angesichts der insgesamt hohen Bedeutung des Personals für die Kundenzufriedenheit im Warenhaus ist nachfolgend zu überprüfen, ob der insbesondere von der Unternehmenspraxis postulierte Wirkungszusammenhang von der Arbeits- zur Kundenzufriedenheit existiert oder ob die in Kapitel 2 aufgezeigten Motivations-, Handlungs- und Wahrnehmungsfilter dazu beitragen, daß ein solcher Zusammenhang empirisch nicht nachgewiesen werden kann. Im Rahmen der theoretischen Analyse des Einflusses der Arbeitszufriedenheit auf die Kundenzufriedenheit wurde auch auf die „zwischengeschaltete" Variable der Mitarbeitermotivation, die Kunden zufriedenzustellen, Bezug genommen. Aufgrund der als Motivationsfilter fungierenden inter- und intrapersonal divergierenden Instrumentalitäten, Valenzen und Wahrscheinlichkeiten spezifischer Handlungen wurde angenommen, daß nur ein schwach positiver Einfluß der Arbeitszufriedenheit auf die Mitarbeitermotivation nachgewiesen werden kann. Die empirischen Untersuchungsergebnisse bestätigen diese Annahme. In *Abbildung 4* ist die Arbeitszufriedenheit von Mitarbeitern mit überdurchschnittlicher und unterdurchschnittlicher Motivation zur Schaffung von Kundenzufriedenheit gegenübergestellt.

Die Ergebnisse zeigen, daß sich Mitarbeiter mit einer überdurchschnittlichen Motivation, Kundenzufriedenheit zu schaffen, zugleich durch eine sowohl hinsichtlich der Gesamtarbeitszufriedenheit als auch in sämtlichen Dimensionen der Arbeitszufriedenheit

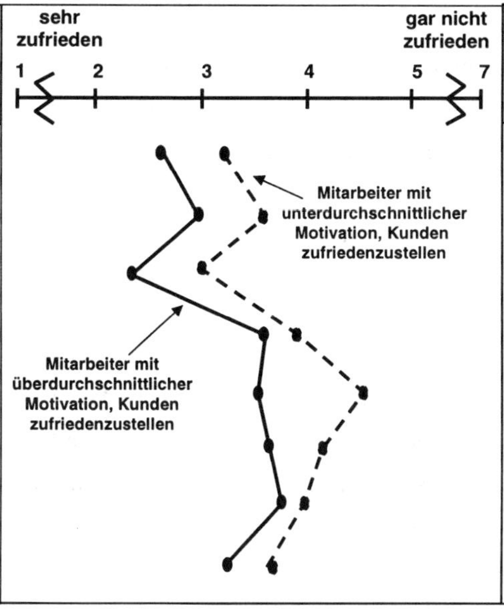

Dimensionen der Arbeitszufriedenheit	Signifikanz der Mittelwertdifferenzen (T-Test)	Korrelation zwischen Motivation und Arbeitszufriedenheit
Kollegen	n.s.	0,239**
Vorgesetzter	n.s.	n.s.
Tätigkeit	*	n.s.
Arbeitsbedingungen	n.s.	n.s.
Organisation + Leitung	*	0,269**
Entwicklung	n.s.	n.s.
Bezahlung	n.s.	n.s.
Gesamtarbeitszufriedenheit	n.s.	n.s.

Mitarbeiter mit überdurchschnittlicher Motivation, Kunden zufriedenzustellen (n=41): Motivationsindex < 1,93

Mitarbeiter mit unterdurchschnittlicher Motivation, Kunden zufriedenzustellen (n=34): Motivationsindex ≥ 1,93

Signifikanzniveau der Mittelwertdifferenzen
$\alpha \leq$ 0,01 = ** / $\alpha <$ 0,05 = * / nicht signifikant = n.s.

Signifikanzniveau der Korrelationskoeffizienten
$\alpha \leq$ 0,01 = ** / $\alpha <$ 0,05 = * / nicht signifikant = n.s.

Abbildung 4: Arbeitszufriedenheit von Mitarbeitern mit überdurchschnittlicher und unterdurchschnittlicher Motivation, Kunden zufriedenzustellen

überdurchschnittliche Zufriedenheit auszeichnen. Der kombinierte Einsatz von Mittelwertvergleichstests sowie Korrelationsanalysen zeigt dabei einen signifikanten Zusammenhang zwischen der Mitarbeitermotivation und den Arbeitszufriedenheitsdimensionen „Organisation und Leitung“ sowie „Kollegen“. Die Dimension der „Organisation und Leitung“ erweist sich in einer schrittweisen, multiplen Regressionsanalyse, in die alle Dimensionen der Arbeitszufriedenheit einbezogen und damit Interdependenzen zwischen den Zufriedenheitsdimensionen berücksichtigt werden, als die einzige Zufriedenheitsdimension, die einen eigenständigen, signifikanten und positiven (stand. ß-Wert: 0,269) Beitrag zur Erklärung der Mitarbeitermotivation, Kunden zufriedenzustellen, leistet. Jedoch vermag in diesem Regressionsmodell auch die Zufriedenheit mit der Organisation und Leitung lediglich 7,2 % der Varianz der Mitarbeitermotivation zu erklären.

Dieser geringe Erklärungsanteil ist gleichwohl nicht dahingehend zu interpretieren, daß nur ein geringer Zusammenhang zwischen Arbeitszufriedenheit und Arbeitsmotivation existiert. Vielmehr konnte im Rahmen der Diskussion der Implikationen von VROOM´S Erwartungs–Valenz–Modell für die Arbeitsmotivation aufgezeigt werden, daß trotz des geringen, empirisch nachweisbaren Zusammenhangs von Arbeitszufriedenheit und Motivation auf der Individualebene des Mitarbeiters durchaus starke kausale Beziehungen zwischen der Arbeitszufriedenheit und der Motivation zu vermuten sind. Arbeitszufriedenheit kann jedoch sowohl im Sinne der Kuh–soziologischen These positiv als auch analog der Peitschen–These negativ auf die Mitarbeitermotivation wirken. Diese beiden gegenläufigen Wirkungsbeziehungen bei unterschiedlichen Mitarbeitern führen zu statistischen Nivellierungseffekten. Die geringe erklärte Varianz von lediglich 7,2 % bei einem positiven Regressionskoeffizienten deutet damit lediglich darauf hin, daß sich die Arbeitszufriedenheit bei den Mitarbeitern des Warenhauses *überwiegend* positiv auf die Arbeitsmotivation auswirkt.

In einem weiteren Schritt ist der Einfluß der Mitarbeitermotivation, Kunden zufriedenzustellen, auf die tatsächliche Kundenzufriedenheit mit der Mitarbeiterinteraktion zu überprüfen. Hierzu werden sowohl die Bedienkunden als auch die Selbstbedienungskunden dahingehend unterschieden, ob sie mit überdurchschnittlich oder unterdurchschnittlich motivierten Mitarbeitern interagiert haben. Die Ergebnisse der jeweiligen Korrelationsanalysen und Mittelwertvergleichstests weisen darauf hin, daß weder bei Bedienkunden noch bei Selbstbedienungskunden ein Zusammenhang zwischen der Mitarbeitermotivation und der Kundenzufriedenheit besteht (vgl. *Abbildung 5*). Als Ursachen für den mangelnden Einfluß der Mitarbeitermotivation auf die Kundenzufriedenheit sind einerseits die individuellen Fertigkeiten und Fähigkeiten, die Rollenwahrnehmungen des Mitarbeiters sowie die situativen Rahmenbedingungen anzusehen, die neben der Arbeitsmotivation die objektive Arbeitsleistung des Mitarbeiters determinieren. Andererseits beruht das Zufriedenheitsurteil des Kunden auf seiner subjektiven Wahrnehmung, die von der objektiven Interaktionsleistung des Mitarbeiters abweichen kann. Zudem vergleicht der Kunde die subjektiv erfahrene Interaktionsleistung des Mitarbeiters im Sinne des Confirmation/Disconfirmation–Paradigmas mit interindividuell unterschiedlichen Erwartungen. Hieraus resultieren bei identischer objektiver sowie selbst bei identischer subjektiver Arbeitsleistung unterschiedliche Zufriedenheitsurteile der Kunden.

Kunden-zufriedenheit	Bedienkunden		Selbstbedienungskunden	
	Kunden von Mitarbeitern mit überdurchschnittlicher Motivation, Kunden zufriedenzustellen	Kunden von Mitarbeitern mit unterdurchschnittlicher Motivation, Kunden zufriedenzustellen	Kunden von Mitarbeitern mit überdurchschnittlicher Motivation, Kunden zufriedenzustellen	Kunden von Mitarbeitern mit unterdurchschnittlicher Motivation, Kunden zufriedenzustellen
N	40	36	43	34
Freundlichkeit	1,95	2,29	2,52	2,24
Beratungs-fähigkeit	2,10	2,20	(2,64)	(3,15)
Kassen-geschwindigkeit	(2,24)	(2,03)	2,74	2,09
Gesamt-zufriedenheit	2,08	1,97	2,57	2,15
	Mittelwerte			

Alle Mittelwertdifferenzen einer Bedienform sowie die Korrelationen zwischen Kundenzufriedenheit und Mitarbeiter-motivation sind nicht signifikant (α>0,05)

1= sehr zufrieden; 7= gar nicht zufrieden

Zahlen in Klammern weisen auf eine eingeschränkte Aussagefähigkeit für die jeweilige Bedienform hin

Abbildung 5: Zufriedenheit der Kunden von Mitarbeitern mit überdurchschnittlicher und unterdurchschnittlicher Motivation, die Kunden zufriedenzustellen

Die Untersuchungen stellten bislang die Mitarbeitermotivation, Kunden zufriedenzustellen, in den Mittelpunkt der Betrachtung und führten zu der Erkenntnis, daß nur ein geringer Einfluß der Arbeitszufriedenheit auf die Arbeitsmotivation und kein Einfluß der Mitarbeitermotivation auf die Kundenzufriedenheit mit dem Interaktionsverhalten des Mitarbeiters empirisch nachweisbar ist. Vor diesem Hintergrund ist davon auszugehen, daß auch kein direkter Einfluß von der Arbeitszufriedenheit auf die Kundenzufriedenheit nachgewiesen werden kann. Dies wird durch entsprechende Vergleiche der Kunden zufriedener Mitarbeiter mit den Kunden unzufriedener Mitarbeiter bestätigt (vgl. *Abbildung 6*).

Mittelwertvergleichstests zeigen bei den Bedienkunden weder hinsichtlich der interaktionsbezogenen, noch hinsichtlich der übrigen Indikatoren der Kundenzufriedenheit signifikante Unterschiede in der Zufriedenheit der beiden Kundengruppen. Bei den Selbstbedienungskunden weist als einziger Zufriedenheitsindikator die Freundlichkeit des Personals mit einer Irrtumswahrscheinlichkeit von 4,7 % einen signifikanten Unterschied zwischen den Kunden zufriedener und unzufriedener Mitarbeiter aus. Dabei

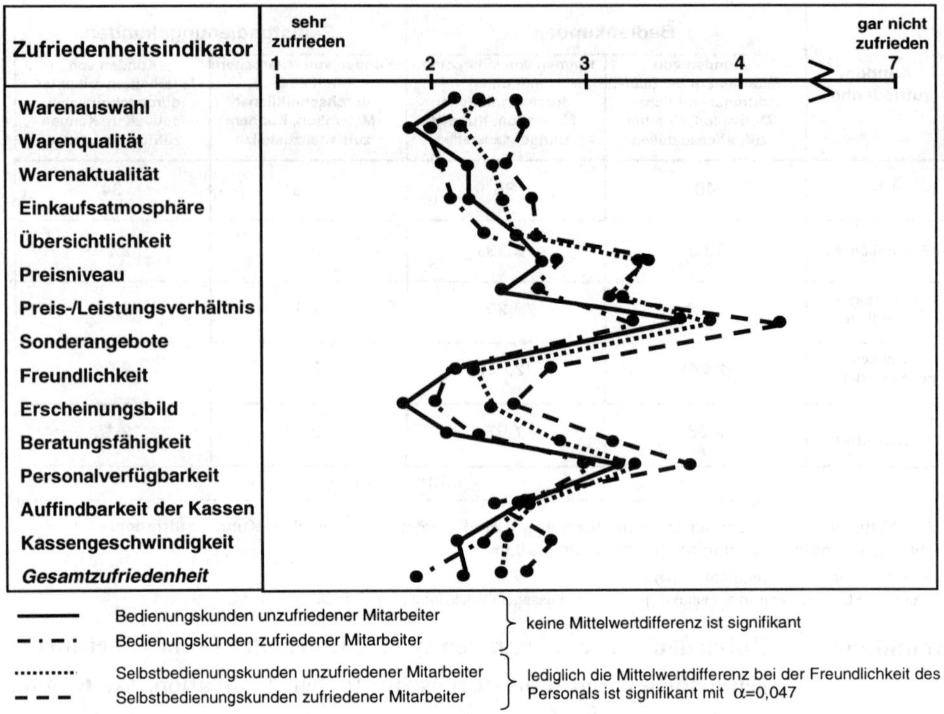

Abbildung 6: Zufriedenheit von Kunden zufriedener und unzufriedener Mitarbeiter

werden unzufriedene Mitarbeiter freundlicher beurteilt als zufriedene Mitarbeiter. Eine ergänzend durchgeführte Korrelationsanalyse zeigt hingegen keinen signifikanten Zusammenhang zwischen der Freundlichkeit des Personals und der Gesamtarbeitszufriedenheit. Das Ergebnis des Mittelwertvergleichstests muß daher nicht zuletzt vor dem Hintergrund der mangelnden theoretischen Fundierung dieses Ergebnisses als Methodenartefakt interpretiert werden.

Die bisherigen Ausführungen bezogen sich ausschließlich auf Kundengruppen, die auf Basis der Gesamtarbeitszufriedenheit des an der Interaktion beteiligten Mitarbeiters gebildet wurden. In weiterführenden Analysen wurden darüber hinaus für jede einzelne Dimension der Arbeitszufriedenheit Korrelationsanalysen durchgeführt sowie die beiden Kundengruppen gebildet und die entsprechenden Mittelwerte verglichen. Dieses Vorgehen ermöglichte die Überprüfung, ob einzelne Dimensionen der Arbeitszufriedenheit einen Einfluß auf die Kundenzufriedenheit ausüben. Auch diese Untersuchungen lieferten weder bei den Mittelwertvergleichstests noch im Rahmen der Korrelationsanalysen einen Anhaltspunkt dafür, daß die Arbeitszufriedenheit einen Einfluß auf die Kundenzufriedenheit mit dem Interaktionsverhalten des Mitarbeiters ausübt. In Anbetracht dieser Untersuchungsergebnisse kann es als bestätigt angesehen werden, daß die Arbeitszufriedenheit keinen signifikanten Einfluß auf die Kundenzufriedenheit mit dem Interaktionsverhalten des Personals ausübt. Damit ist unmittelbar nachvollziehbar, daß gleichfalls kein Einfluß der Arbeitszufriedenheit auf die Gesamtkundenzufriedenheit nachgewiesen werden kann, wie dies entsprechende weiterführende Analysen bestätigen.

4 ZUSAMMENFASSENDE WÜRDIGUNG DER UNTERSUCHUNGSERGEBNISSE

Sowohl in der Unternehmenspraxis als auch in der Marketingwissenschaft wird vielfach die These vertreten, daß die Kundenzufriedenheit wesentlich durch die Arbeitszufriedenheit des den Kunden bedienenden Mitarbeiters determiniert wird. Argumentiert wird dabei meist, daß die Mitarbeiterinteraktion ein wesentlicher Einflußfaktor der Kundenzufriedenheit sei und daß nur zufriedene Mitarbeiter motiviert genug seien, die Kunden zufriedenstellend zu bedienen. Eine theoretische oder empirische Fundierung findet diese These in der Regel jedoch nicht.

Vor diesem Hintergrund wurde im vorliegenden Beitrag zunächst unter Zugrundelegung von VROOM´s Instrumentalitätstheorie der Einfluß der Arbeitszufriedenheit auf die Mitarbeitermotivation, den Kunden zufriedenzustellen, analysiert. Es konnte dabei aufgezeigt werden, daß einerseits Anhaltspunkte für die sog. Kuh–soziologische These existieren, nach der die Zufriedenheit der Mitarbeiter deren Arbeitsmotivation steigert. Andererseits sind jedoch in Abhängigkeit von der individuellen Valenz, Instrumentalität und Erwartung durchaus Situationen denkbar, in denen eine geringe Arbeitszufriedenheit die Mitarbeitermotivation steigert. Darüber hinaus ist zu bedenken, daß die Mitarbeitermotivation nur eine von mehreren Determinanten der objektiven Arbeitsleistung ist. Die situativen Rahmenbedingungen der Kunde–Mitarbeiter–Interaktion beeinflussen ebenso das Interaktionsverhalten des Mitarbeiters wie dessen individuellen Fähigkeiten und Fertigkeiten. Schließlich ist zu berücksichtigen, daß ein objektiv identisches Interaktionsverhalten eines Mitarbeiters bei unterschiedlichen Kunden sowohl zur Zufriedenheit als auch zur Unzufriedenheit beitragen kann. Auf Basis dieser theoretischen Überlegungen wurde die Hypothese aufgestellt, daß ein Einfluß der Arbeitszufriedenheit auf die Kundenzufriedenheit empirisch nicht nachweisbar ist.

Die Ergebnisse der auf der theoretischen Analyse aufbauenden empirischen Untersuchung bestätigten diese Hypothese. Zwar konnte aufgezeigt werden, daß die Mitarbeiterinteraktion einen wesentlichen Einfluß auf die Kundenzufriedenheit im Warenhaus ausübt. Es konnte jedoch ein insgesamt nur sehr schwacher Einfluß der Arbeitszufriedenheit auf die Arbeitsmotivation, die Kunden zufriedenzustellen, nachgewiesen werden. Angesichts der theoretischen Überlegungen ist aus diesem Ergebnis jedoch nicht zu schließen, daß auf der Individualebene des Mitarbeiters nur ein schwacher Kausalzusammenhang zwischen der Arbeitszufriedenheit und der Arbeitsmotivation existiert. Vielmehr ist davon auszugehen, daß sich die Arbeitszufriedenheit bei einer Gruppe von Mitarbeitern positiv und bei einer anderen Gruppe negativ auf die Arbeitsmotivation auswirkt. Aus den empirischen Ergebnissen kann jedoch geschlossen werden, daß die Arbeitszufriedenheit einen *überwiegend* positiven Einfluß auf die Arbeitsmotivation, Kunden zufriedenzustellen, ausübt. Ein Einfluß der Arbeitsmotivation, Kunden zufriedenzustellen, auf die Kundenzufriedenheit mit dem Interaktionsverhalten des Mitarbeiters ist empirisch weder bei den Bedienkunden noch bei den Selbstbedienungskunden nachweisbar, wodurch die theoretischen Überlegungen auch zu dieser Fragestellung Bestätigung finden.

Die Ergebnisse der theoretischen und empirischen Untersuchung spiegeln nicht die vor allem in der Unternehmenspraxis weit verbreitete Meinung wider, nach der die Mitarbeiterzufriedenheit die Kundenzufriedenheit positiv beeinflußt. Die Wahrscheinlichkeit ist daher groß, daß die Ergebnisse bzw. die ihnen zugrundeliegende Methodik der empirischen Untersuchung in Frage gestellt werden. Vielfach dürfte dabei auf Basis „eigener Erfahrungen" argumentiert werden, daß Fälle bekannt seien, in denen die Arbeitszufriedenheit eines Mitarbeiters dessen Arbeitsleistung positiv beeinflusse. Dem ist zu entgegnen, daß diese persönlichen Erfahrungen des einzelnen keineswegs in Widerspruch zu den vorliegenden Untersuchungsergebnissen stehen. Die Untersuchungsergebnisse verdeutlichen vielmehr, daß dem positiven Einfluß der Arbeitszufriedenheit auf die Arbeitsmotivation bei einzelnen Mitarbeitern ein positiver Einfluß der Arbeits*un*zufriedenheit auf die Arbeitsmotivation bei anderen Mitarbeitern gegenübersteht.

Als weitere Kritik an der vorliegenden empirischen Studie könnte vorgebracht werden, daß die Analyse des Einflusses der Arbeitszufriedenheit auf die Kundenzufriedenheit nur dann zu aussagekräftigen Ergebnissen komme, wenn die Zufriedenheit der Kunden von Mitarbeitern mit identischen Fähigkeiten und Fertigkeiten verglichen werde und die situativen Rahmenbedingungen sowie die Erwartungen der Kunden konstant gehalten würden. Dieser Forderung nach einer ceteris paribus Situation aller übrigen Einflußgrößen der objektiven sowie der vom Kunden subjektiv wahrgenommenen Interaktionsleistung des Mitarbeiters ist jedoch nur zuzustimmen, wenn es das Ziel der vorliegenden Untersuchung gewesen wäre, für jeden einzelnen Mitarbeiter den Einfluß der Arbeitszufriedenheit auf die Kundenzufriedenheit zu ermitteln. Dies war jedoch nicht das Ziel der Untersuchung. Es sollte vielmehr theoretisch und empirisch aufgezeigt werden, daß die Arbeitszufriedenheit der Mitarbeiter eines Handelsunternehmens keine *wesentliche* Determinate und damit auch keine Voraussetzung für die Kundenzufriedenheit mit Handelsunternehmen ist.

Trotz der vorliegenden Untersuchungsergebnisse soll die Relevanz der Arbeitszufriedenheit für das Handelsmanagement keineswegs in Frage gestellt werden. Während die Forschungen der Arbeits- und Organisationspsychologie in zahlreichen empirischen Studien analog zu den vorliegenden Untersuchungsergebnissen i.d.R. keinen Einfluß der Arbeitszufriedenheit auf die Arbeitsleistung eines Mitarbeiters nachweisen konnte, gilt der Einfluß der Arbeitszufriedenheit auf den Absentismus und die Fluktuation der Mitarbeiter als gesichert (Bruggemann/Groskurth/Ulich 1975, S. 138 ff.). Über die damit verbundenen Kosten trägt die Arbeitszufriedenheit unmittelbar zum Erfolg eines Handelsunternehmens bei.

Auch sollten die Untersuchungsergebnisse nicht dahingehend fehlinterpretiert werden, daß keine Wirkungsbeziehungen zwischen Kundenzufriedenheit und Arbeitszufriedenheit existieren. Breiter angelegte Studien zum Zusammenhang der beiden Zufriedenheitsurteile deuten vielmehr darauf hin, daß die Zufriedenheit der Kunden eines Handelsunternehmens wesentlich die Arbeitszufriedenheit der dort tätigen Mitarbeiter beeinflußt. Zudem existieren moderierende Variablen, wie z.B. die Personalintensität, die sowohl die Kundenzufriedenheit als auch die Arbeitszufriedenheit determinieren (Schwetje 1999).

LITERATUR

Atkinson, J.W.: Einführung in die Motivationsforschung, Stuttgart 1975.

Berekoven, L.: Erfolgreiches Einzelhandelsmarketing, München 1990.

Bettencourt, L.A.: The Service–Oriented Citizenship Performance of Customer–Contact Employees, Ann Arbor 1998.

Bruggemann, A.: Zur Unterscheidung verschiedener Formen von "Arbeitszufriedenheit". In: Arbeit und Leistung, Jg. 28, 1974, S. 281–284.

Bruggemann, A.; Groskurth, R., Ulich, E.: Arbeitszufriedenheit, Bern 1975.

Büker, B.: Warenhausmanagement – Das Comeback eines Handelsklassikers. In: IfM–News, H. 3, 1996, S. 14–21.

Comelli, G.; Rosenstiel, L. von: Führung durch Motivation, München 1995.

Day, R. L.: The Next Step: Commonly Accepted Constructs for Satisfaction. Paper Presented at the Seventh Annual Conference of Consumer Satisfaction/Dissatisfaction and Complaining Behavior, Knoxville 1982.

Fischer, l.; Wiswede, G.: Grundlagen der Sozialpsychologie, München u.a. 1997.

Frechen, J.: Optionen zur erfolgreichen Positionierung von Warenhäusern. Optionen in schrumpfenden und stagnierenden Märkten, Frankfurt a.M. 1998.

Gebert, S.; Rosenstiel, L. von: Organisationspsychologie: Person und Organisation, 4. Aufl., Stuttgart u.a. 1996.

Hackman, J. R.: Tasks and Task Performance in research on stress. In: McGrath, J.E. (Hrsg.): Social and psychological factors in stress, New York 1970, S. 212–237.

Heckhausen, H.: Motivation und Handeln, 2. Aufl., Berlin 1989.

Henemann, H. H.; Schwab, D. P.: Evaluation of research on expectancy theory of employee performance. In: Psychological Bulletin, Vol. 78, 1972, S. 1–9.

Homburg, C.; Rudolph, B.: Theoretische Perspektiven zur Kundenzufriedenheit. In: Simon, H., Homburg, C. (Hrsg.): Kundenzufriedenheit. Konzepte – Methoden – Erfahrungen, 3. Aufl., Wiesbaden 1998.

Hoyos, C.: Arbeitspsychologie, Stuttgart 1974.

Kaas, K. P.; Runow, H.: Wie befriedigend sind die Ergebnisse der Forschung zur Verbraucherzufriedenheit. In: DBW, Jg. 44, H. 3, 1984, S. 451–460.

Kroeber–Riel, W.; Weinberg, P.: Konsumentenverhalten, 6. Aufl., München 1996.

Malewski, A.: Verhalten und Interaktion, Tübingen 1967.

March, J.; Simon, H. A.: Organization, New York 1958.

Meffert, H.; Schwetje, Th.: Meßprobleme der Kundenzufriedenheit – Erfahrungen aus einem Marktforschungsprojekt. In: Erichson, B., Hildebrandt, L. (Hrsg.): Probleme und Trends in der Marketingforschung, Stuttgart 1998, S. 73–93.

Meyer, A.; Dornach, F.: Das Deutsche Kundenbarometer 1996. In: Deutscher Marketing–Verband, Deutsche Post AG (Hrsg.): Das Deutsche Kundenbarometer 1996, München 1996.

Mitchell, T. R.; Biglan, A.: Instrumentality theories: Current issues in psychology. In: Psychological Bulletin, Vol. 76, 1971, S. 432–454.

Müller–Böling, D.: Anforderungen an Tests zur Messung der Arbeitszufriedenheit für die Anwendung in der betrieblichen Praxis. In: Fischer, L. (Hrsg.): Arbeitszufriedenheit, Stuttgart 1991, S. 213–232.

Müller–Hagedorn, L.: Der Handel, Stuttgart u.a. 1998.

Neuberger, O.: Führungsverhalten und Führungserfolg, Berlin 1976.

Oliver, R.L.; DeSarbo, W.S., Response Determinants in Satisfaction Judgement. In: JoCR, Vol. 14, March 1988, S. 495–507.

Peccei, R.; Rosenthal, P.: The antecedents of employee commitment to customer service: evidence from a UK service context. In: IJoHRM, Vol. 8, No. 1, 1997, S. 66–86.

Porter, L. W.; Hackman, J. R.: Behavior in organizations, New York 1975.

Price, L. L.; Arnould, E. J.; Deibler, S. L.: Consumers´ emotional responses to service encounters. In: IJoSIM, Vol. 6, No. 3, 1995, S. 34–63.

Rosenstiel, L. von: Die motivationalen Grundlagen des Verhaltens in Organisationen: Leistung und Zufriedenheit, Berlin 1975.

Rucci, A. J.; Kirn, S. P.; Quinn, R. T.: The Employee–Customer–Profit Chain at Sears. In: HBR, Vol. 76, No. 1, 1998, S. 82–97.

Schütze, R.: Kundenzufriedenheit: After–Sales–Marketing auf industriellen Märkten, Wiesbaden 1992.

Schwetje, T.: Kundenzufriedenheit und Arbeitszufriedenheit bei Dienstleistungen – Ein

Ansatz zur Erklärung und Operationalisierung der Beziehungen am Beispiel des Handels, Wiesbaden 1999 (im Druck).

Six, B.; Eckes, A.: Der Zusammenhang von Arbeitszufriedenheit und Arbeitsleistung – Resultate einer metaanalytischen Studie. In: Fischer, L. (Hrsg.), Arbeitszufriedenheit, Stuttgart 1991, S. 21–46.

Spector, P. E.: Job Satisfaction: Application, Assessment, Cause and Consequences, Thousand Oaks u.a. 1997.

Stauss, B.: Kundenzufriedenheit. In: Marketing ZFP, Jg. 21, H. 1, 1999, S. 5–24.

Töpfer, A.: Zufriedene Mitarbeiter = zufriedene Kunden. In: Zentes, J. (Hrsg.): Mitarbeiterzufriedenheit = Kundenzufriedenheit. Eine Wechselbeziehung?, Mainz 1997, S. 20–48.

Vom Holtz, R.: Der Zusammenhang zwischen Mitarbeiterzufriedenheit und Kundenzufriedenheit, München 1997.

Vroom, V. H.: Work and motivation, New York 1964.

Wagner, H.: Marktorientierte Unternehmensführung versus Orientierung an Mitarbeiterinteressen, Shareholder–Value und Gemeinwohlverpflichtung. In: Bruhn, M., Steffenhagen, H. (Hrsg.): Marktorientierte Unternehmensführung: Reflexionen – Denkanstöße – Perspektiven, Wiesbaden 1997, S. 87–102.

Westbrook, R. A.: Sources of Consumer Satisfaction with Retail Outlets. In: JoR, Vol. 57, No. 3, 1981, S. 68–85.

Ansatzpunkte zur Steigerung der Leistungsqualität am Point of Sales – Ergebnisse einer empirischen Studie zur Wahrnehmung der Leistungsqualität in SB–Warenhäusern

Thomas Rudolph, Marc Schmickler, St. Gallen

Reserven der Leistungssteigerung am Point of Sales liegen in einer „besseren" Ansprache des Kunden. Dafür sind Profilierungsinstrumente kunden– und marktgerecht zu kombinieren. Die kundengerechte Selektion und Kombination von Profilierungsmassnahmen setzt Kenntnisse über grundsätzliche Einstellungen und Wahrnehmungsmuster der Kunden voraus. Vor diesem Hintergrund zielt die Befragung von Kunden im britischen, deutschen und schweizerischen Einzelhandel darauf ab, erstens grundsätzliche Verhaltensweisen beim Kauf von Lebensmitteln zu identifizieren, zweitens Stärken und Schwächen von SB–Warenhausbetreibern zu erkennen und drittens Ansatzpunkte zur Steigerung der Leistungsqualität am POS aufzuzeigen. Letztere gilt es, im Rahmen von POS–relevanten Projekten systematisch zu erschließen.

1 DIE ORIENTIERUNG AM KUNDEN ALS META–HERAUSFORDERUNG FÜR DEN HANDEL

In vielen Branchen des Einzelhandels tobt ein unerbittlicher Kampf um die Gunst der Konsumenten. Einige Unternehmen sind bemüht, dem Konsumenten ein einzigartiges Leistungsspektrum zu bieten, welches sie unverwechselbar und einzigartig erscheinen läßt. Andere Anbieter suchen Ihren Vorteil in der Kopie eines erfolgreichen Originals, dem sie konzeptionell nacheifern und sich von vorne herein mit der eigenen Koexistenz abfinden. Beide Ansätze implizieren, daß die „relative" Leistung in bezug auf das Leistungsangebot der Konkurrenz für den Handel von herausragender Bedeutung ist.

Aktivitäten des Einzelhandels scheinen meist taktisch geprägt und eher kurzfristig wirksam. So lösen Aktionen eines Markteilnehmers in der Regel innerhalb kürzester Zeit eine Gegenreaktion aus. Eindrücklich erleben wir dies bei der nahezu tagesaktuellen Preisgestaltung im Lebensmitteleinzelhandel. Die Geschwindigkeit von Veränderungen steigt ständig an, bis sie außerhalb des Kontrollbereiches einer einzelnen Unternehmung liegt. Der Hyperwettbewerb erlaubt es dem einzelnen Unternehmen dabei nur in geringem Maße, Konsumentenrente abzuschöpfen.

Zahlreiche Handelsexperten räumen ein, daß man sich in den vergangenen Jahren zu intensiv mit Verbesserungen auf der Kostenseite beschäftigt habe. Dadurch wurden zwar Kosten eingespart, doch aufgrund von „diabolischen" Preiskämpfen (vgl. Rudolph, 1995) verbesserte sich das Unternehmensergebnis nur selten. Es liegt die Erkenntnis nahe, daß im Vergleich zu den Rationalisierungsbemühungen zu wenige kundenorientierte Innovationen durchgesetzt wurden. Wachstum findet schließlich nur dort statt, wo man es versteht, seine Kunden zu binden oder bestehende Beziehungen besser auszuschöpfen. Loyal verhält sich König Kunde aber nur dann, wenn es gelingt, ihn zu begeistern oder zu überraschen. Aktuelle Schlagworte sind Service- und Dienstleistungen, Convenience oder Frische. Doch verweisen die genannten Begriffe lediglich auf Fragmente des Marktauftritts. Die zentrale Herausforderung für das Handelsmanagement besteht darin, dem Kunden ein „Profil" anzubieten, das ihn anspricht und in die Verkaufsstelle führt (vgl. Rudolph, 1997). Dazu ist es erforderlich, Marketingakzente auszuwählen und geschickt zu kombinieren. Um beispielsweise dem Anspruch „frischer als die Konkurrenz" gerecht zu werden, sind u. a. eine große Auswahl an „Obst und Gemüse", ein freundliches Ladenlayout sowie Frische-Garantien aufeinander abzustimmen. Das Gesamtimage einer Verkaufsstelle setzt sich aus vielen Elementen zusammen. In seiner Beurteilung differenziert der Kunde zwischen verschiedenen Aspekten der Sortiments-, Preis- oder Personalpolitik und gewichtet diese nach Maßgabe seiner individuellen Präferenzordnung.

2 KONZEPTIONELLES MODELL ZUR OPERATIONALISIERUNG DER WAHRGENOMMENEN LEISTUNGSQUALITÄT AM POINT OF SALES

Den generischen Wettbewerbsstrategien *Porters* folgend lassen sich drei grundsätzliche strategische Dimensionen unterscheiden: Kosten- und Qualitätsführerschaft sowie Konzentrations- bzw. Nischenstrategien (vgl. Porter, 1987, S. 62 ff.). Diese Wettbewerbsstrategien erlauben eine Überlegenheit im Leistungsprofil, welche sich durch die Gewährleistung hoher (Prozeß–)Qualität und innovativer Leistung ausdrückt. Dabei dienen Innovativen in erster Linie dazu, „neue“ Qualitätsdimensionen zu schaffen.

Die besondere Bedeutung der Qualitätsorientierung wurde vor allem durch die Ergebnisse der *PIMS–Studie* des *Strategic Planning Institute* unterstrichen. Die Qualitätsorientierung erwies sich als wesentlicher Erfolgsfaktor und somit als zentrale Strategiedimension (vgl. Buzzel; Gale, 1987, S. 30 ff.; Büker, 1991, S. 4). Das Streben nach Qualität ist mit der Absicht verbunden, dem Kunden eine aus seiner Sicht überlegene Leistungsqualität bezogen auf Primär– und Sekundärleistung anzubieten. Dabei wird insbesondere im Marketing von einem *teleologischen* Qualitätsbegriff (vgl. Nieschlag; Dichtl; Hörschgen, 1994, S. 212) ausgegangen. Das Qualitätsurteil des Kunden reflektiert somit neben objektiven Bezugsgrößen auch eine subjektive Bewertung vor dem Hintergrund individueller Nutzenerwartungen. Die Qualität entspricht somit dem Grad der Eignung für intendierte Verwendungszwecke. Im Vordergrund steht das subjektive Qualitätsempfinden des Kunden (vgl. Grönroos, 1990, S. 36 ff.). Nach *Grönroos* bestimmt sich die Leistungsqualität als Resultat eines Vergleichs zwischen erwarteter und tatsächlich erlebter Leistung (vgl. Grönroos, 1984, S. 36 ff.).

Grönroos unterscheidet zwei Qualitätsdimensionen: Die *technische* (Tech Quality) und die *funktionale (Touch Quality)* Qualitätsdimension. Die technische Qualitätsdimension beschreibt den eigentlichen Inhalt einer Leistung in quantitativer und qualitativer Hinsicht. Die funktionale Qualitätsdimension steht dagegen für das „Wie“ der Darbietung und ist in stärkerem Maße subjektiv geprägt (vgl. Grönroos, 1985, S. 41). Einen großen Einfluß besitzt dabei das Image des Dienstleisters. Das Image fungiert als Filter bezüglich der Wahrnehmungen und wird selbst zu einem Bestandteil der Qualität.

Das Gap–Modell zur Service– und Dienstleistungsqualität von *Parasuraman, Zeithaml, Berry* basiert auf einer explorativen Studie, welche vier Dienstleistungsunternehmen aus verschiedenen Branchen umfaßte (vgl. auch zum folgenden Parasuraman; Zeithaml; Berry, 1984, S. 5). Auch dieses Modell zielt darauf ab, Zusammenhänge aufzuzeigen, welche ein Qualitätsurteil von Dienstleistungen bedingen. Auf Basis der grundsätzlichen Diskrepanz von Anbieter– und Nachfragerurteil generierten die Autoren ein Qualitätsmodell, welchem wie bei *Grönroos* ein kundenorientierter Qualitätsbegriff zugrundeliegt (vgl. Güthoff, 1995, S. 69). Auch hier wird die Dienstleistungsqualität als ein globales Konstrukt verstanden, welches sich aus der Differenz zwischen erwarteter und wahrgenommener Leistung ergibt (vgl. auch zum folgenden Büker, 1991, S. 65). Die Leistungsqualität basiert dabei auf dem Konstrukt der Kundenzufriedenheit. Die Zufriedenheit bezieht sich auf einzelne Teilleistungen, aus der im Laufe der Zeit die wahrgenommene Qualität resultiert.

Im Rahmen der vorliegenden Untersuchung wird dem Verständnis eines kundenorientierten Qualitätsbegriffes entsprochen. Die wahrgenommene Leistungsqualität resultiert aus dem Vergleich von erwarteter und tatsächlich erlebter Leistung, d. h. die Wahrnehmung der Leistungsqualität setzt ein konkretes Konsumerlebnis voraus.

Im Handel lassen sich Kundenwahrnehmungen auf acht Faktoren verdichten. Diese bestimmen umfassend die Leistungswahrnehmung am POS. Kunden beurteilen Verkaufsstellen nach der Preis–, Sortiments–, Service–, Personal–, Technologieleistung sowie der Ladengestaltungs–, Standort– und Werbeattraktivität (vgl. Rudolph, 1993, S. 109 ff.). Die genannten acht Faktoren der Kundenwahrnehmung bilden den Mittelpunkt des in *Abbildung 1* dargestellten Modells. Es handelt sich hierbei um die Bestimmungsfaktoren der Leistungsqualität. Das Modell dient als konzeptionelle Grundlage der in Abschnitt 3 beschriebenen empirischen Untersuchung.

3 EMPIRISCHE UNTERSUCHUNG ZUR STEIGERUNG DER LEISTUNGSQUALITÄT AM POINT OF SALES

3.1 Untersuchungsdesign zur Kundenbefragung

Die Erfassung von Kaufeinstellungen, wahrgenommenen Stärken und Schwächen am POS sowie möglichen Ansatzpunkten zur Steigerung der Leistungsqualität am POS bilden das Erkenntnisziel der nachfolgend dargestellten empirischen Untersuchung. Die durchgeführten Kundenbefragungen konzentrierten sich auf großflächige Verkaufsstellen, die dem Charakter der Betriebsform SB–Warenhaus entsprechen. Alle ausgewählten Verkaufsstellen bieten dementsprechend sowohl Food– als auch Non–Food–Produkte außerhalb der Innenstadt in großer Auswahl und zu günstigen Preisen an. Die Beschränkung auf die Betriebsform des SB–Warenhauses war notwendig, weil bestehende empirische Untersuchungen zur Verkaufsstellenwahrnehmung zu dem Ergebnis kamen, daß der Kunde eine betriebsformenspezifische Erwartungshaltung besitzt (vgl. Krafft; Albers, 1996, S. 125 ff.; Banfi; Maggi, 1991, S. 1–10; Rudolph, 1993, S. 214 ff.).

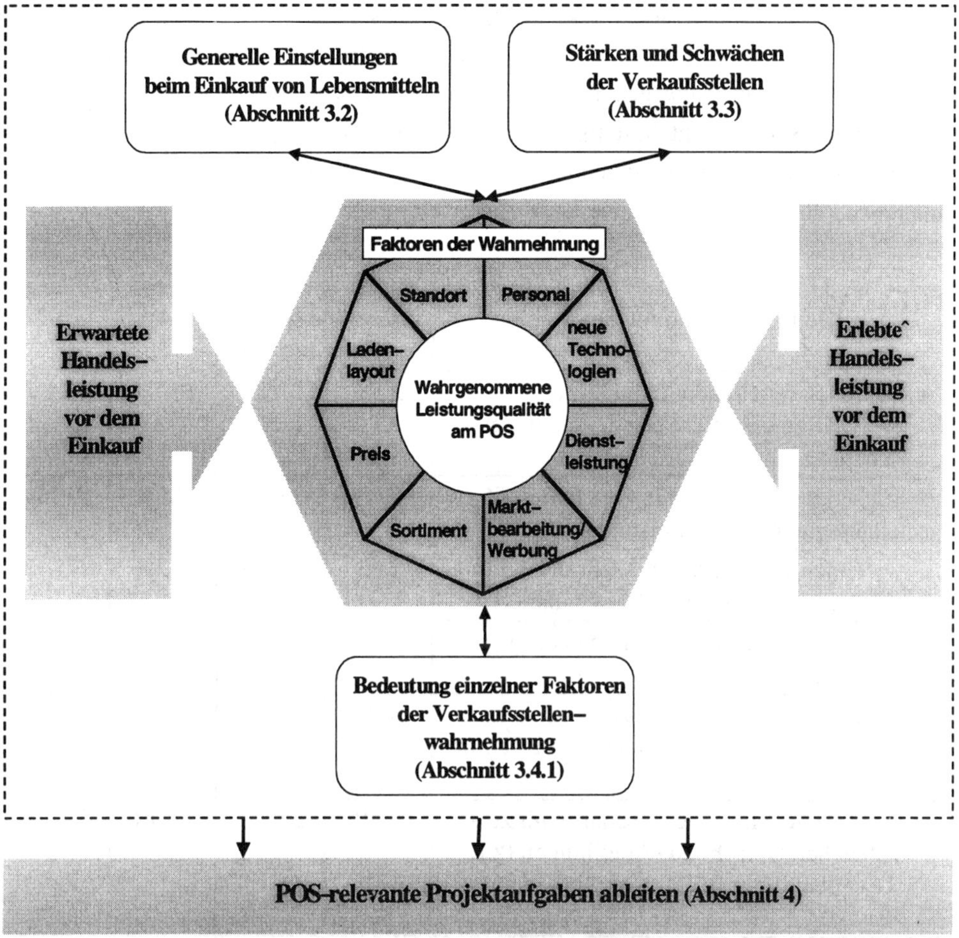

Abbildung 1: Konzeptionelles Modell zur Wahrnehmung der Leistungsqualität am POS

Die Befragungen fanden in Deutschland, Großbritannien und in der Schweiz statt, wobei in jedem Land jeweils 10 Verkaufsstellen Berücksichtigung fanden. Insgesamt gaben 2635 Kunden in 30 Verkaufsstellen Auskünfte über ihr Kauf- und Konsumverhalten, Stärken und Schwächen der Verkaufsstellen sowie über Ansatzpunkte zur Leistungssteigerung am POS.

3.2 Generelle Einstellungen des Kunden beim Einkauf von Lebensmitteln

Die erste Frage des Kundenfragebogens zielte darauf ab, grundsätzliche Einstellungen und deren Veränderungen beim Kauf von Lebensmitteln zu beschreiben. Die Ergebnisse zu dieser Frage sind in *Abbildung 2* dargestellt.

Rund 74% der Befragten kaufen regelmäßig in mehreren Geschäften ein (vgl. Statement A). Der hohe Prozentsatz deutet auf eine hohe wahrgenommene Austauschbarkeit alternativer Anbieter hin. Eine generelle Abnahme der Geschäftstreue kann auf Basis der vorliegenden Studie nicht bestätigt werden. Zweifelsfrei ist jedoch die Abnahme der Verkaufsstellenloyalität bei den untersuchten Verkaufsstellen. Der Kunde vergleicht zunehmend die Angebote mehrerer Anbieter.

	Beim Lebensmittelkauf ...	Mittel-wert	stimme zu (1–3)	neutral (4)	lehne ab (5–7)
A	kaufe ich regelmäßig in mehreren Geschäften ein (nicht nur in einem Geschäft).	2.58	74.2%	10.7%	15.2%
B	suche ich in erster Linie Geschäfte mit einem guten Preis–/Leistungsverhältnis.	2.03	83.3%	7.5%	9.1%
C	suche ich Geschäfte, die mehr als nur gute Produkte zu günstigen Preisen anbieten.	2.33	79.2%	9.7%	11.1%
D	richte ich mich stark nach den Aktionsangeboten im Geschäft.	3.02	62.3%	16.5%	21.2%
E	Machen mich große Preisaktionen eher skeptisch, da vermutlich das restliche Sortiment überteuert ist.	3.95	43.0%	20.7%	36.3%
F	Bevorzuge ich große Geschäfte mit zusätzlichen Non–Food–Abteilungen (z.B. Textilien, Elektro, Heimwerkerbedarf usw.).	3.50	52.8%	15.0%	32.2%
G	bin ich generell mit der Handelsleistung voll zufrieden. Eine Steigerung ist kaum noch möglich.	3.20	60.4%	19.9%	19.7%
H	fühle ich mich unwohl. Es ist für mich ein lästiges Übel, Lebensmittel einzukaufen.	4.74	30.1%	13.5%	56.4%
I	Beurteile ich in den großen Geschäften die Non–Food–Abteilungen weniger attraktiv als die Food–Abteilung.	3.99	40.0%	25.2%	34.8%

Lesebeispiel: Die meiste Zustimmung erhielt das Item C (kleinster Mittelwert mit 2,03). Dabei kreuzten 83,3% von 2635 Befragten 1 bis 3 ("stimme zu") an, 7,5% kreuzten 4 ("neutral") an, und 9,1% kreuzten 5 bis 7 ("lehne ab") an.

Abbildung 2: Generelle Einstellungen beim Lebensmitteleinkauf

Über 80% der Kunden legen beim Einkaufen den größten Wert auf ein gutes Preis–/Leistungsverhältnis (vgl. Statement B). Dies ist Ausdruck des sogenannnten Smart–Shopper–Phänomens. Smart–Shopper suchen Markenartikel zu Discountpreisen (vgl. Zentes, 1996, S. 228 ff.). Die zunehmende Anzahl von Aktionsangeboten sowie die Liberalisierung in der Preisgestaltung fördern diese Entwicklung. Trotz der großen Bedeutung des Preis–/Leistungsverhältnisses sucht der "clevere" Kunde den Zusatznutzen im Sinne eines "sowohl als auch". Die Anforderungen an das Handelsmanagement steigen dadurch erheblich. Es gilt, Kostenführerschaft und Innovationsvorteile gegenüber Konkurrenten simultan zu realisieren.

Die Gesamtzufriedenheit der Kunden mit den Leistungen des Handels fiel durchschnittlich aus (vgl. Statement G). Knapp 20% der Befragten waren mit dem Leistungsangebot eher unzufrieden. Der Mittelwert von 3,2 deutet auf erhebliche Steigerungsmöglichkeiten hin und korrespondiert mit den Ergebnissen des deutschen Kundenbarometers (vgl. Meyer; Dornach, 1995). Immerhin 30% der Kunden empfanden den Lebensmitteleinkauf als lästiges Übel. Vor diesem Hintergrund könnten alternative Formen der Distribution von Lebensmitteln, wie z.B. Heimlieferdienste oder Online–Shopping, die dem Kunden Entlastung und Bequemlichkeit beim Einkaufen versprechen, erhebliche Marktanteile gewinnen.

Das Antwortverhalten der befragten Konsumenten war in allen Ländern ähnlich. Die Suche nach Produkten, welche in erster Linie ein sehr gutes Preis–/Leistungsverhältnis aufweisen, dominierte in Deutschland sowie in der Schweiz. In Großbritannien weicht das Ergebnis in dieser Hinsicht signifikant ab.

Der britische Konsument erwartet vom Handel erheblich mehr als nur gute Produkte zu günstigen Preisen, was u. a. mit den Positionierungserfolgen britischer Lebensmittelhändler zu erklären ist. Neben der vorzüglichen Produktequalität offerieren britische Supermarkt– und Verbrauchermarkt–Betreiber nicht nur „value for money“, sondern zusätzlich ein attraktives Service– und Dienstleistungsangebot. Der Wunsch nach Zusatznutzen über das sehr gute Preis–/Leistungsverhältnis hinaus nimmt in Deutschland sowie in der Schweiz ebenfalls einen hohen Stellenwert ein, wenn auch nicht in dem gleichen Ausmaß wie in Großbritannien. Dieser Hinweis verstärkt den Druck, Rationalisierungsreserven konsequent auszuschöpfen und gleichzeitig die Profilierungsanstrengungen zu forcieren. Als besonders zentral erweist sich diese Forderung für deutsche Handelsmanager. Preiskämpfe finden in Deutschland bei Konsumenten große Resonanz.

Diese Schlußfolgerung basiert auf den Ergebnissen der Kundenbefragung, denn nach ihr achten deutsche Konsumenten signifikant stärker auf den Preis als ihre Nachbarn in der Schweiz und Großbritannien.

Die Erwartungen der britischen Konsumenten richten sich weniger auf den Preis. Statt dessen wünscht sich der britische Konsument eher zusätzliche wertschöpfende Leistungen. Trotz dieser „höheren“ Erwartungshaltung sind britische Kunden am zufriedensten, wenngleich an dieser Stelle keine signifikanten Aussagen getroffen werden können. Entsprechend dem zugrundeliegenden konzeptionellen Modell ergibt sich Zufriedenheit aus der wahrgenommenen Leistungsqualität. Letztere resultiert aus der Divergenz von erwarteter und erlebter Leistung. Somit erfüllt der britische Einzelhandel die Erwartungen seiner Kunden in höherem Maße als der deutsche und schweizer Einzelhandel. Dies liegt möglicherweise darin begründet, daß die überdurchschnittlichen britischen Service- und Dienstleistungen Kunden eher begeistern und positiv überraschen. Daraus resultiert zwangsläufig eine höhere Kundenzufriedenheit.

3.3 Stärken und Schwächen der untersuchten Verkaufsstellen aus Kundensicht

Ziel des folgenden Abschnitts ist es, positive sowie negative Aspekte der Verkaufsstellenwahrnehmung von SB–Warenhäusern zu erfassen. Um die Wahrnehmung der Verkaufsstellenleistung im Meinungsfeld der Konsumenten unmittelbar, d. h. ohne Verzerrungseffekte zu beschreiben, bot sich eine offene Fragestellung an. Der resultierende Fundus von Antworten wurde iterativ verdichtet. Zunächst erfolgte sowohl für die Stärken als auch für die Schwächen eine Grobkategorisierung, um die Einzelnennungen zu ordnen und das Bedeutungsgewicht einzelner Grobkategorien zu berechnen. Anschliessend wurde innerhalb der Grobkategorien eine Feinkategorisierung nach deskriptiven Gesichtspunkten durchgeführt. Stärken und Schwächen von SB–Warenhäusern werden oftmals sehr differenziert aus Kundensicht beschrieben. An dieser Stelle gilt es, grundsätzlich zwischen *Faktoren* und *Aspekten* der Verkaufsstellenwahrnehmung zu unterscheiden. Im Rahmen der Grobkategorisierung wurden Kundenantworten den acht **Faktoren** der Verkaufsstellenwahrnehmung zugeordnet. Anschließend erfolgte eine differenzierte Analyse verschiedener **Aspekte** innerhalb eines Faktors.

Die Antworten der Kunden beziehen sich ausnahmslos auf das Leistungsangebot am Point of Sales. Daher wurde die Grobkategorisierung anhand der acht Faktoren der Kundenwahrnehmung vorgenommen. Aus Sicht des Handelsmanagement lassen sich die acht Faktoren der Kundenwahrnehmung als Profilierungsinstrumente interpretieren.

Der Einsatz sowie die Gewichtung von Profilierungsinstrumenten orientiert sich an den Positionierungsentscheidungen, die sich wiederum an normativen Unternehmensentscheidungen ausrichten. Profilierungsinstrumente besitzen einen operativen Charakter und sollen dazu beitragen, Kundeninteresse, –zufriedenheit, –treue und ein positives Verkaufsstellenimage beim Kunden auszulösen (vgl. Rudolph, 1993, S. 317 ff.).

3.3.1 Stärken

Die Antworten der Probanden zu dieser Frage beschreiben typische Stärken von SB–Warenhäusern. Die Frage fördert Wettbewerbsvorteile zutage, die das Profil von SB–Warenhäusern nachhaltig prägen. Insgesamt gaben die Kunden 2646 positive Statements (Mehrfachnennungen waren möglich) ab.

Insgesamt 1078 der 2646 positiven Nennungen (Mehrfachnennungen waren möglich) entfallen auf das **Sortiment**. Knapp 75 % der 1078 positiven Sortimentshinweise betreffen die große Auswahl in SB–Warenhäusern. Lediglich 15 % der 1078 Probanden sprachen der Frischeabteilung eine Stärke zu. Nur wenige Kunden benannten eine bestimmte Food– oder Non–Food–Abteilung als Stärke von SB–Warenhäusern. Daraus kann der Schluß gezogen werden, daß nur wenige SB–Warenhausbetreiber das Potential der konsequenten Abteilungsprofilierung ausschöpfen.

Immerhin 717 positive Antworten entfielen auf die **Ladenatmosphäre**. Besonders schätzten die Kunden in diesem Zusammenhang die Bequemlichkeit im Geschäft (33,8 %), immaterielle Gestaltungselemente wie gute Luft, Licht und Sauberkeit (22,0%), gute Orientierung/Übersicht (18,1 %) und eine gute Raumaufteilung (18,7 %).

Auf den **Standort** entfielen 274 Nennungen. Dabei gefiel in erster Linie die Nähe zum Wohn– und Arbeitsort (39,1 %), gute und günstige Parkplätze (33,9 %) sowie ein attraktives Umfeld (21,2 %).

Nur 206 von 2646 Nennungen betrafen den **Preis**. Dabei schätzten die Befragten vor allem ein günstiges Preisniveau (84 %). Einzelne Produkte mit einem guten Preis–/Leistungsverhältnis wurden selten genannt (16 %).

188 Nennungen lobten ausdrücklich das **Personal**. In 79,8 % der Fälle bezog sich der Kunde auf die Freundlichkeit und zu 17,6 % auf die Fachkompetenz. Im Ländervergleich ergab sich eine ähnliche Verteilung.

Abbildung 3 beschreibt die zehn wichtigsten Aspekte der Verkaufsstellenwahrnehmung, welche unterschiedlichen Wahrnehmungsfaktoren angehören. Die aufgeführten Aspekte der Verkaufsstellenwahrnehmung begründen die erzielten Wettbewerbsvorteile von SB–Warenhäusern gegenüber anderen Betriebsformen. Auch in Zukunft muß das Handelsmanagement diese Erfolgsfaktoren ausschöpfen, zumal sie die Erwartungshaltung der Kunden repräsentieren.

3.3.2 Schwächen

Anschließend wurden die Kunden gebeten, störende Aspekte in der besuchten Verkaufsstelle zu benennen. Die genannten Schwachstellen liefern erste Hinweise zur Steigerung der Leistungsqualität am POS. Welche Bedeutung einzelnen Faktoren der Verkaufsstellenwahrnehmung zur Verbesserung der Verkaufsstellenattraktivität zukommt, kann aus den Antworten zu dieser Frage nicht entnommen werden, da der Proband keine Wertung seines Statements vornehmen mußte. Das Spektrum möglicher Störfaktoren kommt so voll zur Geltung. Dadurch gelingt es, Störgrößen zu erkennen, die der Kunde eventuell als nicht behebbar ansieht, und bei einer anderen Fragestellung erst gar nicht nennen würde. Insgesamt gaben die befragten Kunden 2208 negative Statements (Mehrfachnennungen waren möglich) ab.

Aspekt der Verkaufsstellenwahrnehmung mit Profilierungswirkung	**Anzahl der Nennungen** (Mehrfachnennungen waren möglich) N=2646
1. Auswahl / Vielfalt	802
2. Bequemlichkeit	242
3. Günstiges Preisniveau	173
4. Frische / Frischeabteilungen	163
5. Gute Luft / Licht / Sauberkeit	158
6. Freundliches Personal	150
7. Gute Orientierung / Übersicht	130
8. Gute Raumaufteilung / Ambiente	134
9. Wohn– / Arbeitsortnähe	107
10. Gute, günstige Parkplätze	93

Abbildung 3: Die zehn wichtigsten Aspekte der Verkaufsstellenwahrnehmung mit Profilierungswirkung

Die Hauptursachen der negativ empfundenen **Ladenatmosphäre** bilden die unzureichende bzw. fehlende Orientierung (23,5%) und Bequemlichkeit (19,8%) sowie die als negativ empfundene Kundenfrequenz (23,6%). Im Ländervergleich kam es insbesondere in der Schweiz und in Großbritannien zu Abweichungen vom Durchschnitt. So störten sich Schweizer Kunden hauptsächlich an der hohen Kundenfrequenz (34,8%) und britische Kunden an der fehlenden Bequemlichkeit (32,3%).

Wartezeiten an den Kassen (78,2%) begründen die Unzufriedenheit mit dem gebotenen **Service– und Dienstleistungsangebot**. An zweiter Stelle rangiert die schlechte Service und Dienstleistungsqualität (8,1%). Diese Feinkategorie umfaßt kritische Nennungen, die konkrete Service und Dienstleistungen außerhalb der Kassenleistung betreffen. Überproportional häufig war dies in der Schweiz der Fall. Bemerkenswert in diesem Zusammenhang ist die Tatsache, daß Kunden Wartezeiten an Bedienungstheken fast nicht kritisierten (1,4%).

Kritik am **Sortiment** resultiert insbesondere aus Regallücken (31,5%) und der mangelhaften Frische (28,9%). Aber auch offene Produktwünsche (15,7%) der Konsumenten, Kritik am Non–Food–Sortiment (12,7%) und die z. T. schlechte Sortimentsübersicht (11,2%) sind zu beachten. Abweichungen vom Länderdurchschnitt ergeben sich in der Schweiz. Dort fällt die Kritik am Non–Food–Sortiment (19,3%) und an der Sortimentsübersicht (17,5%) deutlich höher aus. Der britische Handel ist im Vergleich zu den beiden anderen Ländern weit stärker mit dem Problem von Regallücken (47,2%) konfrontiert.

Die Kritik am **Personal** verteilt sich schwerpunktmäßig auf folgende Aspekte: unfreundliches Personal (46,3%), zu geringe Fachkompetenz (26,5%) und zu wenig Personal (19,8%). Interessanterweise monieren Schweizer Kunden wesentlich häufiger über die Unfreundlichkeit des Personals (57,6%). Offensichtlich spielt dieser Aspekt in der Schweiz eine besonders wichtige Rolle, zumal die Personalfreundlichkeit und Fachkompetenz in der Schweiz aus Expertensicht überdurchschnittlich gut ausfällt. Die höhere Erwartungshaltung in der Schweiz führt selbst bei einer überdurchschnittlichen Serviceleistung zu einem schlechten Qualitätsurteil. Es wird deutlich, daß die länderspezifische Erwartungshaltung bei der Interpretation der Prozentzahlen zu berücksichtigen ist. Entsprechend dem dargestellten Modell (vgl. *Abbildung 1*) ergibt sich die Qualität aus dem Vergleich von erwarteter und erlebter Leistung. Bei höheren Erwartungen führt auch eine bessere Leistung nicht unbedingt zu einer besseren Wahrnehmung der Leistungsqualität.

Am **Standort** stört insbesondere das ungenügende Parkplatzangebot (61,4%). Weitere Aspekte sollen ebenso wie die restlichen Faktoren der Verkaufsstellenwahrnehmung aufgrund der geringeren Fallzahl nicht weiter interpretiert werden.

Einen Überblick vermitteln die 10 wichtigsten Negativaspekte. Sie beziehen sich auf verschiedene Wahrnehmungsfaktoren und werden in aufgeführt.

Aspekt der Verkaufsstellenwahrnehmung	**Anzahl der Nennungen** (Mehrfachnennungen waren möglich) N = 2208
1. Wartezeiten an Kasse	453
2. Zu hoher Kundenverkehr	187
3. Fehlende Orientierung	186
4. Fehlende Bequemlichkeit	157
5. Schlechte innere Ladengestaltung	111
6. Unfreundliches Personal	75
7. Ungenügendes Parkplatzangebot	70
8. Zu hohes Preisniveau	67
9. Regallücken	62
10. Fehlende Frische	57

Abbildung 4: Die 10 wichtigsten Negativaspekte der Verkaufsstellenwahrnehmung

3.4 Ansatzpunkte zur Steigerung der Leistungsqualität am Point of Sales

3.4.1 Zur Bedeutung einzelner Faktoren der Verkaufsstellenwahrnehmung

In jeder untersuchten Verkaufsstelle wurden die Kunden gebeten, mögliche Ansatzpunkte zur Steigerung der Verkaufsstellenattraktivität zu benennen. Ziel dieser Frage war es, Schwerpunkte für die Leistungsverbesserung zu identifizieren.

Abbildung 5 beschreibt die Rangfolge einzelner Profilierungsinstrumente zur Steigerung der Verkaufsstellenattraktivität. Der Konsument war mit der Frage implizit aufgefordert, eine Bewertung der in Abschnitt 3.3.2 geäußerten Schwächen vorzunehmen. Vergleichen wir die Bedeutung einzelner Profilierungsinstrumente, so läßt sich schlußfolgern: Störende Faktoren haben teilweise eine nur geringe Relevanz in bezug auf die Verkaufsstellenattraktivität.

Wie bereits erwähnt, beklagten sich sehr viele Kunden über die Ladenatmosphäre, welche aus der Ladengestaltung resultiert (vgl. Abschnitt 3.3.2). In der Rangfolge zur Verbesserung der Attraktivität der besuchten Verkaufsstelle nimmt dieser Ansatzpunkt einen nur mittleren Rangplatz ein (vgl. *Abbildung 5*). Der Verbesserung von Preis, Sortiments sowie Service- und Dienstleistungskompetenz mißt der Kunde eine höhere Bedeutung zu.

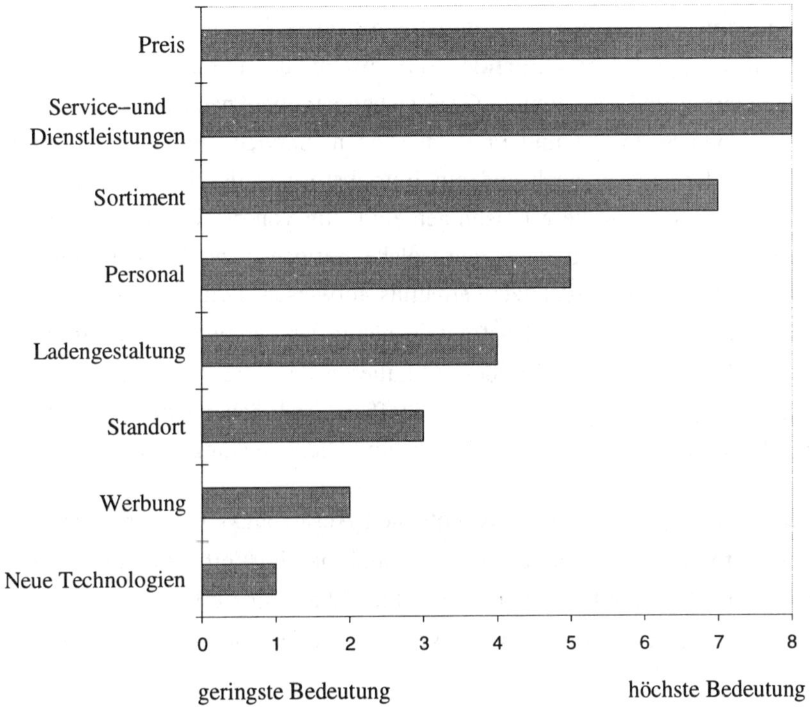

Abbildung 5: Bedeutung einzelner Faktoren der Verkaufsstellenwahrnehmung

Eine Verbesserung der **Preiskompetenz** kommt dem Kundeninteresse am stärksten entgegen. Dementsprechend dominiert das Bedürfnis beim Lebensmitteleinkauf, gute Produkte zu möglichst niedrigen Preisen einzukaufen. Die wirtschaftlichen Schwierigkeiten sowie die steigende Anzahl an Aktionsangeboten fördern ein "cleveres" Kaufverhalten. Es kann daher von einer langfristig hohen Bedeutung dieses Kernbedürfnisses der Kunden ausgegangen werden.

Ebenso stark ausgeprägt ist der Wunsch nach besseren **Service– und Dienstleistungen**. Wichtige Profilierungsinstrumente wie das Sortiment und das Personal liegen im Ranking hinter den Service– und Dienstleistungen. Einige Handelsexperten gehen davon aus, daß es aus Kostengründen falsch sei, dem Wunsch nach Service und Dienstleistungen zu entsprechen (vgl. Berekoven, 1995, S. 167; Hansen, 1990, S. 434). Als Großflächenanbieter müsse man sich auf Preis und Sortiment als zentrale Profilierungsinstrumente konzentrieren. Die Ergebnisse dieser Untersuchung (vgl. auch Reicheld; Sasser, 1991; Heskett et al., 1994) warnen davor, die Service– und Dienstleistungen völlig außer acht zu lassen.

Erstens suchen die Konsumenten nach den Ergebnissen vor allem solche Verkaufsstellen, die **mehr als nur gute Produkte zu günstigen Preisen** bieten (vgl. Rudolph, 1993, S. 215). Zweitens zwingt der **zunehmende Wettbewerb** auch mit anderen Betriebsformen (z.B. Fachmärkte und Discounter) Großflächenbetreiber, nach profilverleihenden Ansatzpunkten neben Sortiment und Preis zu suchen. Service– und Dienstleistungen bieten sich an, weil es bisher auch anderen Betriebsformen des Lebensmittelhandels nicht gelungen ist, sich durch diese Leistungen eindeutig von der Konkurrenz abzuheben. Selbstverständlich kommen dabei nur solche Service– und Dienstleistungen in Frage, die ein positives Kosten–/Nutzenverhältnis aufweisen. Drittens, und dies belegt eine Studie aus dem Jahre 1993, wächst anteilsmäßig das Segment von **Bequemlichkeitskäufern**. Insbesondere junge Kunden artikulieren ein großes Interesse an stressfreiem Einkaufen (vgl. Rudolph, 1993, S. 233 ff.). Großflächenbetreiber sind daher aufgefordert, über eine Verbesserung der Service und Dienstleistungen nachzudenken.

Die **Sortimentsleistung** bildet den drittwichtigsten Ansatzpunkt zur Verbesserung der Großflächenattraktivität. Viertwichtigster Ansatzpunkt ist die Verbesserung der **Personalleistung**. Auf den hinteren Rängen der Bedeutungsskala zur Verbesserung der Großflächenattraktivität folgen die **Standortattraktivität,** die **Werbung** und **neue Technologien**.

3.4.2 Ausgewählte Maßnahmen zur Steigerung der Leistungsqualität am Point of Sales

Zunächst stand der Proband vor der Aufgabe, drei vorgegebene Maßnahmen zur Steigerung der Leistungsfähigkeit eines bestimmten Wahrnehmungsfaktors in eine Rangfolge zu bringen. Die hier dargestellten Maßnahmen beziehen sich auf die Profilierungsbereiche: Preis, Service– und Dienstleistungen sowie Sortiment, weil diese aus Kundensicht besonders wichtig sind (vgl. Abschnitt 3.4.1).

Die nachfolgenden Abbildungen vermitteln hierzu einen länderübergreifenden Überblick. Die prozentuale Rangverteilung wird pro Maßnahme für alle Länderstichproben dargestellt. Die Beschränkung auf nur drei Ansatzpunkte pro Profilierungsinstrument war notwendig, da Kunden selten länger als 10 Minuten für ein Interview am POS zur Verfügung stehen. Deshalb wählten wir in Vorgesprächen gemeinsam mit Handelsexperten drei konkrete Ansatzpunkte zu jedem Profilierungsinstrument aus.

Die Befragungsergebnisse deuten auf erfolgversprechende Ansatzpunkte zur Steigerung der Verkaufsstellenattraktivität hin. Unter dem Primat der Kundenorientierung ermöglichen die Ergebnisse eine Fokussierung auf kundenrelevante Ansatzpunkte.

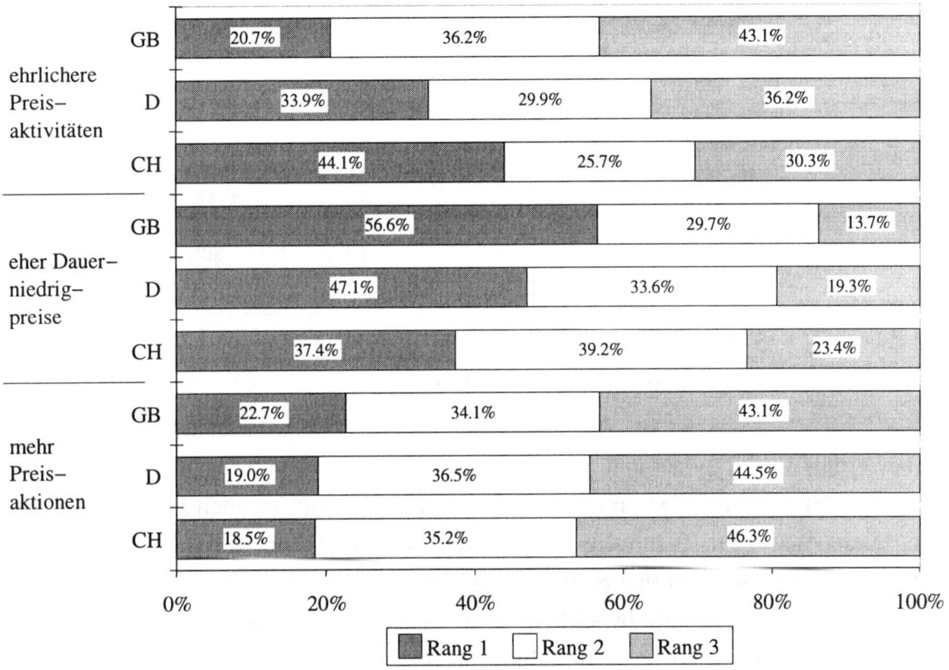

Abbildung 6: Ansatzpunkte zur Verbesserung der Preiskompetenz im Ländervergleich

Deutsche und Schweizer Kunden ziehen ehrlichere Preisaktivitäten und Dauerniedrigpreise den ständigen Preisaktionen vor. Es bleibt offen, inwieweit dieser Wunsch ein Lippenbekenntnis ist. Die große Antwortstreuung deutet unterschiedliche Erwartungshaltungen an. Deutsche und britische Konsumenten begrüßen Dauerniedrigpreis–Programme besonders stark. Scheinbar fühlt sich eine große Kundengruppe von der Aktionitis der vergangenen Jahre eher verunsichert. Die Suche nach Vertrauen und Ehrlich–

keit ist in der Schweiz besonders ausgeprägt, was sich am hohen Prozentsatz von Befürwortern ehrlicher Preisaktivitäten (44,1%) zeigt.

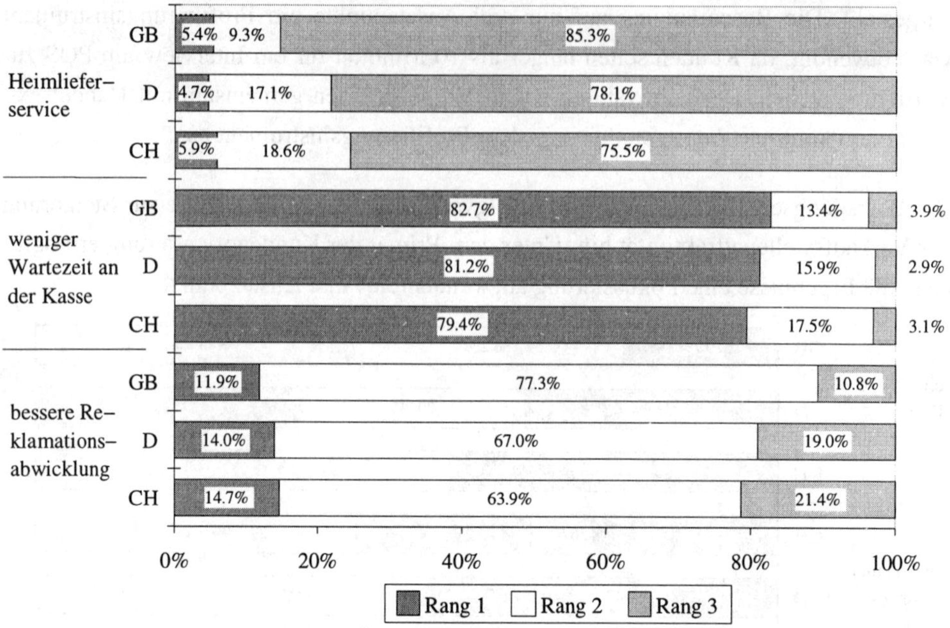

Abbildung 7: Ansatzpunkte zur Verbesserung des Service– und Dienstleistungsangebots im Ländervergleich

Mehrere Analysen dieser Untersuchung haben das Potential aufgezeigt, welches mit der Verbesserung von Service–und Dienstleistungen einhergehen kann. Die Verkürzung von Wartezeiten an den Kassen kann die Verkaufsstellenzufriedenheit maßgeblich steigern. Diese Aussage trifft für alle untersuchten Verkaufsstellen zu. Es handelt sich mit großem Abstand um die größte Schwäche. Auf den zweiten Platz fällt der Wunsch nach einer besseren Reklamationsabwicklung. Interessanterweise streuen die Anworten hierzu recht stark, was mit großen Beurteilungsunterschieden bei einzelnen Verkaufsstellen zu erklären ist. Während einige Verkaufsstellen Reklamationen zufriedenstellend bearbeiten, bereitet dies anderen große Probleme. Relativ wenige Konsumenten wünschen einen kostenpflichtigen Heimlieferservice. Würden 5,9% der Schweizer Kunden ihren Einkauf über einen solchen Service tätigen, dann hätte dies schon heute große Auswirkungen auf die Betriebsformenverteilung im Handel.

Bezogen auf die Sortimentsleistung stören sich die meisten Kunden an den Frischeabteilungen. Korrespondierend dazu präferieren die befragten Kunden in allen drei Ländern bessere Frischeabteilungen. Der Kompetenzverbesserung von Non–Food–Abtei–

lungen stehen die Konsumenten in der Schweiz vergleichsweise offen gegenüber. In Großbritannien besteht daran das geringste Interesse, was mit den bestehenden Einkaufsgewohnheiten erklärt werden kann. Dafür besitzen britische Kunden ein überdurchschnittlich hohes Interesse an Trendprodukten. Für Deutschland ergeben sich im Falle beider Ansatzpunkte ähnliche Verteilungen. Ein eindeutiger Trend läßt sich allerdings nicht ablesen.

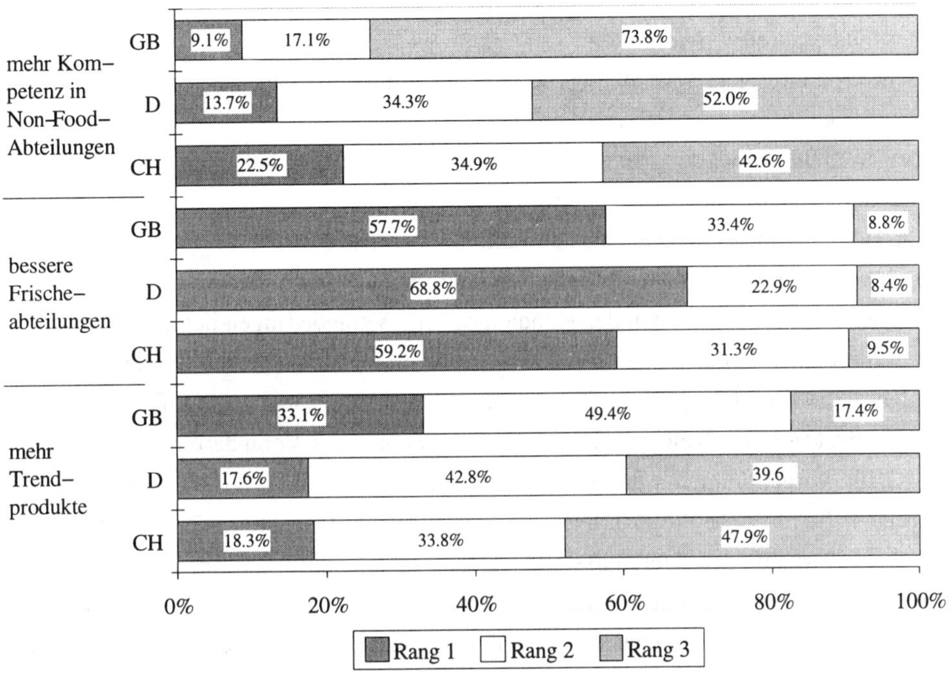

Abbildung 8: Ansatzpunkte zur Verbesserung der Sortimentskompetenz im Ländervergleich

4 GEGENÜBERSTELLUNG VON ERFOLGSPOTENTIALEN AM POINT OF SALES UND AKTUELLEN PROJEKTVORHABEN DES HANDELS

Abschnitt 3.4 zeigte Ansatzpunkte auf, um die Leistungsqualität in SB–Warenhäusern zu verbessern. Besonders wichtige Ansatzpunkte bilden der Preis, das Service– und Dienstleistungsangebot und das Sortiment (vgl. *Abbildung 5*).

Es stellt sich die Frage, welche Erfolgspotentiale der Handel aktiv angeht. In einer empirischen Untersuchung zu Veränderungsprozessen im Handel (vgl. Rudolph, 1999) ga–

ben 90 Handelsmanager darüber Auskunft, welche Projektvorhaben den Handelserfolg verbessern sollen. Letztere werden in *Abbildung 9* den acht Wahrnehmungsfaktoren bzw. Profilierungsinstrumenten zugeordnet. Die Bedeutung einzelner Profilierungsinstrumente (vgl. Abschnitt 3.4.1) kommt durch den ausgewiesenen Kreisanteil in *Abbildung 9* zum Ausdruck. Dementsprechend nimmt der Kreisanteil für Service- und Dienstleistungen, Preis und Sortiment die größte Fläche ein.

Insgesamt beschreibt *Abbildung 9*:

- Schwerpunktprojekte zur Steigerung des Unternehmenserfolges,
- den Wirkungsbereich wichtiger Projekte,
- den Wirkungsgrad der Projekte hinsichtlich der Anzahl betroffener Faktoren der Verkaufsstellenwahrnehmung und
- die Höhe der POS–Relevanz des gewählten Projektes.

Der Geltungsbereich von Handelprojekten kann **direkte POS–Relevanz** besitzen. Dies ist immer dann der Fall, wenn der Kunde mögliche Veränderungen beim Einkaufen direkt wahrnehmen kann. Dazu zählen Projekte wie der Aufbau eines strategischen Regalplanes, die Einführung neuer Dienstleistungen oder ein „never–out–of–stock"–Konzept. **Indirekte POS–Relevanz** liegt dann vor, wenn zwar Veränderungen in der Verkaufsstelle vorgenommen werden, der Kunde davon allerdings nichts bemerkt. Diese Aussage trifft für viele Projekte technologischer Art zu. Projekte **ohne POS–Relevanz** wirken außerhalb der Verkaufsstelle. Dazu zählen z.B. Umwelt- und Entsorgungskonzepte oder die Verbesserung der Limit–Planung. Langfristig zielen auch diese Konzepte darauf ab, Wettbewerbsvorteile aufzubauen. Im Moment des Projektstarts stehen allerdings eher systemtechnische Aspekte im Vordergrund.

Die Gegenüberstellung bestehender Potentiale zur Leistungssteigerung am POS und aktueller Handelsprojekte wirft einige Fragen auf:

1. Beschäftigen sich Handelsmanager zu wenig mit dem Kunden und zu stark mit Aufgaben, die den Systembereich einer Handelsunternehmung betreffen?
2. Setzen Handelsmanager die richtigen Schwerpunkte bei der Wahl erfolgversprechender Projektaufgaben? Wird der Dienstleistungsbereich vernachlässigt?
3. Selektieren Handelsmanager Projekte tatsächlich marktorientiert?
4. Gelingt es, die hohen Investitionen in neue Technologien so einzusetzen, daß der Kunde den Nutzen wahrnehmen kann?
5. Wie kann es gelingen, komplexe Projekte, die mehrere Wahrnehmungsfaktoren und damit auch Funktionsbereiche betreffen, zum Erfolg zu führen?

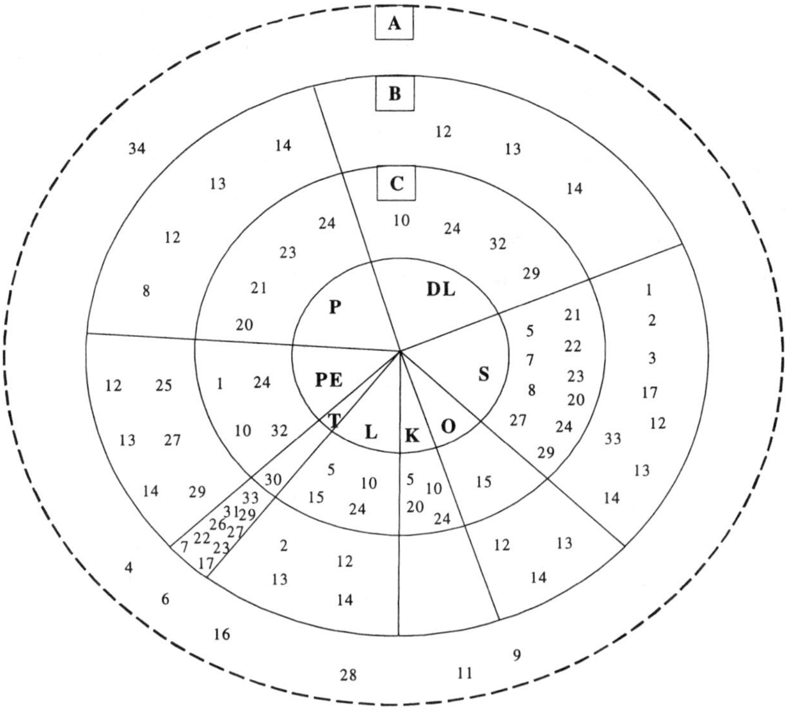

Legende:

A = keine POS-Relevanz B = indirekte POS-Relevanz C = direkte POS-Relevanz

DL = Service-und Dienstleistungen; S = Sortiment; O = Standort; K = Kommunikation;

L = Ladenlayout; T = Technologie; PE = Personal; P = Preis

Aktuelle Handelsprojekte:

1 = Ertragssteigerungsprogramm
2 = Einführung strategischer Regalpläne
3 = Reorganisation des Einkaufs
4 = Umwelt-/Entsorgungskonzepte
5 = Neue Sortimentsteile aufnehmen
6 = Sortimentskonferenzen effektiver gestalten
7 = "Never out of stock"-Konzept
8 = Sortimentstypen aufbauen
9 = Einführung neuer Bereichsorganisation
10 = Erarbeitung eines Dienstleistungsmix
11 = Neues Warenwirtschaftssystem entwickeln
12 = Standard-SB-Warenhaus konzipieren
13 = Entwicklung eines neuen Betriebstyps
14 = Positionieren einer Filialkette
15 = Sanierungsmanagement
16 = Limitplanung und -verfolgung
17 = Logistikoptimierung mit Lagerverwaltung
18 = Erarbeitung von Unternehmenszielen
19 = Anpassung der Aufbauorganisation
20 = Entwicklung von Eigenmarken
21 = Sortimentsüberarbeitung
22 = Einführung ECR
23 = Kooperation/Gründung einer Einkaufsges.
24 = Neuausrichtung im Supermarktbereich
25 = Arbeitszeiterfassung überarbeiten
26 = Einführung eines Datawarehouse
27 = Automatisiertes Filialbestellwesen
28 = Änderung der Vertriebsform (Franchise)
29 = Optimierung der Warenversorgung
30 = Einführung von Scannerkassen
31 = Neue Medien
32 = Service verbessern
33 = Einführung von MIS
34 = Expansion

Abbildung 9: Gegenüberstellung von Projektaufgaben und Erfolgspotentialen

Abschließend soll nochmals betont werden, daß Kunden die Leistungsqualität am POS ganzheitlich wahrnehmen. Die Wahrnehmung ergibt sich entsprechend dem dargestell–

ten Modell (vgl. *Abbildung 1*) aus einem Evaluationsprozeß, wobei der Kunde *erwartete* sowie *erlebte* Leistung gegeneinander abwägt. Der Kunde erwartet beim Einkaufen in einem SB–Warenhaus insbesondere eine große Auswahl sowie Bequemlichkeit beim Einkaufen (vgl. Abschnitt 3.3.1). Warenhausbetreiber sind aufgefordert, diese Grundanforderungen des Kunden zu erfüllen. Jedoch ist eine Profilierung alleine auf dieser Basis nicht möglich. Die Verbesserungsvorschläge der Kunden (vgl. Abschnitt 3.3.2) geben Hinweise auf Maßnahmen mit profilierender Wirkung. Demnach stiftet ein „schneller Kassenservice" beim Einkaufen in einem SB–Warenhaus den größten Kundennutzen.

Für den Kunden sind die einzelnen Profilierungsbereiche von unterschiedlicher Bedeutung. Als besonders relevant erweisen sich für SB–Warenhäuser die Faktoren Preis, Service– und Dienstleistungen sowie Sortiment. Vor diesem Hintergrund gilt es, erfolgversprechende Maßnahmen auszuwählen und projektbezogen umzusetzen. Die Aufgabe der Profilierung eines SB–Warenhauses kann dabei als Meta–Projekt verstanden werden, das zahlreiche Sub–Projekte umfaßt. Letztere gilt es, nach Maßgabe der Gesamtprofilierung aufeinander abzustimmen und zu koordinieren.

LITERATUR

Banfi, S.; Maggi, R.: The consumer and the market–place – a study of urban shopping behavior, Arbeitspapier zum 31. Europäischen Kongress in Lissabon,Sozioökonomisches Institut der Universität Zürich, Zürich 1991, S. 1–10.

Berekoven, L.: Erfolgreiches Einzelhandelsmarketing, 2. Aufl., München 1995.

Büker, B.: Qualitätsbeurteilung investiver Dienstleistungen–Operationalisierungsansätze an einem empirischen Beispiel zentraler EDV–Dienste. In: Meffert, H. (Hrsg.): Schriften zu Marketing und Management, Band 17, Diss., Frankfurt 1991.

Buzzell, R.D.; Gale, B.T.: The PIMS Principles, New York 1987.

Grönroos, C. (1984): A Service Quality Model and its Marketing Implications. In: European Journal of Marketing, 18 (1984), N. 4, S. 36–44.

Grönroos, C.: Internal Marketing – Theory and Praxis. In: Bloch, T.M., Upah, G.D.; Zeithaml, V.A. (Hrsg.): Services Marketing in a changing environment, AMA Proceedings, Chicago 1985, S. 41–47.

Grönroos, C.: Service Management and Marketing Management. Managing the moments of truth in service competition, Lexington 1990.

Güthoff, J.: Qualität komplexer Dienstleistungen, Diss., Benkenstein, M. (Hrsg.), Wiesbaden 1995.

Hansen, U.: Absatz– und Beschaffungsmarketing des Einzelhandels, 2. Auflage, Göttingen 1990.

Heskett, J.; Jones, T. O.; Loveman, G. W.; Sasser, W.; Schlesinger, L. A.: Dienstleister müssen die ganze Service–Gewinn–Kette nutzen. In: Harvard Business Manager, 16 (1994), Heft 4, S. 50–61.

Krafft, M.; Albers, S.: Verbund von Produkt– und Betriebsformenwahl beim Einkaufen in der City, in Subzentren und auf der grünen Wiese. In: Trommsdorff, V. (Hrsg.), Handelsforschung 1996/97, Wiesbaden 1996, S. 125–144.

Meyer, A.; Dornach, F.: Jahrbuch der Kundenzufriedenheit in Deutschland 1995, München 1995.

Nieschlag, R.; Dichtl, E.; Hörschgen, H.: Marketing, 17. Auflage, Berlin 1994.

Reicheld, F.; Sasser, W.: Zero–Migration – Dienstleister im Sog der Qualitätsevolution. In: Harvard manager, 1991, Heft 4, S. 12–40.

Parasuraman, A.; Zeithaml, V.A.; Berry, L.L.: A Conceptual Model of Service Quality and Its Implications for Further Research, Report No. 84–106, Marketing Science Institute, Cambridge 1984.

Porter, M.: Wettbewerbsstrategie, 4. Auflage, Frankfurt 1987.

Rudolph, Th.: Positionierungs– und Profilierungsstrategien im Europäischen Einzelhandel, Dissertation, St. Gallen 1993.

Rudolph, Th.: In diabolischen Preiskämpfen bestehen. In Thexis: 12. Jg., Nr. 4, 1995, S. 2–9.

Rudolph, Th.: Profilieren mit Methode, Frankfurt / New York 1997.

Rudolph, Th.: Marktorientiertes Management komplexer Projekte im Handel, Stuttgart 1999.

Tomczak, T.: Forschungsmethoden in der Marketingwissenschaft – ein Plädoyer für den qualitativen Forschungsansatz. In: Marketing ZfP, 1992, Nr. 2, 1992, S. 77–87.

Zentes, J.: Convenience Shopping – Ein neuer Einkaufstrend. In: Trommsdorff, V. (Hrsg.), Handelsforschung 1996/97, Wiesbaden 1996, S. 125–144.

Einflußfaktoren der Kundenbindung im Lebensmitteleinzelhandel – Ergebnisse von Panelanalysen für Güter des täglichen Bedarfs

Hermann Diller und Thomas Goerdt, Nürnberg

Die steigende Bedeutung der Kundenbindung als Marketingziel wirft die Frage auf, wie dieses Ziel besser erreicht werden kann. Dazu sind Kenntnisse darüber nötig, welche Einflußgrößen die Einkaufsstättentreue steigern bzw. mindern. Der vorliegende Beitrag versucht auf Basis umfangreicher Panelanalysen darauf Antworten zu geben. Untersucht werden sowohl das Niveau als auch die Abhängigkeit der Ladentreue von Kunden des Lebensmitteleinzelhandels beim Einkauf in acht Warengruppen des kurzfristigen, periodischen Bedarfs. Es ergeben sich eine Vielzahl signifikanter und teilweise überraschender Befunde.

1 KUNDENBINDUNG ALS MARKETINGZIEL IM HANDEL

Viele Anzeichen deuten darauf hin, daß sich das Handelsmarketing in den letzten Jahren in eine Sackgasse manövriert hat, weil einerseits der Einsatz der klassischen Marketinginstrumente des Handels so intensiv erfolgte, daß der Kunde im wahrsten Sinne des Wortes mobilisiert wurde, dadurch aber andererseits die Einkaufsstättentreue abnahm, so daß die kurzfristig erreichten Marketingziele stets neu erkämpft werden müssen. Dies gilt für die vom Preismarketing dominierten Betriebstypen des Handels ebenso wie für die vom Erlebniskonzept geprägten. Hier wie dort werden Erosionserscheinungen des herkömmlichen „Beeinflussungs–Marketing" (Diller; Kusterer 1988) überdeutlich. Beispielsweise ist das Dauerniedrigpreisprogramm von WalMart auf einem Preisniveau angesiedelt, das dem der Sonderangebotspreise aggressiver SB–Warenhäuser entspricht. Aus diesem Grunde erwägen immer mehr Handelsunternehmen, ebenfalls auf Dauerniedrigpreisprogramme überzuschwenken. Auch in der Kommunikationspolitik hat die einseitige Ausrichtung auf Sonderangebote zu einem Profilnotstand geführt, weil selbst attraktiv gestaltete Preisanzeigen immer Preisanzeigen bleiben und wenig Profilwirkung für die Einkaufsstätte generieren. Im übrigen mußten auch im Erlebnishandel viele Fachgeschäfte schmerzhaft erleben, daß der aufgeklärte Verbraucher von erlebnishafter Ladengestaltung und mehr oder minder exotischen Events nur dann zum Kauf bewegt werden kann, wenn auch das Preis/Leistungsverhältnis der Waren stimmt, was freilich angesichts der mit dem Erlebnishandel verbundenen Kosten nur schwer bewerkstelligt werden kann.

Einen Ausweg aus dieser Sackgasse des herkömmlichen Beeinflussungs–Marketing im Handel könnte die Neuausrichtung der Marketingpolitik auf das Ziel der Kundenbindung bieten, die deshalb in den letzten Jahren immer mehr in den Mittelpunkt der Fachdiskussionen rückte. Zwar gab es auch schon früher mit der Stammkundenbetreuung (vgl. Meyer; Mattmüller 1992; Belz 1993) eine gewisse Form der Kundenbindungspolitik. Diese wird heute jedoch durch den Einsatz moderner Techniken (Scanning, Kundendatenbanken etc.) und Marketinginstrumente (z.B. Kundenclubs, Kundenevents, Bonusprogramme etc.) inhaltlich neu konturiert und methodisch neu fundiert. Nicht wenige Handelsunternehmen starteten – ebenso wie die Industrie einige Jahre zuvor – Kundenbindungsprogramme und Kundenzufriedenheits–Offensiven (z.B. The Coca-Cola Retailing Research Group Europe 1993; Calabretti 1998; Creusen 1998). Mit derartigen Programmen geht eine Umorientierung der Marketingzielsysteme einher. Der Sicherung des vorhandenen Kundenstamms und der besonderen Pflege der loyalen Kunden wird bewußt hohe Priorität eingeräumt, wobei nicht unbedingt nur Kurzfristerfolge, sondern positive Langfristeffekte angestrebt werden. Einzelne Kunden oder ausgewählte Kundengruppen (z.B. jene der besonders treuen Kunden) können als Geschäftsfelder mit langfristig höherer Erfolgsträchtigkeit interpretiert und behandelt werden. Damit rückt der Kundenwert bzw. der Wert einzelner Kundengruppen ins Zentrum des Handelsmarketing. Kundenpolitik und Kundenmanagement erleben damit auch im Handel eine Renaissance (Tietz 1996).

Daneben gewinnen die Individualisierung des Leistungsangebotes, die aktive Förderung der Interaktion mit dem Kunden bis hin zur Integration des Kunden in die Geschäftsprozesse und die umfassende Information über den Kunden als strategische Prinzipien des Handelsmarketing an Stellenwert (Diller 1995). Im Nachbarschaftshandel früherer Epochen waren derartige Prinzipien selbstverständlich und leicht zu praktizieren. In Zeiten der Massendistribution und riesiger Handelskonzerne wurden sie nicht selten aus dem Auge verloren. Nicht zuletzt die teilweise katastrophal schlechten Ergebnisse des deutschen Kundenbarometers hinsichtlich der Zufriedenheit mit Handelsbetrieben haben hier zum Sinneswandel bei den Marketingkonzeptionen des Handels beigetragen. In besonderem Maße gilt dies für die schon immer als Massendistributionskanäle ausgelegten Betriebstypen des Lebensmittel–Einzelhandels (LEH), dessen Entwicklung seit den 50er Jahren von einer Entpersönlichung durch Selbstbedienung und andere Formen der Rationalisierung geprägt war.

Auch hier wird jedoch immer häufiger der Ruf nach einer stärkeren Orientierung am Marketingziel der Kundenbindung laut. Dazu gibt es auch hinreichenden Anlaß:

(1) Wachstumsschwächen auf vielen Konsumgütermärkten haben die Wachstumsraten des LEH in den letzten Jahren stark gebremst und teilweise sogar zu Marktrückgängen geführt. In einer solchen Situation liegt es nahe, die zum Ausgleich von Kostensteigerungen erforderlichen Umsatzzuwächse durch zusätzliche Verkäufe an vorhandene Kunden in anderen Warengruppen zu suchen. Typische Beispiele hierfür sind die wöchentlichen Nonfood–Aktionsartikel der Discounter oder die supermarktähnliche Ausgestaltung von Tankstellen.

(2) Mit der zunehmenden Vernetzung von Endverbraucherhaushalten via Internet steigt die *Gefahr der Ausschaltung* des Einzelhandels enorm an. Die Prognosen für den Umsatz mit deutschen Endverbrauchern über Online–Geschäfte überschreiten schon für das Jahr 2000 die Milliarden–Grenze. In einer solchen Situation wird die Kundenbindung für den LEH nachgerade zur Überlebensfrage.

(3) Die zunehmende Verbreitung des sog. *Smart Shopper,* der durch ein selektives Einkaufsstättenwahlverhalten und besonders hohe Ansprüche an das Preis/Leistungsverhältnis der Waren und entsprechende „Preisgelegenheiten" gekennzeichnet ist, schafft enorme *Ertragsprobleme,* weil der kalkulatorische Ausgleich zwischen den Warengruppen immer schwieriger wird. Jenen Kunden, die sich durch Ladentreue auszeichnen, kommt deshalb unter Ertragsgesichtspunkten immer größere Bedeutung zu.

(4) Insgesamt wird oft verkannt, daß mit einem relativ kleinen Anteil der Kunden ein großer Umsatz– bzw. Ertragsanteil erwirtschaftet wird, so daß es naheliegt, sich diesen Kunden besonders intensiv zuzuwenden *(Kundenwertorientierung).* Bisher freilich waren sie mangels einschlägiger Informationen dem Handelsmanagement weder bekannt noch zugänglich. Erst die Etablierung von Kundenkarten– und Scannerkassen–Syste–

men verändert diese Situation grundlegend. Mit ihnen wird es möglich, Einzelkunden und Kundengruppen gezielt zu analysieren und entsprechend zu bearbeiten.

(5) Kundenbindung scheint im LEH aber nicht nur notwendig, sondern auch möglich: So erreichen nach einer Modellrechnung der Boston Consulting Group die Ausschöpfungsquoten im Kundenlebenszyklus beim Sortiment des LEH lediglich 6,6 % (23.000 von 350.000 DM). Offenkundig verteilen viele Verbraucher also ihre Einkäufe auf eine Mehrzahl von Geschäften. Nach Angaben von A.C. Nielsen besucht jeder Haushalt pro Quartal rund 14 Geschäfte, die sich ziemlich gleichmäßig auf Verbrauchermärkte (2,1), Discounter (2,0), Supermärkte (1,9), Drogeriemärkte (1,5), Kauf- und Warenhäuser (1,2), Getränkeabholmärkte (1,0) und sonstige (insb. Lebensmittelhandwerk, 4,5) verteilen. Da die Verbraucher mit dem Besuch mehrerer statt nur einer Einkaufsstätte stets auch einen höheren Einkaufsaufwand auf sich nehmen müssen, stellt diese Statistik ein deutliches Signal für *unausgeschöpfte Bindungspotentiale* insbesondere solcher Betriebstypen dar, die breite Sortimente offerieren.

(6) Schließlich besitzt der Einzelhandel im Gegensatz zu vielen anderen Branchen die Chance zum *persönlichen Kontakt* mit dem Kunden und damit grundsätzlich Zugang zur emotionalen Beziehungsebene, die für den Aufbau von Vertrauen, Sympathie und guten Geschäftsbeziehungen eine besondere Bedeutung besitzen (Diller 1994).

(7) Mit dem *Category Management* hat im Handel ein Steuerungskonzept Einzug gefunden, bei dem die strategische Sichtweise einzelner Warenkategorien auch das langfristige Ziel der Kundenbindung stärker ins Bewußtsein rückt. Sowohl die strategischen Rollen einzelner Kategorien als auch die Ausgestaltung der jeweiligen Marketingprogramme wird dabei nicht zuletzt im Hinblick auf die langfristige Bindung von Kunden erfolgen (Möhlenbruch 1998).

Insgesamt zeigen schon diese wenigen Argumente, daß Kundenbindung auch im LEH ein grundsätzlich attraktives Marketingziel darstellt. Definitorisch kann man dabei Kundenbindung unterschiedlich konzeptionalisieren (Jungwirth 1997). Von *Einkaufsstätten-* oder *Ladentreue* ist zu sprechen, wenn sich die Kundenbindung auf ein bestimmtes Outlet bezieht bzw. wenn es sich um Präferenzen für bestimmte Anbieter (gleich an welchem Standort) handelt. Als Maßgrößen für die Ladentreue kommen Kennzahlen aus der unternehmensinternen Kundenstatistik oder aus Panelanalysen sowie im Wege der Befragung zu erhebende Indikatoren der Einstellung bzw. Präferenz des Kunden in Frage (vgl. Diller 1996).

Auf die Kundenbindung wirken naturgemäß eine Fülle von *Einflußfaktoren*, die bisher nur selten modelliert und empirisch untersucht wurden. Da es sich definitionsgemäß um ein stabiles Element des Verbraucherverhaltens handelt, das von kurzfristigen Verhaltensweisen überdeckt werden kann, liegen die Einflußfaktoren auf die Kundenbindung auch nicht alle auf der Hand. Aus bisherigen Studien ist jedoch bekannt, daß die Kundenbindung im Handel (ebenso wie die Markenbindung) nicht allein ein persönlichkeitsspezifisches Phänomen darstellt, also nicht nur von Merkmalen der Konsumenten abhängt (van Trijp; Hoyer; Inman 1996). Andererseits sind Kenntnisse über die Determinanten der Kundenbindung von enormer Bedeutung für das praktische Kundenbindungsmanagement. Insoweit bestimmte Einflußfaktoren einer Steuerung durch Handelsunternehmen zugänglich sind, geht es dabei nämlich gleichzeitig um mögliche Kundenbindungsinstrumente. Dies gilt bspw. für die Preispolitik, den Anteil der Handelsmarken oder die Öffnungszeiten von Geschäften.

Die zunehmende Bedeutung der Kundenbindung als Marketingziel im Handel einerseits und der noch sehr unterentwickelte Forschungsstand bezüglich der Einflußfaktoren auf die Kundenbindung andererseits veranlaßten uns, eine explorative Studie zu unternehmen, bei der diesen Fragen fundiert nachgegangen werden sollte. Durch Kooperation mit der GfK Panel Services GmbH war es uns dabei möglich, dafür das Datenmaterial des GfK–Haushaltspanels zu nutzen. Diese Paneldaten vermögen ein repräsentatives Bild vom Einkaufs– und Treueverhalten deutscher Haushalte zu zeichnen, das sich für Treueanalysen geradezu anbietet.

2 DATENBASIS UND AUSWERTUNGSGANG

Die Panel–Stichprobe des GfK–Haushaltspanels setzt sich aus zweimal 7.000 Haushalten zusammen, in denen mindestens eine Person deutscher Staatsangehörigkeit ab 16 Jahren lebt. Nicht abgedeckt sind demnach Ausländer– und Anstaltshaushalte. Die Daten werden seit 1997 sukzessive durch mobile Handscanner erhoben („Home–Scanning"), was die Erfassung und Datenverarbeitung erheblich vereinfacht und die Reliabilität der Daten erhöht.

Für die Analyse der Einkaufsstättentreue wurden zwei am Kaufverhalten ansetzende Treuemaße ausgewählt. Ein erstes Maß betrifft die *Anzahl* der unterschiedlichen, von einem Haushalt im Laufe eines Jahres besuchten Einkaufsstätten („store–set"). Je weniger konkurrierende Geschäfte aufgesucht werden, desto stärker ist die Bindung des

Haushalts an das entsprechende Handelsunternehmen. Die Paneldaten sind dabei nicht auf Outlet–Ebene, sondern lediglich nach den Vertriebslinien des LEH verfügbar. Ein Wiederkauf z.B. bei „Plus" kann also nicht nur im selben Ladengeschäft, sondern auch in einer anderen Filiale erfolgt sein. Als zweiten Indikator der Kundenbindung greifen wir auf die *Bedarfsdeckungsrate,* also den Anteil der Gesamtmenge zurück, den ein Haushalt pro Warengruppe in einer Einkaufsstätte einkauft („Share of Customer"). Dabei wird nachfolgend im Regelfall auf die sog. *Erstpräferenz,* also die am meisten gewählte Einkaufsstätten– bzw. Markenalternative Bezug genommen.

Die Untersuchung bezieht sich auf sog. fast moving consumer goods, Warengattungen also, bei denen der Konsument relativ häufig einkauft, so daß Wiederkaufanalysen möglich sind. Durch geeignete Auswahl der Warengruppen sollte eine möglichst hohe Streuung der Ergebnisse mit entsprechendem Erklärungspotential erzielt werden. Als Auswahlkriterien dienten Charakteristika der Marktstruktur, des Marketing–Instrumenteeinsatzes der Anbieter, des üblichen Kauf– und Verwendungsverhaltens der Nachfrager und andere einschlägige Warengruppencharakteristika. Letztlich wurden auf dieser Basis acht Warengruppen ausgewählt, die in *Tabelle 1* zusammen mit einigen typischen Merkmalen aufgelistet sind.

Tabelle 1: Produktkatalog und Kriterienausprägungen

	Warengruppe	Typische Merkmale (Beispiele)
Food	Bohnenkaffee	Breites Markenangebot, starke Markierung, hoher Promotionanteil
	Eiscreme	Hohe Saisonalität, Geschmacksintensität, hohes Abwechslungsbedürfnis
	Konfitüre	Hoher Handelsmarkenanteil, hohe Kaufhäufigkeit, geringer Preis
	Sauerkraut	**Schwache Markierung, geringer Preis, geringe Distribution**
	Sekt	**Hohe Saisonalität, hoher Promotionanteil, hohes Prestige**
Non–Food	Handgeschirr–spülmittel	Hoher Handelsmarkenanteil, Preisorientierung, geringes Involvement
	Universal–waschmittel	Starke Markierung, hohes Wechselrisiko, hoher Preis, Eckartikel
	Zahncreme	**Geringer Handelsmarkenanteil, hohe Verwendungsintensität**

Bezüglich der Haushalte wurden pro Warengruppe nur diejenigen Panel–Teilnehmer in die Untersuchung einbezogen, die im Betrachtungszeitraum mindestens drei Käufe ge–

tätigt hatten. Ein solcher Schwellenwert ist erforderlich, weil ansonsten z.B. Einmalkäufer definitionsgemäß eine Treue von 100 % aufweisen. Gelegenheitskäufer werden dadurch also von der Untersuchung ausgeschlossen. Trotz dieser Restriktion wird ein Großteil des Marktvolumens, bei Kaffee z.B. über 98 %, erfaßt.

Die Länge des Untersuchungszeitraums sollte wesentlich von der Kaufhäufigkeit in der jeweiligen Warengruppe bestimmt werden, da zuverlässige Aussagen nur bei einer ausreichenden Anzahl von Käufen getroffen werden können. Zudem sollte der Zeitraum bei geringer Distributionsdichte (Überlagerung von Bindungen durch Fehlbestände im Handel), großem Umfang des Evoked-Set (Senkung der Kaufhäufigkeit durch eine Vielzahl von Alternativen) und großem Abwechslungsbedürfnis der Konsumenten (Überlagerung langfristiger Bindungen durch häufige Wechsel) ausgeweitet werden. Generell gilt, daß mit der Betrachtungsdauer die Stabilität der Ergebnisse zwar zu-, deren Aktualität jedoch abnimmt. Da es uns in unserer Studie nicht auf die Aktualität der Ergebnisse ankam, wurden die Einkäufe eines ganzen Jahres, nämlich 1995 bzw. in einigen Fällen 1996 oder 1997, der Analyse zugrunde gelegt. Dabei haben wir alle Analysen auf Mengenbasis durchgeführt, um Verzerrungen durch unterschiedliche Preise auszuschalten. Die Berechnungen erfolgten mittels einer selbstentwickelten, umfangreichen Software (Loyal*Track), welche eine standardisierte und damit fehlerfreie Handhabung und Verarbeitung der Rohdatenbestände sicherstellte. Das Verfahren wird zwischenzeitlich von der GfK auch kommerziell angewendet.

Die nachfolgende Ergebnisdarstellung ist nach vier Gruppen von Einflußfaktoren untergliedert. Zunächst werden Merkmale der jeweiligen *Marktstruktur* im betrachteten Produktmarkt auf ihre Einflüsse auf die Einkaufsstättentreue hin untersucht. Hierzu zählen die jeweilige Anzahl der am Markt angebotenen Marken und der Marktanteil der Handelsunternehmen. Eine zweite Gruppe von Einflußfaktoren betrifft den Einsatz der *Marketinginstrumente* des Handels. Hier kann die Wirkung unterschiedlicher Handelsmarkenanteile, Aktionspreisintensitäten sowie verschiedener Betriebstypen untersucht werden. Anschließend prüfen wir die Unterschiede der Einkaufsstättentreue in *Untergruppen von Haushalten,* die sich nach bestimmten soziodemographischen und psychographischen Merkmalen bilden lassen. Schließlich kann eine weitere Analyse nach *Warengruppen-Charakteristika* vorgenommen werden, also z.B. nach dem Preisniveau der Warengruppe, der üblichen Einkaufshäufigkeit und Einkaufsmenge, dem Handelsmarkenanteil, dem Promotionanteil etc. An einigen Stellen geben wir zusätzlich zur Einkaufsstättentreue auch die entsprechenden Werte für die *Markentreue* wieder, die sich dann ebenfalls stets auf die sog. Erstpräferenz, d.h. die am meisten präferierte Marke bezieht. Eine ausführliche Dokumentation der Ergebnisse findet sich bei Diller; Goerdt; Geis 1997 sowie Goerdt 1999.

3 UNTERSUCHUNGSERGEBNISSE

3.1 Das Niveau der Einkaufsstättentreue

Im Gegensatz zur relativ großen Anzahl insgesamt besuchter Geschäfte beim Lebensmitteleinkauf ist die Anzahl pro Warengruppe im Mittel unserer acht Produktfelder überraschend gering. Dabei gibt es zwischen den Warengruppen nur geringe Unterschiede (vgl. *Abbildung 1*). Die Standardabweichung beträgt lediglich 0,42 und der Anteil der Haushalte, die zwischen mehr als fünf Einkaufsstätten wechseln, liegt deutlich unter zehn Prozent. Offenkundig verfügen Haushalte also pro Warengruppe über ein relativ eng begrenztes „store set", dem sie beim Einkauf in der jeweiligen Warengruppe relativ treu sind, während zwischen den Warengruppen Einkaufsstättenmobilität herrscht. Damit bewährt sich eine alte Erfahrung, der zufolge das relevant set (hier eher „loyalty set") bei Einkaufsentscheidungen im Regelfall drei bis fünf Alternativen umfaßt (Schobert 1979, S. 58 f.).

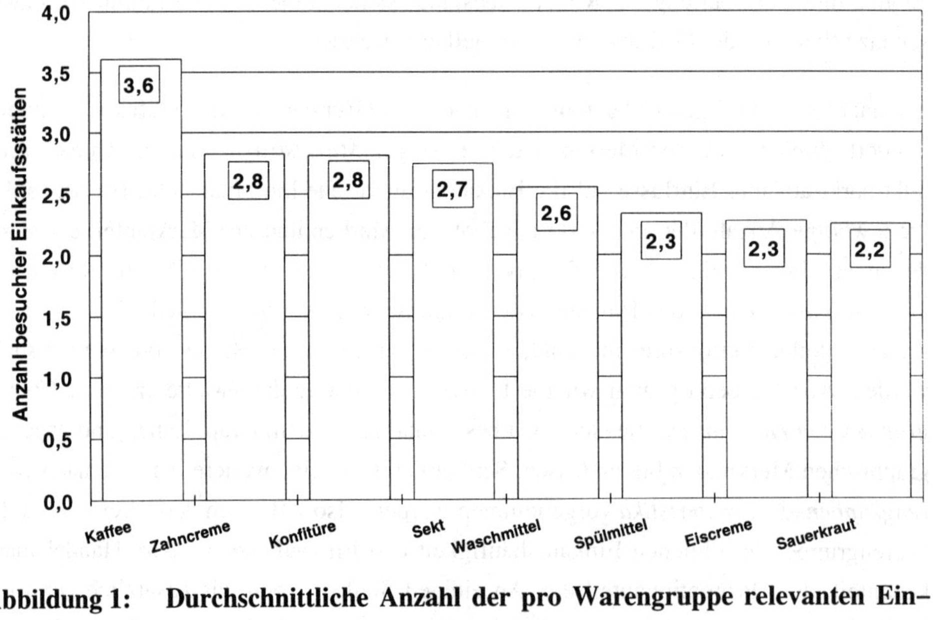

Abbildung 1: Durchschnittliche Anzahl der pro Warengruppe relevanten Einkaufsstätten in verschiedenen Warengruppen

Mit der Anzahl der für den Kauf relevanten Geschäfte ist noch nichts über die Verteilung der Kaufmenge gesagt. Darüber gibt die *Bedarfsdeckungsrate* Auskunft. Sie kann differenziert für das in jeder Warengruppe am meisten, am zweitmeisten usw. präferierte Geschäft ausgewiesen werden (vgl. *Tabelle 2).* Dabei ergibt sich eine überraschend hohe Konzentration der Kaufmenge auf die jeweilige Erstpräferenz. Im Durchschnitt decken die Haushalte 69 Prozent ihres Bedarfs in einer Einkaufsstätte, während auf die Zweit- bzw. Drittpräferenz nur noch 20 bzw. sieben Prozent entfallen. Offensichtlich existiert also eine sehr hohe Treue der Konsumenten zu einer Einkaufsstätte, wenn es um ganz bestimmte Warengruppen geht („Warengruppen-Stammgeschäfte").

Tabelle 2: Bedarfsdeckungraten bei Erst-, Zweit- und Dritteinkaufsstätte

Warengruppe	Treue zur Ersteinkaufsstätte	Treue zur Zweiteinkaufsstätte	Treue zur Dritteinkaufsstätte
Sauerkraut	73%	19%	6%
Spülmittel	70%	20%	7%
Waschmittel	70%	20%	7%
Kaffee	65%	20%	8%
Eiscreme	74%	19%	5%
Zahncreme	66%	21%	8%
Sekt	67%	22%	8%
Konfitüre	69%	21%	7%
Mittelwert	**69%**	**20%**	**7%**

Da unsere Werte bezüglich der Treue in den acht Warengruppen nicht nur für Einkaufsstätten, sondern auch für Marken berechnet wurden, können Einkaufsstätten- und Markentreue auch gemeinsam dargestellt werden *(Abbildung 2).* Auf der x-Achse sind dabei die durchschnittlichen Bedarfsdeckungsraten der Erstmarke, auf der y-Achse analog der durchschnittliche Anteil der Ersteinkaufsstätte an der Einkaufsmenge abgetragen. Beispielsweise decken Haushalte in der Warengruppe Bohnenkaffee durchschnittlich 69 % ihres Bedarfs mit der Erstmarke und 65 % in ihrer Ersteinkaufsstätte. Man erkennt aus *Abbildung 2*, daß die Streuung der Einkaufsstättentreue geringer als jene der Markentreue ausfällt und eine deutlich positive Korrelation zwischen beiden Größen existiert. Allerdings existieren deutliche Unterschiede innerhalb der Warengruppen, bspw. weisen im Kaffeemarkt die Kaffeeversender eine viel höhere Einkaufsstättentreue (ca. 77 %) auf als einige SB-Warenhäuser und Supermärkte (z.B. famila mit 55 %). Auffällig ist die in allen Warengruppen extrem hohe Treue der Kunden des Discounters Aldi, aber auch ein SB–Warenhaus–Unternehmen wie Globus kann Spitzenwerte erreichen. Die meisten Handelsorganisationen, insb. Verbrauchermärkte, liegen bezüglich der Einkaufsstättentreue dicht beieinander, können sich also bei den Kunden nicht profilieren. Dieser Umstand läßt sich auch daran erkennen, daß das Treuespektrum bei den Einkaufsstätten fast durchweg geringer ausfällt als bei den Marken.

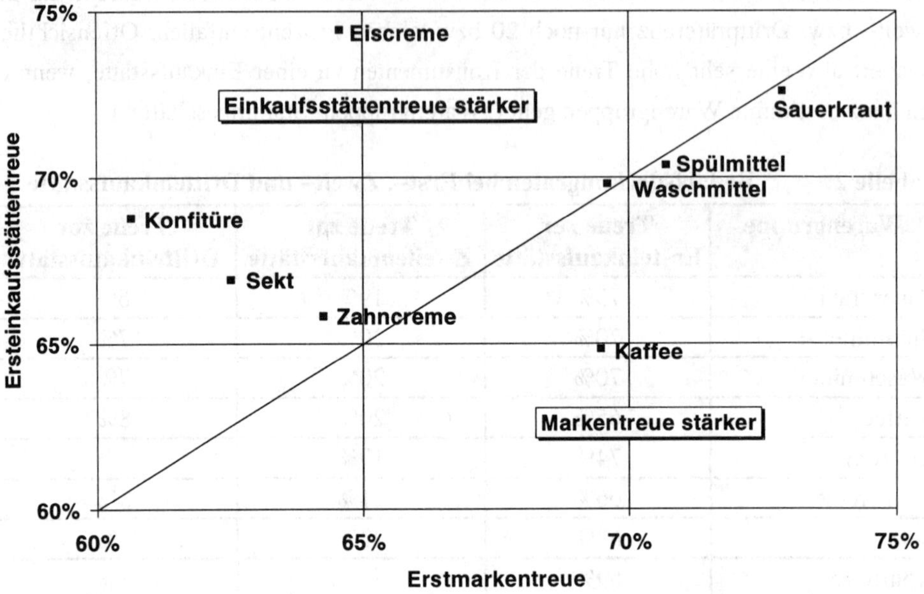

Abbildung 2: Beziehung zwischen der Marken– und Einkaufsstättentreue nach Warengruppen

Einen interessanten Indikator für die Kundenbindung auf aggregierter Ebene stellt die *Absatzkonzentration* auf die treuesten Kunden des Handelsunternehmens dar. Der Meß–ansatz folgt der bekannten Pareto–Regel, nach der 20 % der Objekte für 80 % des Erfolges verantwortlich sind. Auf unseren Zusammenhang übertragen würde dies bedeuten, daß die 20 % treuesten Kunden 80 % der Verkäufe innerhalb einer Warengruppe auf sich vereinen. Die entsprechenden Werte scheinen in üblichen Auswertungen nicht auf, weil die Bedarfsdeckungsraten dort nicht erhoben werden. Durch eine Sonderauswertung im Rahmen unserer Analyse konnte dieser Frage jedoch nachgegangen werden. Dazu sortierten wir exemplarisch die Kunden von Plus bzw. Aldi gemäß ihrer jeweiligen Bedarfsdeckungsrate bei Bohnenkaffee in „Treueklassen".

Der Vergleich der Absatzkonzentrationen zeigt, daß beide Handelsorganisationen über eine deutlich unterschiedliche Kundenstruktur verfügen. Während bei Plus der Anteil der treuen Haushalte (Bedarfsdeckungsrate über 60%) 11 % beträgt, liegt dieser bei Aldi mit 36 % mehr als dreimal so hoch. Diese Stammkunden von Aldi tätigen mit 68 % mehr als zwei Drittel des gesamten Umsatzes des Unternehmens der Warengruppe. Die Auswertung macht deutlich, daß Aldi über die weitaus treueren Kunden und damit offenbar über eine bessere Kundenbindung verfügt. Der hohe Anteil von Gelegenheitskäufern und die hohe Fluktuation in der Käuferschaft von Plus sind dagegen ein Indiz für eine offenbar geringe Bindungsfähigkeit dieser Einkaufsstätte. Daraus kann geschlossen werden, daß der Marktanteil von Plus bei Aktionen von Wettbewerbern potentiell gefährdet ist. Untreue Käufer sind anfällig für Marketing–Maßnahmen der Konkurrenten und neigen bei Sonderpreisaktionen eher zu Geschäftswechseln.

3.2 Einflußgrößen der Einkaufsstättentreue

Nach der Diagnose des Kundenbindungsniveaus an Einkaufsstätten interessieren nachfolgend die Zusammenhänge zwischen dieser Treue und verschiedenen Einflußfaktoren, die im Rahmen von Panel–Studien auf disaggregiertem Niveau analysiert werden können. Naturgemäß decken diese Variablen nicht alle möglichen Determinanten ab, so daß bei der Ergebnisinterpretation auf mögliche moderierende Einflüsse nicht betrachteter Größen Rücksicht genommen werden muß. Angesichts des Defizits an empirischen Studien zur Einkaufsstättentreue erscheint uns ein solches Vorgehen im Sinne einer explorativen Analyse aber aufschlußreich.

3.2.1 Einflüsse der Marktstruktur

Zunächst untersuchen wir den Einfluß zweier Marktstruktur–Variablen, nämlich der Breite des Angebotes und der Marktanteilsverteilung. Schon aus wahrscheinlichkeitstheoretischen Überlegungen heraus ist zu erwarten, daß ein *breites Angebot* mit einer *Vielzahl an Wahlmöglichkeiten* die Wechselneigung der Konsumenten stimuliert und zu einer geringeren Bindung zu einzelnen Marken oder Einkaufsstätten führt (vgl. Farley 1968; Bänsch 1995). Allerdings kann eine besonders große Angebotsvielfalt auch zur Überforderung der Verbraucher beitragen und habitualisierte Kaufentscheide begünstigen.

Zur Analyse der Untersuchungsfrage haben wir alle jeweils im Panel gemeldeten Einkaufsstätten der Panelteilnehmer ermittelt und der durchschnittlichen Treue gegenüber der Erstpräferenz–Einkaufsstätte gegenübergestellt. Um den Einfluß kleinerer Ein–

kaufsstätten zu begrenzen, wurden nur die jeweils größten Unternehmen in die Analyse miteinbezogen, die zusammen einen kumulierten Marktanteil von mind. 80 % erreichen. Im Rahmen einer linearen Regression ergab sich dabei ein Aufklärungsbeitrag (R^2) von 0,29, was für eine hochsignifikante Bestätigung des Effektes allerdings nicht ausreicht (s = 0,17). Die Konsumenten werden von einer größeren Ladenvielfalt also nicht zu besonders starker Einkaufsmobilität verleitet. Vielmehr zeigt sich hier, wie auch an vielen anderen Stellen, daß das Einkaufsstättenwahlverhalten oftmals „eingeschliffen" ist. Zu berücksichtigen ist auch, daß die Bindung der Konsumenten nicht nur von der absoluten Anzahl der verfügbaren Läden, sondern möglicherweise stärker auch von der Höhe der von einer mit einem Ladenwechsel verbundenen Transaktionskosten abhängt. Dabei können situative Faktoren, wie Verkehrsverhältnisse, Parkmöglichkeiten, Verbundaktivitäten etc., eine große Rolle spielen. Im Hinblick auf das Kundenbindungsmanagement bedeutet dieser Befund andererseits, daß eine hohe Wettbewerbsdichte nicht als „Ausrede" für niedrige Kundenbindungsraten herangezogen werden kann.

Untersucht man den *Marktanteil der Einkaufsstätte* als „Treiber" der Kundenbindung, zeigt sich ein sehr viel stärkerer Zusammenhang. Die Varianzaufklärung beträgt 52 %, die lineare Regression ist auf 1 %–Niveau signifikant. Möglicherweise steht dahinter die größere Outlet–Zahl marktstarker Handelsunternehmen, welche die Erreichbarkeit der Geschäfte für die Kunden erhöht und diesen Effekt damit gut erklärbar macht. Andererseits existieren aber auch Nischen– bzw. Spezialitätenanbieter, die über eine sehr treue Kundschaft verfügen. Ein zwingender Zusammenhang zwischen Marktanteil und Treueverhalten der Kunden besteht daher nicht. Möglicherweise existiert auch ein umgekehrter Zusammenhang dahingehend, daß ein Handelsunternehmen gerade wegen besonders treuer Kunden mit hohen Kaufmengen einen hohen Marktanteil zu erringen vermag.

Die deutlichen Interdependenzen zwischen Einkaufsstättentreue und Marktanteil sind in allen acht untersuchten Warengruppen in ähnlicher Form nachweisbar (vgl. Diller; Goerdt; Geis 1997, S. 84). Dabei schlägt die in allen Warenbereichen relativ hohe Einkaufsstättentreue der Aldi–Kunden (bei gleichzeitig meist hohem Marktanteil von Aldi) nicht unwesentlich zu Buche. Ähnliches gilt (soweit relevant) für den Discounter Schlecker. Dies unterstützt die Vermutung, daß die Outlet–Dichte hier einen moderierenden Einfluß einnimmt. *Abbildung 3* veranschaulicht die Zusammenhänge am Beispiel der Warengruppe Bohnenkaffee.

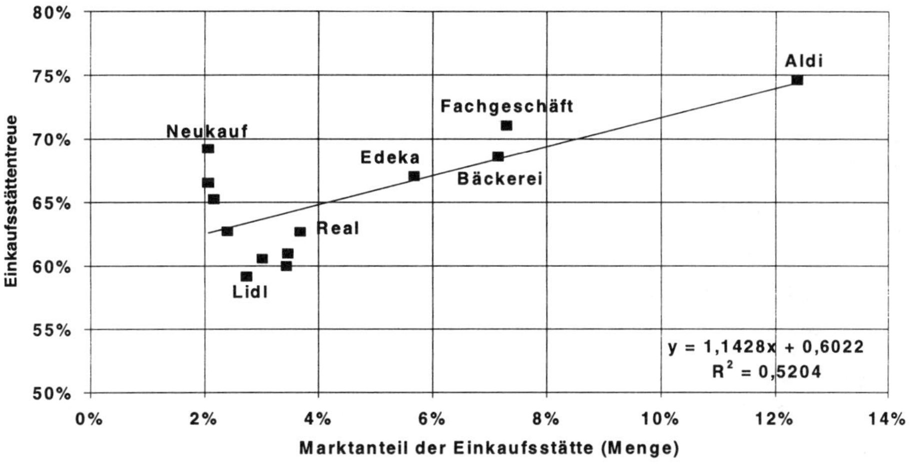

Abbildung 3: Einfluß des Marktanteils der Einkaufsstätte auf die Einkaufsstättentreue in der Warengruppe Bohnenkaffee

3.3 Der Einfluß verschiedener Marketinginstrumente auf die Kundenbindung

3.3.1 Eigenmarkenanteil

Kaum ein deutsches Handelsunternehmen hat in den letzten Jahren nicht erhebliche Anstrengungen unternommen, um den *Eigenmarkenanteil* am Sortiment auszubauen. Nicht zuletzt soll dadurch eine höhere Kundenbindung an das Handelsunternehmen bewirkt werden (vgl. Schenk 1996, S. 59). Möglicherweise ist diese Entwicklung noch zu jung, um sich in tatsächlichen Bindungserfolgen bei den Haushalten niederzuschlagen. Jedenfalls konnte eine Regression zwischen dem Handelsmarkenanteil der Handelsunternehmen und der Einkaufsstättentreue keine wesentlichen Zusammenhänge aufdecken. Wie *Abbildung 4* am Beispiel der Warengruppe Bohnenkaffee deutlich macht, ist dafür möglicherweise auch die vergleichsweise noch geringe Varianz im Handelsmarkenanteil der Einkaufsstätten verantwortlich. Lediglich die Discounter Aldi, Norma und Lidl erreichen hier Werte von über 40 %, während die meisten Handelsunternehmen mit ihren Handelsmarken im Kaffeebereich unter 10 % Marktanteil bleiben. Klammert man Aldi und Norma aus der Analyse aus, so ergibt sich sogar ein negativer Zusammenhang! Auch die Ergebnisse aus anderen Warengruppen bestätigen, daß der Handelsmarkenanteil allein nur einen recht geringen oder gar keinen Einfluß auf die Einkaufsstättentreue auszuüben vermag. Die diesbezüglichen Hoffnungen der Handelsbetriebe scheinen also noch nicht aufgegangen zu sein.

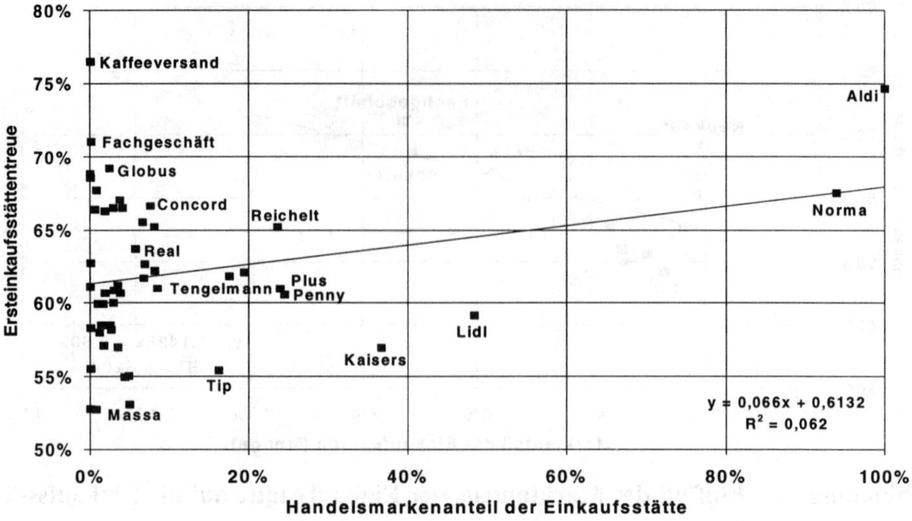

Abbildung 4: Der Einfluß des Handelsmarkenanteils auf die Einkaufsstättentreue am Beispiel Kaffee

In diesem Zusammenhang ist auch die Frage interessant, ob Handelsmarken eher als Erstmarken mit einer entsprechend hohen Bedarfsdeckung und Treue oder primär als ergänzende Zweit- oder Drittmarke gekauft werden. Gelänge es den Handelsmarken nicht, sich bei einem größeren Kundenkreis auch als Erstmarke zu profilieren, wären der weiteren Marktanteilsentwicklung wohl enge Grenzen gesetzt. *Abbildung 5* zeigt die Verteilung der Erst-, Zweit- und Drittpräferenz nach Herstellermarken über acht Warengruppen hinweg. Man erkennt, daß mit insgesamt 20 % etwa jeder fünfte Haushalt im Durchschnitt aller Warengruppen eine Handelsmarke als Erstpräferenz kauft. Bei den Zweitmarken liegt der Anteil ebenfalls bei 20 %, bei den Drittmarken mit 24 % noch etwas höher. Damit werden Handelsmarken zwar immer noch leicht überproportional zur Deckung des Ergänzungsbedarfs gekauft, stellen jedoch bereits für einen beachtlichen Teil der Kunden die Erstmarke dar. Dieses Ergebnis beruht allerdings wiederum zu einem beträchtlichen Teil auf der Bindungskraft von Aldi, der in den untersuchten Produktbereichen alleine für 12 % der untersuchten Haushalte die am meisten präferierte Einkaufsstätte darstellt

Aus Paneldaten läßt sich indirekt ableiten, wie intensiv das Instrument der Preisaktionen von den verschiedenen Handelsunternehmen eingesetzt wird. Im Extremfall verzichten Unternehmen darauf und betreiben ein *Dauerniedrigpreis-Konzept,* andere Betriebe verkaufen bis zu 80 % der Absatzmenge einer Warengruppe als Preisaktionsware. Dabei ist seit langem bekannt, daß Preisaktionen die Markenilloyalität der Konsumenten schüren und bestimmte Verbrauchergruppen zum „Shop–hopping" animieren. Andererseits könnte vermutet werden, daß ein generell hohes Sonderangebotsniveau für viele Verbraucher ein Attraktivitätskriterium der Einkaufsstätte darstellt und insofern die Einkaufsstättentreue erhöht.

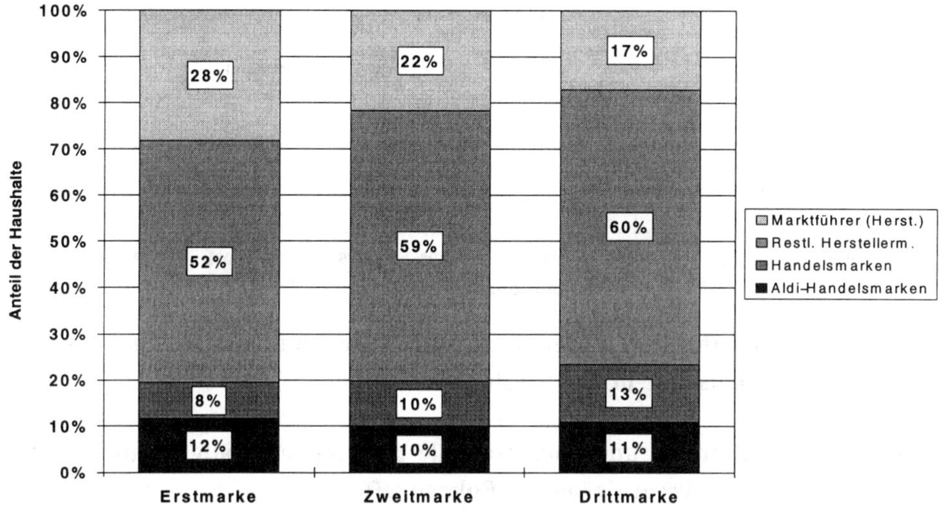

Abbildung 5: Anteile von Hersteller– und Handelsmarken bei Erst–, Zweit– und Drittmarke der Haushalte (Durchschnitt über acht Warengruppen 1995)

3.3.2 Preis– und Sonderangebotspolitik

Wie *Abbildung 6* am Beispiel der Warengruppe Bohnenkaffee deutlich macht, läßt sich anhand unserer Paneldaten aus dem Jahre 1995 kein sehr starker, aber doch ein statistisch signifikanter Zusammenhang (s = 0,03) zwischen dem Promotionanteil der Einkaufsstätte und der Einkaufsstättentreue feststellen. Die Kundentreue sinkt mit zunehmender Preisaktivität leicht ab, ein Befund, der auch für andere Warengruppen zumindest tendenziell zutrifft, wie die (standardisierten) (–Werte der Regressionsanalysen in *Tabelle 3* deutlich machen. In manchen Warengruppen, z.B. bei Eiscreme, ist der Einfluß jedoch nahezu inexistent

Ein interessantes Detail betrifft die Betreiber von Dauerniedrigpreis–Konzepten, die durchweg eine überdurchschnittliche Einkaufsstättentreue aufweisen. Dies gilt nicht nur für die Discounter, sondern auch für Marktkauf und für Kaffeeversender.

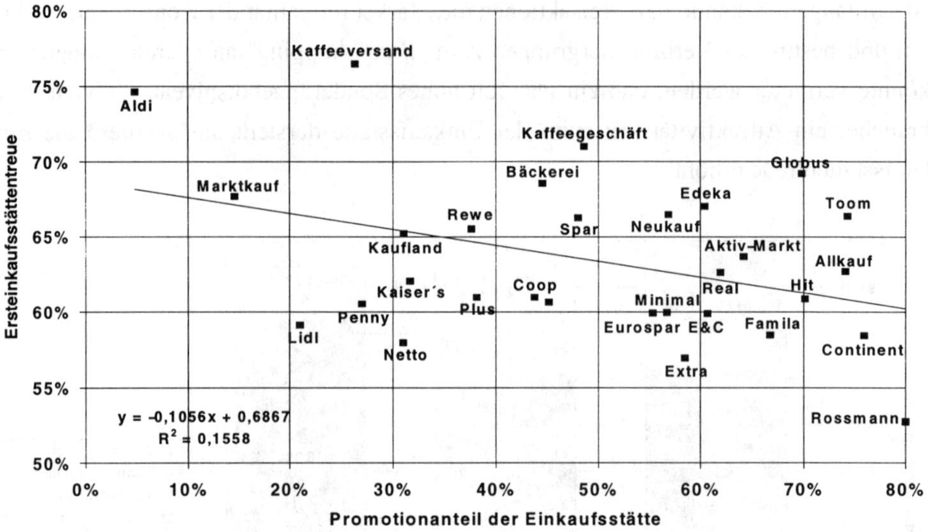

Abbildung 6: **Einfluß des Promotionanteils einer Einkaufsstätte auf die Einkaufsstättentreue bei Bohnenkaffee**

Tabelle 3: **Kunden- und Umsatzanteile der Einkaufsstätten Plus und Aldi nach Treueklassen bei Bohnenkaffee**

Treue		Plus		Aldi	
Bedarfsdeckung	**Bezeichnung**	**Haushalte**	**Umsatz**	**Haushalte**	**Umsatz**
0–20%	Sehr untreu	58%	38%	25%	9%
21–40%	Untreu	22%	20%	22%	12%
41–60%	Mäßig treu	9%	10%	18%	11%
61–80%	Treu	5%	10%	13%	16%
81–100%	Sehr treu	6%	21%	23%	52%

Insgesamt bestätigt sich damit die Erfahrung, daß auch spektakuläre Preisaktionen die Kundentreue nicht merklich steigern können (vgl. Hirvonen; Pöhlmann 1994, S. 53 ff.). Langfristig scheint ein hoher Promotionanteil also nicht nur auf Markenebene (hier konnte der Effekt deutlich bestätigt werden), sondern auch auf Einkaufsstättenebene zu einer Erosion der Kundentreue zu führen. Allerdings sind die Zusammenhänge statistisch noch nicht völlig abgesichert und insofern vorsichtig zu interpretieren. Interessant ist, daß die Wirkung häufiger Promotions auf die Markentreue offenkundig stärker ausgeprägt ist als auf die Einkaufsstättenbindung. Dies erkennt man in *Tabelle 4* bei den ebenfalls ausgewiesenen Werten für die Markentreue. Ein möglicher Grund hierfür könnte in dem Umstand liegen, daß ein Markenwechsel auch im Geschäft möglich ist und somit erheblich geringere Wechselkosten verursacht als ein Geschäftswechsel. In diesem Zusammenhang erscheint ein Vorgriff auf die Treueanalysen auf Haushaltsebene (3.4.1) zweckmäßig, bei dem die Haushalte nach ihrer Einkaufshäufigkeit von Sonderangeboten gruppiert und die Treuewerte miteinander verglichen werden. *Abbildung 7* zeigt am Beispiel des Kaffeemarktes deutlich, daß selbst Konsumentenhaushalte, die ausschließlich Sonderangebote erwerben, durchaus über eine große Marken– und Einkaufsstättentreue verfügen können, also offenbar gezielt Einkäufe dann tätigen, wenn die präferierte Kaffeemarke in Preisaktionen angeboten wird. Entsprechend zahlen diese Käufer mit 7,51 DM pro 500 Gramm den geringsten Durchschnittspreis aller untersuchten Gruppen, stellen mit 7 % jedoch nur eine Minderheit der Haushalte dar. Dagegen sind 26 Prozent der Haushalte, die keinerlei preisreduzierte Ware gekauft haben, erwartungsgemäß überdurchschnittlich marken– als auch einkaufsstättentreu und zahlen mit 8,41 DM den höchsten Durchschnittspreis.

Tabelle 4: Zusammenhang zwischen dem Promotionanteil und der Einkaufsstätten– und Markentreue nach Warengruppen (lineare Regression)

Warengruppe	Einkaufsstättentreue			Markentreue		
	R^2	Sig T	Beta	R^2	Sig T	Beta
Sekt	0,02	0,70	–0,15	0,43	0,06	–0,65
Eiscreme	0,00	0,95	–0,02	0,33	0,03	–0,57
Bohnenkaffee	0,16	0,03	–0,40	0,24	0,12	–0,49
Universalwaschmittel	0,03	0,50	–0,17	0,22	0,06	–0,47
Handgeschirrspülmittel	0,19	0,19	–0,43	0,09	0,36	–0,44
Sauerkraut	0,14	0,37	–0,37	0,05	0,68	–0,39
Zahncreme	0,08	0,51	–0,15	0,03	0,46	–0,13

Ergänzend zeigt ein Vergleich der Kundentreue nach *Preiskonzepten* im Handel, daß Dauerniedrigpreisgeschäfte im Durchschnitt eine höhere Kundenbindung aufweisen als Handelsorganisationen mit ausgeprägter Aktionspreispolitik. Die Tatsache, daß Marktkauf und Globus ihre überdurchschnittlich hohen Treuewerte mit völlig unterschiedlichen Preiskonzepten erzielen, macht allerdings deutlich, daß die Sonderangebotspolitik nur *einen* Baustein im Kundenbindungsmanagement des Handels darstellt.

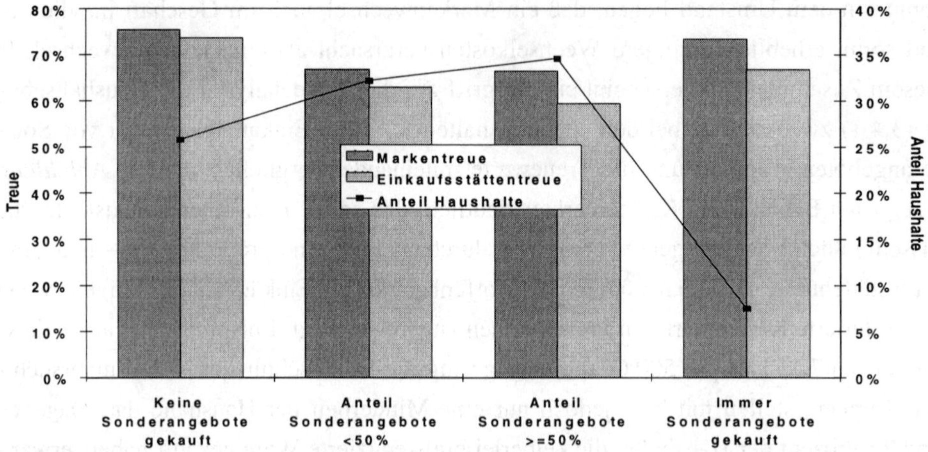

Abbildung 7: Treue der Haushalte in Abhängigkeit vom Promotionanteil bei Bohnenkaffee

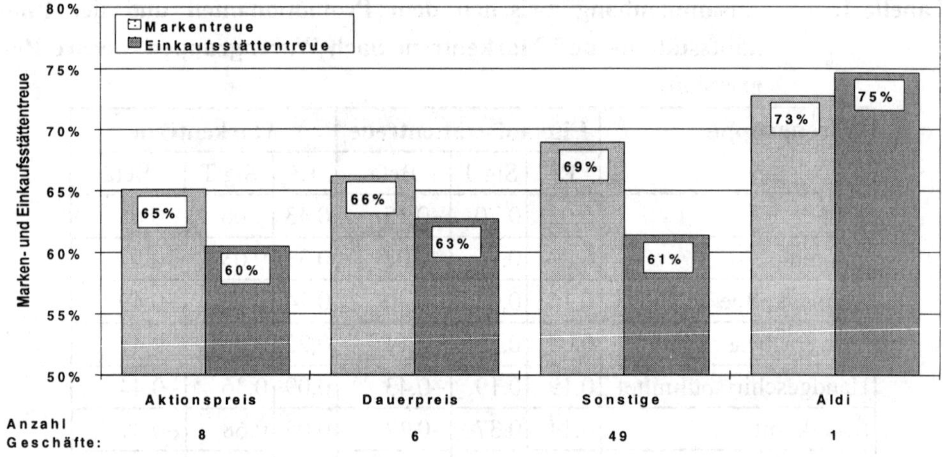

Abbildung 8: Marken– und Einkaufsstättentreue bei Bohnenkaffee nach dem Preiskonzept der Einkaufsstätte

Eine letzte Untersuchung in diesem Zusammenhang widmet sich der Einkaufsstätten–treue in verschiedenen *Betriebstypen des Handels (Tabelle 5).* Allerdings ergibt sich hier nur in Ausnahmefällen ein prägnanter Einfluß, so z.B. bei Waschmitteln, wo die Discounter eine um 6 % bessere Einkaufsstättentreue aufweisen als der Durchschnitt, und bei den Kaufhäusern, die – abgesehen vom Kaffee – oft weit unterdurchschnittliche Treueraten besitzen.

Tabelle 5: Abweichungen der Treue des Betriebstyps von der Durchschnittstreue der Warengruppe

Waren–gruppe	Abweichung Markentreue					Abweichung Einkaufsstättentreue				
	Disc.	Fachg.	Kaufh.	Trad.	Verbr.	Disc.	Fachg.	Kaufh.	Trad.	Verbr.
Eiscreme	–1 %	+14 %	+5 %	–4 %	–5 %	–1 %	+4 %	–5 %	+1 %	–1 %
Kaffee	0 %	+6 %	+10 %	–1 %	–3 %	+2 %	+2 %	+6 %	–1 %	–3 %
Konfitüre	+4 %	0 %	–8 %	–5 %	–3 %	+2 %	–5 %	–7 %	–2 %	–1 %
Sauerkraut	–2 %	+1 %	+5 %	+2 %	+1 %	+3 %	0 %	–13 %	–2 %	–3 %
Sekt	+1 %	+3 %	+3 %	–3 %	–1 %	+1 %	–1 %	–5 %	+2 %	–1 %
Spülmittel	–2 %	+2 %	+5 %	–2 %	+1 %	+5 %	–3 %	–14 %	–2 %	–2 %
Waschmittel	+1 %	+1 %	–6 %	–1 %	–2 %	+6 %	–3 %	–14 %	–2 %	–2 %
Zahncreme	0 %	+1 %	+4 %	–1 %	–1 %	+1 %	–2 %	–2 %	0 %	+1 %
Mittelwert	**0 %**	**+4 %**	**+2 %**	**–2 %**	**–1 %**	**+2 %**	**–1 %**	**–7 %**	**–1 %**	**–1 %**

Wenig überrascht, daß die preisgünstigen Discounter in allen Warengruppen (außer Eiscreme) eine überdurchschnittliche Einkaufsstättentreue aufweisen können. Dagegen werden die Kaufhäuser offenkundig primär für Ergänzungskäufe genutzt. Sie stellen nur für einen kleinen Teil der Haushalte die Stamm–Einkaufsstätte dar. Bemerkenswert ist auch, daß trotz ihres Charakters als Nahversorger auch die kleineren Geschäfte des traditionellen LEH nur über eine vergleichsweise geringe Treue verfügen. Die relativ niedrigen Werte bei Verbrauchermärkten mögen darin begründet sein, daß diese Einkaufsstätten vor allem zu Großeinkäufen in längeren Zeitabständen besucht und zwischenzeitliche Kleineinkäufe in der Nachbarschaft oder in der Nähe des Arbeitsplatzes getätigt werden.

3.4 Der Einfluß von Haushaltscharakteristika auf die Einkaufsstättentreue

Nachfolgend wenden wir uns der Frage zu, ob die Einkaufsstättentreue von bestimmten Merkmalen der Haushalte abhängig ist. Dies scheint v.a. im Hinblick auf eine zielgruppenspezifische Kundenbindungspolitik von Interesse. Sollte es Kundengruppen geben, die einem Handelsunternehmen fester verbunden sind als andere, so gilt es diese zu sichern bzw. in ganz spezifischer Weise anzusprechen. Andererseits kann man weniger treue Kundengruppen fester an das Unternehmen zu binden versuchen. Wie oben dargelegt, sind häufig nur eine geringe Anzahl von Kunden für ein hohes Umsatz– und Gewinnpotential verantwortlich, so daß eine solche segmentspezifische Kundenbindungspolitik durchaus naheliegt.

Aus dem Haushaltspanel der GfK stehen zahlreiche Haushaltscharakteristika für derartige Untersuchungen zur Verfügung. Zunächst handelt es sich um aus den Haushaltsaufzeichnungen ableitbare Variablen des Kaufverhaltens, nämlich Einkaufshäufigkeit, Einkaufsmenge, Einkaufswert, gezahlter Durchschnittspreis, gekaufter Handelsmarkenanteil und Promotionanteil. Eine weitere Gruppe von Größen bezieht sich auf soziodemographische Merkmale des Haushaltes bzw. der haushaltsführenden Person, nämlich Nettoeinkommen, Haushaltsgröße, Größe des Wohnorts, Berufstätigkeit der haushaltsführenden Person (Skala von 1 = ganztags bis 4 = nicht berufstätig) und soziale Schicht (Skala von 1 = Ober– bis 5 = Unterschicht). Schließlich stehen aus sog. Einfragen ins Panel psychographische Variablen, insb. Einstellungen zu bestimmten Konsumfragen, zur Verfügung. Im einzelnen zogen wir die Innovationsneigung, die Nostalgieneigung, die Erlebnisorientierung, die Qualitätsorientierung, das Mißtrauen gegenüber Neuprodukten, die Einstellung zu einer traditionellen Lebensführung und das Preisbewußtsein der Haushalte heran. Sie werden anhand von Zustimmungsskalen zu entsprechend formulierten Items gemessen. Schließlich konnten die bei der GfK verfügbaren Kennwerte des Familien–Lebenszyklus („Familien–Lebenswelten") und die clusteranalytisch ermittelten Zugehörigkeiten zu den 15 Lebensstil–Gruppen des „Euro–Socio–Style–Konzeptes" mit den Treuewerten korreliert werden.

3.4.1 Beobachtbares Kaufverhalten

Verschiedene Größen des Kaufverhaltens, insb. die *Einkaufsmenge und –häufigkeit,* standen schon bisher häufig im Mittelpunkt von Treueanalysen, freilich oft nur bezüglich der Markentreue (z.B. Cunningham 1961; Frank; Massy; Lodahl 1969; van Trijp; Hoyer; Inman 1996). Naturgemäß bilden solche Variablen nur die „Oberfläche" des Kaufverhaltens ab und werden vermutlich von Hintergrundgrößen, wie dem ökonomischen Druck, dem Preisbewußtsein oder dem Wunsch nach Abwechslung, getrieben. Dies sollte bei der Interpretation der Ergebnisse unserer Regressionsanalysen berücksichtigt werden, zumal diese stets nur lineare Zusammenhänge testen. Darüber hinaus dürften Interdependenzen mit dem jeweiligen Ausmaß an Markentreue vorliegen. In *Tabelle 6* sind die entsprechenden statistischen Kennwerte unserer Abhängigkeitsanalysen für die Bedarfsdeckung der Ersteinkaufsstätte und die Anzahl besuchter Einkaufsstätten als Indikatoren der Einkaufsstättentreue wiedergegeben. Es ergeben sich im allgemeinen zwar hochsignifikante, jedoch insgesamt nur sehr schwache Zusammenhänge zwischen den untersuchten Größen des Kaufverhaltens und der Treue der Haushalte. R^2 –Werte über 0,10 findet man hinsichtlich der Anzahl der Einkaufsstätten bei Einkaufshäufigkeit und den verschiedenen Maßgrößen der Einkaufsmenge. Wer also oft bzw.

viel von einer Warengruppe kauft, kauft auch in mehr Einkaufsstätten. Der Zusammenhang ist plausibel und wird im Hintergrund wohl von den situativen Umständen der Bedarfsentstehung geprägt. Wer häufig kauft, erwirbt die Waren eben nicht nur in einer Stammeinkaufsstätte, sondern auch bei anderer Gelegenheit.

Tabelle 6: Zusammenhang zwischen Variablen des Kaufverhaltens und der Einkaufsstättentreue bei Bohnenkaffee und Universalwaschmitteln (lineare Regression)

	Bohnenkaffee						**Universalwaschmittel**					
Einflußgröße	**Bedarfsdeckung**			**Anzahl Geschäfte**			**Bedarfsdeckung**			**Anzahl Geschäfte**		
	R^2	Sig T	Beta	R^2	Sig T	Beta	R^2	Sig T	Beta	R^2	Sig T	Beta
Einkaufshäufigkeit	0,00	0,07	–0,02	**0,16**	0,00	0,40	0,01	0,00	–0,09	**0,14**	0,00	0,37
Einkaufsmenge (Stück)	0,00	0,05	–0,02	**0,12**	0,00	0,35	0,01	0,00	–0,09	**0,13**	0,00	0,36
Einkaufsmenge (kg)	0,00	0,01	–0,02	**0,13**	0,00	0,35	0,00	0,00	–0,05	0,06	0,00	0,24
Einkaufswert (DM)	0,00	0,09	–0,01	**0,13**	0,00	0,36	0,01	0,00	–0,10	**0,11**	0,00	0,33
Durchschnittspreis (DM/kg)	0,02	0,00	0,13	0,01	0,00	–0,12	0,01	0,00	–0,08	0,00	0,00	0,04
Handelsmarkenanteil	0,02	0,00	0,16	0,01	0,00	–0,11	0,06	0,00	0,24	0,05	0,00	–0,22
Promotionanteil	0,03	0,00	–0,19	0,02	0,00	0,15	0,03	0,00	–0,17	0,03	0,00	0,16

Im Hinblick auf den *Preis* zahlen treue Käufer gemäß unserer Analysen im Durchschnitt aller Warengruppen einen etwas höheren Betrag, was zum einen an einer geringeren Preiselastizität, zum anderen jedoch auch an der Tatsache liegen könnte, daß treue Konsumenten eher hochwertige Marken oder Spezialitäten erwerben bzw. in hochpreisigen Fachgeschäften einkaufen. Eine nähere Analyse zeigte freilich, daß der Zusammenhang eher U–förmig ist, d.h. ein größerer Anteil von Haushalten mit hoher Ladentreue eher niedrige Durchschnittspreise bezahlt (Discounter–Einkauf), ein anderer Teil jedoch relativ hohe, während im Mittelbereich des Preises eher niedrige Treuewerte vorzufinden sind.

Die lineare Regression ergibt bei keiner der untersuchten Warengruppen einen deutlichen Zusammenhang zwischen dem *Handelsmarkenanteil* und der Marken– und Einkaufsstättentreue der Haushalte. Allerdings zeichnen sich sowohl überzeugte Hersteller–

markenkäufer, als auch Haushalte, die ausschließlich Handelsmarken erwerben, durch eine überdurchschnittliche Treue gegenüber ihren Stammanbietern aus. *Abbildung 9* zeigt diesen Zusammenhang am Beispiel von Bohnenkaffee. Auf der Abszisse sind vier Gruppen von Haushalten mit unterschiedlicher Affinität zu Handelsmarken abgetragen. Die Ordinate mißt die Einkaufsstätten– bzw. Markentreue, die durchgezogene Linie gibt den Anteil der jeweiligen Haushalte wieder. Man erkennt, daß in dieser Warengruppe immerhin 5 % der Haushalte ihren gesamten Bedarf mit Handelsmarken decken, dann allerdings fast ausschließlich mit einer einzigen Handelsmarke bzw. bei einer einzigen Handelsorganisation. Diese Gruppe erreicht damit die mit Abstand höchste Marken– und Einkaufsstättentreue aller Gruppen. Erneut zeigt sich, daß bei einem Großteil der Haushalte die Markentreue die Einkaufsstättentreue übertrifft.

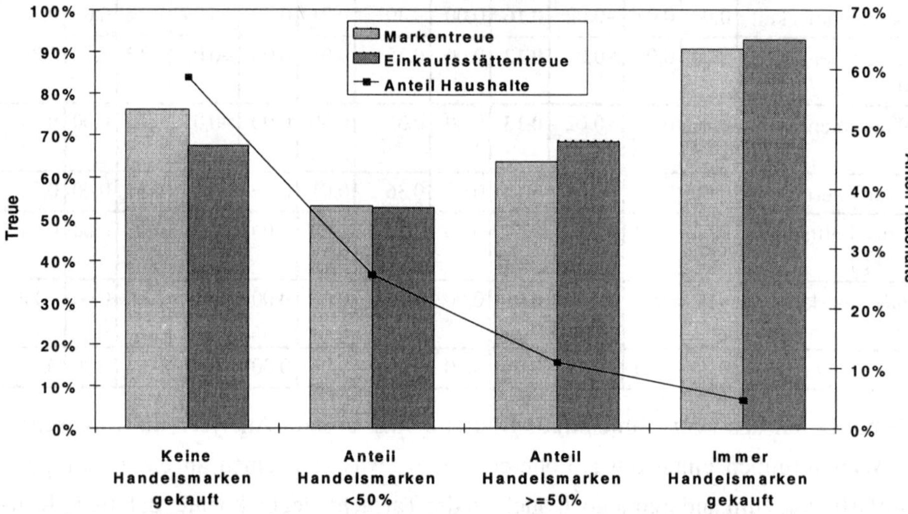

Abbildung 9: Treue der Haushalte in Abhängigkeit vom Einkaufsanteil von Handelsmarken bei Bohnenkaffee

Ähnliche Verläufe lassen sich auch bei der Überprüfung der Zusammenhänge zum *Promotionanteil* der Haushalte beobachten, also dem Anteil der Menge, die ein Haushalt zum Sonderpreis erwirbt. Während die Treue zunächst mit steigendem Promotionanteil erwartungsgemäß abnimmt, steigt sie ab einem Anteil von 80 % wieder an. Etwa ein Fünftel der Haushalte deckt also seinen Bedarf gezielt mit Sonderangeboten („Sonderangebotsjäger"). Besonders stark ist die Sonderangebotsorientierung in der Warengruppe Bohnenkaffee (vgl. *Abbildung 7)*.

Insgesamt betrachtet gibt es Indizien dafür, daß sich bei einigen Einflußgrößen treuesteigernde und treuemindernde Effekte überlagern und teilweise kompensieren. Eine kausalanalytische Behandlung dieser Effekte wäre deshalb wünschenswert.

3.4.2 Soziodemographische Variablen

Da Paneldaten umfangreiche Angaben zur Soziodemographie der berichtenden Haushalte enthalten, liegt der Versuch einer Analyse dieser Informationen in Hinblick auf Zusammenhänge zur Einkaufsstättentreue nahe. Schon ein Studium der relevanten Literatur führt jedoch zu der ernüchternden Erkenntnis, daß sich bisher keineswegs eindeutige Zusammenhänge identifizieren lassen konnten. Lediglich hinsichtlich des Alters ist bekannt, daß hier die Treue positiv korreliert.

Die im Rahmen unserer Studie durchgeführten Analysen hinsichtlich des Einflusses von 14 soziodemographischen Merkmalen bestätigen nachdrücklich die Zweifel an der Eignung dieser Gruppe von Segmentierungsgrößen. So bestehen zwar z.B. zwischen einzelnen Einkaufs- oder Haushaltsgrößenklassen signifikante Treueunterschiede, diese fallen jedoch nicht groß genug aus, um insgesamt einen signifikanten Zusammenhang zu generieren. Lediglich bezüglich des Alters ergibt sich erneut der konsistente Befund, daß die ältesten Haushalte in allen Warengruppen die höchsten Einkaufsstättentreuewerte aufweisen. Angesichts dieses Befundes wird auf eine detaillierte Darlegung der Ergebnisse verzichtet und auf Goerdt (1999, S. 82 f.) verwiesen.

3.4.3 Psychographika

Auch bei der Überprüfung psychographischer Variablen ergaben sich nur schwach ausgeprägte Zusammenhänge. Einen konsistent positiven Einfluß übt nur die *Nostalgieneigung* aus, während die *Erlebnisorientierung* und *Innovationsneigung* erwartungsgemäß zu abnehmender Loyalität führen. Mit der *Qualitätsorientierung* steigt tendenziell die Treue, während ein hohes *Preisbewußtsein* die Wechselneigung verstärkt. Allerdings sind die Erklärungsbeiträge dieser Variablen für die Einkaufsstättentreue äußerst gering (vgl. ausführlich Diller; Goerdt; Gais 1997, S. 58 f.). Deutlichere Zusammenhänge lassen sich nach dem von der GfK benutzten Konzept der *„Familien-Lebenswelten"* ermitteln, ohne daß dies hier aus Platzgründen ausführlich erläutert werden kann (vgl. Goerdt 1999, S. 83 ff.). *Abbildung 10* zeigt die dort unterschiedenen Gruppen an Haushalten und die zunehmende Einkaufsstättentreue mit dem Fortschreiten im Familien-Lebenszyklus. Auch nach der von der GfK mitentwickelten Life-Style-Segmentierung (vgl. Hauck, 1997) lassen sich gewisse Unterschiede der Einkaufsstättentreue der Panel–Haushalte erkennen (vgl. Goerdt 1999, S.87 ff.).

Zusammenfassend zu den Haushaltscharakteristika läßt sich festhalten, daß die Einkaufsstättentreue von solchen Merkmalen zwar tangiert, aber nicht geprägt wird. Wie schon in früheren Studien, so zeigt sich auch hier, daß es sich bei der Marken– wie bei der Einkaufsstättentreue eher um warengruppen– als um haushalts– bzw. konsumentenspezifische Phänomene handelt. Daher sollen bei der Suche nach Einflußgrößen der Treue neben Merkmalen der Verbraucher in einem weiteren Schritt auch Charakteristika der jeweiligen Warengruppe einbezogen werden.

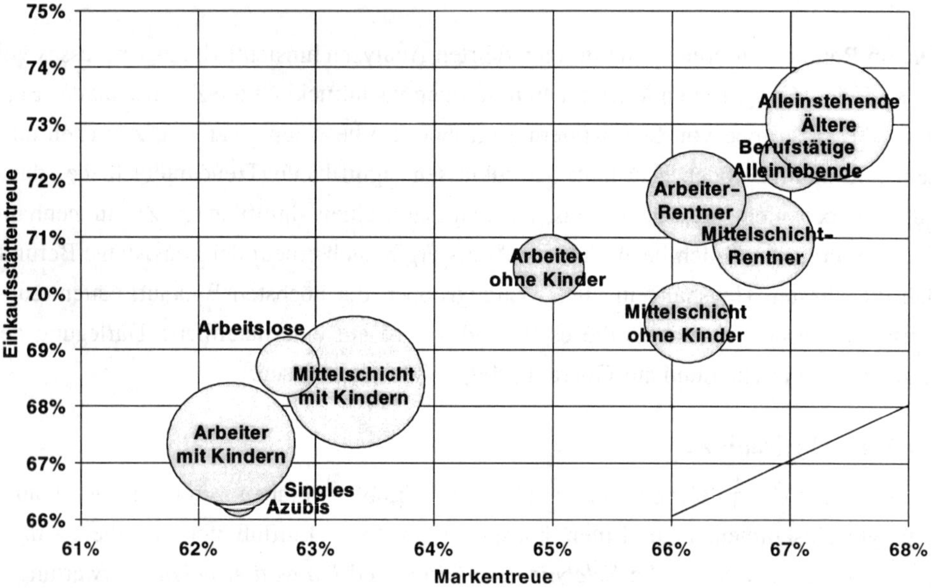

Abbildung 10: Marken– und Einkaufsstättentreue der Haushalte nach Familien–Lebenswelten über alle Warengruppen (Basis: 20 Warengruppen 1996, 8694 Haushalte)

3.4.4 Warengruppen–Charakteristika

Die bereits beim Einkaufsverhalten herangezogenen Größen lassen sich nicht nur wie dort hinsichtlich einzelner Konsumenten(–gruppen) festmachen, sondern auch auf Warengruppenebene bestimmen. Daraus ergeben sich durchschnittliche Einkaufshäufigkeiten, –mengen, –werte, –durchschnittspreise sowie Handelsmarken– und Promotionanteile pro Warengruppe, die wiederum mit der Einkaufsstättentreue in der jeweiligen

Warengruppe in Beziehung gesetzt werden können. Die Ergebnisse einer solchen (linearen) Regression für insgesamt 20 Warengruppen sind in *Tabelle 7* aufgelistet. Man erkennt noch stärker als bei der kundenindividuellen Betrachtung die starken Zusammenhänge zwischen beiden Größen. So erbringt die Einkaufshäufigkeit 87 % Varianzaufklärung für die Anzahl der besuchten Einkaufsstätten! Auch die Einkaufsmenge und der Promotionanteil weisen beträchtliche Bestimmtheitsmaße auf. Damit bestätigt sich die schon bei der Analyse des individuellen Kaufverhaltens festgestellte Einflußstärke dieser Variablen.

Tabelle 7: Zusammenhang zwischen quantitativen Warengruppencharakteristika und der Marken- und Einkaufsstättentreue (lineare Regression) (Basis: 20 Warengruppen 1996)

Einflußgröße	**Bedarfsdeckung Ersteinkaufsstätte**			**Anzahl Einkaufsstätten**		
	R^2	Sig T	Beta	R^2	Sig T	Beta
Einkaufshäufigkeit	**0,40**	0,00	–0,63	**0,87**	0,00	0,93
Einkaufsmenge (Stück)	**0,23**	0,03	–0,48	**0,65**	0,00	0,81
Einkaufsmenge (kg)	**0,15**	0,09	–0,39	**0,53**	0,00	0,73
Einkaufswert (DM)	**0,28**	0,02	–0,53	**0,62**	0,00	0,79
Durchschnittspreis (DM/Stück)	0,02	0,51	0,16	0,08	0,22	–0,29
Handelsmarkenanteil	0,09	0,46	0,31	0,03	0,68	–0,17
Promotionanteil	0,42	0,12	–0,65	**0,53**	0,06	0,73

Die Anordnung der Warengruppen legt also die Vermutung nahe, daß es hinsichtlich der Einkaufsstättentreue warengruppenspezifische Grenzen der Bindungsbereitschaft gibt. In keiner Produktkategorie wird eine Konzentrierung von ¾ der gekauften Menge pro Handelsorganisation erreicht. Hinsichtlich der Markentreue liegt diese Bindungsobergrenze etwas höher.

Neben dieser rein quantitativen Charakterisierung versuchten wir in unserer Analyse auch qualitative Merkmale als mögliche Einflußgrößen für die Einkaufsstättentreue zu identifizieren. Zu diesem Zweck unterzogen wir alle Warengruppen je nach Erstmarken- und Einkaufsstättentreue (Bedarfsdeckungsrate) einer Clusteranalyse, was das in *Abbildung 11* dargestellte Bild ergab. Es fällt auf, daß die Bindungsbereitschaft mit hoher Geschmacksintensität, Sinnesansprache oder Sortenvielfalt, wie z.B. für Süßgebäck, Pralinen, Schokolade oder Joghurt, besonders gering ausfällt. Hier könnte das Bedürfnis nach Abwechslung (variety seeking) und die Häufigkeit von Impulskäufen eine größere Bedeutung besitzen als bei den „commodities" der im rechten oberen Bereich angesiedelten Warengruppen. Dort finden sich eher geringwertige Güter, bei denen Konsumenten oft nur geringfügige Qualitätsunterschiede wahrnehmen und folglich über ein geringes Kauf–Involvement verfügen. Dies hat stark habitualisierte Einkäufe zur Folge und damit auch höhere Treuewerte. Allerdings ist in Warengruppen wie Bohnenkaffee oder Universalwaschmittel, in denen stark markierte Güter angeboten werden und eine hohe Werbeintensität herrscht, eine hohe Markentreue feststellbar. Gleiches gilt für „sensible" Warengruppen der persönlichen Hygiene. Hier zeigen sich interessante Interdependenzen zwischen Erstmarken– und Ersteinkaufsstättentreue, die für die Definition von Category–Rollen, aber auch für die Ausgestaltung der Marketinginstrumente eine wichtige Rolle spielen können.

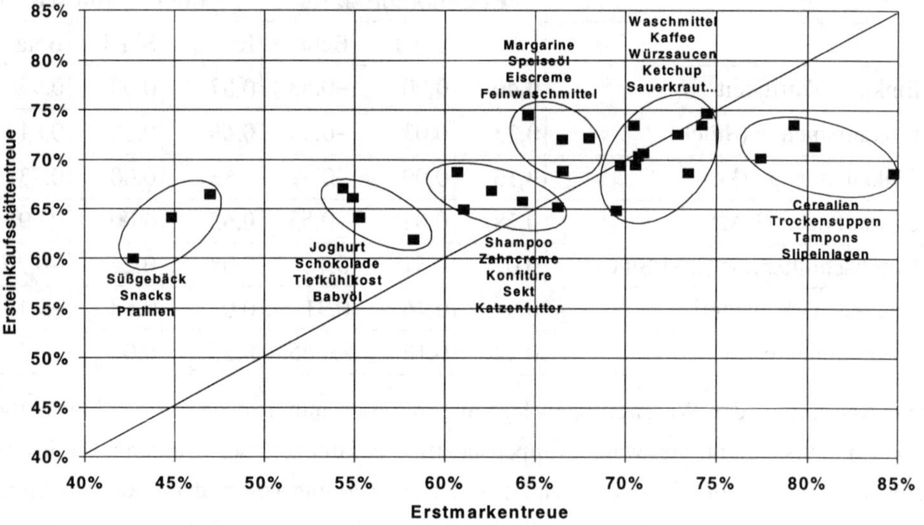

Abbildung 11: Clusterung der Warengruppen nach Waren– und Einkaufsstättentreue der Haushalte

3.5 Interdependenzen zwischen Marken– und Einkaufsstättentreue

Schon bisher wurde immer wieder darauf hingewiesen, daß zwischen Einkaufsstättentreue und Markentreue ein positiver Zusammenhang besteht. Dieser soll nunmehr noch in einigen gesonderten Analysen näher untersucht werden. Dazu haben wir warengruppenübergreifende Zusammenhänge gesucht, indem aus den 20 für 1996 untersuchten Güterarten ein „synthetischer Warenkorb" konstruiert und der ungewichtete Durch–

schnitt der Marken– und Einkaufsstättentreuewerte eines jeden Haushalts berechnet wurde. Da nicht alle Panel–Teilnehmer in allen Warengruppen eingekauft hatten, wurden in die Untersuchung nur solche Haushalte einbezogen, die 1996 in mindestens fünf der 20 Warengruppen Käufe getätigt hatten. Insgesamt waren dies 6.745 Haushalte, die sich gemäß ihrer durchschnittlichen Marken– und Einkaufsstättentreue im wesentlichen auf vier der neun in *Abbildung 12* aufgespannten Matrixfelder konzentrieren. Extrem untreu (linke Spalte und untere Zeile) waren nur zehn der 6.745 Haushalte. Mit 32 % deckt ein knappes Drittel der Haushalte im Durchschnitt über alle Warengruppen mehr als 2/3 seines Bedarfs mit seiner jeweiligen Erstmarke und in seiner jeweiligen Ersteinkaufsstätte. Dies stellt ein erneutes Indiz für das insgesamt hohe Niveau der Kundenbindung bei Gütern des täglichen Bedarfs dar, auch wenn die Warengruppenebene verlassen wird. Aus der stärkeren Besetzung der Diagonalzellen wird erneut deutlich, daß zwischen Marken– und Einkaufsstättentreue eine positive Korrelation besteht.

Eine vertiefende Analyse diesen Zusammenhangs ist möglich, wenn man die **Einkaufssequenzen** der Haushalte analysiert und ermittelt, in wievielen Fällen im Vergleich zum Vorkauf ein Wechsel der Marke bzw. der Einkaufsstätte erfolgt ist und wie beide Phänomene zusammenhängen. Basis hierfür bilden alle annähernd eine halbe Mio. untersuchten Einkaufsakte der Panel–Teilnehmer in acht Warengruppen aus dem Jahre 1995. *Abbildung 13* zeigt die entsprechenden Ergebnisse im Durchschnitt aller acht Warengruppen. Erneut wird die enge Beziehung zwischen Marken– und Einkaufsstättentreue sichtbar. Bei 70 % aller Einkäufe werden sowohl die Marke als auch die Einkaufsstätte des Vorkaufs beibehalten bzw. gewechselt. Ein isolierter Wech–sel der Marke oder der Einkaufsstätte stellt damit ein eher seltenes Ereignis dar. Der Zusammenhang gilt auch für jede einzelne der acht untersuchten Warengruppen. Im Falle eines Markenwechsels erfolgt in 64 % (31% / (31%+18%)) aller Einkaufsakte gleichzeitig ein Einkaufsstättenwechsel, umgekehrt werden 72 % aller Geschäftswechsel von einem Markenwechsel begleitet.

Die dargestellten Analysen zeigen beispielhaft, daß mit den von uns durchgeführten Auswertungen nicht nur ein Bild vom gegenwärtigen Niveau der Einkaufsstättentreue und dem Einfluß der aus dem Panel verfügbaren potentiellen Einflußgrößen überprüft, sondern auch ein Controlling–Instrumentarium für das Kundenbindungs–Management aufgebaut werden kann. Darauf kann an dieser Stelle jedoch nicht näher eingegangen werden (vgl. Goerdt 1999, S. 104 ff.).

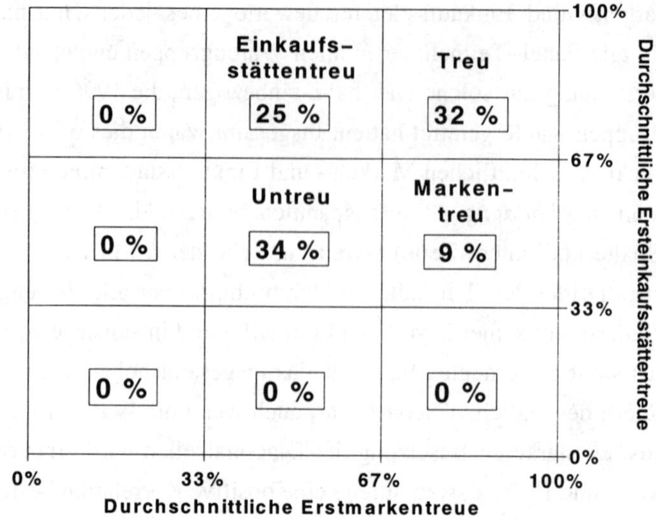

Abbildung 12: Verteilung der Haushalte nach durchschnittlicher Marken- und Einkaufsstättentreue über 20 Warengruppen

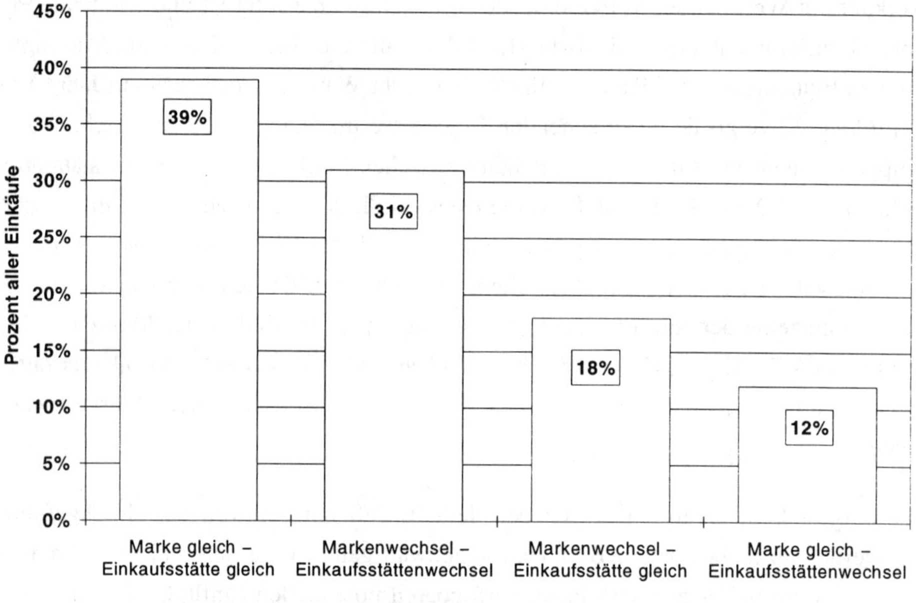

Abbildung 13: Zusammenhang zwischen der Marken- und Einkaufsstättenwahl (Durchschnitt über 8 Warengruppen)

4 ZUSAMMENFASSUNG

Die in dieser Studie untersuchten Einflußfaktoren der Kundenbindung erbrachten insgesamt zwar eine große Zahl statistisch signifikanter Befunde, ohne allerdings einen dominanten Einflußfaktor identifizieren zu können. Offenkundig wirkt eine so große Zahl von Variablen auf die Kundenbindung ein, daß die isolierte Betrachtung einzelner Größen noch kein vollständiges Bild erbringen kann. Soweit das Datenniveau es zuläßt, werden wir die Analyse deshalb im Wege einer Kausalanalyse fortsetzen.

An dieser Stelle läßt sich festhalten, daß sowohl Marktstrukturen, als auch der Einsatz der Marketinginstrumente durch den Handel, als auch gewisse Haushalts– und Warengruppencharakteristika Einflüsse auf das Ausmaß der Einkaufstättentreue besitzen. Relativ starke Effekte gehen dabei von der Anzahl der in einer Warengruppe angebotenen Marken, dem Marktanteil der Handelsfirmen, den Lebenszyklusphasen und Lebensstilen der Haushalte sowie der Einkaufshäufigkeit und Einkaufsmenge aus. Relativ geringen Einfluß üben soziodemographische und isolierte psychographische Merkmale aus. Im Bereich der Marken– und Sortimentspolitik gelingt es Handelsunternehmen bisher offenkundig nur sehr bedingt, durch die Erhöhung des Eigenmarkenanteils Kundenbindungseffekte zu erzielen. Die höchste Einkaufsstättentreue erreichen Händler, die entweder konsequent auf Hersteller– oder auf Handelsmarken setzen. Mehr als die Hälfte aller Haushalte, deren Erstmarke in den untersuchten Warengruppen eine Handelsmarke ist, sind treue Kunden von Aldi, was dessen Sonderstellung eindrucksvoll unterstreicht. Bezüglich preispolitischer Entscheidungen bestätigen unsere Analysen die schon bisher vorherrschende Meinung, daß ein hoher Promotionanteil zur Erosion der Kundentreue beiträgt. Dies gilt sowohl auf Marken– als auch auf Geschäftsebene. Trotz ihres häufig nur geringen Marktanteils erreichen auch gewisse Nischenanbieter, wie Depots, Heimdienste oder Versender, eine überdurchschnittliche Kundenbindung.

Aufgrund der Tatsache, daß sich beinahe sämtliche hier untersuchte Einflußfaktoren in sehr ähnlicher Weise auf die Marken– wie die Einkaufsstättentreue auswirken, ist es schwierig, eine Ursächlichkeit zwischen beiden Phänomenen festzustellen. Die Frage, ob die Markentreue die Einkaufsstätte beeinflußt oder umgekehrt, kann also nicht eindeutig beantwortet werden. Wir gehen davon aus, daß sich beide Größen gegenseitig verstärken und damit eine zweiseitige Wirkungsbeziehung vorliegt.

Die Analyse der Einflußfaktoren wurde durch offenkundig vielfältige Wirkungsbeziehungen, die sich häufig überlagern und möglicherweise kompensieren oder verstärken, erschwert. Insgesamt macht die Vielzahl partieller Zusammenhänge deutlich, daß es sich bei der Einkaufsstättentreue um ein sehr komplexes Phänomen handelt, dem die Handelsforschung auch in Zukunft hohe Aufmerksamkeit widmen sollte.

LITERATUR

Bänsch, A.: Variety seeking – Marketingfolgerungen aus Überlegungen und Untersuchungen zum Abwechslungsbedürfnis von Konsumenten. In: Jahrbuch der Absatz- und Verbrauchsforschung, 41 (1995), Heft 4, S. 342–365.

Belz, Ch.: Management von Geschäftsbeziehungen. In: Thexis, 10. Jg. (1993), Nr. 3, S. 23–27.

Calabretti, T.: Kundenbindung im Handel: Das Beispiel Douglas. In: Bruhn, M.; Homburg, Ch. (Hrsg.), Handbuch Kundenbindungsmanagement, Wiesbaden 1998, S. 561–577.

Creusen, U. (1998): Kundenbindung im Handel: Das Beispiel der OBI Bau- und Heimwerkermärkte. In: Bruhn, M.; Homburg, Ch. (Hrsg.), Handbuch Kundenbindungsmanagement, Wiesbaden 1998, S. 579–589.

Cunningham, R. M.: Brand Loyality – what, where, how much? In: Harvard Business Review, 34 (1956), Nr. 1, S. 116–128.

Cunningham, R. M.: Customer Loyalty to Store and Brand. In: Harvard Business Review, 39 (1961), Nr. 6, S. 127–137.

Diller, H.: Geschäftsbeziehungen als Gegenstand der Konsumentenforschung. In: Forschungsgruppe Konsum und Verhalten (Hrsg.), Konsumentenforschung, München 1994, S. 201–214.

Diller, H.: Beziehungs-Marketing. In: WiSt, Wirtschaftswissenschaftliches Studium, 24. Jg. (1995), Heft Nr. 9, S. 442–447.

Diller, H.: Kundenbindung als Marketingziel. In: Marketing-ZFP, 18. Jg. (1996), Heft 2, S. 81–94.

Diller, H.; Goerdt, T.; Geis, G.: Die Marken- und Einkaufsstättentreue bei Konsumgütern, Arbeitspapier Nr. 58 des Lehrstuhls für Marketing der Universität Erlangen-Nürnberg, Nürnberg 1997.

Diller, H.; Kusterer, M.: Beziehungsmanagement – Theoretische Grundlagen und explorative Befunde. In: Marketing–ZFP, 10. Jg. (1988), Heft 3, S. 211–220.

Farley, J. U.: Dimensions of Supermarket Choice Patterns. In: Journal of Marketing Research, 5 (1968), S. 206–208.

Frank, R. E.; Massy, W. F.; Lodahl, T. M.: Purchasing Behavior and Personal Attributes. In: Journal of Advertising Research, 9 (1969), Nr. 4, S. 15–24.

Goerdt, T.: Die Marken– und Einkaufsstättentreue der Konsumenten als Bestimmungsfaktoren des vertikalen Beziehungsmarketing. Theoretische Grundlegung und empirische Analysen für das Category Management, Diss. Nürnberg 1999.

Hauck, M.: Käufertypen – Einkaufen mit „Style," In: GfK (Hrsg.), Scanline, Oktober 1997, S. 11.

Hirvonen, P.; Pöhlmann, H.: Advances in Evaluations of Retailer Events – A Case History Using Single Source Data. In: E.S.O.M.A.R. (Hrsg.), The Changing Faces of Panel Research, Tagungsdokumentation, Amsterdam 1994, S. 49–62.

Homburg, C; Rudolph, B.; Werner, H.: Messung und Management von Kundenzufriedenheit. In: Simon, H.; Homburg, Ch. (Hrsg.), Kundenzufriedenheit, 2. Auflage, Wiesbaden 1998, S. 337 ff.

Jungwirth, G.: Geschäftstreue im Einzelhandel – Determinanten, Erklärungsansätze, Meßkonzepte, Wiesbaden 1997.

Meyer, P.; Mattmüller, R.: Kundenbindung im Einzelhandel. In: Trommsdorff, V. (Hrsg.), Handelsforschung 1991, Wiesbaden 1992, S. 89–101.

Möhlenbruch, D.: Kundenorientierung durch Category Management – Kritische Analyse eines Kooperationsmodells zwischen Industrie und Handel. In: Trommsdorff, V. (Hrsg.), Handelsforschung 1997/98, Wiesbaden 1998, S. 113–133.

Schobert, R.: Die Dynamisierung komplexer Marktmodelle mit Hilfe von Verfahren der Mehrdimensionalen Skalierung, Berlin 1979.

Schenk, H.–U.: Funktionen, Erfolgsbedingungen und Psychostrategie von Handels– und Gattungsmarken. In: Bruhn, M. (Hrsg.), Handelsmarken im Wettbewerb, Stuttgart/Frankfurt a.M. 1996, S. 37–62.

The Coca–Cola Retailing Research Group Europe: Kundenloyalität im Lebensmitteleinzelhandel – Projektergebnisse auf der Basis von Fallstudien (Projekt IV), Hauptstudie, Essen 1993.

Tietz, W.: Kundenbindung im Großhandel, Arbeitspapier Nr. 47 des Lehrstuhls für Marketing an der Universität Erlangen–Nürnberg, Nürnberg 1996.

van Trijp, H.; Hoyer, W. D.; Inman, P.: Why Switch? Product Category–Level Explanations For True Variety Seeking Behavior. In: Journal of Marketing Research, 33 (August 1996), S. 281–292.

Betriebstypenspezifische Einkaufsstättenwahl und Nahversorgungsproblematik – Ergebnisse empirischer Studien

Peter Schnedlitz, Herbert Kotzab, Cordula Cerha, Wien

Der kundenorientierten Sortimentsbildung kommt vor allem im Zusammenhang mit dem verstärkten Einsatz von Programmen des Category Managements ein besonderer Stellenwert zu. Ungewohnte Sortimentskombinationen können einerseits zu neuen Betriebstypen führen, sie bergen andererseits aber auch die Gefahr von „Sortimentsverwilderung". Auf der Basis empirischer Kundenuntersuchungen werden Hypothesen zur Wechselwirkung zwischen Zielorientierung und bewußtseinsfähigen „Top of mind–Assoziationen" bei der Einkaufsstättenwahl untersucht. Unter anderem können daraus Konsequenzen für das Profilierungspotential von Nahversorgern im Lebensmitteleinzelhandel abgeleitet werden.

1 PROBLEMSTELLUNG

Die marketingorientierte Forschung zur Einkaufsstättenwahl war ursprünglich eine Domäne der Einstellungsforschung (vgl. Schnedlitz 1985, S. 51). Vor allem die Forschungsarbeiten zum „Fishbein–Modell" (z. B. Fishbein 1967, S. 257) haben den Anstoß für geänderte Operationalisierungs- und Meßmodelle geliefert. In jüngerer Zeit werden im vorliegenden Forschungsfeld zusätzlich Ergebnisse der kognitiven Psychologie rezipiert (vgl. Thelen/Woodside 1996, S. 340; Grunert 1988, S. 177–178). Demnach können kognitive Prozesse in zwei Grundtypen subsummiert werden; in strategische und automatische Prozesse. Während die strategischen Prozesse bewußt werden oder zumindest bewußtseinsfähig sind, laufen die automatischen Prozesse unbewußt ab und sind auch nicht willentliche beinflußbar. Für Forschungsfragestellungen zur Einkaufsstättenwahl wirft dies die Frage auf, wie groß der jeweilige Erklärungsbeitrag der zwei Prozesse für das Enscheidungsverhalten ist. Für die bewußtseinsfähige Sequenz wird in der Literatur dafür der anschauliche Begriff „Top of mind–Assoziationen" (in der Folge auch als TOP–Assoziationen bezeichnet) verwendet (Thelen/Woodside 1996, S. 341). Darunter sind die entscheidungsrelevanten Schlüsseldimensionen zu verstehen.

Die zweite grundlegende Perspektive der vorliegenden Arbeit bezieht sich auf die Entwicklung des Objektbereiches Handel. Der institutionelle Einzelhandel hat sich im 20. Jahrhundert in unterschiedliche Betriebsformen und Betriebstypen ausdifferenziert (vgl. Schnedlitz 1994, S. 122 ff.; Berekoven 1995, S. 28 f.; Lingenfelder 1996, S. 24 ff.). Träger dieser Entwicklungsdynamik ist primär der *stationäre Handel* mit der Entwicklung einer Vielzahl von Varianten an Ladengeschäften (vgl. Schnedlitz/Cerha/Kotzab 1997, S. 162). Nicht nur in der österreichischen Handelsszene konnten diesbezüglich zwei Entwicklungspfade beobachtet werden:

- massive Flächenexpansion,
- starke Konzentrationseffekte.

Insbesondere führt die Konzentration im Handel zu einer Veränderung der Wettbewerbssituation in Richtung Oligopol und Gruppenwettbewerb (vgl. Pepels 1995, S. 42). Von diesen Strukturveränderungen stark betroffen sind die Kleinformen des stationären Handels, die in der handelswissenschaftlichen Literatur als „Nahversorger" gewürdigt werden (vgl. Steinmann 1997). Einige ländliche Gebiete Österreichs sind davon so stark betroffen, daß in diesen Gebieten kein Nahversorger der Bevölkerung zur Verfügung steht.

Die vorliegende Arbeit beschäftigt sich mit der Frage nach „Top of mind–Assoziationen" zur Nahversorgungsproblematik aus Konsumentensicht. Im Mittelpunkt der Betrachtung stehen insbesondere die Gründe der betriebstypenspezifischen Einkaufsstättenwahl. Die Ausführungen beruhen auf der bisherigen theoretischen Auseinandersetzung mit dieser Thematik der MitarbeiterInnen der Abteilung Handel und Marketing der Wirtschaftsuniversität Wien, sowie auf zwei empirischen Projekten, die im Rahmen der studentischen Forschung im Seminar der Abteilung durchgeführt wurden.

2 THEORETISCHER HINTERGRUND

2.1 Zum Begriff 'Nahversorger'

Der Begriff „Nahversorgung" wird in Österreich vor dem Hintergrund der sog. „Einkaufszentren–Verordnung", die eine rechtliche Beschränkung und Regulierung für den Bau neuer Einkaufszentren zum Inhalt hat, sehr heftig diskutiert. Diesbezüglich läßt sich allerdings feststellen, daß innerhalb der relevanten wissenschaftlichen Literatur keine allgemeingültige Nominaldefinition des Begriffes „Nahversorgung" vorgenommen wird (vgl. Schnedlitz/Reutterer/Cerha 1998, S. 1). So reichen die begrifflichen Festlegungen von „Nahversorgung" von „Händlern, die Güter des kurzfristigen Bedarfs anbieten" (Staudacher 1991, S. 142) bis zu „Betriebe und öffentliche Einrichtungen, die Waren und Dienstleistungen des kurzfristigen Bedarfs, innerhalb geringer Distanz zum Wohn- oder Arbeitsort anbieten und täglich oder zumindest mehrmals in der Woche aufgesucht werden" (Steindl 1997).

Insgesamt kann festgehalten werden, daß der Begriff „Nahversorgung" nicht ausschließlich betriebswirtschaftlich definiert werden kann, sondern grundsätzlich das psychologische Moment der „Nähe" beinhaltet. Diese bezieht sich allerdings nicht auf die räumliche Distanz zum Wohnort, sondern kann auch jene zurückgelegte Strecke berücksichtigen, die zwischen Wohnort und Arbeitsplatz liegt. Die genaue Festlegung obliegt der persönlichen Einschätzung des jeweiligen Konsumenten (vgl. Schnedlitz/Reutterer/Cerha 1998, S. 21 ff.).

Vor dem Hintergrund der oben angesprochenen Strukturveränderungen vermutet der österreichische Gesetzgeber eine wettbewerbsverzerrende Situation in Bezug auf die fußläufige Versorgung mit Gütern und Dienstleistungen des Kurzfristbedarfs (siehe Schnedlitz/Reutterer/Cerha 1998, S. 7 ff.). Dazu zählen neben den Lebensmittel noch Güter bzw. Dienste wie bspw. Apotheken, Banken, Friseur/Kosmetik, Papier/Schreibwaren, Postdienste, Tabakwaren, Textilien, der Verzehr außer Haus und/oder Zeitungen.

2.2 Die Nahversorgungsproblematik

Die Bedrohung der Nahversorgung (= Nahversorgungsproblematik) in Österreich wird dadurch hervorgerufen, daß Österreich hinsichtlich des Kriteriums „Lebensmitteleinzelhandelsunternehmungen pro 1000 Einwohner" bereits am unteren Ende der EU-Länder angesiedelt ist. Auch in den nahversorgungsähnlichen Branchen wie der Drogerie- und Parfümerieeinzelhandel, der Elektroeinzelhandel und der Bau- und Heimwerkereinzelhandel ist diese Tendenz feststellbar. Hinzu kommt, daß innerhalb dieser Branchen eine Fachmarktdynamik feststellbar ist, die auf das Kaufverhalten der Verbraucher wirkt: „Fachmarktkäufer sind mobile Käufer, sie fahren zu Betriebsstätten, die in der Regel auf der 'grünen Wiese' errichtet worden sind. Das fördert wiederum den Abbau des psychologischen Distanzgefühls..." (Schnedlitz/Reutterer/Cerha 1998, S. 9). Der traditionelle Nahversorger erhält somit neue Konkurrenten auf der einen Seite und eine Verringerung der Betriebsstättenloyalität seitens der Konsumenten auf der anderen Seite.

2.3 Erfolgsfaktoren der Nahversorgung

Die in der spezifischen Literatur genannten Erfolgsfaktoren des Handels lassen sich auch auf den Bereich der Nahversorgung übertragen und sind dementsprechend zu adaptieren (zu den Erfolgsfaktoren im mittelständischen Handel siehe Müller-Hagedorn/Greune 1992). Wölk (1992, S. 47 ff.) präsentiert in ihrer Arbeit Aktionsfelder, die speziell für den mittelständischen Handel von besonderer Bedeutung sind. Dazu zählen der Standort und das Einzugsgebiet, das Sortiment, die zusätzlichen Dienstleistungen und die Preispolitik.

Hinsichtlich der angesprochenen Adaption dieser Aktionsfelder auf das Forschungskonstrukt Nahversorgung zeigt sich, daß in der amerikanischen Literatur beinahe deckungsgleich die Begriffe 'Convenience' bzw. 'Convenience Store' verwendet werden. Convenience bezieht sich diesbezüglich auf die bequeme Erreichbarkeit des Geschäfts (= Aktionsfeld Standort) und auf den Einkaufsakt selbst (= Aktionsfelder Sortiment und zusätzliche Dienstleistungen). Der Convenience Store wird dabei als eigenständige Betriebsform gewürdigt (siehe dazu insb. Levy/Weitz 1999, S. 35). Es handelt sich dabei um die moderne Form des sog. „Mom and Pop–Shops" oder Nachbarschaftsladen, der mehr als nur den Lebensmittelbedarf des betreffenden Einzugsgebiets abdeckt (vgl. Auer/Koidl 1997, S. 64). Schuckel (1997, S. 37) weist weiters auf die steigende Nachfrage der Konsumenten nach One–Stop–Shopping hin. Durch das beschränkte Zeitbudget der Konsumenten kann hier der Convenience Store mit einem übersichtlichen, leicht erfaßbaren Sortiment durchaus ein interessantes Kundensegment ansprechen. Hinsichtlich der praktischen Umsetzung des Convenience Store–Konzepts sei zu erwähnen, daß Betreiber dieser Betriebsform vor allem auf Frische, Freundlichkeit des Personals und die psychologische Nähe zum Kunden achten (siehe dazu Kastner 1998).

2.4 Betriebstypenspezifisches Kaufverhalten und Sortimentswahrnehmung seitens der Konsumenten

Eng mit der Frage nach den Erfolgsfaktoren von Nahversorgern ist die Problematik des betriebstypenspezifischen Kaufverhaltens und der daraus folgenden Sortimentswahrnehmung seitens der Konsumenten.

Trotz der traditionellen Wechselwirkung zwischen Sortiment und Betriebstyp kommt es in letzter Zeit immer häufiger zu ungewohnten Sortimentskombinationen (man spricht auch von „Sortimentsverwildung"), die allerdings von den Konsumenten akzeptiert werden (vgl. Berekoven 1995, S. 78). Ein möglicher Grund dafür könnte im verstärkten Einsatz von Category-Management-Programmen zu sehen sein (vgl. Möhlenbruch 1997). Durch die Nutzung aktueller Abverkaufsdaten erkennen immer mehr Handelsunternehmen die Chance, kundengerechte Sortimente anzubieten (vgl. Jauschowetz 1995, S. 64–65)

Die Sortimentswahrnehmung der Kosumenten siedelt sich im 'strategischen Dreieck' Preis, Qualität der Produkte und Kundendienst bzw. Service des Handelsunternehmens an (vgl. Müller–Hagedorn 1993, S. 157 ff. bzw. Levy;Weitz 1998, S. 419 ff.). Weitere Einflußfaktoren stellen die Instore–Logistik (Verkaufsraumgestaltung, Sortimentsplazierung und Warenpräsentation), das generelle Einkaufsstättenimage und mögliche Verkaufsfördungsaktivitäten dar (vgl. Jauschowetz 1995, S. 181–183; Baldauf/Srnka/Wagner 1997). Offensichtlich setzt eine empirische Überprüfung derartiger Fragestellungen stets auf jener Ebene an, die in der kongnitiven Psychologie als strategische Prozesse" bezeichnet wird.

3 DESIGN UND VORGEHENSWEISE DER EMPIRISCHEN UNTERSUCHUNGEN

Bei den tradtionellen Befunden zu den Schlüsseldimensionen die bei der Wahl der Einkaufsstätte seitens des Konsumenten berücksichtigt werden, standen das Einkaufsstättenimage, die Einkaufsbequemlichkeit, das Preisniveau und das Sortiment im Mittelpunkt der Forschungsbemühungen (siehe dazu insb. Howard 1989). Das psychologische Moment der Nähe wurde bislang nicht in Betracht bezogen. Dies führt zur Hypothese:

H1: Nahversorgungshypothese:

Im Bereich der Nahversorgung zählt das teilweise psychologisch definierbare Merkmal „Nähe" zu den TOM–Assoziationen der Endverbraucher und wird zu einer Schlüsseldimension

Basierend auf den Kommentar zur „Wechselhaftigkeit" des Antwortverhaltens eines Konsumenten im Rahmen der Geschäftsassoziation von Thelen/Woodside (1996, S. 346–347) kann folgende Hypothese formuliert werden:

H2: Branchendifferenzierungshypothese

Ein und dasselbe Handelsunternehmen wird seitens der Konsumenten abhängig von der jeweiligen TOM–Assoziation unterschiedlich eingestuft.

Diese beiden Hypothesen wurden im Rahmen der in der nachfolgenden *Tabelle 1* vorgestellten praxisorientierten Projektseminare im Seminar der Abteilung Handel und Marketing an der Wirtschaftsuniversität Wien empirisch überprüft. Die *Tabelle 1* beinhaltet zusätzlich die wesentlichsten Informationen zum methodischen Steckbrief der Studien.

Bei beiden Studien handelt es sich um mündliche Konsumentenbefragungen, die im Großraum Wien beim Point–of–Sales durchgeführt wurden. Die Auswertung beider Studien erfolgte mittels SPSS for Windows 7.5.2 G.

4 AUSGEWÄHLTE EMPIRISCHE ERGEBNISSE

4.1 Zur Beurteilung der Nahversorgung durch Konsumenten

Im Zuge dieser Studie wurde der Frage nach der Bedeutung des psychologischen Konstrukts der Nähe als mögliche TOM–Assoziation von Konsumenten nachgegangen. Die weiteren Fragestellungen der Untersuchung „Zur Situation der Nahversorgung" waren folgende:

1) Allgemeine Zufriedenheit mit der Versorgung
2) Gründe für die Wahl eines Einkaufsorts
3) Ermittlung eines 'nahversorgungsspezifischen' Einkaufsstättenimages

Als Nahversorger wurde ein Unternehmen definiert, „das in einer Entfernung von maximal 400 Metern (das entspricht ca. 5 Gehminuten) vom Wohnort bzw. Arbeitsplatz des Verbrauchers entfernt ist. Die Waren und Dienstleistungen müssen auf den kurzfristigen Bedarf ausgerichtet sein." (Ebner/Benes 1998, 12).

Insgesamt wurden 384 mündliche Interviews geführt, von denen 382 in die Auswertung gelangten. Hinsichtlich der Geschlechtsverteilung der Probanden konnte festgestellt werden, daß der weibliche Anteil unter den Befragen dominiert (57 %). Da keine Quoten vorgegeben wurden und diese Geschlechterverteilung deutlich von der Verteilung der Gesamtbevölkerung abweicht, kann hier auf eine traditionelle Rollenverteilung im Einkauf geschlossen werden.

Tabelle 1: Methodischer Steckbrief

Merkmal	'Nahversorgungsstudie' (5.1)	'Kosmetikstudie' (5.2)
Erhebungs-form	• mündliche Konsumentenbefragung • Begehung	• Mündliche Konsumentenbefragung • Preisbeobachtung in der jeweiligen Einkaufsstätte
Grundgesamtheit	• einkaufende Bevölkerung im Großraum Wien	• Konsumenten, die im Großraum Wien in den ausgewählten Einkaufsstätten bestimmter Anbieter mindestens ein Produkt einer bestimmten Kosmetik-Produktgruppe gekauft haben (Mindestalter 14 Jahre)
Befragter Personenkreis	• Personen, die ein LEH-Geschäft mit zumindest einem gekauften Artikel verlassen	• jede nach einem abgeschlossenen Interview, die Einkaufsstätte verlassende Person
Auswahlmodus	• Zufallsauswahl der Zielperson • Time Sample (Interviews wurden jeweils nacheinander geführt, zu je drei Tageszeiten)	• Zufallsauswahl der Zielperson • Quotenauswahl der Sample Points
Zahl der Sample Points	• 32 Geschäftsstandorte	• 41 Geschäftsstandorte
Erhebungs-instrument	• standardisierter Fragebogen mit offenen und geschlossenen Antwortkategorien	• standardisierter Fragebogen mit offenen und geschlossenen Antwortkategorien
Zeitraum der Feldarbeit	• 25.5.98 bis 8.6.98	• 2.12.98 bis 11.12.98

In Bezug auf die allgemeine Zufriedenheit mit der Versorgungssituation mit Lebensmittel am Wohnort der Befragten kann festgehalten werden, daß die überwiegende Mehrheit (ca. 80 %) mit dieser entweder zufrieden bzw. sogar sehr zufrieden ist. Entgegen den allgemeinen Berichten über die schlechte Situation mit Nahversorgern, empfinden 37 % der Befragten, daß sich die Situation im Vergleich zu den letzten zehn Jahren sogar verbessert hat. Dies mag mit Sicherheit auf den Untersuchungsraum Großraum Wien zurückzuführen sein.

In Bezug auf eine mögliche betriebstypenspezifische Einkaufsstättenwahl gibt *Abbildung 1* Auskunft.

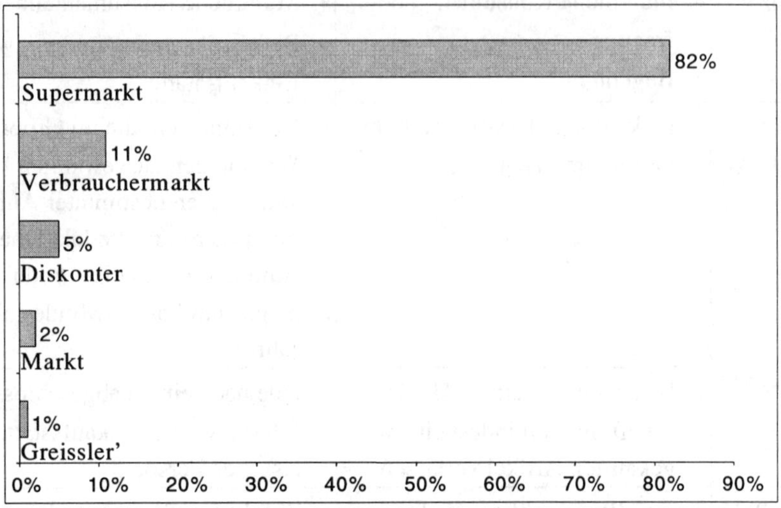

Abbildung 1: Hauptsächliche Einkaufsstätte von Lebensmittel

Fast 90 % aller Befragten kaufen hauptsächlich ihre Lebensmittel nicht bei tradierten Händlern mit geringer Verkaufsfläche (österreichtypisch als „Greissler" bezeichnet) ein, sondern bei einer Betriebsform, die dem Supermarkt zuzuordnen ist. Das kann darauf zurückzuführen sein, daß die Befragungen vor Supermarkt–Outlets geführt wurden. Allerdings hat die im Anschluß an das jeweilige Interview durchgeführte Begehung ergeben, daß auf dem Weg, den die Befragten vom Wohn– bzw. Arbeitsort zur relevanten Einkaufsstätte zurücklegen, aus einer Vielzahl von nahversorgungsorientieren Betriebsformen wählen können (siehe *Abbildung 2*).

Des weiteren geben 56 % aller Befragten an, zu Fuß an die Einkaufsstätte gelangt zu sein. In diesem Fall war die vom Propanden wahrgenommene Wegstrecke in 60 % der Fälle weniger als fünf Minuten vom Wohn– bzw. Arbeitsort entfernt. Diesbezüglich nicht verwunderlich war die Angabe der „Nähe" als Hauptmotiv für den Einkauf. Die nachfolgende *Abbildung 3* präsentiert die weiteren Gründe für die Wahl des relevanten Nahversorgers. Diese Untersuchungergebnisse stützen somit die oben formulierte Nahversorgungshypothese (H1). Die räumliche Nähe ist die TOM–Assoziation im versorgungsorientierten Einkauf.

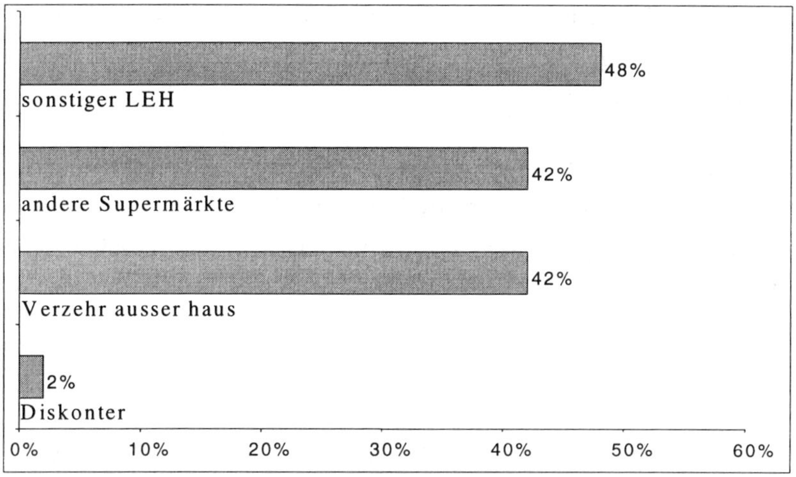

Abbildung 2: Prozentueller Anteil übriger Geschäfte, die auf dem Weg vom Wohnort zur gewählten Einkaufsstätte vom Konsumenten aufgesucht werden könnten

Die in der *Abbildung 3* dargestellten Ergebnisse stützen einerseits die bislang vorliegenden Befunde zu den Schlüsseldimensionen lt. Howard (1989), wie Sortiment, Preisniveau, Einkaufsbequemlichkeit und Einkaufsstättenimage. Im speziellen Bereich der Nahversorgung dominiert jedoch die Dimension „Nähe“, deren Eigenschaft als Schlüsseldimension bestätigt werden konnte.

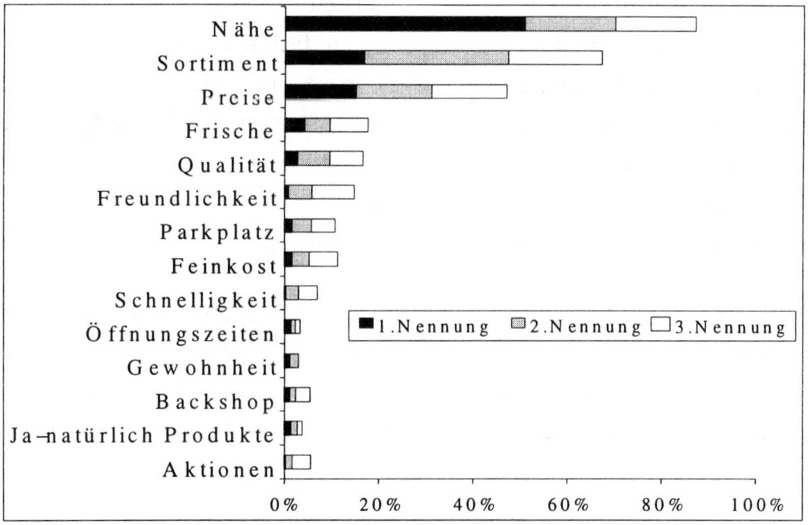

Abbildung 3: TOM–Assoziationen im versorgungsorientierten Einkauf

Hinzuzufügen ist weiter, daß trotz der in Österreich restriktiven Öffnungszeitenregelung die vorhandenen Öffnungszeiten von den befragten Konsumenten überwiegend als „sehr gut" (51 %) beurteilt wurden.

Insgesamt kann festgehalten werden, daß aus der Sicht der Konsumenten die Situation der Nahversorgung als nicht besorgniserregend beurteilt wird. Dies mag jedoch auf den Untersuchungraum Großraum Wien zurückzuführen sein. Die Situation in manchen ländlichen Gebieten Österreichs (10 % aller österreichischen Gemeinden sind ohne Nahversorgungsbetrieb) sieht gegensätzlich aus.

4.2 Einkaufsstättenspezifisches Kaufverhalten im Kosmetikbereich

Neben der weiteren Bestätigung der im vorangegangenen Projekt identifizierten Eigenschaft des Begriffs Nähe als Schlüsseldimension, standen zusätzlich folgende Fragestellungen im Mittelpunkt dieser Untersuchung:

1) Identifizierung möglicher Gründe für die Wahl der Einkaufsstätte
2) Ableitung eines einkaufsstättenspezifischen Images
3) Eintwicklung eines kosmetikaspezifischen Einkaufsverhaltens

Die für die Untersuchung relevanten Zielpersonen hatten beim Verlassen der jeweiligen Einkaufsstätte mindestens ein Produkt der Produktgruppen Gesichtspflege, Haartönungs- und Färbemittel, Parfum, Haarwaschmittel oder Zahncreme in ihrem Einkaufskorb. Um zu den geplanten 400 Interviews zu gelangen, mußten fast 1.300 Personen angesprochen werden. In die Auswertung gelangten 382 auswertbare Fragebögen. Die Interviews wurden zum größten Teil vor Kosmetikfachmärkten bzw. –fachgeschäften durchgeführt. Ein Teil der Befragungen wurde mit Kunden eines Lebensmittelhändlers geführt. Diesbezüglich kann allerdings festgehalten werden, daß in fast 50 % aller analysierten Einkaufskörbe, die aus dem Lebensmittelgeschaft stammen, zumindest ein Kosmetikprodukt enthalten ist. Im Vergleich dazu fällt der 61 %ige Anteil des führenden Kosmetikfachmarkt–Einkaufskorb eher bescheiden aus.

Ähnlich wie bei der in Abschnitt 5.1. präsentierten Studie sind knapp über ¾ der befragten Personen Frauen. Für fast 30 % der Befragten war die Nähe zum Wohnort Hauptmotiv für die Wahl der relevanten Einkaufsstätte, knapp 20 % bezeichneten sich als Stammkäufer der Einkaufsstätte. Knapp über 16 % aller Befragten können wiederum als Zufallskäufer bezeichnet werden.

Abbildung 4 präsentiert das im Rahmen der vorliegenden Studie ermittelte Einkaufsstättenimage aus der Sicht der betroffenen Konsumenten.

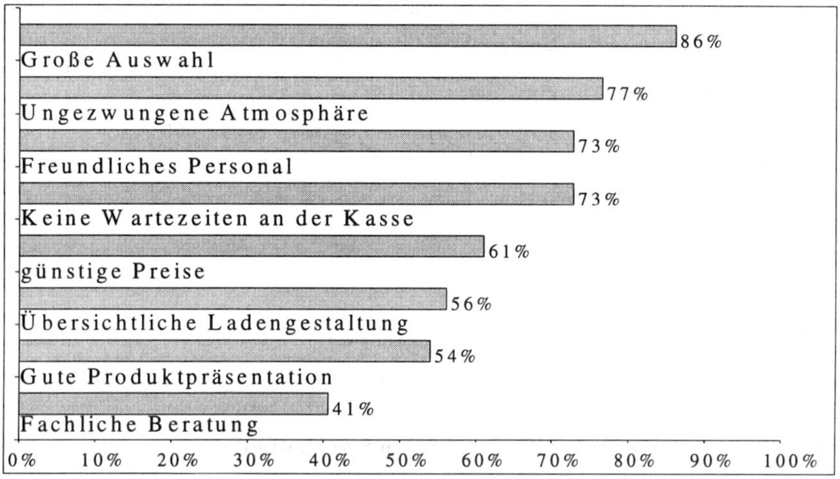

Abbildung 4: Identifiziertes Einkaufsstättenimage

Als dominierende Faktoren können die große Auswahl, das freundliche Personal, die ungezwungene Atmosphäre und die kurzen Wartezeiten an den Kassen gewertet werden.

Was das kosmetikspezifische Einkaufsverhalten betrifft, so kann festgehalten werden, daß knapp über 60 % der Befragten Produkte der relevanten Produktgruppen nicht immer im gleichen Geschäft kaufen. Die weiteren Angaben zum Einkaufsverhalten sind der *Abbildung 5* zu entnehmen.

Da ein Großteil der befragten Personen beim Einkauf von Kosmetika generell auf den Preis achtet, ist das vermutete Preisimage der untersuchten Einkaufsstätten nicht sonderlich eigentümlich. Jene Betriebsformen, die dem Diskontbereich zuzuordnen sind, werden generell preisgünstiger beurteilt als Drogeriefachgeschäfte. Eine zusätzlich durchgeführte Preiserhebung in den Outlets zeigt jedoch ein anderes Bild (siehe *Abbildung 6*).

Gerade die dem Diskontbereich zugehörigen Einkaufsstätten heben sich beim tatsächlichen Preisniveau nicht sonderlich von den übrigen Betriebformen ab. Dies bietet vor allem jenen Geschäften, die dem Fachgeschäft zuzuordnen sind, einige kommunikationspolitische Chancen.

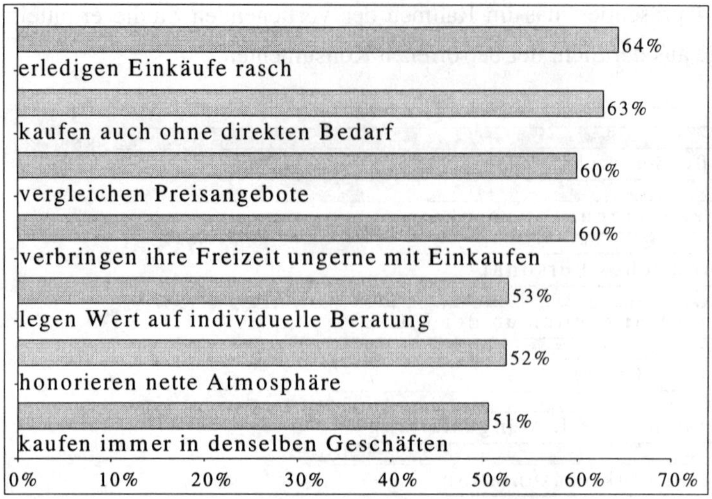

Abbildung 5: Kosmetikspezifisches Einkaufsverhalten

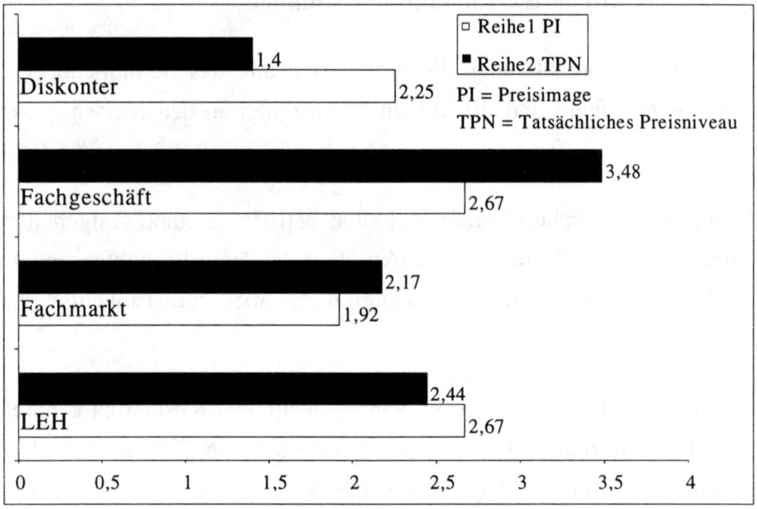

Abbildung 6: Vergleich des tatsächlichen Preisniveaus mit dem vermuteten Preisimage

Was die Bedeutung der Nähe als Schlüsseldimension bei der Auswahl einer Einkaufsstätte zur Deckung des Kosmetikbedarfs betrifft, so konnte folgendes Resultat ermittelt werden (siehe *Abbildung 7*).

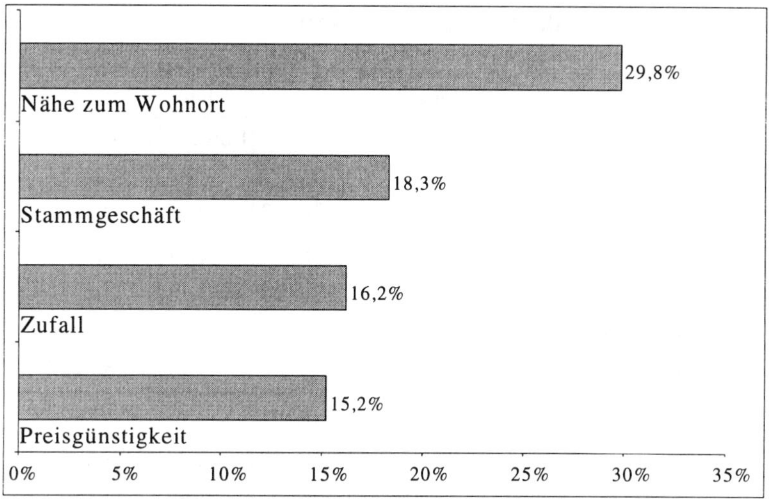

Abbildung 7: Gründe für die Wahl der Einkaufsstätte

Wiederum konnte die Nähe als Schlüsseldimension der Einkaufsstättenwahl bestätigt werden.

4.3 Einkaufsstättenspezifische Beurteilung bietet Chancen für Nahversorger

Hinsichtlich der Überprüfung der Branchendifferenzierungshypothese H2 wurden folgender Untersuchungsschritt durchgeführt.

Im Rahmen der beiden präsentierten Studien wurde eine Betriebsform unabhängig von den anderen als möglicher Nahversorger bzw. als Anbieter von Kosmetikartikeln aus der Sicht der Konsumenten anhand ausgewählter Items beurteilt. Bei der Betriebsform handelt es sich um ein Lebensmittelhandelsunternehmen, das Konsumenten eine One–Stop–Shopping–Möglichkeit anbietet und somit gleichzeitg als Nahversorger und Kosmetikanbieter auftreten kann. In der *Tabelle 2* sind zunächst die Ergebnisse der Konsumenten–Beurteilungen enthalten.

Die festzustellenden Beurteilungsunterschiede wurden im Anschluß daran mittels ANOVA–Analyse überprüft und können bei den Dimensionen „Günstige Preise", „Große Auswahl", „Fachliche Beratung" und „Freundliches Personal" als signifikant ($p< 0.05$) angesehen werden.

Tabelle 2: Ausgewählte Beurteilungskriterien

		N	Mean	Std. Deviation	Std. Error	95% Confidence Interval for		Minimum	Maximum
						Lower Bound	Upper Bound		
Günstige Phase	LEH–N	382	2,14	0,92	4,73E–02	2,05	2,24	0	5
	LEH–K	103	2,55	0,96	9,43E–02	2,37	2,74	1	5
	Total	485	2,23	0,94	4,29E–02	2,15	2,32	0	5
Große Auswahl	LEH–N	382	2,11	0,97	4,96E–02	2,01	2,2	1	5
	LEH–K	103	2,77	1,1	1,10E–01	2,55	2,98	1	5
	Total	485	2,25	1,03	4,70E–02	2,16	2,34	1	5
Fachliche Beratung	LEH–N	382	2,36	1,2	6,16E–02	2,24	2,48	0	5
	LEH–K	103	3,9	1,16	1,10E–01	3,68	4,13	1	5
	Total	485	2,69	1,35	6,13E–02	2,57	2,81	0	5
Übersichtliche Laden–gestaltung	LEH–N	382	2,58	1,22	6,24E–02	2,46	2,7	0	5
	LEH–K	103	2,75	1,14	1,10E–01	2,52	2,97	1	5
	Total	485	2,61	1,21	5,47E–02	2,51	2,72	0	5
Keine Wartezeiten an der Kasse	LEH–N	382	2,6	1,08	5,53E–02	2,5	2,71	0	5
	LEH–K	103	3,09	1,37	1,30E–01	2,82	3,35	1	5
	Total	485	2,71	1,16	5,28E–02	2,6	2,81	0	5
Freundliches Personal	LEH–N	382	2,15	1,06	5,41E–02	2,04	2,26	0	5
	LEH–K	103	2,77	1,35	1,30E–01	2,5	3,03	1	5
	Total	485	2,28	1,15	5,24E–02	2,18	2,38	0	5

LEH–N = LEH–Nahversorgung
LEH–K = LEH–Kosmetik

Während das Unternehmen als „Nahversorger" insgesamt äußerst positiv von den Konsumenten wahrgenommen und beurteilt wird, fällt das Urteil für dasselbe Unternehmen aus der Perspektive des 'Kosmetikhändlers' schlechter aus. Die TOM–Assoziationskette weist eine geänderte Architektur auf. Offensichtlich kovariieren TOM–Assoziationen in Abhängigkeit vom Einkaufziel. Die Forderung Schuckels (1997, S. 43) nach One–stop–Shopping bzw. die von Berekoven (1995, S. 78) angesprochen akzeptierten Sortimentsverwilderungen dürften in diesem speziellen Fall von den Kunden nicht akzeptiert sein. Einschränkend ist jedoch darauf hinzuweisen, daß die Sample points der beiden Untersuchungen unterschiedlich waren bzw. sich die Frageformulierungen der Beurteilungskriterien teilweise unterschieden. So wurde bspw. bei der Nahversorgung nach der Be–

urteilung „umfangreiches Warenangebot“ und bei der Kosmetik nach „große Auswahl“ gefragt.

Tabelle 3: Ergebnis der ANOVA–Analyse

Dependent Variable	Source	Statistics				
		Sum of Squares	df	Mean Square	F	Sig.
Günstige Preise	Between Groups	13,599	1	13,599	15,693	0,000
	Within Groups	418,537	483	0,867		
	Total	432,136	484			
Große Auswahl	Between Groups	35,302	1	35,302	35,302	0,000
	Within Groups	483,007	483	1,000		
	Total	518,309	484			
Fachliche Beratung	Between Groups	192,812	1	192,812	135,13	0,000
	Within Groups	689,176	483	1,427		
	Total	881,988	484			
Übersichtliche Laden–gestaltung	Between Groups	2,318	1	2,318	1,598	0,207
	Within Groups	700,581	483	1,450		
	Total	702,899	484			
Keine Wartezeiten an der Kasse	Between Groups	18,900	1	18,900	14,364	0,000
	Within Groups	635,525	483	1,316		
	Total	654,425	484			
Freundliches Personal	Between Groups	30,961	1	30,961	24,399	0,000
	Within Groups	612,903	483	1,269		
	Total	643,864	484			

5 FAZIT UND AUSBLICK

Die vorliegenden Ergebnisse stützen in einem ersten Schritt die Ergebnisse von Schnedlitz/Reutterer/Cerha (1998), wonach sich die Nahversorgungssituation im Groß–raum Wien aus der Sicht der Konsumenten besser beurteilt wird als dies in der polit–schen Öffentlichkeit dargestellt wird (siehe Abschnitt 4.1). Die Resultate, die im Ab–schnitt 4.3 präsentiert wurden, lassen darauf schließen, daß die Konsumenten sehr wohl eine einkaufsstättendifferenzierte Wahrnehmung an den Tag legen. Ein Unternehmen, daß als „Nahversorger“ äußerst positiv angenommen wird („share of walk“), wird als

„Kosmetikanbieter“ unter einem abweichenden Fokus und mit geänderter Architektur der „Top of mind–Assoziationen“ wahrgenommen. Der Mix der Erfolgsfaktoren ändert sich in Wechselwirkung mit diesem Beurteilungsraster.

Für den Betriebstyp Nahversorger implizieren die vorgelegten empirischen Untersuchungsergebnisse auch praxeologische Konsequenzen:

- Im Bereich der Nahversorgung setzt sich offensichtlich eine Betriebsgröße durch, die im stationären Handel als Supermarkt–Betriebsform angesehen wird.
- Während im Bereich Lebensmittelhandel eine hohe Kundenbindung vorherrscht, scheint diese etwa im Drogerie– und Parfümeriehandel nicht so ausgeprägt.
- Die hohe Preissensiblität der Kunden führt zu betriebstypenspezifischen Preisimages, die allerdings mit dem tatsächlichen Preisniveau nicht übereinstimmen. Da Fachgeschäfte generell höherpreisig eingestuft werden, als sie tatsächlich sind, könnten hier Preiskorrekturen in Richtung einer klassisischen Differenzierungsstrategie lt. Porter (1990, S. 32) durchgeführt werden.

Einschränkend ist zu den vorliegenden Untersuchungsergebnissen zu bemerken, die von der kognitiven Psychologie als „automatische Prozesse“ (Grunert 1988, S. 177) bezeichneten Abläufe im Einkaufsverhalten aufgrund des gewählten Untersuchungsdesigns weitgehend ausgespart bleiben. Dabei dürfte in der Alltagsroutine der Nahversorgung mit Lebensmittel gerade habitualisiertes und impulsives Kaufverhalten eine nicht unwichtige Rolle spielen. Das TOM–Modell erweist sich allerdings insgesamt als praktikabler methodischer Anker zur empirischen Untersuchung der sogenannten „strategischen Prozesse“, die bewußt oder zumindest bewußtseinsfähig sind.

LITERATUR

Auer, S; Koidl, R.: Convenience Stores: Handelsform der Zukunft: Praxis, Konzepte, Hintergründe, Frankfurt 1997.

Baldauf, A.; Srnka K. J.; Wagner, U.: Untersuchung eines neuartigen Shop–Konzeptes mittels Kundenlaufstudie. In.: Der Markt, 3+4, 1997, S. 103–111.

Berekoven, L.: Erfolgreiches Einzelhandelsmarketing, 2. Auflage. München 1995.

Ebner, R.; Benes, M.: Die Zukunft der Nahversorgung. Abschlußbericht des Projektseminars „Handel und Marketing“, Wien 1998.

Fishbein, M. (Hrsg.): Readings in attitude theory measurement, New York 1967.

Grunert, K. G.: Research in consumer behavior: beyond attitudes and decision–making. In: European Research: The Journal of the European Society for Opinion and Marketing Research, 16, 5 (1988), S. 172–183.

Howard, J.: Consumer Behaviour and Marketing Management, New York 1989.

Jauschowetz, D.: Marketing im Lebensmitteleinzelhandel, Wien 1995.

Kastner, C.: Erfolgsfaktoren der Kastner–Gruppe, Zwettl 1998.

Levy, M; Weitz, B.: Retailing Management, Third Edition, Boston 1999.

Lingenfelder, M.: Die Internationalisierung im europäischen Einzelhandel: Ursachen, Formen und Wirkungen im Lichte einer theoretischen Analyse und empirischen Bestandsaufnahme, Mannheim 1996.

Möhlenbruch, D.: Kundenorientierung durch Category Management – Kritische Analyse eines Kooperationsmodells zwischen Industrie und Handel. In: Trommsdorff, V. (Hrsg.), Handelsforschung 1997/98, Wiesbaden 1997, S. 113–133.

Müller–Hagedorn, L.: Handelsmarketing. 2. Auflage, Stuttgart, Berlin, Köln 1993.

Müller–Hagedorn, L.; Greune, M.: Erfolgsfaktorenforschung und Betriebsvergleich im Handel. In: Müller–Hagedorn, L. (Hrsg.): Mitteilungen des Instituts für Handelsforschung an der Universität zu Köln, 44 (1992), Heft 9, S. 121–131.

Pepels, W.: Marketing, München 1995.

Porter, M.: Wettbewerbsstrategie – Methoden zur Analyse von Branchen und Konkurrenten, 6. Auflage, Frankfurt/Main 1996.

Schnedlitz, P.: „Verkaufsmaschinen" als Danaergeschenk? In: Cash, Heft 10 (1994), S. 122–128.

Schnedlitz, P.; Cerha, C.; Kotzab, H.: Direkt– und Strukturvertrieb – Begriffsklärung und empirische Bestandsaufnahme. In: Der Markt, 36 (1997), Heft 3+4, S. 161–174.

Schnedlitz, P.; Reutterer, T.; Cerha, C.: Probleme im Bereich Nahversorgung. In: Schnedlitz, P. (Hrsg.), Schriftenreihe Handel und Marketing, Band 18, Wien 1998.

Schnedlitz, P.: Einstellungen und soziale Beeinflussung als Bedingungen von Kaufabsichten, Frankfurt/M., Bern, New York 1985.

Schuckel, M.: Convenience und Do It Yourself – konkurrierende oder sich ergänzende Trends. In: Müller–Hagedorn, L. (Hrsg.): Trends im Handel: Analysen und Fakten zur aktuellen Situation im Handel, Frankfurt 1997, S. 27–49.

Staudacher C.: Dienstleistungen, Raumstruktur und räumliche Prozesse, Wien 1991.

Steindl, H: Der „Nahversorger neuen Typs“ aus wirtschafts–rechtlicher Sicht. In: Bundeministerium für wirtschaftliche Angelegenheiten (Hrsg.): Ansätze zur Sicherung der Nahversorgung, Wien 1997.

Steinmann, O.: Nahversorgung – Grenzen und praktische Möglichkeiten. In: Bundeministerium für wirtschaftliche Angelegenheiten (Hrsg.): Ansätze zur Sicherung der Nahversorgung, Wien 1997.

Thelen, E. M; Woodside A. G. (1996): Ein gedächtnispsychologischer Ansatz zur Erklärung des Geschäftswahverhaltens des Konsumenten. In: Trommsdorff, V. (Hrsg.): Handelsforschung 1996/97, Wiesbaden 1996, S. 339–355.

Wölk, A: Erfolgsfaktoren kleiner und mittlerer Unternehmen im Einzelhandel. Eine empirische Studie. In: Trommsdorff, V. (Hrsg.), Handelsforschung 1991, Wiesbaden 1992, S. 47–67.

Vertikales Verhalten

Das Vier–Märkte–Konstrukt als verhaltenstheoretischer Erklärungsansatz der Machtkonstellationen des Handels

Hans–Otto Schenk, Duisburg

Nach semantischen Vorklärungen wird der Versuch unternommen, die einseitig-pauschale Annahme „der" Nachfragemacht „des" Handels durch eine differenziertere, betriebswirtschaftlich orientierte Machtanalyse zu ersetzen. Mittels abnehmender Abstraktion werden je drei Konstellationen von Angebots– und Nachfragemacht, von Angebots– und Nachfrageübermacht sowie von Anbieter– und Nachfragerübermacht zwischen zwei Marktpartnern unterschieden. Die effektive Machtausübung wird als Resultante aus Struktur– und (vor allem) Verhaltensfaktoren erklärt, und zwar beschränkt auf die bilaterale Beziehung zwischen einem Handelsunternehmen und seinen Marktpartnern auf Beschaffungs– und Absatzmärkten bzw. auf jeden individuellen Leistungsaustausch. Um der hohen Komplexität der Machtkonstellationen eines Handelsunternehmens besser zu entsprechen, wird mit Hilfe des Vier–Märkte–Konstrukts nochmals differenziert: In einer 12–Felder–Systematik werden alle singulär–bipolaren Machtkonstellationen der Entscheider eines Handelsunternehmens auf ihren Partnermärkten erfaßt. Daraus sich ergebende Konsequenzen sowie Ausblicke auf neue Felder und Fragestellungen der Machtanalyse im Handel werden kurz skizziert.

1 ABNEHMENDES INTERESSE AN MACHTFRAGEN

Um das seit Mitte der 60er Jahre insbesondere von Seiten der Konsumgüterindustrie immer wieder in die Diskussion gebrachte Schlagwort von der „geballten Nachfragemacht des Handels" ist es stiller geworden. Nicht daß die Unternehmens– und Konzerngröße oder die Auftragskonzentration in den Verbundgruppen des Handels abgenommen hätten oder daß der heftige Wettbewerb im Austauschprozeß abgeschwächt worden wäre. Ganz im Gegenteil – in vielen (nicht allen) Branchen des Groß– und Einzelhan–

dels sind außerordentlich hohe absolute Konzentrationsraten erreicht worden. In einigen Branchen, allen voran im Lebensmitteleinzelhandel, nehmen die ohnehin hohen Raten der absoluten Konzentration weiter zu. In ihrem Gefolge ist der deutsche Einzelhandel sowohl im horizontalen als auch im vertikalen Wettbewerb durch eine Intensität gekennzeichnet, die im Ausland nicht überall erreicht wird. Konsumzurückhaltung, überfüllte Absatzkanäle, Preiskämpfe und zusätzlicher medialer Substitutionswettbewerb des e–commerce – dies alles sind nicht gerade Indizien für eine Abnahme der Nachfragemacht des Handels, für Machtabsenz oder für Machtverzicht.

Es fällt auf, daß Machtfragen – wenn überhaupt – allenfalls in interessengebundenen Stellungnahmen und im vorparlamentarischen Raum noch eine Rolle spielen, wie etwa in der Klage des Markenverbands, durch Konzentration im Lebensmitteleinzelhandel sei nicht nur der mittelständische Einzelhandel, sondern auch die mittelständische Industrie bedroht; „explodierende Nachfragemacht" führe für die Industrie als Lieferant des Handels zu einem immer stärkeren Druck bis hin zum Preis– und Konditionendiktat (Vogel 1999, S. 12). In der wirtschaftswissenschaftlichen Diskussion spielt die Machtthematik hingegen kaum noch eine Rolle. So widmet z.B. das Handwörterbuch des Marketing (Tietz; Köhler; Zentes 1995) Stichwörtern wie Macht, Marktmacht oder Nachfragemacht keinen eigenen enzyklopädischen Beitrag. Kennzeichnenderweise klammert ein grundlegendes neueres Lehrwerk der Handelsbetriebslehre die Machtproblematik expressis verbis völlig aus: „Die Beschaffungsaktivitäten der Handelsunternehmungen haben in bestimmten Teilbereichen zu dem Vorwurf geführt, daß sich in ihnen eine Nachfragemacht des Handels gegenüber der Industrie entfalte. Auf die mit der Definition der Nachfragemacht verbundenen Probleme, die Schwierigkeiten, sie empirisch festzustellen, und die Konsequenzen, die sich hieraus für Handel und Industrie ergeben, soll im folgenden jedoch nicht eingegangen werden." (Müller–Hagedorn 1998, S. 493). In dem jüngsten Lehrbuch „Handels–Marketing" von Hans–Joachim Theis mit dem Cover-Hinweis „Praxis im Handel" (1999) sucht man vergeblich eine Problematisierung der Machtfrage. Und selbst in dem umfangreichen Sammelwerk „Distribution im Aufbruch" mit Beiträgen von 83 Experten aus Wissenschaft und Praxis, einer hochaktuellen und detailreichen Bestandsaufnahme des modernen Handels, wird die Machtproblematik nicht behandelt (Beisheim 1999).

Daß die Machtdiskussion in den Wirtschaftswissenschaften heute auf wenig Interesse stößt, hat *mehrere Gründe*:

1. Die Erkenntnis, daß Macht im Wirtschaftsleben eingesetzt wird, insbesondere als Verhandlungsmacht, wird zwar nicht geleugnet. Da es sich jedoch beim Machteinsatz (a) um ein *qualitatives Phänomen* handelt, das sich der empirischen Messung entzieht und für dessen exakten Nachweis kein Algorithmus besteht, und da (b) seine *Auswirkungen* auf Märkte und Wettbewerb *unbestimmt und ambivalent* sind (gleichermaßen erwünschte Wettbewerbswirkungen bei Angebots- und bei Nachfragemacht? Erwünschte countervailing power? Entwicklung von Machtspiralen? usw.), sind Ökonomen mit der Beurteilung von Macht zurückhaltend geworden. Als qualitatives Phänomen kann Macht allenfalls bewertet werden. *Wertungen* führen jedoch in die Welt der Normen, in die empirisch orientierte Wirtschaftswissenschaftler sich nach den beiden großen Werturteilsstreiten ungern vorwagen. Der für normative Regelungen zuständige Gesetzgeber hat deshalb dem Bundeskartellamt und der Judikatur auch nicht den Nachweis von Machtausübung, sondern den des Mißbrauchs von Marktmacht als Kontrollfunktion aufgegeben. Freilich ist zu beachten, daß der Einsatz von Marktmacht als solcher noch keinen Mißbrauch impliziert und beides streng getrennt werden muß (Möhlenbruch 1985, S. 37). Solange für die Bewertung, was rechte und was mißbräuchliche Ausübung von Marktmacht sei, kein allgemeingültiger Bewertungsmaßstab existiert, kann es somit stets nur um Einzelfallentscheidungen der Behörden und Gerichte gehen. Da eine zufriedenstellende Lösung des „Roß-und-Reiter-Problems" trotz intensiver Diskussion unter Wettbewerbsjuristen noch nicht gefunden werden konnte, scheint sich auch hier „eine gewisse Resignation breitgemacht zu haben." (Küpper 1997, S. 1115).

2. Eng damit verbunden ist die Tatsache, daß nach wie vor *keine tragfähige betriebswirtschaftliche theoretische Basis der Machtbeziehungen zwischen Marktpartnern* existiert. Weder die frühen politischen Machttheorien von Macchiavelli, Alexis de Tocqueville oder Carl Jacob Burckhardt noch die gesamtwirtschaftlichen Theorien der ökonomischen Macht von Karl Marx, Eugen von Böhm-Bawerk oder Michail Tugan-Baranowsky sind geeignet für Machtanalysen zwischen Unternehmen. Namentlich führt die Vermengung von gesamtwirtschaftlicher Ungleichverteilung der Umsätze auf die Unternehmen – absolute und relative Unternehmenskonzentration – mit einzelwirtschaftlichen Machtbeziehungen nicht selten zu argen Mißverständnissen. *Neoklassische und industrieökonomische Ansätze* berücksichtigen zwar das Phänomen der Marktmacht: Institutionen werden verstanden als „Instrumente ökonomischer Akteure zum Aufbau und zur Verteidigung von bzw. gegen Marktmacht" (Picot; Dietl; Franck 1997, S. 42 und 78). Eine solche Finalisierung von Marktmacht erscheint jedoch wenig

zweckmäßig, da (a) Institutionen und Organisationen auch anderen Zielen dienen und (b) die Machtbeziehungen und –prozesse zwischen den Institutionen ausgespart werden.

3. Ferner hat sich die Erkenntnis durchgesetzt, daß „die" Nachfragemacht und „die" Angebotsmacht *nicht isoliert* wirksam sein können. Nachfragemacht kann von Angebotsmacht nicht getrennt werden. (vgl. hierzu Schenk 1974). Macht ist ein *soziales Phänomen*, eine Frage des beiderseitigen Verhaltens von Anbieter und Nachfrager, wie noch näher zu zeigen sein wird. Mehr oder weniger spürbar kann ökonomische Macht daher nur zwischen je zwei Marktpartnern eingesetzt werden; Helmut Arndt schlug hierfür den treffenden Begriff „Partnermacht" vor (Arndt 1985). Der ideologische Gehalt des einseitigen Vorwurfs „der Nachfragemacht des Handels" ist längst entlarvt: Meist von interessierter Seite vorgetragen, verkennt dieser Vorwurf nicht nur den Interdependenzcharakter von Marktmacht, sondern er lenkt auch effizient von Formen der Angebotsmacht ab, wie überhaupt von Marktmacht der Industrie, der Behörden, der kommerziellen Verbände usw.

4. Schließlich ist die Einsicht gewachsen, daß *pauschale Urteile* den Machtphänomenen und Machtbeziehungen nicht gerecht werden. Statt dessen ist Einsicht in die *Notwendigkeit der äußersten Differenzierung* gewachsen: Weder gibt es „den" nachfragemächtigen Handel, noch einzelne, per se nachfragemächtige Handelsunternehmen. Gewiß kennt „der Handel" mit seiner heterogenen Struktur äußerst einflußreiche Konzerne und Verbundgruppen ebenso wie einflußarme Unternehmen und selbst ohnmächtige (Klein–)Unternehmen. Es kann jedoch selbst in ein und demselben Unternehmen oder Konzern oder in ein und derselben Verbundgruppe des Handels der eine Einkäufer erheblichen Einfluß auf Preis– und Konditionenverhandlungen ausüben, während ein anderer sich einflußlos als Preis– und Konditionenanpasser verhalten muß, sogar als Repräsentant eines Großunternehmens. Wenn z.B. während der Sportartikel–Musterung eines „mächtigen" Warenhauskonzerns unbedeutende Mengen an Reiterzubehör georđert werden, dann sind die Preis– und Konditionenzugeständnisse geringer (wenn nicht gleich Null) als bei Sportartikel–Fachgeschäften in der Nachbarschaft von Galopprennbahnen und Gestüten oder bei ihrem Einkaufsverband. Nicht die Größe des Unternehmens, sondern die Auftragsvolumina gewähren mehr oder weniger „Nachfragemacht".

Vor diesem Hintergrund versteht sich der vorliegende Beitrag als Versuch, eine Basis für eine differenziertere betriebswirtschaftliche Machttheorie zu entwickeln.

2 SEMANTISCHE UND THEORETISCHE KLÄRUNGEN

Zum Verständnis der ökonomischen Marktmachtbeziehungen z.B. zwischen Handelsunternehmen und ihren Lieferanten sowie als Grundlage für vertiefende Analysen der hochkomplexen Machtsituationen von Handelsbetrieben seien im folgenden einige semantische und theoretische Klärungen vorgenommen.

2.1 Macht und Marktmacht

Zuverlässigster Ausgangspunkt ist nach wie vor die allgemeine *Macht–Definition* von Max Weber. Er versteht unter Macht „jede Chance, innerhalb einer sozialen Beziehung den eigenen Willen auch gegen Widerstreben durchzusetzen, gleichviel worauf diese Chance beruht" (Weber 1972, S. 28 f.). Aus gutem Grund läßt Weber die Ursachen einer solchen Chance, den eigenen Willen auch gegen Widerstreben durchzusetzen, aus dem Spiel. Sie sind einfach zu zahlreich und entziehen sich einer vollständigen Enumeration. Ohne diesen Wesenskern der Macht zu kennen, ist es wenig hilfreich, beliebige Arten von Macht zu unterscheiden: Legitimierte Macht, Belohnungmacht, Bestrafungsmacht, Expertenmacht, Persönlichkeitsmacht usw. (Pepels 1998, S. 177). Entscheidend ist, daß es sich bei Wirksamwerden von Macht immer um eine *soziale Beziehung*, d.h. um eine bilaterale Beziehung zwischen zwei Akteuren handelt. Die beiden Akteure können keine aggregierten Größen sein, wie sie von der Nationalökonomie präferiert werden. Es muß sich vielmehr um Individuen, allenfalls um willensmäßig homogene Gruppen, z.B. Verhandlungsteams, Verkaufs– und/oder Einkaufsgremien, handeln. Vollzieht sich dieses „den–eigenen–Willen–Durchsetzen" nicht unter Ehepartnern oder unter politischen Parteien in parlamentarischer Debatte, sondern im geschäftlichen Verkehr, also am Markt, dann haben wir es mit wirtschaftlicher Macht oder *Marktmacht* zu tun. Gehören die beiden Kontrahenten derselben oder verschiedenen Wirtschaftsstufen an, dann kann man von horizontaler bzw. vertikaler Marktmacht sprechen.

2.2 Angebotsmacht und Nachfragemacht

Da horizontale oder vertikale Marktmacht nicht absolut bzw. isoliert gesehen werden kann, erfordert der bilaterale, interpersonale Charakter von Machtausübung auch die Erklärung durch ein relationales Konzept. Richtet sich das mehr oder weniger ausgeprägte Einwirken eines Marktpartners auf Nachfrager, dann ist diese Sichtweise zunächst auf *Angebotsmacht* fokussiert. Richtet es sich auf das mehr oder weniger ausgeprägte Einwirken eines Marktpartners auf Anbieter, dann ist diese Sichtweise zunächst auf *Nachfragemacht* fokussiert. Angebots– und Nachfragemacht sind jedoch nicht denkbar in einer kontakt– bzw. partnerlosen Situation. Völlig allein auf einer Insel könnte Robinson keinerlei Angebots– oder Nachfragemacht ausüben. Es kommt vielmehr bei Marktmachtausübung auf den konkreten *Einzelfall der gegenseitigen Einflußnahme zweier Marktpartner* an.

Die theoretische Analyse muß diesen einfachsten Ausgangsfall zunächst behandeln. Von Problemen der Komplexität in der Praxis ist vorerst zu abstrahieren, namentlich von der Tatsache, daß jedes Wirtschaftssubjekt stets gleichzeitig Anbieter und Nachfrager ist und mehr oder weniger Angebots– und Nachfragemacht auf seinen Absatz– und Beschaffungsmärkten einsetzen kann und wird. Die theoretische Erklärung hat auch vorerst davon abzusehen, daß eine einmal festgestellte oder als solche empfundene bilaterale Machtsituation der Dynamik unterliegt und sich rasch ändern kann. Ohne Zweifel sind Machtverhältnisse zwischen zwei Marktpartnern nicht statisch, sondern ändern sich permanent. Zunächst muß jedoch die singulär–statische Ist–Situation analysiert werden.

2.3 Angebotsübermacht und Nachfrageübermacht

Zwischen zwei Marktpartnern sind für eine singulär–statische Ist–Situation grundsätzlich nur drei Konstellationen denkbar, je nachdem ob ein Beteiligter „am längeren Hebel sitzt" oder nicht und sich entsprechend verhalten kann:

- Die geltend gemachte Marktmacht des Anbieters überwiegt die geltend gemachte Marktmacht das Nachfragers, es dominiert Angebotsmacht bzw. per saldo resultiert *Angebotsübermacht*;
- die geltend gemachte Marktmacht des Nachfragers überwiegt die geltend gemachte Marktmacht des Anbieters, es dominiert Nachfragemacht bzw. per saldo resultiert *Nachfrageübermacht*;
- die geltend gemachte Marktmacht des Anbieters und die geltend gemachte Marktmacht des Nachfragers gleichen sich aus, keiner ist dominant bzw. per saldo resultiert eine *Patt–Situation*.

Es versteht sich von selbst, daß Wirtschaftspolitiker, Wettbewerbsbehörden und Gerichte nur mit (Einzel–)Fällen von Marktübermacht konfrontiert werden, für die dann u.U. mißbräuchlicher Machteinsatz und damit bestimmte Verhaltensweisen des Machtmißbrauchs zu beurteilen sind. Mit Patt–Situationen wird sich keine Beschlußabteilung und kein Richter befassen müssen, weil sich hier kein Kläger findet.

Ein tiefergehendes Verständnis für die Machtkonstellationen zwischen je zwei Marktpartnern erfordert jedoch weitere Klärungen. Dazu wird zunächst auf das *Knappheits–*

konzept von Hartwig Bartling zurückgegriffen. Es besagt, daß relative Knappheit die ökonomische Basis jeglicher Macht sei. Danach fällt derjenigen Marktseite Macht zu, der es gelingt, knappe Güter zu verwalten. Leidet beispielsweise ein Produzent unter Überproduktion respektive Absatzstau, der sich weder durch Mehrexport kompensieren noch durch intensiveren Einsatz von Marketingtechniken abbauen läßt, dann gerät ein Handelsunternehmen als Abnehmer gleichsam automatisch in die Rolle des „Knappheitsverwalters" (Otto Angehrn). Es ist leicht einsehbar, daß nicht nur Produkte, sondern auch Dienste, daß nicht nur materielle, sondern auch immaterielle Güter knapp sein können. In der Praxis hat sich vor allem im Lebensmitteleinzelhandel gezeigt, daß hier die Verfügung über das knappe Gut Regalplatz viele Handelsunternehmen zu „Knappheitsverwaltern" werden ließ. Das Knappheitskonzept erklärt allerdings die Entstehung von Nachfragemacht im Handel nur abstrakt und für einen Gesamtmarkt. Es erklärt aber noch nicht, warum die Nachfragemacht unter zehn Grossisten oder Einkaufskontoren und unter 50 Einzelhandelsunternehmen ungleich verteilt ist. Davon ist jedenfalls auszugehen.

Immerhin liefert das Knappheitskonzept einen strukturellen Ansatzpunkt, noch auf einen Gesamtgütermarkt mit branchenmäßig aggregierten Sozialbeziehungen bezogen. Nähert man es der Realität der Partnerbeziehungen an, dann kann für das einzelne Unternehmen als Marktbeteiligten – resultierend aus seinen individuellen strukturellen Gegebenheiten – auf der *Strukturebene* ein erstes Basis–Machtvolumen des Unternehmens (*Machtpotential I*) konstatiert werden. Wie *Übersicht 1* zeigt, resultiert es aus der Verfügungsgewalt bzw. aus Verfügungsrechten (Property Rights) sowohl über materielle als auch immaterielle Güter. Auf andere mögliche Güter–Systematiken – etwa die Einteilung in Nominal– und Realgüter (materielle Güter, Rechte, Dienste) durch Karl Banse (1938) oder in freie und knappe Güter (Sachgüter, Energie, Dienstleistungen) durch Josef Hölzl (1989) – sei an dieser Stelle nur hingewiesen. Jedenfalls ist das eigene Verfügungsrecht über derartige knappe und vom Marktpartner begehrte Güter und die damit verbundene strukturelle Überlegenheit des Unternehmens originärer Natur. Dem einzelnen Unternehmen kann überdies derivative Marktmacht aus einer strukturell schwachen Position des Marktpartners zuwachsen.

Die bloße strukturelle Verfügungsgewalt über Güter im Austauschprozeß bewirkt noch keine konkrete Machtkonstellation zwischen zwei Marktpartnern. Dazu sind Annahmen bzw. Kenntnisse über das jeweilige Verhalten der einzelnen Akteure erforderlich. Auf der *Verhaltensebene* resultiert – nicht für das Unternehmen, sondern für den einzelnen

Übersicht 1: Ebenen und Faktoren der Marktmacht

	VERFÜGUNGSRECHTE ÜBER	
Strukturebene	MATERIELLE GÜTER	IMMATERIELLE GÜTER
	– Waren	– Wissen
	– Finanzmittel	– Anerkennung
	– Arbeitskraft	– Organisation
	usw.	– Rechte
		– Dienstleistungen
		usw.
	Originärer Art und Derivativer Art	
	MACHTPOTENTIAL I	
	VERHALTENSWEISEN DER KNAPPHEITSBEEINFLUSSUNG UND BESITZVARIATION	
Verhaltensebene	INDIVIDUALVERHALTEN	KOLLEKTIVVERHALTEN
	– Marketingstrategie	– gemeinsame Marketingstrategie
	– Marketingtaktik	– gemeinsame marketingtaktik
	– Verhandlung	– Verbandsregeln
	– Machtwille/–verzicht	– Kooperation
	– usw.	– Absprache
		usw.
	MACHTPOTENTIAL II	
Reale Ebene	EFFEKTIVER MACHTEINSATZ	

Akteur des Unternehmens – ein *Machtpotential II* aus diversen Faktoren sowohl des Individual– als auch des Kollektivverhaltens. Letzteres ermöglicht es sogar Akteuren von Kleinunternehmen ohne individuelle Marktmacht, über Kooperationen, Absprachen und Verbandsregeln ökonomische und rechtliche Barrieren aufzubauen (Mugler 1998, S. 184). Wiederum sind mehrere Konstellationen denkbar: Das Verhalten z.B. eines Einkäufers gegenüber seinem Marktpartner, dem Verkäufer, kann das Machtpotential I voll ausschöpfen, noch übersteigen oder auch – bewußt oder nicht bewußt – nicht ausschöpfen. Allein der Verhaltensfaktor *Machtwille* ist bei verschiedenen Wirtschaftssubjekten höchst unterschiedlich ausgeprägt. Er bewegt sich zwischen den theoretischen Grenzfällen, daß (a) eine mit struktureller Macht ausgestattete Person auf Durchsetzung des eigenen Willens gänzlich verzichtet und daß (b) eine mit struktureller Macht kaum oder gar nicht ausgestattete Person gleichwohl den persönlichen oder korporativen Einfluß gezielt durchzusetzen versucht.

Somit läßt sich folgern, daß die individuelle, *singulär–statische Machtkonstellation auf der realen Ebene* aus beidem resultiert, aus unternehmensbezogenen Strukturfaktoren *und* aus akteurbezogenen Verhaltensfaktoren.

2.4 Anbieterübermacht und Nachfragerübermacht

Nunmehr kann die marktmachtrelevante bilaterale soziale Beziehung hergestellt werden. Dazu werden ein Anbieter und ein Nachfrager mit ihren Machtpotentialen gegenübergestellt.

Übersicht 2 läßt erkennen, daß am Ende – nach beiderseitigem Einsatz von mehr oder weniger Einfluß auf den Potentialebenen I und II – auf der Realebene drei Konstellationen effektiver Machtsituationen resultieren können. Es handelt sich nicht um scheinbar objektive Angebotsmacht– bzw. Nachfragemachtsituationen, sondern um subjektive Situationen:

- *Anbieterübermacht,*
- *Nachfragerübermacht* oder
- *Patt–Situation* bzw. Anbieter– und Nachfragermachtgleichgewicht.

Dabei ist zu beachten, daß auf der Strukturebene und auf der Verhaltensebene durchaus unterschiedliche, sogar gegengerichtete Übermacht–Situationen denkbar sind. Entscheidend ist die Resultante auf der Realebene, und sie hängt primär vom Verhalten der Marktpartner ab, nur sekundär von den Strukturgegebenheiten.

Der verhaltenstheoretische Ansatz verdeutlicht mithin, daß bei der Bewertung von realisierter Markt(über)macht der bloße Rückgriff auf Strukturfaktoren in die Irre leiten muß. Bei der Beurteilung von singulären Machtbeziehungen zwischen Unternehmen durch Kartellbehörden und Gerichte ist es auch bedenklich, lediglich quantitative „Aufgreifkriterien“ zu berücksichtigen, wie z.B. bei der präventiven Fusionskontrolle oder bei der Möglichkeit des Eingriffs in das (Preisgestaltungs–)Verhalten bestimmter „Großunternehmen“, das die Neuregelung des § 20 Abs. 4 S. 2 GWB vorsieht (Verbot des Verkaufs unter Einstandspreis).

Übersicht 2: Potential– und Realebenen der Anbieter– und Nachfragermacht

Strukturebene	Verfügungsrechte des Anbieters über materielle / immaterielle Güter – originärer Art – derivativer Art	> = <	Verfügungsrechte des Nachfragers über materielle / immaterielle Güter
	Angebotsmachtpotential		Nachfragemachtpotential I
Verhaltensebene	– Individualverhalten (Absatzmarketing) – Kollektivverhalten der Knappheitsbeeinflussung	> <	– Individualverhalten (Beschaffungsmarketing) – Kollektivverhalten der Knappheitsbeeinflussung
	Angebotsmachtpotential	=	Nachfragemachtpotential II
Reale Ebene	Nachfrageübermacht	Patt	Anbieterübermacht

Mit dieser theoretischen Klärung ist schon ein wichtiger Schritt getan fort von der ideologisch–pauschalen Verurteilung „der Nachfragemacht des Handels" hin zur einzig angemessenen Differenzierung, nämlich zur Beurteilung des einzelnen Leistungstauschs unter zwei Marktakteuren im Sinne des klassischen Vertragsrechts (Rau–Bredow 1992, S. 121).

2.5 Bilaterale Betrachtungsweise der Macht in der Betriebswirtschaftslehre

Die bilaterale Betrachtungsweise – hier ein Anbieter, dort ein Nachfrager – ist auch der gegenwärtigen Betriebswirtschaftslehre vertraut. Als Beispiel sei nur auf das *Beschaffungsportfolio* von Ehrmannn mit den beiden Dimensionen Einkäufermacht und Lieferantenmacht verwiesen (*Übersicht 3*).

Übersicht 3: Machtorientiertes Beschaffungsportfolio

Einkäufermacht

hoch	Abschöpfungsstrategie	Abschöpfungsstrategie	Strategisches Abwägen
mittel	Abschöpfungsstrategie	Strategisches Abwägen	Diversifizierungsstrategie
niedrig	Strategisches Abwägen	Diversifizierungsstrategie	Diversifizierungsstrategie
	niedrig	mittel	hoch

(Quelle: Klaus Olfert;Helmut Pischulti: Kompakt–Training Unternehmensführung, Ludwigshafen 1999, S. 122.)

Werden die Kategorien niedrige, mittlere und hohe Einkäufer- und Lieferantenmacht für eine Matrix verwendet, dann ergeben sich verschiedene Normstrategien, insbesondere für den Beschaffungsbereich:

- Abschöpfungsstrategie (aktives Ausspielen der Macht des einkaufenden Unternehmens, ohne die Lieferantenbeziehungen zu gefährden)
- Diversifizierungsstrategie (Defensivstrategie mit Suche nach Alternativen und ggf. Intensivierung der Beschaffungsaktivitäten)
- Strategie des Abwägens (Strategie des Haltens bei Produkten ohne hohes Beschaffungsrisiko und ohne große Ergebnisauswirkung).

Wenngleich derartige Portfolios in der Regel nicht auf Hersteller–Händler–Beziehungen abstellen, so lassen sie sich selbstverständlich im Prinzip auch auf diese anwenden. Wegen der zahlreichen Schwächen des Portfolio–Konzepts (Nichtberücksichtigung der Konkurrenz, hoher Abstraktionsgrad, mangelnde Abbildung komplexer Marktsituationen, Vernachlässigung anderer qualitativer Daten, Vagheit der Strategieempfehlungen usw.) möge es mit der exemplarischen Erwähnung sein Bewenden haben. Immerhin geht von einer solchen Analyse ein Denkanstoß aus, nämlich die hohe Komplexität der Märktebeziehungen von Handelsunternehmen näher zu analysieren. Dazu soll das traditionelle, auf Karl Oberparleiter und Adolf Lampe zurückzuführende theoretische Konstrukt der „Bipolarität“ der Leistung von Handelsbetrieben – also die arteigene Überbrückung von Spannungen zwischen ihren Beschaffungs- und Absatzmärkten – erweitert werden.

3 Das Vier–Märkte–Konstrukt als Instrument zur Analyse der Machtkomplexität im Handel

Als theoretisches Werkzeug diene das vom Verfasser vorgeschlagene *Vier–Märkte–Konstrukt des Handels* (Schenk 1991, S. 209 f., 315 f. u. 362 ff.), Handelsunternehmen haben nicht nur an ihren Beschaffungsmärkten Einkaufsverhandlungen über Tausende von Artikeln zu führen – mit unterschiedlichsten singulären Machtkonstellationen zu ihren Lieferanten – und an ihren Absatzmärkten Verkaufsoptionen über Tausende von Artikeln zu realisieren – mit unterschiedlichsten singulären Machtkonstellationen zu ihren Kunden –, vielmehr müssen sie jederzeit gleichzeitig *vier Märkte* analysieren und gestalten:

1. den Beschaffungsmarkt,
2. den Absatzmarkt,

3. den Konkurrenzmarkt und
4. den internen Markt.
Die beiden externen Märkten (1. und 2.) werden um den dritten externen Markt (3.) und den internen Markt (4.) ergänzt. Dabei dient *„Konkurrenzmarkt"* als Sammelbezeichnung für alle relevanten Mitbewerber. Sowohl die Struktur als auch das Verhalten der relevanten Mitbewerber sind spezifischen Analysen bzw. Einflußnahmen zugänglich (z.B. durch Abstimmung, horizontale Kooperation auf bestimmten Geschäftsfeldern, aktives Einwirken und reaktive Maßnahmen). Der *„interne Markt"* ist, institutionell–räumlich gesehen, der Handelsbetrieb als solcher. Auch auf diesem internen Markt sind permanent höchst unterschiedliche Entscheidungen zu treffen, seien es Entscheidungen über die innerbetrieblichen Informationsströme oder über die Aufbau– und Ablauforganisation, über baulich–organisatorische Maßnahmen (interior layout und interior design), seien es die vielfältigen Entscheidungen über die Innenbeziehungen im Sinne der Principal–Agent–Theorie oder über Verfügungsrechte des Personals und über Sanktionen im Sinne der Property–Rights–Theorie. Dieses neuartige Vier–Märkte–Konstrukt hat inzwischen Eingang in die Marketing– und Handelsbetriebslehre gefunden (insbesondere als Ansatz zuHr Beschaffungs–, Absatz–, Konkurrenz– und internen Marktforschung), wie mehrere Lehrwerke zeigen. Im folgenden soll nun das Vier–Märkte–Konstrukt herangezogen werden, um die Machtanalyse bei Handelsunternehmen weiter zu differenzieren und die hohe Komplexität der Machtbeziehungen im Handel aufzuzeigen.

Übersicht 4 verdeutlicht, daß die *Beziehungen zwischen den einzelnen Entscheidern des Handelsbetriebs und ihren jeweiligen externen oder internen Marktpartnern* (und nicht zwischen zwei Unternehmen oder gar zwischen „dem" Handel und „der" Industrie!) auch durch Macht geprägt sind, jedenfalls geprägt sein können. Es ist gleichgültig, auf welcher Hierarchiestufe und in welchem Funktionsbereich der einzelne Entscheider agiert. Wenn er dazu „ermächtigt" ist, seinen Willen im Unternehmensinteresse auch gegen Widerstreben durchzusetzen, dann gerät er jeweils in eine singuläre relative Über– oder Untermachtposition oder in eine Patt–Situation.

Wohin man auch blickt im Handelsbetrieb, sei es auf die Prokura für die externen Marktbeziehungen oder auf ein Einkaufslimit (I), sei es auf die Marketingleitung oder auf die preispolitische Autonomiezone des Filialleiters (II), sei es auf die Mitwirkung in einem Einkaufsverband oder auf die Teilnahme an Erfa–Gruppen (III) oder sei es auf die Weisungsbefugnis als Instanz oder auf den Lehr–Auftrag des Ausbildungsleiters (IV) – stets wird vom jeweiligen Entscheider mehr oder weniger an Machtpotential I und II eingesetzt. Von Routineentscheidungen und vertraglich geregelten Pflichten und Rechten abgesehen (weitgehend auch von der Absatzseite im Versandhandel und beim e–commerce), muß das „Widerstreben“ der Marktgegenseite in aller Regel aus *strategischen Überlegungen* sorgfältig beachtet werden. Der „pure Machtmensch“ (Eduard Spranger) verliert leicht Ansehen und Vertrauen bei seinen Marktpartnern, bei Lieferanten, Kunden, Mitbewerbern und Mitarbeitern; auf die Dauer kann er sie als Marktpartner gänzlich verlieren. Freilich ist auch dies immer eine Frage des Einzelfalls. Wenn man die vier Partnermärkte des Handelsbetriebs bzw. des einzelnen Entscheiders mit den drei Möglichkeiten der eigenen Übermacht, der fremden Übermacht und der Patt-Situation verknüpft (*Übersicht 5*), dann werden *zwölf mögliche Konstellationen* zwischen Übermacht, Beherrschung, Abhängigkeit und Gleichgewicht sichtbar. Jede Konstellation ist singulär und unterliegt ihrerseits dynamischen Veränderungen.

Übersicht 4: Systematik der singulären Machtkonstellationen auf den Partnermärkten des Handelsbetriebs

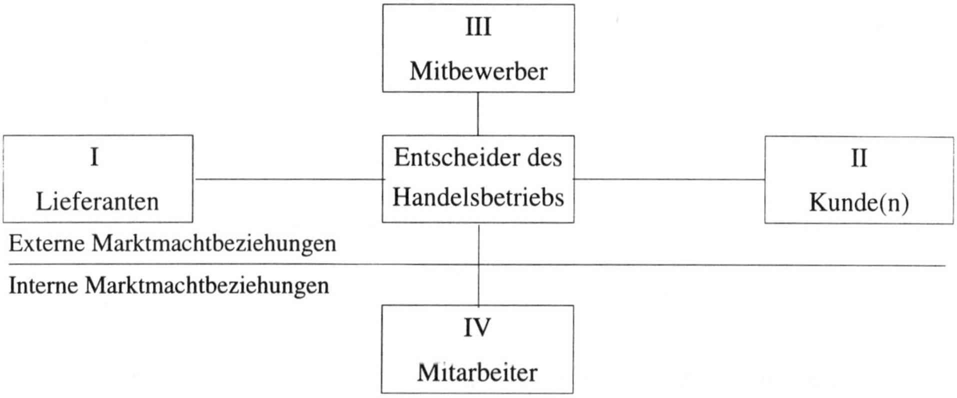

Damit erweist der Vier–Märkte–Ansatz formal seine Eignung, die ganze *Komplexität der Marktmachtkonstellationen eines Handelsunternehmens* widerzuspiegeln. Inhaltlich wäre es ein leichtes, umfangreiche Beispielkataloge für Ergebnisse machtorientierten Verhaltens auf allen vier Märkten vorzulegen. Für die „alten Märkte“ I und II werden Beispiele fast täglich bekannt. Aber auch für die beiden „neuen Märkte“ III und IV finden sich Beispiele. Welche organisatorischen Anstrengungen werden allein unternommen, um die Machteinflüsse auf Konkurrenzmärkten nicht auszuschalten, sondern zu kanalisieren (Einkaufs–, Marketing–, Werbeteams; Ausschüsse und Gremien in Einkaufsverbänden, Vertragshandels– und Franchise–Systemen!)? Kritische Stimmen der nicht kooperierenden, Machteinflüsse nicht kanalisierenden Konkurrenz sprechen mitunter eine deutliche Sprache. So hat der geschäftsführende Alleingesellschafter der MFI

Management für Immobilien GmbH, Essen, R. Roger Weis, anläßlich der Vorstellung seines bisher größten Projektes, der Spandau Arcaden am Bahnhof des Berliner Stadtbezirks mit rund 57 000 Quadratmeter Nutzfläche und einem Investitionsvolumen von mehr als 300 Millionen DM, seinem Mitbewerber ECE Projektmanagement GmbH, Hamburg, „rücksichtslose Ausübung von Macht" vorgeworfen (FAZ Nr. 75 v. 30.3.1999, S. 27). (Beide Unternehmen liegen im Streit um Mieter ihrer Einkaufszentren Schönhauser Allee Arcaden und Gesundbrunnen–Center, insbesondere um die ECE–Klausel hat in deren Mietverträgen, die es den Mietern generell verbietet, innerhalb eines Radius von drei Kilometern weitere Geschäfte zu eröffnen.) Und welche „betriebsklimatischen", organisatorischen und materiellen Anstrengungen werden unternommen, um die Mitarbeiter zu motivieren, um ihnen Mitwirkungsrecht, wenn nicht Mitverantwortung einzuräumen und sie nicht zu Befehlsempfängern zu degradieren?

Übersicht 5: Systematik der singulären Machtkonstellationen auf den Partnermärkten des Handelsbetriebes

Partnermarkt	eigene Übermacht	fremde Übermacht	Pattsituation
I Beschaffungsmarkt	Nachfragerübermacht	Anbieterübermacht	A–/N–Machtgleichgewicht
II Absatzmarkt	Anbieterübermacht	Nachfragerübermacht	N–/A–Machtgleichgewicht
III Konkurrenzmarkt	Konkurrenzbeherrschung	Konkurrenzabhängigkeit	Konkurrenzgleichgewicht
IV interner Markt	Mitarbeiterbeherrschung	Mitarbeiterabhängigkeit	Mitarbeitergleichgewicht

Die alte amerikanische Kaufmannsweisheit „What´s good for my customers is good for my business" könnte variiert werden: Was gut ist für meinen internen Markt, ist auch gut für meine externen Märkte...

4 NEUE FELDER FÜR DIE ANALYSE DER MACHTKOMPLEXITÄT IM HANDEL

Die bisherigen, zwangläufig kursorischen Erörterungen haben zweierlei zu erkennen gegeben:

- Beziehungen effektiver Marktmacht im Handel sind sinnvoll nur als je einmalige Konstellation zwischen einem Entscheider bzw. Entscheidergremium eines Handels–

unternehmens und einem Entscheider bzw. Entscheidergremium auf einem seiner vier Märkte („spot–Markt") zu analysieren.

- Die Marktmacht–Konstellationen eines Handelsunternehmens sind sehr viel komplexer als die nur auf Nachfragemacht eingeengte Sicht vorgaukelt.

Dabei galt die machtökonomische Analyse nur dem Leistungsaustausch eines Handelsunternehmens mit seinen jeweiligen Marktpartnern.

Die betriebswirtschaftlich orientierte machtökonomische Analyse könnte jedoch ohne weiteres auf *andere Felder* ausgedehnt werden, die für das Unternehmen bedeutsam sind und aktives Beeinflussungs– oder reaktives Anpassungsverhalten auslösen, z.B. auf *Umweltbeziehungen* des Unternehmens (Kommunalverwaltung, Kammern, Banken, Versicherungen usw.) und auf *Rahmenbedingungen* (Gesetze, Verordnungen, Tarifvereinbarungen usw.).

Unter Umständen könnten die Erkenntnisse der *Transaktionskostentheorie*, welche sich auf die (kostengünstigste) Koordination der Leistungsbeziehungen zwischen Partnern der Märkte I und II beschränkt und (nur) dort je nach Spezifität, Unsicherheit und strategischer Bedeutung drei Modi empfiehlt – mit abnehmendem vertikalen Integrationsgrad: Markt, Kooperation oder Integration – (Picot; Dietl; Franck 1997, S. 80 f.), einer Überprüfung auf den Märkten III und IV mit ihren jeweiligen Machtkonstellationen unterzogen werden.

Ferner wären zwei brachliegende „weite Felder" theoretisch zu erschließen, die hier nur angedeutet werden sollen: 1. Wenn Machtausübung individuell–singulär stattfindet und wenn die alte Weisheit „Wissen ist Macht" gilt, dann sind die von der Boston Consulting Group ermittelten bedrückend negativen Erfahrungen mit *Wissens–Management–Programmen* neu zu überdenken: Das über Wissen verfügende Individuum ist traditionell wenig geneigt, seine Macht zu teilen (Herp 1999, S. 82). Für jedes Unternehmen und auch für die Beziehungen zwischen Unternehmen kommt es daher aus strategischer Sicht eher darauf an, extern und intern einen freien, ungehinderten Fluß des Wissens zu organisieren, statt singulären Wissensvorsprung eines Entscheiders durch Gewinn– und Verlustverantwortung, Prämien und dgl. nur kurzfristig zu sanktionieren. 2. Und wenn Wissen Macht (des einzelnen Marktakteurs) ist und ein „Wissensgefälle" zwischen zwei Marktakteuren tendenziell zu Übermacht führt, dann müßte auch das gesamte Spektrum der *psychostrategischen und psychotaktischen Entscheidungen* stärker in die Lehre von der Unternehmensführung einbezogen werden (Schenk 1995, S. 102 ff. und S. 166 ff.).

Schließlich ist selbst in der bipolaren Machtbeziehung auf den Märkten I und II, etwa in der Situation eines Großhandels–Einkäufers und eines industriellen Verkäufers, neu zu bedenken, daß der *Einkäufer gleichzeitig Nachfrager und Anbieter*, der *Verkäufer gleichzeitig Anbieter und Nachfrager* ist. Der Einkäufer fragt Ware nach und verhandelt über deren Preise und Konditionen; gleichzeitig bietet er Geld sowie immens wichtige, für das Funktionieren der Marktwirtschaft konstituierende immaterielle Güter an: konkrete Marktplätze, Markterschließung, Wettbewerbsgenerierung, Übernahme von Absatz– und Beschaffungsrisiken (Schenk 1995, S. 18). Der Verkäufer bietet Ware und distributive Vorleistungen an; gleichzeitig fragt er Geld und die genannten immateriellen Güter nach. Die realen Tauschbeziehungen zwischen Ein– und Verkäufer werden durch die übliche Fokussierung auf Ware und monetären Gegenwert verdeckt. Würde man den „Geldschleier" wegziehen, dann würde sich die ganze Komplexität der Marktmacht–Beziehungen offenbaren. Manch ein Fall von „Nachfragemacht" im Handel (bezogen auf die zu beschaffende Handelsware) wäre am Ende umzudeuten in „Angebotsmacht" (bezogen auf die angebotene Handelsleistung). Verhaltenstheoretisch wären auch die unterschiedlichen *Wertschätzungen der Marktpartner* ins Kalkül zu ziehen. Jeder singuläre Geschäftsabschluß könnte dann als Beweis dafür interpretiert werden, daß der Verkäufer die Gegenleistung des Käufers höher einschätzt als dieser und der Käufer die Gegenleistung des Verkäufers höher als dieser – trotz beiderseitigem (ungleichem oder gleichem) Machteinsatz. Sonst wäre das Geschäft nicht zustandegekommen! Das Problem der „mißbräuchlichen" Ausübung von Marktmacht müßte dann wohl auch in ganz neuem (betriebswirtschftlichem) Licht betrachtet werden mit der Aussicht auf mehr Klarheit über die (gesamtwirtschaftlichen) Auswirkungen von Machtkonstellationen an allen vier Märkten der Unternehmen. Das *cui bono* würde vielleicht leichter zu beantworten sein, wenn Fragen wie die folgenden stärker (auch) aus betriebswirtschaftlicher Sicht angegangen würden: Welches ist horizontal und/oder vertikal wettbewerbshemmender und welches wettbewerbsfördernder Machteinsatz? Stellt Nachfragermacht von Unternehmen und/oder Verbundgruppen ein sinnvolles Wettbewerbsinstrument zum Aufbrechen bzw. Neutralisieren von Anbietermacht dar oder nicht? Welcher Machteinsatz kommt Kunden und/oder Mitarbeitern zugute und welcher nicht? Welches sind „unerwünschte", nicht legitimierte Übermachtsituationen, und gibt es Mittel zu ihrer Verhinderung, Beschränkung oder Kontrolle?

DANKSAGUNG

Für die kritisch–konstruktive Durchsicht des Manuskripts danke ich meinem Mitarbeiter Herrn Dipl.–Kfm. Alfred Schwemin vielmals.

LITERATUR

Arndt, H.: Wirtschaftliche Macht, 3. Aufl., München 1985.

Banse, K.: Beschaffung. In: Nicklisch, H. (Hrsg.): Handwörterbuch der Betriebswirtschaftslehre, 1. Band, 2. Aufl., Stuttgart 1938, Sp. 731–740.

Beisheim, O. (Hrsg.): Distribution im Aufbruch, München 1999.

Herp, Th.: Wissen ist Macht. In: Wirtschaftswoche Nr. 15 v. 8.4.1999, S. 82.

Hölzl, J.: Einführung in die Warenlehre, München 1989.

Küpper, G.: Mißbräuchliche Ausübung von Nachfragemacht, insbesondere Lösung des sog. Roß und Reiter–Problems. In: Betriebs–Berater, Heft 22/1997, S. 1105–1115.

Möhlenbruch, D.: Betriebswirtschaftliche Probleme einer Kontrolle der Nachfragemacht des Handels, Göttingen 1985.

Müller–Hagedorn, L.: Der Handel, Stuttgart/Berlin/Köln 1998.

Mugler, J.: Betriebswirtschaftslehre der Klein– und Mittelbetriebe, Band 1, 3. Aufl., Wien/New York 1998

Olfert, K.; Pischulti, H.: Kompakt–Training Unternehmensführung, Ludwigshafen 1999.

Pepels, W.: Gabler Lexikon Vertrieb und Handel, Wiesbaden 1998.

Picot, A.; Dietl, H.; Franck, E.: Organisation. Eine ökonomische Pespektive, Stuttgart 1997.

Rau–Bredow, H.: Zur theoretischen Fundierung der Institutionenökonomie, München 1992.

Schenk, H.–O.: Theorie und Ideologie der Nachfragemacht des Handels. In: Wirtschaft und Wettbewerb, Heft 3/1974, S. 149–160.

Schenk, H.–O.: Marktwirtschaftslehre des Handels, Wiesbaden 1991.

Schenk, H.–O.: Handelspsychologie, Göttingen 1995.

Theis, H.J.: Handels–Marketing, Frankfurt a.M. 1999

Tietz, B.; Köhler, R.; Zentes, J. (Hrsg.): Handwörterbuch des Marketing, 2. Aufl., Stuttgart 1995.

Vogel, M.: Aus Jägern werden Gejagte. In: BAG–Handelsmagazin, Heft 1–2/1999, S. 10–12.

Weber, M.: Wirtschaft und Gesellschaft, 5. Aufl., Tübingen 1972.

Strategien der Hersteller zur Motivation des Handels – Eine kausalanalytische Untersuchung der zwischenbetrieblichen Zusammenarbeit im Konsumgüterbereich

Heribert Gierl, Roland Helm und Axel Puhlmann, Augsburg

Geänderte Rahmenbedingungen auf Kunden–, Hersteller– und Handelsseite führen zu deutlichen Veränderungen der Machtverhältnisse im Absatzkanal, so daß die Hersteller auf die Kooperation des Handels verstärkt angewiesen sind. Dies impliziert, daß eine klassische Consumer–Pull Strategie der Hersteller alleine nicht mehr zu befriedigenden Ergebnissen führen kann. Als Ergänzung wird daher im allgemeinen eine handelsorientierte Strategie empfohlen. Vor diesem Hintergrund ist von Interesse, welche konkreten Ausprägungen ein herstellerseitiges Marketingmix haben sollte, um bestimmten Zielsetzungen zu genügen. Eine empirische Studie in der Sportartikelbranche zeigt auf, daß vor allem die Qualität der Beziehungen zum Handel vor den üblichen finanziellen Anreizen einen starken Einfluß haben.

1 PROBLEMSTELLUNG UND ZIELSETZUNG

Die Beziehungen zwischen einem Hersteller und seinen Handelspartnern sind vielfach durch einen wachsenden Konkurrenzdruck zwischen den Herstellermarken und damit einer steigenden Anzahl konkurrierender Produkte um den gegebenen Regalplatz der relevanten Abverkaufsstellen gekennzeichnet (vgl. Frey 1994, S. 17, 160; ECR Europe 1997, S. 14; Hahne 1998, S. 42–50).

Vor diesem Hintergrund sind die klassischen endverbraucherorientierten Pull–Strategien alleine nicht mehr effizient, sondern durch Aspekte eines vertikalen Marketing im Sinne einer zusätzlich auch händlerorientierten Push–Strategie zu ergänzen (vgl. Nieschlag; Dichtl; Hörschgen 1994, S. 479). Zweifelsohne kommt dem Handel insbeson–

dere bei consumer durables, d.h. bei relativ langlebigen und damit relativ kostenintensiven Produkten, insofern eine tragende Rolle zu, als der Kunde einem relativ hohen wahrgenommenen Risiko ausgesetzt ist und der Hersteller in der konkreten Kaufsituation keinen direkten Einfluß auf den potentiellen Kunden nehmen kann, sondern auf die in seinem Sinne positive Mitarbeit des Handelspartners angewiesen ist (vgl. Pepels 1988). Der Handel verfügt hier durch die imagegerechte Präsentation, den Beratungsvorgang und die Abwicklung von Serviceleistungen über beträchtliche Einflußmöglichkeiten. Hersteller sind damit in diesem Fall vom „Wollen und Können der Absatzmittler abhängig" (Belz 1989, S. 106). Bei der Vermarktung der Produkte wird somit ein nicht unbedeutender Teil der Wertschöpfung durch die Absatzbemühungen des Handels erwirtschaftet, so daß das Produkt an sich nur einen gewissen Teil der absatzwirtschaftlichen Leistung darstellt.

Hersteller müssen bei dieser Ausgangssituation darauf achten, daß sie ihre Beziehungen zu ihren Händlern festigen und optimieren. Eine Profilierung über das Produkt an sich wird in vielen Fällen aufgrund abnehmender Produktunterschiede und Innovationspotentiale zunehmend schwieriger. Die Idee des vertikalen Marketing basiert auf dem Grundgedanken, daß sich durch stufenübergreifende Marketingaktivitäten sowohl Effizienzvorteile für Hersteller und Handel realisieren als auch die Kundenbedürfnisse besser erfüllen lassen (vgl. Pabst 1993, S. 11). Das Angebot von echten, auch produktunabhängigen Leistungsvorteilen für den Handel kann zu einer deutlichen Verbesserung der Wettbewerbsposition führen (vgl. Tomczak; Gussek 1992, S. 789).

In dem Beitrag werden die Interaktionen zwischen verschiedenen handels- und endverbraucherorientierten Strategien und die Stärke des Einflusses auf Ziele, die Hersteller in bezug auf ihre Handelspartner verfolgen, diskutiert und empirisch untersucht. Die empirische Studie basiert auf Daten, die innerhalb der Sportartikelbranche, für die die eingangs erwähnten Rahmenbedingungen in erheblichem Ausmaß gelten, erhoben worden sind.

2 ZIELE DER HERSTELLER GEGENÜBER DEM HANDEL

Hersteller und Handel verfolgen in der Regel zwar komplementäre Ziele (vgl. Pabst 1993, S. 80), in einigen Bereichen treten jedoch auch Zieldivergenzen auf (vgl. Ahlert 1991, S. 91; Meffert 1999, S. 411 f.). So wird in aller Regel Einigkeit zwischen den Parteien darüber bestehen, daß die Effizienz des Absatzkanals und die Absatzmöglichkeiten an sich zu maximieren sind. Divergente Meinungen bestehen jedoch beispielsweise darüber, welche Maßnahmen diese Ziele am besten unterstützen und wie die Erträge dieser Anstrengungen unter den Beteiligten aufzuteilen sind. Die Problematik ist vielfach vor dem Hintergrund zu sehen, daß der Handel eine Profilierung seiner Verkaufsstelle und seines Sortiments anstrebt, während der Hersteller eine Profilierung seiner Marke oder einzelner Produkte verfolgt. Für den Hersteller ist jedoch kritisch, daß aufgrund der eingangs beschriebenen Konstellationen der Handel oftmals in der Lage ist, seine Zielvorstellungen auch ohne aktive Beteiligung der Hersteller durchzusetzen (vgl. Nieschlag; Dichtl; Hörschgen 1994, S. 480).

Damit ist der Hersteller vor allem an zwei Oberzielen interessiert: zum einen am Einsatz des Händlers für seine Marke oder seine Produkte (bevorzugte Präsentation und Empfehlung der Herstellerprodukte im Beratungsgespräch) und zum anderen an einer Rücksichtnahme des Händlers auf die Herstellerziele (z.B. kulante Reklamationsbearbeitung) und einer Intensivierung der Zusammenarbeit (vgl. Engelhardt 1990, S. 151).

Aus der Perspektive des Handels ist eine Berücksichtigung der Vorstellungen eines Herstellers jedoch nur dann sinnvoll, wenn sich daraus Vorteile für den Händler ergeben, die die erforderlichen Aufwendungen übersteigen und nicht durch die Zusammenarbeit mit einem anderen Hersteller erzielt werden können (vgl. Feige 1996, S. 80). Diese Aufwendungen können beispielsweise finanzieller Art sein oder in Form von Opportunitätskosten durch den Verzicht auf eigene Handlungsspielräume oder die Zusammenarbeit mit anderen Herstellern bestehen. Eine Gegenleistung des Händlers setzt also voraus, daß die Marke für ihn einen Wettbewerbsvorteil bietet (vgl. Tomczak; Feige; Schlögel 1994, S. 60). Eine Marke sollte damit folgende Forderungen eines Wettbewerbsvorteils (vgl. Helm 1997, S. 78–82) erfüllen:

- Die Leistung des Herstellers liefert für den Händler einen bedeutenden Nutzen. Dieser ist letztlich nicht an dem angebotenen Produkt interessiert, sondern an dem daraus entstehenden Wettbewerbsvorteil für ihn. Dieser kann beispielsweise in der Kosteneinsparung, der Umsatzerhöhung, der Imageverbesserung, der Steigerung des Bekanntheitsgrades seiner Verkaufsstelle oder auch in der Verbesserung des Fachwissens seines Verkaufspersonals bestehen. Das Potential zur Schaffung von Wettbewerbsvorteilen für den Händler hängt aber auch von der Wichtigkeit einer spezifischen Problemlösung ab. Je wichtiger dem Händler die Lösung seines Problems ist, desto größer sollte im Falle der Lösung auch der wahrgenommene Wettbewerbsvorteil sein.

- Der Nutzen der Herstellerleistung muß so groß sein, daß dadurch eine Abgrenzung gegenüber konkurrierenden Angeboten erfolgt. Das Leistungsangebot des Herstellers sollte sowohl vorteilhafter als das Angebot anderer Hersteller sein als auch die Leistungsfähigkeit des Händlers übertreffen.
- Die Abgrenzung muß von Dauer sein, so daß es den Mitbewerbern oder dem Händler selbst nicht möglich ist, diese Herstellerleistung kurzfristig selbst zu erstellen.
- Schließlich muß der Nutzen auf der Handelsseite auch in diesem Umfang wahrgenommen werden. Dies bedeutet, daß die Leistung dem Händler einerseits kommuniziert werden und andererseits der Händler die Informationen für glaubwürdig halten und im Sinne des Herstellers bewerten muß.

Verfügt eine Marke aus der Sicht des Handels über einen derartigen Wettbewerbsvorteil, so ist ihr „Standing" im Handel besser (vgl. Feige 1996, S. 81). Dadurch ist sie für den Erfolg des Händlers von Bedeutung oder kann im Extremfall sogar unverzichtbar sein. Aus diesem Grund ist ein Händler in diesem Fall eher bereit, Zugeständnisse gegenüber dem Hersteller zu machen oder ihn bevorzugt zu behandeln. Somit sollte die Höhe der Bereitschaft zur Gegenleistung des Händlers mit der Höhe des gebotenen Wettbewerbsvorteils der Marke variieren.

Der funktionale Zusammenhang zwischen dem gebotenen Wettbewerbsvorteil und der Bereitschaft zur Gegenleistung des Händlers dürfte einem S–förmigen Verlauf folgen (vgl. Feige 1996, S. 82f.), da das Vorliegen des Wettbewerbsvorteils für den Händler erst ab einer bestimmten Schwelle von diesem wahrgenommen wird. Die Bereitschaft zur Gegenleistung des Händlers nimmt jedoch nicht in konstantem Umfang zu, sondern sollte sich einem Sättigungsniveau annähern, da beispielsweise die Präsentationsfläche begrenzt ist. Des weiteren wird die zu starke Konzentration des Händlers auf Produkte eines Herstellers zu Problemen mit den anderen Herstellern führen (vgl. Ahlert 1991, S. 91f.), so daß es für einen Hersteller auch nicht effizient sein sollte, den Vorteil eines Händlers zu maximieren.

Zielsetzung aus Herstellersicht sollte es sein, in strategisch wichtigen Bereichen der Händler die beste Problemlösung, einen Wettbewerbsvorteil, anzubieten. Dazu stehen verschiedene strategische Optionen zur Verfügung.

3 STRATEGISCHE OPTIONEN DER HERSTELLER

Eingangs wurde bereits angeführt, daß die traditionelle Sichtweise, der Handel sei Erfüllungsgehilfe der Hersteller (vgl. Böcker 1996, S. 337), vor dem Hintergrund der ge–

änderten Rahmenbedingungen nicht mehr opportun sein kann. Damit ist ein Marketing, das sich ausschließlich an den Bedürfnissen der Nachfrager orientiert, nicht mehr effizient, sondern muß durch ein handelsorientiertes Marketing ergänzt werden (vgl. Nieschlag; Dichtl; Hörschgen 1994, S. 479). In der Vergangenheit wurde dies vor allem durch eine intensive Rabatt- und Konditionenpolitik erreicht (vgl. Irrgang 1992, S. 1249), in neuerer Zeit wird jedoch auch das Beziehungsmanagement, d.h. die Gestaltung sogenannter soft facts, als weitere Möglichkeit, dem Handel Wettbewerbsvorteile zu bieten, genannt (vgl. Nieschlag; Dichtl; Hörschgen 1994, S. 481).

Insgesamt gesehen liegen damit verschiedene Basisstrategien vor, um die Attraktivität von Herstellern beim Handel zu steigern. Zum einen kann auf indirektem Weg durch die Erzeugung eines hohen konsumentenseitigen Nachfragesogs der Handel dazu bewegt werden, eine Listung der betreffenden Produkt vorzunehmen (Consumer–Pull). Zum anderen können dem Handel aber auch direkte Anreize geboten werden, die die Attraktivität der betreffenden Produkte steigern (vgl. Schneider 1989, S. 118).

Bei Betrachtung des Consumer–Pull lassen sich wiederum zwei verschiedene Ansatzpunkte unterscheiden (vgl. Feige 1996, S. 17f.). Beim sogenannten Consumer–Pull erster Ordnung wird die Erzeugung eines Nachfragesogs im Markt verfolgt. Durch die große Bekanntheit der Marke beim Kunden und der daraus resultierenden Nachfrage beim Handel wird dieser veranlaßt, die Marke zu listen, um Umsatzausfälle oder abwandernde Kunden zu vermeiden. Damit sollte ein bedeutender Einfluß auf beide Oberziele des Herstellers (Einsatz des Händlers für seine Marke/Produkte; Rücksichtnahme des Händlers auf bestimmte Herstellerziele, z.B. die kulante Bearbeitung von Reklamationen) zu erreichen sein. Der Nachfragesog aus dem Markt wird jedoch nicht nur durch die den Consumer–Pull erster Ordnung betreffenden und direkt auf den Konsumenten abzielenden Maßnahmen des Herstellers erzeugt, sondern auch durch den Kontakt des Konsumenten mit der Marke in der Letztverkaufsstelle. Dieser als Consumer–Pull zweiter Ordnung bezeichnete Ansatzpunkt wird durch eine geeignete Beratung oder Präsentation der Produkte im Handelsgeschäft erreicht.

Weiterhin kann der Hersteller versuchen, den Handel direkt zur Unterstützung seiner Marke zu bewegen. Alle Maßnahmen, die über die Schaffung direkter materieller Anreize die Motivation fördern sollen, werden üblicherweise unter dem Begriff Hersteller–Push subsumiert (vgl. Schneider 1989, S. 119). Da jedoch auch weitere, die soft skills der Hersteller betreffenden Möglichkeiten der Beeinflussung bestehen, wird dies zur Unterscheidung als Hersteller–Push erster Ordnung bezeichnet.

Weiterhin sollte jedoch auch die Qualität der Beziehungen zwischen Hersteller und Handel die Attraktivität der Marke beeinflussen. So ist beispielsweise das Vertrauen des Händlers zum Hersteller ein wichtiger Faktor, der die Effizienz der Zusammenarbeit stark beeinflußt. Ein gezieltes Beziehungsmanagement kann daher ebenfalls geeignet sein, die Marke von der Konkurrenz zu differenzieren. Diese Art der direkten Beeinflussung des Handels kann als Hersteller–Push zweiter Ordnung bezeichnet werden.

In der sich anschließenden Studie werden die folgenden Strategien weiter betrachtet.

- Klassische endverbraucherorientierte Pull–Strategie (Consumer–Pull erster Ordnung), d.h. durch die Erzeugung einer großen Endverbrauchernachfrage nach der Marke werden beim Absatzmittler Sachzwänge geschaffen, die ihn zu einer Sortimentsaufnahme bewegen sollen.
- Abverkaufsunterstützungsstrategie (Consumer–Pull zweiter Ordnung), d.h. die Bemühungen des Händlers um den Kunden sollen erleichtert werden, indem zum Beispiel Händlerschulungen durchgeführt oder Dekorationsmaterialien zur Verfügung gestellt werden.
- Hineinverkaufsstrategie (Hersteller–Push erster Ordnung), d.h. vielfältige Unterstützungsmöglichkeiten des Herstellers, wie z.B. günstige Einkaufskonditionen, Gebietsschutz, Werbeunterstützung und Testprodukte, sollen die Listung der Produkte unterstützen.
- Beziehungsqualität zwischen Händler und Außendienstmitarbeitern (Hersteller–Push zweiter Ordnung), d.h. die Zuverlässigkeit, das Interesse, die Kompetenz bzw. ganz generell das Engagement der Außendienstmitarbeiter gegenüber dem Handel soll optimiert werden.
- Beziehungsqualität zwischen Händler und der Geschäfts- oder Vertriebsleitung des Herstellers (Hersteller–Push zweiter Ordnung), d.h. die eben genannten Aspekte sollen verbessert werden, jedoch auf der hierarchisch höheren Ebene der Geschäftsbeziehung.

Abschließend bleibt festzuhalten, daß die vorgestellten Ansätze keine substitutiven Strategien darstellen, sondern sich vielmehr vor dem Hintergrund der aktuellen Rahmenbedingungen innerhalb der Absatzkanäle gegenseitig ergänzen. Der innere Zusammenhang der strategischen Ansatzpunkte läßt sich gemäß *Abbildung 1* darstellen (in Anlehnung an Pabst 1993, S. 21).

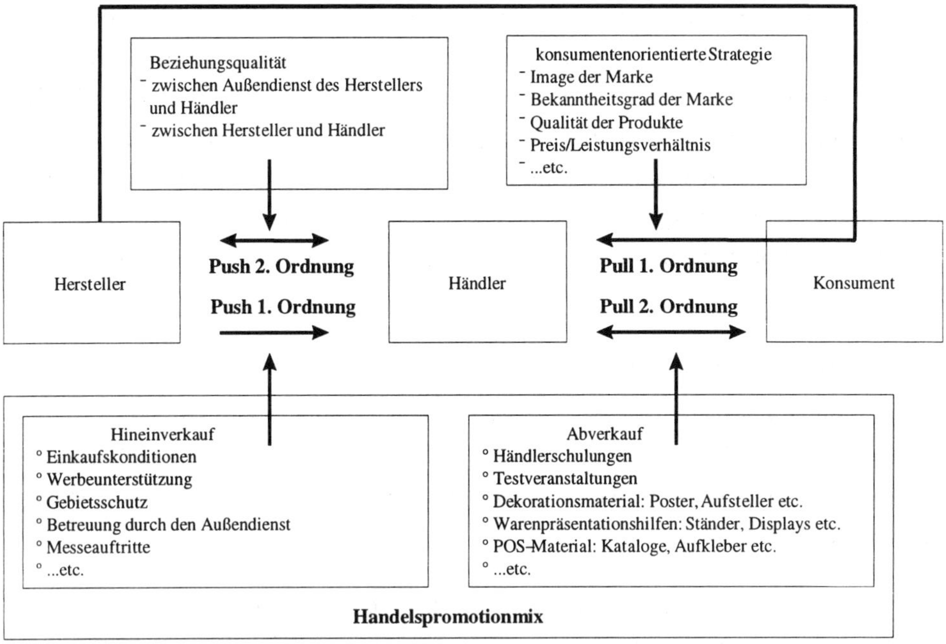

Abbildung 1: Handelsorientierte Marketingstrategien von Konsumgüterherstellern

4 EINE EMPIRISCHE STUDIE

4.1 Datengrundlage, Untersuchungsablauf und Operationalisierungen

Ein Fragebogen, der zuvor bei 15 Sportartikelhändlern einem Pretest unterzogen worden war, wurde im Juli 1998 350 einschlägigen Fachhändlern zugesendet, wobei 86 diesen ausgefüllt zurücksandten. Damit resultierte eine Rücklaufquote von 24,6%, die als zufriedenstellend bezeichnet werden kann. Jedoch bewerteten nur 54 Auskunftspersonen, wie im Fragebogen gefordert, vier in ihrem Geschäft angebotene konkurrierende Marken gleichzeitig, so daß sich die verwertbare Stichprobe auf diese Zahl reduzierte. Für die folgende Analyse wurde jedoch jede Markenbeurteilung einer Auskunftsperson als ein Fall betrachtet (vgl. dazu Backhaus; Erichson; Plinke; Weiber 1994, S. 250 f.), was zu 216 Fällen führte. Diese Zahl wurde nochmals durch Fälle verringert, bei denen mehrere wichtige Angaben fehlten. Insgesamt gingen damit 199 Untersuchungseinheiten in die Analyse ein. Zur Überprüfung der vorangegangenen Überlegungen wurde der Lisrel-Ansatz der Kausalanalyse verwendet.

Als erster Schritt erfolgte eine mehrstufige Optimierung der beiden Meßmodelle (vgl. dazu Helm 1997, S. 159ff.). Innerhalb des exogenen Meßmodells konnten fünf Faktoren extrahiert werden, wobei jedoch aufgrund zu geringer Faktorladungen (< 0,4) und unlogischer Zuordnungen von Variablen auf die Konstrukte im Verlauf der Optimierung sechs von 26 Indikatoren eliminiert werden mußten. Beim endogenen Meßmodell wurden dieselben Schritte vorgenommen. Es ergab sich jedoch nur eine Neuzuordnung eines Indikators. Folgende, in *Tabelle 1* wiedergegebene Indikatoren gingen schließlich in die Analyse ein.

4.2 Zur Güte der Schätzung

Zur Beurteilung der Güte des Gesamtmodells und der Teilmodelle existieren verschiedene Kriterien. *Tabelle 2* gibt die verwendeten Maße sowie die erreichten und geforderten Mindestausprägungen der Gütekriterien des Gesamtmodells (vgl. dazu Homburg; Baumgartner 1995) wieder.

Lediglich der root mean square residual Index, der die durchschnittlich im Modell nicht erklärten Varianzen und Kovarianzen erfaßt, liegt geringfügig über dem geforderten Niveau. Da jedoch einzelne Unter- oder Überschreitungen nicht als problematisch erachtet werden (vgl. Homburg; Baumgartner 1995, S. 172), kann von einer akzeptablen Güte des Gesamtmodells gesprochen werden.

Auch bei den beiden Meßmodellen sind die Gütekriterien im allgemeinen als zufriedenstellend zu bezeichnen (*Tabelle 3*). Lediglich bei fünf der 24 Indikatoren liegt der Meßfehler (über dem geforderten Schwellenwert von 0,6, und nur bei zwei Variablen ist der Korrelationskoeffizient unter 0,3 (zu den jeweils geforderten Niveaus der einzelnen Kriterien vgl. die Ausführungen bei Bagozzi; Yi 1988, S. 80; Backhaus; Erichson; Plinke; Weiber 1994, S. 396–398; Helm 1997, S. 185 f.). Diese geringfügigen Abweichungen sind tolerierbar, so daß die Parameterschätzungen des Strukturmodells interpretationsfähig sind.

Im Rahmen der vorliegenden Studie sind aber auch noch weitere Aspekte zu nennen, die einen Einfluß auf die Aussagekraft der Resultate haben könnten.

Tabelle 1: Indikatoren der Meßmodelle

Konstrukt/Indikator	Inhaltliche Ausprägung
Pull 1: Konsumentenorientierte Strategie	
Qualität	Physische Qualität des Produkts
Leistungsfähigkeit	Physische Leistungsfähigkeit des Produkts
Trendlage	Einstellung der Kunden zur betreffenden Marke
Verkäuflichkeit	Nachfrage nach den Produkten
Pull 2: Abverkaufsunterstützungsstrategie	
Dekorationsmaterial	Unterstützung durch Poster, Schilder etc. des Herstellers
Warenpräsentation	Bereitstellung von Ständern und Displays
Point of Sale Material	Bereitstellung von Katalogen für Kunden, Aufklebern etc.
Schulungsinhalt	Relevanz der Schulungsthemen
Schulungsniveau	Richtiges Niveau der Schulungen
Push 1: Hineinverkaufsstrategie	
Rabatte	Rabatte für Testprodukte für Kunden
Einkaufskonditionen	Flexibilität der Konditionenpolitik
Testmöglichkeiten	Bereitstellung von Produkten für Tests durch die Händler
Push 2a: Beziehung zum Außendienst (Adm)	
Interesse Adm	Gezeigtes Interesse des Adm am Händler aus Händlersicht
Kompetenz Adm	Sachliche Kompetenz des Adm
Persönliche Bindung Adm	Ausmaß der persönlichen Bindung zum Adm
Vertrauen Adm	Vertrauen in die Aussagen des Adm
Zuverlässigkeit Adm	Zuverlässigkeit der Aussagen des Adm
Push 2b: Beziehung zum Hersteller (Hst)	
Interesse Hst	Herstellerinteresse am Erfolg des Händlers aus Händlersicht
Persönliche Bindung Hst	Ausmaß der menschlich-emotionalen Beziehung
Vertrauen Hst	Vertrauen in Aussagen und Geschäftsphilosophie des Herstellers
Herstellerziel 1: Einsatz für die Marke	
Beratungseinsatz	Häufigkeit der Empfehlung der Marke an Kunden
Präsentationseinsatz	Qualität der Präsentation der Marke
Zusammenarbeit	Ausmaß der Zusammenarbeit zwischen Hersteller und Händler
Herstellerziel 2: Rücksichtnahme	
Zusammenarbeit auch ohne Vorteile	Bereitschaft, auf Wünsche des Herstellers einzugehen, die dem Händler keine unmittelbaren Vorteile bringen

(jeweils auf einer 5stufigen bipolaren Ratingskala gemessen)

Tabelle 2: Gütekriterien des Gesamtmodells

Kriterium	Erreichter Wert	Mindestens zu erreichender Wert
GFI	0,9677	> 0,90
AGFI	0,9584	> 0,90
RMR	0,0699	< 0,05
CFI	0,9909	> 0,90

Einschränkungen hinsichtlich der Interpretierbarkeit der Ergebnisse ergeben sich aus der relativ geringen Anzahl an Auskunftspersonen. Auch die Verwendung der Markenbeurteilungen je Auskunftsperson führte nur zu einem Verhältnis von 3 : 1 zwischen der Anzahl der Fälle und der Anzahl der zu schätzenden Parameter. Oft wird hier die Anforderung gestellt, daß mindestens das Fünffache an Untersuchungseinheiten im Vergleich zur Anzahl der zu schätzenden Parameter vorhanden sein sollte (vgl. Bentler 1985, S. 3; Bagozzi; Yi 1988, S. 80).

Weiterhin liegt keine Normalverteilung der Indikatoren sowie der latenten Variablen vor. Die t–Werte und Standardfehler sind daher nur begrenzt interpretationsfähig. Aus diesem Grund wurde die Parameterschätzung mittels des Verfahrens Unweighted–Least–Squares durchgeführt. Allerdings ergaben Schätzungen mit anderen Verfahren ähnliche Parameterwerte. Dies kann als ein Indiz der Stabilität der Schätzung gedeutet werden.

4.3 Ergebnisse

Abbildung 2 enthält die Ergebnisse der Parameterschätzungen für das Strukturmodell, das die fünf möglichen Strategien eines Herstellers als exogene Variablen und die zu verfolgenden Ziele eines Herstellers gegenüber dem Handel als endogene Variablen enthält.

Die Residualvariablen des endogenen Modells geben darüber Auskunft, wieviel Prozent der Varianz der beiden endogenen Variablen nicht durch das Modell erklärt werden können. Es ergeben sich Werte von 14,51% für das Konstrukt Einsatz für die Marke bzw. 16,10% für die Rücksichtnahme auf Herstellerziele. Diese Werte können als sehr gut bezeichnet werden.

Tabelle 3: Gütekriterien der beiden Meßmodelle

Gütekriterium	Faktor–ladung	Meßfehler (	Standard–fehler	Korrelation	t–Wert
Gefordertes Niveau	> 0,6325	< 0,6	< 0,15	> 0,3	> 1,645
Konstrukt/Indikator					
Pull 1: Konsumentenorientierte Strategie					
Qualität	0,7766	0,3969	0,0362	0,6031	21,4531
Leistungsfähigkeit	0,7061	0,5015	0,0350	0,4985	20,1615
Trendlage	0,7539	0,4316	0,0363	0,5684	20,7904
Verkäuflichkeit	0,6775	0,5410	0,0348	0,4590	19,4472
Pull 2: Abverkaufsunterstützungsstrategie					
Dekorationsmaterial	0,6860	0,5294	0,0357	0,4706	19,1912
Warenpräsentation	0,6387	0,5920	0,0351	0,4080	18,1832
Point of Sale Material	0,5820	0,6612	0,0337	0,3388	17,2851
Schulungsinhalt	0,8519	0,2742	0,0359	0,7258	23,7240
Schulungsniveau	0,8226	0,3234	0,0356	0,6766	23,0842
Push 1: Hineinverkaufsstrategie					
Rabatte	0,5871	0,6553	0,0428	0,3447	13,7114
Einkaufskonditionen	0,5567	0,6901	0,0409	0,3099	13,6038
Testmöglichkeiten	0,8533	0,2719	0,0517	0,7281	16,5198
Push 2a: Beziehung zum Außendienst (Adm)					
Interesse Adm	0,6909	0,5227	0,0310	0,4773	22,2878
Kompetenz Adm	0,8209	0,3261	0,0327	0,6739	25,5441
Persönliche Bindung Adm	0,6732	0,5468	0,0312	0,4532	21,5441
Vertrauen Adm	0,8583	0,2632	0,0331	0,7368	25,9313
Zuverlässigkeit Adm	0,8131	0,3388	0,0327	0,6612	24,8666
Push 2b: Beziehung zum Hersteller (Hst)					
Interesse Hst	0,7319	0,4644	0,0371	0,5356	19,7273
Persönliche Bindung Hst	0,7438	0,4467	0,0383	0,5533	19,4378
Vertrauen Hst	0,8623	0,2564	0,0417	0,7436	20,6781
Herstellerziel 1: Einsatz für die Marke					
Beratungseinsatz	0,5056	0,7434	0,0323	0,2566	15,4662
Präsentationseinsatz	0,7148	0,4891	0,0882	0,5109	8,1035
Zusammenarbeit	0,7464	0,4429	0,0918	0,5571	8,1258
Herstellerziel 2: Rücksichtnahme					
Zusammenarbeit auch ohne Vorteile	0,4996	0,7504	0,0323	0,2496	15,4662

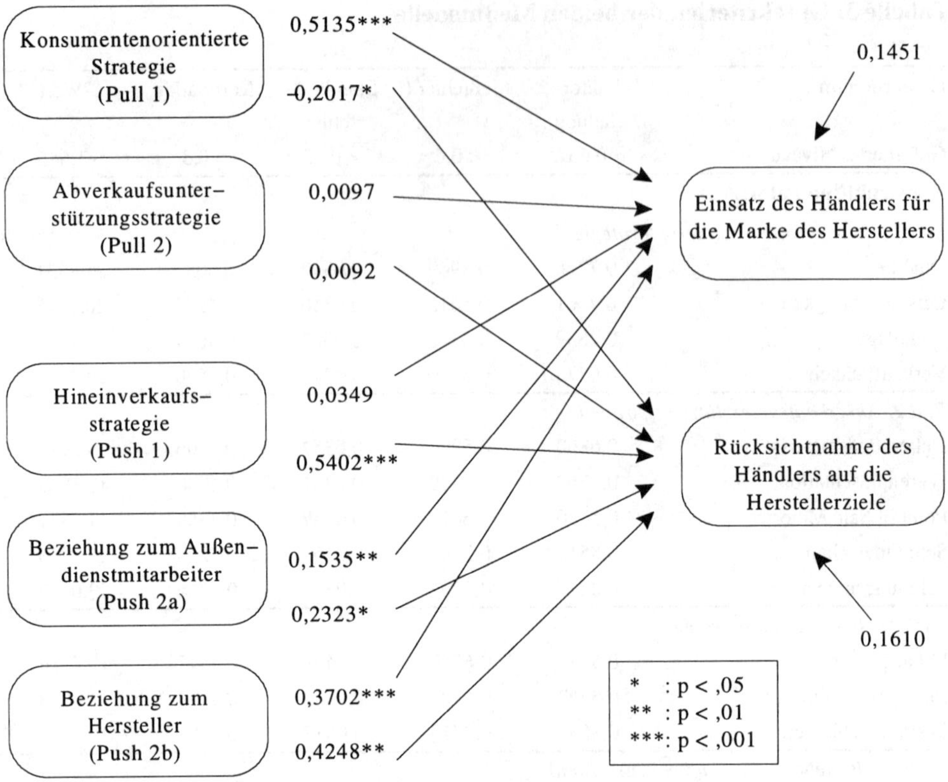

Abbildung 2: Ergebnisse der Lisrel Schätzung

Bei Betrachtung der Pfadkoeffizienten wird deutlich, daß die konsumentenorientierte Strategie des Herstellers (Pull 1) den stärksten Einfluß auf den Einsatz des Händlers für die Marke dieses Herstellers hat, gefolgt von der Qualität der Beziehung der Geschäftsleitung des Herstellers zum Händler (Push 2b). Deutlich geringer ist die Wirkung der Qualität der Beziehung zwischen den Außendienstmitarbeitern und dem Händler (Push 2a). Die Hineinverkaufsstrategie (Push 1) und Abverkaufsunterstützungsstrategie (Pull 2) haben keinen signifikanten Einfluß darauf, ob sich der Hersteller besonders um die Attraktivität der Marke des Herstellers für die Endkunden bemüht.

Anders stellen sich die Ergebnisse für die Zielvariable „Rücksichtnahme des Händlers auf Herstellerwünsche" dar. Hier kommt der Hineinverkaufsstrategie (Push 1) die größte Wirksamkeit zu. Es folgen die Qualität der Beziehung der Geschäfts- oder Vertriebsleitung des Herstellers und die Qualität der Beziehung der Außendienstmitarbeiter des Herstellers zum Händler. Die Wirkung der Abverkaufsunterstützung (Pull 2) ist nicht signifikant. Hersteller–Push Strategien (erster und zweiter Ordnung) haben demnach auf das Erreichen dieser Zielsetzung die größte Wirkung.

Die konsumentenorientierte Strategie des Herstellers (Pull 1) weist bei einem Signifikanzniveau von 5% einen negativen Einfluß auf die zweite Zielsetzung des Herstellers, die Rücksichtnahme des Händlers auf seine Wünsche, auf. Die Überlegung, daß die Rücksichtnahme eines Händlers auf die Ziele des Herstellers um so größer ist, je attraktiver die konsumentenorientierte Strategie des Herstellers vom Händler wahrgenommen wird, konnte damit nicht belegt werden.

4.4 Diskussion der Ergebnisse

Im Mittelpunkt der Untersuchung stand erstens die Frage nach der geeigneten Strategie eines Herstellers, um den Händler zu hohem Einsatz für seine Marke zu motivieren (Herstellerziel 1). Den größten Einfluß hat hierbei die Attraktivität der konsumentenorientierten Strategie (Pull 1) aus Händlersicht. Es ist evident, daß sich der Händler am stärksten für die Produkte engagiert, die er am besten verkauft. Diese Produkte versprechen aus Händlersicht die höchste finanzielle Abgeltung für seinen Einsatz. Darüber hinaus fördern Produkte, die „in“ sind, auch die Profilierung seiner Verkaufsstelle.

An zweiter Stelle steht die Qualität der Beziehung zwischen der Geschäfts- oder Vertriebsleitung des Herstellers und dem Händler (Push 2b). Den vorliegenden Ergebnissen zufolge honoriert der Händler den nicht–monetären Einsatz des Herstellers damit, daß er sich für die Herstellermarke einsetzt. Die Zusammenarbeit mit einem Hersteller, auf den er sich verlassen kann, scheint für den Händler einen bedeutenden Wettbewerbsvorteil darzustellen, d.h. für ihn ist nicht nur der unmittelbare finanzielle Erfolg ausschlaggebend. Gerade aus Herstellersicht kommt diesem Ergebnis eine hohe praktische Bedeutung zu, wenn eine Tendenz im Markt festzustellen ist, daß Händler ihre Zusammenarbeit auf wenige Hersteller beschränken.

Die zur Beziehungsqualität zwischen Händler und Geschäfts- bzw. Vertriebsleitung des Herstellers getroffenen Aussagen treffen auch auf die Beziehungsqualität zwischen Händler und Außendienstmitarbeitern dieses Herstellers zu (Push 2a). Allerdings ist der Einfluß eines Außendienstmitarbeiters deutlich geringer als derjenige der Geschäfts– oder Vertriebsleitung des Herstellers. Dies liegt wohl vor allem daran, daß letztlich die Geschäftsleitung des Herstellers die relevanten Entscheidungen trifft. Der Außendienstmitarbeiter hingegen verfügt in der Regel nur über einen begrenzten Handlungsspiel–

raum. Dennoch darf seine Rolle als Betreuer der Verkaufsstelle nicht unterschätzt werden. Dem Hersteller–Push zweiter Ordnung ist damit insgesamt ein bedeutender Einfluß auf die Erreichung des Ziels eines verstärkten Einsatzes des Händlers für die Marke des Herstellers zu attestieren.

Die Abverkaufsunterstützungsstrategie des Herstellers (Pull 2) hatte keinen signifikanten Einfluß auf den Einsatz des Händlers für die Marke des Herstellers. Offensichtlich ist es keinem Hersteller in der Stichprobe gelungen, dem Handel durch derartige Aktivitäten entscheidende Wettbewerbsvorteile zu verschaffen. Die Frage, ob diese Strategie dazu nicht geeignet ist oder ob die Herstellerleistungen bisher einfach nicht ausreichend waren, kann an dieser Stelle nicht beantwortet werden.

Interessant ist auch der Umstand, daß keine signifikante Wirkung der klassischen Hineinverkaufsstrategie des Herstellers (Push 1) auf den Händlereinsatz für seine Marke nachgewiesen werden kann. Es liegt die Vermutung nahe, daß die Produkte im untersuchten Bereich zwar zu günstigen Konditionen geordert werden, diese sich aber im wesentlichen über den Preis verkaufen und durch ein darüber hinausgehendes Engagement des Händlers keine zusätzlichen Umsätze resultieren. Demzufolge werden diese Produkte bei Verfolgung dieser Strategie vom Händler nicht weiter gefördert. Hierbei ist auch zu beachten, daß die Hineinverkaufsstrategie und die konsumentenorientierte Strategie nahezu gegensätzliche Herstellerbemühungen darstellen, da Hersteller, die von den Produkteigenschaften her gut beurteilt werden, meist schlechtere Konditionen bieten als die Hersteller von Produkten geringerer Qualität. Dieser Umstand steht auch im Einklang mit der Polarisierung des Kaufverhaltens in preisorientierte und qualitätsorientierte Konsumenten.

Ein gänzlich anderes Bild bietet sich, wenn man zweitens die Ergebnisse hinsichtlich des zweiten Herstellerziels, der Rücksichtnahme des Handels auf seine Ziele (beispielsweise eine kulante Reklamationsbearbeitung), betrachtet.

Besonders auffallend ist hier der signifikante negative Einfluß der vom Handel wahrgenommenen Attraktivität der konsumentenorientierten Strategie (Pull 1) auf die Bereitschaft des Händlers, sich für Ziele des Herstellers einzusetzen, deren Verfolgung ihm keinen Vorteil verschaffen. Hier tritt der inhaltliche Unterschied der Zielvariablen deutlich hervor. Der Einsatz für eine Marke ist mit finanziellem Nutzen für den Händler verbunden, während dies bei einer Rücksichtnahme auf die Herstellerziele nicht der Fall ist. Je höher die Attraktivität der Produkte beim Konsumenten ist, desto weniger besteht für den Händler die Notwendigkeit, für den Abverkauf dieser Produkte mehr zu tun, als aus seiner Sicht erfolgversprechend erscheint. Ein gutes Consumer–Marketing ist also nicht geeignet, in dieser Hinsicht Goodwill beim Händler aufzubauen.

Hierfür scheinen eher gute Beziehungen der Geschäfts– oder Vertriebsleitungsebene des Herstellers und der Außendienstmitarbeiter geeignet zu sein (Push 2a und 2b). Ein partnerschaftliches Verhältnis führt zur verstärkten Bereitschaft des Händlers, für den Hersteller in einer Art aktiv zu werden, die ihm keinen unmittelbaren Nutzen bringt, und trägt damit zur Stabilisierung der Beziehung bei. Die strategische Option des Beziehungsmanagements ermöglicht jedoch eher einen langfristigen Aufbau einer guten Beziehungsqualität. Kurzfristig läßt sich eine Rücksichtnahme des Händlers auf Herstellerziele nur durch finanzielle Anreize (Push 1) schaffen. Dies wird durch den starken Einfluß der Hineinverkaufsstrategie deutlich, die mit Konditionen und Rabatten exakt diese Art von Anreizen bietet.

Die Tatsache, daß die Abverkaufsunterstützungsstrategie (Pull 2) auch bei dieser Zielsetzung keinen signifikanten Einfluß auf die Berücksichtigung der Herstellerinteressen durch den Händler hat, ist ebenfalls einleuchtend. Da diese Strategie nicht genügend Wettbewerbsvorteile für den Händler schafft, um ihn zu mehr Einsatz für die Marke zu motivieren, wird dadurch auch kein Interesse geweckt, Vorstellungen des Herstellers umzusetzen, die ihm keine unmittelbaren Vorteile bringen.

Insgesamt gesehen kann festgehalten werden, daß der angenommene Zusammenhang zwischen der Schaffung eines Wettbewerbsvorteils durch die Listung der Marke und der Bereitschaft des Händlers, sich für die Marke des Herstellers verstärkt einzusetzen und eher auf die Herstellerziele Rücksicht zu nehmen, empirisch bestätigt werden konnte.

Zusammenfassend läßt sich damit festhalten, daß die Bereitschaft des Handels zur Kooperation mit dem Hersteller bei denjenigen Strategiealtenativen hoch ist, die dem Handel einen bedeutenden Nutzen verschaffen, den Hersteller deutlich von der Konkurrenz abgrenzen und vor allem langfristigen Charakter haben, da sie von der Konkurrenz nur schwer nachgeahmt werden können. Damit sind vor allem beziehungsorientierte Hersteller–Push Strategien zweiter Ordnung von Bedeutung.

5 FOLGERUNGEN FÜR DAS VERTIKALE MARKETING

Ziel des Beitrags war es herauszufinden, welche Herstellerstrategien den Händler dazu bewegen, Herstellerziele zu unterstützen. Als zu verfolgende Ziele wurden dabei die Verstärkung der Beratungs– und Präsentationsbemühungen des Händlers für die Marke, die Ausweitung der gegenseitigen Zusammenarbeit und der Aufbau von Handlungsspielräumen des Herstellers identifiziert (vgl. Abschnitt). Die erstgenannten drei Herstellerziele sind in der Zielvariablen „Einsatz für die Marke“ zusammengefaßt, der Aufbau von Handlungsspielräumen wird durch die Bereitschaft des Händlers zur „Rücksichtnahme auf die Herstellerziele“ berücksichtigt.

Es läßt sich festhalten, daß der Handel zu Gegenleistungen in diesen Bereichen bereit ist, wenn der Hersteller ihm einen Wettbewerbsvorteil verschaffen kann. Die Strategien, die geeignet erscheinen, dem Händler einen Wettbewerbsvorteil zu erbringen, sind der in *Abbildung 3* dargestellten Matrix zu entnehmen.

	Einsatz für die Marke	Rücksichtnahme auf Herstellerziele
Kurzfristige Perspektive	---	Hersteller–Push 1 (Hineinverkaufsstrategie)
Langfristige Perspektive	Consumer–Pull 1 (konsumentenorientierte Strategie); Hersteller–Push 2 (Beziehungsmanagement)	Hersteller–Push 2 (Beziehungsmanagement)

Abbildung 3: Empfehlenswerte handelsorientierte Strategien unter Berücksichtigung unterschiedlicher Zielsetzungen des Herstellers

Ein verstärkter Einsatz für seine Marke kann der Hersteller unter anderem durch eine konsumentenorientierte Strategie (Pull 1) erreichen. Die wichtigsten Maßnahmen sind hierbei die Entwicklung guter Produkte und geeignete kommunikative Maßnahmen, um einen kundenseitigen Nachfragesog zu erzielen. Diese Option ist allerdings nur für qualitätsorientierte Anbieter sinnvoll, da der Aufbau von Kompetenzen in diesem Bereich im allgemeinen einen langwierigeren und kostspieligen Prozeß darstellt.

Die Mitwirkung des Händlers an der Umsetzung von Herstellerstrategien kann der Hersteller kurzfristig mit finanziellen Anreizen erreichen. Da die Rücksichtnahme auf die Herstellerinteressen für den Handel im Gegensatz zum Einsatz für die Marke für ihn zu keinen Vorteilen führt, muß der Hersteller für einen monetären Ausgleich sorgen, um das Anreiz–Beitrags Gleichgewicht wieder herzustellen. Diese Alternative ist nur kurzfristig sinnvoll, da sie sehr kostenintensiv ist. Weiterhin ist sie nicht geeignet, den Hersteller dauerhaft von der Konkurrenz abzugrenzen, da günstige Konditionen von der Konkurrenz nachgeahmt werden können und dies zu einer Verschärfung des Preiswettbewerbs führen kann. Der Einsatz sollte daher auf den Einzelfall beschränkt bleiben, es sei denn, der Hersteller verfügt über die Möglichkeit, seine Produkte dauerhaft günstiger zu produzieren bzw. anzubieten als die Konkurrenz.

Eine überragende Bedeutung für die Unterstützung der Herstellerziele durch den Handel kommt dem Aufbau guter Beziehungen des Herstellers zum Handel, dem Hersteller–Push zweiter Ordnung, zu. Beziehungsmanagement hat als wesentliches Kennzeichen „...die explizite Orientierung an langfristigen Geschäftsbeziehungen und nicht lediglich am Zustandekommen einzelner Transaktionen" (Tomczak 1994, S. 195). Es umfaßt sowohl die Verbesserung der Beziehungsqualität des einzelnen Händlers zur Geschäfts- oder Vertriebsleitungsebene des Herstellers (Push 2b) als auch zum Außendienstmitarbeiter des Herstellers (Push 2a). Die Option Beziehungsmanagement gestattet es, sowohl den Einsatz des Händlers für die Marke des Herstellers als auch die Rücksichtnahme des Händlers auf die Herstellerziele zu erhöhen. In Anbetracht dieser Tatsache dürfte diese Strategie einer rein konsumentenorientierten Strategie überlegen sein, da letztere keine Handlungsspielräume beim Handel schafft. Ein weiterer Vorteil dieser Strategie liegt darin begründet, daß sie aufgrund ihrer langfristigen Perspektive am besten geeignet ist, den Hersteller dauerhaft von seiner Konkurrenz abzugrenzen. Sie stellt somit eine sinnvolle Ergänzung zum Consumer–Marketing dar, dessen langfristiger Erfolg aufgrund der zunehmenden Schnellebigkeit der Konsumgütermärkte unsicher ist. Außerdem zeichnet sich diese Strategiealternative dadurch aus, daß in hohem Maße Händlerinteressen berücksichtigt werden können. Der Handel sollte in der Regel ebenfalls an langfristigen Geschäftsbeziehungen interessiert sein, um seine Transaktionskosten senken zu können.

Die Ergebnisse der Studie zeigen weiterhin, daß die Abverkaufsunterstützungsstrategie als Consumer–Pull zweiter Ordnung nicht geeignet ist, die Bereitschaft des Handels zu Gegenleistungen gegenüber dem Hersteller zu steigern. Daraus kann jedoch nicht der Schluß gezogen werden, daß diese Option vernachlässigbar ist. Vielmehr ist es sinnvoll, die eigene Leistung dem branchenüblichen Niveau anzupassen und eine Profilierung gegenüber der Konkurrenz in anderen Bereichen anzustreben.

Generell läßt sich festhalten, daß die Gegenleistung des Händlers um so höher ist, je größer der wahrgenommene Nutzen der Herstellerleistung ist. Der wahrgenommen Nutzen resultiert aus der Fähigkeit des Herstellers, einen Beitrag zur Lösung bedeutender Probleme des Händlers zu leisten. Hieraus läßt sich ableiten, daß die Kenntnis der strategisch wichtigen Händlerprobleme den Schlüssel zu einem effizienten handelsorientierten Marketing darstellt. Je intensiver die Beziehung zum Händler ist, um so besser kann der Hersteller dessen spezifische Probleme einschätzen.

Schließlich sollte der Hersteller ins Kalkül ziehen, daß der Händler nicht aufgrund der objektiven Herstellerleistung über seine Gegenleistung entscheidet, sondern deren subjektive Wahrnehmung die Entscheidungsgrundlage darstellt. Eine Berücksichtigung der Vorschläge des Herstellers läßt sich mit weniger Mitteleinsatz des Herstellers realisieren, wenn es gelingt, den Händler von den Vorteilen einer Maßnahme zu überzeugen. Je glaubwürdiger und kompetenter der Hersteller und seine Mitarbeiter vom Händler eingeschätzt werden, desto erfolgversprechender ist der Versuch, die Wahrnehmung des Händlers zu beeinflussen. Auch in diesem Bereich zeigen sich die Vorteile eines systematischen Beziehungsmanagements.

Als Ergebnis kann festgehalten werden, daß für den qualitätsorientierten Hersteller eine Kombination aus konsumentenorientierter Strategie und Beziehungsmanagement zu empfehlen ist. Systematisches Beziehungsmanagement stellt bei Vorliegen von Kostenvorteilen zudem eine sinnvolle Ergänzung zur Hineinverkaufsstrategie dar. Dagegen scheint ein Mittelweg zwischen Qualitäts- und Preisorientierung hinsichtlich der geschilderten Polarisierung des Kaufverhaltens nicht sinnvoll, vielmehr ist eine eindeutige Spezialisierung zu empfehlen. In diesem Fall ist eine grundsätzliche Entscheidung notwendig, ob eine Zielgruppe unter Berücksichtigung der eigenen Ressourcen effizient bearbeitet werden kann oder eine Rückzugsstrategie angebrachter ist. Die Matrix in *Abbildung 4* faßt diese Empfehlungen nochmals zusammen.

		Wettbewerbsvorteile des Herstellers im Bereich Qualität	
		Gering	Hoch
Wettbewerbsvor- teile des Herstellers im Bereich Kosten	Gering	Spezialisierungsstrategie oder Rückzugsstrategie	Konsumentenorientierte Strategie und Beziehungsmanagement
	Hoch	Hineinverkaufsstrategie und Beziehungsmanagement	Konsumentenorientierte Strategie und Beziehungsmanagement

Abbildung 4: Handelsorientierte Strategien des Herstellers unter Berücksichtigung seiner Wettbewerbsposition

LITERATUR

Ahlert, D.: Distributionspolitik: Das Management des Absatzkanals, 2. Aufl., Stuttgart, Jena 1991.

Backhaus, K.; Erichson, B.; Plinke, W.; Weiber, R.: Multivariate Analysemethoden: Eine anwendungsorientierte Einführung, 7. Aufl., Berlin et al. 1994.

Bagozzi, R.P.; Yi, Y.: On the Evaluation of Structural Equation Models. In: Journal of the Academy of Marketing Science, 16 (1988), No. 1, S. 74–94.

Belz, C.: Konstruktives Marketing: Marketing–Diagnose und Lösungen für umkämpfte Märkte in Sättigung, Stagnation und Schrumpfung, Savosa et al. 1989.

Bentler, P.M.: Theory and Implementation of EQS: A Structural Equations Program, Los Angeles 1985.

Böcker, F.: Marketing, 6. Aufl., Stuttgart 1996.

ECR Europe: Category Management Best Practices Report, London 1997.

Engelhardt, T.–M.: Partnerschaftssysteme mit dem Fachhandel als Konzept des vertikalen Marketing: Dargestellt am Beispiel der Unterhaltungselektronikbranche in der Bundesrepublik Deutschland, St. Gallen 1990.

Feige, S.: Handelsorientierte Markenführung: Strategien zur Profilierung von Konsumgüterherstellern beim Handel, Frankfurt/Main 1996.

Frey, U.D.: Marketing im Aufbruch: Werbung, Verkaufsförderung, Trademarketing, Vertrieb, Landsberg/Lech 1994.

Hahne, H.: Category Management aus Herstellersicht: Ein Konzept des Vertikalen Marketing und dessen organisatorische Implikationen, Lohmar, Köln 1998.

Helm, R.: Internationale Markteintrittsstrategien – Einflußfaktoren auf die Wahl der optimalen Form des Markteintritts in Exportmärkte, Lohmar, Köln 1997.

Homburg, C.; Baumgartner, H.: Beurteilung von Kausalmodellen – Bestandsaufnahme und Anwendungsempfehlung. In: Marketing ZFP, 17 (1995), Heft 3, S. 162–175.

Irrgang, W.: Vertikales Marketing. In: Diller, H. (Hrsg.): Vahlens Großes Marketing Lexikon, München 1992, S. 1249–1250.

Meffert, H.: Zwischen Kooperation und Konfrontation: Strategien und Verhaltensweisen im Absatzkanal. In: Beisheim, O. (Hrsg.): Distribution im Aufbruch – Bestandsaufnahme und Perspektiven, München 1999, S. 407–424.

Nieschlag, R.; Dichtl, E.; Hörschgen, H.: Marketing, 17. Aufl., Berlin 1994.

Pabst, O.: Vertikales Marketing in schnellebigen Märkten: Distributive Leistungssysteme im Damenoberbekleidungsmarkt, St. Gallen 1993.

Pepels, W.: Die Beziehung von Marketing–Interessen auf Hersteller– und Handelsstufe. In: Markenartikel, 50 (1988), Nr. 10, S. 494–502.

Schneider, F.: Die Verkaufsstellenbetreuung durch die Hersteller als Instrument im vertikalen Marketing, St. Gallen 1989.

Tomczak, T.: Relationship–Marketing – Grundzüge eines Modells zum Management von Kundenbeziehungen. In: Belz, C.; Tomczak, T. (Hrsg.): Kundennähe realisieren, St. Gallen 1994, S. 193–215.

Tomczak, T.; Feige, S.; Schlögel, M.: Zum Management von komparativen Konkurrenzvorteilen im vertikalen Marketing – Ergebnisse einer empirischen Studie. In: Trommsdorff, V. (Hrsg.): Handelsforschung 1994/1995, Wiesbaden 1994, S. 57–70.

Tomczak, T.; Gussek, F.: Handelsorientierte Anreizsysteme der Konsumgüterindustrie. In: ZfB – Zeitschrift für Betriebswirtschaft, 62 (1992), Heft 7, S. 783–806.

Das Qualitative Franchisenehmer–Zufriedenheits–Modell (QFZM) – Eine theoretische und empirische Betrachtung dargestellt am Beispiel eines Franchise–Systems in der Tourismusindustrie

Alexander Decker, Ingolstadt

Die Berücksichtigung unterschiedlicher Zufriedenheits–Qualitäten fand bislang nur im Rahmen der Arbeits– und der Kundenzufriedenheits–Forschung statt. Eine derartige Sichtweise fehlt allerdings im Hinblick auf absatzkanalbezogene Fragen. Dabei besteht Anlaß zur Vermutung, daß – ähnlich wie in den beiden o.a. Disziplinen – durch eine qualitative Auseinandersetzung mit der Händler– bzw. Franchisenehmer–Zufriedenheit nicht nur realistischere Einschätzungen der Zufriedenheitsurteile, sondern auch wertvolle Hinweise über das Verhalten der Händler bzw. Franchisenehmer gewonnen werden können. Vor diesem Hintergrund erfolgt hier – zunächst auf theoretischer Ebene – eine Übertragung des qualitativen Zufriedenheitsverständnisse durch die Entwicklung des Qualitativen Franchisenehmer–Zufriedenheits–Modells (QFZM). Im Rahmen einer empirischen Studie im Tourismusbereich wird darauf aufbauend untersucht, inwiefern die theoretischen Vorüberlegungen zutreffen und ob sich tatsächlich weitergehende Erkenntnisse gewinnen lassen.

1 PROBLEMSTELLUNG

Bei den meisten Zufriedenheitsuntersuchungen erfolgt i.d.R. die Erhebung der Globalzufriedenheit sowie der Zufriedenheit mit den einzelnen relevanten Merkmalen. Operationalisierungen, die die Zufriedenheit auf diese Weise auf einem Kontinuum zwischen den Extremwerten der Zufriedenheit und Unzufriedenheit reduzieren, berücksichtigen jedoch nicht die Komplexität des Konstrukts. Bei der Zufriedenheit handelt es sich generell um ein Konstrukt, das nicht nur in der Intensität (von sehr zufrieden bis sehr unzufrieden), sondern auch in der Qualität unterschiedlich ausgeprägt sein kann. Individuen, die den gleichen Grad an Zufriedenheit/Unzufriedenheit angeben, weisen nicht unbedingt ein identisches Erleben und gleiche Intentionen hinsichtlich ihres weiteren Verhaltens auf (Stauss/Neuhaus 1995, S. 3).

Diese Sichtweise besitzt in der Arbeitszufriedenheits–Forschung mit dem dynamischen Arbeitszufriedenheitsmodell von Bruggemann (1974) schon eine lange Tradition. Auch in der Kundenzufriedenheitsforschung hat dieser Aspekt durch das Qualitative (Kunden–)Zufriedenheitsmodell nach Stauss/Neuhaus (1995, 1996) in der jüngeren Vergangenheit v.a. im deutschsprachigen Raum an Aufmerksamkeit gewonnen (Meffert/Bruhn 1997, S. 246). Eine derartige Betrachtung fehlt dagegen im absatzkanalbezogenen Kontext wie bspw. im Franchising noch gänzlich. Dabei verspricht eine Typenbildung nicht nur eine realistischere Einschätzung der Zufriedenheitsurteile, sondern liefert vermutlich auch wertvolle Hinweise über das Verhalten der Franchisenehmer und somit Ansatzpunkte, um diese im Rahmen des vertikalen Marketing segmenstspezifisch anzusprechen.

Ziel dieser Untersuchung ist es daher, diese Lücke zu schließen, in dem eine Übertragung des qualitativen Zufriedenheitsverständnisses auf den Bereich des Franchising erfolgt.

Zu diesem Zweck erfolgt im anschließenden Kapitel 2 eine einführende theoretische Grundlegung zur Franchisenehmer–Zufriedenheit. Kapitel 3 befaßt sich auf diesen Erkenntnissen aufbauend mit den Grundlagen des qualitativen Zufriedenheitsverständnisses, die im weiteren Verlauf auf den absatzkanalbezogenen Bereich übertragen werden. Die in diesem Kapitel entwickelten Forschungshypothesen werden im vierten Kapitel anhand einer empirischen Studie überprüft. Kapitel 5 liefert abschließend einige Schlußfolgerungen. Die folgenden Ausführungen nehmen dabei Bezug auf die spezielle Situation eines Franchisesystems in der Tourismusindustrie.

2 THEORETISCHE GRUNDLAGEN

Betrachtet man die bisherigen Forschungsbemühungen zur Franchisenehmer–Zufriedenheit, so läßt sich feststellen, daß die meisten Ansätze nur beschränkt die wahre Natur des Konstrukts beschreiben (zu einer ausführlichen Kritik siehe Decker 1999, S. 55 ff.).

So findet die wissenschaftliche Auseinandersetzung zur Franchisenehmer–Zufriedenheit oftmals ohne Berücksichtigung der aktuellen zufriedenheitstheoretischen Erkenntnisse statt. Daher gilt es, im folgenden kurz auf die wesentlichen Grundlagen einzugehen.

Die Franchisenehmerzufriedenheit stellt in erster Linie ein Zufriedenheitskonstrukt dar, d.h. es ist wie andere Zufriedenheitskonstrukte auch ein komplexes hypothetisches Gebilde. Obwohl bislang keineswegs ein wissenschaftlicher Konsens über das konzeptionelle Verständnis von Zufriedenheit besteht, läßt sich aus der Vielfalt an Ansätzen dennoch „auf abstraktem Niveau ein Kern an Übereinstimmung" (Stauss/Seidel 1998, S. 204) finden. Demnach stellt die Zufriedenheit das Ergebnis einer subjektiven ex–post–Beurteilung dar und setzt (mindestens) ein konkretes, selbsterfahrenes Erlebnis voraus. Nach dem bisherigen Verständnis ist sie das Ergebnis eines komplexen Prozesses im Sinne eines Erwartungs–Wahrnehmungs–Vergleichs, wobei das sog. Disconfirmation–Paradigma in der theoretischen Diskussion die größte Rolle spielt (siehe bspw. Homburg/Rudolph 1998, S. 38). Dem aktuellen Verständnis zufolge (siehe z.B. Holtz 1998; Oliver 1993; Stauss/Seidel 1998, S. 204; Zeithaml/Berry/Parasuraman 1993) handelt es sich bei der Zufriedenheit außerdem um ein komplexes emotionales, kognitives und intentionales Konstrukt.

Unter Berücksichtigung dieser Aspekte kann man die Franchisenehmer–Zufriedenheit zunächst allgemein wie folgt definieren:

> Franchisenehmer–Zufriedenheit ist ein komplexes emotionales, kognitives und intentionales Konstrukt, das die subjektive Bewertung der Franchisenehmer–Franchisegeber–Beziehung durch den Franchisenehmer(–betrieb) in ihren verschiedenen Aspekten widerspiegelt. Sie stellt das Ergebnis eines komplexen Prozesses im Sinne eines Erwartungs–Wahrnehmungs–Vergleichs dar.

Die hier entwickelte Definition wurde bewußt allgemein gehalten. Sie ist somit für die Franchisenehmer–Zufriedenheit bzw. die Händlerzufriedenheit aller Industrien anwendbar. Das grundsätzliche Problem bei einer konkreten Definitionslegung und vielmehr noch in der Konzeptualisierung der Franchisenehmer–Zufriedenheit liegt in der großen Bandbreite an Branchen, auf die sich das Konstrukt beziehen kann. Die meisten Industrien weisen sehr unterschiedliche Machtkonstellationen und Organisationsformen der Absatzkanäle auf, die dementsprechend zu ganz verschiedenen Charakteristika in den jeweiligen Franchisenehmer–Franchisegeber–Beziehungen (bzw. auch Hersteller–Handels–Beziehungen) führen. Diese haben wiederum großen Einfluß auf die Kompo–

nenten der Franchisenehmer–Zufriedenheit. Aus diesem Grunde bedarf es zur weiteren Konzeptionalisierung der Franchisenehmer–Zufriedenheit der Betrachtung der vertikalen Beziehung zwischen Franchisenehmer und Franchisegeber.

Das hier betrachtete Franchise–System in der Tourismusindustrie zählt zu den größten in Deutschland. Viele der Charakteristika des Systems leiten sich aus der Tatsache ab, daß der Beziehung durch den Franchise–Vertrag eine vertragliche Bindung und somit eine langfristige Zusammenarbeit zugrunde liegt. Die Beziehung zeichnet sich weiter durch eine hohe Intensität und einen hohen Grad an Interaktivität aus. Dies resultiert aus der Tatsache, daß durch die vertragliche Bindung sowie den Einsatz franchisegeberspezifischer Systeme im Reisebüro (wie v.a. die standardisierte Einrichtung), die Wechselkosten für den Franchisenehmer (durch die man die Beziehungsinensität bemißt Diez 1998, S. 9) relativ hoch sind. Dem Franchisegeber stehen zudem erheblich mehr Mittel zur Verfügung, um die angeschlossenen Franchisenehmer zu sanktionieren und diese zu einem erwünschtem Verhalten zu bewegen als umgekehrt. Man kann daher von einer asymmetrischen Machtverteilung zugunsten des Franchisegebers sprechen.[1]

Vor dem Hintergrund dieser Charakteristika gilt es weiter, die Übertragbarkeit der Erkenntnisse aus den anderen Zufriedenheitsdisziplinen (hier insbesondere die Kundenzufriedenheit) zu untersuchen und gegebenenfalls Anpassungen vorzunehmen.

Vom grundlegenden Zufriedenheitsverständnis besteht im vorliegenden Fall in bezug auf die emotionale und die kognitive Komponente zwischen der Franchisenehmer– und der Kundenzufriedenheit Übereinstimmung. Die emotionale Komponente spiegelt in beiden Fällen ein Gefühl gegenüber dem Anbieter bzw. dem Franchisegeber wider. Die kognitive Komponente bezieht sich in beiden Fällen auf die personenspezifischen Erwartungen der Kunden bzw. Franchisenehmer hinsichtlich der zukünftigen Leistungsfähigkeit des Anbieters bzw. des Franchisegebers.

Unterschiedliche Sachverhalte verbergen sich jedoch hinter der intentionalen Komponente der beiden Konstrukte. Die Zufriedenheit bzw. Unzufriedenheit eines Franchisenehmers läßt nicht dieselben Verhaltensintentionen erwarten, wie die Kundenzufriedenheit. So unterstützt letztere die Verhaltensintention Wiederkaufsabsicht. Unzufriedenheit führt dagegen eher dazu, daß ein Kunde eine Geschäftsbeziehung beenden wird

[1] Dies unterscheidet die Franchisenehmer–Zufriedenheit in dieser Branche ganz erheblich von der Händlerzufriedenheit bspw. in der Lebensmittelindustrie, in der der Handel die Machtposition innehat.

und/oder zur Konkurrenz abwandert (stv. für viele: Hildebrand/ Trommsdorff 1987, S. 100). Diese Schlüsse lassen sich bzgl. der Franchisenehmer–Zufriedenheit nicht in derselben Weise ableiten (Heß 1994, S. 263). Dagegen stehen, die o.a. Besonderheiten der Franchisenehmer–Franchisegeber–Beziehung. So muß bspw. ein Franchisenehmer die lange Kündigungsfrist (bis zu 5 Jahre) berücksichtigen. Hinzu kommen die als »sunk costs« wirkenden Investitionen der Franchisenehmer in die Beziehung. Aus diesem Grunde bezieht sich die intentionale Komponente der Franchisenehmer–Zufriedenheit hauptsächlich auf die Möglichkeit sich im Rahmen des durch den Franchise–Vertrag gegebenen Handlungsspielraums im Sinne des Anbieters systemkonform oder –inkonform zu verhalten.

3 DAS QUALITATIVE ZUFRIEDENHEITSVERSTÄNDNIS

3.1 Grundlagen

Die theoretische Basis der Überlegungen zur Entwicklung eines Qualitativen Franchisenehmer–Zufriedenheits–Modells (QFZM) stellt das Qualitative (Kunden–)Zufriedenheits–Modell nach Stauss/Neuhaus (1995, 1996) dar.

Das Modell geht von zwei Grundannahmen aus. So besteht die erste Grundannahme des Modells darin, „daß Zufriedenheit/Unzufriedenheit als wahrgenommene Erfüllung/ Nichterfüllung von Erwartungen unmittelbar verknüpft ist mit einem Gefühl gegenüber dem Anbieter, mit Erwartungen hinsichtlich der zukünftigen Leistungsfähigkeit des Anbieters und in einer Verhaltensintention im Sinne der Bereitschaft die Geschäftsbeziehung fortzusetzen bzw. sich wieder für den Anbieter zu entscheiden" (Stauss/Neuhaus 1996, S. 130; im Original teilweise kursiv). Die zweite Annahme bezieht sich auf die eingangs erwähnte Tatsache, daß Individuen, die den gleichen Globalwert angeben, unterschiedliche Emotionen, Erwartungen und Intentionen aufweisen können (Stauss/Neuhaus 1995, S. 20 ff.). Diese sind wiederum nicht völlig unabhängig und frei kombinierbar, sondern lassen sich zu sinnvollen Typen zusammenfassen. Vor diesem Hintergrund beschreiben Stauss/Neuhaus (1995, S. 17) drei Zufriedenheits– und zwei Unzufriedenheitstypen.

Die ursprüngliche Operationalisierung der fünf Typen des Qualitativen Zufriedenheitsmodells erfolgte anhand von drei Frageblöcken im Rahmen einer Studie im Finanzdienstleistungssektor. Sie beziehen sich dabei auf die drei Zufriedenheitskomponenten, die entsprechend der Konzeption der Typen durch fünf unterschiedliche Ausprägungen operationalisiert wurden (siehe dazu bspw. Stauss/Neuhaus 1996, S. 31). Die Kunden werden bei der Befragung gebeten, jeweils diejenige der fünf Kategorien pro Antwortblock auszuwählen, die ihre Situation mit dem Anbieter am besten widerspiegelt.

Durch den Abfragemodus ergeben sich (im Ausgangsmodell) 125 Antwortkombinationen, von denen zunächst nur fünf Kombinationen genau den fünf Zufriedenheitstypen entsprechen. Idealtypischerweise wurde erwartet, daß Kunden rein typspezifisch antworten. Wie die Ergebnisse der bisherigen Studien zeigen, bilden diese reinen Typen aber die Ausnahme. Insofern wurde im Falle der ursprünglichen Untersuchung im Finanzdienstleistungssektor zur Typenbildung ein mehrstufiger Klassifikations- und Interpretationsprozeß durchlaufen. In späteren Anwendungen des Modells erfolgte die Entwicklung spezieller Zuordnungsvorschriften.

Die bislang bekannten Anwendungen des Modells zeigten (Stauss/Neuhaus 1995; Maxion 1996; Stauss et al. 1998), daß wichtige zusätzliche diagnostische Informationen gewonnen werden konnten. Das Modell ist außerdem wenig aufwendig und problemlos in die regelmäßigen Zufriedenheitsbefragungen integrierbar.

3.2 Das Qualitative Franchisenehmer–Zufriedenheits–Modell (QFZM)

Die Entwicklung des Qualitativen Franchisenehmer–Zufriedenheits–Modells (QFZM) erfolgt auf der theoretischen Ebene in zwei Schritten. In einem ersten Schritt werden als Grundlage des Modells drei Grundhypothesen aufgestellt. Daran schließt sich die konkrete Übertragung des Grundmodells auf den absatzkanalbezogenen Kontext an.

Schritt 1: Zu den Grundhypothesen

Grundhypothese 1: Wie bereits in Kapitel 2 angeführt, handelt es sich bei der Franchisenehmer–Zufriedenheit in erster Linie um ein Zufriedenheitskonstrukt. Aus diesem Grunde liegt die Vermutung nahe, daß sich unter Berücksichtigung der angeführten Besonderheiten des Konstrukts auch die Erkenntnisse hinsichtlich des qualitativen Zufriedenheitsverständnisses übertragen lassen. Insofern bildet die auf die Franchisenehmer-Zufriedenheit übertragene zentrale (zweite) Annahme des Modells von Stauss/Neuhaus (1995, S. 17) die Grundlage des QFZM:

H_1: Gleichsam zufriedene oder unzufriedene Franchisenehmer weisen unterschiedliche Emotionen, Erwartungen und Intentionen auf.

Grundhypothese 2: Folgt man der Argumentation von Stauss/Neuhaus (1995, S. 20) weiter, so kann man in Analogie für den Bereich der Franchisenehmer–Zufriedenheit annehmen, daß bei Bewährung der Grundhypothese 1 die unterschiedlichen Emotionen, Kognitionen und Intentionen auch im absatzkanalbezogenen Kontext nicht vollkommen frei kombinierbar sind. Die Hypothese lautet daher:

H_2: Franchisenehmer lassen sich anhand ihrer Emotionen, Erwartungen und Intentionen verschiedenen sinnvollen Typen zuordnen.

Grundhypothese 3: Aufgrund der wichtigen zusätzlichen Informationen, die durch das Qualitative Zufriedenheitsmodell in den bisherigen Anwendungen gewonnen werden konnten (siehe dazu insbesondere Stauss et al. 1998, S. 132 f.), besteht ferner die Annahme, daß das QFZM ebenfalls einen hohen Aussagegehalt besitzt:

H_3: Die Identifizierung verschiedener Franchisenehmer–Zufriedenheitstypen liefert eine realistischere Einschätzung der Zufriedenheitsurteile und somit zusätzliche diagnostische Erkenntnisse.

Schritt 2: Konkrete Übertragung des Qualitativen Zufriedenheitsmodell auf den absatzkanalbezogenen Kontext

Die Besonderheiten der Franchisenehmer–Zufriedenheit bedingen bei der nun angestrebten Übertragung des Qualitativen (Kunden–)Zufriedenheitsmodells einiger Modifikationen. In diesem Zusammenhang handelt es sich insbesondere um die notwendige Anpassung des Modells im Hinblick auf die intentionale Komponente der Franchisenehmer–Zufriedenheit.

Vor diesem Hintergrund und auf der Basis der erwähnten Grundhypothese 2 gilt es daher, in einem zweiten Schritt die Franchisenehmer–Zufriedenheitstypen inhaltlich zu beschreiben. Die Darstellung erfolgt unter Verwendung der im Modell von Stauss/Neuhaus herangezogenen fünf Typen–Bezeichnungen.

Der Fordernd Zufriedene: Charakteristisch für diesen Typen ist seine hohe bis sehr hohe Zufriedenheit. Da er ein (sehr) aktiver Zufriedenheitstyp ist, stellt er aber an die Leistungen des Franchisegebers auch bestimmte wachsende Anforderungen. Entsprechen diese den Leistungen des Franchisegebers, verhält er sich den Vorgaben entsprechend, also systemkonform. Da er sich (sehr) zufrieden zeigt, war dies in der Vergangenheit die Regel. Dennoch zögert er aber jetzt und in der Zukunft nicht, auch einmal von den

Vorgaben abzuweichen und seine eigenen Vorstellungen zu verwirklichen. Er verbindet grundsätzlich positive Emotionen mit seiner Beziehung zum Franchisegeber, die sich durch Optimismus und Zuversicht beschreiben lassen.

Der Stabil Zufriedene: Dieser Typ zeichnet sich ebenfalls durch seine sehr hohe bis hohe Zufriedenheit mit der Beziehung zu seinem Franchisegeber aus. Er weist aber ein passives Anforderungsniveau auf. Am besten sollte alles so bleiben wie bisher. Daher verhält er sich auch systemkonform. Seine positiven Gefühle gegenüber der Zentrale lassen sich durch Verbundenheit und Beständigkeit ausdrücken.

Der Resigniert Zufriedene: Er gibt wie die bisherigen Typen auch an, daß er mit seiner Situation zufrieden sei. Allerdings resultiert dies nur aus dem Tatbestand heraus, daß dieser Typ seine Erwartungen nur deswegen als erfüllt ansieht, weil er glaubt, man könne nicht mehr erwarten. Folglich bewegen sich seine Gefühle eher auf neutralem Niveau und lassen sich durch eine gewisse Gleichgültigkeit oder Duldung beschreiben. Dieser Typ ist sowohl in seinem Aktivitätsniveau als auch in seinem Anspruchsverhalten passiv ausgerichtet. Er reagiert eher als von sich aus zu agieren, weshalb er sich auch meistens systemkonform verhält.

Der Stabil Unzufriedene: Der Hauptunterschied zwischen dem eben beschriebenen und diesem Typ besteht in der grundsätzlichen Beurteilung der Beziehung. Im Gegensatz zum Resigniert Zufriedenen gibt der Stabil Unzufriedene an, er sei mit seiner Situation (sehr) unzufrieden. Er verbindet aber ebenfalls keine (aktiven) Forderung an das zukünftige Leistungsniveau des Franchisegebers. Aufgrund seiner schlechten Erfahrungen senkt er – ähnlich wie der Resigniert Zufriedene – eher seine Erwartungshaltung. Insofern weist er ebenfalls gewisse resignative Tendenzen auf. Allerdings bleibt bei diesem Typen eine substantielle Diskrepanz zwischen Ist und Soll bestehen. Er fühlt sich von der Zentrale enttäuscht und ist unsicher. Da er grundsätzlich ein eher passiver Typ ist, verhält er sich trotz seiner Unzufriedenheit oft noch systemkonform, da ihm nicht anderes übrig zu bleiben scheint.

Der Fordernd Unzufriedene: Dieser Typ weist eine hohe bis sehr hohe Unzufriedenheit mit der Beziehung zum Franchisegeber auf. Im Gegensatz zum Stabil Unzufriedenen verknüpft er aber eine aktive Anspruchshaltung mit seiner Unzufriedenheit, die sich in der Forderung ausdrückt, daß sich zukünftig einiges verbessern müßte. Er glaubt jedoch nicht daran. Deswegen empfindet der Fordernd Unzufriedene auch negative Emotionen wie Wut und Ärger. Er verläßt sich auch nicht auf eine mögliche Besserung, sondern handelt so weit es geht nach seinen eigenen Vorstellungen, also systeminkonform.

4 EMPIRISCHE ÜBERPRÜFUNG

4.1 Forschungsdesign

Die Überprüfung der Grundhypothesen und die erste Anwendung des QFZM erfolgte im Rahmen einer Erhebung zur Messung der Franchisenehmer–Zufriedenheit des angesprochenen Franchise–Systems in der Tourismusbranche im Juli 1998. Der Erhebung lag ein dafür unter Berücksichtigung der Empfehlungen von Churchill (1979) entwikkelter vollstandardisierter, merkmalsorientierter Fragebogen zugrunde.

Im Zusammenhang mit der Organisation der Erhebung stellte sich zunächst das Problem der Auswahl geeigneter Auskunftspersonen. Ein Franchisenehmerbetrieb stellt als Organisation im Grunde ein Kollektiv dar. Dieser kann als abgeschlossene Einheit eigentlich keine (individuell bezogenen) Zufriedenheitsäußerungen abgeben. Diese Problematik reduzierte sich in der vorliegenden Analyse allerdings aufgrund der klein– bis mittelständischen Struktur der Betriebe: Hier steht vorwiegend der Geschäftsführer oder der Inhaber im Kontakt zum Franchisegeber. Insofern ergaben sich in diesem Zusammenhang hinsichtlich der Auswahl geeigneter Auskunftspersonen auch keine Probleme.

Der Fragebogen wurde demnach an alle 239 Franchisenehmer des Systems (Inhaber oder Geschäftsführer) per Post verschickt. Nach Ablauf von 15 Rücklauftagen lagen 138 verwertbare Antworten vor. Dies entspricht einer Rücklaufquote von 57,7 Prozent.

4.2 Operationalisierung der Franchisenehmer–Zufriedenheitstypen

Die Operationalisierung der in Abschnitt 3.2 vorgestellten fünf Franchisenehmer–Zufriedenheitstypen erfolgte entsprechend der theoretischen Überlegungen durch die Formulierung von fünf Aussagen je Komponente, die zur Charakterisierung der Typen herangezogen wurden (Globalzufriedenheit sowie Emotion, Kognition und Intention).

Ziel der meßtheoretischen Umsetzung der Zufriedenheitstypen war es, zum einen die Problembereiche des Ursprungsmodells von Stauss/Neuhaus (1995) sowie zum anderen die Besonderheiten des Konstruktes zu berücksichtigen. Hinsichtlich der emotionalen und der kognitiven Komponente galt es insbesondere eine überschneidungsfreiere Umsetzung zu erzielen (siehe hierzu die Kritik bei Holtz 1998, S. 73 und S. 174). Bei der kognitiven Komponente mußten darüber hinaus noch weitere Änderungen vorgenommen werden. Im Vergleich zum Ausgangsmodell wird im QFZM nicht mit einer gleich starken steigenden Anspruchshaltung bei den beiden fordernden Typen zu rechnen sein. Dagegen spricht die Machtkonstellation in der Branche. Wie gezeigt, haben die Franchisenehmer im Gegensatz zu Kunden aufgrund ihrer Machtunterlegenheit weit weniger Möglichkeiten, ihre Forderungen beim Franchisegeber durchzusetzen bzw. Konsequenzen zu ziehen, falls diesen nicht nachgekommen wird.

Die meßtechnische Umsetzung der intentionalen Komponente bezieht sich auf die Bereitschaft eines Franchisenehmers, sich entsprechend der Vorgaben und Empfehlungen des Franchisegebers systemkonform oder –inkonform zu verhalten. Obwohl dieser Bereich damit bereits sehr konkret beschrieben zu sein scheint, stellt sich eine Operationalisierung über eine direkte Abfrage der Verhaltensabsicht als äußerst problematisch dar. Aufgrund einer vermuteten hohen Anzahl an sozial erwünschten Antworten sind hier Verzerrungen zu erwarten.

Aus diesem Grunde erfolgte die Operationalisierung auf eher indirekte Weise. Die Aussagen beziehen sich nicht auf die gesamte Beziehung, sondern zielen lediglich auf Empfehlungen der Zentrale ab. In diesen Fällen haben Franchisenehmer einen bestimmten Handlungsspielraum zur Verfügung, der ihnen erlaubt über die Nutzung der Anregungen zu entscheiden. Es besteht die Annahme, daß Franchisenehmer bei dieser Vorgehensweise implizit ihr generelles Verhalten in die Antwort projizieren. zeigt die Operationalisierung der Zufriedenheitstypen.

Der Konzeption des Modells entsprechend wird davon ausgegangen, daß die einzelnen Globalzufriedenheitsurteile, Emotionen, Kognitionen und Intentionen nicht völlig unabhängig voneinander und frei kombinierbar sind. Um eine eindeutige Bestimmung vornehmen zu können, erfolgte für das QFZM ebenfalls die Entwicklung einer Zuordnungsvorschrift.

4.3 Untersuchungsergebnisse

Zur Grundhypothese 1:

Zur Überprüfung der ersten Grundhypothese wurden die Antworten getrennt nach der Globalzufriedenheit analysiert. Demnach stufte man alle Franchisenehmer, die ein Globalurteil von »1 = sehr zufrieden« bis »2 = zufrieden« angaben als zufrieden ein. Dies entspricht einer Quote von 45 Prozent. Daneben existierte noch die Gruppe von Fran–

chisenehmern mit neutraler Haltung (Wert »3 = weder/noch«, 43 Prozent) sowie unzufriedene (Wert »4 = unzufrieden« und »5 = sehr unzufrieden«, 14 Prozent).[2]

Typ	Fordernd Zufriedene	Stabil Zufriedene	Resigniert Zufriedene	Stabil Unzufriedene	Fordernd Unzufriedene
Gefühl	Optimismus/ Zuversicht	Beständigkeit/ Verbundenheit	Gleichgültigkeit/ Duldung	Enttäuschung/ Unsicherheit	Ärger/ Wut
Erwartung	Meine Erwartungen werden erfahrungsgemäß erfüllt, das muß mir aber in Zukunft nicht immer genügen	Meine Erwartungen werden erfahrungsgemäß erfüllt, alles soll so bleiben wie bisher	Ich habe inzwischen meine Erwartungen reduziert, mehr kann man halt nicht erwarten	Meine Erwartungen werden erfahrungsgemäß nicht erfüllt, aber was kann man schon dagegen machen?	Meine Erwartungen werden erfahrungsgemäß nicht erfüllt und das genügt mir natürlich ganz und gar nicht
Verhaltensintention	Wenn die Empfehlungen weiter so gut bleiben, werde ich sie auch in Zukunft umsetzen	Natürlich halte ich mich an die Empfehlungen des FG, ich bin damit ja auch immer gut gefahren	Naja, ich muß mich halt an die Empfehlungen des FG halten, ich hab ja keine andere Wahl	Oft halte ich mich nicht an die Empfehlungen, aber manchmal bleibt mir auch nichts anderes übrig	Ich sehe eigentlich keinen Sinn darin, mich an die Empfehlungen des FG zu halten

Abbildung 1: Operationalisierung der Franchisenehmer–Zufriedenheitstypen (idealtypische Darstellung)

Betrachtet man nun das Antwortverhalten aller Franchisenehmer in *Abbildung 2*, so zeigen sich die in der Grundhypothese 1 vermuteten Unterschiede. Diese können an dieser Stelle jedoch nicht ausführlich diskutiert werden. Hier gilt es lediglich, auf einige besonders interessante Konstellationen hinzuweisen.

So ließ sich im Hinblick auf die Emotionen bspw. bei den unzufriedenen Franchisenehmern folgendes identifizieren: 47,1 Prozent sind enttäuscht und unsicher. 35,3 Prozent würden ihre Gefühle am ehesten durch Gleichgültigkeit und Duldung beschreiben. Immerhin 5,9 Prozent kreuzten das Begriffspaar Ärger/Wut an. Überraschend erscheint die Tatsache, daß immerhin 11,8 Prozent der Probanden trotz Unzufriedenheit angaben, mit dem Franchisegeber positive Emotionen wie Optimismus und Zuversicht zu verbinden.

[2] Es sei an dieser Stelle angemerkt, daß nur vier Franchisenehmer die Extremwerte (»1 = sehr zufrieden« (3 mal) und »5 = sehr unzufrieden« (1 mal)) vergaben. Dies bedeutet, daß sich folgende Verteilung fast ausschließlich auf die Werte 2 bis 4 bezieht.

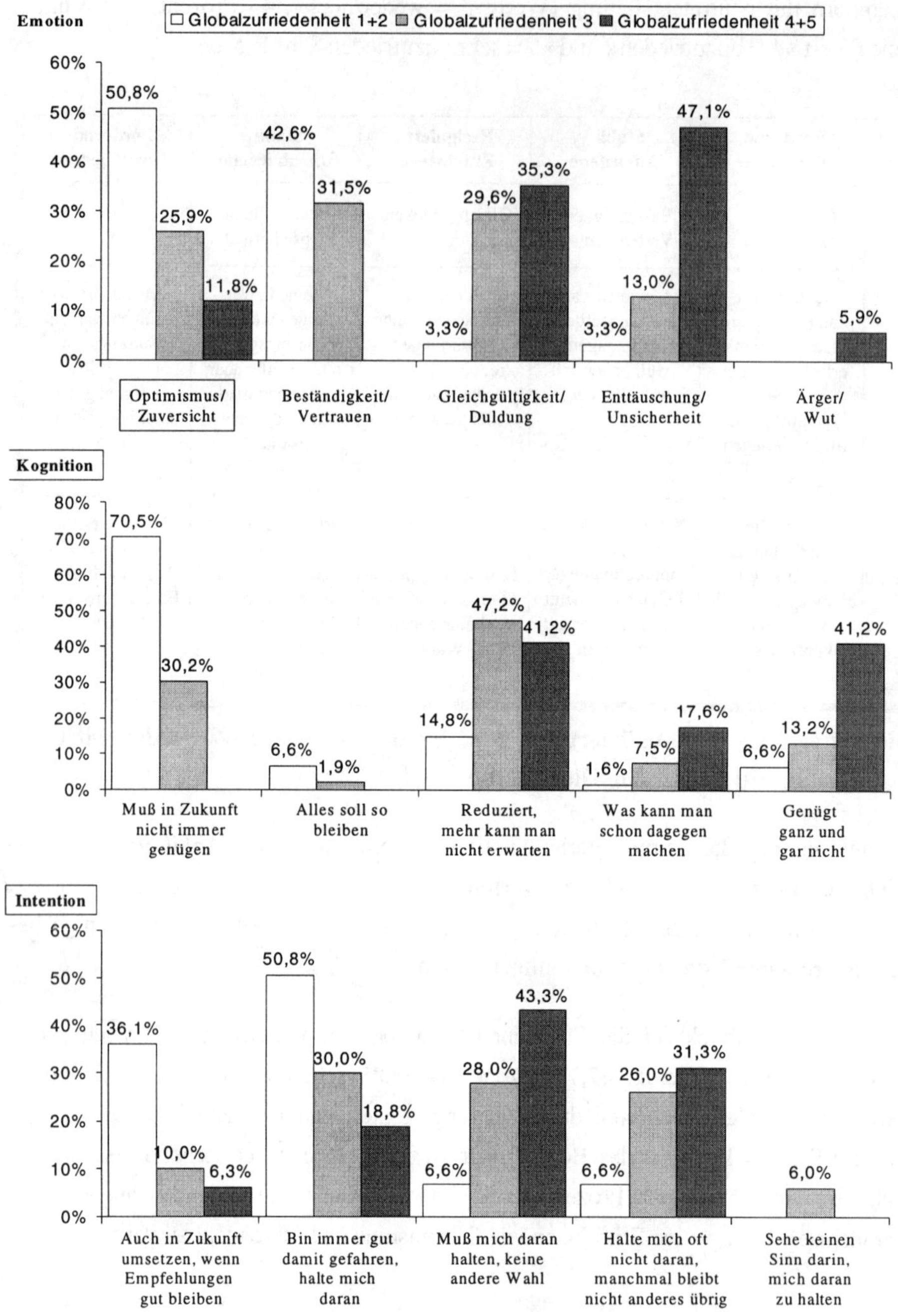

Abbildung 2: Verteilung der Antworten in bezug auf die Komponenten Emotion, Kognition und Intention sortiert nach zufriedenen, neutralen und unzufriedenen Franchisenehmern

Ähnlich interessante Zusammenhänge lassen sich aus den Verteilungen zur kognitiven und zur intentionalen Komponente identifizieren. Bei der kognitiven Komponente fällt zunächst der hohe Anteil an Zufriedenen auf, die ein forderndes Anspruchsverhalten aufweisen (70,5 Prozent). Ein extrem niedriger Anteil an Antworten zur Aussage »Alles soll so bleiben wie bisher« mit nur insgesamt 6,6 Prozent war darüber hinaus zu vermerken. Erwähnenswert ist des weiteren, daß bei den neutralen Franchisenehmern die reduzierte Erwartungshaltung dominiert.

Die Aussagen der zufriedenen und unzufriedenen Systemmitglieder liefern nicht nur eine weitere Unterstützung für die Grundhypothese 1, sie zeigen auch, daß die konzeptionellen Überlegungen zur Franchisenehmer–Zufriedenheit in den vorangegangen Abschnitten richtig waren, denn nur jeder Dritte unzufriedene Franchisenehmer gibt zu, sich öfter nicht an die Vorgaben zu halten. Die große Mehrheit verhält sich trotz Unzufriedenheit weitgehend systemkonform. 6,3 Prozent sagen sogar, sie werden sich auch in Zukunft an die Empfehlungen halten, wenn sie so gut bleiben wie bisher. 18,8 Prozent vertreten erstaunlicherweise die Meinung, trotz Unzufriedenheit mit den Empfehlungen immer gut gefahren zu sein. Wie vermutet gibt es unter den Zufriedenen einen Anteil an Franchisenehmern, die sich trotz Zufriedenheit öfter nicht an die Vorgaben halten und dies auch zugeben (6,6 Prozent).

Wie dargestellt, erfährt die Grundhypothese 1 durch die Erhebung Unterstützung. Die Ausführungen machten aber auch schon deutlich, welches enorme Informationspotential in den Aussagen des QFZM steckt.

Zur Grundhypothese 2:

Die eingegangenen Antworten der Franchisenehmer wurden zur Überprüfung der zweiten Grundhypothese gemäß der Zuordnungsvorschrift auf die verschiedenen Typen verteilt. Dabei ergab sich folgendes Bild: 70 Prozent der Franchisenehmer konnten exakt einem der beschriebenen Zufriedenheitstypen zugeordnet werden. Bei 30 Prozent der Franchisenehmer war dies nicht möglich. Im Vergleich zu den bisherigen Studien zum qualitativen Zufriedenheitsverständnis im Kundenzufriedenheitsbereich ist dies ein etwas geringerer Anteil (so erreichte man in der Studie von Stauss et al. (1998, S. 32) eine Zuordnungsquote von 82 Prozent). Aufgrund der im Vergleich zur Hersteller–Kunden–Beziehung weit höheren Komplexität der Franchisenehmer–Franchisegeber–Beziehung kann dieses Ergebnis aber als durchaus zufriedenstellend beurteilt werden. Überdies wären bei einer rein stochastischen Verteilung der Antworten auf die insgesamt 625

Kombinationsmöglichkeiten gemäß der Zuordnungsvorschrift nur rund 18 Prozent der Franchisenehmer zu einem Typ zuordenbar gewesen.

Abbildung 3 zeigt nun die prozentuale Verteilung der Franchisenehmer auf die fünf qualitativen Franchisenehmer–Zufriedenheitstypen.

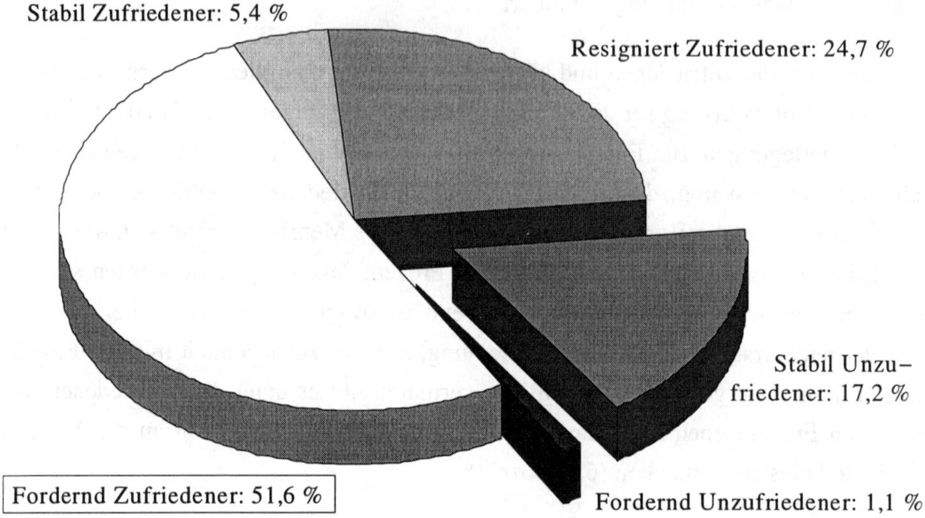

Abbildung 3: Verteilung der Franchisenehmer auf die fünf Zufriedenheitstypen

Vor diesem Hintergrund kann man in Analogie zu den Ausführungen bei Stauss/Neuhaus (1995, S. 37) auch im absatzkanalbezogenen Kontext von einer Bewährung der in Abschnitt 3 formulierten Grundhypothese 2 sprechen.

Zur Grundhypothese 3:

Zur Analyse der dritten Grundhypothese über den Aussagegehalt des QFZM erfolgt die Gegenüberstellung der quantitativen (auf die Zufriedenheitsintensität bezogenen) Ergebnisse mit denen des QFZM. Dabei werden zunächst die Ergebnisse auf globaler Ebene verglichen. Später erfolgt eine spezifischere Gegenüberstellung anhand der Kriterien Regionenzugehörigkeit und Umsatz.

- **Globale Betrachtung**

Wie oben bereits angedeutet, zeigten sich in der Studie 45 Prozent der Franchisenehmer mit ihrer Beziehung zur Zentrale zufrieden oder sehr zufrieden. 41 Prozent nahmen eine neutrale Stellung ein. 14 Prozent der Franchisenehmer waren mit der Beziehung unzufrieden. Im Durchschnitt ergab sich ein globales Zufriedenheitsmaß von 2,67. Dieses Resultat ist im Vergleich zu anderen absatzkanalbezogenen Erhebungen als mittelmäßig bis gut zu bezeichnen (siehe dazu die Ergebnisse bei Stein 1996, S. 101).

Bei der Betrachtung der Ergebnisse zum QFZM in *Abbildung 3* fällt auf, daß sich praktisch jeder zweite Franchisenehmer dem Fordernd Zufriedenen zuordnen ließ (51,6 Prozent). Immerhin fast jeder vierte Franchisenehmer ist resigniert zufrieden (24,7 Prozent). Lediglich 5,4 Prozent der Franchisenehmer sind dagegen stabil zufrieden. D.h., es existiert ein nur nahezu unbedeutender Anteil an Franchisenehmern im betrachteten Franchisesystem, die sich dem Typ zuordnen lassen, den man nach dem konventionellen Zufriedenheitsverständnis unter einem zufriedenen „Kunden" versteht. Die Ergebnisse des QFZM geben somit auf dieser allgemeinen Ebene in bezug auf die Zufriedenheitstypen schon ein weit differenzierteres Bild ab, als die bloße Betrachtung der Zufriedenheitsintensitäten.

Für den Franchisegeber machen die Ergebnisse bei Betrachtung der inhaltlichen Beschreibung der Franchisenehmer–Zufriedenheitstypen bspw. deutlich, daß durch den hohen Anteil an Fordernd Zufriedenen ein großes Potential an Franchisenehmern zu vermerken ist, das sich zwar heute zufrieden zeigt, dies aber an die Forderung einer in Zukunft steigenden Leistungsfähigkeit knüpft. Überdies ist dieser Typ auch dadurch charakterisiert, daß er sich trotz seiner Zufriedenheit nicht unbedingt immer an alle Anweisungen der Zentrale hält. Insofern birgt dieser Typ ein nicht zu verachtendes Risikopotential in sich.

In bezug zu den Resigniert Zufriedenen kann man anführen, daß sich diese zwar entsprechend der theoretischen Konzeption weitgehend systemkonform verhalten, sie bergen aber vielmehr ein emotionales und kognitives Gefährdungspotential in sich. Dies bedeutet nicht unbedingt, daß resigniert zufriedene Franchisenehmer bei einer sich bietenden besseren Alternative sofort den Anbieter wechseln. Hiergegen sprechen allein schon die im theoretischen Teil angesprochenen Wechselbarrieren. Es ist allerdings möglich, daß sich die Resignation negativ auf die Beziehung zu den Kunden auswirken könnte, oder daß sich ein Franchisenehmer zumindest einem weiteren System anschließt, was durch den Franchise–Vertrag nicht ausdrücklich verboten ist.

Da sich 75 Prozent der Franchisenehmer einer dieser beiden Typen zuordnen lassen, bedeutet dies für die Systemleitung, daß sie sich in einigen Belangen deutlich verbessern muß, um den angesprochenen Gefahren entgegenzuwirken.

Der hohe Aussagegehalt des Modells ist allerdings für die Unzufriedenheitstypen etwas zu relativieren, da lediglich ein Franchisenehmer dem Fordernd Unzufriedenen zu zuordnen war.

- **Spezifische Betrachtung anhand der Kriterien Regionenzugehörigkeit und Umsatz**

Um aus den Resultaten des QFZM weitere Anhaltspunkte zu gewinnen, wäre es von hohem Interesse für die Zentrale, eine genaue Zuordnung der Franchisenehmer zu den einzelnen Zufriedenheitstypen vornehmen zu können. In einem solchen Falle ließen sich für die jeweiligen Typen spezielle vertikale Marketingstrategien entwickeln. Die Betriebe könnten dann segmentspezifisch bearbeitet werden. Dies war allerdings im Rahmen dieser Erhebung mit den vorliegenden Daten nicht möglich, da die Untersuchung anonym durchgeführt wurde.

Um nun aber zu überprüfen, ob sich gemäß der dritten Grundhypothese weitergehende Schlüsse aus dem Modell ziehen lassen, erfolgte eine Analyse der Daten im Hinblick auf die unterschiedliche Verteilung der Franchisenehmer–Zufriedenheitstypen nach deren Regionenzugehörigkeit und nach deren Umsatz. Auch hier werden die quantitativen Resultate zum Vergleich gegenübergestellt.

Zum Kriterium Regionenzugehörigkeit:

Die Verteilung der quantitativen Ergebnisse der Studie brachte zum Teil sehr deutliche Unterschiede zwischen den einzelnen Regionen hervor (Abweichungen in den Globalurteilen zwischen den Regionen von bis zu 0,6). Damit liegen der Systemzentrale schon wichtige Hinweise zur gezielten Ansprache der Franchisenehmer vor. Hinsichtlich der Aufteilung der Franchisenehmer–Zufriedenheitstypen in Abhängigkeit von der Regionenzugehörigkeit (siehe *Abbildung 4*) lassen sich jedoch noch weitergehendere Aufschlüsse über die Zufriedenheitswahrnehmung erhalten.[3]

---

[3] An dieser Stelle sei darauf hingewiesen, daß der eine Franchisenehmer, der als Fordernd Unzufriedener eingestuft wurde, keine Angabe hinsichtlich der Region machte. Aus diesem Grunde bezieht sich nur auf vier der fünf Zufriedenheitstypen.

So zeigt sich bspw., daß der Anteil der Fordernd Zufriedenen in den Regionen Süd–West, Mitte und Nord–Ost deutlich über dem Durchschnittswert von 51,6 Prozent liegt. In bezug zur Globalzufriedenheit belegten diese drei Regionen die ersten Plätze. Insofern hätte das Ergebnis zu der Annahme verleitet, daß dort der geringste Handlungsbedarf bestünde. Da sich allerdings die guten Zufriedenheitswerte hauptsächlich auf die Fordernd Zufriedenen zurückführen lassen, besteht gerade in diesen Gebieten die Notwendigkeit einer kontinuierlichen Leistungssteigerung.

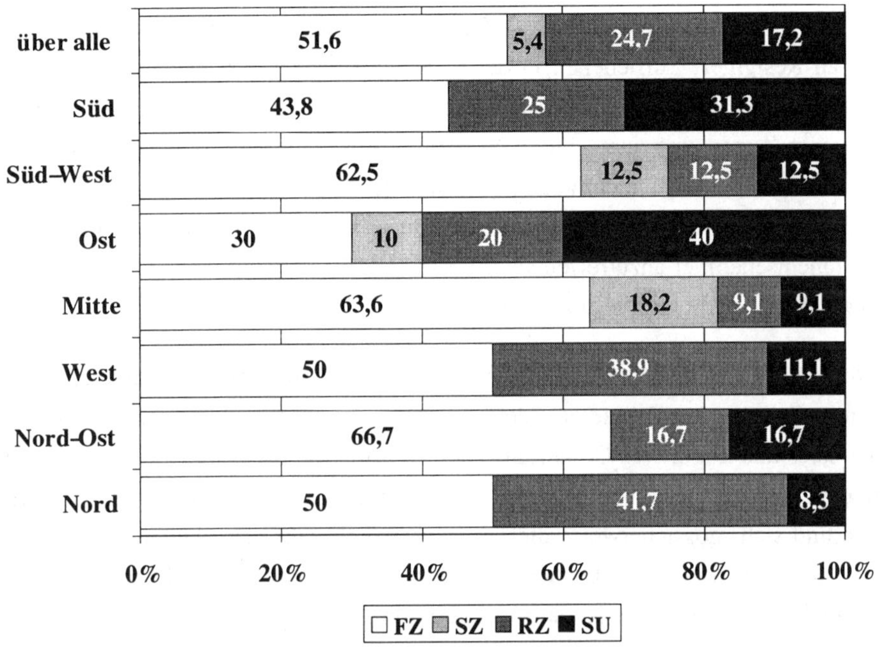

Abbildung 4: Verteilung der Zufriedenheitstypen je Region

Die Analyse zeigt außerdem daß die Regionen West und Nord einen besonders hohen Anteil an Resigniert Zufriedenen aufweisen. Dies bedeutet, daß gerade in diesen Gebieten viele Franchisenehmer ihre Erwartungen bereits reduziert haben und damit ein ganz anderes Anspruchsniveau besitzen als die meisten Kollegen in den o.a. Regionen mit einem überdurchschnittlich hohen Prozentsatz an Fordernd Zufriedenen. Hier müßte die Zentrale anhand von zusätzlichen Unternehmensdaten aus den Regionen nach möglichen Gründen für diese besondere Verteilung suchen.

Zum Kriterium Umsatz:

Innerhalb der Studie konnte ein tendenzieller (wenn auch schwacher) Zusammenhang zwischen der intensitätsmäßigen Globalzufriedenheit und der Umsatzstärke aufgezeigt werden ($r = -0.19$). Danach beurteilen kleinere Betriebe die Leistungen der Zentrale etwas besser als größere.

Vor diesem Hintergrund interessierte, ob sich durch die Betrachtung der Verteilung der Franchisenehmer–Zufriedenheitstypen je Umsatzklasse zusätzliche diagnostische Informationen gewinnen lassen. *Abbildung 5* zeigt das Ergebnis. So fällt als erstes der hohe Anteil an Resigniert Zufriedenen in der höchsten Umsatzklasse (über 7 Mio. Umsatz) auf. Mehr als jeder zweite Franchisenehmer in dieser Umsatzklasse (55,6 Prozent) läßt sich diesem Typen zuordnen. Diese Verteilung erscheint äußerst überraschend. Aufgrund der Umsatzhöhe und dem damit verbundenen hohen Aktivitätsgrad wäre vielmehr die Vermutung nahe gelegen, daß in dieser Umsatzklasse vorwiegend fordernd zufriedene Franchisenehmer anzutreffen sind. Diese nehmen aber mit 22,2 Prozent einen eher geringen Anteil in dieser Umsatzklasse ein.

Aus der dargestellten Verteilung lassen sich für die Systemzentrale erhebliche Risiken erkennen. So birgt – wie gezeigt – der Resigniert Zufriedene zum einen ein erhebliches emotionales und kognitives Gefährdungspotential in sich. Zum anderen besteht die Gefahr, daß gerade die großen Franchisenehmer für andere Franchisesysteme attraktiv wirken und sich möglicherweise diesem – zusätzlich zum betrachteten Franchise–System – anschließen könnten. Daraus resultierte das Risiko, daß mittelfristig ein erhebliches Kundenpotential an die Konkurrenz verloren ginge.

Die Verteilung in *Abbildung 5* macht des weiteren deutlich, daß man den Stabil Zufriedenen Typ nur in den unteren beiden Umsatzklassen wieder finden kann. Interessant erscheint zudem die Tatsache, daß zum einen der Anteil der Fordernd Zufriedenen in den beiden unteren Größenklassen mindestens durchschnittlich (Umsatz zwischen 2 und 3 Mio. DM) bzw. weit über dem Durchschnitt (Umsatzklasse unter 2 Mio. DM) liegt. Dies bedeutet, daß auch kleine Betriebe ein durchaus forderndes Anspruchsverhalten gegenüber der Zentrale an den Tag legen. Außerdem fällt auf, daß in der untersten Umsatzklasse keine Resigniert Zufriedenen zu identifizieren waren.

Die Ausführungen haben deutlich gemacht, daß die Berücksichtigung des qualitativen Zufriedenheitsverständnisses interessante zusätzliche Informationen liefern kann. Aller–

dings trifft dies hauptsächlich auf die Zufriedenheitstypen, weniger jedoch auf die Unzufriedenheitstypen zu. Dennoch kann man hier von einer Bewährung der Grundhypothese 3 sprechen.

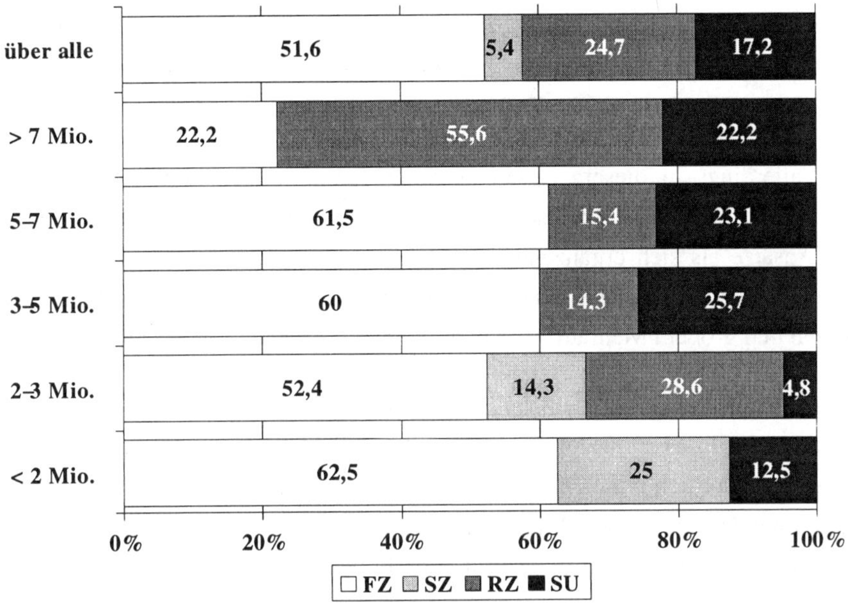

Abbildung 5: Verteilung der Zufriedenheitstypen je Umsatzklasse

5 SCHLUSSFOLGERUNGEN

Die wissenschaftliche Diskussion um das Konstrukt der Franchisenehmer–Zufriedenheit fand nach Auffassung des Verfassers bislang weitgehend ohne Berücksichtigung der aktuellen Erkenntnisse aus der Zufriedenheitsforschung statt. Mit der vorliegenden Studie sollte ein erster Schritt zur theoretischen Vertiefung der Franchisenehmer–Zufriedenheit erfolgen. Es zeigte sich, daß die Franchisenehmer–Zufriedenheit wie alle anderen Zufriedenheitskonstrukte ebenfalls ein komplexes emotionales, kognitives und intentionales Konstrukt darstellt. Diese Erkenntnis war Ausgangspunkt der Übertragung eines qualitativen Zufriedenheitsverständnisses auf den absatzkanalbezogenen Bereich.

Auf zunächst theoretischer Ebene konnte in Anlehnung an das Qualitative Zufriedenheitsmodell nach Stauss/Neuhaus (1995) ein Äquivalent für den Handelsbereich entwickelt werden. Dieses Qualitative Franchisenehmer–Zufriedenheits–Modell (QFZM) wurde schließlich einer empirischen Überprüfung unterzogen. Die formulierten For–

schungshypothesen fanden dabei durch die Daten ihre Unterstützung. Demnach unterscheiden sich gleichsam zufriedene oder unzufriedene Franchisenehmer durch ihre unterschiedlichen Emotionen, Erwartungen und Intentionen. Ferner ließen sich die Franchisenehmer anhand ihrer Emotionen, Erwartungen und Intentionen zu verschiedenen sinnvollen Typen zuordnen. Es zeigte sich außerdem, daß durch den Einsatz des QFZM wichtige zusätzliche diagnostische Informationen gewonnen werden konnten, die eine realistischere Einschätzung der Zufriedenheitsurteile ermöglicht.

Es sei allerdings in diesem Zusammenhang darauf hingewiesen, daß eine derartige Analyse eine normale merkmalsorientierte Erhebung nicht ersetzen kann. Vielmehr sind beide Ansätze als sich ergänzende Methoden anzusehen. Wie die dieser Analyse zugrundeliegende empirische Studie deutlich machte, ließ sich das QFZM ohne Schwierigkeiten und großem Mehraufwand in die normale Erhebung integrieren.

Neben einigen Ansatzpunkten zur Verfeinerung des Modells erscheint es zukünftig sinnvoll, das QFZM im Rahmen eines größeren Systems zu testen, um insgesamt eine umfangreichere Stichprobe zu erhalten. Da es sich bei dem betrachteten System jedoch bereits um eines der größten Franchise-Systeme handelt, böten sich Studien in anderen Absatzkanalsystemen, wie z.B. der Automobil- oder der Lebensmittelindustrie, an.

LITERATUR

Bruggemann, A.: Zur Unterscheidung verschiedener Formen der Arbeitszufriedenheit, in: Arbeit und Leistung, 28. (1974), H. 11, S. 281-284.

Churchill, G.A. Jr.: A Paradigm for Developing Better Measures of Marketing Constructs, in: Journal of Marketing, 16 (1979), Nr. 2, S. 64-73.

Decker, A.: The Link between Customer Satisfaction and Dealer Satisfaction in the German Car Industry -Theoretical Insights and Implications for Future Research, in: Kunst, P.; Lemmink, P.; Stauss, B. (Hrsg.): Service Quality and Management, Wiesbaden 1995, S. 55-88.

Diez , W.: IFA Händlerzufriedenheitsmonitoring 1998, Ergebnisse der Studie, Geislingen a.d.S. 1998.

Heß, A.: Verhaltensaspekte in vertikalen Absatzkooperationen - Die Zufriedenheit des Automobilhändlers, in: Meinig, W. (Hrsg.), Wertschöpfungskette Automobilwirtschaft. Zulieferer – Hersteller – Handel. Internationaler Wettbewerb und globale Herausforderungen, Wiesbaden 1994, S. 259–276.

Hildebrand, L.; Trommsdorff, V.: Die Messung von Versorgungsqualität und Zufriedenheit der Konsumenten; in: Hansen U.; Schoenheit I. (Hrsg.): Verbraucherzufriedenheit und Beschwerdeverhalten, Frankfurt u.a. 1987, S. 99–119.

Holtz, R. v.: Der Zusammenhang zwischen Mitarbeiterzufriedenheit und Kundenzufriedenheit, München 1998.

Homburg, C.; Rudolph, B.: Theoretische Perspektiven zur Kundenzufriedenheit, in: Simon, H.; Homburg, C. (Hrsg.): Kundenzufriedenheit: Konzepte – Methoden – Erfahrungen, 3. Auflage, Wiesbaden 1998, S. 33–55.

Maxion, C.: Kundenzufriedenheitstypen und Loyalität im Automobilsektor, Diplomarbeit am Lehrstuhl für Marketing an der Wirtschaftswissenschaftlichen Fakultät Ingolstadt der Katholischen Universität Eichstätt, 1996.

Meffert, H.; Bruhn, M.: Dienstleistungsmarketing – Grundlagen – Konzepte – Methoden, 2. Auflage, Wiesbaden 1997.

Oliver R.L.: Cognitive, Affective, and Attribute Bases of the Satisfaction Response, in: Journal of Consumer Research, 20, 1993, Nr. 3, S. 418–430.

Stauss, B.; Meißner, H.; Wegmann, C.; Decker, A.; Gouthier, M.; Hoffmann, F.: Die Weiterentwicklung des Qualitative Zufriedenheitsmodells, internes Diskussionspapier des Lehrstuhls für Dienstleistungsmanagement, Wirtschaftswissenschaftliche Fakultät der Kath. Universität Eichstätt 1998.

Stauss, B.; Neuhaus, P.: Das Qualitative Zufriedenheit Modell (QZM), Diskussionsbeiträge der Wirtschaftswissenschaftlichen Fakultät Ingolstadt, Katholische Universität Eichstätt, Nr. 66, Ingolstadt 1995.

Stauss, B.; Neuhaus, P.: Das Unzufriedenheitspotential zufriedener Kunden, in: Marktforschung & Management, 40, 1996, Nr. 4, S. 129–133.

Stauss, B.; Seidel, W.: Prozessuale Zufriedenheitsermittlung und Zufriedenheitsdynamik bei Dienstleistungen, in: Simon, H.; Homburg, C. (Hrsg.): Kundenzufriedenheit: Konzepte – Methoden – Erfahrungen, 3. Auflage, Wiesbaden 1998, S. 201–225.

Stein, G.: Franchisingnetzwerke im Dienstleistungsbereich. Management und Erfolgsfaktoren, Wiesbaden 1996.

Zeithaml, V.A.; Berry, L.L.; Parasuraman, A.: The Nature and Determinants of Customer Expectations of Service, in: Journal of the Academy of Marketing Science, 21, 1993, Nr. 1, S. 1–12.

Die Verkaufsförderung als Kooperationsbereich zwischen Industrie und Handel

Dirk Möhlenbruch und Bernd Kotschi, Halle (Saale)

In der aktuellen Diskussion vertikaler Kooperationskonzepte zwischen Industrie und Handel wie z.B Efficient Consumer Response (ECR), Category Management (CM), Vendor Managed Inventory (VMI) oder Electronic Data Interchange (EDI) finden die Gestaltungsmöglichkeiten einer stufenübergreifenden Koordination der Verkaufsförderung eine relativ geringe Beachtung.

Im folgenden Beitrag wird die Bedeutung einer stärkeren Betonung des Kooperationsgedankens beim Einsatz dieses wichtigen Kommunikationsinstrumentes herausgestellt und es werden Möglichkeiten zur Realisierung quantitativer und qualitativer Effizienzpotentiale diskutiert. Eine kooperative Verkaufsförderung stellt damit für Industrie und Handel einen wichtigen Ansatzpunkt für die Gewinnung von Wettbewerbsvorteilen dar.

1 GRUNDLAGEN

1.1 Problemstellung

Die Beziehung zwischen Industrie und Handel ist im Konsumgüterbereich gegenwärtig eher durch werteverzehrende Machtkämpfe und aggressives Vorgehen als durch ein harmonisches und wertschöpfungsoptimierendes Miteinander gekennzeichnet. Die Begründung für diese einzel- wie gesamtwirtschaftlich wenig zufriedenstellende Situation wird in erster Linie in fortschreitenden Konzentrationstendenzen auf beiden Marktstufen, steigendem Kostendruck des Handels, Stagnation und Individualisierung des Konsums, in neuen Betriebstypen wie „Hard–Discounter", Factory Outlets oder Shopping Malls im Internet, der zunehmenden Bedeutung von Handelsmarken sowie in der Artikelhypertrophie der Hersteller mit sogenannten Scheininnovationen gesehen (Rüschen

1998, S. 1; Dölle 1996, S. 9). Während die Industrie vor diesem Hintergrund versucht, ihre Verkaufsziele durch Push–Aktionen im Sinne von „Gießkannen–Promotions" zu erreichen (Feige 1998, S. 10 f.), entscheidet ein erstarkter Handel auf der Grundlage seiner in bezug auf Marktinformationen und den Warenfluß zweifachen Gatekeeper–Position (Ahlert 1996, S. 97) weitgehend autonom über die Unterstützung von Verkaufsförderungs–Maßnahmen des Herstellers und diktiert damit zum großen Teil die Marketingstrategie am Point of Sale (POS) (Litzinger 1996, S. 13; Totten;Block 1994, S. 102). Für beide Seiten ergeben sich hieraus im wesentlichen folgende ökonomisch wenig sinnvollen Rahmenbedingungen: Nichteinhaltung von Promotion–Absprachen, übertriebene Preisaktionen zu Lasten des Markenimages, erhebliche Verschlechterungen der Kooperationskultur sowie ein kontraproduktiver Anstieg von Logistikkosten und Werbekostenzuschüssen zu Lasten der Effizienz von Verkaufsförderung und gesamter Kommunikationspolitik (Lingelbach;Kirschner 1998, S. 120).

Dennoch gewinnt die Verkaufsförderung (VKF) in der Praxis immer mehr an Bedeutung (Stickel 1998, S. 78; Rüschen 1998, S. 1), da empirische Studien belegen, daß 60–80% der Kaufentscheidungen im Konsumgüterbereich erst am POS getroffen werden (Stabernack 1995, S. 24). Auch erfährt die VKF vor dem Hintergrund der aktuellen ECR – Diskussion in Theorie und Praxis unter dem Begriff Efficient Promotion quasi eine Renaissance im Rahmen einer Analyse von Koordinationsmöglichkeiten der bisher weitgehend isoliert geführten Kampagnen von Markenartikelindustrie und Handel (Rüschen 1998, S. 1; Leeds 1994, S. 173). Insbesondere die konsequente Nutzung innovativer Informations– und Kommunikationstechnologien (Martin 1994, S. 72; Segerer 1996, S. 22 ff.) ermöglicht in diesem Zusammenhang erhebliche Kostensenkungs– und Synergiepotentiale auf der Grundlage einer vertikalen Vernetzung von Marktaktivitäten (Behrends 1993, S. 7).

Bis heute zeigen sich jedoch noch starke Reibungsverluste und Konfliktfelder bei der Durchsetzung sowohl hersteller– als auch handelsinitiierter VKF–Aktionen (Bruhn 1997, S. 403; Birkigt 1983, S. 252), wobei die Industrie aufgrund der für sie zumeist ungünstigen Macht– und Informationsasymmetrien durch zunehmende Forderungen des Handels nach Sonderkonditionen, Neben– und Zusatzleistungen sowie eine erschwerte Listung immer stärker unter Druck gerät (Hahne 1998, S. 36 ff.; Litzinger 1996, S. 16 f.).

1.2 Konfliktpotentiale in der Verkaufsförderung

Aufgrund der in vielen Branchen bestehenden Zieldivergenzen zwischen Hersteller- und Handelsmarketing sind vielfältige Konfliktsituationen gerade im Bereich der VKF festzustellen. Während der Handel dieses Instrument in erster Linie zur Profilierung gegenüber Konkurrenten, zur Steigerung von Absatzmengen und Umsätzen sowie zur Erhöhung der Einkaufsstättentreue der Konsumenten einsetzt und dabei eher sortimentsübergreifende bzw. einkaufsstättenbezogene Ziele verfolgt, stehen für die Industrie die Förderung der eigenen Marken, deren Ubiquität, die Erhöhung von Marktanteilen sowie die Stabilisierung der Markentreue bei Verkaufsaktivitäten im Vordergrund (Litzinger 1995, S. 86; Diller;Brielmaier 1993, S. 7 ff.). Zudem konzentrieren sich die Profilierungsinteressen des Handels in vielen Betriebstypen neben dem gebotenen Preis–/Leistungs–Verhältnis verstärkt auf die Vermittlung einer Erlebnis–Dimension zur Verbesserung des Geschäftsstättenimage und zur Erreichung strategischer Wettbewerbsvorteile. Dadurch verringern sich regelmäßig die Beeinflussungs- und Gestaltungsspielräume der Industrie bei VKF–Aktionen, so daß der Markenauftritt am POS häufig nicht mehr der einheitlichen Markenstrategie des Herstellers entspricht (Feige 1997, S. 51 und S. 55; Totten;Block 1994, S. 102).

Der Handel erwartet zudem vom Hersteller vermehrt exklusiv auf ihn zugeschnittene VKF–Aktionen (Tailormade Promotion), um zielgruppenspezifische und regionale Ansprüche zur Schaffung klarer Positionierungskonzepte befriedigen zu können (Gerling 1997, S. 52 f.). Ausreichende Unterstützung bei VKF–Aktionen am POS erhalten daher nur diejenigen Hersteller, die sich den Gegebenheiten des Handels anpassen, z.B. durch Bezugnahme auf die zu kommunizierenden handelsspezifischen Erlebniswelten, durch Co–Branding der POS–Materialien mit den Logos der Handelspartner oder durch eine betriebsstättenspezifische Auswahl der POS–Medien (Lingelbach;Kirschner 1998, S. 123). Nicht zuletzt entsteht im Handel Unzufriedenheit über die VKF–Praxis der Industrie aufgrund logistischer Probleme bei der termingerechten Bereitstellung des VKF–Materials, wegen ungeeigneter Aktions–Themen, fehlender Aktionsabsprachen, eines zu kurzen Planungshorizontes, unzureichender Abstimmung bei der VKF–Materialgestaltung und Produktpositionierung sowie mangelnder Standortbezogenheit der VKF bei national angelegten Globalpromotions der Hersteller in mehreren Handelsgruppen (Lingelbach;Kirschner 1998, S. 122; Cristofolini;Thies 1979, S. 27 f.).

2 GEGENSTAND KOOPERATIVER VERKAUFSFÖRDERUNG

2.1 Die Verkaufsförderung im Lichte theoretischer und empirischer Analysen

Sowohl im angloamerikanischen als auch im deutschsprachigen betriebswirtschaftlichen Schrifttum läßt sich keine einheitliche Definition der VKF feststellen (vgl. z.B. Blattberg;Neslin 1990, S. 1 ff.; Döppner 1977, S. 22 ff.; Berekoven 1995, S. 268 f.). Aus der Vielfalt der häufig synonym verwendeten Begriffe VKF, Absatzförderung, Promotion, Sales Promotion, Price Promotion, Action–Marketing, Merchandising, Aktionen etc. resultiert auch die Bandbreite der zugrunde gelegten Abgrenzungen (Cristofolini;Thies 1979, S. 46 ff.; Smith 1994, S. 7; Birkigt 1983, S. 19 ff.). Dabei wird in den teilweise inhaltlich stark abweichenden Interpretationen die VKF einerseits als kurzfristig einsetzbares Instrument mit unterstützender (flankierender) Funktion den below–the–line – Aktivitäten zugerechnet (vgl. z.B. Totten;Block 1994, S. 2; Berlemann 1994, S. 81; Stabernack 1994, S 24), andererseits wird ihre strategische Bedeutung vereinzelt durch die Kennzeichnung als integrierendes und vernetztes Marketing–Instrument hervorgehoben (vgl. z.B. Bruhn 1997, S. 393 f.; Rüschen 1998, S. 98 ff.; Bellino 1993, S. 6). Der eher herstellerbezogenen Definition Meffert's folgend versteht man unter VKF „primär kommunikative Maßnahmen, die der Unterstützung und Erhöhung der Effizienz der eigenen Absatzorgane (verkaufspersonalorientierte VKF), der Marketingaktivitäten der Absatzmittler (handelsorientierte VKF) und der Beeinflussung der Verwender bei der Beschaffung und Benutzung der Produkte dienen (konsumentenorientierte VKF)" (Meffert 1998, S. 701).

Die zunehmende Bedeutung der VKF in der Kommunikationspolitik von Industrie– und Handelsunternehmen – empirische Untersuchungen belegen eine teilweise erhebliche Umschichtung des Kommunikationsbudgets zugunsten der VKF (MSU 1998, S. 8; Frey 1997, S. 13 ff.) – sowie die in beiden Wirtschaftsbereichen nach wie vor bestehenden Interpretationsdifferenzen verdeutlichen die Notwendigkeit einer einheitlichen begrifflichen Klärung dieses Instrumentes (Berekoven 1995, S. 269). Auch legen aktuelle Entwicklungen wie die steigende Bedeutung von Efficient Consumer Response (ECR) mit den Komponenten Supply Chain Management und Category Management sowie die intensive Nutzung neuer Informations– und Kommunikationstechnologien eine inhaltliche Abgrenzung unter zusätzlicher Berücksichtigung der Kooperation und informationstechnischen Vernetzung nahe. Die wenigen Beiträge, in denen dem Kooperationsgedanken im Rahmen der VKF Rechnung getragen wird (vgl. z.B. Rüschen 1998, S. 1 ff.; Heydt 1998, S. 127 ff.; Laurent 1996, S. 247 ff.), nehmen demgegenüber nur unzurei–

chend Bezug auf mögliche Effizienzkriterien, die notwendige organisatorische Verankerung, auf Aspekte des Warenflusses oder die Etablierung integrierter Kommunikationskonzepte von Industrie und Handel am POS.

Unter *kooperativer VKF* wird im folgenden die freiwillige, bewußte und stufenübergreifende Zusammenarbeit von Handel und Industrie bei der Planung, Steuerung und Kontrolle unterstützender Maßnahmen verstanden, die einer gezielten Effizienzsteigerung gemeinsamer Verkaufsaktivitäten primär am POS dienen (Marketingaspekt) und durch Aktivitäten zur Warenflußoptimierung in der Wertschöpfungskette (Logistikaspekt) systematisch ergänzt werden. Die wesentlichen Zielsetzungen kooperativer VKF bestehen in der Unterstützung einer win–win–Gemeinschaft durch Umsatz– und Ertragssteigerung, einer optimalen Bedürfnisbefriedigung der Konsumenten sowie in einer unter den heutigen Kommunikationsbedingungen notwendigen kommunikativen Differenzierung von Produkt und Betriebsstätte.

Daß die VKF verstärkt aus ganzheitlicher und prozeßübergreifender Perspektive geseh-en werden sollte, bestätigen auch Befragungen von Führungskräften aus Industrie und Handel. Demnach besteht weitgehend Einigkeit darüber, daß in der kooperativen VKF der Schlüssel zum nachhaltigen Erfolg von ECR liegt, die Einbindung der VKF in ein integriertes Kommunikationskonzept zu Effizienzgewinnen führt, die mangelnde Kommunikation zwischen Industrie und Handel sowie die fehlenden Erfolgskontrollen eindeutig die Schwachstellen der VKF ausmachen und elektronische Medien die Zukunft von VKF–Aktionen erheblich bestimmen werden (MSU 1998, S. 27; Frey.Beaumont-Bennett 1996, S. 42 ff.; Dölle 1996, S. 88).

Da die befragten Industrie– und Handelsmanager mit einer starken Bedeutungszunahme des Category Management rechnen (Frey.Beaumont–Bennett 1996, S. 155), steht die VKF auch im Rahmen kooperativer Warengruppenstrategien von Industrie und Handel vor neuen Herausforderungen (Totten;Block 1994, S. 143). Da gegebenenfalls ganze Warengruppen in einer VKF–Aktion herauszustellen und zu fördern sind (z.B. durch Themenpromotions wie „Alles für die Reise"), bietet sich die Entwicklung kategoryspezifischer quantitativer und qualitativer Bewertungskriterien an, um die Auswahl förderungswürdiger Produkte unterstützen sowie Angebotsdifferenzierung und Verkaufserlebnis für den Konsumenten als Identitäts– und Abgrenzungschance des Handels gewährleisten zu können (Berlemann 1994, S. 82). Überlegungen zur Abhängigkeit der VKF von Lebenszyklus–Phasen einzelner Produkte runden diese Aktivitäten sinnvoll ab

(Cristofolini 1994, S. 426 ff.; Tellis 1998, S. 414 ff.). Allerdings sehen Industrie und Handel im Bereich der VKF–Erfolgskontrolle noch große Herausforderungen (Dölle 1996, S. 88 ff.; MSU 1998, S. 28). Daher bedarf es Veränderungen in der Informationspolitik und –qualität der Partner sowie einer kooperativen Auswertung von Scannerdaten und Kundenkarteninformationen, um die für beide Seiten wichtige Response-Messung von VKF–Aktionen valide vornehmen zu können (Litzinger 1996, S. 204 ff.).

Die in der Praxis zu verzeichnende unzureichende Integration der VKF in ein stufenübergreifendes Marktbearbeitungskonzept offenbart Effizienzsteigerungspotentiale, deren Realisierung jedoch eine vertikale Abstimmung von Promotion–, Category– und Marketing–Management im Sinne einer Koordination aller Marktaktivitäten bis zum POS notwendig werden läßt (Litzinger 1996, S. 50). Eine leistungsfähige kooperative VKF erfordert daher eine „umfassende inhaltliche, zeitliche sowie organisatorische Vernetzung mit den kommunikativen und den logistischen Aktivitäten der Wertschöpfungspartner" (Behrends 1993, S. 34). Die informationstechnische Verknüpfung (Infopartnering) ermöglicht dabei eine realistische Einschätzung der Aktionsmenge und ein mehrere Wochen im voraus auf den Aktionszeitraum abgestimmtes Belieferungsprogramm („Forward Commit"–Ansatz), das mehr Stabilität in die Supply Chain bringt und Wettbewerbsvorteile durch eine Synchronisation von Logistik– und Produktionsplänen generiert (Martin 1994, S. 74 f.). „This approach induces stability across entire distribution pipeline and has the potential for completely eliminating large production and inventory buildups caused by forward buying and diverting" (Martin 1994, S. 74). Den hohen Anforderungen an die organisatorische Abwicklung einer kooperativen VKF kann durch den Aufbau eines „geschlossenen Aktions–Management–Systems" (Stickel 1998, S. 78), bei denen multifunktionale Teams zum Einsatz kommen, Rechnung getragen werden (Heydt 1999, S. 10; Martin 1994, S. 90 f.).

2.2 Die Stellung der Verkaufsförderung im ECR – Konzept

Die ECR–Vision als wertschöpfungsübergreifender Reengineering–Ansatz mit dem Ziel einer ganzheitlichen, kunden– und prozeßorientierten Optimierung der Wertschöpfungskette stellt mit dem Category Management – Konzept als organisatorische Komponente die Grundlage der Kooperation zwischen Industrie und Handel im Bereich des Marketing dar (Möhlenbruch 1997, S. 113; Hahne 1998, S. 16 f.). Innerhalb des ECR – Konzeptes gehört die Basisstrategie der Efficient Promotion zu den wesentlichen Aufgabenbereichen der Marktpartner (MSU 1998, S. 27), da mit Hilfe einer effizienten Konzipierung von Promotions und VKF–Aktionen eine schnellere und effektivere Re–

aktion auf die Kundennachfrage ermöglicht werden soll (Heydt 1999, S. 5). „This is probably the most important component of ECR and the one that has the most potential for savings, yet is the most contentious." (Tellis 1998, S. 266)

Im Gegensatz zur Bedeutung des Begriffes Promotion in der US–amerikanischen Literatur als „the coordination of all seller–initiated efforts to set up channels of information and persuasion to sell goods and services or promote an idea" (Belch;Belch 1997, S. 10) wird im deutschen Schrifttum „Efficient Promotion" fast ausschließlich mit einer effizienten VKF gleichgesetzt (vgl. Laurent 1996, S. 247; Hahne 1998, S. 16; Helpup 1998, S. 142). Diese verengte Sichtweise hat zur Folge, daß Kosteneinsparungspotentiale, die aus einer Koordination klassischer Werbemaßnahmen (z.B. „Donut–Commercials" innerhalb einer „cooperative advertising strategy"; Fraser 1994, S. 251) mit der VKF resultieren können, ungenutzt bleiben. Um die aus Effizienzgründen als sinnvoll anzusehende stufenübergreifende Integration von Kommunikationsinstrumenten der Wertschöpfungspartner erreichen zu können (*vgl. Abbildung 1*), sind umfangreiche Koordinationsaktivitäten im Kommunikationsbereich von Industrie und Handel zu bewältigen, die jedoch in der bisherigen ECR–Diskussion nur unzureichende Berücksichtigung gefunden haben (Heydt 1999, S. 12).

Im Rahmen des Category Management als warengruppenorientiertes Konzept der Aufbau– und Ablauforganisation sollte die VKF als unterstützendes Instrument systematisch in den Planungsprozeß von Categories integriert werden, da sie durch ihren nicht unerheblichen Einfluß auf die Sortimentsablaufplanung und den Warenfluß einen wesentlichen Beitrag zur Gesamtsystemoptimierung von Wertschöpfungsketten leisten kann.

3 AUSGEWÄHLTE UMFELDBEDINGUNGEN KOOPERATIVER VERKAUFSFÖRDERUNG

3.1 Die Bedeutung von Veränderungen im Konsumentenverhalten

Gravierende Veränderungen im Verbraucherverhalten an der Jahrtausendwende verlangen von Industrie und Handel bei der Konzeption von VKF–Strategien eine intensive Auseinandersetzung mit neuen Bedürfnissen und Einstellungen (Trommsdorff 1998, S. 142 ff.). Trends wie individuell differenzierte Ansprüche, multioptionales sowie sensibles und kritisches Verhalten, Streben nach Abwechslung, Erlebnis, Vielfalt und Ver–

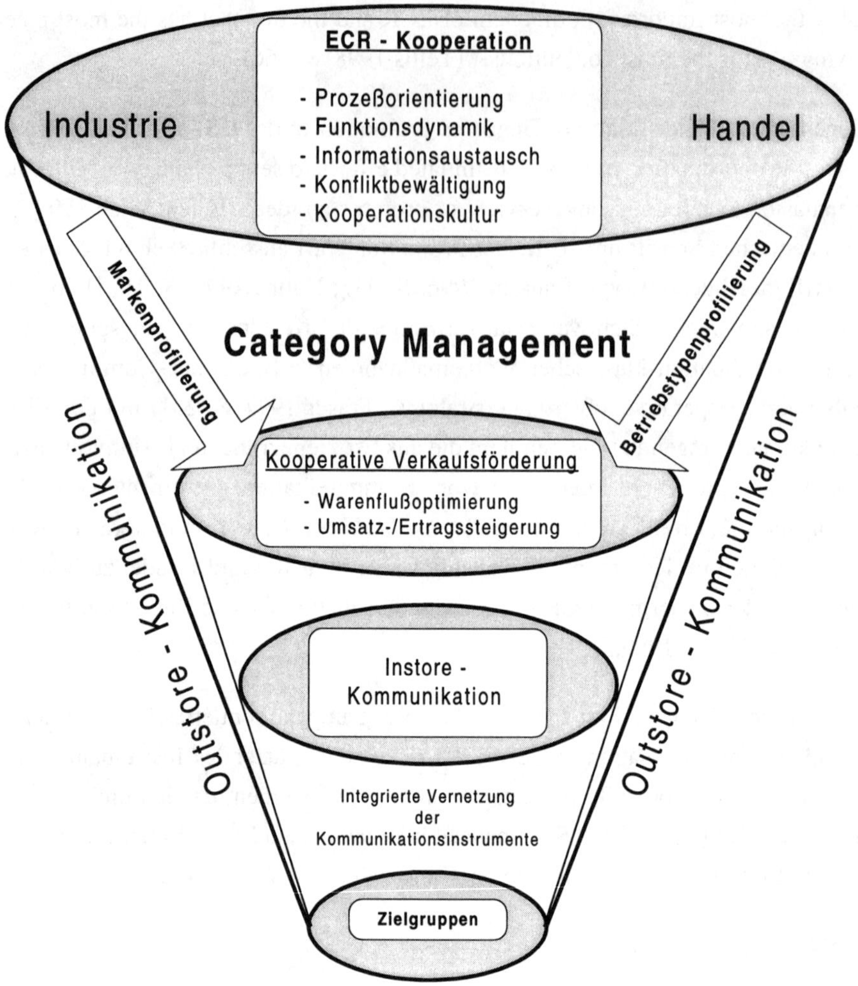

Quelle: Darstellung der Verfasser

Abbildung 1: Bereiche kooperativer Verkaufsförderung im ECR–Konzept

einfachung in vielen Lebensbereichen äußern sich in neuen Konsummustern wie convenience shopping, smart shopping, variety seeking behavior, cherry picking sowie brand– und store switching (Helmig 1997, S. 1; Totten;Block 1994, S. 63 ff.). Die zunehmende Informationsüberlastung der Konsumenten sowie die als hypertroph zu wertenden VKF–Aktionen von Industrie und Handel, denen häufig keine Bindungs– und Differenzierungskraft im Wettbewerb zukommt, führen zusätzlich zu einem die Geschäftsstättentreue untergrabenden „promotion–only buying pattern“ (Totten;Block

1994, S. 77) der Verbraucher. Im Ergebnis ist von einer eher abnehmenden kommunikativen Wirkung von Aktionen auszugehen (Bruhn 1997, S. 477).

Um einen effizienten Einsatz des Kommunikationsbudgets zu erreichen, erscheint daher eine *zielgruppenbezogene Konzipierung* einer von Industrie und Handel koordinierten individuellen VKF–Strategie sinnvoll. Hierdurch kann eher den spezifischen Bedürfnissen, Lebensstilen, Normen sowie dem Konsum– und Mediaverhalten der anzusprechenden Rezipienten Rechnung getragen werden (Keppler 1993, S. 20 f.). Von daher bildet eine Intensivierung von Marktforschungsaktivitäten die Grundlage für eine erfolgreiche Kundenorientierung der VKF (Spannagel;Trommsdorff 1999, S. 73). Auch wäre z.B. die Verknüpfung der modernen Life–Style–Forschung (vgl. dazu Banning 1987) mit produktspezifischen Marktforschungsstudien der Industrie sowie mit Informationen des tatsächlichen Kundenverhaltens im Verkaufslokal, die sich durch Scannerdaten und Kundenkarten ermitteln lassen, denkbar. Werden produktbezogene Daten zudem mit den Ergebnissen einer mikrogeographischen Marktsegmentierung (Beck 1996, S. 73 f.; Martin 1992, S. 11 ff.) kombiniert, besteht die Möglichkeit, auch regional unterschiedlichen Bedürfnissen und Verhaltensweisen der Konsumenten im Rahmen des Category Management stärker Rechnung zu tragen. Die beschriebene Vorgehensweise erlaubt zudem die Konzipierung betriebstypenspezifischer Life–Style–Typologien, um konsequent zielgruppenadäquate VKF–Strategien entwickeln zu können. Dadurch bestehen größere Chancen, die Affinität zwischen den umworbenen Zielgruppen, dem Betriebstyp, den zu fördernden Marken, dem Sortiment und den VKF–Mitteln zu erhöhen und die Effizienz des eingesetzten VKF–Budgets zu steigern.

Auch erscheint eine Unterscheidung von Konsumenten in „variety seekers" und „non-variety seekers" in bezug auf Produktkategorien sinnvoll. So ist beispielsweise in Warengruppen wie Obstkonserven oder Spirituosen von einer größeren Markenwechselneigung auszugehen als im Bereich habituell gekaufter Güter des täglichen Bedarfs (z.B. Babynahrung oder Kosmetika), welche sich eher durch eine besondere Markentreue auszeichnen (Helmig 1997, S. 81). Da regelmäßig signifikante Einflüsse von VKF–Aktionen auf das variety seeking behavior zu erwarten sind, erscheint es sinnvoll, in Abhängigkeit von der Produktkategorie segmentspezifisch vorzugehen und beispielsweise die Markenwechselneigung markentreuer Stammkäufer durch zielgruppenspezifische VKF–Aktivitäten (z.B. durch free–taste–samples) insbesondere bei der Einführung neuer Produkte anzuregen (Helmig 1997, S. 144 ff.; Ziccardi 1997, S. 226 f.).

Im Rahmen einer kooperativen und auf Differenzierung ausgerichteten Kommunikationsstrategie sollte zudem durch die Anwendung aktivierungsstarker Kommunikationstechniken am POS (z.B. Aufbau zielgruppenspezifischer Erlebniswelten) die Realisierung geeigneter Aufmerksamkeits– und Bindungseffekte zur Etablierung einer betriebsstättenspezifischen bzw. händlerindividuellen Unique Communication Proposition (Bruhn 1997, S. 433) im Vordergrund stehen. Derart gestaltete zielgruppenspezifische VKF–Strategien, die als „Erlebnisgenerator" und Imageinstrument (Bellino 1993, S. 6) dem Verbraucher häufig einen emotionalen Zusatznutzen bieten, können einen wichtigen Beitrag zur Erreichung höherer kommunikativer Wirkungsstufen leisten. Eine wesentliche Voraussetzung zum Erfolg liegt dabei in einer kooperativen Marktforschung, um die VKF–Aktionen auf die aktuellen und potentiellen Bedürfnisse und Wünsche der Konsumenten ohne größere Streuverluste ausrichten zu können (Mei–Pochtler 1999, S. 42 f.).

3.2 Die Bedeutung neuer Informations– und Kommunikationstechnologien

Neben CD–Rom, Computer, Ladenfunk, Instore–TV und elektronischen Displays gehören Kiosksysteme am POS, die aufgrund von Interaktivität, Individualität, Multimedialität und Erlebniswert über ein großes Attraktions– und Präsentationspotential verfügen (Gruninger–Hermann 1997, S. 132 ff.) und somit eine Erweiterung des kommunikationspolitischen Aktionsfeldes ermöglichen, zu den erfolgversprechenden Instrumenten der VKF (Rieke 1996, S. 116). Besondere akquisitorische Wirkung entfalten POS–Kiosksysteme vornehmlich bei der Einführung von high–involvement–Produkten, als Auskunftsterminal zur Information über tagesaktuelle Sonderangebote in großflächigen Betriebstypen, als Bestellterminal (Build–to–order Prinzip) und Kundenleitsystem, als Instrument zur erlebnisorientierten Produktinformation mit entsprechenden Warenkorbempfehlungen oder im Rahmen der allgemeinen Unternehmensinformation (Pinhammer 1998, S. 33). Derartige innovative Konzeptideen, die häufig in einer engen Kooperation von Markenartikelherstellern und Handel entstehen, wurden in der Vergangenheit im Rahmen der VKF bei Produkten von Maggi, Calvin Klein und Henkel („Fa") umgesetzt, wobei eine Verknüpfung von Erlebniswelten am POS mit Duftterminals neue Dimensionen in der VKF von Kauf– und Warenhäusern sowie Super– und Fachmärkten eröffnen konnte (Schlotterbeck 1998, S. 41).

Durch eine Kombination mit Kundenkarten und computergestützten Warenwirtschaftssystemen (cWWS) können POS–Terminals zu einem strategischen Instrument verkaufsfördernder Aktivitäten ausgebaut werden (Rieke 1996, S. 117), da die simultane

Erfassung von Kaufgewohnheiten und Bedürfnissen ein hohes Potential für ein kundenspezifisches Database-Marketing impliziert. Dieses ermöglicht eine differenzierte Bearbeitung von Microsegmenten und bei kommunikationstechnischer Vernetzung der Wertschöpfungspartner sogar die Initiierung von Produktionsaufträgen direkt durch die Kunden (Stiebeiner 1998, S. 23).

Kostensenkungspotentiale ergeben sich darüber hinaus beim Einsatz von Regaletiketten mit LCD-Display (Electronic Shelf Labels), wenn Aktionspreise von der Handelszentrale über das cWWS direkt an die Shelf Labels und Scannerkassen der Filialen gesendet werden, da zusätzliche Handling- und Auszeichnungskosten entfallen. Zudem können unterschiedliche Preise zwischen Regal und Kasse vermieden und eine flexible Preispolitik unterstützt werden (Stiebeiner 1998, S. 25). Diese Technologie erlaubt es Industrie und Handel, konsequent proaktive VKF zu betreiben, da bei einer zeitnahen Auswertung von Scannerdaten eine sofortige situations- und filialspezifische Reaktion (z.B. im Falle einer unvorhersehbaren Absatzschwankung) über die Shelf Labels möglich wird.

Für die Erschließung strategischer Informationsvorteile stellt das Data Warehouse - Konzept eine geeignete technische Infrastruktur dar. Als „Metadatenbank" integriert es interne Daten aus Scannersystemen, POS-Terminals, dem cWWS, individuellen Kundenkartendaten etc. und dient damit einer zielgerichteten Auswahl von Sonderangeboten nach Verbundeffekten, der Optimierung von Regal- und Zweitplazierungen, einer bedarfsorientierten Gestaltung von Prospektbeilagen oder Katalogen sowie der verbesserten Transparenz von Ursache-Wirkungszusammenhängen in der jeweiligen Warengruppe (Decker;Wagner;Knauff 1998, S. 172 ff.). Entwicklungen wie Desktop-Videokommunikation und Videokonferenzsysteme tragen im Zuge der intensiveren vertikalen Kooperation dem erhöhten Informations- und Abstimmungsbedarf Rechnung. Somit können multifunktionale Teams in die Lage versetzt werden, über PC-gestützte Videokonferenzsysteme (PC-VKS) miteinander zu kommunizieren, z.B. im Rahmen multimedialer Informations- und Präsentationssysteme zur besseren Abstimmung der Displaygestaltung auf Filialanforderungen, bei Produktpräsentationen sowie interaktiven Verkäuferschulungen und zur Überprüfung des Erfolges von Marketingmaßnahmen (Gruninger-Hermann 1997, S. 137 f.; Jansen 1997, S. 11).

Angesichts der fortschreitenden Internet-Technologie sind Videokonferenzmodule auch für Internet-Nutzer realisierbar. Derartige Systeme ermöglichen auf der Grundlage von online–Verbindungen zum POS neue Formen und Qualitäten in der Kundenansprache und Kundenbindung durch interaktive VKF–Aktionen und schaffen die Voraussetzungen für die Integration von Konsumenten in die „multiple Win–Gemeinschaft“ (Laurent 1996, S. 252) über kreative Kooperationsprogramme. Zu nennen sind beispielsweise Online–Modenshows, Online–Kundenworkshops, Online–Direktberatung, Online–Produktbewertung etc. (Kuckartz 1997, S. 74). Die Verknüpfung von POS, Konsument, Handelszentrale und Hersteller via Online–Systeme eröffnet daher vielseitige innovative Kommunikationsformen, bei denen aufgrund des erhöhten Aktivierungsgrades sowie des stärkeren Involvements der Kunden intensive kommunikative Wirkungen mit Hilfe emotionsauslösender Maßnahmen zu erreichen sind. Denkbar ist darüber hinaus die interaktive Einbeziehung von Kunden in die Produktentwicklung und –gestaltung über derartige Echtzeitsysteme.

Die vorangehenden Überlegungen lassen die Schlußfolgerung zu, daß neue Informations– und Kommunikationstechnologien einen wesentlichen Beitrag zur Schaffung von Rationalisierungs– und Synergiepotentialen leisten können und eine vernetzte Informationslogistik günstige Voraussetzungen für ein integriertes und kooperatives VKF–Management von Industrie und Handel schafft.

4 EFFIZIENZWIRKUNGEN EINER KOOPERATIVEN VERKAUFSFÖRDERUNG

Eine erfolgreiche Kooperation zwischen Industrie und Handel hängt wesentlich davon ab, inwieweit es gelingt, Ansatzpunkte für Kosten– und Leistungsvorteile in der Wertschöpfungskette zu identifizieren, um durch eine Koordination von Zielen und Funktionenwahrnehmung Rationalisierungs–, Effizienzsteigerungs– und Synergiepotentiale zum Nutzen beider Seiten auszuschöpfen (Otzen–Wehmeyer 1996, S. 50 f.). Auf der Grundlage der bisherigen Überlegungen lassen sich durch eine kooperative VKF, die durch eine konsequente Abstimmung von Hersteller– und Handelsmarketing im Rahmen eines stufenübergreifenden Category Management begünstigt wird, im wesentlichen die in *Tabelle 1* dargestellten Effizienzwirkungen erreichen.

In quantitativer Hinsicht resultieren positive Effekte aus einer verbesserten Planung, Koordination und Kontrolle gemeinsamer Aktivitäten sowie der verbesserten Synchronisation von Distribution und VKF–Strategie. Insbesondere die weitgehende Eliminierung von Forward Buying und Diverting durch das den Distributionskanal stabilisie–

rende *„Forward Commit“* (Martin 1994, S. 74 f.) bewirkt erhebliche Reduzierungen von Lagerhaltungs– und Kapitalbindungskosten auf Handelsseite sowie die Beseitigung von Diskontinuitäten in Produktion und Distribution beim Hersteller (Totten;Block 1994, S. 150 f.; Litzinger 1995, S. 86). Somit können regelmäßig beide Marktpartner Deckungsbeitragssteigerungen erreichen.

Tabelle 1: Mögliche Effizienzwirkungen einer kooperativen Verkaufsförderung

Quelle: Erstellung der Verfasser.

quantitativ	qualitativ
• Senkung von Kapitalbindungs–, Lager–, Transport– und Handlingkosten • Reduzierung von Informations–, Anbahnungs–, Prozeß– und Transaktionskosten • Vermeidung von Out–of–stocks, Überkapazitäten und Preisabschriften • Senkung von Komplexitätskosten • Realisierung von Zusatzgewinnen durch Anregung von Verbundkäufen • Reduzierung der Verderb–Quote • Erhöhung der Kundenanzahl • Steigerung der Promotion–Umsatz–Rentabilität • Steigerung der promotioninduzierten Absatzmenge • Steigerung von Brutto– und Netto–Rentabilitäten in einzelnen Categories • Verbesserung von Flächenproduktivitäten • Erhöhung der Aktionselastizität	• Stärkung der Hersteller–/Handels-Beziehung • Bessere Markenpräsentation am POS • Verstärkung der kommunikativen Wirkung (Differenzierungsaspekt) • Beschleunigung des Warenflusses • Stabilisierung des Distributionskanals • Erhöhung der Listungs–, Plazierungs– und Abverkaufschancen der Industrie • Möglichkeit zum local store marketing • Exklusivitätscharakter von Aktionen • Aufwertung von Verkaufsfläche und Sortiment, Image–/Kompetenztransfer • Erhöhung von Kundenbindung und –zufriedenheit • Erhöhung des Aktivierungsgrades von Konsumenten • Betriebsstätten– und Markenprofilierung durch klare Positionierungskonzepte am POS

Kooperative und kreativ gestaltete VKF–Programme unterstützen im Handel durch abgestimmtes Timing sowie inhaltliche und regionale Exklusivität aktiv die unter den heutigen Marktbedingungen notwendige Profilierung gegenüber dem Leistungsangebot der Konkurrenz (händlerindividueller USP) und führen auch bei den Produkten der Industrie zu stärkeren akquisitorischen Effekten (Otzen–Wehmeyer 1996, S. 52). Umsatzsteigerungen lassen sich insbesondere dann realisieren, wenn die Aktivierung erhöhende Aufmerksamkeits– und Überraschungseffekte beim Konsumenten initiiert werden. Diese Zielsetzung scheint unter folgenden Voraussetzungen erreichbar (Dölle 1996, S. 26; Segerer 1996, S. 169 ff.):

- themen– oder anlaßbezogene bzw. emotionale Ansprache der jeweiligen Zielgruppe,
- originelle Kombination mehrerer Produkte (Cross Promotion),
- POS–Erlebniszonen, in denen „Markenwelten" durch Multimedia– und Commercial–Shows kreiert werden (Point of action),
- Verknüpfung interaktiver Kommunikationsterminals am POS mit der zu kommunizierenden emotionsauslösenden Botschaft (Intermotion),
- Nutzung von Online–Systemen zum vernetzten Dialog zwischen Hersteller, Handelszentrale, Konsument und POS.

Darüber hinaus bietet sich dem Handel bei kooperativer VKF in erhöhtem Maße die Chance, durch gezielte Image– und Kompetenztransfers von Herstellermarken auf andere Sortimentsteile und angebotene Handelsmarken Komplementär– und Synergieeffekte durch Verbundkäufe zu erreichen (Palupski;Bohmann 1994, S. 262). Auch der Hersteller profitiert regelmäßig, da er durch die Entwicklung überlegener Fähigkeiten und Kompetenzen in der Zusammenarbeit mit dem Handel horizontale Wettbewerbsvorteile generieren kann (Otzen–Wehmeyer 1996, S. 51), die zu einer Erhöhung der Listungs–, Plazierungs– und Abverkaufschancen führen.

Die wertschöpfungsstufenübergreifende Zusammenarbeit im Bereich der VKF kann allerdings auch einen (zumindest kurzfristigen) Anstieg von Koordinations– und Organisationskosten zur Folge haben, da beispielsweise der Einsatz multifunktionaler Teams erforderlich wird. Interessen– und Zielkonflikte sind zudem aus Bestrebungen der Beteiligten nach Durchsetzung ihrer individuellen CI–Strategien am POS zu erwarten. Verstehen sich Industrie und Handel als gleichwertige Partner, lassen sich jedoch Kompromisse beim kommunikativen Auftritt finden. Da häufig asymmetrische Machtverteilungen vorliegen, wird allerdings in zahlreichen Fällen aufgrund der meist stärkeren Handelsposition die Marketingstrategie des Herstellers am POS unterlaufen (Frey.Beaumont–Bennett 1996, S. 124 f.). Insofern besteht gerade für den Markenartikelhersteller die Gefahr eines negativen Imagetransfers, einer Verwässerung des eigenen Marktauftritts oder auch einer Entstehung von Irritationen und negativen Assoziationen bei den Konsumenten (Palupski;Bohmann 1994, S. 262). Dies tritt insbesondere dann ein, wenn mehrere Produkte innerhalb von Cross Promotions zu thematischen Einheiten zusammengefaßt werden.

Da der Handel mit kooperativen VKF–Aktionen insbesondere die Chance einer Betriebsstättenprofilierung durch kommunikative Differenzierung sucht, wird in Zukunft der Exklusivitätsaspekt gemeinsamer Aktivitäten ein wichtiges Entscheidungskriterium bei der Auswahl von Kooperationspartnern sein. Für die Industrie bedeuten die Beendigung sogenannter me–too–Aktionen und der Verzicht auf standardisierte VKF–Mittel in der Regel aber einen Verlust von Degressionseffekten und damit eine direkte Auswirkung auf die Allokation des Kommunikationsbudgets. Auch erschweren das Fehlen leistungsfähiger und systematischer Erfolgskontrollen (MSU 1998, S. 28) und bislang noch ungünstige Kosten/Nutzen–Relationen beim Einsatz von POS–Terminals (Frey.Beaumont–Bennett 1996, S. 102) die Beurteilung der tatsächlichen Effizienz kooperativer VKF–Aktionen.

5 DIE BEDEUTUNG DER KOOPERATIONSKULTUR

Eine kooperative VKF im Sinne der ECR–Vision setzt eine wertschöpfungsstufenübergreifende Abstimmung von Planungs–, Entscheidungs–, Steuerungs– und Entwicklungsprozessen voraus, so daß eine neue Dimension der Kooperationskultur zwischen Industrie und Handel erforderlich wird. Wesentliche Elemente dieser auf Harmoniestreben gründenden Symbiose sind das eindeutige Bekenntnis zu kooperativem Verhalten, eine auf Fairneß, Vertrauen und Offenheit basierende Zusammenarbeit sowie eine „gerechte" Funktions– und Gewinnverteilung (Friedrich;Rodens 1996, S. 267 ff.). Jedoch stellt in Deutschland die Bereitschaft zum offenen Informationsaustausch, insbesondere die kooperative Nutzung von Kundeninformationen und Scannerdaten, im Vergleich zum europäischen Ausland nicht nur wegen der fehlenden technischen Infrastruktur und der geringen Durchsetzung von Kundenkarten bis heute ein erhebliches Problem dar (Mei–Pochtler 1999, S. 42). Aufgrund asymmetrischer Macht– und Informationsverteilung fungieren Informationen häufig eher als taktisches Element zur Beeinflussung des Marktpartners (Litzinger 1996, S. 233). Somit bleiben Wachstums– und Effizienzpotentiale, die sich aus einer zielgruppenspezifischen Kanalisierung gemeinsamer Marketing– und Promotionaufwendungen ergeben, zu großen Teilen ungenutzt (Mei–Pochtler 1999, S. 42). Diesem Defizit läßt sich allerdings mit der Implementierung kooperations– und vertrauensfördernder Organisationsstrukturen, wie z.B. multifunktionale

Teams, die einer stärkeren Beziehungsorientierung zwischen Industrie und Handel Rechnung tragen, konsequent begegnen (Friedrich;Rodens 1996, S. 268).

6 RESÜMEE

Aktuelle Entwicklungen in der Informations- und Kommunikationstechnologie sowie durch Konzentrationstendenzen beeinflußte verschärfte Wettbewerbsbedingungen fördern im Konsumgüterbereich die Intensivierung der Kooperation zwischen Industrie und Handel. Vor diesem Hintergrund erfährt die VKF als kooperativer Lösungsansatz insbesondere auf der Grundlage des ECR-Modells eine größere strategische Bedeutung (Dölle 1996, S. 46). Die dadurch gestiegenen Anforderungen an die inhaltliche und organisatorische Ausgestaltung einer kooperativen VKF gehen einher mit der Notwendigkeit einer integrierten Betrachtung und Restrukturierung stufenübergreifender Wertschöpfungsprozesse. Die gemeinsame Ausschöpfung quantitativer und qualitativer Effizienzpotentiale im Rahmen einer vertikal koordinierten VKF stellt allerdings bis heute noch eine große Herausforderung für Industrie und Handel dar.

Insgesamt wurde deutlich, daß für eine erfolgreiche kooperative VKF ein intensives Beziehungsmanagement zwischen den Wertschöpfungspartnern notwendig ist. Den entscheidenden Erfolgsfaktor bildet hierbei neben einer verbesserten Kooperationskultur die Integration dieses Kommunikationsinstrumentes in das strategische Gesamtkonzept von Industrie und Handel zur Durchsetzung eines stufenübergreifenden und integrierten Marktbearbeitungsprozesses.

Die konsequente Neuausrichtung der VKF als kooperativ zu steuerndes Instrument bleibt allerdings auch im Rahmen von ECR und Category Management weitgehend vernachlässigt. Diese Zurückhaltung dürfte zu einem nicht unerheblichen Teil in mangelndem Kooperationswillen sowie in der nur schwer zugänglichen Messung quantitativer und qualitativer Effizienzpotentiale begründet sein.

LITERATUR

Ahlert, D.: Distributionspolitik, 3. Aufl., Stuttgart/Jena 1996.

Banning, T.: Lebensstilorientierte Marketing – Theorie, Heidelberg 1987.

Beck, K.: Gebietsanalysen mit Micromarketing. In: Dynamik im Handel, 40 (1996), Nr. 9, S. 73–75.

Behrends, C.: Märkte als Medien nutzen. In: Dynamik im Handel, 37 (1993), Nr. 7, S. 32–35.

Behrends, C.: Synergieeffekte auch am Point of Sale? In Dynamik im Handel, 37 (1993), Nr. 2, S. 5–8.

Belch, G.; Belch, M.: Advertising and promotion, Chicago 1997.

Bellino, H.: Strategische Verkaufsförderung ist Push–Marketing. In: Thexis, 10 (1993), Nr. 2, S. 6–12.

Berekoven, L.: Erfolgreiches Einzelhandelsmarketing, 2. Aufl., München 1995.

Berlemann, F.: Media–Einsatz „Below–the–line". In: Dynamik im Handel, 38 (1994), Nr. 3, S. 81–83.

Birkigt, K.: Angewandte Verkaufsförderung, Hamburg 1983.

Blattberg, R.; Neslin, S.: Sales Promotion. Concepts, methods, and strategies, Englewood Cliffs 1990.

Bruhn, M.: Kommunikationspolitik, München 1997.

Cristofolini, P.: Markenpolitik und Verkaufsförderung. In: Markenartikel, 56 (1994), Nr. 9, S. 426–430.

Cristofolini, P.;Thies, G.: Verkaufsförderung, Berlin 1979.

Decker, R.;Wagner, R.; Knauff, N.: Data Warehouse – Ein Instrument für Marktforschung und Management? In: M & M, 42 (1998), Nr. 5, S. 172–176.

Diller, H.; Brielmaier, A.: Die Wirksamkeit von Verkaufsförderungsaktionen, Arbeitspapier Nr. 28, Nürnberg 1993.

Dölle, Managementberatung (1996): VKF–Basis–Studie, Bad Homburg 1996.

Döppner, H.: Verkaufsförderung – eine Marketing–Funktion, Berlin 1977.

Feige, S.: Handelsorientierte Markenführung, 2. Aufl., Frankfurt 1997.

Fraser, N.: Co–op Advertising. In: Brezen Block, T.; Robinson, W. (Hrsg.): Dartnell's Sales Promotion Handbook, 8 th edition, Chicago 1994, S. 236–261.

Frey, U.D.: Sales Promotion Power für mehr Umsatz, Landsberg/Lech 1997.

Frey.Beaumont–Bennett: VKF – Trends Deutschland 1996, Düsseldorf 1996.

Friedrich, S.; Rodens, B.: Wertschöpfungspartnerschaft „Handel/Industrie" – Gemeinsam Werte für den Kunden schaffen. In: Hinterhuber, H.;Al–Ani, A.;Handlbauer, G. (Hrsg.): Das neue strategische Management, Wiesbaden 1996, S. 245–275.

Gerling, M.: Verkaufsförderung: Trend zur Exklusivität. In: Dynamik im Handel, 41 (1997), Nr. 3, S. 50–53.

Gruninger–Hermann, C.: Zur Bedeutung von Multimedia für den Handel. In: Müller–Hagedorn, L.(Hrsg.): Trends im Handel, Frankfurt 1997, S. 127–166.

Hahne, H.: Category Management aus Herstellersicht, Köln 1998.

Helmig, B.: Variety–seeking–behavior im Konsumgüterbereich, Wiesbaden 1997.

Helpup, A.: Business Reengineering im Einzelhandel, Aachen 1998.

Heydt, A. von der: Efficient Consumer Response – So einfach und doch so schwer. In: Von der Heydt, A. (Hrsg.): Handbuch Efficient Consumer Response, München 1999, S. 3–23.

Heydt, A. von der: Efficient Consumer Response (ECR), 3. Aufl., Frankfurt 1998.

Jansen, H.: Grundlagen, Einsatzmöglichkeiten und Potentiale. In: EHI. Enzyklopädie des Handels: Neue Medien im Handel, 1997, S. 8–14.

Keppler, M.: Wirksamere Verkaufsförderung durch psychologische Kundensegmentierung. In: Thexis, 10 (1993), Nr. 2, S. 20–23.

Kuckartz, R.: Videokonferenz – Erkannte Chance. In: EHI. Enzyklopädie des Handels: Neue Medien im Handel, Köln 1997, S. 71–75.

Laurent, M.: Vertikale Kooperation zwischen Industrie und Handel, Frankfurt 1996.

Leeds, D.B.: Point–of–Purchase. In: Brezen Block, T.;Robinson, W. (Hrsg.): Dartnell's Sales Promotion Handbook, 8 th edition, Chicago 1994, S. 166–188.

Lingelbach, G.;Kirschner, M.: Was geht wo im LEH? In: Absatzwirtschaft, 41 (1998), Nr. 5, S. 120–123.

Litzinger, D.: Computergestütztes Promotioncontrolling, Wiesbaden 1996.

Litzinger, D.: Den Handel zur Kooperation gewinnen. In: Absatzwirtschaft, 38 (1995), Nr. 2, S. 84–91.

Martin, A.: Infopartnering. The ultimate strategy for achieving ECR, New York 1994.

Martin, M.: Mikrogeographische Marktsegmentierung, Wiesbaden 1992.

Meffert, H.: Marketing, 8. Aufl., Wiesbaden 1998.

Mei–Pochtler, A.: Notizen aus der Provinz. In: Lebensmittel Zeitung, 51 (1999), Nr. 8, S. 42–43.

Möhlenbruch, D.: Kundenorientierung durch Category Management – Kritische Analyse eines Kooperationsmodells zwischen Industrie und Handel. In: Trommsdorff, V. (Hrsg.), Handelsforschung 1997/98: Kundenorientierung im Handel, Jahrbuch der Forschungsstelle für den Handel Berlin (FfH) e.V., Wiesbaden 1997, S. 113–133.

M S U Management–Beratung für Strategie und Umsetzung GmbH: 1. Verkaufsförderungs–Barometer, Bad Homburg 1998.

Otzen–Wehmeyer, E.: Internationales vertikales Marketing, Wiesbaden 1996.

Palupski, R.; Bohmann, B.: Co–Promotion. In: Marketing ZFP, 16 (1994), Nr. 4, S. 257–264.

Pinhammer, J.: Multimedial am Checkout. In: Dynamik im Handel, 42 (1998), Nr. 3, S. 32–34.

Rieke, H–J.: Chancen für den Kontakt zur front–line. In: Absatzwirtschaft, 39 (1996), Nr. 5, S. 116–117.

Rüschen, S.: Konsumentengerichtete Verkaufsförderung. Kooperation zwischen stationärem Lebensmitteleinzelhandel und Markenartikelhersteller, München 1998.

Schlotterbeck, H.: POP – Transfer von Markenwelten. In: Dynamik im Handel, 42 (1998), Nr. 8, S. 40–41.

Segerer, J.: Interaktive Verkaufsförderung, Bonn 1996.

Smith, K.: Introduction and Overview. In: Brezen Block, T.; Robinson, W. (Hrsg.): Dartnell's Sales Promotion Handbook, 8 th edition, Chicago 1994, S. 2–18.

Spannagel, R.;Trommsdorff, V.: Kundenorientierung im Handel. In: Dichtl, E.; Lingen–felder, M. (Hrsg.): Meilensteine im deutschen Handel, Frankfurt 1999, S. 57–88.

Stabernack, G.: Marken überzeugend kommunizieren. In: Dynamik im Handel, 39 (1995), Nr. 2, S. 22–26.

Stickel, H–J.: Vkf – Barometer zeigt ein Hoch an. In: Lebensmittel Zeitung, 50 (1998), Nr. 20, S. 78.

Stiebeiner, S.: Schnell und flexibel mit MDE. In: Dynamik im Handel, 42 (1998), Nr. 12, S. 20–25.

Tellis, G.J.: Advertising and sales promotion strategy, Reading (Massachusetts) 1998.

Totten, J.; Block, M.: Analyzing sales promotion, 2 nd edition, Chicago 1994.

Trommsdorff, V.: Konsumentenverhalten, 3. Aufl., Stuttgart/Berlin/Köln 1998.

Ziccardi, D.: Masterminding the store, New York 1997.

Handelstechnologie und Verhalten

Efficient Consumer Response – Eine kritische Betrachtung

Matthias Meyer, München

Efficient Consumer Response (ECR) gilt als Weg zur Steigerung der Kundenzufriedenheit und zur Realisierung von Kosteneinsparungen in der Lebensmittelindustrie. Die damit verbundene Euphorie läßt sich aber nicht unbedingt bei allen Unternehmen beobachten. Gründe dafür sind etwa die Marktmacht des Handels und das veränderte Käuferverhalten. In Anbetracht der Entwicklung der Beziehung zwischen Hersteller- und Handelsunternehmen und dem Scheitern bisheriger Bemühungen um kooperative Zusammenarbeit ergibt sich die Frage, inwieweit der ECR–Ansatz die Realisierung kooperativer Beziehungen überhaupt ermöglichen kann.

1 KOOPERATIVES VERTIKALES MARKETING

1.1 Beziehung zwischen Hersteller- und Handelsunternehmen

Die Beziehung zwischen Hersteller- und Handelsunternehmen ist durch zahlreiche Zieldivergenzen und potentielle Konflikte gekennzeichnet (siehe Tabelle 1; in Anlehnung an Steffenhagen 1975, S. 75; Becker 1993, S. 525; Brauer 1989, S. 62; Kunkel 1977, S. 107; Dingeldey 1975, S. 95 ff.; Trützschler 1975, S. 318 ff.; Klein 1993, S. 119 ff.).

Natürlich gibt es dabei partielle Zielentsprechungen, etwa das gemeinsame Bestreben, Produkte 'an den Mann zu bringen', Konflikte abzubauen, Doppelaktivitäten zu vermeiden und Rationalisierungspotentiale auszuschöpfen (Brauer 1989, S. 63). Dennoch resultieren aus den Zieldivergenzen systemimmanente Konfliktpotentiale und Konflikte zwischen Herstellern und Handel, die Steffenhagen bereits 1975 ausführlich behandelt hat (Steffenhagen 1975).

Folgende Entwicklungen beeinflussen die (potentiellen) Konflikte (siehe dazu auch Dingeldey 1975, S. 53 ff., 66 ff. und 104 ff.; George 1997; Marzen 1975, S. 425 ff.; Staudacher 1993, S. 30 ff.; Klein 1993, S. 105 f.):

- Konzentration und Marktmacht des Handels,
- Aufbau von Handelsmarken und eines eigenen Marketing durch den Handel,
- Vereinheitlichung der Produkte,
- kürzere Produktlebenszyklen und Technologiedynamik,
- Verbreiterung der Sortimente,
- abnehmende Markentreue (Motto 'mehr Qualität und Service für weniger Geld'),
- Computergestützte Warenwirtschaftssysteme,
- international gültige Datenaustauschformate (z.B. EDIFACT),
- Konkurrenz durch Versandhandel und Electronic Commerce,
- Internationalisierung.

Tabelle 1: Zieldivergenzen zwischen Hersteller– und Handelsunternehmen

Zielkategorie	Hersteller	Handel
Produkt–politik	– Aufbau von Produkten/Marken – Hohe Innovationsrate	– Aufbau eines Sortiments– und Einkaufsstättenimage – Geringe Innovationsrate – Aufbau von Eigenmarken
Distributions–politik	– Große Bestellmengen – Hohe Distributionsdichte – Günstige Markenplazierung – Sortimentspräsenz – Hohe Lieferbereitschaft – Sofern erforderlich hohe Service– und Beratungsqualität durch Handel	– Schnelle Belieferung auch in kleinen Mengen – Gleichmäßige Plazierung verschiedener Marken
Kommunika–tionspolitik	– Aufbau von Markenbekanntheit und –treue – Schaffung von Markenpräferenzen – Markenprofilierung	– Aufbau von Händlerbekanntheit und –treue – Profilierung der Handelskette und –niederlassungen – Sortimentsprofilierung (Förderung des Absatzes komplementärer Produkte)
Kontrahie–rungs–politik	– Einheitliche Endverbraucherpreise – Durchsetzung der Preisstrategie in Verbindung mit 'angemessener' Handelsspanne	– nktuell aggressive Preismaßnahmen – Hohe Handelsspanne

Die Konzentration und die Internationalisierung des Handels führten dazu, daß im europäischen Lebensmitteleinzelhandel ein enormes Umsatzvolumen auf wenige Handelsketten entfällt (in Anlehnung an George 1997, S. 57):

Tabelle 2: Umsätze im europäischen Lebensmitteleinzelhandel in 1992

Unternehmen	Umsatz (in Mio. DM)
Metro	71.707
Rewe	38.208
Carrefour	35.007
Leclerc	33.578
Intermarché	33.512
Aldi Edeka	32.658
Sainsbury	25.338
Tengelmann	25.333
Auchan	24.965
Promodès	24.862
Tesco	24.338

In Tabelle 3 ist dargestellt, wie sich die Marktbedeutung von Hersteller- und Handelsunternehmen in etwa entwickelt hat (in Anlehnung an Heydt 1998, S. 48; Becker 1993, S. 523 f.).

Tabelle 3: Entwicklung der Hersteller-Handels-Beziehung

Zeit	Marktgestalter	Marktfolger
50er/60er	Industrie	Handel
70er	Industrie/Handel	Industrie/Handel
80er/90er	Handel	Industrie

Trotz der pauschalisierten Darstellung in Tabelle 3 übernimmt der Handel sicher nicht mehr eine reine Distributionsfunktion, sondern entwickelt verstärkt Marketingaktivitäten im eigenen Interesse (Poth 1976, S. 84; Poth et al. 1986, S. 67; Becker 1993, S. 523). Die dabei eingesetzten Marketinginstrumente unterscheiden sich prinzipiell nicht von denen der Hersteller. Jedoch trifft die Produktpolitik des Herstellers (Produktinnovation) auf die Sortiments- und Handelsmarkenpolitik des Handels, die Preispolitik auf die Mischkalkulation etc. (Poth et al. 1986, S. 67).

Über die Entwicklung der Beziehung im nächsten Jahrtausend kann spekuliert werden. Aller Voraussicht nach muß aber von einer Dominanz des Handels ausgegangen werden.

1.2 Vertikales Marketing

„Der Leitgedanke, daß ein harmonisches Ineinandergreifen der Marketingaktivitäten auf den einzelnen Stufen von Marketingsystemen eine bessere Ausschöpfung der Endkäufernachfrage und zugleich eine wirtschaftlichere Prozeßgestaltung bei der Distribution erlaubt, ist Ursprung des Konzepts vom 'vertikalen 'Marketing'" (Meffert 1975, S. 15). Vertikales Marketing umfaßt dabei die aktive Beeinflussung der unmittelbaren Abnehmer bzw. Lieferanten und die der nach– bzw. vorgelagerten Stufen in Verbindung mit einer weitgehenden Koordination der Marketingaktivitäten (Kunkel 1977, S. 21). Etwas weiter geht die Definition von Meffert: „Vertikales Marketing bezeichnet [demzufolge] eine über alle Distributionsstufen hinweg koordinierte Steuerung und Regelung marktgerichteter Unternehmensaktivitäten." (Meffert 1975, S. 15).

Voraussetzung ist, daß die betreffenden Produkte oder Dienstleistungen mindestens zwei Stufen oder Märkte durchlaufen. Vielfach greifen Veröffentlichungen zu kurz, indem sich die Untersuchung auf das Handelsmarketing durch Hersteller - ohne Betrachtung des Konsumentenmarketing - konzentriert (siehe etwa Dingeldey 1975; Irrgang 1993).

Für die folgenden Ausführungen wird von Beziehungen zwischen Hersteller– und Handelsunternehmen ausgegangen. Möglich wären auch Beziehungen zwischen Herstellern (z.B. Vorprodukt– und Endprodukthersteller; siehe etwa Kunkel 1977) und zwischen Handelsunternehmen (z.B. Groß– und Einzelhandel).

Nach Kunkel können drei Formen der Zusammenarbeit in vertikalen Marketingsystemen unterschieden werden (Kunkel 1977, S. 29 f.):

1. Integrierte Systeme: Entweder befindet sich die Produktion und Distribution im Besitz eines Unternehmens oder es herrscht eine starke Abhängigkeitsbeziehung. Beides führt zu einer einheitlichen Steuerung und Kontrolle der Marketingaktivitäten.
2. Systeme mit rechtlich unabhängigen Unternehmen: Ein (mehrere) Unternehmen steuert (steuern) aufgrund seines (ihres) Machtübergewichts die Marketingaktivitäten.
3. Systeme gleichberechtigter/gleichgerichteter Partnerschaft.

Für die weiteren Ausführungen zur Kooperation im vertikalen Marketing sind die zweite und dritte Form relevant (eine eindeutige Abgrenzung der Formen ist nicht möglich). Vertragliche Bindungen zwischen einzelnen Hersteller– und Handelsunternehmen zur Realisierung vertikaler Vertriebs–/Absatzwegesysteme bedürfen einer gesonderten Un–

tersuchung, da in diesem Bereich kartellrechtliche Aspekte in den Vordergrund rücken, während der Ursprungsgedanke des vertikalen Marketing (siehe oben) von nachrangiger Bedeutung ist (siehe zu vertraglichen Absatzsystemen etwa Ahlert 1981; Ahlert 1982; Brauer 1989; Eggers 1990). Poth betont in diesem Zusammenhang die entscheidende Bedeutung der Machtverteilung in den Absatzkanälen (Poth et al. 1986, S. 70). Er geht sogar noch weiter, indem er behauptet, daß das vertikale Marketing ein ordnungspolitisch gewollter Spannungszustand sei, solange die Machtsymmetrie nicht gefährdet ist. „Sie ist de facto gefährdet durch die Handelskonzentration und durch die im Gegenzug sich vollziehende internationale Multikonzentration auf Herstellerseite." (Poth et al. 1986, S. 73). Gerade dies kann als Ausgangspunkt für kooperative Formen der Zusammenarbeit zwischen Hersteller- und Handelsunternehmen angesehen werden.

1.3 Kooperation im vertikalen Marketing

Es können mit dem Pull-, Push- und Kooperations-Konzept drei – historisch gewachsene – Stufen der Zusammenarbeit unterschieden werden (siehe dazu im einzelnen Becker 1993, S. 526 ff.; Kirsch 1987, S. 19 ff., insbesondere S. 27 ff.). Dabei handelt es sich mit dem Kooperations-Konzept um die Abstimmung der Marketingaktivitäten von Hersteller- und Handelsunternehmen mit dem Ziel der Nutzung von Synergieeffekten und der Vermeidung von Reibungsverlusten (Staudacher 1993, S. 36). „Nur die partnerschaftliche Grundidee der Kooperationsstrategie trägt den Zielen und Motiven des vertikalen Marketing Rechnung." (Staudacher 1993, S. 38).

Kooperation im vertikalen Marketing ist eindeutig auf die gemeinsame Durchführung von Marketingmaßnahmen und Entwicklung von Produkt- und Sortimentsinnovationen durch Industrie und Handel ausgelegt. Dies setzt entsprechende organisatorische Strukturen und gegenseitiges Vertrauen voraus (die genannten Punkte werden bei Baader, Meffert et al. und Trützschler bereits 1975 (!) behandelt). Hinzu kommen Überlegungen zu einer abgestimmten Logistik, damit Produkte im Zusammenspiel mit den Marketingmaßnahmen verfügbar sind.

Folgende Ansätze können als erste Schritte zur Umsetzung des Kooperations-Konzepts – und in Richtung Efficient Consumer Response – angesehen werden (sehr frühzeitig, aber auf einem hohem Abstraktionsniveau, werden Aspekte der Kooperation bei Tietz 1973 und bei Kirsch 1975 behandelt):

- Trade Marketing: Im Sinne der Push-Strategie gilt hier das Motto 'Der Handel als Kunde – nicht nur als Faktor Mittler' (Parjaszwski 1993, S. 378). Oftmals in Verbindung mit den nachfolgend beschriebenen Ansätzen, wie Key–Account–Management und Space Management, sollen die Aktivitäten von Hersteller und Handel (z.B. Logistik, Verkaufsförderung) koordiniert werden (Zentes 1989, S. 224 ff.). Ziel ist die Intensivierung der Zusammenarbeit und letztlich ein Brückenschlag für Konfliktsituationen.

- Key–Account–Management: Herstellerunternehmen setzen Key–Account–Manager zur Abstimmung von Hersteller– und Handelsmarketing und zur Information und Beratung zu betreuender Marktpartner (=Handelsunternehmen) ein (Staudacher 1993, S. 39; Diller 1989). Ziel ist das 'Hineinverkaufen' der Produkte (Push–Strategie), das sich aufgrund der veränderten Rahmenbedingungen (siehe oben) nicht mehr uneingeschränkt realisieren läßt.
- Space Management: Hierunter fällt die Optimierung der Verkaufsflächennutzung, insbesondere die Regalpflege. Der Ansatz steht in enger Verbindung mit der Sortimentsoptimierung (Ermittlung der optimalen Sortimentsbreite und –tiefe) und kann als (Teil)Ausgangsbasis des Category Management angesehen werden. Voraussetzung ist die Verfügbarkeit und Analyse von Informationen (z.B. Scannerdaten). Da der Handel einer außerordentlich großen Datenmenge gegenübersteht und Hersteller wiederum auf bestimmte Produktgruppen spezialisiert sind, wird das Space Management vermehrt durch Hersteller übernommen (Datenauswertung, Software–Bereitstellung). Dies erfordert den Austausch entsprechender Informationen. (Dammann-Heublein et al. 1992, S. 703 ff.; Hambuch 1993, S. 391; Tietz 1993b, S. 1179 ff.)
- Category Management: Abweichend von der üblichen funktionalen Organisation (Einkauf, Marketing, Finanzierung etc.) werden Warengruppen als strategische Geschäftseinheiten (Categories) betrachtet, für die multifunktionale Teams an den Schnittstellen zwischen Herstellern und Handel gemeinsam Strategien entwickeln. Das Category Management übernimmt neben dem sog. Supply Chain Management eine Querschnittsfunktion beim ECR–Ansatz. Die Abgrenzung des Begriffs ist uneinheitlich, da Hersteller– und Handelsperspektiven vermengt und teilweise Ansätze der Sortimentsoptimierung, Warenwirtschaft und Logistik integriert werden. In der Regel wird ein Hersteller als sog. Category Captain ausgewählt. Dieser übernimmt die Funktion, weitgehend objektiv etwa das Sortiment und/oder die Regalflächennutzung zu optimieren. So übernehmen selbst bedeutende Markenartikelhersteller – auf eigene Kosten! – Dienstleistungsfunktionen und müssen im Extremfall Aktionen für Wettbewerbsprodukte oder sogar die Auslistung eigener Produkte empfehlen. Kleine und mittlere Hersteller werden längerfristig keine marktgestaltende Funktion mehr übernehmen (Hallier 1995, S. 54). Zentrale Bedeutung hat die Bestimmung der Ca–

tegories, wobei es sich um Produkte handelt, die aus Kundensicht als zusammengehörig aufgefaßt werden. Die Abgrenzung der Categories und die Aufteilung erreichter Wertschöpfungsgewinne gilt als problematisch (Möhlenbruch 1997, S. 113 ff.; Tietz 1993b, S. 1179; Hahne 1997, S. 72 ff., Kettern et al. 1999, S. 161). So wäre zur Ausrichtung auf die Kundenbedürfnisse eine Berücksichtigung regionenspezifischer Faktoren erforderlich (Kabuth et al. 1998, S. 128), was gegenwärtig nur selten der Fall ist.

- Computerunterstützung und Datenaustausch: Mit der Verbreitung von Scannerkassen und Warenwirtschaftssystemen und der Standardisierung von Datenformaten und Artikelnummern wurde die Auswertung und der Austausch von Informationen möglich. Durch diese Entwicklungen ließen sich die oben genannten kooperativen Ansätze überhaupt erst realisieren. Darüber hinaus bieten sog. externe Warenwirtschaftssysteme die Möglichkeit der engen Zusammenarbeit zwischen Anbieter und Handelsunternehmen in Marketing und Logistik, indem sich die Betrachtung des Warenflusses nicht auf das Handelsunternehmen beschränkt (Zentes 1992, S. 883 ff.).

Es wäre jedoch falsch, in der Kooperation stets Vorteile zu sehen. Nicht vergessen werden dürfen nach wie vor die bereits genannten Zieldivergenzen zwischen Hersteller- und Handelsunternehmen (Hambuch 1993, S. 418; Irrgang 1993, S. 11 und 18). Außerdem macht es Sinn, die Ausgestaltung unter Berücksichtigung der Markt- und Wettbewerbskonstellation (wachsender/gesättigter Markt, Marktführer/nachrangige Anbieter) und im Zusammenhang mit Wettbewerbsrecht/Kartellgesetz zu beurteilen (siehe dazu etwa Kirsch 1987, S. 34). Diese Aspekte werden im Zusammenhang mit ECR nur sehr selten behandelt.

2 EFFICIENT CONSUMER RESPONSE

2.1 Idee des ECR

ECR läßt sich verkürzt als „effiziente Antwort auf die Kundennachfrage" beschreiben (Heydt 1999, S. 3). Es soll – darin unterscheidet sich ECR nicht von der Grundidee des Marketing – das richtige Produkt zur rechten Zeit am rechten Ort zum richtigen Preis sein. Zurückgeführt wird der Ansatz auf das sog. Quick-Response, das in der US-amerikanischen Textilindustrie zur Beschleunigung der Entwicklung, Produktion und Distribution dient(e) (Tietz 1993a, S. 514; Tietz 1995, S. 176).

Mit dem ECR–Ansatz handelt es sich um (Heydt 1999, S. 4):

- eine gesamtunternehmensbezogene Vision, Strategie und Bündelung ausgefeilter Techniken;
- eine auf Vertrauen basierende Kooperation zwischen Hersteller und Handel zur Entschärfung der konfliktären Schnittstelle;
- ein Maßnahmenpaket zur Beseitigung von Ineffizienzen entlang der Wertschöpfungskette unter Berücksichtigung der Verbraucherbedürfnisse und der maximalen Kundenzufriedenheit;
- eine Möglichkeit zur Stiftung eines Nutzens für alle Beteiligten, der im Alleingang nicht zu erreichen gewesen wäre.

Es soll nicht mehr das Motto 'Mein Gewinn ist Dein Verlust' gelten, sondern 'Dein Nutzen ist Voraussetzung für meinen Nutzen'. Dies macht auch deutlich, daß zwar zwischen Industrie und Handel kooperiert wird, die Schaffung von Wettbewerbsvorteilen und das Gewinnstreben aber nicht außer Acht gelassen werden.

Insgesamt verspricht man sich in Europa ein europaweites Kostensenkungspotential von 5,7%–7,3%. Es verwundert daher kaum, daß sich die Liste der an ECR Europe teilnehmenden Unternehmen wie das Who's Who der Industrie und des Handels in Europa liest (siehe zu den Angaben die entsprechenden Internet–Seiten von ECR Europe; bei Fischer et al. 1998, S. 353 werden vorsichtigere Erfolgspotentiale zitiert).

2.2 Basisstrategien des ECR

Es werden vier eng zusammenhängende ECR–Basisstrategien unterschieden (siehe zu den Ausführungen Heydt 1999, S. 5 ff.; Fischer et al. 1998, S. 351 ff.; Tietz 1995, S. 179):

- Efficient Replenishment (ERP): ERP umfaßt die Zusammenarbeit von Herstellern und Handel im Bereich der Logistik und des Informationsaustausches mit dem Ziel einer effizienten Warenversorgung (so können Hersteller beispielsweise den Bedarf für ein Produkt oder Sortiment selbst vorhersagen). Ziel der ERP–Techniken ist die Senkung von Bestandshöhen, bessere Auslastung von Transportkapazitäten, Senkung der Transportzeiten und die Erhöhung der Produktverfügbarkeit. Wichtige ERP–Techniken sind dabei Electronic Data Interchange (EDI) und Cross Docking, wobei der Aspekt der vertrauensvollen und partnerschaftlichen Beziehung zwischen Herstellern und Handel eine nicht so große Rolle spielt wie bei den weiteren Strategien. ERP wird daher als Einstiegsstrategie für ECR angesehen.

- Efficient Assortment (EA): EA umfaßt die gemeinsame Sortimentsgestaltung durch Hersteller und Handel. Ziel ist die optimale Nutzung des Verkaufsraumes (Regal– und Flächenoptimierung), eine effektive Produktplazierung und Preisgestaltung verbunden mit einer Steigerung der Kundenzufriedenheit. In die Zusammenarbeit bringen die Hersteller Kenntnisse zu den Konsumenten ihrer Produkte (Kundenprofil, Kaufentscheidungsprozeß) und die Händler Informationen zu ihrer Kundschaft ein. Eine zentrale Rolle hat dabei das Category Management (siehe oben).
- Efficient Promotion (EP): Ziel von EP ist die Verbesserung der Kommunikationspolitik (Werbung und insbesondere verkaufsfördernde Maßnahmen), wobei die Maßnahmen der Hersteller und des Handels nicht mehr unabhängig voneinander geplant und durchgeführt werden. Dies vermeidet Doppelarbeit, verbessert das Timing, erhöht die Wirkung und ermöglicht eine genauere Wirkungsabschätzung der Aktionen und damit die Planung künftiger Aktionen. Durch das kooperative Vorgehen wird das sog. Forward Buying vermieden. Problematisch sind wettbewerbsrechtliche Aspekte durch die enge Zusammenarbeit und die unterschiedlichen Interessen der Hersteller und des Handels (siehe Tabelle 1). Eine Zusammenarbeit setzt daher ein Vertrauensverhältnis voraus, das erst in einer späteren Phase der Einführung des ECR–Konzeptes zu erwarten ist.
- Efficient Product Introductions (EPI): EPI bezeichnet die gemeinsame Entwicklung und Einführung neuer Produkte. Ziel ist die Senkung der damit verbundenen Kosten und die Steigerung der Kundenzufriedenheit, indem den Konsumenten eine größere Zahl qualitativ hochwertiger Produkte in kürzerer Zeit angeboten werden.

Das logistikorientiere ERP konzentriert sich auf die Anbieterseite mit dem Ziel der Kostenreduktion, während sich EA, EP und EPI auf die Nachfragerseite konzentrieren. Hervorzuheben ist, daß keine der vier Basisstrategien für sich neu ist. Vielmehr werden zahlreiche Ansätze zur Umsetzung des kooperativen vertikalen Marketing (siehe dazu die obigen Ausführungen) integriert.

2.3 Erfolgsfaktoren des ECR

Zur Umsetzung der Basisstrategien sind eine Reihe Voraussetzungen notwendig, die in sog. harte und weiche Erfolgsfaktoren unterschieden werden (Heydt 1999, S. 13 ff.; Fischer et al. 1998, S. 353 ff.):

Unter harten Erfolgsfaktoren werden hauptsächlich technische Voraussetzungen zusammengefaßt, die zur Realisierung der ECR–Basisstrategien notwendig (aber nicht hinrei–

chend!) sind. Dazu zählt der Einsatz von Scannerkassen, der elektronische Datenaustausch (EDI), der Einsatz von Data Warehouses, das Activity Based Costing sowie die fachliche Qualifikation der beteiligten Mitarbeiter. Weiche Erfolgsfaktoren sind dagegen eher verhaltensbezogen. Hierzu zählen Einstellungen, Verhaltensweisen, Motivation der Mitarbeiter und das sog. Change Management. Grund für die Einbeziehung dieser Aspekte ist die Erkenntnis, daß die technischen Voraussetzungen nutzlos sind, wenn das Engagement der Mitarbeiter zur Umsetzung des ECR–Ansatzes fehlt (Creischer 1999, S. 302 ff.).

Grundlegende Voraussetzung für die engere Zusammenarbeit zwischen Hersteller– und Handelsunternehmen sind natürlich die bereits erwähnten Entwicklungen im Handelsbereich (Konzentration, Internationalisierung, Konkurrenzdruck etc.). Glaubt man Erhebungen von ECR Europe und involvierten Unternehmensberatungen, dann befinden sich hersteller– und handelsseitig ca. ein Drittel aller Unternehmen in der Realisierungsphase von ECR–Techniken und ein weiteres Drittel in der Planungsphase. Das verbleibende Drittel hat noch keine Pläne (Heydt 1998, S. 215; die Zahlen werden in den weiteren Ausführungen kritisch betrachtet).

3 KRITISCHE BETRACHTUNG DES ECR–ANSATZES

Der ECR–Ansatz zeichnet sich dadurch aus, daß eine Reihe verschiedener Techniken aus Marketing und Logistik integriert werden und daß sich zahlreiche Unternehmen auch auf internationaler Ebene mehr oder weniger freiwillig in Gremien engagieren. Voraussetzung für die Realisierung sind die verschärften Bedingungen, unter denen Hersteller– und Handelsunternehmen agieren müssen, und die Verbreitung von Informationstechnologien in Verbindung mit der Standardisierung von Daten(austausch)formaten.

Die gegenwärtig überwiegend euphorische Stimmung läßt sich auf die Erfolgsmeldungen aus den USA und den Erfolgsprognosen für europäische Unternehmen zurückführen. Die Erhebungen zur Umsetzung und den geschätzten Erfolgspotentialen des ECR–Ansatzes scheinen die Akzeptanz zu belegen. Allerdings sind die Zahlen kritisch zu betrachten, da Details zu den Fragen und Erhebungsteilnehmern oftmals verschwiegen werden. So könnte die Installation eines Warenwirtschaftssystems und die Produktbestellung per Datenaustausch bereits als Realisierung des ECR–Ansatzes aufgefaßt werden.

Folgende Kritikpunkte dienen der Relativierung der Argumente für den ECR–Ansatz:

- Bei der Diskussion ist meistens von den Herstellern und dem Handel die Rede. Die Betrachtung der Kooperation zwischen einzelnen Unternehmen macht aber deutlich, daß ein Hersteller zahlreiche Handelsunternehmen beliefert und ein Handelsunternehmen von zahlreichen Herstellern beliefert wird. Jedes Unternehmen hätte sich also entweder auf zahlreiche Partner der 'anderen Seite' einzustellen oder müßte sich auf wenige Partner konzentrieren. Würden nahezu alle Unternehmen den ersten Weg beschreiten, dürfte sich langfristig an der Marktsituation kaum etwas ändern, da ein Wettbewerbsvorteil auf horizontaler Ebene nicht erreicht werden kann (laut Schüppler 1998, S. 94, würde eine Neuorganisation ohne Berücksichtigung unternehmensindividueller Aspekte wegen der Möglichkeit einer schnellen Nachahmung ebenfalls nur kurzfristig zu Konkurrenzvorteilen führen). Im zweiten Fall besteht für Hersteller dagegen die Gefahr, durch Auslistungen der eigenen Produkte bei den Nicht–Partnern und im Konfliktfall insbesondere bei den Partnern erhebliche Wettbewerbsnachteile zu erlangen. Handelsunternehmen reduzieren durch eine enge Zusammenarbeit mit nur wenigen Herstellern ihre Möglichkeiten der Sortimentsprofilierung.
- In Verbindung mit dem vorgenannten Punkt ist die entscheidende und oftmals nicht erwähnte Rolle von Logistik–Dienstleistern zu sehen. Jede Änderung des Informations– und Produktaustausches betrifft nicht nur die betreffenden Hersteller– und Handelsunternehmen, sondern alle beteiligten Unternehmen der Versorgungskette. Eierhoff (1998, S. 369), stellt zwar die Vielzahl und das Beziehungsgeflecht der Prozeßbeteiligten (Versicherungen, Banken, DV–Dienstleister, Logistik–Dienstleister etc.) als Herausforderung zur Verbesserung und Vereinfachung der Zusammenarbeit heraus, beschränkt seine Betrachtungen jedoch auf ein einziges Handelsunternehmen als letztes Glied in der Prozeßkette.
- Die Erfolgsmeldungen beruhen auf Projekterfahrungen. Oftmals werden neue Projektgruppen oder –abteilungen gebildet, die sich ausschließlich auf die Realisierung von ECR–Techniken konzentrieren. Ein Erfolg ist damit nahezu garantiert, da ECR–Kritikern zufolge jede Verbesserungsmaßnahme zu Vorteilen führt, sofern die damit betrauten Mitarbeiter genügend Zeit und Ressourcen erhalten (Hallier 1999, S. 57; Steffen 1999, S. 78).
- Die Erfolgsprognosen orientieren sich an den erzielten Kosteneinsparungen von US–amerikanischen Unternehmen. Dabei erfolgt keine Betrachtung der abweichenden rechtlichen und wirtschaftlichen Voraussetzungen. So ist es in den USA (und auch in Egland) möglich, zahlreiche Kundendaten zu sammeln und z.B. bestimmten Kunden gezielt einen Warenkorb mit bestimmten Angeboten und Rabatten zusammenzustel–

len. In Deutschland gibt es dagegen datenschutzrechtliche Bedenken und gesetzliche Einschränkungen.

- Die Verteilung der Kosteneinsparungen ist problematisch (Hagen 1999, S. 43; Hallier 1999, S. 59; Töpfer 1995, S. 198). Zwar werden Ansätze entwickelt, die bis auf Produkte die Kosten herunterrechnen. Fraglich ist aber, wem die Einsparungen zuzurechnen sind. Optimiert etwa ein Hersteller die Regalflächennutzung, dann ergeben sich Einsparungen bzw. Zugewinne durch Mehrverkauf für das Handelsunternehmen. Inwieweit diese dem betreffenden Hersteller zustehen, läßt sich nicht genau ermitteln. „Wie mißt man die Vorteile und in welcher Form werden diese aufgeteilt? Hier öffnet sich eine große Spielwiese für Berater und Wissenschaft." (Simacek 1999, S. 131).
- Die Informationsführerschaft wird durch die Verfügbarkeit von Scanningdaten eher auf Handelsseite sein. Zwar beziehen Herstellerunternehmen Informationen aus Konsumentenpanels. Diese gewinnen aber erst durch die Integration von Informationen des Handels (z.B. Aktionsdaten) an Aussagekraft. Durch die zunehmende Konzentration des Handels besteht dabei die Gefahr, daß Handelsvertreter sich gegen eine Informationsweitergabe sperren (vgl. zu den Ausführungen Olbrich 1995, S. 39 ff.).
- Nahezu jeder Rationalisierungserfolg gilt als ECR–Erfolg, nachdem der Begriff ECR seit 1993/94 verbreitet ist und laut Schüppler (1998, S. 92) in der Regel als Oberbegriff bzw. Synonym für sämtliche Ideen und Maßnahmen zur Verbesserung der Kommunikation und Kooperation zwischen Hersteller- und Handelsunternehmen verwendet wird. „Da also beim Studium der einschlägigen Literatur auffällt, daß augenblicklich jegliche Aktivität ECR ist, verwundert es auch nicht, wenn selbst Marketing und Produktion von ECR eingeschlossen werden. Überspitzt ließe sich also formulieren, ECR gehe groß und klein etwas an, da jegliches Wirtschaften ECR ist." (Hallier 1999, S. 56). Hinzu kommt, daß das Reden und Schreiben bei ECR überwiegt: „Leistung wird auch bei ECR nicht durch die Anzahl der Publikationen, sondern durch Handeln, durch Ergebnisse erzeugt." (Steffen 1999, S. 86).
- Zentrale Bedeutung hat die Sortimentsoptimierung, während beim ECR–Ansatz oftmals die Lager- und Logistikoptimierung in den Vordergrund gestellt wird. „Ein effizientes Lager- und Logistikhandling eines ineffizienten Sortiments steht im Widerspruch zur ganzheitlichen Betrachtung von ECR. Im Mittelpunkt steht dann nicht ein 'Efficient Consumer Response' sondern eher eine 'Efficient Cost Reduction', die aus betriebswirtschaftlicher Betrachtungsweise sicherlich ihre Berechtigung hat, aber nicht die Bedürfnisse des Kunden berücksichtigt." (Kettern et al. 1999, S. 162). Eier–

hoff (1998, S. 367), sieht ebenfalls den Aspekt der Effizienz im Vordergrund und betrachtet den Kundennutzen als willkommenen, nicht zu unterschätzenden Mitnahmeeffekt.

- Es erfolgt keine Berücksichtigung der ursprünglichen Zieldivergenzen und damit immer noch vorhandenen Konflikte (Tietz 1995, S. 183; Hallier 1995, S. 60). Publizierte Projekterfahrungen enthalten durchaus kritische Untertöne, die die nach wie vor vorhandenen Zieldivergenzen erkennen lassen (Hausmann 1999, S. 119; Puhlmann et al. 1999, S. 313; Fischer et al. 1998, S. 355).
- Die Notwendigkeit und Bereitschaft zur Kooperation und ihre Realisierung hängt auch von der jeweiligen Unternehmensgröße bzw. Marktmacht ab. Töpfer geht aufgrund der veränderten Rahmenbedingungen (steigende Kosten, stagnierende Umsätze) sogar von einer Zunahme der Konflikthäufigkeit und –trächtigkeit aus (Töpfer 1995, S. 189). Dieser Punkt ist in Verbindung mit den Zieldivergenzen zu sehen (siehe dazu auch Hinterhuber et al. 1999, S. 334).
- Folgendes Zitat macht die Haltung (bedeutender) Handelsunternehmen deutlich, sofern Herstellerunternehmen 'nicht mitspielen': „Wenn [...] darüber gesprochen wird, wie der [...] Geschäftsverkehr gemeinsam zu organisieren ist, und die Hersteller sträuben sich dagegen, dann hat die Industrie ein Problem. Dann muß KARSTADT sich nämlich fragen, warum mit solchen Industriefirmen zusammengearbeitet werden soll, die nicht bereit sind, den Geschäftsdatenverkehr mit ihnen zum beidseitigen Vorteil [...] zu organisieren. Dann stellt sich auch die Frage, welche Produkte diese Firmen haben und ob sie für KARSTADT wichtig sind. Gibt es dafür Alternativprodukte von Firmen, die bereit sind, den Geschäftsdatenverkehr mit KARSTADT so zu organisieren, daß keine übermäßigen Aufwendungen entstehen?" (Eierhoff 1998, S. 384). Auch hier zeigt sich die Bedeutung der Unternehmensgröße und Marktmacht, damit es zu einer gleichberechtigten Kooperation kommen kann.
- In Verbindung mit den vorgenannten Punkten erklärt sich auch, daß sog. Versandvorschriften der Firma Karstadt, die Lieferanten und Spediteuren vorschreiben, wann in welcher Form mit welchen Zusatzleistungen Waren anzuliefern sind, in Publikationen zum ECR–Ansatz erscheinen (Linnemann 1999, S. 103; Eierhoff 1998, S. 373, behandelt die Einführung von Mehrwegverpackung bei Karstadt).

4 FAZIT

Die Grundidee des ECR–Ansatzes ist keineswegs neu. Jedoch scheint durch die Verfügbarkeit von Informations– und Kommunikationstechnologien, die Integration ver–

schiedener Techniken und das Engagement zahlreicher internationaler Unternehmen eine Realisierung kooperativer Beziehungen im vertikalen Marketing wahrscheinlicher zu sein.

Wie die obigen Ausführungen zeigen, sprechen jedoch einige Punkte gegen eine andauernde vertrauensvolle Kooperation zwischen Hersteller- und Handelsunternehmen. Grund dafür ist die wachsende Marktdominanz und Informationsführerschaft des Handels. Mittlerweile sind auch bedeutende Markenartikelhersteller mehr oder weniger gezwungen, Sortiments- und Regalplatzoptimierungen für Handelsunternehmen - auf eigene Kosten! - durchzuführen, um der Gefahr einer Auslistung zu entgehen. Es stellt sich die Frage, warum sich Handelsunternehmen veranlaßt sehen sollten, gleichberechtigte Kooperationen einzugehen. Auch der ursprüngliche Informationsvorsprung der Herstellerunternehmen bezüglich des Konsumentenverhaltens bestimmter Produkte bzw. Produktgruppen gilt so nicht mehr. Handelsunternehmen können diese Informationen entweder von einschlägigen Marktforschungsunternehmen beziehen oder wählen ein konkurrierendes Herstellerunternehmen beispielsweise als Category Captain bzw. Informationslieferanten.

Die Ausführungen haben deutlich gemacht, daß bei der Umsetzung des ECR-Ansatzes Effizienzgewinne im Vordergrund stehen, während eine Steigerung des Kundennutzen allenfalls als Mitnahmeeffekt betrachtet wird. Daß ECR dabei zu Effizienzgewinnen führen kann, ist unbestritten. Allerdings ist die Aufteilung der dafür erforderlichen Leistungen und der erzielten Kosteneinsparungen problematisch.

Allerdings wird aus Sicht der Handelsunternehmen die Konkurrenz durch das Internet befürchtet, das die Marktpartner in die Lage versetzen könnte, den Handel rechts zu überholen. (Eierhoff 1998, S. 382) Auch dies deutet das weiter existierende gegenseitige Mißtrauen an.

LITERATUR

Ahlert, D. (Hrsg.): Vertragliche Vertriebssysteme zwischen Industrie und Handel, Wiesbaden 1981.

Ahlert, D.: Vertikale Kooperationsstrategien im Vertrieb. In: Zeitschrift für Betriebswirtschaft, 1/1982, S. 62-93.

Baader, D.: Die Zusammenarbeit zwischen Hersteller und Handel aus der Sicht eines

Markenartikel–Herstellers. In: Meffert, H. (Hrsg.): Marketing heute und morgen – Entwicklungstendenzen in Theorie und Praxis, Wiesbaden 1975, S. 349–368.

Becker, J.: Marketing–Konzeption, 5. Auflage, München 1993.

Brauer, U.: Die vertikale Kooperation als Absatzwegestrategie für Herstellerunternehmen, München 1989.

Creischer, C.: Der Mensch als Faktor. In: Heydt, A., von der (Hrsg.): Handbuch Efficient Consumer Response, München 1999, S. 302–311.

Dammann–Heublein, H. et al.: Computergestütztes Verkaufsflächen–Management. In: Hermanns, A.; Flegel, V. (Hrsg.): Handbuch des Electronic Marketing, München 1992, S. 703–715.

Dingeldey, K.: Herstellermarketing im Wettbewerb um den Handel, Berlin 1975.

Diller, H.: Key–Account–Management als vertikales Marketingkonzept. In: Marketing ZFP, 4/1989, S. 213–223.

Eggers, C.: Vertikale vertragliche Vertriebssysteme für Markenartikel, Konstanz 1990.

Eierhoff, K.: Efficient Consumer Response (ECR) – ein neuer Weg in der Kooperation zwischen Industrie und Handel. In: Ahlert, D. et al. (Hrsg.): Informationssysteme für das Handelsmanagement: Konzepte und Nutzung in der Unternehmenspraxis, Berlin u.a. 1998, S. 364–386.

Fischer, J. et al.: Efficient Consumer Response und zwischenbetriebliche Integration. In: Hippner, H. et al. (Hrsg.): Computer Based Marketing – Das Handbuch zur Marketinginformatik, Wiesbaden 1998, S. 349–356.

George, G.: Internationalisierung im Einzelhandel: strategische Optionen und Erzielung von Wettbewerbsvorteilen, Berlin 1997.

Hagen, K.: Das ECR–Management in Deutschland. In: Heydt, A. von der (Hrsg.): Handbuch Efficient Consumer Response, München 1999, S. 41–54.

Hahne, H.: Category Management – Interface zum Handel. In: Absatzwirtschaft, 3/1997, S. 72–76.

Hallier, B.: Scanner–gestütztes Handelsmarketing. In: Trommsdorff, V. (Hrsg.): Informationsmanagement im Handel, Handelsforschung 1995/96, Wiesbaden 1995, S. 51–62.

Hallier, B.: Wird ECR zum Club der Großen? In: Heydt, A. von der (Hrsg.): Handbuch Efficient Consumer Response, München 1999, S. 55–61.

Hambuch, P.: Space Management – Ansatzpunkte und Operationalisierung. In: Irrgang, W. (Hrsg.): Vertikales Marketing im Wandel, München 1993, S. 390–420.

Hausmann, S.: Efficient Consumer Response (ECR) aus Sicht der Dienstleister – die Notwendigkeit des Wandels. In: Heydt, A. von der (Hrsg.): Handbuch Efficient Consumer Response, München 1999, S. 112–128.

Heydt, A. von der: Efficient Consumer Response (ECR), 3. Auflage, Frankfurt 1998.

Heydt, A. von der: Efficient Consumer Response – So einfach und doch so schwer. In: Heydt, A. von der (Hrsg.): Handbuch Efficient Consumer Response, München 1999, S. 3–23.

Hinterhuber, H.H. et al.: Quo Vadis ECR? – Vom Effizienzstreben zur Kundenorientierung. In: Heydt, A. von der (Hrsg.): Handbuch Efficient Consumer Response. München 1999, S. 331–346.

Irrgang, W.: Strategien im vertikalen Marketing der Industrie. In: Irrgang, W. (Hrsg.): Vertikales Marketing im Wandel, München 1993, S. 1–24.

Kabuth, P. et al.: Category Management und dessen Umsetzung in die Praxis. In: HMD, 199/1999, S. 124–131.

Kettern, A. et al.: Category Management im Lebensmittel–Einzelhandel. In: Heydt, A. von der (Hrsg.): Handbuch Efficient Consumer Response, München 1999, S. 159–169.

Kirsch, J.: Handelsorientiertes Herstellermarketing, Hohenheim 1987.

Kirsch, W.: Kooperatives Marketing – Koalition selbständiger Unternehmen oder Die Parabel von den Straßenräubern. In: Meffert, H. (Hrsg.): Marketing heute und morgen – Entwicklungstendenzen in Theorie und Praxis, Wiesbaden 1975, S. 299–309.

Klein, G.: Handels–Marketing und Erwartungen des Handels an den Hersteller. In: Irrgang, W. (Hrsg.): Vertikales Marketing im Wandel, München 1993, S. 104–122.

Kunkel, R.: Vertikales Marketing im Herstellerbereich, München 1977.

Linnemann, W.: Bedarfsorientierte Warenhauslogistik im ECR–Zeitalter. In: Heydt, A.

von der (Hrsg.): Handbuch Efficient Consumer Response, München 1999, S. 97–111.

Marzen, W.: Handelsmarketing der Zukunft. In: Meffert, H. (Hrsg.): Marketing heute und morgen – Entwicklungstendenzen in Theorie und Praxis, Wiesbaden 1975, S. 421–435.

Meffert, H. et al.: Produkt- und Sortimentsinnovation als Problem des vertikalen Marketings. In: Meffert, H. (Hrsg.): Marketing heute und morgen – Entwicklungstendenzen in Theorie und Praxis, Wiesbaden 1975, S. 331–347.

Meffert, H.: Vertikales Marketing und Marketingtheorie. In: Steffenhagen, H.: Konflikt und Kooperation in Absatzkanälen, Wiesbaden 1975, S. 15–20.

Möhlenbruch, D.: Kundenorientierung durch Category Management – Kritische Analyse eines Kooperationsmodells zwischen Industrie und Handel. In: Trommsdorff, V. (Hrsg.): Kundenorientierung im Handel, Handelsforschung 1997/98, Wiesbaden 1997, S. 113–133.

Olbrich, R.: Entwicklungsperspektiven des vertikalen Informationsmanagement zwischen Handel und Industrie – Informationeführerschaft des Handels, der Industrie oder der Marktforschungsinstitute. In: Trommsdorff, V. (Hrsg.): Informationsmanagement im Handel, Handelsforschung 1995/96, Wiesbaden 1995, S. 39–50.

Parjaszwski, P.: Gestaltung von Werbemitteln im vertikalen Marketing. In: Irrgang, W. (Hrsg.): Vertikales Marketing im Wandel, München 1993, S. 374–389.

Poth, L.G.: Marketing Management in Fallstudien, München 1976.

Poth, L.G. et al.: Marketing – Grundlagen und Fallstudien, München 1986.

Puhlmann, M. et al.: Relationship-Management. In: Heydt, A. von der (Hrsg.): Handbuch Efficient Consumer Response, München 1999, S. 312–328.

Schüppler, D.: Auswirkungen moderner Konzepte und Technologien auf die Geschäftsprozesse in mehrstufigen Handelsunternehmen. In: HMD, 1998/1999, S. 91–109.

Simacek, K.: VMI – Oder wer in Zukunft disponieren sollte. In: Heydt, A. von der (Hrsg.): Handbuch Efficient Consumer Response, München 1999, S. 129–140.

Staudacher, F.: Auswirkungen der Herstellerkonzentration auf das vertikale Marketing.

In: Irrgang, W. (Hrsg.): Vertikales Marketing im Wandel, München 1993, S. 25–48.

Steffen, H.J.: Die Großhandelslagerdisposition bleibt auch im Continuous Replenishment Handelsfunktion. In: Heydt, A. von der (Hrsg.): Handbuch Efficient Consumer Response, München 1999, S. 76–87.

Steffenhagen, H.: Konflikt und Kooperation in Absatzkanälen, Wiesbaden 1975.

Tietz, B.: Neue Konzepte der Marketingkooperation. In: Kirsch, W. (Hrsg.): Unternehmensführung und Organisation, Wiesbaden 1973, S. 231–277.

Tietz, B. (1993a): Zukunftsstrategien für Handelsunternehmen, Frankfurt/Main 1993.

Tietz, B. (1993b): Dynamik im Handel, Frankfurt/Main 1993.

Tietz, B.: Effiziente Kundenpolitik als Problem der Informationspolitik. In: Trommsdorff, V. (Hrsg.): Informationsmanagement im Handel, Handelsforschung 1995/96, Wiesbaden 1995, S. 175–186.

Töpfer, A.: Efficient Consumer Response – Bessere Zusammenarbeit zwischen Handel und Herstellern. In: Trommsdorff, V. (Hrsg.): Informationsmanagement im Handel, Handelsforschung 1995/96, Wiesbaden 1995, S. 187–200.

Trützschler, H.: Marketing–Kooperation zwischen Hersteller und Handel im Lebensmittelmarkt. In: Meffert, H. (Hrsg.): Marketing heute und morgen – Entwicklungstendenzen in Theorie und Praxis, Wiesbaden 1975, S. 311–330.

Zentes, J.: Trade–Marketing – Eine neue Dimension in den Hersteller–Händler–Beziehungen. In: Marketing ZFP, 4/1989, S. 224–229.

Zentes, J.: Computergestütztes Handelsmarketing. In: Hermanns, A. et al. (Hrsg.): Handbuch des Electronic Marketing, München 1992, S. 877–892.

Gestaltung individueller Informationsdienstleistungen im Internet

Michael Lingenfelder und Hagen Fisbeck, Marburg

Das Internet bietet die Möglichkeit der direkten Interaktion zwischen Informationsanbieter und Informationsnachfrager. Dieses wird jedoch nur selten zur Individualisierung von Informationsangeboten genutzt. Zum einen verdeckt das traditionell verfolgte Massenmarketing den Blick auf die sich eröffnenden neuen Potentiale. Zum anderen erschien es nicht möglich, jeden einzelnen Nutzer effizient mit individuellen Angeboten zu versorgen. Neue technologische Entwicklungen ermöglichen es jedoch, Informationen automatisiert für jeden Nutzer maßzuschneidern.

Hierdurch eröffnen sich nicht nur für Informationsdienstleister, sondern auch für andere Branchen und insbesondere Handelsunternehmen, neue Wege der Befriedigung individueller Bedürfnisse. Die Individualisierung beschränkt sich zudem nicht nur auf die Ebene der Produktpolitik, sondern kann sich auf das gesamte Marketing–Mix erstrecken.

Der folgende Beitrag beleuchtet sowohl theoretisch als auch mit Blick auf die Praxis die sich ergebenden Möglichkeiten, stellt die Potentiale der Interaktion für die Kundenbindung heraus und öffnet den Blick für ein dem Medium Internet entsprechenden Customized–Marketing.

1 VOM MASSENMARKETING ZUM CUSTOMIZED MARKETING

Kundenorientierung stellt ein konstitutives Merkmal des Marketing dar (Nieschlag/Dichtl/Hörschgen 1997, S. 23). Doch oftmals wurde nicht der einzelne Kunde mit seinen individuellen Wünschen, sondern die anonyme Nachfragerschaft in einem Massen–

markt fokussiert (Hildebrand, 1997, S. 1). Um der Heterogenität der Nachfrage Rechnung zu tragen, gingen viele Anbieter den Weg vom Massen– über ein Nischen– bis hin zum sog. Mikromarketing (Segment of one) (Schnäbele 1997, S. 13 f.). Immer kleinere Verbrauchergruppen sollten durch immer mehr *Varianten* erreicht werden, um die individuellen Wünsche der Kunden erfüllen zu können (Piller 1998a, S. 32 ff.).

Neben dem Trend zur Individualisierung der Nachfrage prägt der Übergang zur postindustriellen Informationsdienstleistungsgesellschaft das Wirtschaftsgeschehen (Müller-Merbach, 1997, S.4). Täglich produzieren Medien eine unüberschaubare Vielfalt von mehr oder weniger brauchbaren Informationen, die um die Aufmerksamkeit der Menschen konkurrieren, wodurch es zu einem Information Overload kommt (Pine 1993, S. 177).

Mit dem Internet kommt zudem ein Medium hinzu, in dem zu fast allen Themengebieten Informationen verfügbar sind. Die Informationssuche gestaltet sich im Internet (noch) recht aufwendig. Informationsdienstleister könnten jedoch helfen, irrelevante von relevanten Informationen zu trennen; denn das Internet ermöglicht es, daß einzelne Nutzer direkt mit dem Anbieter in Kontakt treten, selbst in den Leistungserstellungsprozeß eingreifen und somit zum Co–Produzenten ihrer Informationen werden (Höhl/Ponader 1997, S. 585). Informationen werden somit an individuelle Informationsbedürfnisse angepaßt. Die Nutzer werden schneller und besser informiert. Prinzipiell ergeben sich somit für alle Anbieter, die im Internet ihren Kunden Informationen bereitstellen (z.B. Handelsunternehmen und Hersteller), neue Anwendungspotentiale. Diese sollen im folgenden auf einem theoretischen Fundament basierend (Abschnitt 2) erörtert werden (Abschnitt 3).

2 THEORETISCHE ERKLÄRUNGSVERSUCHE DES CUSTOMIZED MARKETING

2.1 Customized Marketing als Teilkonzept eines kundenindividuellen Marketing

Das klassische Massenmarketing bezieht sich auf standardisierte und in hoher Stückzahl erstellte Leistungen, die über entsprechende Medien an möglichst viele Kunden vermarktet werden (Link/Hildebrand 1997, S. 18). Technologisch war in der Vergangenheit zumeist nur die Individualisierung des Vermarktungsprozesses möglich. Auf dieser Ba–

sis entstand das Direktmarketing mit seinen Varianten, das sich jedoch in der Regel auf (standardisierte) vorproduzierte Leistungen bezieht (Schnäbele, 1997, S. 15).

Von diesen Konzepten ist das *Customized Marketing* abzugrenzen; denn hier liegt der Schwerpunkt auf der Individualisierung der *Leistungsebene* (Hildebrand 1997, S. 40 ff.). Kern des Customized Marketing ist die *kundenindividuelle* Leistungs*erstellung* und *–vermarktung*. Im Hinblick auf die klassischen Marketing–Instrumente bildet die Individualisierung bzw. Personalisierung eine Querschnittsfunktion (Palloks 1997, S. 398) und durchschneidet, beeinflußt und ergänzt somit die traditionellen Dimensionen des Marketing–Mix (Fink 1998, S. 140 f.). Insofern wird aus dem Marketing–Mix eine *Marketing–Matrix* (Huldi 1997, S. 306 f.), wie *Abbildung 1* illustriert.

Damit ein Anbieter kundenspezifische Leistungen (hier: Informationen) erstellen kann, benötigt er Kundenanforderungen, die direkt von dem Nachfrager stammen *(externen* Faktoren, siehe Becker, 1994, S. 24 f.). Diese werden in den Leistungserstellungsprozeß integriert (Customer Integration, siehe Kleinaltenkamp 1996, S. 23) und im Rahmen der Leistungserstellung mit dem bestehenden Leistungspotential des Anbieters (z.B. IuK–Technologie, Informationspool) und gegebenenfalls weiteren Produktionsfaktoren kombiniert (Engelhardt; Reckenfelderbäumer 1996, S. 10).

Informationsdienstleistungen stehen im Internet *Millionen* potentiellen Nutzern zur Verfügung, d.h. die Individualisierung von Informationsprodukten muß auf ein *Massenpublikum* ausgerichtet sein und daher nicht nur Individualitäts–, sondern auch Effizienzkriterien erfüllen (Schnäbele 1997, S. 39 ff.). Infolgedessen wird hier das Customized Marketing unter dem Gesichtspunkt der *kundenindividuellen Massenproduktion* (Mass Customization) gesehen.

Gegenstand des Customized Marketing bildet die kundenindividuelle Leistungserstellung und –vermarktung, welche die Mitarbeit des Kunden durch die Integration externer Faktoren in den Leistungserstellungsprozeß erfordert. Informationsdienstleistungen werden infolgedessen als *Bündelung einzelner Informationen zu kundenindividuellen Informationsprodukten durch Integration externer Faktoren und deren Kombination mit dem autonomen Leistungspotential des Anbieters* aufgefaßt.

Die Herleitung einer allgemeingültigen Definition des Begriffs *Informationsdienstleistung* stößt sowohl auf der Ebene des Ergebnisses als auch des Prozesses auf Probleme. Infolgedessen wird eine zweite Möglichkeit der Abgrenzung und Systematisierung, die

Bildung einer Informationsdienstleistungstypologie, herangezogen. *Abbildung 2* veranschaulicht die unterschiedlichen Ausprägungen auf den Ebenen der Personalisierung von Informationsdienstleistungen sowie der Integrationsgrad externer Faktoren. Es ist anzumerken, daß es sich bei personalisierten Informationsdienstleistungen sowohl um eigenständig veräußerbare als auch um sach- bzw. dienstleistungsbegleitende Informationsdienstleistungen handeln kann, wobei der Schwerpunkt auf erstere gelegt wird.

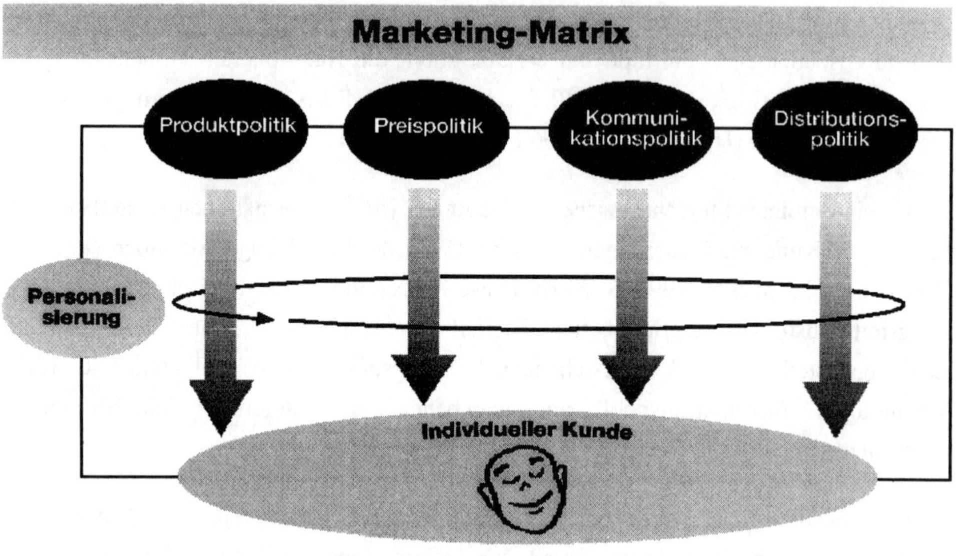

Quelle: Eigene Darstellung in Anlehnung an Fink 1998, S. 140

Abbildung 1: Die Marketing–Matrix beim Customized Marketing

2.2 Informationsökonomische Begründung von Informationsdienstleistungen

Die Erstellung von individualisierten Informationsprodukten stellt einen Faktorkombinationsprozeß dar, bei dem betriebliche Leistungspotentiale (z.B. Hardware oder ein Informationspool) mit kundenspezifischen Leistungspotentialen (z.B. Kundeninformationen) kombiniert werden. Vor und während des Spezifikationsprozesses kann der Nachfrager das Informationsprodukt (Leistungsergebnis) nicht nutzen, wodurch auf Seiten der Nachfrager Unsicherheiten in bezug auf die gewünschte Leistung entstehen (Kleinaltenkamp/Marra 1995, S. 104f.). Diese resultieren im wesentlichen aus der Schwierigkeit der Beurteilung der Informations*qualität* (Glaubwürdigkeit, leichte Erfaßbarkeit, Übersichtlichkeit, Zugriffsbequemlichkeit, Zuverlässigkeit, Sicherheit; siehe Diller, 1997, S. 528) des individualisierten Informationsproduktes.

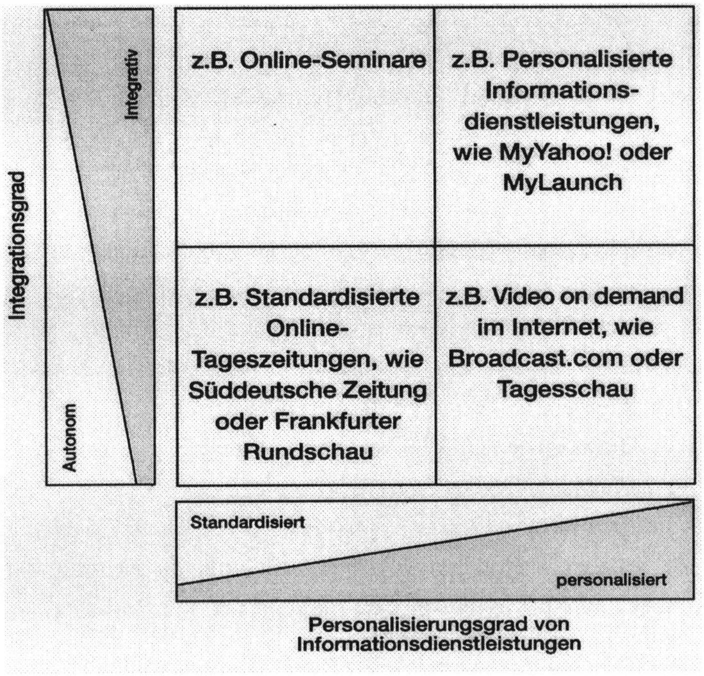

Abbildung 2: Typologie von Informationsdienstleistungen im Internet

Dadurch daß der Nachfrager für die Erstellung personalisierter Informationsprodukte externe Faktoren in den Leistungserstellungsprozeß integrieren muß, entstehen ferner auch für den Anbieter Unsicherheiten, da der Nachfrager in den Produktionsprozeß eingreift und damit Einfluß auf das Leistungsergebnis nimmt (Kleinaltenkamp 1993, S. 12). Die Qualität des personalisierten Informationsproduktes hängt infolgedessen auch von der Integrations*fähigkeit* und Integrations*bereitschaft* des Nachfragers ab (Woratschek 1996, S. 64). Demgegenüber erwachsen weitere Unsicherheiten auf Seiten des Nachfragers aus der Leistungs*fähigkeit* (Know–how und Flexibilität; siehe Weiber/Adler 1995, S. 57) und Leistungs*willigkeit* (Sorgfalt, Anstrengung und Motivation) des Anbieters.

Anforderungen an die Überprüfbarkeit und Beurteilung der Leistungsqualität durch den Nachfrager lassen sich über Such–, Erfahrungs– und Vertrauenseigenschaften bestimmen. Weil das individualisierte Informationsprodukt zum Zeitpunkt der Akquisition nur ein Leistungsversprechen darstellt, kann es der Nachfrager *nicht* anhand von Sucheigenschaften beurteilen, weshalb er auf andere Qualitätsindikatoren, die nicht an dem personalisierten Informationsprodukt selbst zu finden sind, angewiesen ist. Vor der Leistungserstellung besteht für den Anbieter die Möglichkeit, dem Nachfrager sein Lei–

stungspotential zu präsentieren. Infolgedessen dominieren bei personalisierten Informationsdienstleistungen Sucheigenschaften nicht in bezug auf das Leistungsergebnis, sondern im Hinblick auf das *Leistungspotential* (Jacob 1995, S. 155). Der Nachfrager kann diese Eigenschaften inspizieren und Vergleiche mit anderen Anbietern anstellen (Jacob 1995, S. 155).

Das personalisierte Informationsprodukt ist ferner nur eingeschränkt durch *Erfahrungseigenschaften* gekennzeichnet (Schade/Schott, 1993, S. 18). Die Qualität läßt sich evtl. zwar nach der Bereitstellung beurteilen, aber aufgrund der Aktualität werden einzelne Informationen oftmals ausgetauscht, wodurch der nächste Bezug des personalisierten Informationsproduktes ein anderes Qualitätsergebnis bringen kann. Insofern kann der Nachfrager keine Erfahrungen hinsichtlich des Leistungsergebnisses, wohl aber über den *Leistungserstellungsprozeß* des Anbieters sammeln (Jacob 1995, S. 155). Bei personalisierten Informationsprodukten dominieren Vertrauenseigenschaften (Schade/Schott 1993, S. 18). Der Wahrheitsgehalt, die Qualität und die Neutralität des personalisierten Informationsproduktes lassen sich meist nur mit zusätzlichem Aufwand bestimmen.

Das *Qualitätenprofil* bei personalisierten Informationsdienstleistungen zeichnet sich infolgedessen durch *Vertrauenseigenschaften auf der Ebene des Leistungsergebnisses, Erfahrungseigenschaften auf der Ebene des Leistungserstellungsprozesses* und *Sucheigenschaften auf der Ebene des Leistungspotentials* aus (Jacob 1995, S. 156). Zur Unsicherheitsreduktion werden in der Informationsökonomik die Mechanismen *Screening* und *Signaling* unterschieden. Da bei personalisierten Informationsdienstleistungen Sucheigenschaften hinsichtlich des Leistungspotentials dominieren, gilt es für den Anbieter, seine Potentialeigenschaften bzw. seine Leistungsfähigkeit entsprechend darzustellen (signaling; siehe Schade/Schott 1993, S. 20). Zur Unsicherheitsreduktion in Hinblick auf die Vertrauenseigenschaften des personalisierten Informationsproduktes muß auf *Surrogatinformationen* zurückgegriffen werden. Solche Surrogatinformationen können beispielsweise Aussagen darüber sein, welche Informationslieferanten für die jeweiligen Themengebiete die Inhalte bereitstellen. Darüber hinaus können auch die Höhe der Werbeausgaben (siehe Tolle 1994, S. 931 ff.), die Anzahl der Kunden oder insbesondere das Image des Anbieters als Surrogatinformationen zur Qualitätsbeurteilung herangezogen werden. Zudem kann der Nachfrager Informationen über die Vergangenheit und die zukünftige Entwicklung des Anbieters sowie über Bekanntheitsgrad und Marktanteil einholen, um hieraus Schlüsse auf die Leistungsfähigkeit und Langfristigkeit des Informationsdienstleisters zu ziehen.

2.3 Das Customized Marketing im Lichte der Transaktionskostentheorie

Bei Transaktionskosten handelt es sich vornehmlich um Informations– und Kommunikationskosten, die bei der Anbahnung, Vereinbarung, Kontrolle und Anpassung wechselseitiger Austauschbeziehungen auftreten (Picot/Dietl 1990, S. 178). Als transaktionskostenrelevante Eigenschaften können für die individuelle Leistungserstellung die Faktorspezifität, die Unsicherheit und die Häufigkeit identifiziert werden (Schnäbele 1997, S. 149). Die Notwendigkeit der Integration externer Faktoren in den Leistungserstellungsprozeß von personalisierten Informationsprodukten ist durch hohe *Faktorspezifität* gekennzeichnet. Diese Faktorspezifität bezieht sich zum einen auf *spezifische Investitionen* (siehe Schnäbele 1997, S. 149) und zum anderen auf die *Spezifität der Nachfrage* (siehe Jacob 1995, S. 164). Darüber hinaus sind personalisierte Informationsdienstleistungen von hoher *Unsicherheit* geprägt (siehe Abschnitt 2.2).

Aus Sicht des Transaktionskostenansatzes stellt bei Transaktionen mit großer Unsicherheit und Spezifität die Institution der *Geschäftsbeziehung* die ideale Koordinationsform dar (Schnäbele 1997, S. 150). Aus Sicht des Nachfragers wäre ein Wechsel des Anbieters mit hohen *Wechselkosten* (z.B. Neukonfiguration eines Informationsbedarfsprofils) verbunden und die gewonnenen Erfahrungen mit dem Anbieter wären wertlos.

Aus transaktionskostentheoretischer Sicht orientiert sich der Aufbau von Geschäftsbeziehungen an der Transaktionseigenschaft der *Häufigkeit* (Schnäbele 1997, S. 150). Einerseits können hierdurch die in der Anbahnungsphase entstehenden Suchkosten abgebaut werden (Wehrli/Wirtz 1997, S. 129). Andererseits kann beispielsweise bei Wiederholung von Transaktionsprozessen auf bestimmte Prozeduren verzichtet werden, wie beispielsweise die erneute Erstellung eines Informationsbedarfsprofils (Plinke 1996, S. 10). Durch wiederholte Transaktionsprozesse kann der Anbieter beispielsweise durch Analyse des Informationswahlverhaltens immer mehr über den Nutzer lernen, Kunden–Know–how aufbauen und Nachfragebedürfnisse immer besser befriedigen.

Im Hinblick auf das Customized Marketing von Informationsdienstleistungen im Internet muß der Transaktionskostenansatz auf die Bearbeitung *mehrerer unterschiedlicher* Transaktionspartner erweitert werden. Dabei wird davon ausgegangen, daß mit steigender Anzahl unterschiedlicher Transaktionspartner die Komplexitätskosten überproportional ansteigen und dadurch mögliche Kostensenkungseffekte überkompensiert werden. Dieser Argumentation kann nur bedingt gefolgt werden, da bei der Individualisierung von Informationen sowohl die Möglichkeiten zur Realisierung von Economies of Scale als auch von Economies of Scope bestehen. Der Widerspruch zwischen Spezifität der Nachfrage und der Erhöhung der Transaktionshäufigkeit mit unterschiedlichen Nachfragern kann durch die Eigenschaft der *Flexibilität* aufgelöst werden (Schnäbele, 1997, S. 152). Beim Aufbau von *Flexibilitätspotentialen* (z.B. IuK–Technologie) handelt es sich bei Hardware um unspezifische Investitionen, da sie auch in anderen Verwendungen ohne Verlust eingesetzt werden können (Williamson 1996, S. 13).

3 DIE IMPLEMENTIERUNG DES CUSTOMIZED MARKETING IN DER PRAXIS VON INFORMATIONSDIENSTLEISTERN UND HANDELSUNTERNEHMEN

3.1 Dimensionen der Leistungsgestaltung

3.1.1 Die Flexibilität des Leistungspotentials als Besonderheit der Gestaltung personalisierter Informationsdienstleistungen

Informationsdienstleistungen stehen im Internet einer größeren Anzahl potentieller Nutzer zur Verfügung, wodurch für die Individualisierung das Problem entsteht, jeden einzelnen dieser Nutzer nach seinem persönlichen Informationsbedarfsprofil mit Informationsprodukten versorgen zu können. Der Anbieter steht somit im Konflikt zwischen dem individuellen Informationsbedarf jedes Nutzers (Spezifität) und der Erhöhung der Transaktionshäufigkeit durch die Vielzahl unterschiedlicher Nachfrager.

Im Sinne der Transaktionskostentheorie kann der Widerspruch zwischen der Spezifität der Nachfrage und der Erhöhung der Transaktionshäufigkeit mit unterschiedlichen Nachfragern durch den Aufbau von *Flexibilitätspotentialen* aufgelöst werden. Infolgedessen werden beim Customized Marketing die Leistungspotentiale entscheidend durch die Eigenschaft der *Flexibilität* bestimmt (Mayer 1993, S. 140). Bei vorproduzierten und standardisiert bereitgestellten Informationsprodukten ist das Flexibilitätspotential auf die Integration anonymer Umwelteinflüsse beschränkt. Im Gegensatz dazu sind beim Customized Marketing zwei unterschiedliche Flexibilitätspotentiale notwendig (siehe Schnäbele 1997, S. 64). Eine Form dieser Flexibilitätspotentiale resultiert aus anonymen Markterfordernissen, die nur mittelbar im individualisierten Leistungserstellungsprozeß wirken (*mittelbare Flexibilitätsbedarfe*). Demgegenüber resultiert die zweite Form der Flexibilitätspotentiale aus den individuellen Kundeninformationen, die unmittelbar Einfluß auf den individualisierten Leistungserstellungsprozeß nehmen (*unmittelbare Flexibilitätsbedarfe*).

Das Customized Marketing verlangt eine Verarbeitung individueller Kundeninformationen, was nur durch *unmittelbar* wirkende Flexibilitätspotentiale realisierbar ist. Der Bedarf an Flexibilitätspotentialen zielt somit auf zwei zentrale Aspekte ab (Schnäbele 1997, S. 65 f.):

- Die Bereitstellung von autonomen Leistungspotentialen durch den Anbieter (z.B. IuK–Technologien).
- Die Fähigkeit zur Verbindung externer bzw. integrativer Leistungspotentiale eines Nachfragers (z.B. individuelle Kundeninformationen) mit den autonomen Leistungspotentialen.

Infolgedessen sind für einen Anbieter Flexibilitätspotentiale notwendig, durch die eine Verbindung zwischen externen Leistungspotentialen des Nachfragers (Kundeninformationen) mit den autonomen Leistungspotentialen des Anbieters (z.B. IuK–Technologie) möglich wird. Diese Flexibilitätspotentiale erstrecken sich auf die Ebenen des flexiblen Leistungsprogramms und flexibler Produktionsstrukturen (Kleinaltenkamp 1996, S. 22).

Ein *flexibles Leistungsprogramm* bedeutet, daß das Leistungsprogramm auf die unterschiedlichen Bedarfsfälle des Nutzers ausgerichtet sein muß. Informationsprodukte bestehen aus einem Bündel von Eigenschaften (Informationen) und können, beispielsweise wie Tageszeitungen oder Zeitschriften, häufig deshalb nicht personalisiert werden, weil aufgrund von Economies of Scale nur eine begrenzte Anzahl unterschiedlicher Informationen als Komponenten–Bündel angeboten werden kann (Selektion von Informationen, die für viele Nutzer relevant sein können). Liegen Informationsprodukte hingegen digital vor, dann ist eine beliebig tiefe Entbündelung in einzelne Informationen (Module) möglich, die dann wieder individuell nach den einzelnen Kundenbedürfnissen gebündelt werden können (Albers/Bachem/Clement/Peters 1998, S. 275). Das individualisierte Informationsprodukt kann einerseits aus einer einzelnen auf das Kundenbedürfnis zugeschnittenen Information bestehen oder andererseits aus einem Informationsbündel, d.h. einem breiteren Spektrum verschiedener kundenindividueller Informationen.

Als Beispiel für die Bereitstellung einer einzelnen personalisierten Information kann der Girokontenvergleich von Quicken/Fokus angeführt werden. Anhand einer *vorgegebenen* Anzahl von Modulen werden kundenindividuelle Informationen abgefragt. Mit Hilfe dieser Daten werden die günstigsten Girokonto–Anbieter ermittelt.

Demgegenüber bietet beispielsweise MeinYahoo! ein personalisiertes Informationsprodukt an, das aus einem Bündel mehrerer kundenindividueller Informationen besteht. Aus einer *nicht* vorgegebenen Anzahl von Modulen kann sich der Nutzer von MeinYahoo! diejenigen Themengebiete auswählen, aus denen ihm Informationen bereitgestellt werden sollen. Die Anzahl der Module, aus denen sich das Informationsprodukt zusammensetzt, ist somit *variabel.*

Beide Konzepte basieren auf verschiedenen *Formen der Modularisierung*. Grundsätzlich lassen sich dabei vier Stoßrichtungen unterscheiden (Piller 1998a, S. 181 ff.):

- *Generische Modularisierung*, d.h. die Zusammensetzung des kundenindividuellen Informationsproduktes durch stets die gleiche Anzahl standardisierter Informationen (Modul), die jeweils unterschiedliche Merkmale aufweisen können (z.B. Anzahl der Buchungsposten pro Monat) auf der Grundlage einer Basisinformation (z.B. individuell günstigstes Girokonto).
- *Quantitative Modularisierung*, d.h. Zusammensetzung von Informationsprodukten mit unterschiedlich vielen standardisierten Informationen (Modul) auf der Grundlage einer Basisinformation (z.B. Nachrichten).
- *Individuelle Modularisierung*, d.h. Zusammensetzung kundenindividueller Informationen aus einer fixen oder variablen Anzahl von standardisierten und/oder individualisierten Modulen, auf der Grundlage einer Basisinformation (z.B. Nachrichten mit individuellen Börsenkursen).
- *Freie Modularisierung*, d.h. freie Kombination standardisierter und/oder individueller Module ohne die Notwendigkeit einer einheitlichen Basisinformation.

Abbildung 3 veranschaulicht die verschiedenen Formen der Modularisierung von Informationsprodukten im Internet anhand von Beispielen. Neben der Festlegung der Art der Modularisierung muß der Inhalt der einzelnen Module gestaltet werden. Bei der Modul-Gestaltung muß der Informationsanbieter ein optimales Baukastensystem zusammenstellen, das auf der einen Seite genügend Variabilität bietet und auf der anderen Seite die interne Komplexität reduziert (Piller 1998a, S. 186 ff.). Durch die Modularisierung erfolgt eine (Teil-) Standardisierung im Leistungserstellungsprozeß (Schnäbele 1997, S.74). Infolgedessen ist durch Module eine simultane Verwirklichung von Standardisierung und Individualisierung möglich, wodurch sich sowohl die Differenzierungs- als auch die Kostenoption realisieren läßt. Je mehr Nachfrager personalisierte Informationsdienstleistungen wünschen, desto schneller können die getätigten Investitionen amortisiert werden.

3.1.2 Die Gestaltung individueller Leistungsprozesse

Die leistungsbezogene Integration des Kunden läßt sich beim Customized Marketing von personalisierten Informationsdienstleistungen anhand folgender Indikatoren erfassen (Hildebrand 1997, S.128 ff.):

- Hoher Einfluß des Kunden auf die *Eigenschaften* des personalisierten Informationsproduktes.
- Intensive *Mitwirkung des Kunden* bei der Erstellung/Spezifikation des personalisierten Informationsproduktes.
- Informationen über Nachfrageranforderungen kommen *direkt vom Kunden.*
- Die Bereitstellung der Information erfolgt *im Anschluß an die Bestellung.*

Für die Personalisierung von Informationsprodukten sind die Präferenzen jedes einzelnen Kunden daher möglichst fehlerfrei zu erheben, um einem Kunden genau diese Informationsprodukte anzubieten, die auf dessen Bedürfnisse zugeschnitten sind (Albers/Bachem/Clement/Peters 1998, S. 274 ff.).

Die Erhebung von Kundeninformationen kann durch *zwei Verfahren* erfolgen:

Die erste Möglichkeit besteht in der *direkten Präferenzabfrage.* In diesem Fall werden von dem Nutzer bei der Registrierung eine Reihe persönlicher Daten, wie beispielsweise Name, Alter, Beruf, Wohnort u.v.a.m. sowie allgemeine Informationen über sein Informationsbedarfsprofil abgefragt.

Die Konfiguration des Informationsbedarfsprofils erfolgt beispielsweise bei MeinYahoo! durch die individuelle Zusammenstellung von Modulen, indem der Informationsnachfrager aus bestimmten vorgegebenen Kategorien diejenigen auswählt, die für ihn von Interesse sind. Die Informationen über die Anforderungen an das Informationsprodukt stammen infolgedessen direkt vom Nachfrager. Diese Module lassen sich jeweils noch tiefer mittels weiterer Bausteine individualisieren. Beispielsweise legt der Nutzer von MeinYahoo! nicht nur allgemein fest, daß Weltnachrichten bereitgestellt werden sollen, sondern darüber hinaus kann er aus einer Liste verschiedener Lieferanten wählen, welche die jeweiligen Informationen liefern sollen (z.B. Weltnachrichten von MSNBC). Der Kunde bestimmt somit den Informationslieferanten und kann hierdurch Unsicherheiten bezüglich der Informationsqualität (Glaubwürdigkeit) abbauen. Hierdurch wirkt der Nutzer intensiv bei der Erstellung/Spezifikation des Informationsproduktes mit und hat einen hohen Einfluß auf die Eigenschaften des Informationsproduktes.

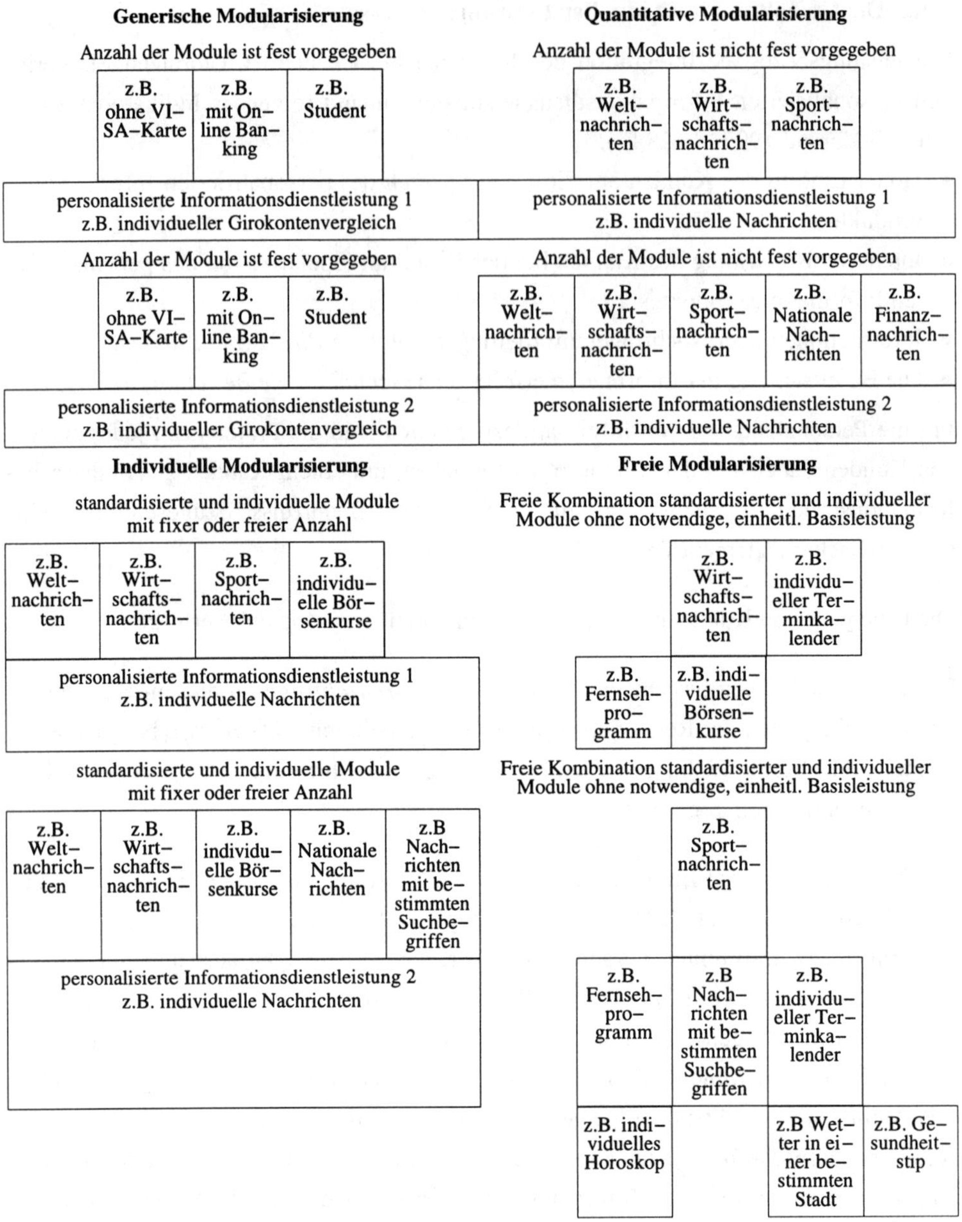

Abbildung 3: Formen der Modularisierung personalisierter Informationsdienst–leistungen

Die Präferenzabfrage kann zudem auch *wertend* erfolgen. Als Beispiel kann hier das personalisierbare Musikmagazin MyLaunch genannt werden. Nach der ersten Registrie–

rung bei MyLaunch müssen von dem Nutzer verschiedene Musikstücke bewertet werden. Je mehr Musikstücke (Module) bewertet werden, desto mehr lernt das System über den Musikgeschmack des Nutzers.

Die direkte Präferenzabfrage kann beispielsweise, wie bei CDnow, auch dazu genutzt werden, einen individuellen Wunschzettel anzulegen. Freunde, Verwandte und Bekannte können auf diesen Wunschzettel zugreifen und die Wünsche durch direkten Kauf der entsprechenden Produkte erfüllen.

Die *zweite Möglichkeit* der Erhebung der Kundenpräferenzen besteht darin, das Online- bzw. *Informationswahlverhalten* des Nutzers aufzuzeichnen (Tracking) und zu analysieren (Peppers/Rogers 1998, S. 6). Je ausgeprägter die Online–Aktivität der Nutzer ist, desto genauere Angaben können über die individuellen Präferenzen ermittelt werden, woraus der Informationsanbieter für die zukünftige Bereitstellung von Informationen lernen kann. Zur *Integration* der erhobenen Kundeninformationen (Präferenzdaten) in den Leistungserstellungsprozeß haben sich im Internet die Methoden der *Regelbasierung* (Rules Based Filtering) und des *Collaborative Filtering* durchgesetzt. Beim *Rules Based Filtering* werden Benutzerprofile über die abgefragten Präferenzprofile und die durch das Informationswahlverhalten erhaltenen Daten erzeugt. Über bestimmte Regeln werden den Benutzern personalisierte Informationsprodukte bereitgestellt (Paul/Runte 1998, S. 159).

Beispielsweise könnte eine Regel lauten: „Wenn der Nutzer männlich und zwischen zwanzig und dreißig Jahren alt ist, in Hessen wohnt und seine Postleitzahl mit 35 beginnt, dann zeige ihm eine bestimmte Information". Gestaltet sich das gespeicherte Benutzerprofil komplexer, und hat der Nutzer sein Interessenprofil beispielsweise durch Module spezifiziert sowie in der Vergangenheit hauptsächlich Informationen über das Unternehmen Yahoo! abgerufen, dann könnte eine Regel lauten: „Wenn der Nutzer das Modul Wirtschaftsnachrichten ausgewählt hat und in diesem Modul den Informationslieferanten Reuters, dann zeige ihm die letzten Wirtschaftsmeldungen von Reuters mit der Priorität der Unternehmensnachrichten von Yahoo!".

Das *Collaborating Filtering* basiert ebenfalls auf Benutzerprofilen (Chase 1998, S. 163 f.). Hier werden die Nutzer gebeten, Informationen zu bewerten (Themen, Musikrichtungen, etc.). Daraufhin wird eine Datenbank mit den Angaben von bisher registrierten Nutzern durchsucht, um festzustellen, welche Informationen Personen mit besonders *ähnlichen* Präferenzen bereits bereitgestellt wurden (Albers/Bachem/Clement/Peters

1998, S. 275). Diese Informationen werden dann als weitere Wahlmöglichkeiten empfohlen. Aufgrund der Ähnlichkeit von Präferenzprofilen unterschiedlicher Nutzer lassen sich *Benutzercluster* mit ähnlichen Präferenzen bilden (Paul/Runte 1998, S. 159). Die Anwendung von Collaborating Filtering zur Erstellung personalisierter Informationsprodukte wird mittlerweile auch von Handelsunternehmen im Internet eingesetzt.

Beispielsweise bietet CDnow (http://www.cdnow.com) einen umfangreichen personalisierten Informationsdienst unter dem Menuepunkt „MyCDnow“ an. Ebenso wie bei MyLaunch können hier Interpreten bewertet werden. Auf der Basis dieser Bewertungen und dem Vergleich mit Präferenzen anderer Nutzer sowie der Analyse bereits getätigter Käufe werden dem Nutzer dann Empfehlungen (Recomments) für weitere CD–Käufe gegeben.

Auch der Buchhändler Amazon (http://www.amazon.de) nutzt dieses Verfahren, um den Kunden, der sich für ein bestimmtes Buch interessiert, darüber zu informieren, daß Kunden, die dieses gesuchte Buch erworben haben, zusätzlich bestimmte weitere Bücher (oder auch mit diesem Buch bestimmte CDs oder Video–Filme) gekauft haben. Hierdurch macht Amazon seine Nutzer auf Produkte aufmerksam, die in einem engen Zusammenhang mit dem vom Nutzer ausgesuchten Artikel stehen.

Die Stärke des Collaborating Filtering besteht infolgedessen darin, *zu wissen, was der Nutzer will, noch bevor er es selbst weiß* (Piller 1998a, S. 105). Darüber hinaus ist eine unternehmensübergreifende Verknüpfung von Kundeninformationen möglich. Angenommen ein Nutzer ist Mitglied bei MyLaunch und hat bereits dort seinen Musikgeschmack spezifiziert. Durch die gegenseitige Abstimmung der Benutzerprofile wäre beispielsweise MeinYahoo! in der Lage, Informationen über Musikgruppen bereitzustellen, die dem bei MyLaunch spezifizierten Musikgeschmack entsprechen. Hat ein Nutzer zudem beispielsweise bei Barnes&Noble über das Internet Bücher bestellt und möchte sich bei MyLaunch über Musik informieren, dann schlägt MyLaunch Interpreten vor, die von Kunden als 'gut' eingestuft wurden, welche bei Barnes&Noble den gleichen Literaturgeschmack bewiesen haben.

In Deutschland hat (neben den Buchhändlern Amazon.de und BOL) auch der Otto-Versand erste Schritte in Richtung Individualisierung von Informationen unternommen, die jedoch noch nicht sehr umfangreich sind und erst im Anfangsstadium stehen. Beispielsweise ermöglicht der Otto–Versand seinen Kunden, aus vorgegebenen Rubriken seine bevorzugten auszuwählen und dieses Profil zu speichern. Auf Basis dieser Infor–

mationen werden dem Kunden zum einen bei jedem Besuch der WebSite individuelle Angebote präsentiert und er kann zum anderen wählen, ob er über Neuigkeiten via eMail automatisch informiert werden soll. Der Online–Buchladen von Bertelsmann (BOL) ermöglicht seinen Kunden, sowohl Lieblingsthemen als auch Lieblingsautoren festzulegen, um damit dem Kunden individuelle Angebote präsentieren zu können.

Der Schutz der Privatsphäre wird von vielen Anbietern durch Open Profiling Standard (OPS) zur Sammlung und Austausch von privaten Informationen zu erreichen versucht (Paul/Runte 1998, S. 161). Um die Privatsphäre zu gewährleisten, wurden Mechanismen integriert, wodurch die Nutzer Kontrolle über ihre gespeicherten Informationen haben, d.h. die gespeicherten Nutzerprofile können jederzeit angezeigt und durch den Nutzer selbst verändert werden. Dennoch berührt die Erstellung von Kundenprofilen Grenzbereiche des derzeit geltenden Rechts; denn in der Sammlung und einzelkundenbezogenen Verwendung von Daten liegt die Gefahr, einen Nutzer nicht nur in bezug auf sein beobachtbares Handeln, sondern auch in bezug auf seine inneren, nicht beobachtbaren Verhaltensdispositionen zu durchschauen.

3.1.3 Die Individualisierung des Leistungsergebnisses

Dem Nutzer wird ein Extrakt an Informationen nur zu den Themengebieten erstellt, die von ihm zuvor festgelegt wurden, so daß von einem hohen Ausmaß an individuell zugeschnittener Leistung auszugehen ist. Durch die Vielfalt und Auswahl an Themengebieten sowie der Module zur Konfiguration der einzelnen Themen können Informationsanbieter eine große Wahlmöglichkeit in bezug auf die Konfiguration des personalisierten Informationsproduktes bereitstellen. Auch Sonderwünsche können befriedigt werden. Beispielsweise werden bei MeinYahoo! Nachrichten, die einen vom Nutzer frei bestimmbaren Suchbegriff enthalten, bereitgestellt. Die Basis hierfür bildet die von MeinYahoo! eingesetzte Form der freien Modularisierung.

Handelsunternehmen können ferner beispielsweise Sortimente individuell an die Bedürfnisse der Kunden anpassen. Somit lassen sich dem Kunden individuelle Produkt-Kategorien präsentieren. Aufgrund des Benutzerprofils und vergangener Käufe können Handelsunternehmen lernen und ihr Angebot optimal auf kundenindividuelle Bedürfnisse anpassen. Im Lebensmittel–Einzelhandel ist es beispielsweise möglich, den Kunden ein Grundsortiment definieren zu lassen, welches bei jedem Einkauf regelmäßig gekauft wird und auf seinem individuellen Einkaufszettel automatisch erscheint. Ferner lassen sich auch bestimmte Konsumgüter 'abonnieren', oder es kann der Kunde zum richtigen Zeitpunkt auf Produkte aufmerksam gemacht werden, die er in regelmäßigen Abständen gekauft hat, damit er diese nicht vergißt. Entsprechend der Bedarfsprofile kann der Kunde zusätzlich auf bestimmte für ihn relevante Angebote aufmerksam gemacht werden, oder es kann eine auf ihn passende Werbung eines Herstellers eingeblendet werden.

Die Distribution von personalisierten Informationsprodukten erfolgt i.d.R. durch die Push–Strategie, mit deren Hilfe Informationsprodukte automatisch an den Nutzer geliefert werden (Illik, 1998, S. 22 f.). Der wesentliche Unterschied zu traditionellen Push–Strategien (z.B. Direct Mail) ist bei personalisierten Informationsdienstleistungen im Internet darin zu sehen, daß der Nutzer sein Informationsbedarfsprofil jederzeit ändern kann und somit Kontrolle über seine Informationsprodukte hat. Interessiert sich beispielsweise ein Informationsnachfrager nicht mehr für Katzen, sondern stattdessen für Hunde, so braucht er nur sein Interessenprofil entsprechend zu ändern und bekommt ab sofort nur noch relevante Informationen über Hunde. Infolgedessen können durch personalisierte Informationen die richtigen Informationen den richtigen Kunden zur richtigen Zeit zur Verfügung gestellt werden. Bei traditionellen Push–Methoden würde der Nachfrager immer noch Informationen geliefert bekommen, die ihn nicht (mehr) interessieren.

Auf der Push–Methode aufsetzend bieten einige Informationsanbieter ihren Nutzern die Auswahl verschiedener Distributionswege an (z.B. WebSite, eMail oder demnächst auch über den Fernseher). Über Drittanbieter stehen dem Nutzer zudem weitere Distributionswege offen (z.B. SMS, Fax oder Telefon). Insofern können Informationsanbieter flexibel auf Belieferungswünsche eingehen. Handelsunternehmen können die Distributionspolitik für ihre Kunden beispielsweise dahingehend individualisieren, indem sie ihre Kunden aus verschiedenen Lieferoptionen wählen lassen. So kann sich der Kunde aussuchen, ob er den fertig gepackten Einkaufskorb selbst abholen möchte, ihn nach Hause zu einem vom Kunden festgelegten Zeitpunkt geliefert oder in einen Belieferungs- bzw. Kühlraum deponiert haben möchte.

In deutschen Großstädten werden diese Heimlieferdienste derzeit im Lebensmitteleinzelhandel von großen Einzelhandelsunternehmen, wie beispielsweise von Otto Reichelt (Berlin), Kaiser's (Berlin, Düsseldorf), Rewe Nahkauf (Darmstadt), Spar (Hamburg), Markant Südwest (Mannheim, Ludwigshafen, Frankfurt u.a.), Kaufhof (Bonn, Köln, Düsseldorf) sowie Karstadt (Berlin, Essen, München) entweder erprobt oder sind be–

reits, wie bei Tengelmann, als neue Vertriebsform etabliert. Individualisierte Informationen bietet derzeit nur Markant–Südwest. Hier können registrierte Nutzer eine individuelle Einkaufsliste mit regelmäßig einzukaufenden Produkten anlegen, wodurch für den Kunden ein schnelleres und bequemeres Einkaufen ermöglicht wird (http://www.markant–easyshopping.de).

Die Preispolitik für personalisierte Informationsprodukte unterliegt im Internet besonderen Bedingungen, da sich noch keine allgemeingültigen Zahlungsmittel für Kleinbeträge (z.B. Micropayments) im Internet durchgesetzt haben und die meisten Informationen frei verfügbar sind (Job, 1996 S. 80). Infolgedessen haben die Informationsdienstleister unterschiedliche Strategien entwickelt, sich ihre Leistungen entgelten zu lassen. Vornehmlich basieren diese auf der Plazierung von Werbebannern auf der Web–Site, d.h. die werbungtreibenden Unternehmen bezahlen die Informationsdienstleistungen für den Nutzer.

Der Insertionspreis kann somit individuell, je nach zu erreichenden Zielgruppen, festgelegt werden. Diese Form der zielpersonengerichteten Werbung ist nicht nur für die Werbekunden interessant, sondern auch für den Informationsanbieter, denn der Engpaßfaktor Werbeplatz läßt sich *gleichzeitig* an mehrere Unternehmen vermieten, indem jeweils unterschiedliche Zielpersonen mit jeweils unterschiedlicher Werbung angesprochen werden. Die Vermietung von Werbeplätzen auf den (individualisierten) Internetseiten eröffnen zudem auch anderen Branchen, wie beispielsweise Handelsunternehmen, neue Einnahmequellen, wodurch sich neue Gestaltungsspielräume für die Preispolitik eröffnen.

Neben der Finanzierung über Werbeeinnahmen bestehen für Infomationsdienstleister verschiedene Möglichkeiten, sich ihren Dienst von den *Kunden* bezahlen zu lassen.

Einerseits kann eine Preisforderung *pauschal* zu einem für jeden Kunden gleichen Festpreis oder andererseits durch *Preisdifferenzierung* erfolgen (Skiera 1998, S. 284 ff.). Eine Erhebung eines für jeden Kunden gleichen *Festpreises* kann bei jeder Bereitstellung von Informationsprodukten erfolgen oder in Form eines Abonnements. Hierbei besteht für den Kunden jedoch das Risiko, für nicht relevante Informationen mitbezahlen zu müssen. Die Preisgestaltung über Festpreise ist jedoch nicht sehr flexibel und entspricht mithin nicht den Anforderungen an ein Customized Marketing.

Das personalisierte Informationsprodukt wird in der Sicht des Customized Marketing zu einem personalisierten Preis verkauft. Die Grundlage hierfür besteht in der *Preisdifferenzierung*, die *ohne* und *mit* Selbstselektion erfolgen kann (Skiera 1998, S. 287).

Die Preisdifferenzierung *ohne* Selbstselektion kann zu einer individuellen Preisfestlegung führen. Hier erhält jeder Kunde einen eigenen individuellen Preis. Eine andere Möglichkeit besteht in der gruppenbezogenen bzw. personellen Preisfestlegung beispielsweise je nach Ausbildungsstatus, Beruf, Einkommen oder Herkunft. Hierfür benötigt der Anbieter jedoch die Möglichkeit zur Kontrolle der Zugehörigkeit der einzelnen Kunden zu bestimmten Gruppen (Meffert 1998, S. 540). Demgegenüber läßt sich bei der Preisdifferenzierung *mit* Selbstselektion die zeitbezogene, leistungsbezogene, mengen- und suchkostenbezogene Preisdifferenzierung unterscheiden (Skiera 1998, S. 290 ff.).

Bei der *zeitbezogenen* Preisdifferenzierung unterscheiden sich die Preise des personalisierten Informationsproduktes hinsichtlich des Nachfragezeitpunktes (tagsüber versus abends oder je nach der Aktualität der Information). Eine *leistungsbezogene* (qualitative) Preisdifferenzierung kann bei Informationsdienstleistungen nach der Qualität (z.B. Ausführlichkeit, Anzahl eingespielter Werbebanner und Wahl des Informationslieferanten) erfolgen (Meffert, 1998, S. 540). Bei der *mengenbezogenen* Preisdifferenzierung können personalisierte Informationsdienstleistungen je nach der Anzahl der bereitgestellten Informationsprodukte unterschieden werden (Skiera, 1998, S. 290). Darüber hinaus kann der Nutzer nur für die wirklich abgerufenen Informationen bezahlen (Pay per Click). Eine weitere Möglichkeit der Preisdifferenzierung ist die *suchkostenbezogene* Preisdifferenzierung, denn die Nutzer haben unterschiedlich hohe Suchkosten (Skiera 1998, S. 291). Die dargestellten Formen der Preisgestaltung lassen sich alle miteinander kombinieren.

Beispielsweise bietet der Informationsdienstleister Newsedge einen sehr umfangreichen Dienst an personalisierten Nachrichten aus den unterschiedlichsten Themengebieten kostenlos (werbefinanziert) an. Einige Informationen sind allerdings nur über einen Premium–Dienst oder über Pay Per View abrufbar. Ein anderer Ansatzpunkt einer individuellen Preisgestaltung für personalisierte Informationsdienstleistungen im Internet kann darin gesehen werden, dem Nutzer keine Preise mehr zur Auswahl vorzugeben, sondern den Nutzer selbst entscheiden zu lassen, was ihm das personalisierte Informationsprodukt wert ist. Der Nutzer könnte dem Informationsdienstleistungsunternehmen mitteilen, welchen Preis er bereit wäre zu zahlen (price on demand). Akzeptiert der Informationsdienstleister den Preis, dann erstellt dieser das individualisierte Informationsprodukt (Fink 1998, S. 144 f.). Die individualisierte Preisgestaltung kann bei Handelsunternehmen beispielsweise in Auktionen gesehen werden, die beispielsweise von Primus–Online oder dem Otto–Versand eingesetzt werden. Hier legt der Kunde seine persönliche Preisobergrenze fest und bestimmt damit selbst, wieviel ihm ein bestimmtes Produkt wert ist.

Im Rahmen der Kommunikationspolitik sind hinsichtlich personalisierter Informationsprodukte, aufgrund der Dominanz von Vertrauenseigenschaften, insbesondere Surrogatinformationen zu kommunizieren und ein positives Image aufzubauen. Das wahrgenommene Image ist bei individualisierten Leistungen eine Schlüsselinformation, die Vertrauen schaffen und eine Risikoreduktion erreichen kann. Bei der Durchsetzung des Imageprofils im Customized Marketing steht nicht das individualisierbare Leistungsangebot im Vordergrund, sondern die *Fähigkeit* und Bereitschaft eines Anbieters zur Lösung kundenindividueller Probleme (Problemlösungskompetenz; siehe Schnäbele 1997, S. 221). Dieser Zusammenhang ist wirksam zu kommunizieren.

Beispielsweise wird MeinYahoo! nicht als eigenständige Marke positioniert, sondern unter der bekannten Dachmarke Yahoo!. Darüber hinaus kooperiert MeinYahoo! mit Informationslieferanten, die über einen hohen Bekanntheitsgrad, hohe Reputation, sowie Kompetenz in den jeweiligen Themengebieten verfügen.

Weitere Surrogate, die der Informationsdienstleister dem Nachfrager zur Unsicherheitsreduktion im Rahmen der Kommunikationspolitik vermittelt, stellen sowohl die Auswahl der Unternehmen und der (traditionellen und neuen) Medien, wo der Anbieter Werbung schaltet, als auch die Höhe seiner Werbeausgaben dar. Hohe Aufwendungen für Werbung können ein Indikator für die Nachfrager sein, daß das Unternehmen längere Zeit am Markt vertreten sein wolle, über Finanzstärke verfüge und selbst der Qualität seiner Leistung vertraue (Tolle 1994, S. 931 ff.). Ferner ist im Hinblick auf die Personalisierung der Kommunikationspolitik zudem die Kundenansprache zu individualisieren (z.B. Begrüßung mit Namen), wodurch Vertrauen geschaffen und die Wahrnehmung der Individualität der Leistung hervorgehoben wird.

3.1.4 Ausgewählte Potentiale zur Senkung individualitätsbedingter Kosten

Kostensenkungspotentiale ergeben sich bei personalisierten Informationsdienstleistungen im Internet durch folgende Effekte:

- Economies of Scale (Skaleneffekte)
- Economies of Learning (Lerneffekte)
- Economies of Scope (Verbundeffekte)

Economies of Scale (Skalenvorteile) lassen sich bei personalisierten Informationsdienstleistungen dadurch erzielen, indem beispielsweise auf dieselbe Information beliebig oft zugegriffen werden kann und gleiche Informationen (Module) in unterschiedlichen Informationsprodukten eingesetzt werden. Die Grenzkosten für die Bereitstellung jeder weiteren gleichen Information streben daher gegen Null. Neben den Anschaffungskosten für die Information (z.B. Kauf von dem Informationslieferanten) und deren Speicherung in einer Datenbank fallen somit keinerlei weitere Kosten an, egal wie oft dieselbe Information an Nutzer bereitgestellt wird. Darüber hinaus tragen auch *Economies of Learning* zu einer Kostenreduktion bei. Beispielsweise wird die Erhebung der Kundeninformationen mit der Zeit effizienter, wenn mögliche Fehlerquellen bekannt sind. Die größten Kostensenkungspotentiale ergeben sich jedoch durch *Economies of Scope*. Voraussetzung hierfür ist es, Möglichkeiten zur kostenwirksamen Nutzung von Synergieeffekten bei der Erstellung mehrerer personalisierter Informationsprodukte zu schaffen. Eine Senkung der durchschnittlichen Stückkosten aller personalisierten Informationsprodukte wird durch den Zugriff auf gemeinsame Ressourcenpools erzielt (Piller 1998a, S. 119 f.).

Economies of Scope entstehen somit einerseits durch die gemeinsame Nutzung eines Informationspools für unterschiedliche Informationsprodukte (Leistungsvielfalt; siehe Büttgen/Ludwig 1998, S.50) und andererseits bei der Nutzung der IuK–Technologien. Ferner entstehen Economies of Scope bei der Nutzung von Modulen zur Zusammenstellung personalisierter Informationsprodukte, die sich für kundenindividuelle Informationsprodukte unterschiedlich kombinieren und somit in mehreren individuellen Infomationsprodukten gleichzeitig einsetzen lassen. Möchte beispielsweise ein Nutzer von MeinYahoo!, daß sein Informationsprodukt nur aus Weltnachrichten besteht, dann wählt er nur dieses Modul. Hat ein anderer Nutzer dagegen das Bedürfnis, neben Weltnachrichten zusätzlich Sportnachrichten geliefert zu bekommen, dann wählt dieser Nutzer beide Module. Beiden Informationsprodukten ist das Modul 'Weltnachrichten' gemeinsam und dennoch entstehen aus ihnen zwei unterschiedliche Leistungen. Durch die ge–

meinsame Nutzung des Moduls 'Weltnachrichten' entstehen für den Anbieter Economies of Scope. Eine andere Möglichkeit zur Erzielung von Economies of Scope besteht darin, Synergien zwischen den einzelnen individuellen *Kundeninformationen* zu nutzen (Peppers/Rogers 1993, S. 139). Aufgrund von Kundeninformationen, die ein Informationsdienstleister über jeden einzelnen Nutzer gesammelt hat, lassen sich beispielsweise Verbundeffekte dadurch erzielen, daß er diese Informationen auf andere Kunden, die über ein ähnliches Informationsbedarfsprofil verfügen, überträgt.

3.2 Die Bildung von Learning Relationships

Der individuelle Kontakt zwischen Anbieter und Abnehmer bietet Möglichkeiten zum Aufbau einer dauerhaften Kundenbindung, die im Rahmen des Customized Marketing durch sogenannte Learning Relationships erreicht werden kann. Je mehr ein Kunde dem Anbieter über sich erzählt, desto besser kann er kundenindividuelle Informationen liefern. Speichert der Anbieter diese Kundenwünsche, dann bilden diese Informationen eine effiziente Basis für die schnellere und einfachere Personalisierung (Job, 1996, S. 83). Der Anbieter erfährt somit nicht nur von den Vorlieben seiner Kunden, sondern er kann dieses Wissen gezielt für die Stiftung weiterer Kundennutzen verwenden.

Dieses Vorgehen wird als Learning Relationship bezeichnet, das mit der Zeit wächst, tiefer und intelligenter wird (Peppers/Rogers 1997, S. 15). Durch Learning Relaitionships entsteht eine langfristig angelegte Geschäftsbeziehung, die aus transaktionskostentheoretischer Sicht die ideale Koordinationsform für personalisierte Informationsdienstleistungen ist. Durch die Häufigkeit der Kontakte können Transaktionskosten verringert (Schnäbele 1997, S. 151) und aus informationsökonomischer Sicht Erfahrungen in Bezug auf den Leistungserstellungsprozeß gesammelt werden. Im Rahmen einer längerfristigen Beziehung kann die Qualität der personalisierten Informationsprodukte ständig verbessert werden (Peppers/Rogers 1997, S. 121). Mit den entstehenden Wechselkosten wird eine hohe Kundenbindung erzielt, denn ein Kunde, der zur Konkurrenz wechselt, müßte wieder viel Zeit investieren, um dem neuen Dienst seine Wünsche zu lehren (Piller 1998b, S. 106). Learning Relationships verbessern die Effizienz eines kundenindividuell massengefertigten Informationsproduktes und bilden somit eine wichtige Möglichkeit zur Verwirklichung der Kostenoption. Wettbewerbsvorteile entstehen darüber hinaus durch Aggregation und Vergleich der Informationen, wodurch der Anbieter Kunden-Know-how aufbauen kann (Piller 1998a, S. 102). Aufgrund des aggregierten Wissen über die nachgefragten Informationen können zudem beispielsweise neue Kunden effizienter und besser bedient werden. Es stellt sich jedoch die Frage nach der sozialen Akzeptanz eines solchen Angebotes auf Seiten der Nutzer, denn die Veränderung von Entscheidungsfreiheit, der Eingriff in die Privatsphäre oder die Wahrnehmung von Abhängigkeiten, können zu einem Akzeptanzverlust führen.

3.3 Bereitstellung von individualisierten Informationen mit Hilfe der Kooperationsform des virtuellen Unternehmens

Das erfolgreiche Bestehen für Informationsanbieter im Internet, hängt zunehmend von einer Optimierung der Wertschöpfungskette ab (Bellmann/Mack 1997, S.571), was zu einer Konzentration auf Kernkompetenzen führt. Aus Sicht des Nutzers kann sich diese Vorgehensweise jedoch negativ darstellen, da sich ein Kunde mit einer Vielzahl von Unternehmen auseinandersetzen muß und er sich die von mehreren Unternehmen erbrachten Leistungen selbst zusammenstellen muß. Hierdurch ergibt sich ein Spannungsverhältnis zwischen maximaler Kundenorientierung und Effizienz bei der Erstellung der Informationsdienstleistung. Dieses Spannungsverhältnis kann durch eine virtuelle Unternehmung, einer IuK–basierten Form zwischenbetrieblicher Zusammenarbeit, aufgelöst werden.

Ein *virtuelles Unternehmen* bildet ein Unternehmensnetzwerk, das aus rechtlich selbständigen Unternehmen besteht, die ihre Kernkompetenzen in die Kooperation einbringen (Meffert 1997, S. 119 f.). Insofern stellt sich die virtuelle Unternehmung als Netzwerk aus internen und externen Modulen dar, die kundenorientiert in die Problemlösung einbezogen werden (Picot/Neuburger 1997, S. 126 f.). Für Kunden scheint damit die Leistung des virtuellen Unternehmens „aus einer Hand" zu kommen, obwohl sie faktisch von vielen unabhängigen Unternehmen gemeinsam erstellt wird. Die Besonderheit des virtuellen Unternehmens im Rahmen des Customized Marketing von personalisierten Informationsdienstleistungen entsteht durch die modulare Struktur. Der Koordinator des virtuellen Unternehmens, unter dessen Dach die Leistungen der unabhängigen Unternehmen gebündelt werden, bestimmt in der Idee des Customized Marketing nicht mehr selbständig, welche Kombination von Modulen (Unternehmen) für den Nutzer die beste Problemlösung darstellen. Er stellt insofern nur noch ein 'Set an Modulen (Unternehmen) zur Auswahl, aus denen der Nutzer selbständig bestimmen kann, welche Unternehmen für *ihn* die höchste Kernkompetenz und somit die beste Problemlösungsfähigkeit bieten. Der Nutzer wird somit zum 'Konfigurator' seines eigenen persönlichen virtuellen Unternehmens. Durch die Möglichkeit der jederzeitigen Veränderbarkeit seines Nutzerprofils bestimmt der Nutzer somit auch die Dauer der Kooperationsbeziehung zwischen den unabhängigen Unternehmen zur Erstellung seines Informationsproduktes.

4 SCHLUSSBETRACHTUNG UND AUSBLICK

Personalisierte Informationsdienstleistungen stehen im Internet erst am Anfang ihrer Entwicklung. Im Hinblick auf die *Produktpolitik* wird Abschied von der modulbasierten Informationsprodukt–Fertigung genommen werden müssen. Dem Nutzer wird nicht mehr ein vorgegebenes 'Set' an Modul–Varianten zur Auswahl gestellt, bei der vom Informationsanbieter bestimmt wird, welcher Lieferant als auswählbares Modul aufgenommen wird; denn 'intelligente Agenten' werden es ermöglichen, selbständig den Bedarf des Nutzers aufspühren und auf dieser Basis das personalisierte Informationsprodukt zu erstellen. *Jeder* Anbieter von Informationen (Institutionen oder Personen) im Internet kann somit potentieller Problemlöser für individuelle Informationsbedürfnisse werden. Im Rahmen der *Preispolitik* müssen geeignete Lösungen gefunden werden, die einen speziell auf das einzelne Informationsbedürfnis eines Nutzers zugeschnittenen Preis ermöglichen oder bei denen der Nutzer selbst bestimmen kann, wieviel ihm das Informationsprodukt wert ist.

In bezug auf die *Distributionspolitik* sind auf der Basis neuer technologischer Möglichkeiten Distributionsformen bereitzustellen, die den Nutzer Zeitpunkt und Ort der Belieferung frei wählen lassen.

Für die *Kommunikationspolitik* sind verschiedene Optionen zu berücksichtigen. Zum einen muß jeder Nutzer individuell angesprochen werden und zum anderen hat der Informationsdienstleister ein starkes Image aufzubauen, damit der Nutzer Vertrauen in die Qualität und Glaubwürdigkeit der gelieferten Informationsprodukte gewinnt.

Personalisierte Informationsdienstleistungen können sich im Internet für alle Anbieter von Informationen, wie z.B. Informationsdienstleister, Handelsunternehmen, Finanzdienstleister und auch für Hersteller zu einer dominierenden Anwendung entwickeln. Sie werden aber standardisierte Angebote nicht verdrängen. Die zielgerichtete Informationssuche (Pull) oder das oftmals auch als Entertainment empfundene 'herumsurfen' (trial–and–error–Prinzip), werden somit auch weiterhin standardisierten Angeboten Anwendungspotentiale eröffnen.

LITERATUR

Albers, S.; Bachem, C.; Clement, M.; Peters, K.: Produkte und Inhalte. In: Albers, S.; Clement, M.; Peters, K. (Hrsg.), Marketing mit Interaktiven Medien: Strategien zum Markterfolg, Frankfurt 1998, S. 267–282.

Becker, J.: Vom Massenmarketing über das Segmentmarketing zum Kundenindividuellen Marketing (Customized Marketing). In: Tomczak, T.; Belz, Chr. (Hrsg.), Kundennähe realisieren, St. Gallen 1994, S. 15–30.

Bellmann, K.; Mack, O.: Virtuelle Unternehmen und Database Marketing. In: Link, J.; Brändli, D.; Schleuning, C.; Kehl, R. E. (Hrsg.), Handbuch Database Marketing, Ettlingen 1997, S. 569–581.

Büttgen, M.; Ludwig, M.: Mass Customization von Dienstleistungen, Arbeitspapier des Instituts für Markt- und Distributionsforschung der Universität zu Köln, 1997.

Chase, L.: Essential business tactics for the net, New York ; Chichester ; Weinheim a.o. 1998.

Diller, H.: Veränderungen im Marketing durch Online–Medien. In: Bruhn, M.; Steffenhagen, H. (Hrsg.), Marktorientierte Unternehmensführung: Reflektionen – Denkanstösse – Perspektiven; Heribert Meffert zum 60. Geburtstag, Wiesbaden 1997, S. 513–537.

Engelhardt, W. H.; Freiling, J.; Reckenfelderbäumer, M.: Die Bedeutung der Integrativität für das Marketing: Ein Überblick anhand ausgewählter theoretischer und anwendungsbezogener Aspekte. In: Marketing ZFP, 17, (1995), Heft 1, S. 48–53.

Engelhardt, W. H.; Reckenfelderbäumer, Marketing für investive Service–Leistungen. In: HMD: Theorie und Praxis der Wirtschaftsinformatik, 33, (1996), Heft 187, S. 7–23.

Fink, D. H.: Mass Customization. In: Albers, S.; Clement, M.; Peters, K. (Hrsg.), Marketing mit Interaktiven Medien: Strategien zum Markterfolg, Frankfurt 1998, S. 137–150.

Hildebrand, V. G.: Individualisierung als strategische Option der Marktbearbeitung: Determinanten und Erfolgswirkungen kundenindividueller Marketingkonzepte, Wiesbaden 1997.

Höhl, M.; Ponader, M.: Knowledge Based Marketing – Individuelles Software Marketing über das World Wide Web. In: Link, J.; Brändli, D.; Schleuning, C.; Kehl, R. E. (Hrsg), Handbuch Database Marketing, Ettlingen 1997, S. 583–598.

Huldi, C.: Database Marketing: Auswirkungen auf das Marketing und die absatzpolitischen Instrumente. In: Link, J.; Brändli, D.; Schleuning, C.; Kehl, R. E. (Hrsg.), Handbuch Database Marketing, Ettlingen 1997, S. 297–313.

Illik, J. A.: Electronic Commerce – eine systematische Bestandsaufnahme. In: HMD: Theorie und Praxis der Wirtschaftsinformatik, 35 (1998), Heft 199, S. 10–24.

Jacob, F.: Produktindividualisierung: ein Ansatz zur innovativen Leistungsgestaltung im Business–to–Business–Bereich, Wiesbaden 1995.

Job, P.: Information als Produkt – Leitlinien. In: Picot, A. (Hrsg.), Information als Wettbewerbsfaktor: Kongress–Dokumentation / 50. Deutscher Betriebswirtschafter Tag 1996, Stuttgart 1997, S. 77–84.

Kleinaltenkamp, M.: Customer Integration – Kundenintegration als Leitbild für das Business–to–Business–Marketing. In: Kleinaltenkamp, M.; Flies, S.; Jacob, F. (Hrsg.), Customer–Integration: von der Kundenorientierung zur Kundenintegration, Wiesbaden 1996, S. 13–24.

Kleinaltenkamp, M.: Institutionenökonomische Begründung der Geschäftsbeziehung. In: Backhaus, K.; Diller, H. (Hrsg.), Dokumentation des 1. Workshops der Arbeitsgruppe „Beziehungsmanagement" der wissenschaftlichen Kommission für Marketing im Verband der Hochschullehrer für Betriebswirtschaftslehre vom 27.–28.9.1993 in Frankfurt/M., Nürnberg 1994, S. 8–39.

Kleinaltenkamp, M.; Marra, A.: Institutionenökonomische Aspekte der 'Customer Integration'. In: Zeitschrift für betriebswirtschaftliche Forschung (zfbf), 47 (1995), Sonderheft 35, S.101–117.

Link, J.; Hildebrand V. G.: Grundlagen des Database Marketing. In: Link, J.; Brändli, D.; Schleuning, C.; Kehl, R. E. (Hrsg.), Handbuch Database Marketing, Ettlingen 1997, S. 15–36.

Mayer, R.: Strategien erfolgreicher Produktgestaltung : Individualisierung und Standardisierung, Wiesbaden 1993.

Meffert, H.: Marketing : Grundlagen marktorientierter Unternehmensführung: Konzepte – Instrumente – Praxisbeispiele, 8. Aufl., Wiesbaden 1998.

Meffert, H.: Die virtuelle Unternehmung: Perspektiven aus Sicht des Marketing. In: Backhaus, K. et al. (Hrsg.), Marktleistung und Wettbewerb: strategische und operative Perspektiven der marktorientierten Leistungsgestaltung; Festschrift für Werner H. Engelhardt zum 65. Geburtstag, Wiesbaden 1997, S. 115–141.

Müller–Mehrbach, H.: Auf dem Weg in die Informations–Dienstleistungsgesellschaft, In: technologie & management, 46 (1997), Heft 1, S. 4–6.

Nieschlag, R.; Dichtl, E.; Hörschgen, H.: Marketing, 18. Aufl., Berlin 1997.

Palloks, M.: Marketing Accounting mit Database Marketing. In: Link, J.; Brändli, D.; Schleuning, C.; Kehl, R. E. (Hrsg.), Handbuch Database Marketing, Ettlingen 1997, S. 397–418.

Paul, C.; Runte, M.: Virtuelle Communities. In: Albers, S.; Clement, M.; Peters, K. (Hrsg.), Marketing mit Interaktiven Medien: Strategien zum Markterfolg, Frankfurt 1998, S. 151–164.

Peppers, D.; Rogers, M.: Neue Regeln. In: W&V Special: 50 Jahre Deutscher Direktmarketing Verband, 1998, Heft 25, S. 6

Peppers, D.; Rogers, M.: Enterprise one to one : tools for competing in the interactive age, New York ; London ; Toronto a.o. 1997.

Peppers, D.; Rogers, M.: The One to One Future, New York ; London ; Toronto a.o. 1993.

Picot, A.; Dietl, H.: Transaktionskostentheorie. In: WiSt, 19 (1990), Heft 4, S. 178–184.

Picot, A.; Neuburger, R.: Der Beitrag virtueller Unternehmen zur Marktorientierung. In: Bruhn, M.; Steffenhagen, H. (Hrsg.), Marktorientierte Unternehmensführung: Reflektionen – Denkanstösse – Perspektiven; Heribert Meffert zum 60. Geburtstag, Wiesbaden 1997, S. 119–139.

Piller, F. T.: Kundenindividuelle Massenproduktion: die Wettbewerbsstrategie der Zukunft, München; Wien 1998a.

Piller, F. T.: Mit Mass Customization zu echtem Beziehungsmarketing. In: HARVARD BUSINESS manager (1998b), Nr. 6, S. 103–107.

Pine II, B. J.: Mass customization: the new frontier in business competition, Boston; Massachusetts 1993.

Plinke, W.: Grundlagen des Geschäftsbeziehungsmanagements. In: Kleinaltenkamp, M.; Plinke, W. (Hrsg), Geschäftsbeziehungsmanagement, Berlin; Heidelberg; New York; u.a. 1997.

Schade, C.; Schott, E.: Kontraktgüter im Marketing. In: Marketing · ZFP, 15 (1993), Heft 1, S. 15–25.

Schnäbele, P.: Mass Customized Marketing: Effiziente Individualisierung von Vermarktungsobjekten und –prozessen, Wiesbaden 1997.

Skiera, B.: Preisdifferenzierung. In: Albers, S.; Clement, M.; Peters, K. (Hrsg), Marketing mit Interaktiven Medien: Strategien zum Markterfolg, Frankfurt 1998, S. 283–296.

Tolle, E.: Informationsökonomische Erkenntnisse für das Marketing bei Qualitätsunsicherheit der Konsumenten. In: Zeitschrift für betriebswirtschaftliche Forschung (zfbf), 46 (1994), Nr. 11, S. 926–938.

Wehrli, H. P.; Wirtz, B. W.: Mass Customization und Kundenbeziehungsmanagement: Aspekte und Gestaltungsvarianten transaktionsspezifischer Marketingbeziehungen. In: GFK–Jahrbuch der Absatz und Verbrauchsforschung, 43 (1997), Nr. 2, S. 116–138.

Weiber, R.; Adler, J.: Informationsökonomisch begründete Typologisierung von Kaufprozessen. In: Zeitschrift für betriebswirtschaftliche Forschung (zfbf), 47 (1995), Nr. 1, S. 43–65.

Williamson, O. E.: Transaktionskostenökonomik, 2. Aufl., Hamburg 1996.

Woratschek, H.: Die Typologie von Dienstleistungsunternehmen aus informationsökonomischer Sicht. In: der markt, 35 (1996), Nr. 136, S. 59–71.

Electronic Commerce für neue PKW

Hermann Freter und Henrik Dreier, Siegen

Der Diffusionsprozeß des WorldWide Web (WWW) findet auch in Deutschland mit großen Zuwachsraten statt. Der Beitrag wählt als Anwendungsbeispiel den Markt neuer PKW aus und analysiert vertriebsstrategische Anpassungsmaßnahmen von PKW–Herstellern und Auswirkungen für die PKW–Händler. Zunächst werden die neuen Möglichkeiten für Online–Angebote gekennzeichnet („Online–Betriebsformen"). Anschließend werden Absatzkanaltypen unter Einbeziehung des Electronic Commerce aus Hersteller– und Händlersicht diskutiert. Eine besondere Bedeutung kommt dabei der neuen Betriebsform cybermediärer Mehrmarken–Händler zu (Matchmaker).

1 PROBLEMSTELLUNG

Der Diffusionsprozeß des WorldWide Web (WWW) findet auch in Deutschland mit großen Zuwachsraten statt. Das betrifft einerseits die Nutzer– und andererseits die Anbieterseite, die sich vielfach noch in einem Versuchsstadium bezüglich der Art des Netzangebotes befindet (vgl. dazu die empirische Analyse von Fantapié Altobelli; Hoffmann o.J.). Die längeren Erfahrungen der USA zeigen auf, wie die weitere Entwicklung auch in Deutschland verlaufen könnte. Das Beispiel des Büchermarktes mit „amazon" (http://www.amazon.com) verdeutlicht die sich neu ergebenden Möglichkeiten.

Hier soll als Anwendungsbereich der Markt neuer PKW in Deutschland ausgewählt werden. Das stellt bereits eine gewollte Einengung dar: Die PKW–Hersteller und die mit ihnen eng verbundenen Vertragshändler bieten Leistungsbündel an, zu denen auch das Service–, Ersatzteil– und Zubehörgeschäft, die Auslieferung der PKW und die Inzahlungnahme von gebrauchten PKW gehört (vgl. Heß; Meinig 1996).

Das WWW stellt zunächst einen neuen Kommunikationskanal dar. Dieser weist im Vergleich mit den klassischen Kommunikationsformen einige Besonderheiten auf (zu den informationstechnologischen Grundlagen vgl. Grauer; Merten 1997. Zu den Erfolgsfaktoren vgl. Lamprecht; Gömann 1997). Zunächst muß der Kunde im Internet aktiv werden, um auf die Homepage eines Anbieters zu gelangen. Das setzt entsprechende Zugangsmöglichkeiten der Kunden voraus und besitzt den großen Vorteil eines orts- und zeitungebundenen Zugriffs. Der Kunde bestimmt darüber hinaus, auf welche Inhalte der Anbieter–Site er zugreifen will. Im Gegensatz zu den klassischen Massenmedien ist die Informationsbreite und –tiefe wesentlich größer. Bei Abfrage von Kundenpräferenzen besteht die Möglichkeit einer Individualisierung des Angebots. Der Kunde kann sich sein Wunschauto (z.B. Kombination von Ausstattungsmerkmalen) online zusammenstellen und erhält gegebenenfalls zugleich Informationen über die preislichen Auswirkungen der einzelnen Optionen (vgl. Diller 1996, S. 22 ff.; Kleinaltenkamp; Fließ; Jacob 1996). Es lassen sich bei firmenneutralen Angeboten vergleichende Informationen abrufen (z.B. Testberichte, Schadenstatistiken). Der Kunde nutzt die kommunikativen Angebote interaktiv (vgl. Berres 1997, S. 203 f.; Hoffman; Novak 1997, S. 39; Tomczak; Gräf 1997, S. 16; Silberer 1995, S. 10 ff.).

Der sich entwickelnde Schritt zum Electronic Commerce (EC) besteht darüber hinaus darin, daß eine Online–Bestellung möglich ist. Somit findet nicht nur eine Information und Vorauswahl statt, sondern auch der finale Kaufakt. Die elektronische Transaktion geht noch einen Schritt weiter, wenn auch die Bezahlung online erfolgt. Entsprechende E–Cash–Entwicklungen haben einen hohen Reifegrad erreicht. Gegebenenfalls wird eine Finanzierung des Kaufobjektes ebenfalls online abgewickelt. Ähnlich wie im Versandhandel eröffnet sich ein neuer Vertriebsweg, allerdings mit zusätzlichen Möglichkeiten. Dieser neue Kanal tritt in Wettbewerb mit den traditionellen Absatzwegen. Es hängt u.a. von den Produkteigenschaften (vgl. Bliemel; Theobald 1997) und den damit teilweise vom Handel zur übernehmenden Funktionen sowie dem Käuferverhalten ab, wie sich das E–Commerce in einem gegebenen Produktbereich entwickelt.

Bei einem Angebot neuer PKW über das WWW sind die relevanten Rahmenbedingungen zu beachten: die (potentiellen) Käufer, das gegebene System der Absatzmittler, die Wettbewerbssituation sowie rechtliche Rahmenbedingungen. In bezug auf die im PKW–Bereich üblichen selektiven Vertriebsstrategien spielt die Gruppenfreistellungsverordnung (GVO) eine wichtige Rolle (vgl. Kröger 1995). Z.B. werden den Absatzorganen Alleinvertriebsrechte für bestimmte Gebiete zugesichert. Durch Bezugs– und

Absatzbindungen wird der Wettbewerb auf der Handelsstufe beschränkt: Die Zahl der Händler in einem Gebiet wird begrenzt, die Aktivitäten des Händlers werden auf ein Gebiet reduziert, und der Hersteller darf i.d.R. nur die Marken des jeweiligen Herstellers führen. Die GVO ermöglicht eine weitgehende Fortschreibung dieser distributionspolitischen Strategien bis zum Jahre 2002.

Ziel dieses Beitrags ist, ausgewählte Aspekte eines Verkaufs neuer PKW über das WWW zu analysieren:

- Welche vertriebspolitische Strategien bieten sich dem PKW–Hersteller?
- Welche Auswirkungen ergeben sich für die PKW–Händler?

2 ONLINE–BETRIEBSFORMEN FÜR NEUE PKW

Die in der Automobilbranche denkbaren kommerziellen Web–Sites lassen sich anhand ihrer Eigenschaftsausprägungen sechs verschiedenen Online–„Betriebsformen" zuordnen (vgl. Hoffmann; Novak; Chatterjee 1996; Auto–Dealer System & Communications Service 1997; Diez; Stollenmaier 1997):

- Online–Unternehmenspräsentation,
- Online–Storefront,
- Virtuelle Shopping–Mall,
- Suchdienste, Information–Broker,
- Matchmaker und
- Incentive–Site.

2.1 Unternehmensspezifische Internet–Auftritte

Diese Online–Möglichkeiten weisen fließende Übergänge auf und sind dem Electronic Commerce (im Sinne von Online–Bestellmöglichkeiten) nur teilweise zuzurechnen. Es lassen sich unternehmensspezifische und übergreifende Internet–Auftritte unterscheiden. Im folgenden werden zwei unternehmensspezifische Internet–Auftritte charakterisiert: Online–Unternehmenspräsentationen und –Storefronts. *Online–Unternehmenspräsentationen* bezeichnen Informations– und Kommunikationsplattformen im WWW, die zum Ziel haben, das Markenbild und Image eines Unternehmen zu stärken. Die Online–Angebote gehen darüber hinaus, wenn sich PKW–Konfigurationen individuell zusammenstellen und bildlich darstellen lassen. Auch wenn die entsprechenden Preise angegeben sind – was in Deutschland bislang zumeist nicht der Fall ist – stellt diese erste Variante nur eine Vorstufe zum EC dar, solange keine Online–Bestellung erfolgen kann. Bei dieser ersten Variante, die das WWW allein kommunikativ nutzt, stellt sich bereits die Frage nach den Zusammenhängen zum bestehenden Vertragshändlersystem, da die neuen PKW weiterhin bei den Absatzmittlern gekauft werden müssen. Es handelt sich im Vergleich zur herstellerseitigen Werbung um eine erweiterte Form des „Vorverkaufs“ mit detaillierteren Informationen.

Markenexklusive Vertragshändler nutzen bislang nur zum Teil die Möglichkeit einer eigenen WWW–Präsentation unter dem Dach des PKW–Herstellers. So hat z.B. die Adam Opel AG alle 2.400 deutschen Opel–Vertragshändler in einen flexiblen, einheitlich gestalteten Internet–Auftritt eingebunden, den die Händler mit eigenen Inhalten ergänzen können (vgl. o.V.: Autoindustrie 1999, S. 1). Häufig trifft man in Deutschland dagegen Web–Sites von Automobilhändlern an, die weder inhaltlich noch gestalterisch mit dem Hersteller abgestimmt sind. Das Verhältnis von Hersteller– und Händlerauftritt im Sinne einer integrierten Kommunikation (vgl. Bruhn 1995) ist in diesen Fällen noch nicht geregelt, dürfte bei einer wachsenden Bedeutung des WWW in diesem Produktbereich aber eine größere Relevanz erlangen.

Online–Storefronts beinhalten im Gegensatz zu Online–Unternehmenspräsentationen neben reinen Informationsangeboten auch Transaktionsanwendungen. Die Automobile werden dementsprechend entweder über Web–Sites der PKW–Hersteller (elektronischer Direktvertrieb), von Automobilhändlern oder sonstigen Handelsunternehmen (indirekter elektronischer Vertrieb) verkauft. Während man bei den deutschen Automobilherstellern den Online–Verkauf von Gebrauchtfahrzeugen, Zubehör und Accessoires bereits in einigen Fällen antrifft, stellt das Angebot von Neufahrzeugen die Ausnahme dar. In Deutschland gab es bislang nur ein mittlerweile wieder eingestelltes Pilotprojekt von *VW*. *Opel* testet einen Online–Verkauf des Modells *Corsa*. Dagegen ist die Entwicklung in den USA weiter fortgeschritten. Seit Ende 1997 betreibt *General Motors* (http://www.gmbuypower.com), seit 1998 *Chrysler* (http://www.chryslercars.com) eine Online–Storefront für neue PKW, ebenfalls unter Einbeziehung der Handelsstufe. Der Nutzer stellt sich zunächst aus den möglichen Komponenten (inklusive Listenpreis) einen individualisieren PKW zusammen und sendet dieses Wunschauto in Verbindung mit der gewünschten Zahlungsart an einen Händler seiner Wahl. *Chrysler* beteiligt nur besonders qualifizierte und zertifizierte Händler.

Der Intra–Marken–Wettbewerb stellt nach wie vor ein potentielles Problem für die Online–Storefronts der amerikanischen Automobilhersteller dar, das jedoch durch die Li–

mitierung der beteiligten Händler und die daraus resultierenden großen Verkaufsgebiete weniger kritisch zu sehen ist. Der Verkaufsprozeß wird bislang nur in der Anbahnungsphase elektronisch unterstützt. Ein reiner Direktvertrieb der Automobilhersteller ist in keinem Fall anzutreffen.

In den USA agieren einige Händler, die nicht in die offiziellen Web–Sites der Automobilhersteller integriert sind, dagegen erfolgreich mit Online–Storefronts. Preise und Konditionen fallen i.d.R. günstiger aus als im konventionellen Vertriebsnetz (vgl. Jackson 1997, S. 1 und 36). Neben den Automobilherstellern und –händlern betreiben bislang branchenfremde Dritte als unabhängige Mehrmarkenhändler oder auf bestimmte Geschäftsbereiche spezialisierte Unternehmen Online–Storefronts. Derartige Unternehmen können die als Vollfunktionsbetriebe agierenden konventionellen Händler schwächen, auch dann, wenn kein unmittelbarer Einfluß auf das Neufahrzeuggeschäft besteht. Günstigere Preise führen dazu, daß die markengebundenen Händler Absatzeinbußen in profitablen Geschäftsbereichen verzeichnen.

2.2 Unternehmensübergreifende Internet–Auftritte

Im folgenden soll zwischen Virtuellen Shopping–Malls, Suchdiensten und Information Broker, Matchmaker und Incentive Sites unterschieden werden.

Unter *Virtuellen Shopping–Malls* versteht man Marktplätze, die sich aus mehreren Online–Storefronts zusammensetzen, aber unter einer Webadresse erreichbar sind. Der Vorteil der Bündelung der Online–Storefronts zu einer Web–Site liegt darin, daß der Nutzer an einer Stelle umfangreiche Sortimente antrifft. Es läßt sich ein komplementärer Bedarf decken, die Transparenz über das Angebot steigt, und der Suchaufwand verringert sich. Für die Online–Storefronts ergibt sich die Möglichkeit, gemeinsam zu werben und einheitliche Systeme, etwa für die Zahlungsabwicklung, zu nutzen. Eine große Produktvielfalt in Virtuellen Shopping–Malls kann sich jedoch nachteilig auswirken, da sich einzelne Marken nicht mehr getrennt präsentieren bzw. abgrenzen lassen. Die Kommunikation der Markenbotschaften wird erschwert. Je nach Art des angebotenen Sortiments lassen sich branchenspezifische und branchenübergreifende Virtuelle Shopping–Malls unterscheiden. Automobilhersteller und –händler trifft man in ihnen zur Zeit noch nicht an.

Suchdienste, Information–Broker und Matchmaker repräsentieren zumeist ausschließlich im WWW tätige Intermediäre (Cybermediäre), die Angebot und Nachfrage zusam–

menbringen. Die Aktivitäten der Anbahnungsphase im Transaktionsprozeß werden durch branchenfremde Dritte in einer neuen Handelsstufe entbündelt angeboten. *Suchdienste* beinhalten in diesem Zusammenhang häufig Übersichten zu Online–Storefronts oder Virtuellen Shopping–Malls, aber auch Unternehmenspräsentationen, die der Interessent zur Auffindung eines geeigneten Transaktionspartners nutzen kann. So beinhaltet die Suchmaschine WEB.DE (http://www.dir.web.de, Stand 3.5.1999) unter der Rubrik Autohersteller 194 Einträge, die mit den jeweiligen Internet–Sites der Hersteller verlinkt sind. *Information–Broker* gehen einen Schritt weiter. Deren Web–Sites bieten einen umfassenden Überblick zu i.d.R. branchenbezogenen Daten und damit in Verbindung stehenden Dienstleistungen. Das Angebot reicht von einer Übersicht der potentiellen Transaktionspartner inklusive einer Verlinkung bis hin zum ausführlichen Vergleich verschiedener Konkurrenzprodukte. Die Leistungen der Information–Broker sind in der Regel kostenlos, da sich die Web–Sites über Werbeeinnahmen finanzieren. Der ADAC (http://www.adac.de, Stand 3.5.1999) bietet seinen Mitgliedern im Rahmen eines umfangreichen Service–Angebots einen Auto–Katalog mit 3.657 Modellen. Diese werden anhand mehrerer Kriterien beschrieben und lassen sich nach fünf Kriterien sortieren. Testberichte und eine Pannenstatistik ergänzen diese Angaben. Es findet allerdings kein Vergleich der Modelle und keine Verlinkung zu Herstellern oder Händlern statt. Nur die Adressen der Hersteller sind alphabetisch aufgeführt.

Matchmaker erweitern die Informations–, Entertainment– und Dialoganwendungen der Information–Broker um Transaktionsanwendungen. Bei der Abwicklung der Transaktionen arbeitet der Matchmaker im allgemeinen mit einem festen Kreis von konventionellen Händlern zusammen. Dabei wird eine Bestellung des auf der Matchmaker–Site ausgesuchten bzw. vorgeschlagenen Produktes entweder direkt vom Matchmaker bearbeitet oder an einen ausgesuchten bzw. beliebigen Händler weitergeleitet.

Incentive–Sites sind Web–Sites, die dazu dienen, den potentiellen Kunden auf andere nachgeschaltete Web–Sites zu führen. Durch die Bündelung von Informationen über verschiedene Hersteller bzw. Händler und eine Verlinkung von dieser Web–Site zu den entsprechenden Angeboten kann sich der Nutzer von einer Stelle aus einen umfassenden Überblick verschaffen. Neben einer konventionellen Verlinkung bieten sich zur Weiterleitung der Nutzer auch Softmatching–Module an. Über eine Eingabemaske führt der Nutzer dabei seine Vorstellungen zu einem Produkt an. Daraufhin werden Hyperlinks zu allen Produkten der Hersteller ausgegeben, welche die Nachfrage erfüllen. Incentive–Sites werden von einem oder mehreren Unternehmen, aber auch von unabhängigen

Dritten geführt und gestalten sich vollkommen markenneutral. Erst auf den nachgelagerten Web–Sites erfolgt eine markenbetonte und ausführliche Darstellung der Unternehmen und deren Produktpaletten.

2.3 Vergleichende Gegenüberstellung der Online–Betriebsformen

Die Online–Betriebsformen unterscheiden sich in mehreren Eigenschaften (vgl. dazu *Abbildung 1*). In bezug auf die Phase im Kaufentscheidungsprozeß nehmen die Betriebsformen teilweise nur auf die Phase der Alternativensuche und –bewertung Bezug (Information über Produkte und deren Ausprägungen) und ermöglichen gegebenenfalls eine erste Vorauswahl. Zweitens kann zusätzlich die Auswahl einer konkreten Produktvariante ermöglicht werden. Dabei spielt im PKW–Bereich ein sog. Konfigurator eine entscheidende Rolle. Mit diesem läßt sich eine individuelle PKW–Variante zusammenstellen. Drittens kann darüber hinaus der Kauf eines Angebots über das Internet abgeschlossen werden. Diese Kaufmöglichkeit stellt das konstituierende Merkmal für den EC i.e.S. dar.

Phase im Kaufentscheidungsprozeß / Online „Betriebsform“	Information/ Vorauswahl			Auswahl (PKW–Konfigurator)	Kauf
	ein Unternehmen	Branche	branchen–übergreifend		
Online Unternehmenspräsentation	●			●	
Online–Storefront	●			●	●
Shopping–Mall		●	●		○
Suchdienste und Information Broker		●	●	○	○
Incentive–Site		●		●	○
Matchmaker		●		●	●

● Funktion wird erfüllt
○ Funktion wird bei Verlinkung mit Storefronts und Matchmakern erfüllt

Abbildung 1: Übersicht über Online–Betriebsformen

In bezug auf den Anbieter bzw. Träger der Betriebsform lassen sich unternehmensspezifische und unternehmensübergreifende Formen unterscheiden. Online–Unternehmenspräsentationen und Online–Storefront stellen unternehmensspezifische bzw. vertriebs–

systembezogene Formen dar. Diese unterscheiden sich insbesondere darin, ob ein Online–Kaufabschluß möglich ist oder nicht. Weitere Unterschiede bestehen gegebenenfalls in bezug auf den Umfang der Produktdarstellung. Die Unternehmenspräsentation kann sich auf allgemeine Unternehmensdaten und/oder auch auf konkrete Produktangebote inklusive eines PKW–Konfigurators beziehen. Im Vergleich zum letzten Fall umfaßt die Storefront das zusätzliche Element des EC–Kaufabschlusses mit der Zentrale, den Niederlassungen oder den Vertragshändlern. Es bleibt zunächst offen, wie der Internet–Auftritt der Zentrale einerseits und der dezentralen Absatzorgane andererseits geregelt ist (isolierter oder integrierter Auftritt).

Bei den unternehmensübergreifenden Formen treten Cybermediäre als neue elektronische Händler auf. Diese bieten entweder Produkte einer oder mehrerer Branchen an und erfüllen somit die Funktion einer umfassenderen Sortimentsbildung. Nur die Matchmaker erfüllen das konstituierende Merkmal des EC i.e.S. Wenn allerdings Shopping-Malls, Such– und Informationsdienste sowie Incentive Sites mit Online Storefronts und Matchmakern verlinkt sind, ergibt sich ein indirekter EC.

Aus der Sicht des Endabnehmers unterscheiden sich die Betriebsformen zusätzlich in bezug auf die Möglichkeiten des schnellen Zugriffs auf alternative Angebote. Im Gegensatz zu anderen Branchen ist es im PKW–Bereich (noch) relativ einfach, zumindest die URL der PKW–Hersteller aufzufinden. Bei allein vertriebssystembezogenen Internet–Auftritten bedeutet es für einen nicht markengebundenen Endabnehmer aber einen erheblichen Aufwand, die Sites aller relevanten Hersteller aufzusuchen. Insbesondere Incentive–Sites und Matchmaker besitzen für den Kunden den Vorteil eines branchenbezogenen Mehrmarkenzugangs. Von besonderer Bedeutung ist die Möglichkeit, sich Angebote aufzeigen zu lassen, die den eigenen Präferenzen entsprechen. Im Gegensatz zu den PKW–Herstellern müssen die Cybermediare erst einen Bekanntheitsgrad aufbauen.

3 ABSATZKANALTYPEN IM EC

3.1 Elemente des traditionellen Vertriebssystems

Bei der Analyse von Möglichkeiten eines EC–Angebots für neue PKW ist zunächst die derzeitige Situation im PKW–Vertrieb zu berücksichtigen. Reduziert man die Analyse auf deutsche PKW–Hersteller und die Absatzorgane, bei denen der Kunde den Kauf–

vertrag abschließt, so lassen sich mehrere Ausprägungen unterscheiden (vgl. *Abbildung 2*).

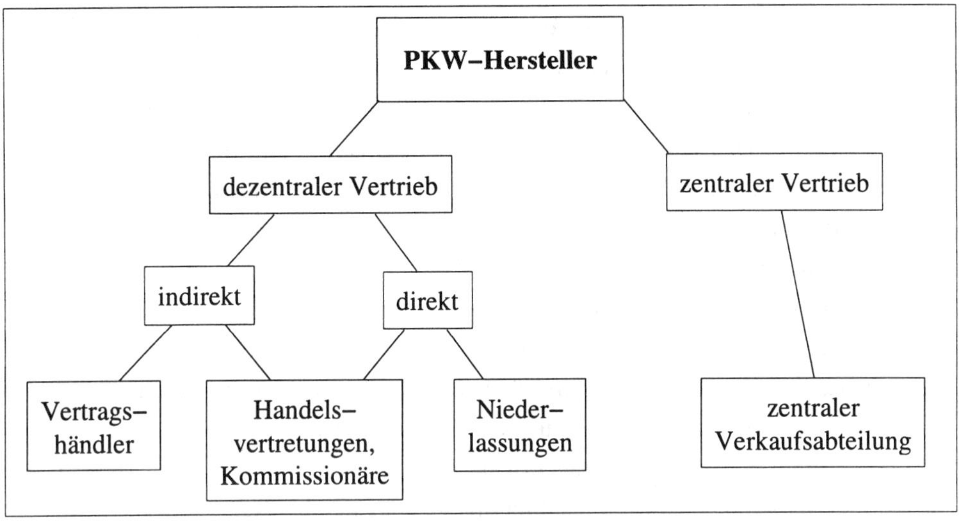

Abbildung 2: Alternative klassische Absatzkanaltypen für neue PKW

Bislang steht der indirekte Vertrieb über zumeist markengebundene Vertragshändler im Vordergrund (Variante 1). Vollfunktionshändler bieten neben dem Neuwagengeschäft das gesamte Leistungsbündel an (z.B. Inzahlungnahme des Gebrauchtwagens, Finanzierung/Leasing, Probefahrt, Auslieferung, Gewährleistung, Kulanz, Reparaturservice, komplementäre Angebote). In einigen Fällen treten diese Händler im rechtlichen Sinne als Handelsvertretungen oder Kommissionäre auf, d.h. der Kaufvertrag findet zwischen Zentrale und Kunde statt (Variante 2). Teilweise wird der dezentrale Verkauf über firmeneigene Niederlassungen abgewickelt (Variante 3). Hierbei handelt es sich um eine Variante des Direktvertriebs. Schließlich kann der Verkauf zentralseitig direkt erfolgen (Variante 4). Typische Bereiche stellen das Geschäft mit Großkunden (Firmenflotten, Autovermieter), sowie das Geschäft mit den eigenen Mitarbeitern dar. Viele Hersteller besitzen einen dualen Vertrieb, der sich aus direkten und indirekten Komponenten zusammensetzt, z.B. BMW und Mercedes-Benz.

Eng mit der Strukturierung des Vertriebs sind Fragen des Absatzkanalmanagements verbunden. Dabei geht es z.B. um die Aufteilung der Funktionen auf die Zentrale und die dezentralen Verkaufsorgane (sowie auf die hier ausgeklammerten Großhändler und Absatzhelfer). Diese Funktionen gehen über das Neuwagengeschäft hinaus und umfassen das gesamte vom Vertriebssystem angebotene Leistungsbündel. Darüber hinaus spielt die Koordination des Marketing im Vertriebssystem eine Rolle, inklusive der Weisungsgebundenheit von Niederlassungen und Handelsvertretungen. Eine im rechtlichen Sinne kritische Größe stellt die Einflußnahme auf die Preispolitik bei den dezentralen Organen dar. Diese ist beim Handelsvertreter und beim Kommissionär gegeben, während beim Vertragshändler nur Preisempfehlungen ausgesprochen werden können. Bei der Einführung von EC–Angeboten ist die Tatsache zu berücksichtigen, daß der PKW–Vertrieb in Deutschland in der Regel über markengebundene dezentrale Absatzorgane stattfindet. Aus der Sicht des Herstellers führt diese Bindung zu Vorteilen, da sich der Absatzmittler voll auf eine Marke (bspw. die Marken eines Konzerns) konzentrieren kann und muß. Ein Wettbewerb mit Marken fremder Hersteller ist damit innerhalb des Systems ausgeschlossen. Für den Handel ergibt sich der Nachteil, daß damit eine markenübergreifende Positionierung (z.B. nur Verkauf von Geländewagen) ausgeschlossen ist. Insbesondere markenungebundene Kunden haben den Nachteil, daß sie bei einem Vergleich mehrerer Marken viele Händler kontaktieren müssen, d.h. sie haben hohe Transaktionskosten zu tragen. Durch das Aufkommen des EC wird auch der Selektionsgrad (markenexklusiver vs. Mehrmarkenvertrieb) berührt.

Die skizzierten traditionellen Strukturen und Managementkonzepte werden durch die Einführung eines EC für Neuwagen beeinflußt. Grundsätzlich läßt sich das EC–Geschäft zentral oder dezentral sowie unter Aufgabe des klassischen Vertriebs oder in Kombination mit diesem durchführen (vgl. *Abbildung 3*).

3.2 Direkter zentraler EC–Vertrieb

Der EC bietet grundsätzlich die Möglichkeit eines direkten zentralen Vertriebs. Das betrifft zunächst den Online–Vertragsabschluß mit der Landeszentrale. Der zentrale EC–Vertrieb läßt sich in zwei Varianten realisieren, einerseits als alleinige Vertriebsform für neue PKW unter Aufgabe des bisherigen dezentralen Vertriebs oder als dualer Vertrieb, bei dem das traditionelle Geschäft (weitgehend) dezentral abgewickelt wird, das EC–Geschäft dagegen allein zentralseitig.

Der Übergang zu einem *alleinigen zentralen EC–Vertrieb* (Variante 1) stellt einen erheblichen Strategiewechsel dar. Das bisherige dezentrale Geschäft müßte aufgegeben und entsprechende Kapazitäten im zentralen Absatzorgan aufgebaut werden. Der alleinige zentrale Direktvertrieb weist Vor– und Nachteile auf. Ein wesentlicher Vorteil (im Vergleich mit einem Vertragshändlersystem) besteht darin, daß die Preis– und Rabattpolitik zentral geregelt werden kann. Ferner entfällt die Handelsspanne für die Ver–

tragshändler. Nachteilig sind folgende Punkte, die sich insbesondere auf den Einsatz der im bisherigen System einzusetzenden Marketing–Instrumente beziehen:

Zentralisations–grad im EC / Absatz–kanaltyp	zentraler EC–Vertrieb	dezentraler EC–Vertrieb
einkanaliger Vertrieb	• alleiniger zentraler EC–Vertrieb (1)	• alleiniger dezentraler EC–Vertrieb (3)
mehrkanaliger Vertrieb	• EC–Vertrieb nur zentral • klassischer dezentraler Vertrieb (2)	• EC–Vertrieb nur dezentral • klassischer dezentraler Vertrieb (4)

Abbildung 3: Alternative Absatzkanaltypen im Electronic Commerce

- Trotz der im Internet bestehenden Möglichkeiten einer Personalisierung der Kundenansprache entfällt die persönliche Kommunikation im Direktkontakt zwischen Kunde und Verkäufer. Der Einfluß auf den Kaufentscheid sinkt. Es hängt von mehreren Faktoren ab, ob die Leistungen eines Verkaufsgesprächs über ein Netzangebot substituiert werden können. In einer Studie stimmten 55,7% der Befragten als Grund gegen einen Online–Kauf der Aussage „keine persönliche Beratung" zu (vgl. Fantapié Altobelli; Grosskopf 1998, S. 98).
- Gerade im PKW–Bereich sind der rein visuellen Darstellung eines Produktes Grenzen gesetzt. Zumindest für einzelne Konsumentensegmente (z.B. Erstkäufer oder Markenwechsler) spielt das haptische Element, das bei einer Besichtigung im Ausstellungsraum oder durch eine Probefahrt vermittelt werden kann, eine wichtige Rolle.
- Die Auslieferung von neuen PKW bedingt die Regelung entsprechender logistischer Aspekte. Im Regelfall erwartet der Kunde eine dezentrale Auslieferung über die Vertragshändler bzw. Niederlassungen. Es ist fraglich, ob andere Auslieferungsvarianten (z.B. über Spediteure) vom Kunden akzeptiert werden und welche kostenmäßigen Konsequenzen damit verbunden sind.
- Ein alleiniger zentralseitiger Verkauf bringt neben einer neuen Funktionsverteilung zwischen Hersteller und Händlern eine weitere Entbündelung bisheriger Leistungs–

pakete mit sich (vgl. Albers; Peters 1997, S. 70). Die dezentralen Absatzorgane haben bislang neben dem Verkauf Funktionen wie den Reparaturservice (inklusive Ersatzteillagerung) und die Inzahlungnahme des Gebrauchtwagens (inklusive den Weiterverkauf der Gebrauchtwagen) übernommen. Es ist fraglich, ob sich ein Reparaturservice zentralseitig unter Berücksichtigung der Kundenwünsche realisieren läßt. Der Verkauf von Gebrauchtwagen findet bereits heute teilweise über das Internet statt, ließe sich also zentralseitig übernehmen (vgl. Harris 1997, S. 3 und 38). Das bedingt eine Übernahme neuer logistischer Aufgaben.

Der Übergang zu einem rein zentralseitigen direkten Vertrieb berührt die bisherige Arbeitsteilung zwischen Zentrale und dezentralem Absatzorgan in erheblichem Maße. Wichtige Funktionen wie der Reparaturservice lassen sich bis auf weiteres nicht in der bisherigen Form und Qualität durch eine Zentralisierung substituieren. Ein Teil des üblichen Leistungsbündels ist weiterhin durch dezentrale Organe zu erbringen. Die Auswirkungen v.a. auf die Vertragshändler sind erheblich und bedingen bei diesem ebenfalls gravierende strategische Anpassungsmaßnahmen. Es ergibt sich ein hohes Konfliktpotential.

Diese Argumentation erfolgt allerdings vor dem Hintergrund der gegebenen Ist–Situation. Wenn man von den erheblichen Problemen einer Übergangszeit absieht und auf den langfristigen Charakter eines Strategiewechsels abstellt, bleibt die Frage, ob es ökonomisch sinnvoll ist, auf einen alleinigen zentralen direkten Verkauf abzustellen. Die Antwort hängt auch vom Verhalten der Kunden und Wettbewerber ab. Wegen der Dynamik der Entwicklung läßt sich keine abschließende Antwort geben.

Die Erweiterung des PKW–Verkaufs durch einen EC–Kanal könnte zweitens als *dualer Vertrieb* so geregelt werden, daß der EC–Verkauf allein zentralseitig durchgeführt wird (neben dem bisherigen Direktgeschäft), während der traditionelle Vertriebsweg die bisherigen Aufgaben beibehält, inklusive den Verkauf (Variante 2). Die Zentrale tritt in einen noch stärkeren Wettbewerb mit den Vertragshändlern, da jetzt auch ein Teil des Einzelkundengeschäfts von der Zentrale wahrgenommen wird. Das Konfliktpotential verstärkt sich, wenn die Absatzpreise im EC geringer sind als bei den Vertragshändlern, weil zumindest ein Teil der eingesparten Vertriebskosten zu einer Preisminderung eingesetzt wird (vgl. Heß 1994. Zu Preisdifferenzierungsstrategien im WWW vgl. Glanz; Gutsche 1996, S. 45. Zum Management von Mehrkanalsystemen vgl. Schögel; Tomczak 1995. Zu den hohen Dysfunktionalitäten beim dualen Vertrieb vgl. Meffert; Wöllenstein; Burmann 1996, S. 281). Der Umfang des EC–Geschäfts bestimmt, in welchem

Ausmaß die Vertragshändler Umsatzeinbußen zu tragen haben und zu entsprechenden Anpassungsmaßnahmen gezwungen sind. Die Kunden können bei diesem dualen Vertrieb zwischen der klassischen und der EC–Variante wählen. Die Entscheidung für eine Variante hängt dabei z.B. vom Netzzugang, der Akzeptanz des EC und den bisherigen Erfahrungen mit der Marke ab. Die duale Strategie bedingt keinen abrupten Strategiewechsel (vom indirekten dezentralen zum direkten zentralen Vertrieb) mit den damit verbundenen erheblichen Risiken. Der Hersteller kann Erfahrungen sammeln, seine EC–Strategie laufend verbessern und die Entwicklungen des Internet und der Akzeptanz durch die Abnehmer abwarten. Deswegen stellt die duale Strategie eine sinnvolle Übergangslösung dar, nach deren Ablauf entschieden werden kann, eventuell auf die erste Variante des alleinigen Neuwagenverkaufs über den EC zu wechseln.

3.3 Dezentraler EC–Vertrieb

Eine weitere Möglichkeit besteht darin, den Verkauf über EC dezentral zu regeln, sei es über die vorhandenen Vertragshändler oder über eigene Niederlassungen. Der Kunde kann in diesem Fall keinen Kaufvertrag mit der Zentrale abschließen. In bezug auf den Absatzkanaltyp lassen sich auch hier ein einkanaliger und ein dualer Vertrieb unterscheiden.

Der Übergang zu einem alleinigen dezentralen EC–Vertrieb (Variante 3) bedeutet, daß der Verkauf nur Online stattfindet, während die sonstigen Leistungsangebote wie bisher angeboten werden. Da die Akzeptanz eines EC–Kaufabschlusses noch nicht gegeben ist, viele Kunden auch weiterhin persönlich beraten werden wollen und der haptische Kontakt mit dem PKW eine Rolle spielt, stellt diese Variante derzeit keine sinnvolle Alternative dar.

Beim mehrkanaligen dezentralen Vertrieb (Variante 4) kann der Kunde zwischen einem EC–Vertrieb und dem klassischen Vertrieb wählen. Während beim zentralen EC–Vertrieb eine Kombination aus direktem und indirektem Vertrieb stattfindet (sowie aus EC– und klassischem Vertrieb), beinhaltet der duale dezentrale Vertrieb eine Kombination von EC– und klassischem Vertrieb. Mögliche Ausprägungen hängen davon ab, ob ein Gebietsschutz garantiert wird oder nicht. Bei Gebietsschutz schließt der Kunde den Kaufvertrag mit dem für ihn zuständigen Absatzorgan. Das zentralseitig erstellte EC–Angebot muß in diesem Fall auf den zuständigen Händler verweisen. Die Bestellung erfolgt über die Homepage des Händlers, der dabei zusätzliche Leistungen (z.B. Ge–

brauchtwagen) anbieten kann. Diese EC–Variante setzt voraus, daß die Händler in bezug auf Hardware, Software und Know–How internetfähig sind.

Der dezentrale EC–Vertrieb besitzt den Vorteil, daß das bisherige Vertriebssystem erhalten bleibt und durch eine zusätzliche Option für die Kunden ergänzt wird. Die Funktionsverteilung zwischen Hersteller und Händler bleibt weitgehend erhalten. Zweckmäßigerweise sollte die Zentrale die zusätzliche Aufgabe der Gestaltung und Pflege des Internet–Auftritts übernehmen, was eine eher kommunikative Aufgabe darstellt. Für die dezentralen Absatzorgane ist der Übergang zwischen dem traditionellen Verkauf und dem EC fließend. Der Kunde kann gemäß seiner Präferenzen wählen, ob er das Internet zum Kaufabschluß, zur Vorauswahl einer individuellen Produktvariante oder gar nicht nutzen will (zu einzelnen Nutzertypen vgl. Löbler; Buchholz 1997). Durch den Vorverkauf per Internet wird der Verkauf des Händlers entlastet. Das Netz übernimmt auch aus der Sicht der dezentralen Absatzorgane eher kommunikative Funktionen, auch wenn ein Verkaufsabschluß möglich ist. Der Händler nimmt weiterhin die üblichen sonstigen Leistungen wahr, z.B. die Auslieferung des neuen PKW. Fraglich ist, ob ein Verkauf über das Internet zu denselben Konditionen abgewickelt werden kann wie der Verkauf über das bisherige Vertriebssystem. Beim Verzicht auf eine persönliche Beratung (inklusive Probefahrt) spart der Händler Kosten, die bei einem (Ver–)Kauf über das EC eine Preisermäßigung ermöglichen.

Verzichtet der Hersteller dagegen auf ein Vertriebssystem mit Gebietsschutz, hat der Kunde die Wahl zwischen einem Vertragsabschluß mit mehreren Händlern. Durch das Internetangebot steigt die Markttransparenz für den Kunden. Seine Transaktionskosten sinken. Er kann bei gegebenem Zeiteinsatz mehr Angebote miteinander vergleichen bzw. benötigt weniger Zeit, um eine gegebene Anzahl von Angeboten einzuholen. In diesem Fall kann der Kunde in Preisverhandlungen mit mehreren (Vertrags–)Händlern eintreten. In Deutschland offeriert *Opel* seit April 1999 einen in Teilfunktionen unterstützten Online–Verkauf des *Opel–Corsa* unter Einbeziehung der Handelsebene. Die Modelle enthalten eine speziell für das WWW kreierte Sonderausstattung mit Preisvorteil. Nach erfolgreich abgeschlossener Zusammenstellung des Wunschfahrzeuges in einem Fahrzeug–Konfigurator wird der Bruttopreis berechnet und angezeigt. An dieser Stelle hat der Kunde die Möglichkeit, eine Verkaufsanfrage via E–Mail an einen oder mehrere Händler abzuschicken. Daraufhin unterbreiten die kontaktierten Händler dem Kunden ein konkretes Angebot, wobei nicht ausgeschlossen ist, daß sich durch mehrere unabhängige Händleranfragen der Intra–Marken–Wettbewerb verstärkt.

Der dezentrale Verkauf über EC stellt auf einen fließenden Übergang zwischen traditionellen und elektronischen Vertrieb ab. Den Wünschen der Käufer bzw. einzelner Marktsegmente in bezug auf die Kaufabwicklung kann besser entsprochen werden. Noch unterscheiden sich die Kunden in ihrem Netzzugang, d.h. ein Teil kann rein technisch noch keinen Kauf über das Netz durchführen. Aber auch diejenigen, die einen Zugang haben, werden nur teilweise bereit sein, online zu kaufen. Sie nutzen vielleicht nur die Möglichkeiten einer detaillierten Information und treffen eine Vorauswahl, wollen den eigentlichen Kauf aber beim dezentralen Absatzorgan durchführen. Dabei spielen auch die Möglichkeiten einer direkten haptischen Berührung des PKW inklusive einer Probefahrt eine Rolle, der bei Neukunden (Erstkäufer und Wechsler), die ein größeres Risiko wahrnehmen, eine größere Bedeutung als bei Stammkunden zukommt. Vor dem Hintergrund bestehender Vertriebssysteme besitzt die dezentrale EC–Lösung für die Händler Vorteile, da es sich um eine Fortschreibung des traditionellen Systems handelt. Aus der Sicht der Zentrale ergeben sich bei einem EC–Verkauf von PKW Nachteile, da dem Handel weiterhin eine Handelsspanne einzuräumen ist. Das bedeutet einen Verzicht auf höhere Deckungsbeiträge, die bei einem zentralen Verkauf über EC zu erzielen wären.

3.4 Vertrieb mit Einschaltung elektronischer Händler

Die bislang dargestellten Absatzkanaltypen gingen vom traditionellen Vertriebssystem aus. Das EC–Geschäft kann dabei alternativ von der Zentrale oder den dezentralen klassischen Absatzorganen durchgeführt werden. Die Anpassung an die neuen Möglichkeiten des EC erfolgt dabei aus dem bisherigen System heraus und kann durch den PKW–Hersteller gesteuert werden.

Die Entwicklung in den USA zeigt auf, daß sich ein neuer Typ von rein elektronischen Absatzmittlern entwickelt, der sog. Matchmaker. Diese Händler (im rechtlichen Sinn gegebenenfalls Handelsvertreter) stehen außerhalb der traditionell gewachsenen Vertriebssysteme. Es ergibt sich ein zentralseitig kaum steuerbarer Wettbewerb, der sowohl den zentralen und dezentralen Direktvertrieb als auch den indirekten Vertrieb über die Vertragshändler berührt.

Selbst wenn die Hersteller das EC–Geschäft (derzeit) nicht aktiv forcieren wollen, stellt das tatsächliche oder potentielle Eindringen von Cybermediären in die traditionell gewachsenen Vertriebsstrukturen eine Herausforderung dar. Allein deswegen sollten sich die Hersteller von PKW mit dem EC beschäftigen. Ähnlich wie beim Aufkommen der neuen Betriebsform Verbrauchermarkt, mit dem viele Markenartikelhersteller nicht kooperieren wollten, stellt sich auch für die PKW–Hersteller die Frage nach der Integration oder Ablehnung der neuen Betriebsform Matchmaker. Die Marktbedeutung der Matchmaker hängt davon ab, wie viele Kunden sich von dieser Betriebsform angesprochen fühlen. Dabei ergibt sich ein Wettbewerb über das Internet, wobei die markenübergreifenden Matchmaker mit dem markenspezifischen Angebot eines Herstellers (bzw. seiner markengebundenen Händler) konkurrieren.

Die Matchmaker konzentrieren sich allein auf den Verkauf im EC und führen im Gegensatz zu den markengebundenen Vertriebssystemen einen Mehrmarkenvertrieb durch. Dadurch wird der Inter–Markenwettbewerb größer. Sie bieten den Kunden den zusätzlichen Vorteil an, Hilfestellungen bei der Auswahl einer den individuellen Wünschen entsprechenden Marke und Produktvariante zu geben. So fragt der Matchmaker Autoconnect (http://www.autoconnect.com, Stand 26.4.1999) folgende Präferenzkategorien ab: Wagentyp und Maximalpreis, Größe, Features, Sicherheit, technische Aspekte, Hersteller und Gewichtungen der Beurteilungsdimensionen. Es wird eine Auswahl von 1.515 PKW angeboten. V.a. bei nicht markengebundenen Käufern werden die Transaktionskosten, die bei Kontakten mit vielen Händlern entstehen, erheblich gesenkt (vgl. Malone; Yates; Benjamin 1987, S. 488). Die Bedeutung der Cybermediäre hängt u.a. davon ab, wie viele Kunden nicht markengebunden sind und deswegen durch das markenübergreifende vergleichende Angebot einen Zusatznutzen erhalten. Zugleich stellt sich die Frage, wie diese Intermediäre den Zugang zu den zu verkaufenden PKW erhalten. Dabei bieten sich zwei Varianten an.

Ein solcher Zugang kann einerseits über die PKW–Hersteller erfolgen, die entweder auf ein eigenes EC–Angebot verzichten oder ein paralleles markengebundenes EC–Angebot anbieten. Dabei ergeben sich neue Aufgabenstellungen für die Preis– und Konditionenpolitik. Beim Matchmaker erhalten die Kunden die Dienstleistung kostenlos. Ähnlich wie beim traditionellen Vertrieb müßte diesen Intermediären ein Rabatt für ihre Funktionsübernahme eingeräumt werden. Darüber hinaus erwarten die Kunden einen günstigeren Preis beim EC im Vergleich zum Kauf beim traditionellen Händler. Die Preisdifferenzierung im Vertriebssystem erhält eine noch größere Bedeutung.

Die Cybermediäre könnten den Zugang zu den PKW andererseits über ausgewählte markengebundene Händler erreichen. Die Auslieferung des PKW und das Inkasso könnte bei den Händlern liegen. Die Kosten der Cybermediäre und der evtl. zu gewäh–

rende Preisnachlaß müßten von den Händlern getragen werden. Fraglich ist, ob der Kaufabschluß mit dem Cybermediär stattfindet (was die Definition von EC i.e.S. bedingt) oder mit dem Händler. In Deutschland betreibt seit März 1999 die Zeitschrift *Autobild* in Kooperation mit der *AFB Software GmbH* eine Fahrzeugvermittlung im WWW (http://www.autobild.de/katalog). Der Kunde kann Fahrzeuge beliebiger Hersteller auswählen, Bildinformationen und technische Daten abrufen und eine unverbindliche Kaufanfrage per E–Mail abschicken. Finanzdienstleistungen und die Möglichkeit einer Inzahlungnahme ergänzen das Angebot. Die E–Mail wird automatisch an einen der angeschlossenen Händler weitergeleitet, der monatliche Grundgebühren und Transfergebühren für die Übermittlung qualifizierter Adressen zahlt.

Die Händler haben eine Vermittlungsprovision an die Cybermediäre zu zahlen, wodurch die Rabatte, die sie von den Herstellern erhalten, geschmälert werden. Trotzdem besteht für die Händler ein Anreiz, mit Cybermediären zusammenzuarbeiten, weil die vermittelten Kaufabschlüsse geringere Kosten verursachen und weil sich ein zusätzliches Mengengeschäft erschließen läßt. Bei mehreren Vertragshändlern in einer Region (v.a. in Städten) wird der Cybermediär die Kaufverträge zweckmäßigerweise auf einen Händler konzentrieren. Damit wächst die Bereitschaft des Händlers zur Zusammenarbeit mit dem Cybermediär. Der Cybermediär könnte dem Händler einen EC–Gebietsschutz gewähren, der diesem im traditionellen Geschäft vom Hersteller nicht gewährt wird. Der zusätzliche Umsatz des mit dem Matchmaker kooperierenden Händlers geht zu Lasten der anderen (markenexklusiven) Vertragshändler im Einsatzgebiet. Neben dem Inter–Markenwettbewerb erhöht sich auch der Intra–Markenwettbewerb.

Allerdings sind den Absatzmittlern laut GVO Geschäfte mit Wiederverkäufern untersagt, die nicht zum Vertriebsnetz gehören (vgl. Grund–Ludwig 1997, S. 40). Für den Fall, daß der Kunde den Matchmaker oder ein sonstiges Unternehmen zum Kauf eines bestimmten Fahrzeuges in seinem Namen und auf seine Rechnung bevollmächtigt und diese Bevollmächtigung dem Absatzmittler zusammen mit der Bestellung übergeben wird, ist jedoch der Verkauf erlaubt.

Als eine Möglichkeit zur Abwehr von Matchmaker bietet sich eine Kooperation im EC mit anderen PKW–Herstellern an. Über eine gemeinsame Incentive Site kann ein markenübergreifendes Dach hergestellt werden. Diese Site ist mit den markenexklusiven Sites der PKW–Hersteller zu verknüpfen, auf denen die „gewohnte“ Firmenpräsentation inklusive der Möglichkeit des Verkaufsabschlusses erfolgt. Fraglich ist allerdings, ob sich die Hersteller auf die Inhalte der Incentive Site einigen können. Der Vorteil der Matchmaker besteht in der markenübergreifenden Produktauswahl in bezug auf die Präferenzen des Kunden. Allein die Art und Weise der Abfrage von Präferenzen kann das Ergebnis einer elektronischen Vorauswahl relevanter individueller Alternativen beeinflussen. Das betrifft auch die Frage, welche Hersteller auf der Incentive Site auftreten, z.B. welche ausländischen Marken - elektronisch gleichgewichtig - beteiligt sein sollen. Die übliche mediale Alleinstellung entfällt auf der Ebene der Incentive Site und findet erst beim Zugriff auf die jeweilige Hersteller–Site statt.

4 FAZIT

Die Zahl der Internet–Benutzer wächst weiterhin stark an. Die Zahl der EC–Angebote steigt ebenfalls. Offen bleibt nur, in welchem Umfang die Konsumenten (und Firmenkunden) das Netz für Kaufabschlüsse tatsächlich nutzen, bzw. wie schnell entsprechende Diffusionsprozesse stattfinden. Eine aktuelle Studie von Gemini–Consulting zeigt auf, daß bereits 55 % der Online–Nutzer das WWW künftig in ihre KfZ–bezogenen Kaufentscheidungen einbeziehen wollen und daß sich jeder zehnte vorstellen kann, einen neuen PKW über das Netz statt beim Vertragshändler zu kaufen (vgl. o.V.: Autokauf 1999, S. 2 f.).

Der PKW stellt ein erklärungsbedürftiges Produkt dar, das zugleich serviceintensiv ist. Viele Kunden treffen die Markenwahl nach dem entsprechenden Serviceangebot in ihrer Nachbarschaft. Die Bedeutung der neuen Vertriebsschiene EC hängt deswegen letztlich von der Akzeptanz durch die Kunden ab. Die derzeitige Akzeptanz von EC–Angeboten von weit weniger erklärungsbedürftigen Produkten wie Büchern zeigt die wachsende Bedeutung aber auch die noch bestehenden Akzeptanzprobleme des neuen Vertriebsweges auf. Allerdings ist davon auszugehen, daß diese Akzeptanz in naher Zukunft erheblich steigen wird.

Mit dem EC sind sowohl für die Anbieter, Händler als auch Nachfrager Vor– und Nachteile verbunden. Es ergeben sich Auswirkungen auf das bisherige Käufer– und Verkäuferverhalten. Wegen der Dynamik in diesem Bereich ändert sich auch die Beurteilung der Vorteilhaftigkeit eines EC–Angebots: Was heute noch nicht zweckmäßig erscheint, kann in wenigen Jahren eine vorteilhafte Alternative sein.

Die Beurteilung des EC und seiner Entwicklung hängt darüber hinaus auch vom Wettbewerb ab. Ein Pionier kann Wettbewerbsvorteile erreichen, ein Nachzügler hat mit

Wettbewerbsnachteilen zu rechnen. Auch bei einer Fortschreibung der Gruppenfreistellungsverordnung (GVO) ergeben sich durch das Aufkommen der cybermediären Matchmaker neue Herausforderungen durch einen verstärkten Inter– und Intra–Marken–Wettbewerb, der von dieser neuen Betriebsform des Handels ausgeht.

Derzeit kann der traditionelle PKW–Vertrieb (noch) nicht durch den EC ersetzt werden. Noch ist der Internetzugang nicht umfassend verbreitet, und die breite Akzeptanz von Geschäftsabschlüssen über das Netz ist in Deutschland noch nicht gegeben (vgl. Kollmann 1996). Der EC bedingt eine Entbündelung von Leistungen, die bislang von den Vertragshändlern oder Niederlassungen erbracht werden, was eine Neuformulierung der Vertriebspolitik von Herstellern und Händlern bedingt.

Deswegen kann der EC in einer Übergangszeit nur parallel zum existierenden traditionellen Geschäft eingeführt werden. Aber auch diese Variante bedingt eine Anpassung traditioneller Vertriebsstrategien. Der Preis– und Rabattpolitik kommt eine hohe Bedeutung zu. Das betrifft insbesondere eine zusätzliche Preisdifferenzierung zwischen traditionellem und elektronischen Vertrieb. Das Konfliktpotential im Vertriebssystem erhöht sich, und der Intra–Marken–Wettbewerb wird größer. Davon sind zunächst die Hersteller als Marketing–Führer im Absatzkanal betroffen. Die Neuorientierung wirkt sich aber in erster Linie auf die dezentralen Absatzorgane aus, deren Anteil am Neuwagengeschäft immer mehr sinken wird.

LITERATUR

Albers, S.; Peters, K.: Die Wertschöpfungskette des Handels im Zeitalter des Electronic Commerce. In: Marketing ZFP, 19 (1997), Heft 2, S. 69–80.

Auto–Dealer Systems & Communications Service (Hrsg.): Automotive On The Internet, 3. Aufl., Buckinghamshire 1997.

Benjamin, R.I.; Wigand, R.T.: Electronic Markets and Virtual Chains on the Information Superhighway. In: Sloan Management Review, 36 (1995), S. 62–72.

Berres, A.: Das Internet als neuer Kommunikations– und Vertriebskanal. In: M & M, 41 (1997), Heft 5, S. 203–207.

Bliemel, F.; Theobald, A.: Determinanten der Produkteignung zum Internet–Vertrieb – eine empirische Studie. In: Bliemel, F. (Hrsg.): Kaiserslautener Schriftenreihe Marketing 1997, Heft 3, Kaiserslautern 1997.

Bruhn, M.: Integrierte Unternehmenskommunikation. Ansatzpunkte für eine strategische und operative Umsetzung integrierter Kommunikationsarbeit, 2. Aufl., Stuttgart 1995.

Diez, W.; Stollenmaier, M.: Der Einsatz des Internets im Automobilvertrieb: Ergebnisse einer explorativen Befragung von Automobilherstellern und –importeuren, Institut für Automobilwirtschaft (IFA), Nürtingen 1997.

Diller, H.: Marketing im Zeitalter der Online–Medien, Arbeitspapier Nr. 51, Nürnberg 1996.

Fantapié Altobelli, C.; Hoffmann, S.: Werbung im Internet. Wie Unternehmen ihren Online–Werbeauftritt planen und optimieren. Ergebnis der ersten Umfrage unter Internet–Werbungtreibenden, München o.J..

Fantapié Altobelli, C.; Grosskopf, A.–K.: Online–Marketing 2000 – Zielgruppen, Strategien, Prognosen. Die Primäranalyse über die Innovationsbranchen Informationstechnologie und Telekommunikation, Hamburg 1998.

Fittkau, S.; Maaß, H.: Zielgruppen für Online–Werbung und –Vertrieb: Entwicklungen und Trends. In: transfer Werbeforschung & Praxis, 44 (1999), Heft 1, S. 16–19.

Glanz, A.; Gutsche, J.: Business Digital – Die große Multimedia–Studie von Bertelsmann Telemedia und Diebold, o.O. 1996.

Grauer, M.; Merten, U.: Multimedia. Entwurf, Entwicklung und Einsatz in betrieblichen Informationssystemen, Berlin u.a. 1997.

Grund–Ludwig, P.: Bald kommt das Auto übers Internet. In: Handelsblatt, Nr. 138, 22.07.1997, S. 40.

Harris, D.L.: Dealers unite, fight CarMax on Internet. In: Automotive News, 71 (1997), 17. Februar, S. 3 u. 38.

Heß, A.: Konflikte in vertraglichen Vertriebssystemen der Automobilwirtschaft – Theoretische und empirische Analyse, Ottobrunn 1994 (zugl. Diss. Univ. Bamberg 1994).

Heß, A.; Meinig, W.: Absatzkanalsysteme der Automobilwirtschaft – Eine deskriptive Analyse. In: ZfbF, 48 (1996), Heft 3, S. 280–299.

Hoffmann, D.L.; Novak, T.P.: Ein neues Marketing–Paradigma für den elektronischen Handel. In: Thexis, 14 (1997), Heft 1, S. 39–43.

Hoffmann, D.L.; Novak, T.P.; Chatterjee, P. (1996): Commercial Scenarios for the Web: Opportunities and Challenges (http//www.ascusc.org/jcmc/voll/issue3/hoff–mann.html, Stand 10.11.1997).

Jackson, K.: Dealership salespeople pushed aside by Internet. In: Automotive News, 71 (1997), 17. Februar, S. 1 u. S. 36.

Kleinaltenkamp, M.; Fließ, S.; Jacob, F. (Hrsg.): Customer Integration: Von der Kundenorientierung zur Kundenintegration, Wiesbaden 1996.

Kollmann, T.: Die Akzeptanz technologischer Innovationen – eine absatztheoretische Fundierung am Beispiel von Multimedia–Systemen. In: Weiber, R. (Hrsg.): Arbeitspapiere zur Marketing–Theorie, Nr. 7, Trier 1996.

Kröger, T.: Automobilvertrieb in Europa. Wettbewerbs– und verbraucherpolitische Analyse der GVO 123/85, Göttingen 1995 (zugl. Diss. Univ. Göttingen 1995).

Lamprecht, C.; Gömann, S.: Erfolgsfaktoren der Marketingkommunikation in Online–Medien, Arbeitspapier Nr. 60, Nürnberg 1997.

Leischner, S.: Elektronische Zahlungssysteme im Internet. Formen und Bewertung. In: transfer Werbeforschung & Praxis, 44 (1999), Heft 1, S. 2–6.

Löbler, H.; Buchholz, P.: Projektstudie „Was wollen Internet–Nutzer wirklich?", Arbeitspapier, Leipzig 1997.

Malone, T.W.; Yates, J.A.; Benjamin, R.I.: Electronic Markets and Electronic Hierarchies. In: Communications of the ACM, 30 (1987), Heft 6, S. 484–497.

Meffert, H.; Wöllenstein, S.; Burmann, C.: Konflikt– und Kooperationsverhalten in vertraglichen Vertriebssystemen der Automobilindustrie, Münster 1996.

o.V.: Autoindustrie hat Internetprobleme. In: multiMedia, 9 (1999), Heft 8, S. 1.

o.V.: Autokauf via Internet wird zum Problem für Vertragshändler. In: multiMedia, 9 (1999), Heft 8, S. 2–3.

Schögel, M.; Tomczak, T.: Management von Mehrkanalsystemen – Phänomen, Herausforderungen und Lösungsansätze. In: Belz, C.; Tomczak, T.: Fachbericht für Marketing, Heft 4, St. Gallen 1995.

Silberer, G.: Marketing mit Multimedia im Überblick. In: Silberer, G. (Hrsg.): Marketing mit Multimedia. Grundlagen, Anwendungen und Management einer neuen Technologie im Marketing, Stuttgart 1995, S. 3–31.

Tomczak, T.; Gräf, H.: Online–Marketing in der Konsumgüterbranche – Status quo und Perspektiven. In: Belz, C.; Tomczak, T. (Hrsg.): Marktbearbeitung und Distribution: Kompetenz für Marketing–Innovationen, Schrift 4, St. Gallen 1997, S. 14–29.

KOMMUNIKATION DURCH POS–TV

Karen Gedenk und Christian Böge, Kiel

POS–TV, d. h. die Übertragung von speziellen Fernsehprogrammen am Point–of–Sale, ist für Hersteller ein Werbemedium und für Händler eine Möglichkeit, sich durch eine Verbesserung der Einkaufsatmosphäre und des Geschäftsimages gegenüber der Konkurrenz zu profilieren. Der Beitrag stellt die Befunde einer Kundenbefragung zu einer Ausprägung des POS–TV, dem „Kassenmonitor" der Handelskette „real", vor. Untersucht wurden sowohl Bekanntheit und Einstellungen zum Kassenmonitor im allgemeinen als auch die Nutzung und Erinnerung von Programminhalten am Tag der Befragung. Es zeigt sich unter anderem, daß Konsumenten den Kassenmonitor sehr positiv beurteilen und Werbeinhalte relativ gut erinnern.

1 PROBLEMSTELLUNG

Händler und Hersteller nutzen schon seit langem viele verschiedene Möglichkeiten der Kommunikation mit Konsumenten am Point–of–Sale, beispielsweise durch Plakate, Ladenfunk, Multi–Media–Systeme oder diverse Verkaufsförderungsmaßnahmen. Ein solches Kommunikationsinstrument ist auch das POS–TV, d. h. die Übertragung eines Fernsehprogramms in die Verkaufsstätte, das typischerweise sowohl Werbung als auch redaktionelle Beiträge enthält.

Für Markenartikelhersteller ist das POS–TV ein mögliches Werbemedium. Während klassische Medienwerbung im Rahmen der raschen Ausweitung des Werbeangebots und der resultierenden Informations– und Reizüberlastung der Konsumenten auf immer schwierigere Bedingungen trifft (Esch 1999, S. 805 f.), bietet sich im POS–TV die Möglichkeit, Konsumenten in unmittelbarer Nähe zur Kaufentscheidung anzusprechen. Die durch klassische Werbung aufgebauten Markenimages können hier durch entspre–

chende Erinnerungen in konkrete Kaufimpluse umgewandelt werden. Für Händler ist das POS–TV dagegen in erster Linie ein Instrument des Kundenservice, mit dem das Unternehmen die Geschäftsatmosphäre verbessern und sich gegenüber Konkurrenten profilieren kann. Da die Positionierung von Handelsunternehmen über den Preis vielfach für geringe Renditen verantwortlich gemacht wird (Corstjens; Corstjens 1995), sind die Positionierung über Handelsmarken (Hammann; Tebbe; Braun 1996; Schmalen; Lang; Pechtl 1996) oder aber über den Service bzw. die Einkaufsatmosphäre interessante Alternativen. Letztere kann durch POS–TV unterstützt werden. Langfristig besteht das Ziel dabei darin, die Kundenbindung und die Einkaufsstättentreue zu erhöhen.

Über die Wirkungen des POS–TV beim Konsumenten ist noch kaum etwas bekannt. Wir haben daher eine Befragung von Konsumenten zu einer konkreten Ausprägung des POS–TV, dem sogenannten „Kassenmonitor“ der Handelskette „real“, durchgeführt. Die Ergebnisse der Befragung berichten wir in diesem Beitrag. Wir untersuchen darin sowohl die Bekanntheit des Kassenmonitors und die Einstellungen zu diesem Kommunikationsinstrument im allgemeinen als auch die Nutzung des Kassenmonitors und die Erinnerung an konkrete Programminhalte am Tag der Befragung.

Der Beitrag beginnt in Kapitel 2 mit einer Charakterisierung des POS–TV im Vergleich zu anderen Kommunikationsmöglichkeiten. Kapitel 3 beschreibt Ziele und Vorgehensweise der empirischen Untersuchung zum real–Kassenmonitor. Die Befunde werden anschließend berichtet, wobei es in Kapitel 4 um Bekanntheit und Einstellungen im allgemeinen geht, während Kapitel 5 Befunde zu Nutzung und Erinnerung an Inhalte am Tag der Befragung enthält. Der Beitrag schließt mit Schlußfolgerungen für Händler und Hersteller in Kapitel 6.

2 POS–TV ALS KOMMUNIKATIONSINSTRUMENT

Unter POS–TV wird die Ausstrahlung von Fernsehprogrammen am Point–of–Sale (POS) verstanden. Gemeint sind also Programme, mit denen sich der Handel in der Verkaufsstätte an seine Kunden wendet und die eine Reihe verschiedener Beiträge enthalten. Sie unterscheiden sich damit vom Business–TV wie beispielsweise dem K–TV von Kaufhof, dessen Zielgruppe die Mitarbeiter von Kaufhoffilialen sind, und von Videosystemen, mit denen einzelne Hersteller am POS detailliert ihre Produkte vorstellen. Einen Überblick über verschiedene Gestaltungsmöglichkeiten von POS–TV gibt *Abbildung 1.*

- Inhalte:
  - Redaktionelle Beiträge / Werbung
  - Filme versus Standbilder / Vertont versus unvertont
- Standorte:
  - Eingangsbereich / Geschäftsinneres / Kassenbereich / Schaufenster
  - Produktnah versus produktfern

Abbildung 1: Gestaltungsformen des POS–TV

So können zunächst verschiedene Inhalte des POS–TV unterschieden werden. Typisch sind sowohl redaktionelle Beiträge wie beispielsweise Nachrichten oder Wettermeldungen als auch Werbung. Redaktionelle Beiträge können dabei regional bzw. auf den einzelnen Markt zugeschnitten sein oder aber pauschal für eine Vielzahl von Märkten eingesetzt werden. Unterschiede bestehen weiterhin in bezug auf die Möglichkeit, kurzfristig aktuelle Einspielungen vorzunehmen. Werbung kann auf Produkte bestimmter Hersteller oder aber auf Handelsmarken und allgemeine Serviceleistungen des Händlers, zum Beispiel Öffnungszeiten oder Kundenkarten, aufmerksam machen. Auch Hinweise auf aktuelle Verkaufsförderungsaktionen sind denkbar. Sowohl redaktionelle als auch werbliche Inhalte können verschieden aufwendig gestaltet sein. Im einfachsten Fall handelt es sich um eine Folge von Standbildern, während aufwendigere Programme bewegte Bilder mit Ton enthalten, die mehr oder weniger professionell gestaltet sein können. Mögliche Standorte des Kassenmonitors sind verschiedene Bereiche des Geschäfts, aber auch die Schaufenster. Sofern einzelne Produkte beworben werden, kann der Standort damit produktnah oder –fern sein.

Für Markenartikelhersteller ist POS–TV insofern interessant, als es eine Möglichkeit bietet, für ihre Produkte zu werben. Die Art der Werbung ist dabei eine deutlich andere als in klassischen Medien (Barth; Blömer 1995, S. 16). So geht es im POS–TV nicht darum, langfristig Markenwelten aufzubauen, sondern vielmehr darum, kurzfristig den Absatz zu steigern. Dabei erweist es sich als günstig, daß eine sehr enge räumliche und zeitliche Nähe zur Kaufentscheidung gegeben ist. Streuverluste sind vergleichsweise gering, da die Werbung gezielt dort eingesetzt werden kann, wo das Produkt auch erhältlich ist. Schließlich ist das Umfeldinvolvement vermutlich höher als bei klassischer Werbung. Während man bei letzterer von einer immer stärkeren Informationsüberlastung spricht, wird POS–TV noch recht selten eingesetzt, so daß zu einem gewissen Grad mit Neugier und Interesse an diesem Medium zu rechnen ist.

Auch für den Handel ist das POS–TV ein Werbemedium. Dabei geht es ihm anders als Herstellern allerdings weniger um die unmittelbare Absatzsteigerung einzelner beworbener Produkte. Dürfte doch ein Großteil dieses Mehrabsatzes von Konsumenten stammen, die die Marke gewechselt haben (zu entsprechenden empirischen Befunden für Verkaufsförderungsmaßnahmen am POS siehe Gupta 1988), so daß der Handel bei Konkurrenzprodukten an Absatz verliert und seinen Gesamt–Deckungsbeitrag möglicherweise gar nicht steigert. Wichtiger ist für den Handel vielmehr eine Verbesserung des Services und damit der Einkaufsatmosphäre. Zentrale Inhalte des POS–TV sind für den Handel neben der Produktwerbung und der Werbung für seine Service–Leistungen daher auch redaktionelle Beiträge, die zur Information und Unterhaltung der Kunden dienen. Eine angenehme Einkaufsatmosphäre kann kurzfristig bewirken, daß Kunden sich wohlfühlen, länger im Geschäft verweilen und dadurch mehr Einkäufe tätigen. Vor allem aber kann sie langfristig das Geschäftsimage verbessern und dadurch die Einkaufsstättentreue erhöhen (Barth; Blömer 1995, S. 16). *Tabelle 1* faßt die Interessen von Herstellern und Handel beim Einsatz von POS–TV noch einmal zusammen.

Tabelle 1: Interessen von Herstellern und Handel an POS–TV

	Hersteller	Handel
Primäres Ziel	Absatz	Einkaufsatmosphäre, Geschäftsimage
Wirkungsspanne	Kurzfristig	Langfristig
Zentrale Inhalte	Produktwerbung	Geschäftswerbung und redaktionelle Inhalte

Es sei darauf hingewiesen, daß POS–TV Ähnlichkeiten mit POS–Radio bzw. Ladenfunk aufweist (Barth; Blömer 1995, S. 17 ff.). Unterschiede bestehen vor allem in bezug auf Verfügbarkeit und Programmdarbietung. So liegt der große Vorteil des POS–Radio sicherlich darin, daß es im ganzen Geschäft gehört werden kann, während POS–TV nur an bestimmten Stellen verfügbar ist. Zudem kann das Radioprogramm während der normalen Einkaufsaktivitäten im Hintergrund gehört werden, wohingegen Fernsehprogramme eine besondere Aufmerksamkeit und Unterbrechung der Einkaufstätigkeit erfordern. Der Vorteil des POS–TV liegt demgegenüber in den wesentlich größeren Möglichkeiten der Gestaltung von Programminhalten. Hier stehen neben Ton auch Bilder zur Verfügung.

3 ZIELE UND VORGEHENSWEISE DER UNTERSUCHUNG ZUM REAL-KASSENMONITOR

3.1 Ziele der Untersuchung und Wahl eines Untersuchungsansatzes

Die Wirkung von POS–TV beim Konsumenten soll im folgenden anhand einer konkreten Ausprägung dieses Kommunikationsinstruments untersucht werden, nämlich des sogenannten „Kassenmonitors" der Handelskette „real". Wir haben im März 1998 eine Befragung von Konsumenten zu diesem Thema durchgeführt. Die Untersuchung erfolgte in Zusammenarbeit mit der Firma „real", einem Zigarettenhersteller, der an der Wirkung von Werbung für eine seiner Zigarettenmarken im Kassenmonitor interessiert war, und der Firma P.O.S. Medien, der Betreiberin des real–Kassenmonitors.

Beim Kassenmonitor handelt es sich um Monitore, die im Kassenbereich von rund 100 der ca. 165 real–Märkte in Deutschland installiert sind. Konsumenten können sich das Programm der Monitore anschauen, während sie an der Kasse anstehen, um ihre Einkäufe zu bezahlen. Das Programm besteht dabei aus einer Sequenz von etwa 9 Beiträgen. Eine solche Sequenz dauert ca. 4 Minuten und wird laufend wiederholt. Das Programm wird wöchentlich von der Firma P.O.S. Medien aktualisiert.

Programmbeiträge können entweder redaktioneller Natur sein oder aber aus Werbung bestehen. Beispiele für redaktionelle Beiträge sind Haushaltstips, Kosmetiktips oder Warentest–Informationen. Werbung kann zum einen in Form der sogenannten „real-Informationen" erfolgen, die den jeweiligen Markt mit seinen Eigenmarken und Serviceleistungen anpreisen. Zum anderen können aber auch Hersteller Werbung für ihre Marken schalten. Ein wesentliches Charakteristikum des Kassenmonitors ist, daß derzeit keine Filme gezeigt werden können, sondern nur Folgen von Standbildern ohne Ton. So besteht beispielsweise die Werbung des oben erwähnten Zigarettenherstellers aus 5 Standbildern, die mit einer Detailansicht des Markennamens auf der Zigarettenschachtel beginnen. In den folgenden Bildern fährt die Kamera zurück und läßt in einem Zoom-Effekt immer weitere Teile der Zigarettenpackung erkennen. Das letzte Bild enthält schließlich die Botschaft „Jetzt neu bei real,–".

Beim Kassenmonitor handelt es sich also um eine sehr einfache Form des POS–TV, die keinesfalls alle Möglichkeiten des Mediums nutzt. Erwähnt sei auch die relativ unflexible Technik, die es nicht erlaubt, regionale bzw. aktuelle Einspielungen vorzunehmen, und die zudem sehr kostenintensiv ist. Aus diesen Gründen soll der Kassenmonitor derzeit durch eine modernere Form des POS–TV ersetzt werden. Konkret ist der Kassenmonitor bei real im Dezember 1998 aus dem Betrieb genommen worden, und zur Zeit wird über die Einführung einer Nachfolgetechnologie verhandelt. Obwohl die von uns untersuchte Form des POS–TV also gegenwärtig nicht mehr im Einsatz ist, behalten unsere Befunde zum Kassenmonitor dennoch ihre Aktualität. Immerhin handelt es sich hier um eine der größten bisherigen Anwendungen von POS–TV in Deutschland. Wie sich zeigen wird, beurteilen Konsumenten bereits dieses Instrument sehr positiv, was für Anwendungen von POS–TV mit modernerer und flexiblerer Programmgestaltung noch vorteilhaftere Wirkungen erwarten läßt.

Da die Wirkung des Kassenmonitors beim Konsumenten in Hinblick auf Bekanntheit, Einstellungen und Nutzung untersucht werden sollte, wurde als Untersuchungsmethode eine Befragung von real–Käufern gewählt. Folgende Fragestellungen standen im Mittelpunkt:

- Wie bekannt ist der Kassenmonitor bei real–Kunden?
- Wie beurteilen real–Kunden den Kassenmonitor?
- Welche Beiträge würden sie gerne sehen?
- Wie viele real–Kunden nutzen den real–Kassenmonitor bei ihrem Einkauf?
- Wie hoch ist die ungestützte Erinnerung an verschiedene Inhalte des Kassenmonitors?
- Wie hoch ist die ungestützte und gestützte Erinnerung an einen Werbespot?
- Inwieweit haben Charakteristika der Befragten und der Einkaufssituation einen Einfluß auf die genannten Aspekte?

3.2 Datenerhebung

Die Befragung erfolgte in persönlichen Interviews anhand eines standardisierten Fragebogens. Sie wurde in zwei real–Märkten in Norddeutschland durchgeführt. Kunden dieser Märkte wurden unmittelbar nach Verlassen das Kassenbereichs gebeten, an der Befragung teilzunehmen. Die Erinnerung an Inhalte des Kassenmonitor–Programms wurde also zu einem Zeitpunkt erfragt, an dem sie noch recht frisch ist.

Die Teilnehmer wurden nach dem Zufallsprinzip ausgewählt. Außerdem erfolgte die Befragung an unterschiedlichen Wochentagen und zu verschiedenen Tageszeiten, um einen möglichen Bias durch die Befragungszeit zu vermeiden. Leider läßt sich nicht überprüfen, ob die resultierende Stichprobe repräsentativ für die Kundschaft der betrof–

fenen real–Märkte ist, da ein Profil der real–Kunden nicht bekannt ist. Es gibt jedoch keinen konkreten Anlaß, einen Response–Bias zu vermuten.

Ein Problem könnte allenfalls dadurch entstehen, daß die Befragung nur mit Personen durchgeführt wurde, die in einer Eingangsfrage angaben, entweder Raucher zu sein oder aber regelmäßig für andere Personen Zigaretten zu kaufen. Da die Erinnerung von Werbeinhalten am Beispiel eines Zigarettenspots untersucht werden sollte, war eine Befragung von Nichtrauchern bzw. Nicht–Zigarettenkäufern nicht sinnvoll. Es erscheint jedoch wenig wahrscheinlich, daß sich Raucher und Zigarettenkäufer in Hinblick auf ihre Wahrnehmung des Kassenmonitors stark vom Rest der real–Kundschaft unterscheiden, so daß keine Verzerrungen unserer Befunde zu erwarten sind.

1980 Personen wurden angesprochen und erklärten sich zur Teilnahme an der Befragung bereit. Von diesen waren 588 bzw. 30 % Raucher und/oder Zigarettenkäufer. Diese 588 Befragten bilden unsere Stichprobe.

4 BEFUNDE ZU BEKANNTHEIT UND EINSTELLUNGEN IM ALLGEMEINEN

4.1 Bekanntheit des Kassenmonitors

Von den 588 Befragten gaben 501 bzw. 85,2 % an, den Kassenmonitor schon einmal bemerkt zu haben. Der Kassenmonitor erfreut sich also einer recht hohen Bekanntheit, die allerdings noch deutlich unter 100 % liegt. Dabei ist einerseits zu berücksichtigen, daß der Kassenmonitor in den beiden untersuchten Märkten bereits seit Januar 1995, also seit über drei Jahren, installiert ist. Andererseits liegen uns keine Informationen darüber vor, wie häufig die Befragten schon in diesen Märkten eingekauft haben.

Die 501 Befragen, die den Kassenmonitor kennen, bilden die Grundlage der weiteren Analysen.

4.2 Beurteilung des Kassenmonitors

Die Konsumenten wurden zunächst gebeten, die Beiträge des Kassenmonitors auf 5er–Skalen dahingehend zu beurteilen, ob sie informativ, zeitvertreibend bzw. störend sind. Anschließend wurde ein Gesamturteil zum Kassenmonitor abgefragt. Die Verteilung der Antworten zeigt *Abbildung 2.*

Man erkennt, daß die überwiegende Mehrheit der Befragten gegenüber dem Kassenmonitor positiv eingestellt ist. Dabei geht es ihnen etwas mehr um Unterhaltung als um Information. So geben die Befragten stärker an, daß der Monitor zeitvertreibend ist, als daß sie ihn als informativ beurteilen. Dieser Unterschied erweist sich im Wilcoxon–Test als signifikant mit einer Irrtumswahrscheinlichkeit von kleiner 0,001. Interessant ist weiterhin, daß auch Kunden, die den Kassenmonitor weder informativ noch zeitvertreibend finden, sich von ihm offenbar nicht gestört fühlen. So geben nur 2,6 % der Befragten an, daß der Monitor störend ist. Vor diesem Hintergrund verwundert dann auch nicht das gute Gesamturteil zum Kassenmonitor: Nur 8,6 % beurteilen ihn insgesamt als negativ, 26,9 % haben keine Meinung, und 64,5 %, also fast zwei Drittel der Befragten beurteilen ihn als positiv.

Um zu testen, inwieweit Unterschiede zwischen den Befragten in der Beurteilung des Kassenmonitors systematischer Natur sind, wurden die Antworten zu den Urteilen auf demographische Charakteristika und Variablen zur Einkaufssituation regressiert. Abhängige Variablen der vier linearen Regressionen waren die vier betrachteten Urteile. Unabhängige Variablen waren die folgenden:

- Geschlecht
- Alter
- Bildungsniveau
- Begleitung durch Kinder beim Einkauf
- Untersuchter Realmarkt (Dummy–Variable für die beiden Märkte)
- Länge der Schlange an der Kasse (gemessen durch die Wartezeit und die Anzahl der Personen)

F–Tests zeigen zwar, daß die genannten Variablen einen signifikanten Beitrag zur Erklärung der Beurteilung des Kassenmonitors leisten, Werte für das Adjustierte R2 zwischen 0,02 und 0,09 weisen jedoch darauf hin, daß dieser Beitrag sehr gering ist. Die Ergebnisse werden hier daher nicht im Detail berichtet. Es sei nur erwähnt, daß der Kassenmonitor signifikant besser beurteilt wird von Frauen, älteren Personen und Personen mit niedrigerem Bildungsniveau. Die substantiellen Unterschiede sind allerdings sehr gering, so daß die statistische Signifikanz wohl vor allem auf die große Zahl der Beobachtungen zurückzuführen ist. Die genauen Ergebnisse der Regressionsrechnungen sind auf Anfrage von den Autoren erhältlich.

Die Beiträge auf dem Monitor sind informativ.

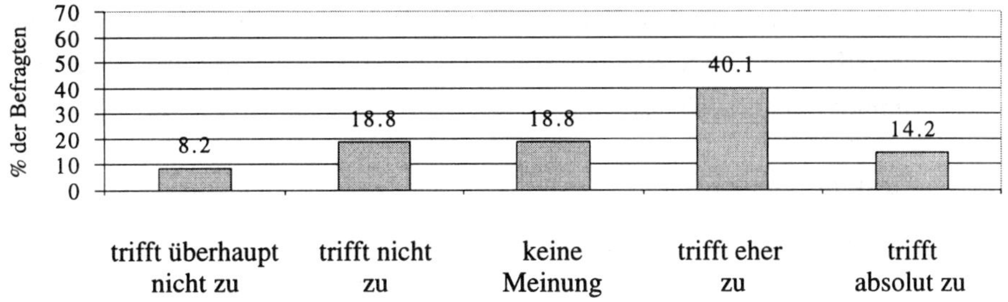

Die Beiträge auf dem Monitor sind zeitvertreibend.

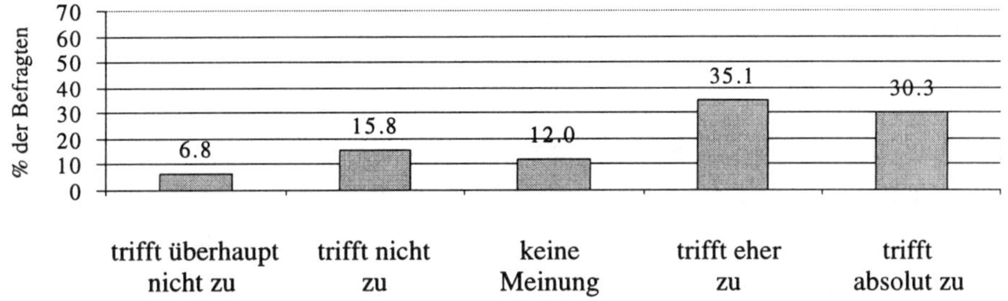

Die Beiträge auf dem Monitor sind störend.

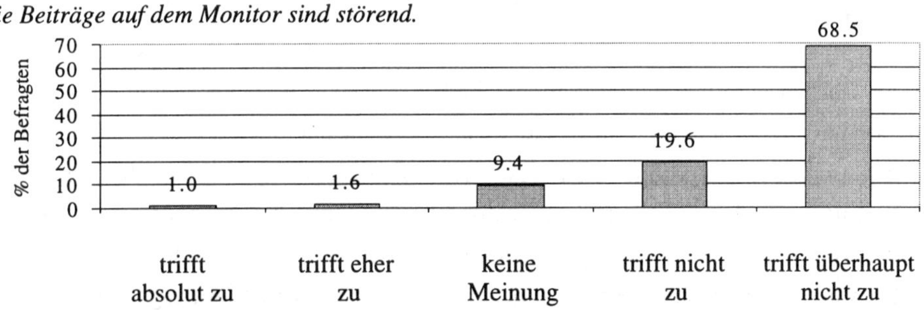

Wie würden Sie den Monitor an sich beurteilen, das heißt unabhängig von den heute gezeigten Beiträgen?

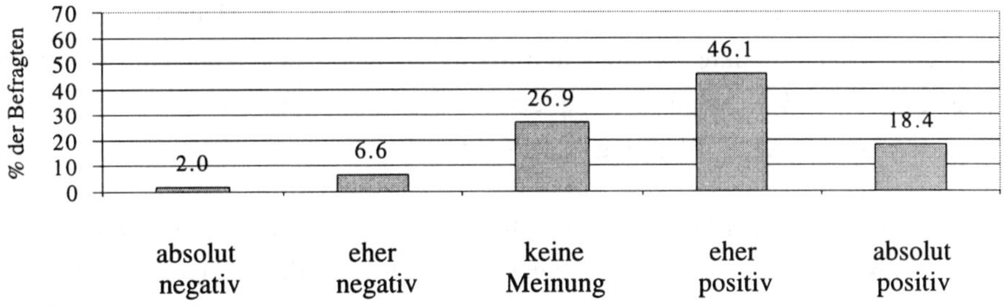

Abbildung 2: Einstellungen zum Kassenmonitor

Insgesamt läßt die positive Beurteilung des Kassenmonitors vermuten, daß dieser für real durchaus ein geeignetes Instrument der Profilierung und Differenzierung gegenüber dem Wettbewerb ist. Fast alle Kunden befürworten dieses Instrument oder sind ihm gegenüber zumindest neutral eingestellt.

4.3 Gewünschte Beiträge

Im weiteren wurde untersucht, welche Beiträge sich die real–Kunden im Kassenmonitor wünschen. Vorgegeben waren 9 denkbare Arten von Programminhalten, wobei Mehrfachnennungen möglich waren. *Abbildung 3* zeigt, welcher Anteil der Befragten sich die jeweiligen Inhalte wünscht. Die Beiträge sind dabei nach der durchschnittlichen Präferenz über alle Befragten sortiert.

Wie bereits bei der Beurteilung des Kassenmonitors wurden Regressionsrechnungen durchgeführt, um Unterschiede zwischen Probanden in bezug auf die gewünschten Beiträge zu erklären. Die unabhängigen Variablen waren dabei die bereits im vorherigen Abschnitt verwendeten demographischen Charakteristika (Geschlecht, Alter, Bildungsniveau, Kinder). Die abhängigen Variablen waren nun binär skaliert (Beitrag gewünscht oder nicht gewünscht), so daß das Verfahren der logistischen Regression verwendet wurde. Chi2–Tests und Klassifikationstabellen weisen auf einen akzeptablen Fit der Modelle hin. Inhaltlich zeigt sich, daß sich viele Wünsche der Befragten deutlich nach deren Geschlecht, Alter und Bildungsniveau unterscheiden, während die Begleitung durch Kinder durchweg keinen signifikanten Einfluß aufweist. In *Abbildung 3* werden die Antworten daher nach entsprechenden Gruppen von real–Kunden unterschieden. Die Details der Logistischen Regressionsanalysen senden wir auf Anfrage gerne zu.

Wie man in *Abbildung 3* erkennt, haben die befragten real–Kunden durchschnittlich das größte Interesse an Einkaufstips und Nachrichten, gefolgt von Haushaltstips und der Vorstellung neuer Produkte. Wetter– und Sportmeldungen stoßen auf ein mittleres Interesse, Comics und Kosmetiktips auf ein recht geringes. Am seltensten wird – wie nicht anders zu erwarten – Werbung gewünscht.

Natürlich werden Handel und Hersteller auf Werbung deswegen nicht verzichten wollen. Immerhin soll durch sie der Absatz der beworbenen Produkte angeregt werden. Allerdings wird es für den Handel wichtig sein, auf ein ausgewogenes Mix von Werbung und redaktionellen Beiträgen zu achten. Die im vorherigen Abschnitt beschriebene positive Beurteilung des Kassenmonitors basiert auf den derzeitigen Programminhalten,

Wenn Sie entscheiden könnten: Was würden Sie am liebsten auf dem Monitor sehen? (Mehrfachnennungen möglich)

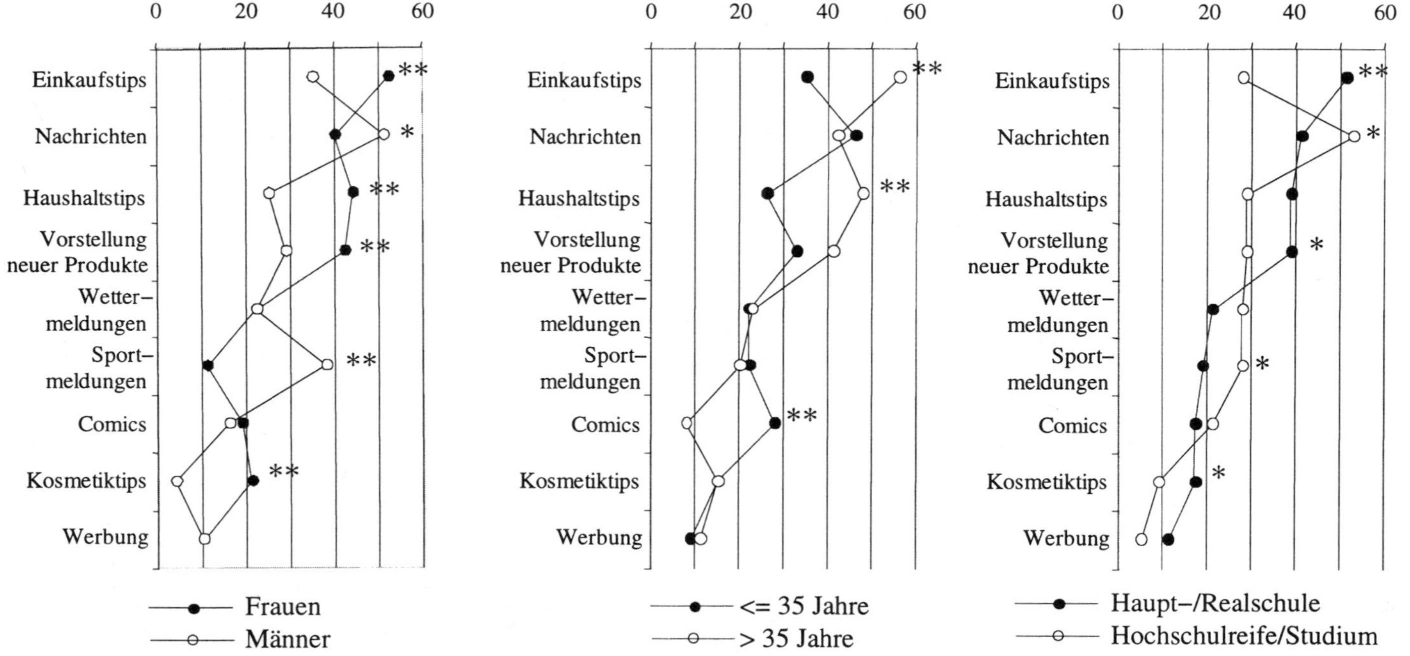

*Unterschied signifikant auf dem 5 %–Niveau ** Unterschied signifikant auf dem 1 %–Niveau (Mann–Whitney–Test)

Abbildung 3: Gewünschte Monitorbeiträge

welche zum überwiegenden Teil aus redaktionellen Beiträgen bestehen. Nähme die Werbung Überhand, würde sich die Beurteilung des Kassenmonitors vermutlich verschlechtern und die Möglichkeiten für den Handel, sich durch dieses Kommunikationsinstrument einen Vorteil gegenüber der Konkurrenz zu verschaffen, dürften sich deutlich verringern.

Bei einigen Beiträgen zeigen sich – wie oben schon angemerkt – deutliche Unterschiede zwischen verschiedenen Gruppen von Befragten. So sind etwa Frauen stärker an Haushalts-, Einkaufs- und Kosmetiktips sowie an der Vorstellung neuer Produkte interessiert als Männer, während umgekehrt Männer stärker Nachrichten und Sportmeldungen wünschen. Ältere Personen haben eine stärkere Präferenz für Einkaufs- und Haushaltstips als jüngere, während die Jüngeren eher an Comics interessiert sind. Schließlich haben Befragte mit einem vergleichsweise geringen Bildungsniveau ein größeres Interesse an Einkaufs- und Kosmetiktips sowie an neuen Produkten, während Personen mit relativ hohem Bildungsniveau eher Nachrichten und Sportmeldungen wünschen.

Diese Befunde können einem Händler möglicherweise dazu dienen, den Programminhalt von POS-TV an die Kundenstruktur verschiedener Geschäfte anzupassen. So würde ein Geschäft in Universitätsnähe beispielsweise mehr Nachrichten zeigen als ein anderes.

5 BEFUNDE ZU WAHRNEHMUNG UND ERINNERUNG AM TAG DER BEFRAGUNG

5.1 Wahrnehmung des Kassenmonitors

Oben wurde gezeigt, daß ca. 85 % der befragten Personen den Kassenmonitor grundsätzlich kennen. Das heißt jedoch noch nicht, daß sie ihn auch bei jedem Einkauf wahrnehmen und nutzen. Auf eine entsprechende Frage gaben 124 Personen an, am Tag ihrer Befragung auf den Monitor geschaut zu haben. Das sind 24,8 % der Personen, denen der Kassenmonitor bekannt ist.

Diese geringe Nutzung des Kassenmonitors mag auf den ersten Blick erstaunen. Beurteilen doch die meisten Befragten dieses Kommunikationsinstrument als positiv, schauen dann aber doch nicht hin. Die Befunde werden jedoch verständlich, wenn man sich die Wartezeiten an der Kasse ansieht. Durchschnittlich mußten die Befragten nur 3,8 Minuten an der Kasse anstehen und hatten zwei Personen vor sich in der Schlange. Bei diesen kurzen Wartezeiten bietet sich für viele kaum eine Gelegenheit zur Nutzung des Monitors.

Abbildung 4 zeigt den Anteil der Befragten, die den Kassenmonitor am Tag der Befragung nutzen, in Abhängigkeit der Wartezeit an der Kasse. Die genannten Prozentwerte beziehen sich auf die 501 Personen, denen der Kassenmonitor grundsätzlich bekannt ist.

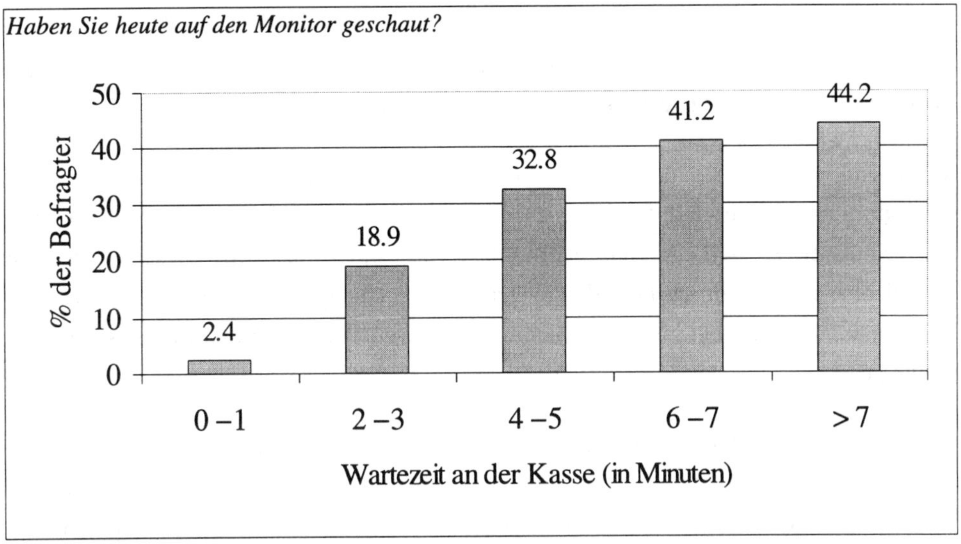

Abbildung 4: Nutzung des Kassenmonitors in Abhängigkeit der Wartezeit

Man erkennt, daß die Nutzung des Kassenmonitors bei längeren Wartezeiten an den Kassen deutlich steigt. Wer gar nicht oder nur eine Minute warten muß, schaut praktisch nicht auf den Monitor (2,4 % der Befragten), während dies bei Wartezeiten über 7 Minuten immerhin 44,2 % tun.

Entscheidend für die durch POS–TV erreichten Kontakte sind also die Schlangen an der Kasse. Diese sind demnach zu berücksichtigen bei der Preissetzung für Werbung, treffen Hersteller die Entscheidung zur Belegung verschiedener Medien doch in der Regel auf der Basis von Tausenderkontaktpreisen.

Abbildung 5 zeigt die Berechnung des ungefähren Tausenderkontaktpreises für den real–Kassenmonitor auf Basis der in der Befragung gemessenen Kontaktwahrscheinlichkeiten.

Anzahl von real–Kunden pro Monat in 100 Märkten mit Kassenmonitor	18.860.000 Personen
Anzahl Kunden, denen der Kassenmonitor bekannt ist (85,2 %)	16.068.720 Personen
Anzahl Kunden, die den Kassenmonitor nutzen (24,8 %) = Anzahl Kontakte	3.985.043 Personen
Kosten für einen 30–sekündigen Werbespot pro Monat	80.000 DM
Tausenderkontaktpreis:	20,08 DM/Tausend Kontakte

Quelle: P.O.S. Medien und Daten der eigenen Erhebung

Abbildung 5: Tausenderkontaktpreis des Kassenmonitors

Ausgehend von der Anzahl der Personen, die pro Monat die 100 real–Märkte mit Kassenmonitor aufsuchen, und den Kosten für eine 1–monatige Schaltung eines 30–sekündigen Spots ergibt sich ein Tausenderkontaktpreis von gut 20 DM. Dieser ist in etwa vergleichbar mit den durchschnittlichen Tausenderkontaktpreisen von Zeitschriften und Tageszeitungen und liegt über denjenigen von Fernseh– und Hörfunk–Spots (siehe *Abbildung 6*).

POS–TV in Form des Kassenmonitors ist damit für einen Hersteller auf den ersten Blick etwas teurer als klassische Medienwerbung. Zu beachten sind jedoch sowohl das hohe Umfeldinvolvement als auch die unmittelbare Nähe zur Kaufentscheidung. Während bei den Kontakten mit klassischen Medien vielfach Personen mitgezählt werden, die dem Medium zwar ausgesetzt sind, ihm aber keine Aufmerksamkeit widmen, basiert der hier vorgestellte Tausenderkontaktpreis auf der Anzahl von Personen, die tatsächlich auf den Kassenmonitor schauen. Die Qualität der Kontakte dürfte dadurch relativ hoch sein. Besonders interessant ist der Kassenmonitor dabei natürlich für Produkte, die im Kassenbereich verkauft werden – wie die unten betrachteten Zigaretten –, da die Werbung hier unmittelbar zu einem Kaufimpuls führen kann.

5.2 Ungestützte Erinnerung von Programminhalten des Kassenmonitors

Abbildung 7 zeigt, wie gut verschiedene Inhalte des Kassenmonitors erinnert werden. Die Erinnerung wurde dabei ungestützt in Form einer offenen Frage erhoben. Angegeben ist die Zahl der Nennungen in Prozent der Befragten, die den Monitor genutzt haben und bei denen der entsprechende Programminhalt zum Zeitpunkt der Befragung zu sehen war.

Publikumszeitschriften	
1/1 Seite 4c. über alle MA–Zeitschriften	18,03 DM
Tageszeitungen (Abonnementszeitungen)	
1/4 Seite sw.	19,10 DM
Fernsehen	
30 sec. (1/2 Std. ARD	6,53 DM
PRO7	10,22 DM
Hörfunk	
30 sec. (Std. über alle MA–Sender	3,89 DM

Quelle: Universal Media GmbH (1998), zitiert nach Kotler; Bliemel 1999, S. 994 f.

Abbildung 6: Tausenderkontaktpreise klassischer Medien

Man erkennt, daß Informationen zu Kosmetik und Umwelt mit 56,1 % und 46,2 % der Befragten die höchste Aufmerksamkeit erlangen. Programminhalte, bei denen Marken im Vordergrund stehen wie das Marken–Rätsel und die Zigaretten–Werbung werden dagegen nur von 20,2 % bzw. 13,7 % der Befragten erinnert. Dies entspricht der üblichen Erfahrung, daß redaktionelle Inhalte auf mehr Aufmerksamkeit stoßen als Werbung. Beachtlich ist daher, daß die Werbung immerhin besser erinnert wird als Informationen zu Garten und Gesundheit.

Was wurde auf dem Monitor gezeigt? Woran können Sie sich erinnern?

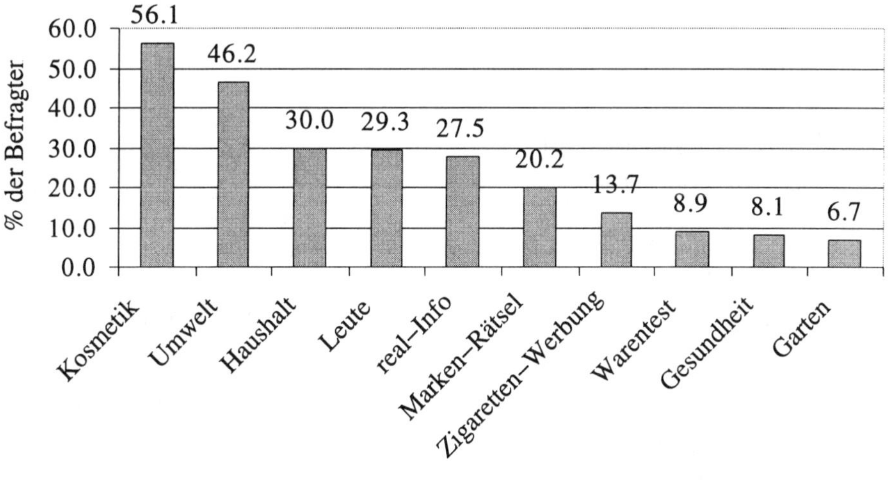

Abbildung 7: Ungestützte Erinnerung an Programminhalte

Auch an dieser Stelle wurde untersucht, ob Unterschiede zwischen den Befragten in der Erinnerung von Programminhalten durch die in Abschnitt 4.2 genannten Charakteristika der Personen und der Einkaufssituation erklärt werden können. Die Klassifikationsgüte der entsprechenden logistischen Regressionen war jedoch so gering, daß die Ergebnisse praktisch nicht interpretierbar sind. Dies mag zum einen an der geringen Fallzahl liegen, die je nach Rechnung zwischen 40 und 124 lag. Zum anderen kann es jedoch auch darauf hindeuten, daß die Befragten sich stärker in Hinblick auf die oben untersuchten Einstellungen unterscheiden als auf die hier betrachtete Erinnerung. Dies würde der üblicherweise in der Produktpolitik getroffenen Annahme entsprechen, daß Wahrnehmungen homogen sind, Präferenzen dagegen heterogen.

5.3 Werbe–Erinnerung

Die Erinnerung an den Zigaretten–Werbespot ist im folgenden näher untersucht worden. Im vorherigen Abschnitt wurde bereits erwähnt, daß 13,7 % der Nutzer des Monitors bzw. 17 Personen sich ungestützt an den Zigaretten–Spot erinnern. Die restlichen Nutzer des Kassenmonitors wurden anschließend gefragt, ob sie *Werbung* gesehen haben. Daraufhin erwähnten weitere 4 Personen die Zigarettenwerbung. Schließlich wurde direkt gefragt, ob die Probanden *Zigaretten*werbung gesehen haben, woraufhin noch einmal 9 Personen die beworbene Marke nannten. Insgesamt ergibt sich also ein gestützter Recall von 30 Personen. Dies entspricht 24,2 % der Befragten, die am Tag der Befragung auf den Kassenmonitor geschaut haben, oder 5,1 % der gesamten Stichprobe (siehe *Abbildung 8*).

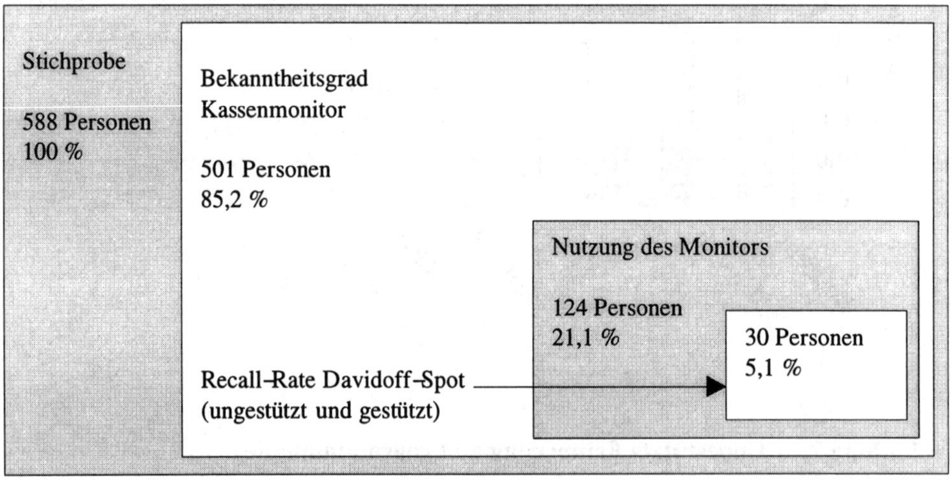

Abbildung 8: Recall der Zigarettenwerbung

Verglichen mit dem gestützten Recall für Werbung der gleichen Zigarettenmarke in traditionellen Medien von 2,5 % (GfK-Werbeindikator für 1997) ist der Recall im Kassenmonitor also sehr gut. Dies bestätigt noch einmal, daß der im Vergleich zu klassischen Medien etwas höhere Tausenderkontaktpreis durchaus gerechtfertigt erscheint.

6 SCHLUSSFOLGERUNGEN

Die empirische Studie zum Kassenmonitor hat gezeigt, daß dieser sowohl für Hersteller als auch für Händler ein vorteilhaftes Kommunikationsmedium darstellt. Aus Sicht der Hersteller ist interessant, daß die Werbeerinnerung deutlich höher ist als bei Werbung in klassischen Medien, so daß der etwas höhere Tausenderkontaktpreis gerechtfertigt erscheint. Für den Handel ist dagegen vor allem wichtig, daß die Einstellungen zum Kassenmonitor generell positiv sind, so daß dieses Instrument dem Ziel der Verbesserung von Einkaufsatmosphäre und Geschäftsimage offenbar gerecht wird. Langfristig können damit vermutlich die Kundenbindung verbessert und die Einkaufsstättentreue erhöht werden.

Über den konkreten Fall des Kassenmonitors hinaus bleibt festzuhalten, daß POS-TV für Markenartikelhersteller keine Alternative zu klassischer Medienwerbung sein kann, sondern eher eine Ergänzung. So können die durch klassische Werbung aufgebauten Markenwelten am Point-of-Sale aktiviert und in einen Kaufimpuls umgesetzt werden. Des weiteren ist über die Plazierung von Monitoren für POS-TV nachzudenken. Der betrachtete Kassenmonitor kann Absatzimpulse nur für Produkte auslösen, die im Kassenbereich oder in Verkaufsständen hinter der Kasse angeboten werden wie die hier betrachteten Zigaretten. An der Mehrzahl der Produkte eines Geschäftes ist der Kunde dagegen schon vorbeigegangen, wenn er an der Kasse steht. Interessanter für Produktwerbung wären daher vermutlich andere Plazierungen. Denkbar wäre beispielsweise im Lebensmittelhandel eine Installation in der Nähe von Käse- und Fleischtheken, da Kunden hier auch Zeit in Warteschlangen verbringen.

Für den Handel stellt sich vor allem die Frage der Gestaltung von Programminhalten. Hier gilt es abzuwägen zwischen Werbeinhalten und redaktionellen Beiträgen. Mit ersteren kann der Absatz einzelner Produkte gefördert werden. Letztere tragen dagegen eher dazu bei, Einkaufsatmosphäre und Geschäftsimage zu fördern. Die Untersuchung hat gezeigt, daß die Präferenzen der Kunden in bezug auf Programminhalte sich zum

Teil recht stark unterscheiden. Möglicherweise sollte daher versucht werden, die Zusammensetzung der Beiträge an die Kundenstruktur einzelner Geschäfte anzupassen.

Schließlich sei darauf hingewiesen, daß mit dem Kassenmonitor eine sehr einfache Form des POS–TV betrachtet worden ist, bei der nur Standbilder ohne Ton eingesetzt werden. Von Programmen mit Filminhalten können sicherlich noch weitaus vorteilhaftere Wirkungen erwartet werden.

LITERATUR

Barth, Klaus; Blömer, Frank: Analyse neuer Werbeformen im Handel, Diskussionsbeiträge des Fachbereichs Wirtschaftswissenschaft der Gerhard–Mercartor–Universität Gesamthochschule Duisburg Nr. 221, 1995.

Corstjens, Judith; Corstjens, Marcel: Store Wars. The Battle for Mindspace and Shelfspace, Chichester et al. 1995.

Esch, Franz–Rudolf: Strategien und Techniken zur Gestaltung der Handelswerbung. In: Beisheim, Otto (Hrsg.): Distribution im Wandel. Bestandsaufnahme und Perspektiven, München 1999, S. 803–822.

Gupta, Sunil: Impact of Sales Promotions on When, What, and How Much to Buy. In: Journal of Marketing Research, 25 (1988), November, S. 342–355.

Hammann, Peter; Tebbe, Cordula; Braun, Daniela: Die Führung und Etablierung transnationaler Handelsmarken als Instrument der Profilierung des Handels – unter besonderer Berücksichtigung des Lebensmittelhandels. In: Trommsdorff, Volker (Hrsg.): Handelsforschung 1996/97. Positionierung des Handels, Wiesbaden 1996, S. 259–276.

Kotler, Philip; Bliemel, Friedhelm: Marketing–Management. Analyse, Planung, Umsetzung und Steuerung, 9. Aufl., Stuttgart 1999.

Schmalen, Helmut; Lang, Herbert; Pechtl, Hans: Gattungsmarken als Profilierungsinstrument im Lebensmittel–Einzelhandel. In: Trommsdorff, Volker (Hrsg.): Handelsforschung 1996/97. Positionierung des Handels, Wiesbaden 1996, S. 239–257.

Literaturdienst

Literaturdienst zur Handelsforschung 1999/2000

1 STRATEGISCHES HANDELSMANAGEMENT

Beisheim, O. (Hrsg.), **Distribution im Aufbruch: Bestandsaufnahmen und Perspektiven, München 1999 (1198 Seiten).** Dieses Werk ist dem Gründer der Metro–Gruppe anläßlich seines 75. Geburtstags gewidmet. Mit insgesamt 68 Beiträgen namhafter Autoren aus Forschung und Praxis deckt dieses Sammelwerk das gesamte Spektrum der aktuellen Themenbereiche des Handels ab. Im zweiten Abschnitt nehmen acht Autoren zum Thema Transnationalisierung und Internationalisierung Stellung. Gegenstand des dritten Abschnitts sind die politischen und soziokulturellen Rahmenbedingungen und deren Auswirkungen auf den Handel. Im Abschnitt vier setzen sich acht Autoren mit verschiedenen Aspekten der Fundamente und Entwicklungslinien der Distribution auseinander. Der fünfte Abschnitt zu den zentralen Funktionsbereichen des Handels nimmt mit 27 Beiträgen des Großteil des Werkes ein. Aufgeteilt in vier Bereiche finden sich Beiträge zur Handelspolitik, Personalpolitik, Handelsforschung und Informationsverarbeitung sowie zum Beschaffungs- und Absatzmarketing. Der sechste Abschnitt beschäftigt sich in sieben Beiträgen mit den Chancen und Risiken, die das Internet mit dem Handel verbindet. Das Werk endet mit fünf Beiträgen zum Ausblick in das 21. Jahrhundert. Mit insgesamt über tausend Seiten hat dieses Werk umfassenden Charakter, wobei den einzelnen Themen verständlicherweise nur beschränkt Platz geboten ist. Der vorliegende Reader liefert somit einen wertvollen Überblick über die Kernprobleme des Handels in der Gegenwart und Zukunft. (Oliver Jost)

DICHTL, E., LINGENFELDER, M., **Meilensteine im Deutschen Handel. Erfolgsstrategien gestern, heute und morgen, Frankfurt a. M. 1999 (337 Seiten).** Der vorliegende Sammelband mit insgesamt zehn Beiträgen namhafter Autoren gibt Antworten auf interessante und vielfältige Fragen des Handelsmarketing der letzten 50 Jahre. Dieser Band soll zugleich Bestandsaufnahme des deutschen Einzelhandels sein und Anregungen für die Lösung zukünftiger Probleme liefern. Die Beiträge zeichnen sich durch ihre Nähe zur Praxis aus. So werden neben der Unternehmenpolitik im deutschen Einzelhandel kurz nach Ende des zweiten Weltkrieges im allgemeinen, binnenhandelspolitischer Entwicklungen, der Bedeutung der Kundenorientierung, der Wichtigkeit der Standortwahl und Ladengestaltung auch Fragen der Beschaffung, Logistik und des Controlling sowie Verkaufstechniken und Entwicklungen in der Kommunikation diskutiert. In einem weiteren Beitrag wird auf eine Veranstaltungsreihe der *Bestfoods*

Deutschland (vormals CPC Deutschland GmbH) eingegangen, die als Plattform zur Diskussion und Lösung von Problemen in der Hersteller–Handel–Beziehung initiiert ist. –Die Entwicklungen der Branche im Spiegel der Lebensmittel Zeitung runden das Buch ab. (Andrea Bookhagen)

GRÖPPEL–KLEIN, A., **Wettbewerbsstrategien im Einzelhandel: Chancen und Risiken von Preisführerschaft und Differenzierung, Wiesbaden 1998 (313 Seiten).** Andrea Gröppel–Klein analysiert in ihrer Habilitationsschrift Chancen und Risiken der Differenzierungs– und Preisführerschaftsstrategien für den Einzelhandel. Ausgehend von Porters Strategie–Typologie untersucht die Autorin in einer empirischen Studie die Erfolgsdeterminanten dieser Wettbewerbsstrategien aus Sicht der Händler und Konsumenten. Sie analysiert zunächst den Zusammenhang zwischen Persönlichkeitsstruktur des Händlers und Erfolgswirkung der wettbewerbsstrategischen Umsetzung. Sie prüft kausalanalytisch, ob ein Zusammenhang zwischen Persönlichkeit und verfolgten Strategiealternative besteht und ob die Erfolgswahrscheinlichkeit eines Marketingkonzeptes erhöht werden kann, wenn die Persönlichkeitsstruktur des Händlers zur verfolgten Strategie paßt. Aus Konsumentensicht geht Gröppel–Klein schließlich der Frage nach, ob die konsequente Differenzierungs– und Preisführerschaftsstrategie mit einer positiven Händlerbeurteilung korrelliert und welche Einkaufsmotive durch die unterschiedlichen Marketingkonzepte angesprochen werden. Nicht zuletzt werden Chancen und Risiken der Strategie aus Perspektive der Wahrnehmung der Konsumenten eruiert. Gröppel–Klein untersucht insbesondere, inwieweit positive und negative Preisimages am Point–of–Sale entstehen. Die Entstehung, Beeinflussungsmöglichkeiten und Wettbewerbsrelevanz von Preiswürdigkeits– und Preisgünstigkeitsimages werden dabei einer dezidierten Analyse unterzogen. Die Autorin leitet schließlich Maßnahmen für eine glaubwürdige Kommunikation des Preisvorteils am POS und Implikationen für die Strategiewahl ab. (Margit Binsack)

MÜLLER–HAGEDORN, L., **Der Handel, Stuttgart, Berlin, Köln, 1998 (718 Seiten).** Der Autor hat für die Zielgruppen Hochschule und Praxis ein umfassendes Standardwerk zur Steuerung des Handelsbetriebes verfaßt. Die Integration umfangreicher Forschungsergebnisse des Autors heben das Buch von anderen Standardwerken zur Handelsbetriebslehre ab. Nach einem einleitenden Kapitel zum Handel und seinen Erscheinungsformen werden Datenquellen, denen Informationen über den Handel entnommen werden können, und daraus ablesbare Trends und Entwicklungen im Handel erörtert. Eine gelungene Darstellung von Theorieansätzen zur Handelsbetriebslehre mit beson–

derem Schwerpunkt auf dem entscheidungstheoretischen Ansatz schließt sich an. In dem darauffolgenden Kapitel geht der Verfasser auf das im Handel noch relativ junge Gebiet der strategischen Unternehmensführung ein. Nach einer grundlegenden Klärung des Begriffs der strategischen Planung werden die wichtigsten Werkzeuge der strategischen Planung vorgestellt und in einem weiteren Kapitel ausgewählte strategische Probleme von Handelsunternehmen diskutiert. Die Frage nach der zukünftigen Entwicklung des Handels ist vor allem eine Frage nach der Entwicklung der Nachfrage. Das Verhalten der Nachfrager kann auf aggregiertem Niveau und auf individualpsychologischer Ebene untersucht werden. Beide Themenkomplexe werden in je einem eigenen Kapitel kompakt und schlüssig dargestellt. Im dritten Teil behandelt Müller–Hagedorn die Marketingplanung. Nach einer allgemeinen Einführung zur Marketingplanung im Handelsbetrieb werden in den darauffolgenden Kapiteln einzelne Planungsbereiche mit besonderer Relevanz für den Handelsbetrieb erörtert insbesondere werden Beschaffung und Logistik, Personalpolitik und Organisation sowie kosten– und erlösorientiertes Controlling stringent und verständlich präsentiert. (Marcel Paulssen)

THEIS, H.–J., **Handelsmarketing: Analyse und Planungskonzepte für den Einzelhandel, Frankfurt am Main, 1999 (789 Seiten)**, umfasst eine Fülle marketingrelevanter Aspekte des Handels. Theis vertritt den Standpunkt des ganzheitlichen integrativen Marketing–Managementdenkens, der rahmengebend für den Einsatz strategischer und operativer Handlungsalternativen ist. Neben Grundlagen zur Handelsforschung erfasst Theis zunächst handelsbetriebliche Marktforschungsmethoden von der Planung und Durchführung explorativer, deskriptiver und kausaler Studien bis hin zur Datenerhebung und multivariater Auswertungsverfahren. Es folgen Entscheidungshilfen für die strategische Situationsanalyse und Prognoseinstrumente, worin prominente Managementtools der Praxis vorgestellt werden, u.a. Standortanalyse, verhaltenswissenschaftliche Konsumentenanalyse, Positionierungs– und Portfoliomodelle oder Szenario–Technik. Ebenso ausführlich werden schließlich Optionen und Schritte der Ziel– und Strategienplanung erörtert. Den Schwerpunkt legt Theis auf strategische Basisrichtungen der Absatzmethodik, wettbewerbs– und zielgruppenspezifische Positionierungsstrategien sowie Leistungs– und Entgeltstrategien. Hinsichtlich des Marketingmix werden die Gestaltungsvariablen der Sortiments–, Preis–, Präsentations– und Werbepolitik umfassend dargelegt. Hervorzuheben sind: Preisfindung für den Euro, Instrumente zur Sortimentssteuerung und kontrolle und Planung kooperativer Werbestrategien innerhalb der Hersteller–Handelsbeziehung. Theis legt ein sehr umfassendes Buch vor, das sowohl als

Lehrbuch als auch als Nachschlagewerk für das moderne Marketing–Management der Handelspraxis dient. (Margit Binsack)

VON DER HEYDT, A., **Efficient Consumer Response (ECR) Basisstrategien und Grundtechniken, zentrale Erfolgsfaktoren sowie globaler Implementierungsplan, 3. Auflage, Frankfurt a. M. 1998 (287 Seiten).** Von der Heydt beschreibt in seiner dritten Auflage die Entwicklung des ECR–Konzeptes und seiner wichtigsten Komponenten. Unter Efficient Consumer Response wird eine gesamtunternehmensbezogene Vision, Strategie und Bündelung von Techniken verstanden, die in Kooperation zwischen Hersteller und Handel darauf abzielen, bei Maximierung der Kundenzufriendenheit Ineffizienzen entlang der Wertschöpfungskette zu beseitigen. Hierzu entwickelt Von der Heydt die ECR–Basisstrategien und Grundtechniken Efficient Replenishment (Effiziente Warenversorgung), Efficient Assortment (Effiziente Sortimentsgestaltung), Efficient Promotion (Effiziente Verkaufsförderung) sowie Efficient Product Introduction (Effiziente Produkteinführung). Des weiteren arbeitet der Verfasser harte und weiche Erfolgsfaktoren heraus, die mit einer Implementierung von ECR einher– bzw. ihr vorausgehen müssen. Besondere Bedeutung wird dabei dem Change Management als weicher Faktor beigemessen. Das „Modell der dreifachen Zweidimensionalität" bildet die drei Aktionsräume des ECR – Kosten– und Wachstumsorientierung (strategisch), Logistik– und Marketingorientierung (operativ) sowie Innen– und Außenorientierung (organisatorisch) – ab. Als Tool zur Messung des ECR–Erfolges werden die ECR–Scorecard und die Balanced Scorecard vorgestellt und kritisch gewürdigt. Den Schluß bildet ein ECR–Implementierungsplan, der die einzelnen Schritte von der Potentialanalyse bis zur Bildung prozeßorientierter Strukturen dokumentiert. (Constanze Hess)

2 HERSTELLER–HANDELSBEZIEHUNGEN

FRANKE, N., **Die Entwicklung einer vertikalen Marketingstrategie aus Imagedaten, Jahrbuch der Absatz– und Verbraucherforschung, 4 (1998), S. 373–394.** Die Position des Handels als –Gate–Keeper auf Konsumgütermärkten verdeutlicht die Notwendigkeit des absatzkanalbezogenen Marketing beim Hersteller. Inhalt dieser Untersuchung ist die Entwicklung eines praktikablen Ansatzes, der die Ableitung vertikaler Marketingstrategien ermöglicht. Der Autor untersucht die Relevanz des Herstellerimages im Handel. Das Image der Hersteller wird dabei in drei Sub–Images unterteilt, dem originären Herstellerimage (Image 1. Art), die Herstellerattraktivität für die Kon–

sumenten aus Sicht des Händlers (Image 2. Art) und dem durch die persönliche Nutzung des Produktes gebildeten Image beim Händler (Image 3. Art). Im Zuge der Datenerhebung mittels eines Fragebogens werden die Herstellerimages der zehn größten Taschenbuchverlage bei deutschen Buchhandlungen, die Taschenbücher vertreiben, erhoben. Die Sub–Images werden mittels der multiattributiven Meßmethodik des Adequacy–Importance Modells operationalisiert. Der Autor liefert eine detaillierte Analyse der Komponenten, die für die Entwicklung einer vertikalen Marketingstrategie von Bedeutung sind. Hierbei werden, ausgehend von einer Ist–Ananlyse der Wahrgenommenen Images, die Herstellerimages in den Faktorräumen der Sub–Images positioniert und die Wichtigkeit der jeweiligen Imagedimensionen analysiert. Der Autor diskutiert die Art und Weise der Imagebildung, den Einfluß von Interdependenzen zwischen den drei dargestellten Sub–Images und differenziert auch nach unterschiedlichen Händlertypen. Schließlich erfolgt die Zusammenfassung der Ergebnisse der Teiluntersuchungen und die exemplarische Entwicklung einer vertikale Marketingstrategie für den Taschenbuchmarkt. (Jens Gärtner)

GEYSKENS, I., STEENKAMP, J.–B., KUMAR, N., **Generalizations about trust in marketing channel relationships using meta–analysis, International Journal of Research in Marketing, (15) 1998, S. 223–248.** Durch eine Metaanalyse vorliegender Untersuchungen wird die Rolle des Vertrauens in Marketingkanälen untersucht. In einer ersten Betrachtung paarweiser Beziehungen gelangen die Autoren zu dem Ergebnis, daß Vertrauen unter verschiedensten Bedingungen eine starke Korrelation mit anderen Konstrukten aus dem Beziehungsmanagement (Macht, Entscheidungsstruktur etc.) aufweist. In einem zweiten Schritt wird der Einfluß der Forschungsmethodik auf die Ergebnisse untersucht. Die Autoren zeigen, daß der Einsatz von Experimenten, Samples aus unterschiedlichen Branchen sowie US–Daten größere Effekte haben als die Verwendung von Feldstudien, Stichproben eines einzelnen Industriezweigs und Europäischen Daten. Andere methodologische Charakteristika der untersuchten Studien zeigten keinen signifikanten Einfluß. In einem letzten Schritt wird die Rolle des Vertrauens selbst analysiert, mit dem Ergebnis, daß Vertrauen neben wirtschaftlichem Erfolg in hohem Maße zu Zufriedenheit und langfristiger Orientierung in der Beziehung beiträgt. Die Autoren schlußfolgern ferner, daß die Bedeutung des Vertrauens in Zukunft abnehmen wird, während andere Schlüsselfaktoren wie Kommunikation und Machtstrukturen zunehmen werden. (Constanze Hess)

SIGUAW, J.A., SIMPSON, P. M., BAKER, T. L., **Effects of Supplier Market Orientation on Distributor Market Orientation and the Channal Relationship: The Distributor Perspective, Journal of Marketing, 6 (1998), S. 99–111**. Siguaw, Simpson und Baker untersuchen die Einflüsse marktorientierten Verhaltens auf die Beziehungsqualität der Dyade zwischen Lieferanten und Händlern aus Händlerperspektive. Hierzu modellieren mögliche Effekte und untersuchen empirisch die Konsequenzen einer lieferantenseitigen Marktorientierung auf die händlerseitige Martkorientierung sowie auf weitere Faktoren, die die Beziehungsqualität beeinflussen. Die insgesamt zwölf Hypothesen werden pfadanalytisch mit LISREL anhand von 179 Lieferanten–Händler–Dyaden getestet. Die Ergebnisse lassen darauf schließen, daß die lieferantenseitige Marktorientierung die Marktorientierung des dazugehörigen Händlers sowie dessen Commitment gegenüber der Beziehung beeinflußt. Weiterhin hat die Marktorientierung des Händlers einen direkten Einfluß auf das Vertrauen und die Wahrnehmung kooperativer Normen. Diese Beziehungsvariablen Vertrauen, Kooperative Normen und Commitment haben einen direkten Einfluß auf die Zufriedenheit des Händlers mit seiner Performance. Die Resultate zeigen, daß die Marktorientierung des Lieferanten die des Händlers direkt beeinflussen und damit zur Erhöhung der Zufriedenheit des Endverbrauchers führen. (Constanze Hess)

3 VERTRIEBS- UND VERTRAGSFORMEN

BALASUBRAMANIAN, S., **Mail versus Mall: A Strategic Analysis of Competition between Direct Marketers and Conventional Retailers, Marketing Science, 3 (1998), S. 181–195.** Balasubramanian betrachtet in seinem Beitrag den Wettbewerb zwischen herkömmlichen Handelsbetrieben und Direktanbietern (Versandhandel, Internet etc.). Diese bestehen neben herkömmlichen Handelsgeschäften und haben strategische Auswirkungen auf Konsumgütermärkte. Der Verfasser modelliert den strategischen Wettbewerb bei mehreren Vetriebskanälen. Seinem Modell liegen vier Annahmen zugrunde: (1) Unterschiedliche Vertriebskanalpräferenzen der Konsumenten, (2) unterschiedlicher Fit zwischen Produktkategorien und Vertriebskanälen, (3) wettbewerbsmindernde Handelsmacht in bestehenden lokalen Märkten und (4) Standortunabhängigkeit des Direktanbieters. In einer ersten Runde wird das Modell auf Märkte angewendet, auf denen bzgl. Produktverfügbarkeit und Preisen „vollkommene Information" der Konsumenten herrscht. Die Präsenz des Direktanbieters ist hier so stark, daß die herkömmlichen Händler nicht mehr untereinander, sondern mit dem Direktanbieter konkurrieren, was Auswirkungen auf ihren Marketing–Mix hat, da dieser bisher darauf ausgelegt war, die Entscheidung von Konsumenten zwischen herkömmlichen Händlern zu beeinflussen. In einem zweiten Schritt wird die Rolle der Information in Märkten mit mehreren Vertriebskanälen modelliert. Diese ist besonders im Direktvertrieb relevant, da der Hersteller das Informationsniveau kontrollieren kann. Wenn z.B. ein Teil der Zielgruppe keine Informationen vom Direktanbieter erhält, können herkömmliche Händler um dieses Marktfragment konkurrieren. Das Informationsniveau hat strategische Implikationen: Selbst bei Informationskosten von null kann es für den Direktanbieter suboptimal sein, alle Konsumenten zu informieren, nämlich dann, wenn das Produkt nicht zum Vertriebskanal paßt. Die einzige Möglichkeit, mit herkömmlichen Handelsbetrieben zu konkurrieren, wäre hier über den Preis, wodurch jedoch die eigenen Gewinne geschmälert würden. Setzt man jedoch das Marktinformationsniveau herab, führt dies zu verschärftem Wettbewerb unter herkömmlichen Handelsbetriöheren Gleichgewichtspreis am Markt und damit zu höheren Gewinnmargen des Direktanbieters. Wenn im Gegensatz dazu das Produkt gut zum Vertriebskanal paßt, kann eine Erhöhung der Marktpräsenz des Direktvetreibers zu höherem Wettbewerb mit dem herkömmlichen Handel führen und damit die Gewinnerwartungen des Direktanbieters steigern. (Constanze Hess)

COUGHLAN, A. T., RAYSON, K., **Network marketing organizations: Compensation plans, Retail Network Growth, and Profitability, International Journal of Research in Marketing, 15 (1998), S. 401–426**. Die Autoren beschreiben Direktvertriebsnetzwerke (Network marketing organizations – NMO). Hierbei wird auf die Vorteile des Direktvertriebes auf Konsumgütermärkten hingewiesen. Die Rahmenbedingungen für erfolgreiche Vertriebskanäle werden aufgezeigt. Die Autoren gehen auf den Einfluß verschiedener monetärer und nicht–monetärer Formen der Aufwandskompensation auf das Wachstum und die Profitabilität von NMOs ein. Es wird die zweiseitige Aufgabenstellung von unabhängigen Händlern bei dieser Form des Direktvertriebes untersucht. Diese besteht zum einen im Verkauf des Produktes, zum anderen in der Rekrutierung von neuen Mitgliedern für das Netzwerk. Die Beziehungen zwischen den Vertriebspersonen werden beispielhaft dargestellt. Unter Verwendung eines dynamischen Entscheidungsmodells wird der individuelle Leistungsgrad von Vertriebsmitgliedern in Abhängigkeit von dem dieser Direktvertriebsform zugrundeliegenden Anreizsystem, die Rentabilität des Vertriebsnetzwerkes und das Wachstum von NMOs analysiert. (Jens Gärtner)

POSSELT, T., **Ausschließlichkeitsbindungen als Anreiz zum Handelsmarketing Eine Untersuchung zur Gestaltung von Distributionssystemen, Zeitschrift für Betriebswirtschaftliche Forschung, 4 (1999), S. 350–378**. Ausschließlichkeitsbindungen in Vertriebsverträgen zwischen Hersteller und Händler sind in vielen Märkten von Bedeutung. Diese Form der vertraglichen Bindung hat nicht nur Wirkung im Innenverhältnis zwischen den Vertragspartnern, sondern sie beeinflußt auch das Konkurrenzverhältnis zwischen verschiedenen Herstellern sowie das zwischen verschiedenen Händlern. Der Autor untersucht Motive und die damit verbundenen Anreizeffekte für die Vereinbarung dieser Form der vertraglichen Bindung. Aus Sicht des Herstellers können Ausschließlichkeitsbindungen als ein Instrument zur Schaffung von Wettbewerbsvorteilen und Markteintrittsbarrieren durch Aufbau von Barrieren auf Handelsebene interpretiert werden. Diese einfache institutionenökonomische Erklärung ist aber nur unter der Prämisse gültig, daß Händler gegenüber den Herstellern keine Verhandlungsmacht besitzen. Die absatzpolitischen Instrumente des Handels im speziellen und die Marketingaktivitäten im allgemeinen bleiben unberücksichtigt. Vor dem Hintergrund dieser Erkenntnis fragt Posselt nach dem Einfluß der Ausschließlichkeitsbindung auf die Marketingaktivitäten des Handels und nach den Konsequenzen auf Herstellerebene. Anschließend werden die Ergebnisse der Betrachtung mit der Situation eines ungebundenen Händlers verglichen, der Produkte zweier im Wettbewerb stehender Hersteller anbietet. Die Reputation eines Markenproduktes sowie spezifische Investitionen identifiziert der Autor als die wesentlichen Elemente auf Händlerebene, die den Verlust potentieller Einnahmen, der für den Händler bei einer Ausschließlichkeitsbindung aufgrund des Verzichts auf den Vertrieb von Wettbewerber–Produkten entsteht, kompensieren. (Andrea Bookhagen)

SCHULZE, M., **Nachfragemacht im Lebensmitteleinzelhandel: ökonomische und kartellrechtliche Aspekte, Wiesbaden 1998 (282 Seiten)**. Bei steigender Konzentration im Lebensmitteleinzelhandel nutzen die Händler den Wettbewerb der Hersteller um attraktive Regalflächen und höhere Preiszugeständnisse zu fordern. Die Gefahr für die Hersteller, nicht gelistet und somit aus dem Markt gedrängt zu werden, ist zu groß. Somit kommen sie den Forderungen des Handels nach. Zudem übernehmen zunehmend die Hersteller klassische Handelsfunktionen wie z.B. Regalpflege oder Inventurarbeiten. Die Autorin untersucht, ob diese Entwicklung als eine effiziente Anpassung an die Marktentwicklungen oder als eine Ausnutzung der Macht von Seiten des Handels interpretiert werden muß. Einer ökonomischen Analyse folgt dann die Diskussion der zivil- und kartellrechtlichen Normen. Dabei wird der Frage nachgegangen, ob diese die Be–

sonderheiten der Vertragsbeziehungen und der tatsächlichen Abhängigkeiten zwischen Handel und Hersteller berücksichtigen. (Andrea Bookhagen)

4 DATENANALYSE DER HANDELSFORSCHUNG

ABE, M., **Measuring Consumer, Nonlinear Brand Choice Response to Price, Journal of Retailing, 4 (1998), S. 541–568.** Nichtlineare Modelle der Wirkung von Preisveränderungen und Preispromotions auf die Kaufentscheidung haben hohen Stellenwert für die praktische Preispolitik im Einzelhandel. Die verfügbaren parametrischen Methoden sind meist fehlerbehaftet und zu komplex für den praktischen Einsatz. Abe stellt ein multinomiales Logitmodell (MNL) vor, mit dem er nicht–lineare Beziehungen zwischen Marketing–Mix–Variablen und Entscheidungverhalten der Konsumenten schätzt. Er testet das Modell auf Grundlage von Scanner–Panal–Daten verschiedener Produktkategorien. Am Beispiel einer Getränkekategorie kann Abe z.B. nachweisen, daß die Kaufbereitschaft bis zu einer konkreten Preisschwelle konstant ist, linear abnehemend dagegen bei Preissteigerungen oberhalb dieser Schwelle. In einer zweiten Produktkategorie kann der Verfasser eine nahezu lineare Preis–Absatzfunktion belegen, stellt aber fest, daß Konsumenten die Preissenkungen erst ab einer gewissen Differenz registrieren und entsprechend reagieren – eine Information, die wesentliche Implikationen für temporäre Preisaktionen mit sich bringt. Abe untersucht ferner zwei nichtlineare Preisverhaltensphänomene: Akzeptanzspielräume von Preiserhöherungen und assymmetrische Preis–Absatz–Reaktionen von Preissteigerungen im Vergleich zu senkungen. Im Vergleich zu alternativen Marktforschungstechniken belegt der Autor die Überlegenheit seiner Methode, die vergleichsweise leicht zu implementieren und zu validen ist, zu praktisch relevanten Ergebnissen führt. Darüber hinaus besticht dieser Ansatz durch die weitreichenden Einsatzgebiete des MNL, mit dem jedwede nichtlineare Beziehung zwischen Marketing–Mix–Variablen und Verhalten modelliert werden kann. (Margit Binsack)

LITTLE, J. D. C., **Integrated Measures of Sales, Merchandising, and Distribution, International Journal of Research in Marketing, (15) 1998, S. 473–485.** Die Erfassung von Scanner–Daten im Einzelhandel ist für die Analyse der Auswirkungen von Marketingaktivitäten ein unverzichtbares Instrument. Hierbei werden vor allem Daten über den Verkauf von Produkten, den Vertrieb und die Auswirkungen von Promotionaktivitäten erhoben. Aufgrund der Fülle von Daten bedarf es einer geographischen, zeitlichen und produktbezogenen Aggregation der Daten, die hier ausführlich anhand eines Produktes aus dem Lebensmittelbereich dargestellt wird. Die gewonnenen Daten werden zuerst unter Verwendung eines deterministischen Modells auf einem einfachen Aggregationsniveau (Verkauf eines Produktes pro Einzelhandelsgeschäft pro Woche) analysiert. Im weiteren Verlauf der Untersuchung werden die so gewonnenen Daten in Hinblick auf Gruppen von Einzelhandelsgeschäften, Produktgruppen und die Entwicklung der Daten über mehrere Perioden (52 Wochen) aggregiert. Die Vorteile von integrierten Daten werden abschließend bezüglich ihrer Interpretierbarkeit, ihres Aussagegehalts für andere Aggregationsniveaus, der Transparenz der Ergebnisse und der Erweiterbarkeit der Analyse bewertet. (Jens Gärtner)

LYTLE, R., HOM, P., MOKWA, M., SERV*OR: **A Managerial Measure of Organizational Service Orientation, Journal of Retailing, 4 (1998), S. 455–490**. Die Autoren entwickeln und validieren eine Skala zur Messung der Serviceorientierung einer organisatorischen Einheit. Diese Skala zielt auf die Messung des Ausmaßes, in welchem es einer organisatorischen Einheit gelungen ist, spezifische Aktivitäten zur Serviceorientierung umzusetzen. Mittels einer konfirmatorischen Faktorenanalyse wird das aufgestellte Modell untersucht, wobei unterschiedliche Branchen und Unternehmen unterschiedlicher Größe in die Analyse einbezogen werden. Die Ergebnisse zeigen, daß die Serviceorientierung einer organisatorischen Einheit über eine Struktur von zehn Faktoren dargestellt werden kann. Dieses Meßinstrument eignet sich u.a. für eine interne Messung der Serviceorientierung mit Inter–Organisations– und Inter–Branchen–Vergleichsmöglichkeit. Der Beitrag schließt mit Empfehlungen für das Management. (Oliver Jost)

THOMAS, R., BARR, R. CRON, W., SLOCUM JR., J., **A Process for Evaluation Retail Store Efficiency: A Restricted DEA Approach, International Journal of Research in Marketing, 15 (1998), S. 487–503**. Die Autoren diskutieren die Messung der Effizienz von Einzelhandelsgeschäften unter Verwendung des DEA–Modells (Data Envelopment Analysis) und gehen dabei auf verschiedene Input–Output–Beziehungen, u.a. in Bezug auf die Entscheidungsträger (DMU Decision Making Unit) ein. Um die Effizienz von Aktivitäten zu analysieren, wird der Prozeß der Bewertung in vier Stufen (Identifikation der Problemstellung, Bestimmung der Input– / Output–Variablen, Modellentwicklung, Ableitung von Implikationen für das Management) unterteilt, die im weiteren Verlauf der Untersuchung behandelt werden. Die Eignung der DEA–Analyse wird anhand der Einschätzung des individuellen Leistungsgrades der Manager von Einzelhandelsgeschäften und der Bestimmung von Erfolgsfaktoren für Einzelhandelsge–

schäfte dargestellt. Die im Rahmen einer multivariaten Varianzanalyse identifizierten Erfolgsfaktoren liegen vor allem in den Bereichen Vertragsgestaltung (Leasing Agreement), Standort des Einzelhandelsgeschäftes (Store Location) und Personalwirtschaft (Human Resource Management). (Jens Gärtner)

5 INNOVATIONS- UND WISSENSMANAGEMENT

LIEBMANN H.-P., FOSCHT, T., **Wissensmanagement im Handel, Thexis, 1 (1999), S. 17–22.** Die Autoren betrachten das Wissensmanagement aus handelsspezifischer Perspektive. Den Hintergrund der Diskussion bilden zwei Weltbilder, das mechanistische und das konstruktivistische. Nach Verständnis des mechanistischen Weltbildes ist Wissen modellierbar, teilbar und objektiv. Entwicklung und Verarbeitung von Wissen sind getrennt voneinander durchführbar. Dem konstruktivistischen Weltbild zufolge ist Wissen subjektiv und entsteht durch Interaktion eines Individuums mit seiner Umwelt. Die Verfasser registrieren, daß Wissensmanagement im Handel bis dato vorwiegend auf dem mechanistischen Weltbild beruht, und sie messen dem konstruktivistischen Weltbild vor dynamischen Rahmenbedigungen eine wachsende Bedeutung bei. Im Handel müsse eine Kombination aus ressourcenorientiertem und marktorientiertem Managementansatz angestrebt werden. Wissensmanagement im Handel soll sich neben anderen Marktpartnern vor allem auf Kunden (Outside–In–Perspektive) und Mitarbeiter (Inside–Out–Perspektive) beziehen. Folgende Ziele werden für das Wissensmanagement abgeleitet: Identifikation, Entwicklung, Verteilung, Nutzung und Bewahrung von Wissen. (Constanze Hess)

RUDOLPH, T., **Marktorientiertes Management komplexer Projekte im Handel, Stuttgart 1999 (494 Seiten)** analysiert die Veränderungsprozesse im Einzelhandel, identifiziert Potentiale zur Erfolgssteigerung und entwickelt eine Planungsmethodik, die Effektivität und Effizienz von Handelsprojekten sichert. Zunächst untersucht der Autor die treibenden Kräfte des Marktwandels im Handel und entwickelt ein Modell zur Erklärung von Trendveränderungen im Handel, das eine effektivere und situationsspezifischere Trendbeobachtung und Trendprognose erlaubt. Die Analyse unternehmerischer Zielsysteme zeigt, daß diese eher auf stabile Umweltbedingungen ausgelegt sind und einer dynamischen Weiterentwicklung bedürfen. Ein ganzheitliches Zielsystem sollte daher sowohl Aufgaben der gewöhnlichen Geschäftstätigkeit als auch Projektaufgaben mit außergewöhnlichem Charakter berücksichtigen. Dabei ist das Aufstellen einer Projektvision neben Budget– und Zeitzielen eine wesentliche Vorraussetzung für den Projekt–

und damit den Unternehmenserfolg. Eine länderübergreifende Studie zum Kundenverhalten am POS zeigt, daß letztlich fast alle Projekte eine direkte oder indirekte Verbesserung der Leistungsfähigkeit am POS anstreben, jedoch in aller Regel nicht die Kundenerwartungen optimieren wollen. Auf Basis umfangreicher empirischer Analysen entwickelt der Autor eine Projekttypologie und identifiziert typenspezifische Erfolgsfaktoren. Das Handelsmanagement sollte anhand der Dimensionen Neuigkeitsgrad des zu bearbeitenden Marktes sowie dem damit verbundenen Leistungsangebot zwischen den vier Projekttypen Innovations–, Expansions–, Neuausrichtungs– und Optimierungsprojekten unterscheiden und typenspezifisch steuern. In einer kausalanalytischen Untersuchung konnte der Autor die Hypothese der Vorteilhaftigkeit eines integrierten Projektmanagement empirisch bestätigen. Integriertes Projektmanagement wurde dabei als Faktor zweiter Ordnung mit Organisationsstruktur, Mitarbeiterverhalten und Entwicklung marktorientierter Konzepte als Faktoren erster Ordnung modelliert. Die Hauptdimension – Entwicklung marktorientierter Konzepte – besitzt den stärksten Einfluß auf den Projekterfolg. Aus den Ergebnissen der empirischen Untersuchung zum Projekterfolg entwickelt der Autor eine ganzheitliche Planungsmethodik zur Steigerung des Projekterfolges. (Marcel Paulssen)

RUDOLPH T., BÜCHNER, M.–G., **Technologische Innovationen Schrittmacher der Handelsentwicklung, Thexis, 1 (1999), S. 57–63.** Die Autoren untersuchen die Bedeutung technologischer Innovationen für den Handel sowie Innovationsfelder, die von deutschen und schweizerischen Handelsunternehmen derzeit als erfolgsversprechend erachtet werden. Hierzu wurden 293 Unternehmen nach ihren wichtigsten aktuellen technologischen Innovationsprojekten befragt. Die Themen Internet, Warenwirtschaft und Scanning wurden am häufigsten genannt. Vergleichsweise niedrig werden die Bedeutung des Einsatzes neuer Medien im Verkauf, Logistik und Data Warehouse eingestuft. Als Ansatzpunkt der Erfolgssteigerung von Innovationsprojekten im Handel wird die Verbesserung der Marktorientierung durch Berücksichtigung der Interessen, Ziele und Aktivitäten von Kunden, Mitarbeitern, Lieferanten u.a. Interessensgruppen genannt. Ebenfalls als erfolgsfördernd erachtet wird das Treffen organisatorischer Vorkehrungen durch Sicherung der Flexibilität, der Aufbau von Vertrauen und die Transparenz und Förderung organisationalen Lernens, eine effiziente Ressourcennutzung, die Klärung der Beziehungen der Projektorganisation zur Linie sowie die Sicherung der Legitimation der Projektorganisation. Des weiteren gilt es, die Unternehmenskultur durch Schaffung einer Innovationskultur und andere „weiche" Anreize zu fördern. (Constanze Hess)

6 CONTROLLING UND LOGISTIK

HENNEKING, K.–M., **Marketingcontrolling im Einzelhandel, Wiesbaden 1998 (290 Seiten).** Vor dem Hintergrund der Defizite im Einzelhandelscontrolling und auf Basis eines verhaltenstheoretischen Modells identifiziert der Autor die für das Einzelhandelsmarketing spezifischen Planungs- und Kontrollgrößen. Besonders wichtige Determinanten der Einkaufsstättenwahl sind die Wahrnehmung und Bewertung von Einkaufsstättenmerkmalen, Einkaufsorientierungen und die subjektiv relevante Menge an Einkaufsstätten (früher als Evoked Set bezeichnet, heute: Consideration Set). Fragen der Operationalisierung dieser Größen im Handelsmarketing werden ausführlich diskutiert. Anschließend entwickelt der Autor ein Meßkonzept zur Unterstützung der Informationsversorgung und der verbesserten Koordination der Marketingplanungs- und kontrollprozesse im Einzelhandel. Für die zukünftige Erfassung konsumverhaltensrelevanter Informationen liefert er ein empirisch überprüftes methodisches Fundament. (Andrea Bookhagen)

KLOTH, R., **Waren- und Informationslogistik im Handel, Wiesbaden 1999 (307 Seiten)** zeigt Dimensionen und Komponenten Logistikmanagement im Handel. Der Autor strukturiert das „Supply Chain Management“ und entwickelt ein Referenzmodell für integrierte Handelsinformationssysteme, in dem ein mit Management – Unterstützungs – Systemen gekoppeltes „Data Warehouse“ auf den operativ nachgelagerten Systemen aufgesetzt wird. Web–Server und Kartensysteme bewirken zusätzliche Kundenanbindung. Hohen Nutzen solcher Strukturen postuliert Kloth insbesondere für verbundorientiertes Sortimentscontrolling, Filialbenchmarking sowie für ein an Kundenprofitabilitäten ausgerichtetes Individualmarketing. Damit würdigt der Autor die Rolle des Leistungsfaktors Information für die Flexibilität des Gesamtsystems und für die effiziente Anpassung an individuelle Kundenanforderungen. Die Arbeit ist für die Handelspraxis von hoher Aktualität und Relevanz, zumal bereits vielerorts nachgewiesen ist, daß die Qualität der eingesetzten Informationssysteme die betrieblichen Zukunftschancen determiniert. Deren Einsetzung wird bis heute jedoch noch nicht mit hinreichender Durchsetzungskraft verfolgt. (Margit Binsack)

VON KERKOM, K., **Logistisches Handelscontrolling: Unternehmensspezifische Controllingsysteme im Einzelhandel, Wiesbaden 1998, (402 Seiten)**. Aufgrund der zunehmenden Integration logistischer Transferleistungen in der Wertschöpfungskette gewinnt ein logistisches Controlling an Bedeutung. Im Einzelhandel ist aber ein Defizit hinsichtlich der Informationsunterstützung für logistische Gestaltungsparameter zu konstatieren. Ausgehend von einer empirischen Analyse des aktuellen Logistik– und Controllingsystems der Karstadt AG hat die Autorin ein umfassendes Konzept für ein entscheidungsorientiertes logistisches Handelscontrolling entwickelt. Das System zielt weniger auf das bloße Fortschreiben von Kosten und die Kontrolle vergangenheitsbezogener Periodenrechnungen oder auf die Verfeinerung der Zurechnungsmethoden von Kosten zu Logistikprozessen. Es dient vielmehr der Unterstützung von Entscheidungen und dem Aufzeigen logistischer Wettbewerbspotentiale. Kerstin von Kerkom wählt mit einer Abgrenzung logistischer Auftragszyklussysteme und ihrer arbeitsteiligen Gestaltung im strategischen Netzwerk eine Organisationsform, die die Bildung transferspezifischer Konfigurationsformen in Abhängigkeit von der jeweiligen Problemstellung unterstützt. Der Fokus liegt auf einer Verbesserung der Steuerungsfähigkeit der einzelnen Prozessmodule, die ihrerseits in den übergeordneten Auftragszyklus integrierbar bleiben. Damit können einzelne Kosten– und Leistungspotentiale ausgeschöpft werden. Gleichzeitig ist eine querschnittsorientierte, an den Zielen des Auftragszyklus gemessene Gesamtbeurteilung möglich. Zur flexiblen Anpassungsfähigkeit des Systems hat die Autorin alternative Struktur– und Prozesskombinationen zugrundegelegt, welche die Basis für die kosten– und leistungsmäßige Bewertung der Transferprozesse bilden. Darüber hinaus stellt die Autorin einen Ansatz der Leistungsbewertung vor, der es erlaubt, Serviceumfang und –niveau aus Anbieter– und Nachfragersicht zu bewerten und zu steuern. Aufgrund der Systematisierung der Logistikleistungen auf unterschiedlichen Entscheidungsebenen im Netzwerk zwischen Handel, Hersteller und externen Logistikdienstleistern, der methodischen Fundierung und der Anpassungsfähigkeit des Controllingsystems an die Bedingungen des Einzelfalls liefert das vorliegende Buch wertvolle Impulse für Theorie und Praxis. (Margit Binsack)

7 STANDORT UND INTERNATIONALISIERUNG

ZENTES, J., SWOBODA, B., **Globales Handelsmanagement. Voraussetzungen Strategien Beispiele, Frankfurt a. M. 1998 (558 Seiten).** Dieser Reader beschäftigt sich in fünf Kapiteln (21 Beiträge) mit den wesentlichen Themen, die mit der Globalisierung des Handels verbunden sind. Gegenstand des ersten Kapitels sind die Rahmenbedingungen der Globalisierung (sechs Beiträge). Nach einem einführenden Beitrag werden Struktur und Entwicklungstendenzen verschiedener Regionen (West–, Osteuropa, Nordamerika, Asien) dargestellt. Im zweiten Kapitel werden nach einer Einführung in die Internationalisierungsstrategien von Handelsunternehmen zwei Praxisfälle behan–

delt. Im dritten Kapitel setzen sich vier Autoren mit Problemen der globalen Beschaffung auseinander. Im vierten Kapitel werden Themen zu Hersteller–Händler–Beziehungen dargestellt, wobei u.a. auf Themen wie Efficient Consumer Response, Category Management und Electronic Commerce eingegangen wird. Das fünfte Kapitel umfaßt unter der Überschrift „Unternehmensführung in internationalen Handelsunternehmen" Beiträge zu den Themen Controlling, Warenwirtschafts– und Logistiksystemen sowie der Personalwirtschaft. Dieser Sammelband richtet sich gleichermaßen an Wissenschaftler und Praktiker in internatinalen Handelsunternehmen und liefert aufgrund der praktischen Fälle eine Vielzahl an interessanten Anregungen. (Oliver Jost)

SCHNEIDER, D., **Die Internationalisierung des Einzelhandels, Zeitschrift für Betriebswirtschaft, 12 (1998), S. 1325–1340.** Der Autor beschreibt in seinem Artikel das Ausmaß der Internationalisierung im Einzelhandel und geht dabei insbesondere auf die Besonderheiten der drei größten Binnenmärkte Nordamerika, Japan und Europa (Triade–Märkte) ein. Im Rahmen der Betrachtung des Internationalisierungsgrades von Einzelhandelsunternehmen werden hierbei empirische Ergebnisse diskutiert, wonach der überwiegende Anteil der international tätigen Einzelhandelsunternehmen sich auf eine Branche, ihr Kerngeschäft, konzentrieren. Der Anteil von international tätigen Konglomeraten, d.h. von Einzelhandelsunternehmen, die in mindestens drei verschiedenen Branchen tätig sind, ist demnach vergleichsweise gering. Des weiteren werden die Zeiträume der Internationalisierung exemplarisch an fünf erfolgreichen Einzelhandelsunternehmen untersucht. Dabei beschreibt der Autor zusammenfassend die Gründe für erfolgreiche Internationalisierungsstrategien und geht insbesondere auf die Geschwindigkeit, mit der die Internationalisierung vorangetrieben wurde, und den Zeitpunkt des Beginns einer internationalen Tätigkeit ein. In einem weiteren Schritt werden einige interne und externe Erfolgsfaktoren der Internationalisierung im Einzelhandel vorgestellt. Es wird auf die Notwendigkeit der Identifizierung derjenigen Faktoren mit dem größten Einfluß auf eine erfolgreiche Internationalisierung im Rahmen zukünftiger Untersuchungen hingewiesen. (Jens Gärtner)

8 PREIS– UND PRODUKTPOLITIK

CAVERO, S., CEBOLLADA, J., SALAS, V., **Price Formation in channels of Distribution with Differentiated Products. Theory and empirical evidence, International Journal of Research in Marketing, 15 (1998), S. 427–441** behandelt sowohl theoretisch als auch empirisch die Preisbildung auf Märkten, die sich hinsichtlich der wahr–

genommenen Qualität der angebotenen Produkte und der des Vertriebskanals unterscheiden. Die zugrundeliegende Annahme ist, das die wahrgenommene Qualität des Produktes von der Produktqualität i.e.S. und von der Servicequalität abhängig ist. Es wird ein zweistufiges Modell vorgestellt und anhand der gewonnenen Daten über die Konkurrenz einzelner Marken in einem Einzelhandelsgeschäft und der Konkurrenz der Geschäfte untereinander ausführlich statistisch getestet. Bei ihrer Ergebnisdiskussion gehen die Autoren auf das Ausmaß der Konkurrenz zwischen Marken und Einzelhandelsgeschäften, die Gewinnverteilung zwischen Hersteller und Händler, die Auswirkungen der Sortimentspolitik auf die wahrgenommene Qualität sowie auf den Einfluß von Mindestanspruchsniveaus beim Konsumenten auf den Marktanteil von Produkt–Service–Kombinationen ein. (Jens Gärtner)

GEDENK, K., SATTLER, H., **Preisschwellen und Deckungsbeitrag Verschenkt der Handel große Potentiale? Zeitschrift für betriebswirtschaftliche Forschung, 1 (1999), S. 33–59** untersuchen die Frage, ob Preisschwellen existieren, beziehungsweise ob gebrochene oder glatte Preise für den Handel vorteilhafter sind. Nach einer Aufarbeitung der zahlreichen empirischen Studien zur Existenz von Preisschwellen stellen die Autoren fest, daß die Befunde zur Existenz von Preisschwellen sehr uneinheitlich sind, und daß erhebliche Unsicherheit über die Existenz von Preisschwellen existiert. Da auf dieser Basis keine eindeutige Empfehlung für glatte oder gebrochene Preise möglich ist, greifen die Autoren einen Ansatz von KAAS & HAY auf und untersuchen die Deckungsbeitragswirkung von Preisschwellen, d. h. welcher Deckungsbeitragsverlust entsteht, wenn Preisschwellen ignoriert werden, obwohl sie existieren – und umgekehrt. Dazu werden der Deckungsbeitragsverlust, der entsteht, wenn keine Preisschwellen existieren, aber trotzdem gebrochene Preise gesetzt werden (α–Fehler), mit dem Deckungsbeitragsverlust verglichen, der entsteht, wenn Preisschwellen existieren, aber glatte Preise gesetzt werden (β–Fehler). In einem ersten Beispiel ist der β–Fehler 895 mal so groß wie der α–Fehler. Bei Unsicherheit über die Existenz von Preisschwellen ist daher, selbst wenn nur eine geringe Wahrscheinlichkeit für ihre Existenz spricht, daß Setzen gebrochener Preise zu empfehlen. Die Autoren untersuchen dann, ob diese Empfehlung verallgemeinert werden kann und variieren Parameter der Preisabsatzfunktion und die variablen Stückkosten. Die Ergebnisse zeigen, daß der β–Fehler immer deutlich größer ist, als der α–Fehler. Einzige Ausnahme ist eine Konstellation, bei der sehr geringe Stückkosten, sehr hohe Preiselatizität der Nachfrage und schwach ausgeprägte Preisschwellen gemeinsam auftreten. Die derzeitige Preissetzungspraxis des

Handels, bei der gebrochene Preise dominieren, ist folglich durchaus rational. (Marcel Paulssen)

HUFFMAN, C., KAHN, B., **Variety of Sale: Mass Customization or Mass Confusion? Journal of Retailing, 4 (1998), S. 491–514.** Mass–Customization bzw. eine umfangreiche Produktpalette kann eine erfolgsversprechende Differenzierungsstrategie darstellen, um Kunden zu Geschäftsbesuchen zu stimulieren, da auch für unterschiedliche Ansprüche Produkte vorgehalten werden. Jedoch kann eine große Produktvielfalt auch zu Verwirrungen auf Seiten des Kunden führen, insbesondere wenn seine Bedürfnisse noch latent bzw. nur grob strukturiert sind. Diese Verwirrung kann zu Frustration mit dem Einkauf und zu schlechter Mund–zu–Mund–Werbung führen. Auf Basis von zwei Experimenten untersuchen die Autoren, wie diesem Risiko entgegengewirkt werden kann. Es zeigt sich, daß die Unterstützung des Kunden bei der Entscheidung einen positiven Beitrag leistet, wobei einerseits der Präsentation der verschiedenen Produktalternativen und dem Informationsinput seitens des Kunden besondere Bedeutung zukommt. (Oliver Jost)

MÜLLER–HAGEDORN, L., ZIELKE, S., **Das Preissetzungsverhalten von Handelsbetrieben im Zuge der Währungsumstellung auf den Euro, Zeitschrift für Betriebswirtschaftliche Forschung, 10 (1998), S. 946–965**. Ziel des Beitrags ist die Analyse des Preissetzungsverhaltens im Zusammenhang mit der Europäischen Währungsunion unter preispsychologischen Gesichtspunkten. Die Autoren fokussieren die Aspekte Schwellenwerte und Rundungen von Preisen. Zu Beginn wird eine empirische Bestandsaufnahme des gegenwärtigen Preissetzungsverhaltens in den Branchen Lebensmittel–, Schuh– und Textileinzelhandel vorgenommen. Basierend auf dem Konzept der dominanten (häufiger vorkommenden) Preisen wird ein zweistufiges Vorgehen für die EURO–Preissetzung vorgeschlagen. Diese Regel berücksichtigt die bisherige Preispolitik, eine Rundung anhand einer objektiven Rundungsregel und die Rundung bei Anhebung des Preisniveaus. Nachfolgend werden die strategischen und taktischen Aspekte der Preisanpassung behandelt. Der Beitrag endet mit der Entwicklung eines Stufenschemas zur Übertragung der Preisstruktur in die EURO–Kalkulation. (Oliver Jost)

9 KOMMUNIKATIONSPOLITIK UND LADENGESTALTUNG

SMITH , S., AGRAWAL, N., MAINTRYRE, S. H., **A Discrete Optimization Model for Seasonal Merchandise Planning, Journal of Retailing, 2 (1998), S. 193–222**. Die saisonale Promotion–Planung stellt eine große Herausforderung für den Einzelhandel dar. Sie hängt von einer Vielzahl interkorrelierenden Entscheidungen ab, wird meist zentral durch das Management der Einzelhandelskette festgelegt, gleichzeitig aber auch durch die einzelnen Geschäfte regional und produktspezifisch variiert. Unter Berücksichtigung dieses Beziehungsgeflechts stellt der vorliegende Beitrag eine Methode zur Entwicklung und Optimierung von Promotionaktivitäten vor. Ziel ist die Gewinnmaximierung aggregiert über die gesamte Saison der gesamten Handelskette. Das computergestützte Optimierungsmodell das die Autoren anhand eines Datensatzes einer großen Handelskette illustrieren legt verfügbare Ressourcen sowie realistische alternative Marktszenarien zugrunde. Die Szenarien bestehen aus diskreten Kombinationen von Promotionalternativen (u.a. Werbeform, Anzahl von temporären Preisaktionen, Frequenz der Aktionen während der Saision). Mittels Sensitivitätsanalyse können darüber hinaus alternative Strategien der saisonalen Planung, etwa Erhöhung des Budgets, geschätzt werden. (Margit Binsack)

WAKEFIELD, K., BAKER, J., **Exitement at the Mall: Determinants and Effects on Shopping Response, Journal of Retailing, 4 (1998), S. 515–540.** Die Wettbewerbssituation der großen Malls hat sich durch neue Konkurrenten in Form großer Spezialkaufhäuser à la Toys 'R Us geändert. In ihrem Beitrag untersuchen die Autoren den Einfluß der physischen Umgebung der Mall, der Geschäftsvielfalt in der Mall und dem Involvement der Kunden auf die Wahrnehmung des Einkaufserlebnisses. Von diesen Faktoren sind die ersten beiden direkt, der dritte indirekt beeinflußbar. Zwölf Hypothesen über die Verhältnisse der Konstrukte zueinander liefern die Basis für eine faktorenanalytische Einflußabschätzung. Es zeigt sich, daß die Architektur einen wesentlichen Einfluß auf die Wahrnehmung der Mall als ganzes aufweist, während die Inneneinrichtung die Verweildauer in der Mall beeinflußt. Die Ergebnisse zeigen auch, daß Personen, mit höherem Involvement zum Einkaufen vergleichsweise Mall–affiner sind. Insgesamt sind Mall–Shopper erlebnisorientierter. Einkaufszentren, denen es gelingt, einen hohen Erlebniswert zu etablieren, haben bessere Wettbewerbschancen. (Oliver Jost)

10 VERHALTENSWISSENSCHAFTLICHE HANDELSFORSCHUNG

BEATTY, S. E., FERRELL, M. E., **Impulse Buying: Modelling Ist Precursors, Journal of Retailing, 2 (1998), S. 169–192.** Impulskäufe anzuregen ist eine von vielen Marketingaktivitäten des Handels. Der Prozeß des Impulskaufverhaltens wurde jedoch bisher kaum umfassend untersucht und beschrieben. Gleiches gilt für die das Impulskaufverhalten beeinflussenden Variablen. Viele Untersuchungen fokussieren entweder die situativen oder einzelne individuelle Einflußfaktoren. Die Autorinnen hingegen beziehen in ihre Betrachtungen zugleich zwei situative Variablen (verfügbare Zeit und verfügbares Budget) und zwei individuelle Variablen (Spaß am Einkaufen und Neigung zum Impulskauf) ein. Sie unterstellen, daß diese exogenen Variablen verschiedene endogene Variablen beeinflussen, und sie erstellen ein entsprechendes Modell des Impulskaufverhaltens. Unter Verwendung von LISREL wird dieses empirisch getestet. (Andrea Bookhagen)

CHEN, S.–F., MONROE, K. B., LOU, Y.–C., **The Effects of Framing Price Promotion Messages on Consumers Perceptions and Purchase Intensions, Journal of Retailing, 3 (1998), S. 353–372.** Zur Implementierung eines Preisnachlasses stehen dem Handel mehrere Instrumente zur Verfügung. Der Beitrages untersucht, die Wirkung unterschiedlicher Formen des Preisnachlasses auf die Wahrnehmung des Konsumenten und seine Kaufabsicht. In der empirischen Untersuchung wurde ein prozentualer und ein absoluter Preisnachlaß (jeweils für ein Hochpreis– und ein Niedrigpreisprodukt) untersucht. Gleichzeitig wurden die Preisnachlässe noch in Form eines Gutscheins und in Form eines generellen Abschlages präsentiert. In einem 2x2x2–faktoriellen Experiment wurden die Wahrnehmung des Preisabschlags und die Kaufintention der Befragten gemessen. Für Hochpreisprodukte zeigte sich, wie in den Eingangshypothesen angenommen, daß ein absoluter Preisnachlaß von den Probanden als bedeutender gegnüber einem relativen Preisnachlaß wahrgenommen wurde. Das Gegenteil gilt für Niedrigpreisprodukte. Preisabschläge in Form eines Gutscheines beeinflußten die Kaufabsicht der Befragten stärker als Preisabschläge in Form eines Abschlages. Aus den Ergebnissen leiten die Autoren mehrere Empfehlungen für die Praxis ab: Preisnachlässe sollten für Hochpreisprodukte absolut und für Niedrigpreisprodukte relativ gewährt werden, um die Attraktivität des Preisnachlasses aus Konsumentensicht zu maximieren. Außerdem sollten Gutscheine generellen Abschlägen vorgezogen werden, d. h. der Handel sollte potentielle Gutscheinverwender identifizieren und diesen gezielt Preisgutscheine zusenden. (Marcel Paulssen)

GREWAL, D., KRISHNAN, R., BAKER, J., BORIN, N., **The Effects of Store Name, Brand Name and Price Discounts on Consumers Evaluations and Purchase Intensions, Journal of Retailing, 3 (1998), S. 331–352** untersuchen den simultanen Einfluß der Variablen Handelsname, Markenname und Preisnachlaß auf intervenierende Konsu–

mentenurteile (Handelsimage, Wahrnehmung der Markenqualität und Wahrnehmung der Preiswürdigkeit) und auf die Kaufabsicht des Konsumenten. Schwerpunkt bisheriger Forschung war die isolierte Betrachtung des Einflusses einzelner Marketingstimuli auf die Marken- und Handelswahrnehmung und auf die Kaufabsicht des Konsumenten. Die Autoren entwickeln ein umfassendes Hypothesensystem, in das die Ergebnisse bisheriger Forschungen zu den Wirkungen einzelner Stimuli integriert werden. Gleichzeitig werden Effekte deratorvariablen Konsumentenwissen und Produktbesitz auf die Beziehungen der Variablen innerhalb des nomologischen Netzes exploriert. Der empirische Test des Modells erfolgt mittels einer Studie zum Kaufverhalten von Studenten in der Produktkategorie Fahrrad. Insgesamt erklären die drei exogenen Variablen Preisnachlaß, Marken- und Handelsimage 41% der Varianz der endogenen Variable Kaufabsicht. Weiterhin kann festgehalten werden, daß ein Preisnachlaß den stärksten Einfluß auf die Kaufabsicht hat, ohne dabei die Wahrnehmung der Markenqualität, wie zunächst angenommen, negativ zu beeinflussen. Preisnachlässe für bekannte Marken stellen daher für den Handel ein effektives Marketinginstrument dar, um Nachfrager zu gewinnen. Darüber hinaus sollten bei der Festlegung der Marketingstrategie mehrere Variablen berücksichtigt werden. Insbesondere Handelsunternehmen, die Produkte hoher und niedriger Qualität im Sortiment führen, erzeugen beim Konsumenten ein diffuses Image. (Marcel Paulssen)

KUMAR, V., KARANDE, K., REINARTZ, W., **The Impact of Internal and External Reference Prices on Brand Choice: The Moderating Role of Contextual Variables, Journal of Retailing, 3 (1998), S. 401–426** untersuchen den Einfluß von Referenzpreisen auf die Markenwahl in verschiedenen Kaufsituationen. In der Literatur werden interne und externe Referenzpreise unterschieden. Interne Referenzpreise des Konsumenten basieren auf den in der Vergangenheit von ihm für eine Marke gezahlten Preisen. Externe Referenzpreise hängen von den Preisen aller wahrgenommen Marken einer Kategorie zum Kaufzeitpunkt ab. Die Autoren analysieren den Einfluß interner Referenzpreisdiskrepanzen (Differenz zwischen tatsächlichem Preis und internem Referenzpreis) sowie externer Referenzpreisdiskrepanzen (Differenz zwischen tatsächlichem Preis und externem Referenzpreis) auf die Markenwahl. Als Moderatorvariable wird zwischen einer Kaufsituation unterschieden, in der der Konsument ein Produkt kaufen muß (weil er keines mehr hat oder der Bestand aufgebraucht ist) und der Kaufsituation, in der er mit dem Kauf warten kann. Die von den Autoren postulierten Hypothesen werden mittels eines multinomialen Logitmodells auf Basis von Scannerdaten für zwei Produktkategorien getestet. Wesentliches Ergebnis: Externe Referenzpreise beeinflussen im allgemei–

nen die Markenwahl stärker als interne Referenzpreise. Allerdings hängt dieser Unterschied von der Kaufsituation ab. In einer Situation, in der der Konsument ein Produkt kaufen muß, ist der Einfluß des externen Referenzpreises größer als der des interen Referenzpreises. Der Unterschied verschwindet in Situationen, in denen der Konsument wählen kann, ob er ein Produkt kauft oder nicht. (Marcel Paulssen)

SIROHI, N., MCLAUGHLIN, E. W., WITTNICK, D. R., **A Model of Consumer Perceptions and Store Loyalitiy Intensions for a Supermarket Retailer, Journal of Retailing, 2 (1998), S. 223–246.** Gegenstand der Untersuchung ist der in den USA hart umkämpfte Lebensmittelhandel. Coupons und Promotion–Aktionen sind nicht mehr ausreichend, um Kunden zu binden und neue Kunden hinzuzugewinnen. Auf diesem Wege werden oft nur die für den Handel uninteressanten 'cherry–pickers´ angesprochen. Kundenbindung und Kundentreue, wichtige Ziele, um im Wettbewerb bestehen zu können, werden so nicht erreicht. Die Autoren identifizieren empirisch die Einflußgrößen, die die zukünftige Kundentreue bestimmen. Kundentreue wird gemessen an der Absicht, den Einkauf fortzusetzen, beim nächsten Einkauf denselben Händler zu wählen und der Absicht, den Händler weiterzuempfehlen. Von besonderer Bedeutung unter den genannten Wettbewerbsbedingungen ist die Service–Qualität, dem Preis kommt eine eher untergeordnete Rolle zu. (Andrea Bookhagen)

Autorenverzeichnis

BEKMEIER–FEUERHAHN, Sigrid, PD Dr., Dozentin, Universität - GH - Paderborn.

BÖGE, Christian, cand. rer. oec., Institut für Betriebswirtschaftslehre, Christian–Albrechts–Universität zu Kiel.

BUNGE, Helmut, Dr., Geschäftsführer der Forschungsstelle für den Handel Berlin (FfH) e.V., i.R.

CERHA, Cordula, Mag., Leiterin des Fachhochschullehrganges Marketingund Sales^, Wien.

DECKER, Alexander, Dipl.–Kfm., Wissenschaftlicher Mitarbeiter, Lehrstuhl für Dienstleistungmanagement, Wirtschaftswissenschaftliche Fakultät Ingolstadt, Katholische Universität Eichstätt.

DILLER, Hermann, Prof. Dr., Lehrstuhl für Allgemeine Betriebswirtschaftslehre, insbes. Marketing, Universität Erlangen–Nürnberg.

DREIER, Henrik, Dipl.–Wi.–Ing., Doktorand, Lehrstuhl für Marketing, Universität - GH - Siegen.

FRETER, Hermann, Prof. Dr., Lehrstuhl für Marketing, Universität - GH - Siegen.

FISBECK, Hagen, cand. rer. pol., Diplomand, Lehrstuhl für Allgemeine Betriebswirtschaftslehre, insbes. Marketing und Handelsbetriebslehre, Philipps–Universität Marburg.

FUNCK, Dirk, Dr., Wissenschaftlicher Mitarbeiter und Habilitand, Institut für Marketing und Handel, Universität Göttingen.

GEDENK, Karen, Dr., Wissenschaftliche Mitarbeiterin, Institut für Betriebswirtschaftslehre, Christian–Albrechts–Universität zu Kiel.

GIERL, Heribert, Prof. Dr, Lehrstuhl für Betriebswirtschaftslehre mit Schwerpunkt Marketing, Universität Augsburg.

GOERDT, Thomas, Dr., Wissenschaftlicher Mitarbeiter, Lehrstuhl für Allgemeine Betriebswirtschaftslehre, insbes. Marketing, Universität Erlangen–Nürnberg.

HELM, Roland, Dr., Vertreter des Lehrgebietes Marketing am Institut für Wirtschafts–

und Sozialwissenschaften, Technische Universität München–Weihenstephan, Lehrbeauftragter für Betriebswirtschaftslehre und Marketing, Universität Augsburg.

KOTSCHI, Bernd, Dipl.–Kfm., Wissenschaftlicher Mitarbeiter, Lehrstuhl für Betriebswirtschaftslehre, insbes. Marketing und Handel, Martin–Luther–Universität Halle–Wittenberg.

KOTZAB, Herbert, Prof. Dr., Lehrstuhl für Internationales Supply–Chain–Management, Copenhagen Business School.

LINGENFELDER, Michael, Prof. Dr., Lehrstuhl für Allgemeine Betriebswirtschaftslehre, insbes. Marketing und Handelsbetriebslehre, Philipps–Universität Marburg.

MARSCHNER, Hubert F., Prof., Institut für Handel, Absatz und Marketing, Universität Innsbruck.

MEFFERT, Heribert, Prof. Dr. Dr. hc. mult., Direktor des Instituts für Marketing, Westfälische Wilhelms–Universität Münster.

MEYER, Matthias, Dr., Wissenschaftlicher Assistent, Seminar für Empirische Forschung und Quantitative Unternehmensplanung, Ludwig–Maximilians–Universität München.

MÖHLENBRUCH, Dirk, Prof. Dr., Lehrstuhl für Betriebswirtschaftslehre, insbes. Marketing und Handel, Martin–Luther–Universität Halle–Wittenberg.

PUHLMANN, Axel, Dipl.–Kfm., Wissenschaftlicher Mitarbeiter, Lehrstuhl für Betriebswirtschaftslehre mit Schwerpunkt Marketing, Universität Augsburg.

RUDOLPH, Thomas, Prof. Dr., Leiter des Kompetenzzentrums"Internationale Handelsdynamik", Forschungsinstitut für Absatz und Handel, Universität St. Gallen.

SCHENK, Hans–Otto, Prof. Dr., Lehrstuhl für Betriebswirtschaftslehre, Absatz und Handel, Gerhard Mercator Universität ˇ GH Duisburg.

SCHINNENBURG, Heike, Dipl.–Ökonomin, freiberufliche Managementtrainerin und Beraterin.

SCHNEDLITZ, Peter, Prof. Dr., Lehrstuhl für Handel und Marketing, Wirtschaftsuniversität Wien.

SCHMICKLER, Marc, Dipl.–Kfm., Wissenschaftlicher Mitarbeiter, Forschungsinstitut für Absatz und Handel, Universität St. Gallen.

SCHWETJE, Thomas, Dipl.–Kfm., Wissenschaftlicher Mitarbeiter, Institut für Marketing, Westfälische Wilhelms–Universität Münster.

SPIEKER, Heiner, Dipl.–Kfm, freiberufliche Tätigkeit in den Bereichen Forschung – Unternehmensberatung – Fortbildung.

TÖPFER, Armin, Prof. Dr., Lehrstuhl für Marktorientierte Unternehmensführung, Technische Universität Dresden.